Marcus Steinbrenner, Johannes Mayer,
Bernhard Rank (Hg.)

»Seit ein Gespräch wir sind
und hören voneinander«

Das Heidelberger Modell
des Literarischen Unterrichtsgesprächs
in Theorie und Praxis

Schneider Verlag Hohengehren GmbH

Umschlaggestaltung: Alexander Judea, unter Verwendung eines Faksimiles aus der Frankfurter Hölderlin-Ausgabe. E-Mail: judea@PureRiot.com

Gedruckt auf umweltfreundlichem Papier (chlor- und säurefrei hergestellt).

Bibliografische Information der Deutschen Nationalbibliothek

Die Deutsche Nationalbibliothek verzeichnet diese Publikation in der Deutschen Nationalbibliografie; detaillierte bibliografische Daten sind im Internet über >http://dnb.d-nb.de< abrufbar.

ISBN 978-3-8340-0835-0

Schneider Verlag Hohengehren, Wilhelmstr. 13, 73666 Baltmannsweiler

Das Werk und seine Teile sind urheberrechtlich geschützt. Jede Verwertung in anderen als den gesetzlich zugelassenen Fällen bedarf der vorherigen schriftlichen Einwilligung des Verlages. Hinweise zu § 52a UrhG: Weder das Werk noch seine Teile dürfen ohne vorherige schriftliche Einwilligung des Verlages öffentlich zugänglich gemacht werden. Dies gilt auch bei einer entsprechenden Nutzung für Unterrichtszwecke!

© Schneider Verlag Hohengehren, 73666 Baltmannsweiler 2011
Printed in Germany – Druck: Digital Print Group, Erlangen

Viel hat von Morgen an,
Seit ein Gespräch wir sind und hören voneinander,
Erfahren der Mensch; bald sind [wir] aber Gesang.

Friedrich Hölderlin

Gerhard Härle zum 60. Geburtstag

Inhaltsverzeichnis

Einleitung

BERNHARD RANK
Das zweite Heidelberger Symposion zum
Literarischen Unterrichtsgespräch 9

MARCUS STEINBRENNER
„Seit ein Gespräch wir sind und hören voneinander". Die Idee
des Gesprächs in Friedrich Hölderlins Hymne *Friedensfeier* 16

MARCUS STEINBRENNER, JOHANNES MAYER, BERNHARD RANK
Zueignung und Dank 24

Das Literarische Unterrichtsgespräch im fachlichen Diskurs

GERHARD HÄRLE
„... und am Schluss weiß ich trotzdem nicht, was der Text sagt".
Grundlagen, Zielperspektiven und Methoden des Literarischen
Unterrichtsgesprächs 29

CHRISTINE GARBE
„Kein endgültiges Wort". Das Konzept des Literarischen
Unterrichtsgesprächs im Diskurs der aktuellen Literaturdidaktik .. 67

EDUARD HAUEIS
Bedingungen für das Transformieren von Unterrichtsgesprächen
zu literarischen Gesprächen – ein sprachdidaktischer Blick auf ein
literaturdidaktisches Konzept 99

REINOLD FUNKE
Folgenreiches und folgenloses Verstehen 109

IRMGARD NICKEL-BACON
Authentizität in der literarischen Kommunikation:
Anthropologische, poetologische und didaktische Aspekte 117

ANGELIKA RUBNER, EIKE RUBNER
Zwei Bausteine des Lebendigen Lernens: Die Rolle der Leitung
und des Themas in der Themenzentrierten Interaktion 139

JÖRG KILIAN, BERNHARD RANK
Wörter im Gedicht – allen bekannt und allen ein Geheimnis 153

KASPAR H. SPINNER
Operative Verfahren zu Gedichten als Gesprächsimpuls   177

Das Literarische Unterrichtsgespräch und die Reflexion praktischer Erfahrungen

JOHANNES MAYER
Von Brücken und Barrieren: Das Konzept des Literarischen Unterrichtsgesprächs in bildungs- und berufsbiographischer Perspektive   187

MICHAEL BAUM
„Wo aber sind die Freunde?" – Ein Gespräch über Hölderlins Gedicht *Andenken*   213

CHRISTOPH BRÄUER
Literarisches Lernen im Sprechen und Schreiben: Schriftliche Vor- und Nachbereitungen literarischer Gespräche   229

MARCUS STEINBRENNER
„... und wenn die zwei sich in die Augen geschaut haben, haben sie noch LICHT gesehen". Literarische Erfahrungen in einem Gespräch mit einer 9. Realschulklasse   263

MAJA WIPRÄCHTIGER-GEPPERT
Spurensuche. Literarische Rezeptionskompetenz von Schülerinnen und Schülern der Primarstufe an Förderschulen   287

FELIX HEIZMANN
„... weil alles könnte gar keinen Sinn ergeben".
Literarisches Lernen durch Erfahrungen mit Alterität im Gespräch mit Grundschulkindern   305

NELE OHLSEN
„Zwischen Stolper- und Meilensteinen". Probleme und Chancen literarischer Gespräche in der Grundschule   337

Anhang

Auswahlbibliographie „Gespräche im Literaturunterricht"   363

Prof. Dr. Gerhard Härle: Lebensdaten und Schriftenverzeichnis . .   375

Die Autorinnen und Autoren des Bandes   383

Einleitung

BERNHARD RANK:

Das zweite Heidelberger Symposion zum Literarischen Unterrichtsgespräch

Innovative Impulse, ein nachhaltig etablierter Forschungskontext und fachlich wie persönlich anregende Konstellationen: wenn das zusammenkommt, ist es ein seltener Glücksfall für die Deutschdidaktik. So geschehen an der Pädagogischen Hochschule Heidelberg Ende der 1990er Jahre, als Gerhard Härle mit den Vorarbeiten zu seinem Projekt *Das Literarische Unterrichtsgespräch*[1] begann. Im Jahre 2001 wurde es mit den Mitarbeitern der ‚ersten Stunde', Marcus Steinbrenner und Johannes Mayer, fest etabliert und hat seither, wie die Bibliographie am Ende des Bandes zeigt, eine umfangreiche Publikationstätigkeit vorzuweisen. Von 2004 bis 2007 bestand eine Kooperation mit Bernhard Rank und Christoph Bräuer bei der Erforschung des Zusammenhangs zwischen Lesekompetenz, Medienerfahrung und literarischer Bildung. Den reichen Ertrag beider Forschungsprojekte greift Gerhard Härle in seiner hier abgedruckten Bilanz auf, um zukunftsweisende Perspektiven für einen gelingenden Literaturunterricht aufzuzeigen (siehe S. 29 ff.).

Von Beginn an gehörten Studientage, Ringvorlesungen und wissenschaftliche Symposien zum festen Bestandteil der Projektarbeit. Erste Ergebnisse wurden im Wintersemester 2002/2003 in einem hochschulöffentlichen Kolloquium zur Diskussion gestellt. In der Ringvorlesung des Sommersemesters 2003 *Wege zum Lesen und zur Literatur*, die gemeinsam mit dem Kolleg für Forschungs- und Nachwuchsförderung *Lesesozialisation, literarische Sozialisation und Umgang mit Texten* durchgeführt wurde, spielten die Thesen und Fragestellungen des Projekts zum Literarischen Unterrichtsgespräch eine zentrale Rolle (vgl. Härle; Rank 2004). Im Dezember 2003 organisierte das Team ein ganztägiges Symposion an der Pädagogischen Hochschule Heidelberg: *Literatur im Gespräch. Erstes Heidelberger Symposion zum Literarischen Unterrichtsgespräch*. Außer den Mitarbeitern beteiligten sich daran zahlreiche namhafte Vertreterinnen und Vertreter der aktuellen Gesprächsdidaktik wie Ute Andresen, Petra Wieler, Hubert Ivo, Kaspar H. Spinner oder Rüdiger Vogt u.a. mit eigenen Vorträgen und Workshops. Aus

---

[1] Dem Usus von Gerhard Härle folgend schreiben wir das „Literarische Unterrichtsgespräch" groß, wenn es als Eigenname für die Bezeichnung des „Heidelberger Modells" verwendet wird.

den Ergebnissen entstand im Frühjahr 2004 der umfangreiche Sammelband *Kein endgültiges Wort. Die Wiederentdeckung des Gesprächs im Literaturunterricht* (Härle; Steinbrenner 2004). In der Rezeption dieses Bandes, der inzwischen in 2. Auflage vorliegt, zeigte es sich, dass die dort publizierten Fragen und Ergebnisse zentrale Aufgaben des Literaturunterrichts berühren und zur Bearbeitung aktuell anstehender Probleme beitragen können. Das „Heidelberger Modell" wurde zu einem Markenzeichen und ist seither fester Bestandteil der aktuellen literaturdidaktischen Diskussion.

Eine zweite Ringvorlesung im Wintersemester 2007/2008 stellte das Konzept des Literarischen Unterrichtsgesprächs in den Rahmen der Debatten um den Kompetenz- und Bildungsbegriff in der Sprach- und Literaturdidaktik. In der daraus hervorgegangenen Publikation *„Sich bilden, ist nichts anders, als frei werden." Sprachliche und literarische Bildung als Herausforderung für den Deutschunterricht* (Härle; Rank 2008) wurden zugleich die Ergebnisse des Forschungsprojekts zur literarischen Bildung in der Fachöffentlichkeit publik gemacht; sie stießen dort auf große Resonanz.

Für Bernhard Rank und Marcus Steinbrenner war dieses nachhaltige Echo einer der Gründe dafür, die Mitarbeiterinnen und Mitarbeiter der Forschungsprojekte und namhafte Fachvertreter für November 2009 nochmals zu einem Symposion an die Pädagogische Hochschule Heidelberg einzuladen. Der andere Grund: Mit dieser hochschulöffentlichen Veranstaltung, getragen von der Fakultät für Kultur- und Geisteswissenschaften und dem Institut für deutsche Sprache und Literatur, wurde der 60. Geburtstag von Gerhard Härle akademisch gefeiert und gewürdigt: als Zeichen der Anerkennung für seine herausragenden fachlichen und hochschuldidaktischen Leistungen und als Bestätigung der kollegialen, freundschaftlichen Verbundenheit mit ihm.

Im Zentrum dieses zweiten Heidelberger Symposions zum Literarischen Unterrichtsgespräch standen zwei eng miteinander verwobene Aspekte: die Bestandsaufnahme und Reflexion des in der fachlichen Theoriebildung Erreichten aus literatur- und sprachdidaktischer Sicht und der Austausch über konkrete, praktische Erfahrungen mit dem „Heidelberger Modell" in der Lehrerbildung und in der Schule – von der Primarstufe bis zur Sekundarstufe II. Die Publikation der Beiträge im vorliegenden Sammelband folgt dieser Zweiteilung.

Den fachlichen Diskurs eröffnet GERHARD HÄRLE selbst mit einem programmatischen Beitrag zu den *Grundlagen, Zielperspektiven und Methoden des Literarischen Unterrichtsgesprächs*. Um sein Konzept literaturdidaktisch profilieren zu können, greift er auf zentrale gegenstandsbezogene Aspekte des

Literarischen zurück: Bedeutung, Wirkung und Funktion. Diese Kategorien verknüpft er mit drei didaktischen Dimensionen: Verstehen, Erfahrung und Praxis. Auf dieser Grundlage wird das Konzept des Literarischen Unterrichtsgesprächs als eine Antwort auf die Fragen beschrieben, die sich aus den Aufgabenfeldern des Literaturunterrichts ergeben. Es geht Härle dabei nicht um die Vorstellung einer Lösung aller derzeit anstehenden Probleme, sondern um die Eröffnung von Perspektiven, die das „Heidelberger Modell" bietet, ohne dass damit seine Grenzen oder die Dilemmata jedes Literaturunterrichts negiert würden.

Im Anschluss daran bestimmt CHRISTINE GARBE Ort und Stellenwert dieses didaktischen Modells im Diskurs der aktuellen Literaturdidaktik. Sie bezieht sich auf die traditionellen Kontroversen seit den 1970er Jahren und stellt die Leitprinzipien heraus, die sich aus der Erforschung der literarischen Sozialisation für einen gelingenden Literaturunterricht ergeben haben. Bringt man diese mit der Konzeption des Literarischen Unterrichtsgesprächs in Verbindung, ergeben sich prinzipielle Gemeinsamkeiten, aber auch einige aufschlussreiche Unterschiede. Im Anschluss daran wird der Blick auf die aktuellen Entwicklungen in der Literaturdidaktik und der Bildungspolitik gerichtet, die im letzten Jahrzehnt zu neuen Themen und Polarisierungen geführt haben. Sowohl der Forschungskontext zur literarischen Sozialisation als auch das Literarische Unterrichtsgespräch folgen nach Garbes Auffassung den durchaus emphatisch verstandenen Leitbegriffen „Bildung" und „Erfahrung". Ausgehend davon bringen beide Ansätze konstruktive, vor allem aber auch kritische Impulse in die laufenden Debatten ein.

EDUARD HAUEIS würdigt das Literarische Unterrichtsgespräch aus der Perspektive der Sprachwissenschaft und der Sprachdidaktik und stellt dabei auch kritische Anfragen an das Konzept zur Diskussion. Kann der griechische Sonderweg der Schriftkultur in allen Punkten eine theoretische Begründung für das Literarische Unterrichtsgespräch sein? Was kennzeichnet die Authentizität des Redens über poetische Sprachwerke? Was unterscheidet das Literarische Unterrichtsgespräch vom sokratischen Lehrgespräch über Literatur und inwiefern kann es sich am Modell unterhaltsamer Konversationen orientieren? Im Ergebnis führen die Überlegungen von Haueis zu einer kategorialen Unterscheidung zwischen zwei gleichermaßen wichtigen didaktischen Handlungsfeldern: dem kommunikativen Austausch über kulturell und sozial bedeutsame Texte in *literarischen Gesprächen* und der Beteiligung an ihrer Auslegung im *Sprechen über Literatur.*

Am Beispiel der Erzählung *In der Strafkolonie* von Franz Kafka und einer Äußerung des SA-Generals Hans Frank zu Terrormaßnahmen gegen die polnische Bevölkerung erläutert REINOLD FUNKE den Unterschied zwischen dem folgenreichen und dem folgenlosen Verstehen eines Textes. Während Kafkas Text dem Leser vor Augen führt, dass es ein Lesen gibt, das nicht zum Verstehen führt, verschließt sich Franks Verstehenspraxis dem Weg zum Verstehen im Sinne eines Erkennens, weil sie das Bedeutungspotential eines Wortes wie „Mörder" im aktuellen Diskurszusammenhang auf einen subjektiven, eingeschränkten Sinn reduziert. In beiden Fällen erscheint Verstehen nicht nur als sprachliche oder interpretatorische, sondern auch als moralische Leistung. Aus didaktischer Perspektive ergibt sich für Funke daraus eine Einsicht in die Begrenztheit der Möglichkeiten des Sprach- und Literaturunterrichts.

Im Mittelpunkt des Beitrags von IRMGARD NICKEL-BACON steht die Erweiterung der Intentionen des Literaturunterrichts um den Faktor der Authentizität. Seine vielfältigen Aspekte werden unter den Prämissen der humanistischen Psychologie, der Lerntheorie und der Dichtungstheorie entfaltet. Eine besondere Rolle spielen dabei die poetologischen Überlegungen von Christa Wolf und Hilde Domin und deren Auswirkungen auf die literarische Kommunikation. In der didaktischen Konsequenz dieser Überlegungen müsste, so Nickel-Bacons Forderung, das literaturbezogene Selbstkonzept von Schülerinnen und Schülern größere Beachtung finden. Die Wertschätzung von Authentizität könne so einen wichtigen Beitrag zur Förderung einer lebendigen, gesprächsorientierten Lesekultur leisten.

Der als Gespräch zwischen einem Sprach- und einem Literaturwissenschaftler angelegte Beitrag von JÖRG KILIAN und BERNHARD RANK versucht dem „Geheimnis" der Vieldeutigkeit von Wörtern in einem Gedicht auf zwei unterschiedlichen Wegen nachzuspüren. Jörg Kilian geht aus von assoziativ-semantischen Beziehungen zwischen den Wörtern und richtet sein Augenmerk insbesondere auf stereotypische, prototypische, frame- und skriptsemantische Facetten. Bernhard Rank wählt einen text- und literatursemiotischen Ansatz und versucht auszuloten, was das Konzept der „Isotopie" und der „Isotopieebenen" für die Lektüre von Lyrik leisten kann. Ein Vergleich der Leistungsfähigkeit der Erklärungsmodelle eröffnet aufschlussreiche Einsichten in die Interpretation von Gedichten. Auch die Unterschiede zwischen den literaturdidaktischen und den sprachdidaktischen Perspektiven, die sich daraus ergeben, kommen in dem Fachdialog zur Sprache.

KASPAR H. SPINNER stellt „operative Verfahren" vor, die sich als Gesprächsanlass für literarische Gespräche eignen. Er setzt dabei, anders als das Konzept des Literarischen Unterrichtsgesprächs, nicht auf die Vieldeutigkeit und Rätselhaftigkeit des ausgewählten Textes, sondern auf die Notwendigkeit, sich über unterschiedliche Lösungsvorschläge auszutauschen. Das kann aber nur unter zwei Bedingungen gelingen: Die Aufgabe muss so gestellt sein, dass tatsächlich verschiedene Lösungen möglich sind, und sie muss sich auf Textstellen beziehen, die für die Gesamtbedeutung relevant sind. Diese Vorgangsweise versucht eine Verbindung von zwei didaktischen Positionen, die in der literaturdidaktischen Diskussion sonst eher als gegensätzlich begriffen werden: dem handlungs- und produktionsorientierten Literaturunterricht und dem Literarischen Unterrichtsgespräch. In ihrer Kombination könne, so Spinner, der Gefahr allzu beliebiger Subjektivität bei einem literarischen Gespräch und allzu reflexionslosen Herumhantierens beim handlungs- und produktionsorientierten Unterricht begegnet werden.

Der zweite Teil des Bandes, *Das Literarische Unterrichtsgespräch und die Reflexion praktischer Erfahrungen*, wird eingeleitet von JOHANNES MAYER. Ausgehend von Erfahrungen und Gesprächen im Kontext von Hochschule, Referendariat und Schule eröffnet er eine biographische Perspektive auf die Entwicklungs- und Lernprozesse, die zukünftige Lehrerinnen und Lehrer zur Durchführung und Leitung Literarischer Unterrichtsgespräche befähigen sollen. Bezug genommen wird vor allem auf die berufsbiographische Professionalisierungsforschung, die zu einer übergreifenden Verortung der spezifischen Anforderungen an eine Modellierung literarischer Gespräche verhelfen kann. Die unterschiedlichen Voraussetzungen dafür liegen nach Mayers Analysen bereits in teils ausgeprägten, teils nur rudimentär vorhandenen vorschulischen und schulischen Begegnungen mit Literatur. Diese Zusammenhänge müssen in der Ausbildung und beim Berufseinstieg zur Sprache gebracht und reflektiert werden, damit sich Lehrerinnen und Lehrer in den didaktischen Entscheidungsfeldern für das Gelingen literarischer Gespräche in der Schule sicher bewegen können.

Die Anordnung der Beiträge, die Erfahrungen aus der Praxis zum Gegenstand haben, folgt einem eher formalen Gesichtspunkt: der Altersstufe, in der die Gespräche geführt wurden. Deshalb zuerst ein Beispiel aus dem universitären Bereich: MICHAEL BAUMS Beobachtungen aus einem Interpretationsgespräch, an dem Teilnehmerinnen und Teilnehmer des Symposions beteiligt waren. Als Textgrundlage wurde Hölderlins Gedicht *Andenken* gewählt. Baum bettet seine Auswertung ein in grundsätzliche Reflexionen über die Eigenart und die didaktische Bedeutsamkeit ästhetischer Erfahrung. Den Deutungshorizont, vor dessen Hintergrund das konkrete Gesprächsbeispiel analysiert wird, eröffnet er auf zweifache Weise: durch die Offenlegung seiner eigenen Erfahrungen mit Hölderlins Gedicht und durch die philologisch genaue Nachzeichnung der „Spuren", die in ihm angelegt sind. Als gerade diesem Text angemessener Ertrag des Gesprächs kann für Baum gelten, dass sich die Teilnehmerinnen und Teilnehmer in hohem Maße der Differenz zwischen Sagbarem und Unsagbarem bewusst wurden.

Die Gespräche, auf die sich CHRISTOPH BRÄUER bezieht, stammen aus der 11. Klassenstufe eines Gymnasiums. Sie stehen beispielhaft für ein Unterrichtskonzept, bei dem Sprache und Literatur, Schreiben und Lesen miteinander verbunden werden, um die Lernchancen eines gesprächsförmigen Literaturunterrichts zu optimieren. Das didaktisch Innovative ist die Einbeziehung von Portfolios über die literarischen Gespräche, die zu Beginn und am Ende einer Unterrichtseinheit zu Friedrich Christian Delius' Roman *Der Spaziergang von Rostock nach Syrakus* geführt wurden. Im Fokus des Beitrags steht die empirische Auswertung dieser schriftlichen Vor- und Nachbereitungen. Dabei geht es um die sprach- und literaturdidaktischen Zielsetzungen eines solchen Konzepts, um Fragen seiner methodischen Umsetzung und um den individuell möglichen Lernzuwachs: Inwieweit profitieren die einzelnen Schülerinnen und Schüler in der Deutung der Erzählung von den offenen Gesprächen in der Gruppe? Bei der Auswertung wird erkennbar, dass literarische Gespräche im schulischen Unterricht als eine bereichernde kulturelle Praxis erlebt werden, die motivierende und zielgerichtete literarische Lernprozesse anbahnt.

Im Beitrag von MARCUS STEINBRENNER geht es um die Frage, wie Schülerinnen und Schüler literarische Erfahrungen in Gesprächen artikulieren. Charakteristisch hierfür ist ein tastendes, tentatives Sprechen, bei dem sie den Text paraphrasieren und beständig Analogien bilden. Dies wird als eine mimetische Form des Textbezugs bestimmt und an einer Auswahl von Beiträgen aus einem Literarischen Unterrichtsgespräch mit einer 9. Realschulklasse zu Paul Celans Gedicht *Sprachgitter* konkretisiert und veranschaulicht. Wie Michael Baum greift auch Steinbrenner auf den Begriff der „ästhetischen Erfahrung" zurück, um die Gesprächsbeispiele in einem umfassenderen theoretischen Rahmen interpretieren zu können.

MAJA WIPRÄCHTIGER-GEPPERT wählt als Bezugspunkt für ihre empirische Studie an Förderschulen (Klasse 4 – 6) ein Modell literarischer Rezeptionskompetenz, ausdifferenziert nach personalen, sozialen und textbezogenen Faktoren. Auf der Basis dieses Kompetenzmodells erstellt sie ein Kategoriensystem für die Auswertung von Schüleräußerungen in Literarischen Unterrichtsgesprächen. In ihrem Beitrag stellt sie Ergebnisse zu den Kategorien „Basales Fiktionsverständnis", „Fähigkeit, Texte zu interpretieren" und „Fremdverstehen" vor, illustriert an Gesprächsausschnitten zum Gedicht *Heimatlose* von Joachim Ringelnatz. Die Ergebnisse widerlegen die verbreitete Annahme, Schüler aus bildungsfernen Milieus müssten zuerst richtig lesen lernen, bevor an einen adäquaten Umgang mit Literatur zu denken wäre. Das Konzept des Literarischen Unterrichtsgesprächs erweist sich dabei als eine bevorzugte didaktisch-methodische Alternative.

Abgerundet werden die praxisbezogenen Reflexionen durch zwei Beiträge, die belegen, dass das Konzept auch im Literaturunterricht an Grundschulen zu erstaunlichen Erfolgen führen kann. FELIX HEIZMANN konkretisiert es an „Alteritätserfahrungen", die das Bedeutungspotential des Gedichts *Zirkuskind* von Rose Ausländer ermöglicht. Für seine Analyse entwickelt er ein Kategoriensystem sprachlich-literarischer Alterität mit der Unterscheidung zwischen einer semantisch-thematischen, einer sprachlich-stilistischen und einer strukturell-formalen Ebene. Heizmann zeigt auf, wie die Grundschulkinder auf die Alterität des Textes reagieren, und interpretiert ihre Äußerungen als wichtige Entwicklungsschritte im Prozess literarischen Lernens. Zugleich kann sich im Literarischen Unterrichtsgespräch auch eine dialektische Wechselbeziehung von Alterität und Identität ereignen: Wer vor dem Hintergrund der Begegnung mit dem Fremden sein individuelles Denken, Erleben und Fühlen zur Sprache bringt, erfährt auch etwas über das eigene Selbst. Mit den Worten von Peter Bieri, auf den auch andere Autoren des Bandes Bezug nehmen, ist das ein Beitrag zu einem modernen Bildungskonzept: „Bildung als poetische Erfahrung" und „Bildung als Selbsterkenntnis" (vgl. S. 331 f.).

Nicht nur um Chancen, sondern auch um Probleme literarischer Gespräche geht es NELE OHLSEN bei ihrer Erkundung von Umsetzungsmöglichkeiten in der Grundschule. Um die „Stolpersteine" zu überwinden, die der Realisierung des Konzepts ihrer Erfahrung nach im Wege liegen, schlägt sie Modifikationen und Ergänzungen vor: zum Beispiel die Durchführung eines gezielten Gesprächstrainings und die Einführung in literarische Gespräche mit Hilfe von Texten, die zwar mehrdeutig, aber nicht zu komplex sind. Modellhaft wird dieses Vorgehen an einer Unterrichtseinheit zu Morgensterns Gedicht *Gruselett* exemplifiziert. Bei der Auswertung eines umfangreichen Gesprächsprotokolls zeigt sich, dass literarische Gespräche bereits in der Grundschule mit einer entsprechenden „Passung" an die jeweilige Lerngruppe zu einer intensiven Begegnung mit dem literarischen Text führen und sich nachhaltig auf das Selbstkonzept der Schülerinnen und Schüler auswirken können.

Mit der auf fachliche Stringenz und praktische Erfahrungen ausgerichteten Bestandsaufnahme, die in den Beiträgen des Bandes geleistet wird, ist sicher noch kein „endgültiges Wort" zum „Heidelberger Modell" gesprochen. Die

Herausgeber sind aber davon überzeugt, dass sie Stimmen Raum gegeben haben, die Gerhard Härles Konzept des Literarischen Unterrichtsgesprächs eigenständig aufnehmen, angemessen würdigen, kritisch begleiten und produktiv weiterentwickeln: „Seit ein Gespräch wir sind und hören voneinander."

MARCUS STEINBRENNER

„Seit ein Gespräch wir sind und hören voneinander". Die Idee des Gesprächs in Friedrich Hölderlins Hymne *Friedensfeier*[1]

1. Gestus der Ankündigung, des Verweises und des Aufschubs

> Ich bitte dieses Blatt nur gutmüthig
> zu lesen. So wird es sicher nicht unfaßlich,
> noch weniger anstößig seyn. Sollten aber dennoch
> einige eine solche Sprache zu wenig konventionell
> finden, so muß ich ihnen gestehen: ich kann nicht
> anders […].
> Friedrich Hölderlin[2]

Mit dieser Ankündigung leitet Friedrich Hölderlin die Hymne *Friedensfeier* ein. Aus diesem Gedicht stammt auch die Zeile „Seit ein Gespräch wir sind und hören voneinander", die wir als Titel für den vorliegenden Sammelband und das ihm zugrunde liegende Symposion zum Literarischen Unterrichtsgespräch ausgewählt haben. Erste Fassungen des Gedichts sind um 1801 entstanden. Hölderlin ist zu diesem Zeitpunkt einmal wieder aus Deutschland geflüchtet, und zwar in die Schweiz, in die kleine Stadt Hauptwil, wo er als Hauslehrer arbeitet. Dort erfährt er vom Friedensschluss zwischen Frankreich und Österreich – eine Nachricht, die ihn tief beeindruckt und große Hoffnungen weckt, die er in der Hymne *Friedensfeier* literarisch gestaltet. Der Anfang der Hymne lautet denn auch wie folgt:

---

[1] Dieser Beitrag basiert auf der Eröffnungsrede zum zweiten Heidelberger Symposion und erläutert den Titel sowohl des Symposions als auch dieses Sammelbands. Der Duktus einer Rede wurde bei der Bearbeitung überwiegend beibehalten.
[2] Die Hymne und weitere Texte Hölderlins werden hier zitiert nach folgender Ausgabe: Friedrich Hölderlin: Sämtliche Werke. Frankfurter Ausgabe. Bd. 7: Gesänge. Hg. von D. E. Sattler. Frankfurt a. M.; Basel: Stroemfeld 2000; hier S. 638 ff.

Der himmlischen, still wiederklingenden,
Der ruhigwandelnden Töne voll,
Und gelüftet ist der altgebaute,
Seeliggewohnte Saal; um grüne Teppiche duftet
Die Freudenwolk' und weithinglänzend stehn,
Gereiftester Früchte voll und goldbekränzter Kelche,
Wohlangeordnet, eine prächtige Reihe,
Zur Seite da und dort aufsteigend über dem
Geebneten Boden die Tische.
Denn ferne kommend haben
Hieher, zur Abendstunde,
Sich liebende Gäste beschieden.

In der gesamten Hymne[3] wird die Friedensfeier nur angekündigt und dieser Gestus der Ankündigung und des Verweises ist charakteristisch für den Text. So heißt es auch in der Strophe, aus der unser Zitat stammt:

Viel hat von Morgen an,
Seit ein Gespräch wir sind und hören voneinander,
Erfahren der Mensch; bald sind [wir] aber Gesang.
Und das Zeitbild, das der große Geist entfaltet,
Ein Zeichen liegts vor uns, das zwischen ihm und andern
Ein Bündniß zwischen ihm und andern Mächten ist.

Hat der Mensch nun schon erfahren oder wird er erst „von Morgen an" erfahren? Wofür steht „der Gesang", bei dem in Hölderlins Handschrift das Subjekt „wir" fehlt (was fast alle Editionen stillschweigend übergehen)? Und: Wer verbirgt sich hinter dem „großen Geist" und hinter den „andern Mächten"? In der *Friedensfeier* bleibt offen, ob die Feier tatsächlich stattfindet, wer oder was hier eigentlich gefeiert wird und nicht zuletzt, wer sich hinter dem „Fürsten des Fests" verbirgt, der immer wieder und auf unterschiedlichste Art und Weise genannt und beschworen wird. Nachdem die Hymne 1954 in den Archiven wiederentdeckt wurde, hat eine ganze Schar von Germanisten sich um diese Fragen gestritten – ein Streit, der als „Streit um die Friedensfeier" in die Geschichte der Germanistik einging.[4]

---

[3] Zur Interpretation der Hymne vgl. Karlheinz Stierle: Die Friedensfeier. Sprache und Fest im revolutionären und nachrevolutionären Frankreich und bei Hölderlin. In: Das Fest. Poetik und Hermeneutik XIV. Hg. von Walter Haug und Rainer Warning. München: Fink 1989, S. 481–525.

[4] Vgl. hierzu Peter Szondi: *Friedensfeier*. In: ders.: Einführung in die literarische Hermeneutik. Studienausgabe der Vorlesungen. Bd. 5. Hg. von Jean Bollack und Helen Stierlin. Frankfurt a. M.: Suhrkamp 1975, S. 324–402.

Wenn man den Gestus der Ankündigung und des Aufschubs, der das ganze Gedicht als rhetorische Grundstruktur durchzieht, als solchen ernst nimmt, kann man ausgehend davon der Frage nachgehen, was denn das Wesentliche an einer Feier ist. Ist es das Ereignis als solches oder sind es die Erwartungen, Hoffnungen und – um mit Derrida zu sprechen, mit dem sich dieser Text sehr schön interpretieren ließe – die Spuren, die ihm vorausgehen und die Spuren, die ihm nachfolgen? Eine Feier ist vielleicht so etwas wie ein Brennglas, das für einen Moment, in einem Ereignis und letztlich nicht greifbar diese Spuren bündelt. Nach dem Ereignis werden diese Spuren wieder ins Offene entlassen und diese Offenheit, auch die Unsicherheit im Bezug auf das Kommende, ist ein Grund für eine Melancholie, die häufig einem großen Fest folgt. Mit der Hoffnung auf das Kommende, aber auch mit der Offenheit und der damit verbundenen Unsicherheit sind wir, glaube ich, recht nahe an Hölderlins Text.[5]

2. Offenheit und Unabschließbarkeit des Sinnbildungsprozesses

In seiner Interpretation zu Hölderlins *Friedensfeier* hat Peter Szondi zu zeigen versucht, dass es der literarischen Hermeneutik gerade nicht darum geht, *eindeutig* zu belegen, was *eigentlich in* und was *hinter* einem literarischen Text steht, sondern dass es ihr „um die Bewegung des Gedichts selbst" geht,[6] das eine eindeutige Sinnzuschreibung verweigert und stattdessen immer wieder neue Verweisstrukturen und Sinnkonstellationen entstehen lässt. Aufgabe der Literaturwissenschaft ist es, diese Bewegung genau wahrzunehmen und nachvollziehbar zu explizieren. Das hier Gesagte gilt in besonders prägnanter Form für die *Friedensfeier*. Zentrale Begriffe, Themen und Figuren wie Frieden, Feier und der Fürst des Festes entziehen sich einer eindeutigen Referenz und verweisen auf eine Vielzahl möglicher inner- und außertextueller Bezüge, die hier im Gedicht nebeneinander stehen können. Diese

---

[5] Die ebenfalls um diese Zeit entstandene Hymne *Der Gang aufs Land* beginnt denn auch mit der Zeile „Komm! ins Offene, Freund!" und vor dem hier aufgezeigten Hintergrund ist es eine glückliche Fügung, dass der Beitrag von Michael Baum in diesem Sammelband ein Gespräch zu Hölderlins Gedicht *Andenken* thematisiert, in dem das Gespräch und die Freundschaft eine wichtige Rolle spielen – vgl. vor allem die Zeilen: „[N]Licht ist es gut, / Seellos von sterblichen / Gedanken zu sein. Doch gut / Ist ein Gespräch und zu sagen / Des Herzens Meinung, zu hören viel / Von Tagen der Lieb', / Und Thaten, welche geschehen".

[6] Peter Szondi: Er selbst, der Fürst des Fests. Die Hymne *Friedensfeier*. In: ders.: Schriften I. Hg. von Jean Bollack u. a. Frankfurt a. M.: Suhrkamp 1978, S. 315–342; hier S. 332.

im Gedicht mögliche Koexistenz unterschiedlicher semantischer Verweisungen macht es selbst zu einem Gespräch, einem Gesang – ja zu einer „semantischen Friedensfeier".[7] Mit der so erzeugten Bewegung und Vielstimmigkeit sind wir auch nahe an einem Grundgedanken des Literarischen Gesprächs.

Gunter Martens hat vor über 30 Jahren Gruppengespräche zu Hölderlins Hymnen untersucht und dabei einen „prinzipiellen Zusammenhang zwischen ästhetischer Textstruktur und gesprächsweiser Texterschließung" herausgearbeitet. Ähnlich wie für Hölderlins Gedicht gilt auch für dessen gesprächsförmige Rezeption:[8]

> [Sie] definiert nicht, legt nicht fest, sondern ist getragen vom Moment dynamischer Spannung: es bildet sich im Gegen- und Miteinander der Stimmen ein polyphones Gewebe semantischer Bezüge, von Gleichklängen und Entgegensetzungen heraus. Im Gespräch wird gleichsam die semantische Partitur des poetischen Schaffens dieses Dichters aufgeschlagen und im Medium einzelner lebender Subjekte vermittelt.

Was zugespitzt für Hölderlins Hymnen gilt, dürfte auch prinzipiell für literarische Texte mit einer ästhetischen Textstruktur gelten, die Deutungsspielräume eröffnet und sich eindeutigen Referenzen entzieht. „Sich auf die Unabschließbarkeit des Sinnbildungsprozesses einlassen" und „Subjektive Involviertheit und genaue Wahrnehmung miteinander ins Spiel bringen" hat Kaspar H. Spinner dieser Denklinie folgend als zentrale literarische Kompetenzen beschrieben und eng mit dem Literarischen Gespräch in Zusammenhang gebracht.[9] Der Textsinn kann gerade im Gespräch einen „Parcours" durchlaufen, an dessen Ende *Kein endgültiges Wort* steht – so der Titel des Sammelbands zum ersten Heidelberger Symposion, ein Zitat aus einem Gesprächsbeitrag, das auch Christine Garbe für den Titel ihres Beitrags verwendet, mit dem sie das Konzept des Literarischen Unterrichtsgesprächs im aktuellen literaturdidaktischen Diskurs verortet (hier S. 67 ff.).

3. Der Mensch als Gespräch: Miteinandersprechen, einander hören und erfahren

„Seit ein Gespräch wir sind" heißt es in der *Friedensfeier*. Damit wird eine entscheidende Aussage über den Menschen gemacht. Hölderlin sagt nicht,

---

[7] Karlheinz Stierle: Die Friedensfeier. A. a. O. (Anm. 3), S. 520.

[8] Gunter Martens: „Seit ein Gespräch wir sind" – Wege zur Erschließung Hölderlinscher Texte im Gruppengespräch. In: Diskussion Deutsch, Jg. 13/1982, H. 67, S. 436–460; hier S. 438 und 455.

[9] Kaspar H. Spinner: Literarisches Lernen. In: Praxis Deutsch, Jg. 33/2006, H. 200, S. 6–16.

dass wir gelegentlich Gespräche führen und es gelegentlich auch wieder sein lassen. Er sagt auch nicht, dass Gespräche ein bloßes Mittel oder äußerliches Instrument zur Verständigung oder zur Erreichung anderer Zwecke sind. Behauptet wird hier, dass wir ein Gespräch „sind", dass das Sein des Menschen also ganz wesentlich im Gespräch-Sein besteht.

In seinem Vortrag *Hölderlin und das Wesen der Dichtung* arbeitet Martin Heidegger vor allem diesen Gedanken heraus. Heidegger stützt sich dabei auf eine ‚Vorstufe' der Hymne in der von Norbert von Hellingrath herausgegebenen Fassung, die beginnt mit „Versöhnender, der Du nimmergeglaubt", und kommentiert die folgende Stelle:[10]

> Viel hat erfahren der Mensch.
> Der Himmlischen viele genannt,
> Seit ein Gespräch wir sind
> Und hören können voneinander.

Hier nun ein Auszug aus Heideggers Kommentar, der sich vor allem auf die postulierte Einheit von Mensch-Sein und Gespräch-Sein bezieht:

> Wir – die Menschen – sind ein Gespräch. Das Sein des Menschen gründet in der Sprache; aber diese geschieht erst eigentlich im *Gespräch*. Dieses ist jedoch nicht nur eine Weise, wie Sprache sich vollzieht, sondern als Gespräch nur ist Sprache wesentlich. Was wir sonst mit ‚Sprache' meinen, nämlich einen Bestand von Wörtern und Regeln der Wortfügung, ist nur ein Vordergrund der Sprache. Aber was heißt nun ein ‚Gespräch'? Offenbar das Miteinandersprechen über etwas. Dabei vermittelt dann das Sprechen das Zueinanderkommen. Allein Hölderlin sagt: „Seit ein Gespräch wir sind und hören können voneinander." Das Hörenkönnen ist nicht erst eine Folge des Miteinandersprechens, sondern eher umgekehrt die Voraussetzung dafür. Allein auch das Hörenkönnen ist in sich schon wieder auf die Möglichkeit des Wortes ausgerichtet und braucht dieses. Redenkönnen und Hörenkönnen sind gleich ursprünglich. Wir sind ein Gespräch – und das will sagen: wir können voneinander hören.

Hölderlin und Heidegger, insbesondere auch die schon erwähnten Peter Szondi und Gert Mattenklott – diese Namen wirken in der Literaturdidaktik fremd. Sie werden hier aber mit Bedacht zitiert, denn sie verweisen, bei all ihrer Unterschiedlichkeit, auch auf den akademischen Werdegang von Gerhard Härle[11] – und es sind Namen, Personen und Bezugspunkte, die ihm auch heute

---

[10] Hölderlin, zitiert nach Martin Heidegger: Hölderlin und das Wesen der Dichtung In: ders.: Erläuterungen zu Hölderlins Dichtung. Frankfurt a. M.: Klostermann 1981, S. 33-48; hier und im Folgenden S. 38 f. Auf die unterschiedlichen und zum Teil aus heutiger Sicht problematischen Editionen von Hölderlins Werk kann an dieser Stelle nicht eingegangen werden, ebenso wenig auf Heideggers Interpretations- und Kommentarpraxis.

[11] Gerhard Härle promovierte bei Gert Mattenklott, dessen wichtigster akademischer Lehrer Peter Szondi war.

noch wichtig sind. Ich kenne zudem kaum jemanden, auf dessen Lehren und Forschen das hier behauptete und zugleich beschworene dialogische Prinzip so zutrifft wie auf Gerhard Härle.

Heidegger hebt in seiner Auslegung ein Wort besonders hervor, das mir auch für das Literarische Gespräch wichtig erscheint, besonders auch im Vergleich zu anderen didaktischen Ansätzen: das Hören. Im Literarischen Gespräch spielen der Ton, der Klang des literarischen Textes, eine wesentliche Rolle. Im Gespräch hören wir aber nicht nur den literarischen Text[12] – wir hören auch unsere eigene Stimme und die Stimmen der Anderen. Und – ich möchte ergänzen – wir hören nicht nur ihre Stimme, wir sehen auch ihr Antlitz beim Sprechen, wir können ihnen ‚beim Sprechen zusehen'.[13] Dieses Hören und Sehen des Textes und des Gegenübers im Gespräch sind die Grundlagen für die personalen und literarischen Erfahrungen, die im Literarischen Gespräch gemacht werden können.

Und damit bin ich bei einem weiteren für das Literarische Gespräch wichtigen Begriff, der auch in Hölderlins Gedicht vorkommt, dem der Erfahrung. Ein häufig gebrauchter, doch auf den zweiten Blick schwer zu fassender Begriff, ein Begriff, der uns „nah ist – und schwer zu fassen" (Hölderlin, *Patmos*). Was sind Erfahrungen? Und kann man sagen, dass es im Literarischen Unterrichtsgespräch auch und vielleicht sogar vor allem um die Ermöglichung und die Versprachlichung literarischer Erfahrungen geht? Diese Fragen kann ich hier nur stellen – sie spielen aber in einigen Beiträgen des Sammelbandes eine wichtige Rolle.

Sehr viel geschieht in Gesprächen und insbesondere in literarischen Gesprächen jenseits einer expliziten, für andere hörbaren Versprachlichung: in den Pausen, den Phasen des Schweigens und der Stille. Zur Erfahrung eines Gesprächs gehört die Erfahrung der Stille und auch diese Dimension von

---

12 Vgl. hierzu Hans Lösener: Die überhörte Mündlichkeit. Überlegungen zu einer Didaktik des hörenden Lesens. In: Grenzräume der Schrift. Hg. von Achim Geisenhanslüke und Georg Mein. Bielefeld: transcript 2008, S. 49–65.

13 Vgl. zu dieser Wendung auch Paul Celan in *Der Meridian*: „Wenn von der Kunst die Rede ist", gibt es immer wieder jemand, der „den Sprechenden hört, der ihn ‚sprechen sieht', der Sprache wahrgenommen hat und Gestalt, und zugleich auch […] Atem, das heißt Richtung und Schicksal" (Paul Celan: Gesammelte Werke in sieben Bänden. Hg. von Beda Allemann und Stefan Reichert unter Mitwirkung von Rolf Bücher. Frankfurt a. M.: Suhrkamp 2000, S. 188). Vielleicht ist eine solche Wahr-Nehmung [sic] auch eine Voraussetzung dafür, dass aus einer *Rede über* Kunst ein *Gespräch* werden kann.

Sprache, von Gesprächen und nicht zuletzt von Hölderlins Dichtung selbst[14] kommt in der *Friedensfeier* zur Sprache:

Schiksaalgesez ist diß, daß [a]Alle sich erfahren,
Daß, wenn die Stille kehrt, auch eine Sprache sei.

Im Gespräch können emotionale Verinnerlichung, lebendige, individuelle Erfahrung und das persönliche Zeugnis, die Bezeugung dieser Erfahrung gegenüber Anderen, zusammenkommen – und diese drei Momente sind konstitutiv für die bildende Kraft, die von einem abstrakten Kunstgegenstand ausgehen kann – so jedenfalls Gert Mattenklott in einem seiner letzten veröffentlichten Aufsätze zur *Transformation von Bildung in der Mediengesellschaft*.[15] Anstelle von Bezeugung der Erfahrung gegenüber anderen könnte man auch der herrschenden Terminologie gemäß von Anschlusskommunikation sprechen – mit der Profanität dieses Begriffs gehen aber wichtige Bedeutungsdimensionen verloren.

4. Das Gespräch selbst als Ankündigung, Idee und romantische Utopie

Viel hat von Morgen an,
Seit ein Gespräch wir sind und hören voneinander,
Erfahren der Mensch; bald sind [wir] aber Gesang.

Erfahrung, Gespräch und auch der Gesang[16] verweisen hier auf etwas Gegenwärtiges, etwas Menschliches oder im Menschen Angelegtes – und zugleich

---

[14] Gedacht ist hier an die Zeilenbrüche und ihre Bedeutung für Hölderlins Dichtung (vgl. hierzu Roland Reuß: „… / Die eigene Rede des andern." Hölderlins „Andenken" und „Mnemosyne". Frankfurt a. M.; Basel: Stroemfeld 1990). Durch die Zeilenbrüche entstehen unterschiedliche semantische Bezüge, zudem erzeugt jeder Zeilenbruch eine Sprechpause, einen Moment der Stille, in dem das Gedicht weiterklingt und dem Leser / Hörer auf diese Weise Zeit lässt für sein Gespräch mit dem Text.

[15] Gert Mattenklott: Transformation von Bildung in der Mediengesellschaft. In: Links. Rivista di letteratura e cultura tedesca. Zeitschrift für deutsche Literatur- und Kulturwissenschaft, Jg. 7/2008, S. 13–19; hier S. 14 f.

[16] Zum Verhältnis von „Gespräch" und „Gesang" schreibt Karlheinz Stierle pointiert: „Als ‚Gespräch' ist der Mensch, der aufbricht zu seiner Bestimmung, Entzweiung, in der immer schon die Ahnung der Versöhnung gegenwärtig ist. Deren reine Erfüllung aber wäre Gesang" (Stierle 1989, vgl. Anm. 3; hier S. 521). Gerade an dieser Stelle „verschreibt" sich Hölderlin (versehentlich?) und in der Handschrift geht ihm das Subjekt des Satzes, das Subjekt des Gesangs, das Wir verloren – oder bleibt in der Form des Verschreibens noch versprochen (vgl. Rainer Nägele: Text, Geschichte und Subjektivität in Hölderlins Dichtung: „Uneßbarer Schrift gleich". Stuttgart: Metzler 1985, S. 218).

auf etwas Zukünftiges, eine Idee, ein Ideal – eine Utopie. Mit dem Gespräch ist seit der Romantik ein Ideal verbunden, das so in der Realität nie ganz eingelöst wurde und wahrscheinlich nie ganz eingelöst werden kann – und das dennoch oder gerade deshalb als Leitvorstellung für unser Denken, Handeln und Sprechen Bedeutung gewinnen kann. Die mit der Gesprächsidee zum Ausdruck kommende „Sehnsucht läßt sich weder theoretisch noch praktisch befriedigen, sondern bildet nur die Triebkraft aller Versuche eines menschlichen Fortschritts."[17]

Bettina Hurrelmann beschreibt die dahinter stehende Denkrichtung in ihrem Aufsatz zum Textverstehen im Gesprächsprozess mit der Feststellung, dass für die Idee des Gesprächs schon immer galt: „Nicht aus dem empirischen Zustand wird die Norm entnommen, sondern ihm wird eine Idee konfrontiert, die bis heute uneingelöst, ein *utopisches Ideal* weiterhin enthält."[18] Die Idee des Gesprächs und im Übrigen auch die *Friedensfeier* werden getragen von einer Hoffnung und vom Vertrauen auf die performative Kraft, auf die Wirkung der Sprache; vom Vertrauen darauf, dass, wenn wir etwas benennen oder aussprechen, es immer auch schon ein Stück weit da ist, Realität ist. Diese Denkrichtung, eben nicht nur aus dem empirischen Zustand die Norm zu entnehmen, sondern immer auch – in den Worten Hölderlins – die kommende Feier, das kommende Fest zu denken und zu benennen, halte ich für wertvoll – gerade heute .

---

[17] Andreas Arndt: Geselligkeit und Gesellschaft. Die Geburt der Dialektik aus dem Geist der Konversation in Schleiermachers „Versuch einer Theorie des geselligen Betragens". In: Salons. Beiträge eines Wiepersdorfer Kolloquiums zu Theorie und Geschichte des Salons. Hg. von Hartwig Schulz. Berlin; New York: de Gruyter 1997, S. 45–61; hier S. 50.

[18] Bettina Hurrelmann: Textverstehen im Gesprächsprozeß – zur Empirie und Hermeneutik von Gesprächen über die Geschlechtertauscherzählungen. In: dies. (Hg.): Man müßte ein Mann sein ...? Interpretationen und Kontroversen zu Geschlechtertausch-Geschichten in der Frauenliteratur. Düsseldorf: Schwann 1987, S. 57–82; hier S. 78.

MARCUS STEINBRENNER, JOHANNES MAYER, BERNHARD RANK
Zueignung und Dank

Seit vielen Jahren sind die Herausgeber dieses Sammelbandes in kollegialem und freundschaftlichem Gespräch mit Gerhard Härle: Marcus Steinbrenner und Johannes Mayer als Mitarbeiter in seinem Forschungsprojekt zum Literarischen Unterrichtsgespräch, Bernhard Rank als Kollege an der Pädagogischen Hochschule Heidelberg. Dankbar blicken sie auf diese Zeit der anregenden und fruchtbaren Zusammenarbeit zurück.

Gerhard Härle ist ein akademischer Lehrer und Partner, der uns wesentliche Einsichten und Haltungen vermittelt hat. Als Projektleiter verband er die ausgeprägte Fähigkeit, motivierend zu leiten, mit der Souveränität, uns genügend Freiraum für das eigenständige Denken und Forschen zu eröffnen. Als Kollege konnte man stets auf seine Fachkompetenz setzen und sich auf seine Kooperationsbereitschaft verlassen: gleichermaßen in Fragen der Lehre und Forschung wie in Belangen der akademischen Selbstverwaltung. Womit er uns vor allem angesteckt hat, sind seine Begeisterung für das Wirkungspotential und die Herausforderungen bedeutsamer Literatur und sein Einsatz für die Notwendigkeit des „wahren Gesprächs" – auch unter den bisweilen schwierigen Rahmenbedingungen einer universitären Institution.

Als Anerkennung und Dank für diese fachlich und persönlich prägende Zusammenarbeit widmen wir das Buch Gerhard Härle als Festschrift zu seinem 60. Geburtstag. Die gesammelten Beiträge belegen, dass das Konzept des Literarischen Unterrichtsgesprächs seine innovative Wirkung inzwischen so weit entfaltet hat, dass es aus der literaturdidaktischen Fachdiskussion nicht mehr wegzudenken ist. Dafür setzen wir mit der Herausgabe der Arbeiten, die Mitarbeiter, Freunde und Kollegen zum Ertrag des zweiten Heidelberger Symposions beigesteuert haben, ein deutliches Zeichen.

Unsere Tätigkeit als Veranstalter des Symposions und als Herausgeber wäre nicht möglich gewesen ohne die Mithilfe folgender Personen und Einrichtungen, denen wir an dieser Stelle unseren herzlichen Dank sagen:
- der Vereinigung der Freunde der Pädagogischen Hochschule Heidelberg und dem Institut für Weiterbildung für die finanzielle Förderung des Symposions,

- der Fakultät für Kultur- und Geisteswissenschaften und dem Institut für deutsche Sprache und Literatur und ihre Didaktik für die personelle und organisatorische Unterstützung,
- den Referentinnen und Referenten des Symposions für ihr Engagement bei der Tagung und die Ausarbeitung ihrer schriftlichen Beiträge,
- Jorma Sagner, Saskia Stutzmann und in ganz besonderem Maße Felix Heizmann für ihre tatkräftige Mithilfe bei der Organisation des Symposions sowie für ihre zuverlässige Mitarbeit bei der Redaktion und Korrektur der Manuskripte,
- Alexander Judea für die grafische Gestaltung des Buchumschlags,
- und zu guter Letzt auch dem Jubilar Gerhard Härle, der trotz seiner Arbeitsbelastung als Prorektor einen Grundlagenbeitrag verfasst hat, der „seinem" Buch ein besonderes Profil verleiht.

Luzern, Heidelberg, Reutlingen – im Dezember 2010
Marcus Steinbrenner, Johannes Mayer und Bernhard Rank

Das Literarische Unterrichts-gespräch im fachlichen Diskurs

GERHARD HÄRLE

„… und am Schluss weiß ich trotzdem nicht, was der Text sagt". Grundlagen, Zielperspektiven und Methoden des Literarischen Unterrichtsgesprächs

> Kaum hatte die Schlange dieses ehrwürdige Bildnis angeblickt, als der König zu reden anfing und fragte: „Wo kommst du her?" – „Aus den Klüften", versetzte die Schlange, „in denen das Gold wohnt." – „Was ist herrlicher als Gold?" fragte der König. „Das Licht", antwortete die Schlange. „Was ist erquicklicher als Licht?" fragte jener. „Das Gespräch", antwortete diese.
> Johann Wolfgang von Goethe: *Unterhaltungen deutscher Ausgewanderten*
>
> […] die künstlerischen Gespräche unter ihnen sind, außerdem sie […] unendlich viel Geist, Sinn und Gehalt haben, auch noch wahre Gespräche; vielstimmig und ineinander greifend, nicht bloß einseitige Scheingespräche.
> Friedrich Schlegel: *Über Goethes Meister*
>
> […] es sind wahre Gespräche, in welchen man auf das, was der Schüler sagt, ebenso aufmerksam ist als auf das, was der Lehrmeister hinzusetzt.
> Johann Adam Hiller: *Erläuterung der betrüglichen Tonordnung*

1. Literaturdidaktische Einbettung

1.1 Der Gegenstand

Die Literaturdidaktik insgesamt muss sich mit spezifischen Fragen auseinandersetzen und zu ihnen Stellung beziehen, die nur ganz speziell für diese Teildisziplin gelten und durch die sie sich von allen anderen Fachdidaktiken – einschließlich der Sprachdidaktik – unterscheidet. Diese Fragen resultieren aus der besonderen und einmaligen Verfasstheit ihres Gegenstandes, der Literatur. Literatur ist sowohl durch ihre Genese als auch durch ihre kulturellen und sozialen Funktionen als ein hochkomplexes System zu beschreiben, dem nicht nur unterschiedliche, sondern sogar widersprüchliche Charakteristika zuzuordnen sind. Im Sinne der Gesamtheit „poetischer Sprachwerke" (Hubert Ivo) hat Literatur in der abendländischen Kultur ein ganzes Bündel von Merkmalen und Aufgaben in sich aufgenommen, die sie mit bildender Kunst und Musik zu einem wesentlichen Bestandteil der ästhetisch ausgestalteten Welt- und Lebens-Symbolisierung werden lässt. In dieser Hinsicht stehen Literaturwissenschaft und Literaturdidaktik in der Nähe der

Kunstwissenschaften und ihrer Pädagogiken: Das Anliegen aller Kunst ist die Eröffnung von Zugangsmöglichkeiten zu den symbolisch überhöhten Bedeutungsräumen einschließlich ihrer vieldeutigen orientierenden bis hin zu ihren irritierenden oder gar verstörenden Dimensionen.

Im Unterschied zu den nicht auf rationale Verständigung abzielenden Künsten hat Literatur als *Sprach*kunst jedoch auch genuinen Anteil an jenem menschlichen Denk- und Verständigungsmedium schlechthin, der Sprache, deren Potentiale je nach Gebrauchszusammenhang, Intention und Wirkung entweder der rationalen Realitätserschließung und Kommunikation oder der pararationalen Gestaltung und Symbolisierung von Erfahrung oder – in einem nicht skalierbaren Verhältnis – sowohl diesen als auch jenen dienen. Allein schon in *dieser* Hinsicht kann ein und dasselbe „poetische Sprachwerk" qua Definition und/oder qua Wirkung unterschiedlichen Kategorien und Zwecken zugewiesen werden, was die Verständigung über den Gegenstand Literatur sowohl erschwert als auch bereichert. Literarische Texte *können* deswegen als Vermittler von „Weltwissen" betrachtet oder sie *können* als ästhetische Gebilde von selbstreferentiellem Charakter gelesen werden, wie nicht zuletzt die aktuelle literaturtheoretische Diskussion über den Status der autobiographischen Literatur zeigt.

Neben der offenen und changierenden Zugehörigkeit der *Literatur* zum Gesamtbereich der Kunst und zum Gesamtbereich der sprachlichen Kommunikation fallen ihr auch zentrale Aufgaben in der individuellen seelisch-geistigen sowie soziomoralischen Entwicklung des Menschen zu. Auch wenn spätestens mit dem Ausbruch der Barbarei in Deutschland die idealistische Hoffnung auf Humanisierung durch literarische Bildung in sich zusammengebrochen ist, bleibt im kulturellen Bewusstsein – und damit in den didaktischen Konzepten – ein Anteil dieser Hoffnung lebendig: dass der Mensch durch die Auseinandersetzung mit literarischen Texten einen höheren Grad an Selbstreflexivität, Identität und Sozialität erreichen könne. Diese Hoffnung beruht auf den unzähligen Individual-Erfahrungen von Menschen, die dieses Erleben für sich selbst beschreiben können; sie entbehrt jedoch der empirischen Überprüfbarkeit (was nicht gegen sie spricht!), da die hier zugrunde gelegten Parameter sich nicht generalisieren oder operationalisieren lassen. Literatur*konsum* und Literatur*unterricht* haben jedoch stets auch Anteil an dieser „Funktion" von Literatur, sei es, dass sie ihr folgen, sei es, dass sie sich explizit von ihr abgrenzen.

Aus dem komplexen Bündel der Besonderheiten des Gegenstands Literatur sei noch ein weiteres wichtiges Merkmal herausgegriffen, das in der Entwicklung der bürgerlichen Gesellschaft zu hoher Bedeutsamkeit gelangt ist und diese allen sozialen Verwerfungen zum Trotz behalten hat, was schulisch hochrelevant bleibt: Literatur in ihrer „Funktion" eines sozialen Distinktions- und Selektionsfaktors. Die Konsolidierung und Machtübernahme der bürgerlichen Klasse im Deutschland des 18. und 19. Jahrhunderts basierte in entscheidendem Maße auf den zwei Säulen „Kapital" und „Bildung", wobei jener Typus die höchste Vollendung des Bürgers repräsentiert, der sowohl vermögend als auch gebildet ist. Während indes der *wirklich gebildete* Nicht-Vermögende durchaus als „Bildungsbürger" reüssieren konnte und kann – die zahlreichen angesehenen evangelischen Pfarrhäuser legen davon beredtes Zeugnis ab –, wird der *ungebildete* Vermögende mit dem Odium des „Neureichen" oder „Parvenüs" stigmatisiert, was nichts an seiner Macht, wohl aber an seinem Ansehen und Einfluss ändert. Den hohen Stellenwert gerade der *literarischen* Bildung für die Erreichung eines gehobenen gesellschaftlichen Status belegen nicht zuletzt die blühenden literarischen Salons im ersten Drittel des 19. Jahrhunderts, in denen für einen gewissen Zeitraum die Utopie einer klassen- und geschlechterübergreifenden *liberté, égalité* und *fraternité* aufscheinen, wenn auch nicht realisiert werden konnte. Auch hier gilt, dass diese aus der Kulturgeschichte stammenden Charakteristika bis heute fortwirken, was sich nicht zuletzt an der kontroversen Debatte um den Begriff und Status der „literarischen Bildung" zeigt, die einerseits als reaktionäres und diskriminierendes Paradigma einer rückständigen Klassengesellschaft sowie andererseits als Statthalter der Überwindung klassenspezifischer Grenzziehungen angesehen werden kann.

1.2 Literaturdidaktische Differenzierung

Das entworfene Panorama der Gegenstandscharakteristika versteht sich weder als abschließend noch als originell; es gibt viele Optionen, die dargestellten Grundzüge dessen, was „Literatur" ausmacht, zu vermehren oder ganz anders zu bewerten – auch dies gehört zum Phänomen Literatur und der sie erforschenden Wissenschaft(en) als integrierender Bestandteil. Der Zweck der Skizze liegt im Kontext meiner Ausführungen darin, die unterschiedlichen Begründungszusammenhänge der literaturdidaktischen Diskussionen, Positionierungen und Kontroversen, die bis zu Feindschaften reichen, vor Augen zu führen, da sich alle aktuellen didaktischen Bemühungen explizit oder implizit auf mindestens eines dieser Charakteristika beziehen (lassen) und gerade daraus ihre Unterschiedlichkeit gewinnen. Oft sind angehenden, aber auch bereits seit langen Jahren tätigen Lehrerinnen und Lehrern diese Begründungszusammenhänge nicht ausreichend bewusst, was insofern ein Manko ist, als sich aus ihnen je unterschiedliche Lernperspektiven ergeben, die ihrerseits erhebliche personale und soziomoralische Implikationen haben. Führt man sich vor Augen, dass in jeder Stunde oder Einheit „Literaturunterricht" von der 1. Klasse an – bis hin zu allen Schulabschlüssen und schließlich auch zum Literaturstudium – didaktische Entscheidungen darüber fallen, welche der Dimensionen des Gegenstands Literatur zum Zuge kommen und welche nicht, wird die hohe bildungs- und gesellschaftspolitische Verantwortung speziell für den Literaturunterricht sichtbar. Natürlich kann man die pauschale Forderung erheben, dieser Unterricht müsse möglichst *allen* Dimensionen des Literarischen gerecht werden, aber eine solche Forderung erweist sich bei genauerer Betrachtung des Gegenstands und der eingesetzten Methoden als realitäts- und als sachfremd, auch wenn der pädagogische Zeitgeist eher auf synkretistische Versöhnung der Gegensätze als auf kritische Schärfung der Widersprüche und Konturierung der daraus erwachsenden Konsequenzen ausgerichtet zu sein scheint.

Um im Folgenden das Konzept des Literarischen Unterrichtsgesprächs literaturdidaktisch profilieren zu können (siehe Tabelle auf der gegenüberliegenden Seite), greife ich zunächst aus den gegenstandsbezogenen Aspekten des Literarischen drei zentrale Faktoren heraus und verknüpfe sie mit didaktischen Perspektiven. Für Literatur sollen

BEDEUTUNG – WIRKUNG – FUNKTION

als wesentliche Gegenstandsdimensionen gelten; ihnen entsprechen die didaktischen Dimensionen

VERSTEHEN – ERFAHRUNG – PRAXIS.

(1) Bedeutung – Verstehen

Die Dimension der BEDEUTUNG umfasst die dem Phänomen Literatur inhärente Charakteristik, eine menschliche Ausdrucks- und Gestaltungsform zu sein, die nicht gleichgültig, sondern „bedeutsam" ist – sowohl für die Entwicklung der Menschheit an sich (Phylogenese) als auch für die Entwicklung des Individuums (Ontogenese). Diese BEDEUTUNG von Literatur kann im emphatischen Sinne verstanden werden als Auflading der Texte mit existentiellen, ja sogar transzendenten Botschaften, die es zur Sinngebung für die eigene Existenz zu entschlüsseln gilt (klassische Hermeneutik); sie kann aber auch in einem sehr nüchternen Sinn verstanden werden als Semiotisierung der Welt mit sprachgestalterischen und / oder mit realitätsabbildenden Intentionen. Je nach persönlicher oder wissenschaftlicher Positionierung wird der Einzelne literarische Texte eher unter der einen oder der anderen Perspektive rezipieren und kategorisieren. Auch fließende Übergänge zwischen den Polen sind denkbar und üblich.

Basis	← Literaturtheorie → ← Ethik →		
Gegenstands-dimension	BEDEUTUNG	WIRKUNG	FUNKTION
	- Referentialität vs. Selbstreferentialität - Semiotisierung vs. Symbolisierung - Literarhistorische und intertextuelle Rahmung - Sinn-Entfaltung im Rezeptionsakt - Analyse und Interpretation	- Text-Leser-Interaktion - Anhebung, Erweiterung, Vertiefung des individuellen Horizontes - Bestätigung und Integration - Sprachgenuss - Konfrontation und Irritation	- Integrations- und Aufstiegsoption - Intellektuelle und soziale Distinktion - Unterhaltungs- und Fluchtangebot - Horizont- und Raumerweiterung
Didaktische Dimension	VERSTEHEN	ERFAHRUNG	PRAXIS
	- Kognitive Erschließung des „Systems Literatur" - Generierung von „mentalen Repräsentationen" - Umkreisen der Bedeutungspotentiale - Generierung von Hypothesen - Dynamische Balance von Verstehen und Nicht-Verstehen - Offenhalten von Sinnzuschreibungen - Auseinandersetzung mit Sinnzuschreibungen Anderer	- Affektive Zugänge und Abgrenzungen - „Lust und Frust" in der Begegnung mit Literatur - Empathie und Identifikation - Dynamische Balance von eigenen Vor-Erfahrungen und Text-Signalen - Auseinandersetzung mit Problemen und Lösungsangeboten - Erleben der Rezipientengemeinschaft - Persönliches Wachstum - Einlassen auf die „Unendlichkeit" des Verstehensprozesses	- Sich-Einlassen auf die „fremde Sprache" des Textes bzw. die Scheu und Abwehr ihr gegenüber - Erweiterung der eigenen Sprach- und Denkkonzepte - Nutzung von Literatur zum sozialen Aufstieg - Nutzung von Literatur zum persönlichen Wachstum - Nutzung von Literatur zur Ausgestaltung des eigenen Lebens - Sprach- und Kommunikationsentwicklung (Diagnostik)

Dimensionen des Literarischen

Der Textdimension der BEDEUTUNG korrespondiert die didaktische *Dimension* des VERSTEHENS, das in Lehr-Lern-Prozessen angebahnt und ermöglicht werden soll. Dementsprechend entwerfen unterschiedlich begründete literaturdidaktische Konzeptionen auch völlig unterschiedliche, ja gegensätzliche Verstehensmodelle, wobei der Schlüsselfrage „Was heißt es, einen literarischen Text zu verstehen und wie lässt sich die dafür notwendige Kompetenz vermitteln" zumeist ausgewichen wird. Am einfachsten machen es sich dabei jene Ansätze, die – unbeschadet der Originalität und Kreativität ihrer Methoden – auf das Paradigma der *Intention* rekurrieren, wobei es letztlich gleichgültig ist, ob die Intention des Autors oder des Textes beschworen wird: Wer sich auf Intention beruft, setzt ein Kriterium als apriorisch, das seinerseits erst der Bedeutungszuschreibung bedarf und sie nicht gewissermaßen aus sich heraus besitzt. In der Regel greift die Berufung auf die Intention ganz konservativ auf eine Interpretation zurück, die von nichts anderem als der Deutungsmacht der *scientific community* oder der Lehrperson legitimiert ist. Auch Habermas'sche Aushandlungsprozesse mit dem Ziel sogenannter intersubjektiver Konsense sind nur Variationen dieses Anspruches auf Deutungsmacht, der nicht dadurch aufgehoben ist, dass er (schein-)demokratisiert wird.

Die mit den neuen literaturwissenschaftlichen Theorien des sogenannten Poststrukturalismus – Diskursanalyse, Intertextualität und Dekonstruktivismus – eingeleitete Revision der auf Intention ausgerichteten Bedeutungsermittlungen wird in der literaturdidaktischen Diskussion zwar wahr-, aber noch längst nicht ausreichend ernst genommen. Während sich im Jahr 2010 vermutlich niemand mehr der schlichten Formel Günter Waldmanns anschließen würde, dass „einen literarischen Text verstehen" bedeute, „seine Produziertheit" durch einen intentional handelnden Autor zu verstehen, unterwerfen sich aktuelle empirisch fundierte Unterrichtsstudien bedenkenlos dem Intentions-Paradigma, weil sie einer scheinbar objektiven Maßgröße bedürfen, um Qualitäten und Quantitäten des Verstehens in Form von Kompetenzstufen und -modellen erfassen und skalieren zu können. Ob und inwiefern „Verstehenskompetenzen" sich überhaupt messen und nicht eher doch „nur" beschreiben lassen, wird noch immer viel zu selten gefragt.

(2) Wirkung – Erfahrung
Während im Bereich der Dimensionen BEDEUTUNG – VERSTEHEN ein gleichsam „objektiver" oder vom Gegenstand intendierter Zugang zu Literatur möglich oder erwünscht zu sein scheint, liegt in der Korrespondenz der Dimensionen WIRKUNG – ERFAHRUNG die unhintergehbare Subjektivität

des literarischen Prozesses offen zutage. Selbst wenn sich mit rezeptionstheoretischen Konstrukten wie dem des ‚impliziten Lesers' oder der ‚Leerstelle' gewisse wirkungsästhetische Kriterien für literarische Texte gewinnen lassen, bleibt die eigentliche Wirkung selbst immer der Kontingenz der jeweiligen individuellen und situativen Leser-Text-Beziehung anheim gegeben. Gerade deswegen gilt das Wirkungspotential von Literatur als deren ‚gefährlichste' oder ‚verdächtigste' Größe für literaturdidaktische Konturierungen – und zugleich liegt in ihm der größte Reiz für jene Konzepte, die sich an kunstpädagogischen Intentionen ausrichten. Während die Absage an eine wirkungsorientierte Literaturrezeption im Unterricht vor allem durch die strukturalistischen Verfahren der 70er Jahre und die Produktionsorientierung als deren Nachfolger zu einer Entwertung des Literarischen und einer Entsinnlichung des Literaturunterrichts beigetragen haben, steht die an Wirkung orientierte Literaturdidaktik in Gefahr, den Literaturunterricht zu einer ideologie-anfälligen Feierstunde werden zu lassen, bei der niemand mehr im Kontext der herrschenden Machtverhältnisse zwischen der tatsächlichen und der erwünschten Wirkung des Textes auf die Lernenden unterscheiden kann – auch die Lernenden selbst nicht. Das Zusammenspiel von Ratlosigkeit angesichts eines „fremden Textes" einerseits mit dem ausgeprägten Sensorium für „erwartete Schülerantworten" andererseits lässt die Lernenden Wirkungen artikulieren, von denen wir aus lese- und lernbiographischen Retrospektiven wissen, dass sie oft der Lehrer-Befriedigung oder -Befriedung und nicht der authentischen Erfahrung geschuldet sind. Deswegen kommt der Ermöglichung ‚echter' oder ‚wahrer' literarischer Erfahrung ein besonders hoher Stellenwert zu, wobei es auch hier immer zu bedenken gilt, dass zwischen situativ ‚gemachter' Erfahrung und ihrer Bewusstwerdung zum einen und zwischen der tatsächlich ‚gemachten' Erfahrung und ihrer Versprachlichung im Unterricht (aber auch sonst) zum anderen erhebliche Lücken klaffen können.

Deswegen ist es nur in aller Vorsicht möglich, aus Äußerungen Rückschlüsse auf Erfahrungen ziehen zu können (ein Einwand, der auch auf die Untersuchungsmethode des ‚Lauten Denkens' anzuwenden wäre); weder darf man überhaupt mit *adäquaten* Artikulationen von Erfahrung rechnen oder gar auf ihnen beharren, noch wäre es zulässig, aus der Nicht-Artikulation auch auf Nicht-Erfahrung zu schließen. Insofern entziehen sich literarische Erfahrungen selbst nahezu jeder Planung, Auswertung und Bewertung; sie sind Keime in der Erde, von denen auf unbestimmte Zeit unentschieden bleibt, ob sie an die Oberfläche dringen und sich dort entfalten – *und* von denen sich bestenfalls in Metaphern, nicht aber in kategorialen Begriffen sprechen lässt.

(3) Funktion – Praxis

Man kann es drehen und wenden, wie man will: Kein reformpädagogischer Eifer und keine soziomoralisch verantwortete Didaktik schaffen die gesellschaftliche Funktionalisierung von Literatur und literarischer Bildung aus der Welt, in der die Schule steht. Dies lastet als schwerer Ballast auf dem Lernbereich Literatur; es weist ihm aber zugleich auch seine große Bedeutsamkeit und Chance für alle Schularten zu – und hier gerade für jene, an denen überwiegend Schülerinnen und Schüler aus sogenannten bildungsfernen Herkünften untergebracht werden. Wenn Schülerinnen und Schüler in Haupt-, Förder- und Sonderschulen „Literatur" als etwas beschreiben, das ihnen ebenso wenig erreichbar ist oder „zusteht" wie eine Villa mit Swimmingpool, dann sagt das nicht nur etwas aus über den luxuriösen Status, den sie der Literatur zugestehen. Es sagt mindestens genauso viel aus über ihre Versagensangst und – oft schon durch die mangelnde Lesefertigkeit begründete – Versagenserfahrung angesichts der Barriere, die den Zugang zur Literatur schier unüberwindlich versperrt. Im Grunde genommen hält die Literaturdidaktik drei Antworten auf diese schwierige Ausgangslage bereit:

– das Vermeiden oder Ausblenden des Literarischen (verbreitete Praxis in Haupt- und Förderschulen),
– das Absenken der Barriere auf das Erwartungs- und „Leistungs"niveau der Lernenden durch Nutzung „einfacher" Texte (Leseerzieher, Leseförderung) oder
– die Stärkung des Zugangsmutes durch Zu-Mutung in ermutigenden Settings.

Alle drei Antworten versuchen, literaturfernen Lernenden die Demütigung durch bildungsbürgerliche Normen zu ersparen; die dritte Antwort eröffnet jenen Weg, den auch das Literarische Unterrichtsgespräch beschreibt.

1.3 Perspektiven – keine Lösungen

In den Abschnitten des folgenden Kapitels soll das literaturdidaktische Konzept des Literarischen Unterrichtsgesprächs als eine Antwort auf die Fragen beschrieben werden, die sich aus dem skizzierten Aufgaben- und Verantwortungsfeld der Literaturdidaktik ergeben. Es geht dabei nicht um die Vorstellung einer – oder gar *der* – „Lösung" aller inhärenten Probleme, sondern um die Eröffnung von Perspektiven, die das Verfahren – insbesondere in seiner Ausprägung als „Heidelberger Modell" – bietet, ohne dass damit seine Grenzen negiert würden.

Dem Selbstanspruch des Konzepts entspricht es, sich sowohl in literaturtheoretischer Hinsicht auf die aktuellen, richtungsweisenden Paradigmata zu beziehen und die Gegenstandsauffassung von literarischen Texten und ihrem Verstehen von ihnen her zu konturieren, als auch sich der ethischen Verantwortung von Literaturunterricht bewusst zu sein und diese Bezugslinien miteinander zu verschränken. Diese Verschränkung ist deswegen von ausschlaggebender Bedeutung, weil ein Literaturunterricht, der sich seiner sorgfältigen literaturtheoretischen Fundierung begibt, sich seines Gegenstandes beraubte und kein *Literatur*unterricht mehr wäre (sondern bestenfalls ein gegenstands-unspezifisches Kompetenztraining), und weil ein Literaturunterricht, der sich seiner soziomoralischen Verantwortlichkeit nicht stellt, kein Literatur*unterricht* mehr wäre (sondern eine Form der Wissens- oder Kompetenz-Indoktrination).

Lehren und Lernen an, mit und durch Literatur verstehe ich deswegen als einen intensiven, gleichermaßen kognitiven wie affektiven, individuellen wie sozialen, intimen wie kommunitären – also semi-öffentlichen – Prozess der Auseinandersetzung mit den Gegenstands- und den „Erwerbs"-Dimensionen des Literarischen, wobei der Anspruch auf eine *Lösung* der Probleme, die diesen Dimensionen innewohnen, zugleich ein *Verfehlen* der ehrlichen Auseinandersetzung mit ihnen bedeuten würde.

2. Das Literarische Unterrichtsgespräch (Heidelberger Modell)

2.1 Einflüsse und Auswirkungen

Mit der Bezeichnung „Das Literarische Unterrichtsgespräch nach dem Heidelberger Modell" benennen wir ein literaturdidaktisches Konzept, das ich seit etwa dem Jahr 2000 zunächst mit Marcus Steinbrenner und Johannes Mayer und dann mit einem wachsenden Kreis von Mitarbeiterinnen und Mitarbeitern entwickle und das sich immer stärker ausdifferenziert. Ursprünglich war die Konzeption ausschließlich im Kontext der LehrerInnenbildung an der Pädagogischen Hochschule Heidelberg angesiedelt. Ausgangspunkt war insofern die Berücksichtigung der oben skizzierten Dimensionen des Literarischen, als uns deutlich wurde, dass die angehenden Lehrerinnen und Lehrer der Schularten, für die wir ausbilden (Grund-, Haupt-, Real- und Sonderschulen), ihrerseits in die *Verschränkungen* der Dimensionsebenen eingeführt werden sollten, um als zukünftige „Experten der Textkultur" (Fingerhut) sich nicht nur Wissen über Literatur oder Methoden im Umgang mit ihr aneignen, sondern eigene „echte" Erfahrungen mit literarischen Texten und ihrem

Verstehen und Nicht-Verstehen machen und reflektieren zu können. Die Bedeutsamkeit des Wechselspiels von Verstehen und Nicht-Verstehen aller Literatur ergab sich zwingend aus der Auseinandersetzung mit aktuellen literaturtheoretischen Positionen. Es stellte sich als wirkungsvolles Potential heraus, das drei wesentliche Aspekte des literarischen Lernens in sich vereint: Es ist unverzichtbar für eine angemessene Gegenstands-Orientierung, es ist erforderlich zur Anbahnung von authentischen Begegnungen mit literarischen Texten und ihren unerschöpflichen Bedeutungspotentialen und es erscheint darüber hinaus auch höchst chancenreich für didaktische Modellierungen des Literaturunterrichts in den genannten schulischen Kontexten, weil hierin auch das *Nicht-Verstehen* als eine Qualität in Erscheinung treten kann, die dem Literarischen notwendig zugehört und nicht sein Widerpart ist.

Von der ursprünglichen Konzentration auf die Lehrerbildung ausgehend konnte das Konzept zunehmend in allen Schularten erprobt sowie in größeren und kleineren Studien ausgewertet werden; die Weiterentwicklung ist im Gange und hat auch Auswirkungen auf die „Zweite Phase" der Lehrer-Bildung in den Schulseminaren gewonnen. Neben einer Vielzahl von kleineren Praktikumsprojekten in unterschiedlichen Schularten und Jahrgangsstufen sind vor allem die folgenden substantiellen Anwendungs- und Erfahrungsbereiche kurz zu nennen:

- Grundschule (Dissertation Marcus Steinbrenner; Magisterarbeit Felix Heizmann)
- Haupt- und Realschule (Dissertation Marcus Steinbrenner; Staatsexamensarbeit Yvonne Thösen unter Berücksichtigung von Deutsch als Fremdsprache)
- Gymnasiale Sekundarstufe (Staatsexamensarbeit Christoph Bräuer)
- Sonder- und Förderschule (Dissertation Maja Wiprächtiger-Geppert; Staatsexamensarbeit Johannes Klimkait)
- Lehrerbildung, Hochschule (Dissertation Johannes Mayer; diverse Studien Gerhard Härle, Marcus Steinbrenner u. a.; Magisterarbeit Saskia Stutzmann)

Es ist in diesem Kontext auch auf jene Konzepte und Studien zu verweisen, auf die das Heidelberger Modell rekurriert und von denen es profitiert, wobei ich hier auf eine ausführlichere Darstellung verzichte, da wir sie bereits als Herausgeber des Bandes *Kein endgültiges Wort* geboten haben. Dennoch soll das Spektrum der Einflusslinien zumindest skizziert werden.

Eine wichtige Basis für die Entwicklung des Ansatzes bieten Hubert Ivos Überlegungen zum *Reden über poetische Sprachwerke*, in denen er in einem weit gesteckten kulturhistorischen Rahmen zum einen das Charakteristikum der „Vielstimmigkeit" der abendländischen Literatur als zentrales Merkmal sowohl ihrer Gestalt als auch ihrer Auslegung begründet und aus dem er das literarische Gespräch im Unterricht zum gegenstandsspezifischen Verfahren *sui generis* erklärt. Jan Assmann pointiert diese Position mit einem Begriff, der ebenfalls die Brücke schlägt zwischen der Gegenstands- und der didaktischen Reflexion, wenn er resümiert, dass die Schriftkultur und Auslegungspraxis im Gefolge des „griechischen Sonderweges" „zur Verflüssigung, zum Strittigwerden und zur Differenzierung der Überlieferung" führe. Der Begriff der „Verflüssigung" stellt einen wichtigen Schlüssel zum Verständnis literaturdidaktischer Forderungen bereit, wie sie auch Karlheinz Fingerhut in seinem „L-E-S-E-N"-Modell vertritt, von dem das Heidelberger Modell ebenfalls profitiert: In kritischer Abgrenzung zu den auf (schriftliche) Fixierung von subjektiver Textwahrnehmung oder -kontrafaktur zielenden produktiven Verfahren hebt Fingerhut die unverzichtbare Funktion des Gesprächs hervor, weil nur in ihm diese Verflüssigung der Bedeutungszuschreibungen und -irritationen erreicht werden kann, die eine Annäherung an literarische Texte als *Literatur* möglich macht. Anders gesagt: Das literarische Gespräch im Unterricht, wenn es als *Gespräch* und nicht als Frage-Antwort-Dialog konzipiert ist, trägt in sich das Potential, Lernende zu Textbegegnungen und Texterfahrungen anregen zu können, die in sich selbst eine literarische Qualität bergen und die der Literatur nicht wesensfremd übergestülpt werden.

In der Qualität der *Bewegung*, die dem Gespräch sowohl als Element des Ablaufs als auch als Element der Interaktion innewohnt und in der das Gespräch mit der *Bewegung* des Textes korrespondiert, sehen neben den bereits Genannten auch Valentin Merkelbach und Bettina Hurrelmann eine der wesentlichen „Leistungen" des literarischen Gesprächs im Unterricht. Während Merkelbach und seine Forschergruppe vor allem die offene und tentative Rezeptionshaltung der Lernenden als Qualität des Lernprozesses beschreiben, ermittelt Bettina Hurrelmann in Unterrichtsgesprächen das Prinzip einer dynamischen Balance von textbezogenen und subjektbezogenen Beiträgen als Gelingensbedingung; sie spricht mit Bezugnahme auf Schleiermacher vom Ineinander „strukturierender" und „elaborierender" Gesprächsphasen oder -momente, durch deren dialektisches Zusammenspiel sich nach und nach ein lebendiger und sinngenerierender Austausch über Bedeutungsmöglichkeiten literarischer Texte ereigne.

Mit rezeptionstheoretischen Fundierungen und konturierten Kompetenzmodellen begründen auch namhafte Vertreterinnen und Vertreter der Didaktik der Kinder- und Jugendliteratur wie Maria Lypp und Bernhard

Rank die Anbahnung literarischer Kompetenzen durch die Begegnung der Lernenden mit Texten, deren ästhetische Differenziertheit eine Herausforderung und mit ihr verbunden das „Vergnügen des Entdeckens" anbieten, wobei hier die Orientierung an handlungs- und produktionsorientierten Verfahren dominiert, die auf den Gegenstand bezogenen Intentionen jedoch denen des Literarischen Unterrichtsgesprächs kongruent sind.

Unter stärker pädagogischer Perspektive ist die Zielsetzung der literarischen Gespräche mit Kindern zu sehen, für die Ute Andresen engagiert eintritt: Laut ihren Studien lösen die Texte Such-Bewegungen der Kinder aus, die vor allem vom *Geheimnis* des Poetischen angestoßen werden und in denen sich die Kinder selbst und einander im Umkreisen der Textmöglichkeiten begegnen. Hier spielen die Grenzen zwischen Kinderliteratur und allgemeiner Literatur keine Rolle, weil bei Ute Andresen nicht die Zielsetzung des *Verstehens,* sondern die des *Erlebens* und die daraus resultierende *Erfahrung* im Vordergrund steht.

Ute Andresen legt ein Gesprächsmodell zugrunde, das sie als „dreifachen Dialog" bezeichnet und das einige Analogien zum „Heidelberger Modell" aufweist. Während jedoch in Andresens Ansatz dem Faktor der Gesprächs*gruppe* keine explizite Bedeutung zukommt, spielt gerade sie in der Modellierung des Literarischen Unterrichtsgesprächs eine gleich wichtige Rolle wie die anderen Faktoren. Gewonnen wird diese Modellierung aus dem gesprächs- und gruppenpädagogischen System der Themenzentrierten Interaktion (TZI), das ein Konzept zur Professionalisierung von GruppenleiterInnen wie auch zur Planung, Leitung und Reflexion von Gruppen und ihren Prozessen bietet (vgl. hierzu auch den Beitrag von Angelika und Eike Rubner in diesem Band). Die TZI hat sich aus Prinzipien der Psychoanalyse und der humanistischen Psychologie heraus entwickelt und stellt mit ihrem Ansatz der Wertschätzung des Individuums und der Beachtung aller wesentlichen Faktoren eines kooperativen Lern- und Arbeitsprozesses ein wichtiges Werkzeug – oder besser: eine unverzichtbare und erlernbare Haltung – für eine Unterrichtskonzeption zur Verfügung, die sich soziomoralischen Werten verpflichtet weiß.

Ergänzend hierzu sind die Einflüsse aus der Gesprächslinguistik und Sprachdidaktik von Bedeutung, auch wenn die Auseinandersetzung mit ihnen weniger in den Vordergrund der Argumentation tritt. Vor allem aus den didaktischen und didaktisch relevanten Arbeiten von Petra Wieler, Konrad Ehlich und Jochen Rehbein, Arnulf Deppermann sowie Eduard Haueis hat das Heidelberger Modell des Literarischen Unterrichtsgesprächs wesentlich profitiert, während es seinerseits auch andere Konzepte beeinflusst hat. Zu nennen ist hier zunächst das im Forschungs- und Arbeitskontext von Christine Garbe entwickelte Lüneburger Konzept der Vermittlung von literarischen Kompetenzen in der Ausbildung von Lehrerinnen und Lehrern. Außerdem stützen sich auch das von Kaspar H. Spinner vorgestellte Modell des „Vorlesegesprächs" mit Kindern des Primarbereichs sowie seine Kompetenz-Konturierungen des Literarischen Lernens in zentralen Merkmalen auf die Potentiale des Literarischen Unterrichtsgesprächs, führen diese weiter und bieten Anschlussmöglichkeiten für andere didaktische Verfahren, um so ein möglichst weites Panorama von Lernoptionen zu eröffnen.

2.2 Ansprüche und Abgrenzungen

Das hier vorgestellte Konzept des Literarischen Unterrichtsgesprächs stellt sich dem Anspruch, seine Auffassung des Gegenstands Literatur und ihres Verstehens aus zeitgemäßen und richtungsweisenden theoretischen Fundierungen abzuleiten. Dabei sind wir von unseren ersten Arbeiten an davon ausgegangen, dass der Literaturunterricht einem „doppelten Gegenstand" verpflichtet ist: dem literarischen Text mit seinem Bedeutungspotential zum einen und zum anderen dem Verstehen mit all seinen Optionen des Gelingens und Nicht- bzw. Noch-Nicht-Gelingens. Außerdem hatten wir ernst zu nehmen, dass dieser „doppelte Gegenstand" des Literaturunterrichts in ein reales Schulsystem eingebunden ist, das seit langem sehr stabile, mehr oder weniger zweckdienliche Umgangsweisen und Bewertungsnormen für Literaturvermittlung beziehungsweise „-erwerb" ausgeprägt hat. Unter ihnen hat in der Geschichte des Literaturunterrichts insbesondere das fragend-entwickelnde Unterrichtsgespräch eine fast ubiquitäre Präsenz entfaltet: Es wird häufig und ohne theoretische Legitimierung als „hermeneutisches" Verfahren aufgefasst, während es eigentlich in einer *anti-hermeneutischen* Weise der Ermittlung einer (meist am Fetisch der Autor- oder Text-Intention ausgerichteten) ‚Interpretation' dient. Diese Gesprächsform ist insofern transitorisch, als sie weder aus sich selbst heraus legitimiert ist noch in sich selbst ihren Zweck trägt: Sie bereitet die abschließende Fixierung der Bedeutung vor, die entweder im Sinn einer „Ergebnissicherung" oder im Sinn einer Prüfungsarbeit als „Leistung" verbucht werden kann.

Dem Typus des fragend-entwickelnden Unterrichtsgesprächs stehen seit gut zwanzig Jahren für den „Umgang mit Literatur" zahlreiche Ausprägungen der handlungs- und produktionsorientierten beziehungsweise der produktiven Literaturdidaktik gegenüber, die ihrerseits – ganz im Sinne des Konstruktivismus' – die Selbsttätigkeit der Lernenden und den kreativen Umgang mit Texten in den Vordergrund stellen. Hier gewinnen häufig die unterrichtlich hervorgebrachten Handlungen und Produkte ein dominantes Eigenleben, in dessen Schatten die Auseinandersetzung mit dem literarischen Text selbst, den viele methodische Vorschläge weder in seiner Wertigkeit noch in seiner Bedeutsamkeit in den Mittelpunkt rücken, welkt. Außerdem weist auch die Hervorbringung von Produkten gleich welcher Art und Intention die Tendenz auf, zu Fixierungen zu erstarren, denen letztlich ein *interpretativer* Charakter zukommt (von Fingerhuts dagegen opponierendem Postulat der „Verflüssigung" war oben bereits die Rede).

Im Unterschied zu diesen Vorstellungen versucht das Literarische Unterrichtsgespräch jene Charakteristika von Literatur besonders zur Geltung zu bringen, die sich kategorisch der abschließenden, fixierenden oder normierenden „Aneignung" entziehen – oder genauer: sich ihr widersetzen. Bereits mit einer dynamisch verstandenen Hermeneutik, wie sie beispielsweise die an Manfred Frank geschulte Schleiermacher-Exegese nahelegt, kann man einerseits die Bedeutung literarischer Texte nur als Infragestellung von Bedeutung und andererseits den Prozess des Verstehens nur als einen stets sein Ziel verfehlenden Prozess auffassen. Wer meint, den Sinn zu *haben*, hat ihn schon verloren. Radikalisiert man diesen Ansatz mit den dekonstruktivistischen Provokationen, die das Werk Jacques Derridas bereitstellt, dann radikalisiert sich auch notgedrungen – oder erregender Weise – die Aufgabenstellung des Literaturunterrichts zu einem spannungsvollen Ereignis, in dem das Literarische selbst seine beste Qualität entfalten kann: nicht bestätigend und beruhigend, sondern aufregend und infrage stellend zu sein.

Wenn also „Sinn" in keiner Weise mehr etwas sein kann, das der Text „enthält" und das ihm durch mehr oder weniger geschickte Manipulationen abgeluchst werden kann wie einem Tresor sein Schatz durch den Dieb, wenn aber „Sinn" auch nicht mehr das sein kann, was der Rezipient, sich im Text spiegelnd, in ihm wiederfindet wie Narziss sein Bild in der Quelle, sondern wenn „Sinn" eine dynamische Kraft ist, die aus dem Text heraus den Leser anspringt und zu einem „Parcours" (Derrida) der Einsichten, Ahnungen und Verwerfungen antreibt, bis er erschöpft, nicht aber ans Ziel gelangt, sich eine Pause gönnen muss – wenn also diese Metaphern auch nur ungefähr das Phänomen des literarischen Sinns umschreiben, dann hat Literaturunterricht einerseits ausgedient und andererseits seine spezifische Herausforderung erkannt. Die Behauptung, dass es für diese spannungsreiche Herausforderung *nur* im Gespräch eine Chance gibt, ist von einer gewissen pointierten Evidenz; damit soll aber nicht zugleich behauptet werden, dass das Gespräch das *einzige* didaktische Verfahren der Wahl im Literaturunterricht wäre. Es ist jedoch jener Weg, der eine besonders intensive

Auseinandersetzung mit gerade diesem Spannungspotential von Verstehen (Bedeutung) und Erfahrung (Wirkung) in erlebter Praxis (Funktion) ermöglicht, das eine zentrale Dimension des Literarischen ausmacht. Anders gesagt: Das Sich-Einlassen auf die hermeneutische und die dekonstruktivistische Theorie-Fundierung löst die Bewegung aus, die sich vom Literatur-Begriff über die didaktische Zielsetzung bis hin zur konkreten Gesprächspraxis – von der Textauswahl und Textpräsentation über die Initiierung und Leitung des Verlaufs bis zur Auswertungsrunde – fortsetzt und auch die Reflexion des Verfahrens bestimmt und immer nur an ein vorläufiges Ende kommt, das einer Rast entspricht, keinem Ziel.

Dass Bildung, die literarische zumal, der Geselligkeit und des Gesprächs bedarf, ist darüber hinaus eine Erkenntnis, die aus der Fundierung der bürgerlichen Gesellschaft durch die Sprache der zur „Nationalliteratur" erhobenen Dichtung uns zugewachsen ist. Diese sich in Sprache erschaffende und manifestierende Geselligkeit ist gemäß ihrem Anspruch, nicht jedoch ihrer Realität nach, *frei*. Sie bildet das Forum, in dem sowohl die unterschiedlichen Bedeutungszuschreibungen zum Text (im Sinne der Verschränkung von BEDEUTUNG und VERSTEHEN) als auch die unterschiedlichen Wirkungsartikulationen (im Sinne der Verschränkung von WIRKUNG und ERFAHRUNG) zu Wort kommen und damit ihrerseits wirksam werden können. Dank der freien Geselligkeit können sich literarische Gespräche ausbreiten wie Rhizome, die den Ausgangstext mit neuen, fließenden Texten unterfüttern, anreichern, durchwuchern und fruchtbar werden lassen. Der an sich stumme, aber auf Gehörtwerden angelegte Text kommt durch die Sprechenden in stets neuen Facetten zu Wort und die Artikulationen ihrerseits werden zu neuen Impulsen der Aufmerksamkeit für den Text und füreinander. So kann in der tastenden und nachvollziehenden Sprache des Gesprächs sich ein Geflecht von Bedeutungsoptionen entfalten, das die „Spuren" des Textes in sich nachzeichnet.

Neben der generativen Funktion übernimmt die Geselligkeit jedoch auch jene FUNKTION des Literarischen, in der sie über Dazugehören und Nichtdazugehören mitbestimmt, weshalb die PRAXIS des literarischen Gesprächs als ein ethisch verantwortetes Ereignis sich auch diesem Problem stellen und Möglichkeiten der Inklusion statt der Selektion eröffnen muss.

Diese hohen Anforderungen führen mitten hinein in die Dilemmata, denen der Literaturunterricht ausgesetzt ist. *Dass* er es grundsätzlich und völlig unabhängig vom gewählten Verfahren ist, ließ sich bereits aus den unterschiedlichen und widersprüchlichen Dimensionen des Literarischen ableiten; Literaturunterricht kann seiner Dilemma-Situation nur dort entkommen, wo er seiner selbst vergisst – wenn er also dem Dilemma ausweicht und entweder auf erlebnisnahe Inszenierung oder auf rezeptive oder produktive Textanalyse setzt (zahlreiche „praxistaugliche" Unterrichtsvorschläge dienen genau diesen Zwecken). Das Literarische Unterrichtsgespräch seinerseits setzt sich dem Dilemma bewusst aus und nimmt es in seine Konturierung auf. Daraus ergeben sich für die Praxis einige weitreichende Konsequenzen, die in den folgenden Textabschnitten erörtert werden sollen – nicht mit dem Ziel, die Aufhebung der Dilemmata durch das Literarische Unterrichtsgespräch zu behaupten, sondern ihr Aufgehobensein in ihm aufzuzeigen.

2.3 Dilemma 1: Authentizität und Inszenierung

Die Prinzipien des Literarischen Unterrichtsgesprächs werden häufig mit ethischen Postulaten wie „echt", „authentisch" oder „wahr" verbunden. Das sind anspruchsvolle Orientierungsmaximen, die zugleich aber keine exakt definierbaren Kriterien darstellen, sondern ihre Berechtigung und Überprüfbarkeit erst im Zuge der Anwendung erhalten (in der *echten* Empirie also). Während mit den Begriffen „echt" und „authentisch" auf eine sicht- und spürbare Übereinstimmung abgehoben wird, enthält die Dimension des „Wahren" zwar auch Anteile des Authentischen, zielt darüber hinaus aber auch auf einen *höheren*, idealischen Wert. Die Qualität „wahr" wird in unserem Kontext seit dem 18. Jahrhundert vor allem dem *Gespräch* zuerkannt, dem der übernächste Abschnitt gewidmet ist; aber auch dem Kunstwerk kann, wie am Beispiel Goethes zu zeigen sein wird, der Wertbegriff „wahr" zugesprochen werden.

Die Sehnsucht oder Forderung nach Authentizität oder Echtheit (ich verwende in diesem Zusammenhang beide Begriffe synonym) lässt sich als Begleiterscheinung der Formierung und Fundierung der bürgerlichen Gesellschaft nachweisen; sie wird literarhistorisch vor allem im Zuge des Autobiographiediskurses relevant als eine säkular-religiöse Beglaubigungsinstanz dessen, was als stumme Schrift ans Herz des Lesers rühren soll (vgl. Schneider, Knaller, Finck). Insofern ist der Begriff des *Authentischen* auch durchlässig für den des *Wahren*, was die hohe Bedeutsamkeit des Autors für die Beglaubigung des Textes und in ihrer Folge die Orientierung der Auslegungspraxis an der Intention des Autors und an seinen Lebensbezeugungen erklären kann. An der Reaktion von Kindern auf Erzählungen, von denen sie wissen wollen, ob sie ‚wirklich wahr' sind, oder von ihrer Reaktion auf offenkundig Erfundenes als ‚Lüge' kann man nicht nur den Grad der „Fiktionalitätskompetenz" erkennen, den sie erreicht haben, sondern auch die offenbar tief in uns verwurzelte Sehnsucht nach Orientierung und Glaubwürdigkeit, die ja gerade die Begegnung mit Literatur nicht einfach erfüllt, sondern unterläuft und überbietet.

Insofern hat sich das Literarische Unterrichtsgespräch diesem Dilemma zu stellen und es nicht vorschnell durch Scheinsicherheiten zu entschärfen, etwa durch die Wahl von literarischen Texten, die die Erwartungen an „Authentizität" und „Wahrheit" zu befriedigen scheinen (wie zum Beispiel relativ eindimensionale realistische Erzählungen) oder erst gar nicht aufkommen lassen (wie etwa Fantasy, Detektivgeschichten oder schlichte Kindergedichte). Es hat sich vielmehr in vergleichenden Projekten gezeigt, dass jene Texte, die ein ästhetisch vielschichtiger, mehrdeutiger und rätselhafter Charakter auszeichnet, am ehesten geeignet sind, ‚authentische' literarische Erfahrungen im Gespräch zu generieren, gleichviel ob sie der Kinder- und Jugendliteratur oder der allgemeinen Literatur zuzurechnen sind. Für sie kann jenes Kriterium des „Wahren" gelten, das Goethe gemäß den Aufzeichnungen von Kanzler Müller folgendermaßen umreißt:

> Ein Kunstwerk, besonders ein Gedicht, das nichts zu erraten über ließe, sei kein wahres, vollwürdiges; seine höchste Bestimmung bleibe immer: zum Nachdenken aufzuregen; und nur dadurch könne es dem Beschauer oder Leser recht lieb werden, wenn es ihn zwänge, nach eigener Sinnesweise es sich auszulegen und gleichsam ergänzend nachzuschaffen.

Mit dieser Bestimmung resultiert das Kriterium des „Wahren" nicht aus der beglaubigenden Beziehung der Autorität des Autors zum Text, sondern aus der wirksamen Beziehung des Textes zum Leser, was ich gerade im Blick auf das Literarische Unterrichtsgespräch für eine sehr fruchtbare Begriffsbestimmung halte. Sie trägt dazu bei, die Kriterien für die Textauswahl und auch die Qualifizierung der Gesprächsbeiträge als „wahr" und/oder „authentisch" in die *Beziehung* hineinzunehmen, die für das Gespräch selbst, wenn es ein „wahres" sein soll, konstitutiv ist.

Hinsichtlich der *Textauswahl*, die die Lehr- und/oder Leitperson vornimmt, sind zunächst die genannten Ansprüche an den Text zu berücksichtigen, das heißt: Der ausgewählte Text soll im Sinne Goethes ein „wahres Kunstwerk" sein, seinen Leserinnen und Lesern unterschiedliche Entdeckungen von echter Bedeutsamkeit ermöglichen und aus Praktikabilitätsgründen in seinem Umfang der Situation angemessen sein; lyrische Gedichte und kurze Prosatexte haben sich als gut geeignet erwiesen, aber auch Auszüge aus längeren Texten sind praxistauglich, wenn sie geschickt ausgewählt werden und den genannten Kriterien entsprechen. Der Reiz und das „Vergnügen des Entdeckens" (Rank) sollen weder durch die Rekonstruktion eines Handlungsverlaufs noch durch eine philosophisch-moralische

Fragestellung des Textes ausgelöst werden, wie sie etwa die realistische, problemorientierte oder psychologische Kinderliteratur anbieten, sondern durch die ästhetischen, poetischen und stilistischen Merkmale des Textes. Der Grund für diese Unterscheidung liegt darin, dass die inhaltsbezogenen Merkmale eines Textes eher eine lösungsorientierte *Diskussion* auslösen als ein verstehensorientiertes *Gespräch*. Unerheblich ist, wie bereits erwähnt, die Zugehörigkeit des ausgewählten Textes zu einer der Kategorien Kinder- und Jugendliteratur oder allgemeine Literatur, da sich die weit verbreitete und im schulischen Alltag handlungsleitende Annahme in der Gesprächspraxis nicht bestätigt, dass Kinder ausschließlich oder überwiegend Zugang zu Kinderliteratur hätten. Die Untersuchungen zum Beispiel der Gespräche mit Grundschulkindern zu Gedichten von Paul Celan oder Rose Ausländer, der Gespräche mit Hauptschülern zu Gedichten von Ingeborg Bachmann oder Pablo Neruda sowie der Gespräche mit Förderschülern über Kurzprosa und Gedichte von Joachim Ringelnatz, Lutz Rathenow und Jürg Schubiger legen beredtes Zeugnis von dem Potential ab, das sich in den Begegnungen der Lernenden mit den Texten entfalten kann, wenn es gelingt, mit ihnen gemeinsam ein dafür produktives Gesprächssetting zu entwickeln.

Die Textauswahl sollte aber auch unter dem Blickwinkel der Beziehung zwischen Lehr- bzw. Leitperson und Text insofern „authentisch" sein, als es eine „echte" Beziehung zum Text geben sollte, die den oder die Leitende/n in authentischer Weise neugierig macht auf einen Gesprächsaustausch mit den Lernenden. Subjektiv *sehr* hoch besetzte Texte sind ebenso problematisch wie wenig bis gar nicht besetzte: Besteht im ersten Fall die Gefahr, dass die Leitperson ihre eigene Les- und Erlebensart schützen oder durchsetzen muss, enthält die zweite Option die Gefahr der Unglaubwürdigkeit für die Gesprächsgruppe, die zu Lähmung und Widerstand führen kann. Es ist für Menschen, die literarische Unterrichtsgespräche zu leiten sich vornehmen, ein wichtiges Lernfeld, hier immer wieder die Balance zu finden.

Der Anspruch des „Wahren" und „Authentischen", der an das *Gespräch* selbst gestellt wird, lässt sich nicht so verstehen und einlösen, dass das Literarische Unterrichtsgespräch einem „wirklichen" Gespräch etwa des Charakters einer freundschaftlichen Unterhaltung oder einem Beziehungsgespräch entspräche, die sich situativ aus einem Ereignis oder Anlass heraus entwickeln, auch wenn es an deren Charakteristika Anteil hat. Es bleibt jedoch unhintergehbar, dass das Literarische Unterrichtsgespräch ein künstlich herbeigeführtes, inszeniertes Gespräch in einem institutionellen Kontext ist, dessen Bedingungen es ebenso beeinflussen wie die agierenden Personen, die installierten Kommunikationsvereinbarungen und der ausgewählte Text.

Damit muss sich das Literarische Unterrichtsgespräch der Spannung zwischen freier Geselligkeit, die auf Authentizität abzielt, und institutioneller Rahmung, die ein angemessenes Rollenverhalten einfordert, stellen, wobei zu betonen ist, dass sich auch *diese* Spannung als „authentisch" – nämlich mit der Situation übereinstimmend – beschreiben lässt. Legt man das Kriterium des Authentischen eben nicht als präskriptive Kategorie einer Forderung, sondern als Entwurf einer positiven Möglichkeit fest, kann man Authentizität fördern, ohne sie fordern zu müssen. Dies gilt – auch und gerade in der Adaption des gesprächspädagogischen Konzepts der TZI – auch für alle Einzelbeiträge der PartizipantInnen einschließlich der Leitperson. Die Kommunikations„regel" der TZI, „Sprich authentisch", ist, präskriptiv verstanden, eine Keule, die eine Leitperson als Über-Ich über den unsicher suchenden PartizipantInnen schwingt; zielorientiert verstanden ist die „Regel" eine Ermutigung, tatsächlich das zur Sprache zu bringen, was der/die Einzelne in dieser Situation denkt, fühlt, fürchtet, hofft – verbunden mit der selbstverständlichen Zusage, über die eigene Artikulation und Nichtartikulation jederzeit frei selbst bestimmen zu können.

Diese Option steht in einer doppelten Spannungsbeziehung: Sie steht in Spannung zu sich selbst und sie steht in Spannung zur „Inszenierung" des Gesprächs. Diese zweite Spannungsebene, die zwischen Authentizität und Inszenierung, lässt sich ent-spannen, wenn man die Gesprächs-Inszenierung als eine jener Formen des „Spiels" begreift, die nicht der Unterhaltung, sondern der performativen Selbstrepräsentanz des Menschen dienen. Der Mensch kann „authentisch spielen" – nicht in dem Sinn, dass er das Authentisch-Sein vorgibt, sondern dass das Spiel ihm den Rahmen und Ansporn für seine Authentizität bietet (dieses Phänomen ist sowohl aus dem spontanen selbstvergessen-selbstwahrhaftigen kindlichen Spiel als auch aus dem induzierten Rollenspiel wie aus der Kunst des Theaterspiels bekannt). Schillers unsterblicher Satz aus seinem Aufsatz *Über ästhetische Erziehung*, dass der Mensch „nur ganz da Mensch [ist], wo er spielt", fasst das Verhältnis des Authentischen und des Spielerischen emphatisch zusammen. *Insofern* gehört das Literarische Unterrichtsgespräch als *Inszenierung* in den Kontext des Spiels und als authentisches Ereignis in den Kontext der Existenz.

Dem steht allerdings ein weiterer Aspekt spannungsvoll gegenüber: die unüberbrückbare *Differenz* zwischen Erleben, Gedanken und Erfahrung auf der einen und ihren Artikulationen oder Versprachlichungen auf der anderen Seite. Während im Literarischen Unterrichtsgespräch einerseits der authentische Selbstausdruck als Möglichkeit und Ziel zugestanden werden kann und muss, zeigt sich andererseits darin auch seine Unmöglichkeit, da die

Artikulation ihrerseits nie mit ihrem seelisch-geistigen Anlass und Antrieb identisch ist. Auch hierfür hat Schiller den gültigen Ausdruck gefunden in dem Distichon, das mit seinem Titel *Sprache* schon pointiert darauf hinweist, dass es das Medium der Sprache ist, das die Authentizität gleichermaßen verheißt wie verhindert – eben weil sie zwar *mitteilbar*, aber eben doch nur *mittelbar* und nicht Unmittelbarkeit ist:

SPRACHE
Warum kann der lebendige Geist dem Geist nicht erscheinen?
Spricht die Seele, so spricht ach! schon die *Seele* nicht mehr.

Jedem unmittelbaren Selbstausdruck, der zur Sprache drängt, steht gerade die Sprache als notwendige und zugleich verfälschende „Übersetzerin" im Wege: Dies ist ihr – im Ursinn verstandenes – hermeneutisches und antihermeneutisches Prinzip. Wo immer das Literarische Unterrichtsgespräch also den Begriff des Authentischen als Option oder Postulat verwendet, muss es ihn in dieser dialektischen Doppelperspektive verwenden – als eine Utopie, die anspornen, aber auch bescheiden zu stimmen vermag.

Fasst man, wie es vor allem Marcus Steinbrenner und Maja Wiprächtiger-Geppert überzeugend dargelegt haben, die Inszenierung des Literarischen Unterrichtsgesprächs im Sinne eines „Formats" (Bruner) auf, dann erhält man eine Struktur und Rahmung, die die institutionellen und personalen Bedingungen – angefangen bei räumlichen und zeitlichen Konstellationen (Schulstunde, Stuhlkreis, ggf. Außenkreis etc.) über Textauswahl und Textpräsentation bis hin zu Gesprächsleitung und -beendigung – berücksichtigt und auch die *Rollen* angemessen einbezieht. Innerhalb dieser Struktur und Rahmung kann dann der Raum entstehen, in dem die PartizipantInnen dem Text, sich selbst und einander insofern authentisch begegnen können, als auch die Grenzen des Authentischen verbal und außersprachlich in diese Authentizität einbezogen sind. Dafür bieten sowohl die Leitlinien der TZI als auch das immer notwendige Nachgespräch sowie die selbstexplorative Nachreflexion der Lehr- und Leitperson reiche Möglichkeiten. In ihnen kann sich auch die von Bettina Hurrelmann und Eduard Haueis geforderte Auseinandersetzung mit den *Rollen* „Lehrer – Schüler" ereignen, die als Bestandteil des Lernprozesses *aller* Akteure eigentlich unerlässlich ist, aber leider viel zu oft unterbleibt.

2.4 Dilemma 2: Leiten und Lehren

Damit ist eine der umstrittensten, aber auch aufregendsten Problemstellungen des erfahrungs- und subjektnahen Lernens angesprochen, auf die auch das

Literarische Unterrichtsgespräch eine Antwort geben muss. Es geht zum einen um die Gemeinsamkeiten und Unterschiede der beiden Perspektiven des Leitens und des Lehrens und es geht zum anderen um die Chancen und Grenzen der Leitung eines Gesprächsprozesses, der im schulischen Rahmen auch ein Lernprozess zu sein hat.

Legt man ein Lehrerverständnis zugrunde, wie es aus der Instruktionsdidaktik überkommen ist, schließen sich Leiten und Lehren ebenso kategorial aus wie Gespräch und Lehren. Gleichwohl muss aus diesem Lehrverständnis jener Aspekt bewahrt bleiben, unter dem der Lehrperson eine hohe *Verantwortung* für den Lernweg und für die Lernperspektiven (was die Bestimmung der zu erwerbenden Kompetenzen einschließt) zukommt. Diese Verantwortung ist an die konkrete Person gebunden und kann ihr nicht von Bildungsplänen, Kompetenzkatalogen, Modulhandbüchern oder Methodenarsenalen abgenommen werden; Lehrende, die sie an diese oder andere Instanzen abgeben, handeln verantwortungslos. Man darf diese Verantwortung natürlich nicht als Legitimation eines autoritären Führungsanspruchs missbrauchen, sondern sollte sie verstehen als ermutigende Aufforderung, sich als „kompetenter Anderer" zu positionieren und den Lernenden ihre „Zone der nächsten Entwicklung" (Vygotskij) zugänglich zu machen. Dieser Verantwortung ist auch eine Lehrperson verpflichtet, die ein Literarisches Unterrichtsgespräch leitet, und Überlegungen zu den Zielsetzungen des Gesprächs müssen in die Vorbereitung einfließen, wenn es denn ein *Unterrichts*gespräch sein soll. Dass dabei die Orientierung am *Ziel der Anbahnung literarischer Erfahrungen* ausgerichtet sein soll, wurde im Verlauf dieser Ausführungen wiederholt betont; und insofern grenzt sich das Rollenverständnis der Lehrperson als Leitperson von der traditionellen Lehrerrolle deutlich ab. Es nimmt in sich vor allem die Qualitäten jenes Rollenverständnisses auf, das den konstruktivistischen Lerntheorien entstammt: die des Lernbegleiters. Allerdings verfällt es nicht der damit oft verbundenen gegenpolaren Einseitigkeit, die Lehrerrolle zu relativieren oder gar ganz zu negieren, sondern strebt die Balance zwischen Lehren und Begleiten an. Wir bezeichnen sie in der Terminologie der TZI als „Leitung". Sie ist partnerschaftlicher als „Steuerung" oder „Lenkung" und personal präsenter als „Moderation". Im Literarischen Unterrichtsgespräch realisiert sie sich in der Form der *partizipierenden Leitung* – einer dialektischen Vermittlung von Abstinenz und Beteiligung, funktionaler Rolle und personaler Partizipation, Vorangehen, Mitgehen und Nachgehen.

Die Fähigkeit einer Leitperson zur partizipierenden Leitung ist eine Kompetenz, die erlernt werden muss, aber nur dann erworben und – lebenslang in jeder Situation neu – gestaltet werden kann, wenn die/der Leitende diese Kompetenz auch in seine Haltung integriert und sich darin „authentisch" bewegen kann; als reine „Technik" ist „partizipierende Leitung" nicht zu haben, auch wenn sie der „Technik(en)" bedarf. Das Profil der „partizipierenden Leitung" gilt für jede Person, die ein Literarisches Unterrichtsgespräch leitet, auch wenn es sich um einen Lernenden handelt, der bei fortgeschrittener Erfahrung und/oder zu Ausbildungszwecken diese Aufgabe übernimmt. Von besonderer Brisanz ist sie jedoch beim Zusammentreffen der Lehrer- und der Leiteraufgabe und wird deswegen an diesem Ausgangs- und Regelfall erörtert.

Zunächst ist wichtig hervorzuheben, dass nach den Leitvorstellungen der TZI für die Leitperson prinzipiell dieselben Vorgaben und Vereinbarungen gelten wie für *alle* Mitglieder der (Gesprächs-)Gruppe, da auch die Leitperson als *Mitglied der Gruppe* und nicht als deren Gegenüber verstanden wird. Im Unterschied zu anderen didaktischen und pädagogischen (oder gar therapeutischen) Gruppen-Modellen schließt das WIR der TZI-Gruppe auch die Leitperson ein, die ihrerseits als eines der ICHS aufgefasst wird, das mit seinen ganz persönlichen Anteilen anwesend ist. Als Teil des WIR ist das Leitperson-ICH ebenso in die Aufgabenstellung durch das im THEMA vermittelte Sachanliegen (ES) eingebunden wie es auch den rahmenden Bedingungen durch das Umfeld (GLOBE) unterworfen ist.

Um sich gerade unter dem Blickwinkel der institutionellen Bedingungen und in Verantwortung für den gemeinsamen Lernweg und die Lernperspektiven angemessen artikulieren und verhalten zu können, genügt es nicht, dass sich die Leitperson das Postulat der Authentizität zu eigen macht (wie es vielleicht der Utopie einer antiautoritären Schulkultur à la Summerhill entsprochen hätte). Sie bedarf vielmehr besonderer Fähigkeiten zur Wahrnehmung und Ausbalancierung ihrer Innen- und Außenperspektive (etwa im Sinne der ‚gleichschwebenden Aufmerksamkeit') und zum sorgfältigen *Abwägen zwischen den Faktoren der Authentizität und Selektivität.* Alles, was die Leitperson einbringt, soll insofern echt und authentisch sein, als es im Einklang mit den ihr zugänglichen Gedanken, Gefühlen und Strebungen steht; dies schließt Beiträge aus, die im Gewand des Authentischen daherkommen, aber gezielt ‚strategisch' eingesetzt werden. Anders gesagt: Interventionen sind als Interventionen zu artikulieren, nicht als pseudopersönlicher Beitrag; Missgriffe in dieser Hinsicht führen nachweislich leicht zu Irritationen und Störungen im Gruppenprozess. Zugleich – und die Gleichzeitigkeit stellt eine der größten Anforderungen durch dieses Konzept dar – muss die Leitperson versuchen, situations-, rollen- und adressatengerecht zu entscheiden, welche dieser Beiträge, die zur authentischen Äußerung bereitstehen oder gar drängen, sie tatsächlich einbringt, welche sie unterlässt oder zurückstellt und welche sie für die anschließende (Selbst-)Reflexion vormerkt.

Konkret hat das zur Folge, dass sich die Leitperson unbedingt dazu ermutigt sehen soll, auch zum literarischen Text selbst – nicht nur zur Gesprächsorganisation – eigene Beiträge einzubringen. Die theoretisch fundierte Position, dass auch sie keine *Antworten* geben kann auf die Frage nach dem Sinn, bedeutet zwar, dass sie ins Gespräch keine (be-)lehrenden, korrigierenden oder erläuternden Beiträge einbringt (diese Anteile gehören in den „Gedächtnisspeicher" für Bearbeitungsformen außerhalb des eigentlichen Gesprächs), sie bedeutet aber nicht, dass sie keine *Hypothesen* haben oder aus dem Gesprächsverlauf entwickeln kann, im Voraus oder spontan entstandene Assoziationen, Fragen, Vermutungen, Ideen, die sie – immer unter Beachtung der *selektiven Authentizität* – artikulieren mag. Gerade hier eröffnet sich das Lernfeld, in dem es zumindest implizit um die Frage der Deutungshoheit und -macht über den literarischen Sinn geht – eine Frage, die keine sekundäre Begleiterscheinung des literarischen Lernens ist, sondern dessen integrierender Bestandteil. Die Leitperson ist in dieser Hinsicht nicht dadurch „kompetenter Anderer", dass sie über die Deutung verfügt (mit dieser Einstellung würde sie sich als literarisch inkompetent outen), sondern dass sie die Problemstellung der Deutungsansprüche, ihre diskursspezifischen und selektionsorientierten Funktionen sowie ihre freiheitlichen Potentiale bereits in eigenen Erfahrungen kennen gelernt und als dazugehörig verstanden hat. So kann sie in einer Art der kompetenten und professionellen Gelassenheit wie Gespanntheit den Prozess leiten, in den sie zugleich involviert ist; sie ist nicht Anwalt der Interpretation, sondern des Verstehens*prozesses*. Keine Gesprächssituation von hunderten ist darin einer anderen gleich; jede enthält neue Angebote zum gemeinsamen Lernen aller Beteiligten.

Neben diesem Aufgabenbündel fallen der Leitperson weitere Verpflichtungen zu wie die Vorbereitung durch Textauswahl und geistige Auseinandersetzung mit dem Text, die Themenentwicklung und Konturierung des Gesprächsverlaufs, die Zeitplanung sowie – je nach Größe und Erfahrungsstand der Klasse – die Entscheidung über die Gruppenstruktur für das Gespräch selbst. In Klassen, die bereits eine Gesprächskultur entwickelt haben, lassen sich zum Beispiel durch die Trennung in einen kleineren Innenkreis für das ‚eigentliche' Gespräch und einen größeren Außenkreis mit Beobachtungs- und Protokollaufgaben unterschiedliche Wirkungen erzielen: Es besteht hier ein Anteil an ‚Freiheit' durch die Entscheidung zwischen zwei

Möglichkeiten, es kann eine höhere Intimität und Verbindlichkeit im inneren Gesprächskreis entstehen und der Außenkreis bringt wertvolle Beobachtungen in die Nachreflexion ein, die sowohl Feedback enthalten als auch neue Lernperspektiven eröffnen. Gruppen ‚können' dies natürlich nicht von selbst, weshalb das Literarische Unterrichtsgespräch auch eines längerfristigen Aufbauprozesses bedarf, der zugleich reiches Potential für Kommunikations-Lernen überhaupt enthält.

Für die Realisierung der Leitungsaufgaben stehen der Leitperson unterschiedliche Sprachhandlungsformen zur Verfügung, die man in ihrer Gesamtheit auch als Formen des *didaktischen Sprechens* bezeichnen könnte. Ihnen sind einige Gemeinsamkeiten, aber auch Konfliktpotentiale zu eigen. Das didaktische Sprechen der Leitperson im Literarischen Unterrichtsgespräch setzt, anders als der sokratische Dialog, im Lernenden nicht das frei, was er schon weiß, sondern das, was er nicht weiß und allenfalls ahnt. Damit löst es auf beiden Seiten Befremden aus, denn die Lehrperson muss sich ebenso tastend-unsicher auf die Hervorbringung einlassen wie der Lernende; dessen Äußerung ist qualitativ im doppelten Sinne keine „erwartete Schülerantwort", weil sie weder erwartbar noch Antwort ist. Der Lernende, der sich auf einen literarischen Text einlässt, indem er sich seiner Sprache vorsichtig nähert (wobei hier mit „nähern" *alle* Formen der Text-Reaktion gemeint sind), sie mit seinen Worten um-, nach- und neu-spricht, gibt keine Antwort, sondern formt die stummen Fragen des Textes an ihn, den Leser, in seine eigene Rede um; er leiht der Anrede des Textes seine Stimme (auch indem er ihn ablehnt). Hier setzen Marcus Steinbrenners Untersuchungen zur mimetischen Qualität des Literarischen Unterrichtsgesprächs an, in der er eines seiner Lernpotentiale erkennt.

Zugleich damit ist aber ein weiteres Konfliktfeld eröffnet, indem die tentative, mäandrierende und scheinbar ziellose Umkreisung des Textes sich mit einer Erwartung der Lernenden konfrontiert sieht, die sich die Gratifikation ihrer Bemühungen durch *Wissen* – am besten in „prüfungsrelevanter" Zurichtung – erhoffen. Wer sich fürs Lernen öffnet, will Sicherheit erwerben – sei es, dass diese Erwartung dem Entwicklungsstadium Lernender schlechthin zugehört, sei es, dass sie im System Schule gleichsam gezüchtet wird – gleichviel: Sie ist ein existenter Faktor, den es zu beachten gilt. Goethe spricht in seinen *Maximen und Reflexionen* über „Erkenntnis und Wissenschaft" davon, dass vom „didaktischen Vortrag Gewißheit verlangt" werde, weil „der Schüler nichts Unsicheres überliefert haben will". Deswegen müsse der Lehrer „sich *jedem* Problem widmen, dürfe es nicht stehen lassen und sich etwa in einiger Entfernung da herum bewegen. Gleich muß etwas bestimmt sein."

Doch trotz seines Bedürfnisses nach Bestimmung und Fixierung darf der Lernende nur „eine Weile [glauben], den unbekannten Raum zu besitzen, bis ein anderer die Pfähle wieder ausreißt" und er sich erneut dem Unbekannten und Unsicheren aussetzen muss. Aus diesem Konflikt zwischen Sicherheitsbedürfnis und Unbestimmtheit des Wissens, der ein spezifischer Konflikt des Lernbereichs Literatur ist, kann Frustration erwachsen – und das Literarische Unterrichtsgespräch muss in seinem Setting den Rahmen bieten, dieser Frustrationserfahrung einerseits eine Fassung und andererseits eine Artikulationsmöglichkeit zu geben. Mit diesem Phänomen setzt sich vor allem Felix Heizmann in seiner Untersuchung von Gesprächen mit Schülerinnen und Schülern dritter und vierter Grundschul-Klassen auseinander, in der er die Kategorie der „Alterität" sowohl auf die Begegnung mit dem fremden Text als auch auf die Generierung des Gesprächs als alteritärem Lern-Raum anwendet.

Zur Generierung dieses Lern-Umfeldes im Sinne eines Formats übernimmt das Literarische Unterrichtsgespräch aus der TZI die wesentlichen Möglichkeiten des Leitungshandelns und der dort entwickelten Sprachhandlungsformen. Sie sollen zumindest kurz skizziert werden, auch wenn jede von ihnen einer ausführlicheren Erörterung wert wäre. Zunächst einmal ist festzustellen, dass das Literarische Unterrichtsgespräch sich von seiner ursprünglichen Annahme wegentwickelt hat, ein Gespräch müsse mit einem *Thema* geleitet werden. Versteht man unter „Thema" die in der TZI sehr differenziert entwickelte Konzeptualisierung eines sprachlich gleichermaßen komplexen wie reduzierten Sprachphänomens, dem eine generative Kraft und Funktion für die Initiierung und Leitung einer Gruppensitzung zugesprochen wird, dann hat das Literarische Unterrichtsgespräch sich davon abgesetzt. Gleichwohl wirkt die hinter dem Konzept des Themas stehende Idee auch im Literarischen Unterrichtsgespräch fort: dass es nämlich einer sprachlich gefassten Orientierungsvorgabe bedarf, deren Aussage oder Aufforderung für *alle* PartizipantInnen gilt, die dem Gespräch und der Interaktion Anstoß und Richtung gibt und die unterschiedliche Zugänge für unterschiedliche persönliche Sichtweisen einschließlich der Nicht-Sichtweisen öffnet. Das *Thema* der TZI enthält aber zu viele *inhaltliche* Vorgaben, als dass es sich für eine unbesehene Adaption im Literarischen Unterrichtsgespräch eignet, weil dieses ja nun gerade *nicht* auf inhaltliche oder interpretatorische Anbahnungen abzielt, sondern für Zuschreibungen zum Text prinzipiell offen sein soll.

Deswegen hat es sich unserer Erfahrung nach im Literarischen Unterrichtsgespräch bewährt, die thematischen Eingaben zu Beginn des Gesprächs einerseits in mehrere Teile zu untergliedern und sie andererseits auch sehr viel offener und inhaltsärmer zu formulieren – so erhalten sie den sprachlichen Charakter von Impulsen, bewahren aber ihre generative Funktion. Am Beispiel eines Literarischen Unterrichtsgesprächs zu Franz Kafkas *Die Brücke* lässt sich die Teilung des Themenkomplexes in drei Schritte aufzeigen:

– *Rahmenorientierung und Einladung zum Gespräch*
 Dieser Thementeil führt zum Gespräch hin, gibt die „Spielregeln" bekannt, markiert die Rolle des partizipierenden Leiters und ermutigt zur Mitwirkung ohne Leistungs- oder Bewertungsdruck.

– *Impuls zur ersten Resonanz auf den Text*
 Dieser Thementeil soll dazu anregen, jene inneren – kognitiven, affektiven, assoziativen – Reaktionen auf den Text zu artikulieren, die beim Vorlesen und/oder dem anschließenden stillen Selberlesen (das bei jüngeren oder „leseschwachen" Kindern entfallen kann) sich eingestellt haben. Bereits hier übernimmt die Formulierung des Themen-Impulses eine leitende Funktion, weil er unterschiedliche Akzente setzen kann: Er kann entweder mehr auf den Text selbst ausgerichtet sein, was ich persönlich vor allem bei Gedichten oft auch mit einem kleinen „Auswendiglernen" verbinde („welche Zeile, Wendung, Stelle hat mich besonders angesprochen, irritiert, ratlos gemacht"); oder er kann mehr auf die innere Resonanz der PartizipantInnen abheben („welche Bilder, Gefühle oder Stimmungen hat der Text in mir ausgelöst"). Die Wahl zwischen diesen Möglichkeiten (oder weiteren Varianten) kann nur die Leitperson treffen, weil sie einerseits vom jeweiligen Text abhängt, aber auch Vorannahmen über Einstiegsoptionen enthält, die es den jeweiligen Teilnehmenden leichter machen, sich auf den Text und das Gespräch einzulassen. Als ungünstig hat sich jedoch die Mischung dieser Möglichkeiten herausgestellt, weil sie zwar den individuellen Entscheidungsspielraum vergrößert, aber für die Anfangsphase zu wenig Orientierung und Bündelung gibt.

– *Impuls zur Entwicklung eines ersten Themenfokus' der Gruppe selbst*
 Der dritte Thementeil – und damit der letzte, der gemäß der Vorbereitung umgesetzt werden kann (die späteren Impulse sind abhängig vom Gesprächsprozess und bedürfen der situativen Entscheidung) – formuliert nun im Sinne eines TZI-Themas die „Aufgabe", konturiert sie aber inhaltsleer, um nicht als interpretative Vorgabe missverstanden zu werden. Im Transkript des genannten Gesprächs zu Kafkas *Die Brücke* liest sich das so:
 wir haben jetzt voneinander, * wir haben eigene Eindrücke und wir haben Eindrücke der anderen gehört. WO […] möchte ich jetzt weiter ANknüpfen? Bei wem, was,

wer hat mich fasziniert, irritiert, wo finde ich, wo fühle ich, wo sehe ich ne Ähnlichkeit mit meiner Wahrnehmung und möchte anknüpfen oder wo möchte ich * dem nachgehen, weil weil ich noch nicht * verstanden hab oder weil s mich neugierig gemacht hat, was du, was sie gesagt haben.

Als Alternative zu dieser sehr offenen Themenformulierung kann die Leitperson auch aus den Beiträgen der vorhergehenden Runde selbst Bezüge herstellen und sie zum Gesprächskern verknüpfen. Aber dieses Vorgehen, das vielleicht bei sehr unerfahrenen Gruppen hilfreich ist, hat in Nachreflexionen zutage gebracht, dass gerade im schulischen Kontext die Auswahl durch die Leitperson wie eine positive – und implizit damit auch negative – Bewertung von lohnenden, guten und richtigen Beiträgen wirkt; Lernende reagieren geradezu seismographisch auf die rituellen Bewertungsstrategien von Lehrenden durch zustimmendes Aufgreifen und ablehnendes Übergehen.

Gerade der dritte Schritt des Themenkonzepts im Literarischen Unterrichtsgespräch ist eine auch im TZI-System angewandte Themenform, dort allerdings nur in besonderen Gruppensituationen und mit erfahreneren Teilnehmenden: Hierbei wird in die Gruppe als Thema eingegeben, dass sie ihr eigenes Thema selbst entwickeln und bearbeiten soll. Diese Ausnahmeform der TZI hat im Literarischen Unterrichtsgespräch modellbildend gewirkt.

Aus dem Leitungskonzept der TZI adaptiert das Literarische Unterrichtsgespräch auch spezifische Sprachmuster und -forme(l)n, die sich ebenfalls unter den Begriff des Formats subsumieren lassen, weil sie gewissermaßen ritualisierte Sprechakte (mit all ihren förderlichen, aber auch etwas ‚konventikelhaften' Aspekten) darstellen. Sie dienen dem Ziel, ein vertrautes und Orientierung gebendes Muster entstehen zu lassen, das genügend Anklänge an das förderliche Leseklima der frühen Kindheit enthält, um „Wärme" entstehen zu lassen, aber auch genügend Anteile an Förderung der Selbstständigkeit, um die Gruppe vor dem Abgleiten in die Regression zu bewahren. Es entspricht soziologischen Gruppentheorien, dass Gruppen stets von den gegenläufigen Bewegungen der „Lokomotion", also dem Vorwärtsstreben, und der „Regression", also dem Beharren oder Zurückstreben, geprägt sind: Beide ergänzen einander und ergeben in ihren unterschiedlichen Ausprägungen die je individuelle *Dynamik* der Gruppe. Literarische Unterrichtsgespräche mit sehr komplexen Texten *bedürfen* zum einen des ausreichenden Raums für Regression, weil in ihr das frühkindliche Anlehnungsbedürfnis und die Entlastung vom Leistungsdruck re-inszeniert und für die Lernatmosphäre dienlich werden kann; sie bedürfen aber auch der Begrenzung durch lokomotorische Strebungen, weil sonst am Ende das Erleben der Stagnation zu Frustration und Enttäuschung führt. Also ist es wichtig, dass die Leitperson durch ihre Modellpartizipation versucht, eine gute Balance von Nähe und Distanz, Autonomie und Interdependenz, Ruhe und Bewegung sowie Wertschätzung und Abgrenzung zu ermöglichen. Diese Komponenten sind Gelingensbedingungen, aber keine Gelingensgarantien für lebendige Gespräche, die in der Begegnung von Sache, Individuum und Gruppe als „wahre" Gespräche erlebt werden können. Einige dieser Sprechakte seien genannt:

– *Einladung*
 Hinführungen zu einzelnen Schritten, die die Leitperson der Gruppe anbietet, werden eher im Stil einer Einladung als im Stil einer Aufforderung formuliert; Imperative mit all ihren Derivaten sind dem Literarischen Unterrichtsgespräch fremd. Zum Stil der Einladung gehört es auch, dass die Leitperson stets darauf achtet, „inklusiv" zu formulieren, also sowohl sich selbst einbezieht (zum Beispiel „ich möchte anregen, dass *wir*…") als auch darauf achtet, dass die Formulierung möglichst viele Erlebensmöglichkeiten zulässt (zum Beispiel statt „welche Textstelle hat mir am besten gefallen" eher „welche Textstelle hat mir gefallen oder mich geärgert oder ratlos gemacht", weil die erste Formulierung Lernende, die auf den Text ablehnend reagieren, entweder ausschließt oder zum Lügen verleitet). Die Formulierung von Einladungen in der Ich-Form drückt die Bereitschaft der Leitperson aus, das Vorhaben aus der Perspektive der Lernenden zu sehen, was einen wichtigen und wohltuenden Kulturwechsel gegenüber dem herkömmlichen „Mache dies, tue das!" mit sich bringt.

– *Frage*
 Die Frage ist das probate Sprachmittel des traditionellen Lehrerhandelns, zumeist nicht als interessierte Frage nach der Meinung der Lernenden, sondern als Abfragen von Wissen beziehungsweise Nicht-Wissen eingesetzt. Die Frage dieses Typus ist im Literarischen Unterrichtsgespräch deplatziert, weil sie von vornherein ein Machtgefälle impliziert. Außerdem signalisiert sie gerade bei der Beschäftigung mit Literatur, dass es ihr gegenüber so etwas wie einen Wissensbesitz geben kann. Anderseits sind Fragen nicht verboten, wenn es sich um „echte" Fragen handelt, die einem echten Interesse entspringen. Dabei ist es sinnvoll und modellbildend, wenn die Leitperson ihre Frage mit einem Hinweis auf ihr eigenes Interesse ergänzt, sodass die Frage in eine Ich-Aussage eingebettet ist. So kann ein Schritt vom Herrschaftsdiskurs des „Ausfragens" hin zur Kommunikation aneinander interessierter Menschen getan werden.

- *Impuls*
  Im Sinne der thematischen Stimulation ist das Einbringen von Impulsen zu Beginn und im weiteren Verlauf des Gesprächs ein wichtiges Instrument des Leitungshandelns; Impulse können und sollen in größerer Auswahl vorbereitet sein, können aber auch situativ entstehen. Sie bilden die Brücke zwischen den authentischen Beiträgen der Leitperson zum Text und seinem Verstehen auf der einen Seite und den gesprächs-organisierenden Interventionen auf der anderen.

- *Beitrag*
  Der authentische, selektiv ausgewählte Leiterbeitrag zum Text *kann* die Funktion eines Impulses übernehmen, wenn er zum Beispiel einen bislang ausgeblendeten Aspekt des Textes oder seiner Wirkung zur Sprache bringt oder wenn er eine einseitig werdende Fixierung im Gespräch wieder in Bewegung versetzt. Wichtig ist jedoch, dass der Beitrag nicht in dieser *strategischen Absicht* eingesetzt wird, weil die Gruppe das intuitiv wahrnimmt und entweder regressiv (durch beflissene Anlehnung) oder abwehrend (durch Ignorieren oder Widerlegen) reagiert, was ihr eigene Lernoptionen verbaut. Der Beitrag soll ein echtes Interesse am Text und am Verstehensprozess erkennen lassen und damit die Leitperson als Mit-Suchende erlebbar werden lassen.

- *Intervention*
  Die Leitperson sollte sich im Lauf der Zeit Techniken des Intervenierens aneignen, um den Gesprächsprozess, die Gruppendynamik und die Positionierung der Einzelnen förderlich beeinflussen zu können. Interventionen geschehen in der Regel anlass- und situationsbezogen, sie sind nicht auf Konflikte oder Störungen reduziert. Auch die Wahrnehmung der Leitperson, dass ein Gespräch stagniert, in der Balance von Elaborieren und Strukturieren zu einseitig wird, dass einzelne PartizipantInnen in den Hintergrund geraten oder andere dominieren, ist ebenso ein Anlass zur Intervention wie die Zeitstruktur des Gesprächs, für die die Leitperson die Verantwortung trägt. Interventionen sollten nicht in das Gewand eines Beitrags gekleidet sein, damit sie nicht mit dem Anspruch auf Authentizität in Widerspruch geraten. Sie sollten dennoch zurückhaltend formuliert werden, weil gerade Interventionen von Lehrenden auch eine erschreckende oder „abkühlende" Wirkung haben können. Die Praxis zeigt, dass Gruppen sehr sensibel auf Interventionen reagieren, die zum Beispiel einen dominanten Partizipanten begrenzen: Dies kann einerseits als befreiend und entlastend („endlich bekommen wir anderen mehr

Raum"), andererseits aber auch als einschüchternd („also darf man hier doch nicht sagen, was man will") wahrgenommen werden. Auch bewusst gewähltes „Schweigen" kann eine Intervention sein, die beispielsweise positiv als Fehlertoleranz, Geduld und Vertrauen der Leitperson in die Selbstorganisation der Gruppe oder negativ als Gleichgültigkeit aufgenommen werden kann. Dabei gibt es kein richtig oder falsch; vielmehr sollte die Leitperson die innere Freiheit finden, ihre Interventionen im Nachgespräch der kritischen (Selbst-)Reflexion zu unterziehen.

Die hier skizzierten Sprechakte sind performativ angelegt und sie stehen prinzipiell allen Mitgliedern der Gesprächsgruppe zur Verfügung. Dass die Leitperson sie in der Regel besonders häufig und bewusst nutzt, hängt mit ihrer besonderen Achtsamkeit und Verantwortung für den Gesprächsprozess zusammen, aber auch mit ihrer Aufgabe, als „Modellpartizipant/in" zu wirken und durch ihr *Verhalten*, nicht durch Belehrung, die Position des „kompetenten Anderen" auszufüllen: Sie *lebt* die ethisch begründeten Orientierungen des Literarischen Unterrichtsgesprächs selbst und unterstellt sich damit denselben „Regeln", die für alle gelten, indem sie Möglichkeiten ihrer Umsetzung *vorlebt*. Dies weist in zentralen Aspekten eine große Verwandtschaft zu den Sprechakten im Format-Konzept Bruners auf, der für den ungesteuerten frühkindlichen Spracherwerb gerade dieses Wechselspiel aus ritualisierter Rahmung, gewährendem und zugewandtem Elternverhalten sowie kompetentem, modellhaftem Aufgreifen und Spiegeln der kindlichen Äußerungen als Gelingensbedingung beschreibt. Analog hierzu konturiert das TZI-Konzept ein Modell des lebendigen, kooperativen und durch Rahmung gesicherten Lernens, das auch bei der gesteuerten und inszenierten Anbahnung literarischer Erfahrungen seine Wirksamkeit erwiesen hat. Das Format bietet die Ordnung und Sicherheit für den Gesprächsprozess als Suchprozess mit all seinen Irritationen und Frustrationen, denn es verbürgt in der Präsenz und Mitwirkung der Leitperson auch den *Sinn* des gemeinsamen Tuns, der durch die Anteile der Mühsamkeit und des Nicht-Verstehens in jedem Moment des Gesprächs gefährdet ist.

2.5 Dilemma 3: Das unendliche und das endliche Gespräch

Idealiter kommt das literarische Gespräch, auch in seiner auf Unterricht bezogenen Variante, nie an sein Ende; literarische Texte von der hier geforderten Qualität setzen einen Verstehensprozess in Gang, der im Gespräch stets um weitere generative Elemente angereichert, nie aber gesättigt werden kann. Denn diese neu hinzutretenden Aspekte stoßen ihrerseits Verstehensdynamiken an, die auf den Text beziehungsweise auf die Sichtweisen auf ihn und die davon ausgehenden Wirkungen erneut Einfluss nehmen. Dies gilt für den imaginären Gesprächsprozess mit einem literarischen Text im Lauf seiner Wirkungsgeschichte, wie ihn beispielsweise Gadamer denkt; es gilt gleichermaßen für den situativen Gesprächsprozess, wie er im Unterricht sich ereignet. Hier wie dort scheint das literarische Gespräch über die Qualität eines Perpetuum mobile zu verfügen, das seine eigenen Antriebskräfte selbst hervorbringt und sie nie aufbraucht. Die Suche nach Wahrheit und die Sehnsucht nach eindeutigem Verstehen treiben das literarische Gespräch voran. Die Einsicht in die Unmöglichkeit des Findens von Wahrheit und endgültigem Verstehen macht jedoch sowohl die gelegentliche Rast als auch das erneute Aufbrechen notwendig und möglich; gemeinsam konturieren sie literarisches Lernen als einen Prozess der Bewegung und Veränderung.

Wegen dieser eigentümlichen dynamischen Dialektik, die der gesprächsförmigen Annäherung an den literarischen Sinn innewohnt, wendet sich Jacques Derrida gegen den in Gadamers Hermeneutik verwendeten Begriff des „Prozesses" und führt seinerseits dafür die Metapher des „Parcours" ein; gewiss nicht, weil er damit die *Bewegung* negieren will, die der *Prozess*begriff bezeichnet. Auch wenn er dies nicht näher ausführt, macht Derridas Ablehnung doch darauf aufmerksam, dass der Begriff „Prozess" in manchen Diskurs-Kontexten sowohl *evolutionäre* Konnotationen mit sich führt (Entwicklungsprozess, Gärungsprozess, Wiederaufbauprozess o. ä.) als auch auf ein *Ziel* hin angelegt ist; im juristischen Diskurs gar auf *ein Urteil*, dem ein Wahrheitsanspruch zugestanden wird. Im Vergleich hierzu ist der zum Begriff erhobene Terminus „Parcours" weniger normativ besetzt und von der Vorstellung des offenen Platzes, nicht der Zielgeraden geprägt. Dennoch trägt er aus seinem sportlichen Umfeld auch den Charakter der Konkurrenz und des Siegeswillens in sich, sodass ich ihn bezüglich des literarischen Verstehens vor allem für eine sensibilisierende Problemanzeige halte, nicht für die Lösung des Begriffsproblems und ich deswegen auch in den hier entwickelten Überlegungen beim *Prozess*-Begriff bleibe, wobei ich betone, dass es mir auf seine Dynamik, nicht auf seine Zielrichtung ankommt.

Unter diesen Prämissen ist das Literarische Unterrichtsgespräch einerseits abzugrenzen gegen andere verwandte Gesprächsformen, denen kategorial eher die Endlichkeit zukommt, und andererseits ist es im Spannungsfeld von kategorialer Unendlichkeit und Endlichkeit zu verorten, aus dem ihm seine Lernpotentiale zuwachsen. Die Abgrenzungen sollen an drei didaktisch relevanten Beispielen aufgezeigt werden. Das Literarische Unterrichtsgespräch als „wahres" Gespräch grenzt sich ab von

- *Dialog und fragend-entwickelndem Unterrichtsgespräch*
  Der Dialog als Gesprächsvorgang vor allem zwischen zwei Personen entzündet sich im schulischen Kontext ebenfalls an einem Thema, das aber nicht zwischen den Partnern entwickelt, sondern durch eine Aufgabenstellung definiert ist. Die Tendenz dieser Dialoge, vor allem in ihrer Ausprägung des fragend-entwickelnden Unterrichtsgesprächs, ist auf diese duale Kommunikation hin ausgerichtet und dient überwiegend der Hervorbringung eines Wissens, das die Lehrperson erwartet oder erwarten kann. Die Gruppe als dynamischer und interaktioneller Organismus spielt eine geringe Rolle; sie kommt allenfalls als Ideenreservoir in Betracht.
- *Diskussion und Argumentation*
  Die Gesprächsformen der Diskussion und Argumentation als Lernbereiche der Sprachdidaktik haben mit dem Literarischen Unterrichtsgespräch zwar thematische Fokussierungen und gruppendynamische Faktoren gemein, dienen jedoch insbesondere dem Austausch von *Meinungen* und enthalten erhebliche strategische Momente bis hin zum kompetitiven Ringen darum, den/die anderen Partizipierenden zu überzeugen oder zu überreden. Die Lehrperson tritt hier entweder als Moderator oder als Methodenvermittler und Themengeber in Erscheinung. Diese Gesprächsformen sind zielgerichtet und finden mit dem Erreichen dieses Ziels ihr Ende.
- *Gedankenaustausch und Anschlusskommunikation*
  Die in der aktuellen Diskussion vor allem im Bereich der Lesedidaktik vorherrschende Terminologie der „Anschlusskommunikation" ist gesprächstheoretisch kaum konturiert. Sie rekurriert auf die soziale Kommunikationspraxis des Gedankenaustauschs, der situativ und relativ unverbindlich stattfindet. Weder sind hier thematische noch gesprächsdynamische Leitlinien zu erkennen. Es geht dabei nicht um den Prozess des literarischen Verstehens, sondern um die Fähigkeit, den kommunikativen „Anschluss" an den gesellschaftlichen Austausch über ein literarisches Phänomen zu finden, indem man seine Eindrücke dazu kommunizieren kann.

Ein wichtiger Unterschied liegt insgesamt darin, dass für das Literarische Unterrichtsgespräch als „wahres Gespräch" folgende Elemente unverzichtbar sind: die Zentrierung um ein echtes SACH-Anliegen, die Interaktion des WIR, die Offenheit des PROZESSES und die Ausrichtung auf KOOPERATION. Die *Aufforderung* zur tentativen Umkreisung des Textes und die *Notwendigkeit* der Einbringung von Beiträgen sowohl eher subjektiv-lebensweltlicher als auch eher textorientierter Qualität – die Balance also von „elaborierenden *und* strukturierenden" (Hurrelmann) oder „plaudernden *und* verkündigenden"

(Ivo) Beiträgen – erlauben es Schülerinnen und Schülern ganz unterschiedlicher Hintergründe, Voraussetzungen und Artikulationsmöglichkeiten, ihre Beiträge als *wichtig* erleben zu können. Für das Ganze einer Textentfaltung in einer Gruppe ist kein Beitrag überflüssig oder verzichtbar. Selbst ein eklatantes Miss- und Nicht-Verstehen kann sich generativ auswirken, indem es unerwartete Facetten in einem Text aufblitzen lässt. Jede Äußerung, selbst wenn sie tatsächlich oder vermeintlich (und wer sollte das entscheiden?) nicht „zielgenau zum Text passt", kann ein Schlüssel sein zur Entstehung eines anderen Beitrags, der das Gespräch spürbar bereichert, aber ohne diesen Zwischenschritt nicht zustande gekommen wäre. Diese Schlüsselfunktion kann sogar der Stimme oder personalen Präsenz eines Partizipanten zukommen, der abstrakt betrachtet dasselbe sagt wie ein Anderer, es aber eben dadurch, dass er ein Anderer ist, doch „anders" sagt und damit dem Gedanken zum Leben verhilft. Da Gesprächsbeiträge nicht wie Perlen an einer Schnur aufeinander folgen, sondern wie Glieder einer Kette ineinander greifen, ergeben sie erst in ihrer Gesamtheit das vorläufige Ganze eines Bedingungs- und Beziehungsgeflechts, das die Begegnung mit dem Text ausmacht. Unverzichtbare Voraussetzungen dafür sind allerdings, dass (a) die verbreitete Lehrer-Aufforderung unterbleibt, der Lernende solle seine Aussagen „am Text belegen" (ein Imperativ, der ebenso sachlich sinnlos wie pädagogisch kontraproduktiv ist) und (b) die Gesprächsatmosphäre dahin entwickelt wird, dass grundsätzlich alle Äußerungen sanktionsfrei zugelassen sind (selbst „Störungen" können einen Bezug zum Text oder zum Gesprächsprozess aufweisen, wenn man sie unter dieser Prämisse analysiert). Dies ermutigt, wie die Gesprächserfahrungen belegen, oft auch jene Lernenden, die sich nicht besonders eloquent auszudrücken vermögen und/oder an einem Literaturunterricht, der entweder auf Argumentationsstrategien oder auf Kreativität setzt, wenig Interesse zeigen. Zugleich können gerade diese Lernenden in ihrem sprachlichen Selbstausdruck erheblich davon profitieren, weil sie in die Lage versetzt werden, Sprachelemente des literarischen Textes in ihre eigene Sprache aufzunehmen und damit ihr Repertoire an Selbstreflexivität und Artikulation deutlich zu erweitern. Die „geliehene" Sprache, die in mancher Hinsicht (zum Beispiel der lexikalischen) bisweilen unverstanden bleibt, enthält das Potential, auch das tatsächlich Unverstandene des eigenen Lebens zur Sprache zu bringen, worin sich eine wichtige Dimension des Literarischen – die der Symbolisierung des Unbegreiflichen – erfüllt.

Damit ist auch pointiert darauf hingewiesen, dass ein gelingendes Literarisches Unterrichtsgespräch keineswegs ziellos und ohne Lernergebnis ins Beliebige läuft. Sein Ziel ist jedoch nicht der Erwerb von Wissen über Literatur oder die Fähigkeit zum Umgang mit ihr, sondern das Eröffnen eines Raums für Erfahrungen mit und durch Literatur, in denen ein für Literatur spezifisches „Können" auf mehreren Ebenen angebahnt und eingeübt werden kann:

- *Ebene 1*: Das „Können", einem Kunst-Gegenstand, wie es das „poetische Sprachwerk" ist, mit einer Achtsamkeit zu begegnen, die sowohl darauf verzichtet, ihn gleichgültig beiseite zu legen, als auch darauf, ihn sich untertan zu machen.
- *Ebene 2*: Das „Können", sich von einem zunächst fremden, womöglich befremdlichen und abweisenden Text zu einer Sinnsuche verlocken zu lassen, die keine größere Gratifikation verspricht als die Entdeckung von Spuren und das befreiend-irritierende Spiel mit ihnen.
- *Ebene 3*: Das „Können", in sich die unterschiedlichsten Resonanzen auf den literarischen Text einerseits und die verbalen wie nonverbalen Resonanzen der anderen PartizipantInnen andererseits wahrzunehmen und sie angemessen zu artikulieren, dabei zugleich auch die Rechte der Anderen zu achten und mit ihnen „nachbarlich" (Ivo) zu verkehren.
- *Ebene 4*: Das „Können", sich auf die PartizipantInnen an dieser Suche so einzustellen, dass die Gesprächsbeiträge zu einem Geben und Nehmen, zu einem Sich-Reiben und Aneinander-Entzünden, zu einem kooperativen Eifer in der „Suche nach Sinn" werden.
- *Ebene 5*: Das „Können" schließlich, die Rolle der Lehrperson als Leitperson für das eigene Lernen zu nutzen, ihre Kompetenzen anzuerkennen, ohne ihr die Deutungsmacht über den Textsinn zuzuweisen, und dies auch zu artikulieren.

Die Struktur des Aufbaus und Verlaufs eines Literarischen Unterrichtsgesprächs, die Marcus Steinbrenner und Maja Wiprächtiger-Geppert skizzieren, hat sich als probate Rahmung für Gespräche dieser Art erwiesen, ohne dass sie als normative Vorgabe verstanden werden darf. Bei wiederholter Anwendung in einer Klasse kann sie sich als Ritual etablieren, muss aber in sich genug Variablen aufnehmen, um sich nicht zu verbrauchen. Dieses Ritual löst zum einen die Idee des Formats ein und berücksichtigt zum anderen auch die Entwicklungsphasen einer Gruppe, die nicht nur in länger währenden Gruppen, sondern auch in Mikroprozessen beachtenswert sind. Das Format gibt der *Endlichkeit* des Gesprächs die erforderliche Struktur, damit sich überhaupt so etwas wie ein *Prozess* entwickeln kann – eine lebendige, echte und lernförderliche Begegnung mit und in Sprache. Zugleich ist das Format offen für die *Unendlichkeit* der Sinnsuche, die eher als zirkulärer

Parcours zu denken ist, nicht als Zielgerade. Zwischen diesen Dimensionen des Literarischen, seines Verstehens und der menschlichen Beziehungen vermittelt das „wahre Gespräch", das zwar den tiefen Seufzer von Barbara „… und am Schluss weiß ich trotzdem nicht, was der Text sagt" nicht verhindern kann, das ihm aber seinen Platz zukommen lässt als authentische, der Person *und* dem Text angemessene Äußerung, die – eingedenk der Erfahrungen mit dem Text – eine literarische Erkenntnis ist.

In dankbarer Erinnerung an meinen verehrten akademischen Lehrer, Prof. Dr. Gert Mattenklott († 3. Oktober 2009), und mit herzlichem Dank an jene, die mich auf meinem Weg begleitet haben und begleiten. G. H.

Literatur

Andresen, Ute (1999): Versteh mich nicht so schnell. Gedichte lesen mit Kindern. Überarb. und erw. Auflage, Weinheim; Basel: Beltz

Andresen, Ute (2000): Ausflüge in die Wirklichkeit. Grundschulkinder lernen im Dreifachen Dialog. Weinheim; Basel: Beltz

Assmann, Jan (1999): Das kulturelle Gedächtnis. Schrift, Erinnerung und politische Identität in frühen Hochkulturen. 2. Auflage, München: Beck

Baum, Michael (2010): Literarisches Verstehen und Nichtverstehen. Kulturtheorie und Literaturunterricht. In: Taschenbuch des Deutschunterrichts. Bd. 2: Literatur- und Mediendidaktik. Hg. von Volker Frederking u. a. Baltmannsweiler: Schneider Verlag Hohengehren, S. 100–123

Bruner, Jérôme (2002): Wie das Kind sprechen lernt. 2., erg. Aufl., Bern u. a.: Huber

Christ, Hannelore; Fischer, Eva; Fuchs, Claudia; Merkelbach, Valentin; Reuschling, Gisela (1995): „Ja aber es kann doch sein…". In der Schule literarische Gespräche führen. Frankfurt a. M.: Lang

Derrida, Jacques; Hans-Georg Gadamer (2004): Der ununterbrochene Dialog. Hg. von Martin Gessmann. Frankfurt a. M.: Suhrkamp

Ehlich, Konrad; Rehbein, Jochen (1986): Muster und Institution. Untersuchungen zur schulischen Kommunikation. Tübingen: Narr

Finck, Almut (1995): Subjektbegriff und Autorschaft. Zur Theorie und Geschichte der Autobiographie. In: Einführung in die Literaturwissenschaft. Hg. von Miltos Pechlivanos u. a. Stuttgart; Weimar: Metzler, S. 283–293

Fingerhut, Karlheinz (1997): L – E – S – E – N: Fachdidaktische Anmerkungen zum „produktiven Literaturunterricht" in Schule und Hochschule. In: Das Literatursystem der Gegenwart und die Gegenwart der Schule. Hg. von Michael Kämper-van den Boogaart. Baltmannsweiler: Schneider Verlag Hohengehren, S. 98–125

Fingerhut, Karlheinz u. a. (2002): Perspektiven der Sprach- und Literaturdidaktik nach der PISA-Studie. Acht Thesen. In: Perspektiven der Lehrerbildung – das Modell Baden-Württemberg: 40 Jahre Pädagogische Hochschulen. Hg. von Hartmut Melenk u. a. Freiburg i. Br.: Fillibach, S. 45–56

Frank, Manfred (2000): Das Sagbare und das Unsagbare. Studien zur deutsch-französischen Hermeneutik und Texttheorie. 4., erw. Aufl., Frankfurt a. M.: Suhrkamp

Goethe, Johann Wolfgang (1984): Maximen und Reflexionen: Erkenntnis und Wissenschaft. In: Goethes Werke. Berliner Ausgabe. Bd. 18. 2. Aufl., Berlin: Aufbau, S. 475-681 (Zitat: S. 568)

Goethe, Johann Wolfgang (1976): Unterhaltungen deutscher Ausgewanderten: Das Märchen. In: Goethes Werke. Berliner Ausgabe. Bd. 12. 3. Aufl., Berlin: Aufbau, S. 371–407 (Zitat: S. 378)

Härle, Gerhard; Heizmann, Felix (2009): „In bröckelndem Lehm festgebissen". Franz Kafkas Studie *Die Brücke*: Bedeutungspotential und Perspektiven literarischen Lernens. Baltmannsweiler: Schneider Verlag Hohengehren

Härle, Gerhard; Steinbrenner, Marcus (2003): Der „Parcours des Textsinns" und das „wahre Gespräch". Zur verstehensorientierten Didaktik des literarischen Unterrichtsgesprächs. In: Literatur in Wissenschaft und Unterricht, Jg. 36, H. 3, S. 247–278

Härle, Gerhard; Steinbrenner, Marcus (Hg.) (2004): Kein endgültiges Wort. Die Wiederentdeckung des Gesprächs im Literaturunterricht. Redaktionelle Mitarbeit: Johannes Mayer. Baltmannsweiler: Schneider Verlag Hohengehren

Hiller, Johann Adam (1766): Erläuterung der betrüglichen Tonart. In: Wöchentliche Nachrichten und Anmerkungen die Musik betreffend. Das vierte Capitel. Leipzig: Verlag der Zeitungs-Expedition (Zitat: S. 14)

Hurrelmann, Bettina (1987): Textverstehen im Gesprächsprozeß – zur Empirie und Hermeneutik von Gesprächen über die Geschlechtertauscherzählungen. In: dies. (Hg): Man müßte ein Mann sein ...? Interpretationen und Kontroversen zu Geschlechtertausch-Geschichten in der Frauenliteratur. Düsseldorf: Schwann, S. 57–82

Ivo, Hubert (1994): Reden über poetische Sprachwerke. Ein Modell sprachverständiger Intersubjektivität. In: ders.: Muttersprache, Identität, Nation. Opladen: Westdeutscher Verlag, S. 222–271

Knaller, Susanne (2007): Ein Wort aus der Fremde. Geschichte und Theorie des Begriffs Authentizität. Heidelberg: Winter

Mayer, Johannes (2004): Literarische Gespräche: Strukturen – Verstehenslinien – Phasen. In: Härle; Steinbrenner (Hg., 2004), S. 141–174

Müller, Friedrich von (1901): Goethes Persönlichkeit. Drei Reden, gehalten in den Jahren 1830 und 1832. Hg. von Wilhelm Bode. Berlin: Mittler, S. 39

Pieper, Irene; Rosebrock, Cornelia; Wirthwein, Heike; Volz, Steffen (2004): Lesesozialisation in schriftfernen Lebenswelten. Lektüre und Mediengebrauch von Hauptschülern. Weinheim: Juventa

Schiller, Friedrich (1962a): Sprache. In: Sämtliche Werke. Hg. von Gerhard Fricke u. a. Bd. 1. 3. Aufl., München: Hanser, S. 313

Schiller, Friedrich (1962b): Über die ästhetische Erziehung. In: Sämtliche Werke. Hg. von Gerhard Fricke u. a. Band 5. 3. Aufl., München: Hanser, S. 570-669 (Zitat: S. 617)

Schlegel, Friedrich (1958 ff.): Über Goethes Meister. In: Kritische Friedrich-Schlegel-Ausgabe. Hg. von Ernst Behler u. a. Kritische Neuausgabe. 1. Abt., Bd. 2. München u. a.: Schöningh, S. 126–146 (Zitat: S. 138 f.)

Schneider, Manfred (1986): Die erkaltete Herzensschrift. Der autobiographische Text im 20. Jahrhundert. München u. a.: Hanser

Spinner, Kaspar H. (2004): Gesprächseinlagen beim Vorlesen. In: Härle; Steinbrenner (Hg., 2004), S. 291–307

Spinner, Kaspar H. (2006): Literarisches Lernen. In: Praxis Deutsch, Jg. 33, H. 200, S. 6–16

Steinbrenner, Marcus (2009): Mimetische Annäherung an lyrische Texte im Sprach-Spiel des literarischen Gesprächs. In: Literatur als Spiel. Evolutionsbiologische, ästhetische und pädagogische Aspekte. Beiträge zum Deutschen Germanistentag 2007. Hg. von Thomas Anz und Heinrich Kaulen. Berlin; New York: de Gruyter, S. 645–668

Steinbrenner, Marcus (2010): Mimesis in Literarischen Gesprächen und poetisches Verstehen. In: Poetisches Verstehen. Literaturdidaktische Positionen – empirische Forschung – Projekte aus dem Deutschunterricht. Hg. von Iris Winkler, Nicole Masanek und Ulf Abraham. Baltmannsweiler: Schneider Verlag Hohengehren, S. 37–54

Steinbrenner, Marcus; Wiprächtiger-Geppert, Maja (2006): Verstehen und Nicht-Verstehen im Gespräch. Das Heidelberger Modell des Literarischen Unterrichtsgesprächs. In: Literatur im Unterricht, Jg. 7, H. 3, S. 227–241
[leicht überarb. Version im Leseforum Schweiz, Ausgabe 03/2010, online unter: http://leseforum.ch/myUploadData/files/2010_3_steinbrenner_wipraechtiger.pdf]

Sutter, Tilmann (2002): Anschlusskommunikation und die kommunikative Verarbeitung von Medienangeboten. Ein Aufriss im Rahmen einer konstruktivistischen Theorie der Mediensozialisation. In: Lesekompetenz. Bedingungen, Dimensionen, Funktionen. Hg. von Norbert Groeben und Bettina Hurrelmann. Weinheim; München: Juventa, S. 80–105

Wieler, Petra (1989): Sprachliches Handeln im Literaturunterricht als didaktisches Problem. Bern u. a.: Lang

Wieler, Petra (1998): Gespräche über Literatur im Unterricht. Aktuelle Studien und ihre Perspektiven für eine verständigungsorientierte Unterrichtspraxis. In: Der Deutschunterricht, Jg. 50, H. 1, S. 26–37

Wiprächtiger-Geppert, Maja (2009): Literarisches Lernen in der Förderschule. Eine qualitativ-empirische Studie zur literarischen Rezeptionskompetenz von Förderschülerinnen und -schülern in Literarischen Unterrichtsgesprächen. Baltmannsweiler: Schneider Verlag Hohengehren

CHRISTINE GARBE

„Kein endgültiges Wort". Das Konzept des Literarischen Unterrichtsgesprächs im Diskurs der aktuellen Literaturdidaktik

In den letzten zehn Jahren wurden die Debatten in der Literaturdidaktik bereichert durch die Wiederentdeckung des Gesprächs im Literaturunterricht, das am konsequentesten in dem Heidelberger Forschungsprojekt *Das Literarische Unterrichtsgespräch* unter der Leitung von Gerhard Härle ausgearbeitet wurde (vgl. Härle; Steinbrenner 2004). In einer Reihe von Publikationen wurden seit 2002 von Gerhard Härle, Marcus Steinbrenner, Johannes Mayer und Maja Wiprächtiger-Geppert die theoretischen Grundlagen sowie die praktische Umsetzung dieser Konzeption vorgestellt und an der Pädagogischen Hochschule Heidelberg im Kreis von Fachkolleginnen und -kollegen erörtert. Für das zweite Heidelberger Symposion zum Literarischen Unterrichtsgespräch anlässlich des 60. Geburtstages von Gerhard Härle wurde ich eingeladen, in einem Eröffnungsvortrag die Verdienste des Jubilars um das Literarische Unterrichtsgespräch zu würdigen. Diese Einladung habe ich gern angenommen, weil die Impulse aus Heidelberg die Literaturdidaktik am Institut für Deutsche Sprache und Literatur und ihre Didaktik in Lüneburg[1] in den letzten Jahren vielfältig inspiriert haben. Denn in der Tat verbindet uns – die Heidelberger Forschergruppe zum Literarischen Unterrichtsgespräch und den Lüneburger Profilschwerpunkt zur literarischen Sozialisation[2] – von der Sache her viel mehr, als es einem ersten Blick erscheinen könnte.

Zugleich bin ich gebeten worden, das Konzept des Literarischen Unterrichtsgesprächs im Diskurs der aktuellen Literaturdidaktik zu verorten. Dies ist keine kleine Herausforderung, denn die Lage ist recht unübersichtlich, seit die traditionellen Lager in der Literaturdidaktik ‚aufgemischt' wurden durch den PISA-Schock und die nachfolgenden Reaktionen der Bildungs-

---

[1] An diesem Institut habe ich von Juni 1996 bis September 2010 eine Professur für Literaturwissenschaft und Literaturdidaktik wahrgenommen.

[2] Im Zusammenhang dieses Aufsatzes werde ich meist nur von „Literarischer Sozialisation" sprechen; mitgemeint sind dabei allerdings auch die Forschungs- und Lehrprojekte unseres Instituts zur Lese- und Mediensozialisation von Kindern und Jugendlichen. Zu den Unterschieden und Überschneidungen von Literarischer Sozialisation und Lese-Sozialisation vgl. Eggert; Garbe 2003, S. 13 ff. und Garbe; Holle; Jesch 2009, S. 168 ff.

politik, die sich in Bildungsstandards und Kompetenzmodellen, in Kerncurricula und Vergleichsarbeiten niederschlugen. Viele Kolleginnen und Kollegen unserer Disziplin ringen unter diesen Herausforderungen von außen noch immer darum, sich neu zu positionieren. Dennoch will ich im Folgenden den Versuch wagen, die beiden Forschungsfelder – Literarisches Unterrichtsgespräch und literarische Sozialisation – nicht nur in einen Dialog zu bringen, sondern auch in den kontroversen Debatten unserer Disziplin ‚vor' und ‚nach' PISA zu verorten. Dabei setze ich die Kenntnis beider Konzeptionen in ihren Grundzügen voraus;[3] mir kommt es im vorliegenden Beitrag vor allem darauf an, die Kontexte und Problemstellungen zu markieren, an denen sich zunächst die Erforschung der literarischen Sozialisation und später die Entwicklung des Literarischen Unterrichtsgesprächs abgearbeitet haben.

Im Lüneburger Institut für Deutsche Sprache und Literatur und ihre Didaktik, in dem wir einen besonderen Schwerpunkt auf Fragen des Lesens, der literarischen Sozialisation, der Lesedidaktik und der Leseförderung gelegt haben, ist das Literarische Unterrichtsgespräch der Heidelberger Forschungsgruppe seit längerem angekommen. Zunächst haben einige Kolleginnen (Silja Schoett, Gerlind Schulte Berge, Nele Ohlsen) damit begonnen, Lehrveranstaltungen und Tutorien in Literaturdidaktik zu dieser Thematik durchzuführen, in denen die Studierenden selbst solche Gespräche erprobten und im Kontext der Schule mit Schülerinnen und Schülern durchführten. Seit einigen Jahren jedoch ist das Literarische Unterrichtsgespräch Bestandteil des Pflichtcurriculums, das alle Deutsch-Studierenden des Instituts absolvieren müssen. Es handelt sich dabei um eine Einführungsvorlesung in die literarische und die Lese-Sozialisation, mit der die künftigen Deutsch-Lehrkräfte (an Grund-, Haupt- und Realschulen sowie Berufsbildenden Schulen) gewöhnlich in ihr Deutschstudium einsteigen. Ein wichtiges Anliegen dieser Vorlesung und der sie begleitenden Tutorien ist, dass die Studierenden am Beginn ihrer Lehramts-Ausbildung ihre eigene Lese- und Lernbiographie erforschen und wissenschaftlich reflektieren. Sie erhalten dazu als Kontext den aktuellen Forschungsstand der Lesesozialisationsforschung und werden in den begleitenden Tutorien[4] dazu

---

[3] Eine gute Zusammenfassung der theoretischen und praktischen Grundlagen des Literarischen Unterrichtsgesprächs bietet der Beitrag von Marcus Steinbrenner und Maja Wiprächtiger-Geppert (Steinbrenner; Wiprächtiger-Geppert 2006); eine Einführung in die Literarische Sozialisation haben Hartmut Eggert und Christine Garbe vorgelegt (Eggert; Garbe 2003).

[4] Diese Lehrveranstaltungen bildeten auch die Grundlage für die beiden UTB-Bände *Texte lesen* (Garbe; Holle; Jesch 2009) und *Lesesozialisation* (Garbe; Philipp; Ohlsen 2009).

angeleitet, ihre persönliche Lesebiographie zu erarbeiten. Wo kommt in dieser Vorlesung nun das Literarische Unterrichtsgespräch ins Spiel?

Im letzten Teil der Vorlesung, *Lesen in der Jugend/Adoleszenz*, liegt der Schwerpunkt auf der Sozialisationsinstanz Schule (Sekundarstufen). Hier untersuchen wir drei Schwerpunkte: erstens abgebrochene und verhinderte literarische Bildungsprozesse bei Haupt- und Berufsschülern anhand der Hauptschülerstudie von Irene Pieper u. a. (2004), zweitens geglückte literarische Bildungsprozesse bei Schülerinnen und Schülern der gymnasialen Oberstufe und drittens die Kanonfrage mit all ihren ambivalenten Implikationen für literarische Sozialisationsprozesse. Bei den geglückten literarischen Bildungsprozessen geht es als Beispiel um das Literarische Unterrichtsgespräch nach Gerhard Härle u. a. (vgl. Garbe; Holle; Jesch 2009, S. 210 ff.) und in der begleitenden Tutoriumssitzung führen die Studierenden unter Anleitung der Tutorinnen selbst ein solches Gespräch durch.[5] Dies ist oft eine der intensivsten und gelungensten Sitzungen überhaupt.

Diese hochschuldidaktische Verankerung des Literarischen Unterrichtsgesprächs im Pflichtcurriculum für Lüneburger Lehramts-Studierende kann als ein Indikator dafür gewertet werden, dass es zwischen den Heidelberger und Lüneburger Profilschwerpunkten in der Literaturdidaktik zahlreiche Affinitäten gibt. Diesen Berührungspunkten will ich im Folgenden nachgehen, indem ich die Leistungen beider Ansätze in ihrem je spezifischen literaturdidaktischen (und bildungspolitischen) Umfeld ausleuchte. Zu beachten sind dabei allerdings zwei Unterschiede zwischen dem Forschungsansatz der literarischen Sozialisation und dem didaktischen Konzept des Literarischen Unterrichtsgesprächs, die nicht verwischt werden sollen: ein historischer und ein systematischer. *Historisch* gesehen hat die Erforschung literarischer Sozialisationsprozesse in den 1970er Jahren begonnen und sich seither im deutschsprachigen Raum kontinuierlich entfaltet, während die Konzeption des Literarischen Unterrichtsgesprächs erst im letzten Jahrzehnt (etwa ab 2000) entwickelt wurde, also sehr viel jüngeren Datums ist und sich folglich auch in einem anderen Umfeld (nämlich nach dem PISA-Schock) behaupten musste. *Systematisch* gesehen gibt es ebenfalls einen prinzipiellen Unterschied zwischen beiden Ansätzen: Während sich die Erforschung von Prozessen der literarischen Sozialisation als *Grundlagenforschung*[6] für die Literaturdidaktik

---

5 Material und Aufgabenstellungen zum Literarischen Gespräch finden sich im Arbeitsbuch *Lesesozialisation* (a. a. O.) auf S. 184–193.

6 „Lesesozialisationsforschung kann zunächst als eine Grundlagenforschung für die Literaturdidaktik und für die Kinderliteraturwissenschaft betrachtet werden. Sie ist aber

und die Kinder- und Jugendliteraturforschung begreift, ist das Literarische Unterrichtsgespräch ein didaktisches Konzept, seine Erforschung mithin im Bereich der anwendungsorientierten didaktischen Forschung angesiedelt. Diese wissenschaftstheoretische Differenz wird auch darin deutlich, dass das Heidelberger Konzept zu seiner theoretischen Begründung auf Erkenntnisse der literarischen Sozialisation rekurriert (ich komme darauf zurück). Wenn ich dennoch beide Ansätze in einen Dialog bringen möchte, so verfolge ich damit eine doppelte Zielsetzung: Erstens möchte ich zeigen, dass das Literarische Unterrichtsgespräch in vielen Punkten Erkenntnisse der Forschungen zur literarischen Sozialisation aufnimmt, sie didaktisch-praktisch wendet und somit eine wichtige Ergänzung darstellt; denn das Forschungsfeld der literarischen Sozialisation hat sich, gewissermaßen in der Tradition der Kritischen Theorie der Frankfurter Schule, in erster Linie als Kritik an herrschender Schulpraxis konstituiert und es lange Zeit versäumt, eigene didaktische Konzepte zu entwickeln. Zweitens möchte ich zeigen, dass beiden ‚Geschwistern' ein kritisches Potential innewohnt, das es gerade unter den bildungspolitischen Vorzeichen des letzten Jahrzehnts wieder stark zu machen gilt.

Ich gehe also folgendermaßen vor: Zunächst werde ich die traditionellen Kontroversen in der Literaturdidaktik in Erinnerung rufen, die die Debatten seit den 1970er Jahren geprägt haben, bevor durch Bildungsstandards und Kompetenzorientierung neue Herausforderungen an sie herantraten. In diesem Feld soll die Erforschung der literarischen Sozialisation verortet werden, die in diesem Kontext entstand und zur Überwindung dieser Kontroversen Wesentliches beigetragen hat beziehungsweise beitragen kann. Deren Erkenntnisse über Grundprinzipien eines gelingenden Literaturunterrichts sollen dann noch einmal zusammengefasst und mit der Konzeption des Literarischen Unterrichtsgesprächs in Verbindung gebracht werden. Hier wird es darum gehen, die prinzipiellen Gemeinsamkeiten beider Ansätze ebenso herauszuarbeiten wie einige aufschlussreiche Unterschiede. Abschließend werde ich den Blick auf die aktuellen Entwicklungen in der Literaturdidaktik und der Bildungspolitik richten, die im letzten Jahrzehnt zu neuen Themen und Polarisierungen geführt haben. Im Hinblick auf diese Entwicklungen soll gefragt werden, wie sich literarische Sozialisation und Literarisches Unterrichtsgespräch innerhalb dieser Kontroversen verorten lassen und welche Impulse sie in die laufenden Debatten einbringen können.

---

auch ein wichtiges Teilgebiet einer künftigen Literaturwissenschaft, die sich im interdisziplinären Zusammenhang der ‚klassischen' und ‚modernen' Humanwissenschaften einen neuen Standort sucht" (Hurrelmann 1996, S. 133).

1. Die traditionellen Kontroversen

Bis zur Ära von PISA und anderen internationalen Leistungsvergleichsstudien wurden die Debatten in der Literaturdidaktik vor allem von drei Fragen geprägt:
1. von der Frage nach den ‚richtigen' Gegenständen des Literaturunterrichts, die in der sogenannten Kanondebatte erörtert wurde,
2. von der Frage nach den ‚richtigen' Methoden, die zwischen Befürwortern der Textanalyse und -interpretation einerseits und der handlungs- und produktionsorientierten Verfahren andererseits ausgetragen wurde, und
3. von der Frage nach den übergeordneten Zielsetzungen des Literaturunterrichts, zu der vor allem Verfechter einer literarästhetischen Bildung und Vertreter einer Leseförderung ihre Argumente ausgetauscht haben (vgl. Kämper-van den Bogart 2000).

In allen drei Bereichen kann man, wenn man sich zur Verdeutlichung eine gewisse Vereinfachung erlaubt, die zwei Lager der ‚Traditionalisten' und der ‚Erneuerer' identifizieren. In der Kanondebatte werden die traditionellen *Gegenstände* eines nationalliterarischen Kanons hochliterarischer Werke gegen gebrauchsorientierte, ausgegrenzte oder populäre Lesestoffe verteidigt; die Frontlinien verlaufen wie in der folgenden Tabelle dargestellt:

Kanon-Arten nach Fuhrmann (1993), erweitert um Punkt 7
durch Garbe; Philipp; Ohlsen 2009, S. 164

Traditioneller Kanon	*Erweiterter Kanon*
1. Nationalliteratur	1. Weltliteratur
2. Fiktionale Literatur	2. Sach- und Gebrauchsliteratur
3. „Hohe Literatur"/„Dichtung"	3. Unterhaltungs- und Trivialliteratur
4. Kanonische Literatur	4. Unterdrückte Literatur
5. Literatur der Vergangenheit	5. Gegenwartsliteratur
6. Geschriebene/gedruckte Literatur	6. Medienliteratur (in Film und Fernsehen, Hyperfiction etc.)
7. Erwachsenenliteratur	7. Kinder- und Jugendliteratur

In der *Methodenfrage* wie auch in der Frage der *Zielsetzungen* des Literaturunterrichts lassen sich die traditionellen Kontroversen gruppieren um die Pole „Gegenstandsorientierung/Lehrerorientierung" versus „Schülerorientierung". Während sich der analytisch-interpretatorische Literaturunterricht unter der Anleitung des (Lehrer-)Experten darauf richtet, den literarischen Text inhaltlich und formal angemessen zu erschließen, zielen die Verfahren des handlungs- und produktionsorientierten Literaturunterrichts zunächst einmal darauf ab, die Schülerinnen und Schüler in die Auseinandersetzung mit einem Text emotional und kognitiv zu involvieren. Dies geschieht durch vielfältige Methoden kreativer Gestaltung, deren Grundformen textproduktive Verfahren einerseits, szenische, visuelle oder akustische Gestaltungen literarischer Vorlagen andererseits sind (vgl. Haas; Menzel; Spinner 1994). Den Schülern sollen auf diese Weise affektive, identifikatorische, sinnliche, spielerische und praktische Zugänge zu literarischen Texten eröffnet werden, sie sollen „mit Kopf, Herz und Hand" bei der Literatur sein, bevor sie diese analytisch-kritisch untersuchen. Die „Fundierung der Lesebereitschaft und die Ausbildung von Leselust bilden die Grundlage für alle weiteren sinnvollen analytisch-intellektuellen Aktivitäten" (ebd., S. 18). In seinem Beitrag zu dem Band *Zeitzeugen der Deutschdidaktik* (Schlotthaus; Stückrath 2004) hat Gerhard Haas das Grundanliegen des handlungs- und produktionsorientierten Literaturunterrichts noch einmal zugespitzt: „[I]n all diesen Verfahren [wird] in einem ersten Schritt der Begriff der Text*erschließung* durch den der Text*begegnung* ersetzt und der Akzent *zunächst* [...] auf die Ermöglichung der aktiv-produktiven und durchaus auch emotionalen Teilnahme an dieser Textbegegnung gelegt" (ebd., S. 95; Hervorhebung C. G.).[7]

Als Verfechterin der gegenteiligen Position kann Elisabeth Paefgen mit dem Konzept des „textnahen Lesens" herangezogen werden. Paefgen setzt gegen das „frohe Lesen" die „Arbeit am Text", eine angeleitete, geduldige, intellektuelle Auseinandersetzung mit der Andersheit der überstrukturierten literarischen Sprache: „Der literarische Text wird in der literatursprachorientierten Didaktik als Denkaufgabe verstanden, als intellektuelle Herausforderung, als ein sprachliches Problem, das Lösungsarbeit verlangt, möglichst schriftliche" (Paefgen 1999, S. 27). Diese Konzeption antwortet auf die Herausforderungen der Mediengesellschaft, indem sie sich als dezidiertes

---

[7] In dem diesem Beitrag zugrunde liegenden Vortrag im Rahmen der Ringvorlesung *Fünfzig Jahre Deutschdidaktik* an der Universität Lüneburg führte Haas weiter aus: Erst müssten Schülerinnen und Schüler mit Literatur *zusammen* gebracht werden, bevor sie sich mit ihr kritisch-distanziert *auseinander* setzen könnten.

Gegenprogramm zu den Aktivitäten, denen die Schüler in ihrer Freizeit nachgehen, begreift: Die sprachästhetisch orientierte Didaktik „steuert einem Unterhaltungsbedürfnis entgegen und weist auf den ‚Ernst der Sache Literatur' hin" (ebd., S. 28). Zugespitzt formuliert Paefgen:

> Vielleicht ist dem Gegenstand Literatur langfristig eine günstigere Zukunft beschieden, wenn Didaktiker und Lehrer sich von der Erwartung verabschieden, der Literaturunterricht müsse leidenschaftliche Literaturleser heranbilden und wenn sie akzeptieren, dass sie unter den heutigen kulturellen Bedingungen mit dem Lesen von Literatur ihren Schülern eine Arbeit zumuten, die diese eher mit Mathematik- als mit Kunstaufgaben vergleichen. (Paefgen 1999, S. 30)

Im Hinblick auf die *Zielsetzungen* des Literaturunterrichts kann man das Tableau von Lernzielen des Literaturunterrichts, das Kaspar Spinner vorgestellt hat (vgl. Spinner 1999), mit einer gewissen Berechtigung den beiden Begriffen der Gegenstands- und Schülerorientierung zuordnen:

Schüler-Orientierung	*Gegenstands-Orientierung*
– Förderung der Lesefreude	– Texterschließungskompetenz
– Förderung von Imagination und Kreativität	– Literarische Bildung
– Identitätserfahrung und Fremdverstehen	
– Auseinandersetzung mit anthropologischen Grundfragen	

Man könnte die lange Zeit die Literaturdidaktik prägenden Debatten – zugegebenermaßen stark vereinfacht – wie folgt zusammenfassen: Ein an hochliterarischen Werken des Kanons orientierter (gymnasialer) Literaturunterricht, der vor allem kognitiv-analytisch orientiert ist, auf einer starken Lehrer-Lenkung basiert und sich der Förderung von Texterschließungskompetenz und der literarischen Bildung der Schülerinnen und Schüler verpflichtet weiß, steht einem Unterricht gegenüber, in dem an eher unterhaltsamen und der Lebenswelt von Kindern und Jugendlichen nahen Lesestoffen ein phantasievoller und aktiv handelnder Umgang mit Literatur erprobt werden kann. Ziele der Lehrkraft sind im zweiten Fall vor allem die Förderung der Lesefreude, der Imaginationsfähigkeit und Kreativität sowie die Vermittlung der Erkenntnis, dass Literatur im je individuellen Leben der Lernenden eine (existenzielle) Bedeutung erlangen kann (zum Beispiel für Identitätsbildung, Fremdverstehen und die Deutung anthropologischer Grunderfahrungen).

2. Impulse aus der Erforschung der literarischen Sozialisation

Die Erforschung der literarischen Sozialisation und der Lesesozialisation von Kindern und Jugendlichen, insbesondere in ihrer Ausprägung der Lesebiographieforschung und der Erstellung qualitativer Fallstudien, wurde seit den 1970er Jahren durch Hartmut Eggert, Hans C. Berg und Michael Rutschky angestoßen, in den 1980er Jahren durch Werner Graf, Erich Schön, Rudolf Messner, Cornelia Rosebrock u. a. fortentwickelt und in den Jahren 1998 bis 2006 im Rahmen des DFG-Schwerpunktprogramms *Lesesozialisation in der Mediengesellschaft* unter der Leitung von Norbert Groeben und Bettina Hurrelmann zu einer Grundlagen-Disziplin der Literatur- und Lesedidaktik ausgebaut; auch meine eigenen Forschungen sind diesem Zusammenhang verpflichtet. Das neue interdisziplinäre Forschungsfeld der literarischen Sozialisation hat sich von Anfang an konstituiert als eine *empirische* Disziplin, die dem ‚blinden' Fortschrittsglauben von Schulreformern an die Wirkungsmacht von Konzepten und Programmen den nüchternen Blick auf die tatsächlichen Rezeptionsprozesse von Literatur – zum Beispiel im Rahmen schulischen Unterrichts – entgegensetzte. Aus dem Berliner Forschungsprojekt von Eggert, Berg und Rutschky, das in den 1970er Jahren Bildungsprozesse im Literaturunterricht der Sekundarstufe untersuchte und die Wiege der lesebiographischen Forschung in Deutschland darstellt (vgl. Eggert 2009, S. 19), ging 1975 ein Erfahrungsbericht mit dem programmatischen Titel *Schüler im Literaturunterricht* hervor; hier ging es nicht mehr darum, was die Literatur (oder der Literaturunterricht) mit den Schülern machen *soll*, sondern darum, was der einzelne Schüler / die einzelne Schülerin im Rahmen von Unterricht mit literarischen Texten *tatsächlich macht*. Es handelte sich um eine radikale Perspektiven-Umkehr, gestützt auf die Erkenntnisse der Rezeptionsästhetik der Konstanzer Schule, aber erweitert um eine empirische Perspektive, die den Realitäten schulischen Unterrichts und den darin eingebetteten Interaktionsdynamiken Rechnung trug.[8] Und: Es ging hier um *Erfahrungen,* nicht um *Konzepte*. Programmatisch formulierten die Herausgeber des Bandes: „Die bisherigen Versuche, den Literaturunterricht zu verändern, sind nicht zuletzt daran gescheitert, dass die Veränderung nur auf der Ebene didaktischer Konzepte und Lehrpläne propagiert und betrieben

---

[8] Vgl. dazu auch die ausgezeichnete Analyse von Steitz-Kallenbach 2002, S. 178-193.

wurde, eine wirkliche Bestandsaufnahme aber unterblieb" (Eggert; Berg; Rutschky 1975, Klappentext).

Die Erforschung literarischer Sozialisationsprozesse (hier zunächst im Rahmen des Deutschunterrichts) konstituierte sich gegen die damals vorherrschende Lernzielorientierung in der Didaktik, die von wissenschaftlich abgesicherten Gegenstandsanalysen ausgehend einen rational geplanten Unterricht durchsetzen wollte (vgl. Eggert; Berg; Rutschky 1971 und Eggert 2009). So richtete das Team um Eggert, Berg und Rutschky von Anfang an seinen Blick konsequent auf die lernenden Subjekte und vor allem deren individuelle und eigenwillige (nicht vorhergeplante oder planbare) Aneignungsweisen von Literatur, wie in den beiden Monographien *Schüler im Literaturunterricht* (1975) und *Literarisches Rollenspiel in der Schule* (1978) dokumentiert ist.

Der Forschungsansatz der literarischen Sozialisation interessiert sich also für Bildungsprozesse von Individuen in institutionellen Kontexten. Die Dimension der subjektiven Bedeutung – von Texten, Personen und Kontexten – ist für dieses Forschungsinteresse zentral, und entsprechend sind die Erhebungsmethoden vor allem narrative oder leitfaden-gestützte, qualitative Interviews, teilnehmende Beobachtung und die Analyse (lese- bzw. medien-)biographischer Texte.[9]

Die konsequente Fokussierung auf die Subjekte eröffnete sehr rasch den Blick über den ‚Tellerrand' des schulischen Unterrichts hinaus auf andere Sozialisationsinstanzen, die in den Bildungsbiographien von Kindern und Jugendlichen oft viel tiefere Spuren hinterlassen als die Schule – namentlich die ‚informellen' Sozialisationsinstanzen Familie und peer group. Dass Bildungsprozesse von jedem Einzelnen *aktiv* und ein Stück weit *autonom* gestaltet werden in der Auseinandersetzung mit *allen* Einflüssen der verschiedenen kulturellen Umwelten, relativiert den Glauben an die ‚Allmacht' didaktischer Konzepte oder intentionalen Lehrerhandelns tiefgreifend.

3. Prinzipien eines gelingenden Literaturunterrichts aus Sicht der literarischen Sozialisation

Auch wenn die Forschungen zur literarischen und zur Lese-Sozialisation sich eher als Grundlagenforschung verstehen und keine praktischen ‚Rezepte'

---

[9] Die konsequentesten Beispiele dieser auf das *Individuum und seine Biographie* gerichteten Forschung sind die Habilitation von Werner Graf (Graf 1997) und die Dissertation von Silja Schoett (Schoett 2009).

für den Literaturunterricht liefern wollen, lassen sich doch aus ihren Erkenntnissen wichtige Einsichten bezüglich der Gelingensbedingungen von Literaturunterricht gewinnen, die im Folgenden in sechs Punkten zusammengefasst werden sollen:

1. *Abschied vom pädagogischen Machbarkeitswahn:* Die Sozialisationsforschung hat, nicht nur im Bereich der literarischen Sozialisation, gegenüber verkürzten Vorstellungen von Erziehung stets darauf insistiert, dass die Edukanden kein ‚unbeschriebenes Blatt' sind, das erst von der Schule beschrieben würde. Vielmehr sind Bildungsprozesse grundsätzlich nur in Grenzen steuerbar, da die Autonomie („Freiheit") des sich bildenden Subjekts ebenso in Rechnung gestellt werden muss wie seine biographischen Prägungen. Es kann in der Schule also nur darum gehen, *Bedingungen* zu gestalten, unter denen Lern- und Bildungsprozesse (potentiell) erfolgreich verlaufen können.

2. *Artikulation der Subjektivität der Lernenden als Gelingensbedingung speziell im Literaturunterricht:* Was für Bildungsprozesse generell postuliert wurde, gilt nun besonders für den Unterrichtsgegenstand (fiktionale) Literatur. Denn diese lebt kraft ihrer Konstitutionsbedingungen davon, dass sich die Leserinnen und Leser mit ihren Lebenserfahrungen, Phantasien und ihrem Weltwissen aktiv involvieren; andernfalls funktioniert der literarische Kommunikationsprozess nicht. Das war die grundlegende Erkenntnis der Rezeptionsästhetik, die diese im Konzept der „Unbestimmtheitsbeträge" oder „Leerstellen" im literarischen Text gefasst hatte (vgl. Iser 1975). Die Möglichkeit, dass Schülerinnen und Schüler sich mit all ihren „subjektiv borniertem" Phantasien und Erfahrungen verstricken, ist darum kein Störfaktor, sondern eine grundlegende Bedingung für das Gelingen von Literaturunterricht.

3. *Kommunikation als Basis literarischen Lernens:* Die dritte grundlegende Erkenntnis aus den Forschungen zur literarischen Sozialisation lautet, dass alles literarische Lernen sich in *personalen Kontexten* vollzieht, das heißt eingebettet ist in Prozesse der Kommunikation und Interaktion. Aus der Erforschung von Prozessen der literarischen Sozialisation in den verschiedenen Sozialisationsinstanzen lassen sich immer wieder folgende Erkenntnisse bestätigen: Entscheidend ist der Einfluss von *Personen*, nicht von Konzepten, Programmen, Texten oder Lehrplänen. Dieser Einfluss macht sich geltend vor allem in *Interaktionssituationen*, deren konstitutives Merkmal die Offenheit für die Persönlichkeit der Lernenden ist. Bereits im Vorlesedialog mit kleinen Kindern, wie ihn im deutschen

Sprachraum zuerst Petra Wieler untersucht hat (vgl. Wieler 1997), konstruieren der erwachsene Vorleser und das Kind – ausgehend vom vorgelesenen Text oder Bild-Text – gemeinsam Sinn; eine solche *gemeinsame Sinngebung* gelingt dann, wenn das Kind seine eigenen Themen einbringen und formulieren darf, nicht aber, wenn der Erwachsene dem Kind die ‚richtige' Lesart des Textes oktroyiert. Bettina Hurrelmann hat in verschiedenen Forschungsprojekten zeigen können, dass der informellen Sozialisationsinstanz Familie eine entscheidende Rolle bei der Grundlegung einer gelingenden literarischen und Lesesozialisation zukommt, gerade weil es hier um individualisierte Prozesse geht, die von formellen Sozialisationsinstanzen nur selten erfolgreich gestaltet werden (vgl. Hurrelmann u. a. 1993, 2006, Hurrelmann 2004).

4. *Mündlichkeit als Brücke zur Schriftlichkeit:* Gerade die ethnographischen Forschungen zum frühkindlichen Sprach- und Literaturerwerb, die im angelsächsischen Bereich schon länger als „emergent-literacy-research" verankert sind, haben darauf aufmerksam gemacht, dass das entscheidende Merkmal einer gelingenden vorschulischen Lesesozialisation die Heranführung an (konzeptionelle) Schriftlichkeit im Medium der Mündlichkeit ist – durch sogenannte „prä- und paraliterarische Kommunikation" (vgl. Garbe; Holle; Jesch 2009, Kap. 4.2.1). Im Konzept der „Anschlusskommunikation" wurde dann vor allem im DFG-Forschungsverbund *Lesesozialisation in der Mediengesellschaft* der Tatsache Rechnung getragen, dass Lesen und literarische Rezeption in weit größerem Ausmaß in *kommunikative Prozesse* eingebunden sind, als es das (bürgerliche) Bild des „einsamen (Roman-)Lesers" nahelegt (vgl. Charlton; Sutter 2007). Konzeptionelle Schriftlichkeit als „Sprache der Distanz" (vgl. Koch; Oesterreicher 1985) ist nicht nur in Erwerbs-, sondern auch in Gebrauchszusammenhängen fast immer eingebunden in mündliche Kommunikation. Diese Erkenntnis könnte gerade für den Literaturunterricht mit Kindern aus „schriftfernen Lebenswelten" (Pieper u. a. 2004) viel systematischer genutzt werden, als das bislang der Fall ist.

5. *Entwicklungsverläufe berücksichtigen:* In allen prinzipiellen Kontroversen über ‚richtige' oder ‚falsche' Konzepte für den Literaturunterricht (betreffen sie nun die Ziele, die Gegenstände oder Methoden) wird leicht vergessen, dass die Adressaten dieses Unterrichts sich in verschiedenen Entwicklungsphasen befinden (können), folglich verschiedene Interessen und Fähigkeiten in den Unterricht einbringen. Gerade die Lesebiographieforschung hat aus der Analyse von lesebiographischen Dokumenten und Interviews Verlaufsformen einer gelingenden literarischen Sozialisation abstrahiert,

die sich gewöhnlich in unterschiedlichen Entwicklungsphasen vollziehen (vgl. Graf 1995, 2004, 2007). Während es in der Phase der „kindlichen Lesesucht" vollständig kontraproduktiv wäre, den sich gerade entwickelnden Leserpersönlichkeiten ‚anspruchsvolle' literarische Texte anzutragen, kann dies in der Phase einer literarischen Pubertät (Graf 1995) oder literarischen Adoleszenz genau der richtige Impuls sein, um den Lernenden in die „Zone seiner nächsten Entwicklung" (Vygotskij) zu begleiten.

6. *Lernvoraussetzungen der Schüler berücksichtigen:* Aus den bisher genannten Bedingungen für einen gelingenden Literaturunterricht lässt sich als „Summe" das Theorem der *Passung* ableiten, in dem es um die *Kontext-Sensibilität* von Lernkonzepten geht. Der Begriff der Passung entstammt der angelsächsischen Lernforschung und wird dort als ATI, das heißt „aptitude-treatment-interaction" bezeichnet (Cronbrach; Snow 1977). Dieser Theorie zufolge hat misslingender Unterricht seine Ursache in einer mangelnden Passung zwischen den „aptitudes" (Fähigkeiten und Interessen) der Lernenden einerseits und den „treatments" (d. h. den Unterrichtsinhalten wie -methoden) von Seiten der Lehrenden andererseits. Unter aptitudes werden „alle stabilen kognitiven, emotional-motivationalen und konativen (handlungs-spezifischen) Merkmale von Schüler/inne/n [verstanden], von denen man annimmt, dass sie einen Einfluss auf das Lernen im Unterricht haben" (Christmann; Rosebrock 2006, S. 155). Treatments sind entsprechend „alle didaktischen Maßnahmen zur Vermittlung von Lerninhalten […], aber auch Unterrichtsstile (zum Beispiel direktiv vs. nicht-direktiv), Persönlichkeitsmerkmale und Einstellungen von Lehrpersonen" (ebd.). Ein Lese- oder Literaturunterricht, der seine Adressaten erreichen will, muss also schülerseitige Einflussfaktoren wie Alter, Geschlecht, soziale, ethnische und kulturelle Herkunft, Leseinteressen und Medienpräferenzen, verbale Intelligenz und Vorwissen, lesebezogenes Selbstkonzept und Rezeptionsmodi bzw. Lesestrategien einbeziehen.

Bezieht man diese grundlegenden Einsichten in die Bedingungen gelingender literarischer Bildungsprozesse auf die skizzierten literaturdidaktischen Kontroversen, so zeigt sich, dass die hier konstruierten ‚Lager' künstlich sind: Beinahe alle Gegenstände, alle Methoden und auch alle Zielsetzungen können eine (partielle) Berechtigung beanspruchen, wenn sie auf die Lernvoraussetzungen und Motivationen der lernenden Subjekte abgestimmt sind und diesen – unter Anleitung eines „kompetenten Anderen" – einen Schritt in die „Zone der nächsten Entwicklung" weisen. Allerdings muss hier eine wichtige Einschränkung gemacht werden: Die Beschäftigung mit Literatur wird nur dort in den Bildungsbiographien von Subjekten Spuren hinterlassen, wo diese in die *Konstruktion von Sinn* involviert werden.

Meine studentische Mitarbeiterin Nele Ohlsen hat im Jahr 2008 eine empirische Untersuchung zur literarischen Sozialisation in der Schule durchgeführt, in der sie leseautobiographische Texte von 50 Deutsch-Studierenden, die eigens für diesen Zweck geschrieben worden waren, mit der Methode der qualitativen Inhaltsanalyse nach Mayring auswertete (Ohlsen 2008). Es war eines der wichtigsten Ergebnisse dieser Examensarbeit, dass die *Offenheit* der Methoden für eigene Deutungen von Schülerinnen und Schülern der entscheidende Faktor für eine retrospektiv positive oder negative Bewertung des Literaturunterrichts ist. Die übliche Gegenüberstellung von analytisch-interpretatorischen und handlungs- und produktionsorientierten Methoden erwies sich als unzureichend; so führte Ohlsen als weitere Unterscheidung bei den Gesprächsformen im Literaturunterricht die Kategorien „traditionell-geschlossene Methoden" (d.h. festes Interpretationsziel der Lehrkraft als Maßstab der Bewertung) und „traditionell-offene Methoden" (d.h. Respekt für Schülermeinungen, Toleranz für verschiedenen Deutungen) ein und konnte hier sehr eindeutige Zuordnungen zu positiven und negativen Bewertungen des Literaturunterrichts feststellen (vgl. auch Garbe 2010).

Das von Studierenden retrospektiv als befriedigend wahrgenommene Unterrichtsgespräch zu literarischen Texten zielt auf Auslegung und Sinnerschließung; es ist eine *hermeneutische* Praxis, in der ‚fremde' (und oft zunächst befremdliche) Texte mit den eigenen Lebensfragen in Berührung gebracht werden. Die Kategorien der „Lust am Text" und der „Arbeit am Text" erweisen sich als nicht hinreichend zur Beschreibung dieses Aneignungsmodus von literarischen Texten. Es geht vielmehr um den *Sinn im Text* oder besser gesagt die Sinnpotentiale von Texten und die Operation der Deutung oder Interpretation. Aller literaturwissenschaftlich konstatierten „Krise der Interpretation" zum Trotz: Kinder und adoleszente Jugendliche (aus ‚schrift-affinen' Lebenswelten) scheinen nach wie vor das Bedürfnis zu haben, ihre Selbst- und Weltauslegungen im Medium der Literatur zu formulieren und zu prüfen. Das bestätigte sowohl unsere Studie zur *Literarischen Intellektualität in der Mediengesellschaft* (vgl. Eggert u.a. 2000) als auch die neuere Studie von Dawidowski zur *Literarischen Bildung in der heutigen Mediengesellschaft* (Dawidowski 2009): Die Literatur, die vor allem Unterhaltungsfunktionen an andere Medien abgetreten hat, ist als Medium der Selbst- und Weltvergewisserung bislang durch keine anderes Medium zu ersetzen.

4. Das Literarische Unterrichtsgespräch nach dem Heidelberger Modell

Von diesen Erkenntnissen aus dem Forschungsfeld der literarischen Sozialisation ausgehend lag eine Konzeption wie das *Literarische Unterrichtsgespräch* geradezu ‚in der Luft'; sie erscheint in vielen Hinsichten als die kongeniale praktische Konsequenz aus den skizzierten Prinzipien für einen gelingenden Literaturunterricht. Neben dem Konzept der „Leseförderung" (vgl. Hurrelmann 1994) ist es aus meiner Sicht die einzige profilierte literaturdidaktische Konzeption des vergangenen Jahrzehnts, in der Erkenntnisse der literarischen Sozialisation einen zentralen Stellenwert in der theoretischen Begründung einnehmen.[10] Dennoch steht sie hinsichtlich der angestrebten Zielsetzung(en) in einem interessanten Spannungsverhältnis zur „Leseförderung": Während letztere zunächst den Aufbau von Lesefreude und Lesemotivation anstrebt (sowie die Verankerung stabiler Lesegewohnheiten), geht es Härle und seinen Mitarbeitern in erster Linie um eine „literarische Bildung", die oft in einem Spannungsverhältnis zur Leseförderung gesehen wird. An welchem Punkt sich beide Wege trennen, wird mich im zweiten Schritt beschäftigen; zunächst sollen jedoch die *Gemeinsamkeiten* des Forschungsansatzes zur literarischen Sozialisation und des didaktischen Konzepts zum Literarischem Unterrichtsgespräch beschrieben werden.

In der *Literaturtheorie* ist die Hermeneutik der gemeinsame Bezugspunkt: Während sich die Forschungen zur literarischen Sozialisation vor allem auf die hermeneutisch fundierte Rezeptionsästhetik stützten (namentlich auf die Arbeiten von Wolfgang Iser sowie auf psychoanalytische Rezeptionstheorien), bezieht sich die Heidelberger Gruppe auf den Zusammenhang von literarischem Verstehen und Gespräch, wie ihn unter Berufung auf Friedrich Schleiermacher vor allem Manfred Frank herausgearbeitet hat (vgl. Härle; Steinbrenner 2003, Steinbrenner 2004):

> Verstehen wird als dynamischer, gesprächsförmiger *Prozess* gedacht: als inneres Selbstgespräch, als Gespräch mit einem Text und als Gespräch mit einem realen Gegenüber. Dieser Prozess ist prinzipiell sprachlich, individuell und letztlich unabschließbar: er kennt „kein endgültiges Wort". (Steinbrenner; Wiprächtiger-Geppert 2006, S. 227)

Während die literarische Sozialisation vor allem die *Subjektivität* des Verstehens betont, setzt das Literarische Gespräch den Akzent auf die *Offenheit*

---

[10] Die Konzeptionen von Ulf Abraham (1998) und Klaus Maiwald (2001) könnten mit einer gewissen Berechtigung hier ebenfalls genannt werden.

und *Unabschließbarkeit* des Verstehensprozesses, wie sie gerade im Gespräch mit mehreren Teilnehmern adäquat realisiert werden kann.

In der *Sprach- und Literaturerwerbstheorie* bezieht sich das Konzept des Literarischen Unterrichtsgesprächs explizit auf Erkenntnisse der Lesesozialisationsforschung, insbesondere über die Beschaffenheit gelingender Vorlesedialoge zwischen Erwachsenen und Kindern (vgl. Wieler 1997):

> Vorlesen in der frühkindlichen Lesesozialisation ist insofern ein dialogischer Prozess, als in ihm gemeinsam und wechselseitig der Sinn des Gelesenen ausgehandelt wird; dies geschieht natürlich nicht argumentativ und deklarativ, sondern assoziativ und affektiv. Nach Wieler […] ist die Vorlesesituation durch eine hohe Interaktionsdichte und eine Ritualisierung gekennzeichnet, die dem Kind den Sinn dessen, was da geschieht, verbürgt und erlebbar macht, auch ohne dass es die lexikalische Bedeutung der einzelnen Worte oder Sätze „versteht" […]. Damit ist der Sinn des Textes zugleich verknüpft mit der Sinnhaltigkeit der Vorlesesituation […], die ihrerseits durch Nähe, Klang (Stimme der Mutter) und dyadische Symbiose der im Lese-Gespräch miteinander verbundenen (Klein-)Gruppe begründet wird. (Härle 2004a, S. 142)

Der Erwerb von Sprachkompetenz, aber auch von literarischer und Lesekompetenz erfolgt prinzipiell in Interaktionssituationen, die beispielsweise in der Spracherwerbstheorie von Jerome Bruner als „Formate" beschrieben werden, das heißt als stabile Routinen in Interaktionssituationen, mittels derer die Lernenden von „kompetenten Anderen" in die „Zone ihrer nächsten Entwicklung" begleitet werden. Es ist meines Erachtens die spezifische Leistung der Heidelberger Gruppe um Gerhard Härle, diese generelle Einsicht in die Beschaffenheit gelingender *informeller* literarischer Kommunikation planmäßig genutzt zu haben für die Entwicklung eines didaktischen Konzeptes, in dem diese Bedingungen im Rahmen *formeller Lernprozesse* intentional gestaltet werden:

> Da gezeigt werden konnte, dass der kindliche Literaturerwerb dann eine besondere Gelingenschance hat, wenn er in gesprächsförmigen Settings sich vollzieht, dürfte man konsequenterweise nicht primär auf die Verfahrensweisen der handlungs- und produktionsorientierten Literaturdidaktik setzen, sondern man müsste […] verstärkt jene Formen für die didaktische Konzeptualisierung in den Blick nehmen, die tatsächlich in der erfolgreichen familiären Lesesozialisation wirksam sind. Es sind allemal und weit überwiegend gesprächsförmige Prozesse, die die Verbindung zwischen den sinnverbürgenden Erwachsenen […], dem über seine Verstehensgrenzen hinausgeführten Kind und dem […] literarischen Text herstellen und mit Leben, Nähe und Affekt füllen. (Härle 2004a, S. 149)

Gesprächstheorie: Für die planvolle Organisation solcher „Interaktionsroutinen" für literarische Gespräche greifen die Heidelberger Literaturdidaktiker auf die Erkenntnisse und Methoden der „Themenzentrierten Interaktion" (TZI) von Ruth Cohn zurück, die ein praktisch bewährtes Verfahren zur Organisation von authentischen und gut ausbalancierten Gesprächen zur Verfügung stellt.

> Mit dieser Form der Gruppen- und Gesprächsleitung lassen sich Gesprächsprozesse initiieren, die einen ausgewogenen Bezug auf die Sache (Text) und die beteiligten Subjekte (Schüler, Lehrer) sowie ihre Interaktion (Gruppe) ermöglichen. Ein Gespräch nach dem Konzept der TZI strebt für alle Beteiligten ein möglichst hohes Maß an Authentizität und Entscheidungsfreiheit an und bezieht die institutionellen Bedingungen realitätsgerecht ein. Das Ziel einer *dynamischen Balance* der vier Faktoren *Einzelner, Gruppe, Sache* und *Rahmenbedingungen* ist ein Grundelement des TZI-Modells, das dafür unterschiedliche Methoden, Regeln und standardisierte Ablaufmuster bereitstellt [...], die für die Praxis des literarischen Unterrichtsgesprächs nutzbar gemacht werden. (Steinbrenner; Wiprächtiger-Geppert 2006, S. 229)

Gerade im Hinblick auf diesen dritten theoretischen Baustein unterscheidet sich das Literarische Unterrichtsgespräch von der literarischen Sozialisation, denn vor allem hier zeigt sich, dass das Literarische Unterrichtsgespräch nicht einfach Grundlagenforschung betreiben will – wie es der Ansatz der literarischen Sozialisation seinem Selbstverständnis nach tut (vgl. Hurrelmann 1996) –, sondern eine *didaktische Konzeption* ist, die in der Praxis umgesetzt wird. Gerade mit der TZI gewinnt das Literarische Unterrichtsgespräch eine Praxiskomponente, die intentionales Handeln (in literarischen Sozialisationsprozessen) möglich macht, während die Lesesozialisationsforschung sich in der Regel auf die Position der – wenn auch engagierten – Beobachtung und Analyse von (Unterrichts-)Prozessen beschränkt hat.

Differenzen und neue Akzente 1: Die Textauswahl

Im Hinblick auf die Auswahl der Texte sehe ich eine Differenz zwischen dem Konzept des Literarischen Unterrichtsgesprächs und dem Ansatz der literarischen Sozialisation. Während letztere unter Rekurs auf das Konzept der „Passung" (s. o.) Texte und Verfahren präferiert, die eine große Nähe zur Lebenswelt (und privaten Lektürepraxis) der Schülerinnen und Schüler aufweisen (Stichwort: „Leseförderung" in dem von Bettina Hurrelmann ursprünglich postulierten Sinn, vgl. Hurrelmann 1994), setzt das Literarische Unterrichtsgespräch auf anspruchsvolle literarästhetische Texte und spezifische Interaktionsroutinen, die mit der alltäglichen Lesepraxis von Schülern nicht unbedingt etwas zu tun haben, sondern im Gegenteil einer einfachen genuss-orientierten Lektüre (Stichwort: „Leselust") besondere Widerstände bieten. Das können durchaus Texte aus dem Kanon der Lyrik und der Kurzprosa sein; allerdings gilt für die Auswahl eines Textes für ein Literarisches Gespräch im Unterricht, dass dieser (a) den Verstehenshorizont des Auswählenden übersteigen, also Rätsel bergen und (b) für den Auswählenden – sei es die Lehrkraft, sei es eine Schülerin oder ein Schüler – *subjektiv bedeutsam* sein muss. Damit wird die oben skizzierte Dichotomie der Kanondebatten hinfällig, denn das Kriterium der subjektiven Bedeutsamkeit kann für prinzipiell jeden Text gelten; es rückt die Texte zumindest potentiell in die Verstehenshorizonte der Lernenden und lässt sie im geglückten Fall zu Bestandteilen der eigenen Bildungsbiographie werden. Die Vieldeutigkeit lyrischer oder besonders ‚dichter' epischer Texte wird artikuliert durch die beteiligten Lernenden, die eingeladen sind, *ihre* Fragen an den Text zu formulieren (statt „endgültige" Antworten zu finden). Das Gespräch vermittelt daher zwischen Subjekten und Gegenstand, es ist das eigentliche Medium der Bedeutungsgenerierung. Im Literarischen Gespräch wird vermittelt zwischen der Subjektivität der Lernenden und den Verstehensanforderungen des literarischen Textes. Der Polysemie der Texte entspricht dabei die Polyphonie der Schüler-Stimmen. Gerade diese Vieldeutigkeit literarischer Texte gebietet die *Offenheit* des Literarischen Gesprächs, in dem es ein „endgültiges Wort", etwa die Deutungshoheit der Lehrkraft, nicht geben darf.

Differenzen und neue Akzente 2: Die Vermittlungsformen

Das Literarische Unterrichtsgespräch löst auch die zweite Dichotomie der traditionellen literaturdidaktischen Kontroversen auf: Wurde dort gestritten, ob eine angeleitete Textanalyse und -interpretation oder die kreative Eigentätigkeit von Schülerinnen und Schülern in der Inszenierung oder Umgestaltung von Texten die bessere Methode im Literaturunterricht sei, so überwindet auch hier der Ansatz des offenen Gesprächs, das zugleich im Rahmen eines festen „Formates" stattfindet, die traditionellen Gegensätze. Das Literarische Unterrichtsgespräch fügt den Kontroversen etwas Neues hinzu, das vorher keinen hinreichenden Platz in den Methodenfragen hatte, nämlich das Vertrauen auf eine *gemeinsame Erkenntnisleistung* im Gespräch. Nicht der einzelne Schüler soll in seiner Konkretisierung des literarischen Textes (durch ein Bild, eine schriftliche Äußerung o.ä.) die Wahrheit des Textes ergründen, und nicht die einzelne Lehrkraft vermittelt den Lernenden die ‚richtige' Deutung des Textes, sondern das Verstehen ist ein gemeinschaftliches Unterfangen aller Beteiligten unter der „partizipierenden Leitung" der Lehrkraft,[11] und im Falle des Gelingens lernen dabei alle voneinander und vertiefen so ihr Verständnis des literarischen Textes.

---

11 Auf dieses besonders komplexe Thema kann ich im vorliegenden Zusammenhang nicht näher eingehen; vgl. dazu die Beiträge von Gerhard Härle sowie von Angelika und Eike Rubner in diesem Band.

Zwischenfazit im Dialog von literarischer Sozialisation und Literarischem Unterrichtsgespräch

Das Konzept der „Passung" zwischen Lernvoraussetzungen der Schüler, Gegenständen und Vermittlungsformen (Methoden) wird von den Heidelberger Literaturdidaktikern skeptisch gesehen, denn es suggeriert eine Harmonie zwischen diesen Faktoren, die leicht dazu führen könnte, Unterrichtsgegenstände und -methoden an die aktuellen Lernvoraussetzungen und -interessen der Schüler anzupassen (im Sinne einer „Identität" und „Identifikation"), wodurch ein für Lernprozesse notwendiges Moment der „Fremdheit" (Alterität), Differenz und Provokation verloren ginge. Dies ist möglicherweise jedoch nur eine scheinbare Differenz; denn wenn die Lehrkraft die Position des „kompetenten Anderen" im Sinne Vygotskijs ernst nimmt, dann muss diese ‚Provokation' durch etwas zu anspruchsvolle Texte immer gegeben sein, wenn eine literarische Kommunikation überhaupt lohnend sein soll. Dies war auch schon in der Versuchsanordnung von Petra Wieler (1997) der Fall, wenn sie als Vorlesetext für die vierjährigen Probanden ihrer Studie das sehr komplexe (und Vierjährige eigentlich überfordernde) Bilderbuch *Oh wie schön ist Panama* von Janosch auswählte. Dennoch besteht an diesem Punkt zweifellos Präzisierungsbedarf im Konzept der „Passung".

Umgekehrt kann die Konzeption des Literarischen Unterrichtsgesprächs in meinen Augen profitieren von einer stärkeren Berücksichtigung von Entwicklungs- oder Erwerbsperspektiven, wie sie vor allem durch die Lesebiographieforschung und die Spracherwerbsforschung ausgearbeitet und in den letzten Jahren auch heuristisch zusammengedacht wurden (vgl. u. a. Garbe; Holle; von Salisch 2006). Gerade bei einer weiteren Konkretisierung dieser Gesprächskonzeption für den schulischen Unterricht in verschiedenen Alters- und Klassenstufen ist die Berücksichtigung verschiedener Entwicklungsniveaus (sowie von Milieu- und Schichtunterschieden) unbedingt erforderlich. Deshalb erscheint es mir für beide Seiten vielversprechend und ertragreich, im Dialog zu bleiben.

5. Literaturunterricht nach PISA – Das Literarische Unterrichtsgespräch im Kontext der neuen Kontroversen

Mit dem PISA-Schock von 2001 hat sich vieles geändert und die Literaturdidaktik sieht sich mit neuen Herausforderungen konfrontiert. Nachdem Deutschland einen beschämenden 21. Platz (unter 31 Plätzen) in der Testung von Lesekompetenz belegt hatte und beinahe 25 Prozent der Schulabgänger nicht einmal den Minimalstandard notwendiger Lesekompetenz zur Lebensbewältigung vorweisen konnten, wurde der Deutschunterricht als einer der Hauptverantwortlichen für die Misere dingfest gemacht: Hier hatte man sich offenbar in elitärer bildungsbürgerlicher Selbstbezogenheit darauf konzentriert, *Literatur-* statt *Leseunterricht* zu erteilen. PISA hingegen testete nun „Basiskompetenzen", die jedermann (und jedefrau) in den postindustriellen globalisierten Wissensgesellschaften des 21. Jahrhunderts zur Lebensbewältigung, zu persönlichem und beruflichem Erfolg und lebenslangem Weiterlernen benötigt. Allein das Korpus der für den Lesekompetenz-Test von einem internationalen Experten-Gremium ausgewählten Texte machte den künftigen Stellenwert von literarischer Bildung deutlich: 88 Prozent expositorischen standen gerade einmal 12 Prozent literarische Texte gegenüber, und die Aufgabenstellungen auch zu letzteren zielten vor allem auf kognitive Texterschließung ab.

Entsprechend ist der Lesekompetenz-Begriff der PISA-Studien der funktional-pragmatischen Literacy-Tradition der angelsächsischen Länder verpflichtet und beschränkt sich weitgehend auf die wissensbasierten, kognitiven und reflexiven Dimensionen von Lesekompetenz; die emotionalen, volitionalen und motivationalen Dimensionen treten demgegenüber stark in den Hintergrund (vgl. Hurrelmann 2002 und Garbe; Holle; Jesch 2009, Teil I).

Im Gefolge dieses „PISA-Schocks" kam es zu einer tiefgreifenden Umsteuerung der bundesrepublikanischen Bildungspolitik, die sich vor allem mit drei Gegensatzpaaren charakterisieren lässt: Output-Messung statt Input-Steuerung, Bildungsstandards statt Curricula und Kompetenz- statt Inhaltsorientierung. Alle drei Prinzipien wurden in der PISA-Studie auf zum Teil fragwürdige Weise begründet und von der Bildungspolitik im letzten Jahrzehnt in rasantem Tempo in die Praxis umgesetzt. Die Steuerung des in den globalisierten Wissensgesellschaften immer wichtiger werdenden Qualifikationsprofils der Menschen soll erfolgen über eine Messung der Lernerfolge Einzelner als „output" des Bildungssystems; PISA testet zwar die als basal definierten Kompetenzen einzelner Schülerinnen und Schüler, misst jedoch in Wirklichkeit die Leistungsfähigkeit des Bildungssystems, das diese Kompetenzen zu produzieren hat. Werden dabei bestimmte *Standards*, d. h. ein bestimmtes innerhalb von Kompetenzmodellen definiertes Mindestniveau von Kompetenzen, nicht erreicht, dann muss „nachgesteuert" werden, indem das Bildungssystem reformiert wird. *Kompetenzen* schließlich werden verstanden als flexibel einsetzbare Fähigkeiten und Fertigkeiten, die an tendenziell beliebigen Lerngegenständen erworben werden können, vor allem aber transferierbar sein müssen auf neue Gegenstände und Situationen.

Was bedeutet dieser Paradigmenwechsel nun für den Literaturunterricht und die Literaturdidaktik? Beide sehen sich mit zwei großen Herausforderungen konfrontiert: einer Neubegründung des Literaturunterrichts und einer Reaktion auf die Erwartungen der Bildungspolitik, Bildungsstandards, Kompetenzmodelle und Aufgabenformate für Vergleichsarbeiten zu formulieren. Wie positioniert sich das Konzept des *Literarischen Unterrichtsgesprächs* in diesem neuen Feld?

Wenn ich es recht sehe, kann man aus den zahlreichen Stellungnahmen innerhalb der Deutschdidaktik zu diesen Fragen drei Positionen identifizieren: (1) die Befürworter der neuen Herausforderungen, (2) die gemäßigten Kritiker und (3) die Fundamental-Kritiker. Ich werde versuchen, diese Positionen jeweils an exemplarischen Projekten oder Vertretern zu umreißen, um anschließend (4) das Konzept des Literarischen Unterrichtsgesprächs in diesen neuen Kontroversen zu verorten.

(1) Die Befürworter der neuen Herausforderungen

Als Beispiel für Vertreter dieser Position dient mir das DFG-Forschungsprojekt *Literarästhetische Urteilskompetenz* im Rahmen des Schwerpunktprogramms *Kompetenzmodelle zur Erfassung individueller Lernergebnisse und zur Bilanzierung von Bildungsprozessen* (vgl. Frederking u. a. 2008). Dieses Projekt zieht zu seiner Rechtfertigung eine Annahme heran, die Kritiker der Kompetenzorientierung entschieden zurückweisen: dass nämlich im schulischen Unterricht auf Dauer nur Bestand haben werde, was sich empirisch überprüfbar als Kompetenz beschreiben lasse.[12] Deshalb wird postuliert:

> Um die drohende Marginalisierung eines Kernbereichs des Faches Deutsch abzuwenden, sind unterrichtspraktische Konzeptionen kompetenzorientierten Umgangs mit literarischen Texten [...] ebenso notwendig wie kluge und literaturdidaktisch anspruchsvolle Aufgabenkonstruktionen [...]. *Nur auf diese Weise* kann verhindert werden, dass infolge eines falsch verstandenen „teaching to the test" mit dem literarästhetischen Verstehen und dem ästhetischen Genuss Kernbereiche des Literaturunterrichts an Bedeutung verlieren. Mittelfristig müssen aber möglichst viele dieser Ansätze durch empirisch fundierte kompetenztheoretische Modelle literarischen bzw. literarästhetischen Verstehens *abgesichert* werden. Denn didaktische Konzeptionen ohne empirische Fundierung *werden* in Zukunft *nicht* mehr dem disziplinären Anspruch *genügen können*. (Frederking u. a. 2008, S. 12 f., Hervorhebung C. G.)

---

[12] „Was nicht als Kompetenz beschreibbar, in Bildungsstandards formulierbar und in Testaufgaben erfassbar ist, droht zumindest mittelfristig aus dem Zentrum des Unterrichtsgeschehens zu verschwinden (...)" (Frederking u. a. 2008, S. 12).

Die von mir hervorgehobenen sprachlichen Formulierungen erinnern verdächtig an die Rhetorik von Politikerreden, die eine – selbstverständlich interessengebundene und somit parteiliche – Position als „alternativlos" deklarieren. Es dürfte kein Zufall sein, dass sich dieser Ansatz durchgängig unkritisch zu den Leitbegriffen und Vorgaben der aktuellen Bildungspolitik verhält: Die Bildungsstandards etwa, deren Unausgegorenheit im Bereich literarischen Lernens Kaspar Spinner in seiner Lüneburger Rede über den *Standardisierten Schüler* deutlich benannte (vgl. Spinner 2005), werden hier lediglich affirmativ zitiert (z. B. S. 12, 18, 20, 21). Auch die Zielsetzungen des Projekts folgen der Logik der aktuellen Bildungspolitik, deren hauptsächliches Anliegen in einer Kontrolle der Effektivität schulischer „outputs" besteht: „Sofern es gelingt, ein valides und reliables Instrument zur Erfassung literarästhetischer Urteilskompetenz zu entwickeln, kann dieses in Folgestudien, etwa zu *Fragen der Effektivität verschiedener didaktischer Ansätze des Deutschunterrichts,* genutzt werden" (ebd., S. 23; Hervorhebung C. G.). Das DFG-Forschungsprojekt *Literarästhetische Urteilskompetenz* verschreibt sich offenkundig der ‚Verwertungslogik' des aktuellen bildungspolitischen Mainstreams, der in den Wissenschaften vor allem von der Pädagogischen Psychologie und der Empirischen Bildungsforschung getragen wird: Jürgen Baumert und das Max-Planck-Institut für Bildungsforschung (verantwortlich für die erste PISA-Studie in Deutschland), Eckhard Klieme und das Deutsche Institut für Internationale Pädagogische Forschung (DIPF, u. a. verantwortlich für DESI), das IQB in Berlin (ehemals Olaf Köller, Albert Bremerich-Vos u. a.), das IGLU / PIRLS-Konsortium und andere Einrichtungen dieser Art dominierten im letzten Jahrzehnt die bildungspolitischen Debatten und besetzten die wichtigen Lehrstühle bis weit in die Fachdidaktiken hinein. An die Stelle der bislang dominierenden Frage fachdidaktischer Forschung: Wie lässt sich ein guter „Input" gestalten? traten vielfach Fragen nach der Standardisierung und Messung des „Outputs" oder der Konstruktion von Kompetenzmodellen sowie von Testaufgaben. Die Deutschdidaktik sah sich in die Defensive gedrängt und versuchte entweder, sich den neuen Trends anzupassen (wie das hier beispielhaft angeführte Projekt zur *Literarästhetischen Urteilskompetenz*) oder sich mit ihnen kritisch auseinander zu setzen.

(2) Die gemäßigten Kritiker

Für die gemäßigten Kritiker möchte ich exemplarisch Kaspar Spinner, Ulf Abraham und Michael Becker-Mrotzek ins Feld führen – ein Feld, in dem sich nach meinem Eindruck die allermeisten Deutschdidaktiker derzeit wiederfinden. Spinner hatte den Reigen der Kritik auf dem 15. Symposion Deutschdidaktik in Lüneburg (2004) mit seinem Vortrag *Der standardisierte Schüler* eröffnet (vgl. Spinner 2005). Er monierte hier unter anderem, dass die Individualität und Subjektivität der Schülerinnen und Schüler „im standardisierten Unterrichtsprozess zurechtgestutzt" werde (ebd., S. 8); als neues Leitbild des „intendierten Schülers" etabliere sich „der planende, seine Verhaltensweise kontrollierende, metakognitiv sich steuernde, sich seiner Zielsetzungen bewusste und über einsetzbare Strategien verfügende Mensch" (ebd., S. 10). Das isolierte Training von Lese- und Lernstrategien habe mit eigenständiger geistiger Arbeit wenig zu tun; vor allem aber drohe eine bedenkliche Reduktion von schulischem Lernen auf diese funktionalistischen Aspekte:

> Niemand zweifelt daran, dass der Erwerb bestimmter Strategien sinnvoll und unverzichtbar ist; sie machen in einer konkreten Lebenssituation aber immer nur einen Teil der ablaufenden und notwendigen Prozesse aus. Intuitives Erspüren, Imagination, emotionale Ansprechbarkeit spielen beim Reden mit anderen Menschen, beim Schreiben, beim Lesen ebenso eine Rolle. Diese Dimensionen sind allerdings schwer trainierbar; deshalb konzentriert sich ein Unterricht, der an einem überprüfbaren Output von Kompetenzen ausgerichtet ist, auf das strategieorientierte Lernen. (Spinner 2005, S. 12)

Ulf Abraham hielt in seiner Replik dagegen:

> Spinner mahnt, wir dürften uns nicht, unter dem Eindruck der das Land jetzt überziehenden Parallel-, Vergleichs- und Gesamttests, nur für die „einheitlichen Standards" interessieren, sondern müssten die individuelle Vielfalt sehen – als Vielfalt der Lernenden in ihren Voraussetzungen, der Gegenstände in ihren Möglichkeiten, der Zugänge in ihren Perspektiven. Da gehe ich mit. Es führt aber kein Weg daran vorbei, gerade in einer Gesellschaft der wachsenden Vielfalt […] ein Mindestmaß an Vergleichbarkeit und verlässlich vorhandener „Kompetenz" herzustellen. Der Pädagoge ist ja, was sein Verhältnis zu der Gesellschaft angeht, in deren Auftrag er handelt, schon immer so etwas wie ein Doppelagent gewesen: *Einerseits* führt er deren jeweils ausgehandelten Konsens aus und exekutiert damit auch den Zeitgeist; *andererseits* muss er sich immer auch dagegen stemmen und „teaching as a subversive activity" betreiben […]. (Abraham 2005, S. 9; Hervorhebung C. G.)

Im selben Heft bringt Michael Becker-Mrotzek dies Einerseits – Andererseits in der sportlichen Metapher von Pflicht und Kür auf den Begriff:

> Versteht man Standards in diesem Sinn als unverzichtbare Grundfähigkeiten, dann geht es weniger um die Standardisierung der Schüler/innen als vielmehr um ihre basale Literalisierung. Um es in der Terminologie des Sports auszudrücken: Die Standards formulieren gewissermaßen die für alle gleiche Pflicht, während die Kür, wo das eigentliche Können in seiner ganzen Individualität, Kreativität und Ästhetik gezeigt wird, in der eigenen Verantwortung des Faches und jedes Einzelnen verbleibt. Ich sehe die Aufgabe der Fachdidaktik darin, sich auf diesen Kernbereich zu einigen, d. h.

anzugeben, welche Kompetenzen zu den unverzichtbaren Voraussetzungen im Fach Deutsch gehören. (Becker-Mrotzek 2005, S. 12)

Kaspar Spinner hat sich diese Position später ebenfalls zu Eigen gemacht; so schlägt er beispielsweise in seinem Basisartikel über *Literarisches Lernen* (Spinner 2006) elf Kompetenzen vor, in die man literarisches Lernen ausdifferenzieren könne. Und in einem Beitrag über *Sprachlich-literarische Bildung oder Lese-, Sprech- und Schreibkompetenz?* (Spinner 2008) stellt er ein „Mehrebenenmodell" vor, in dem Auswahlkriterien für (literarische) Inhalte, konkret beschreibbare Strategien und Kompetenzen sowie fachübergreifende Bildungsansprüche integrativ verortet werden können:

> Man wird heute kaum bezweifeln, dass die Vermittlung von fachspezifischen Kompetenzen, wie sie in den Bildungsstandards [...] formuliert sind, eine Hauptaufgabe von Schule sein muss. *Aber der Anspruch von Bildung geht darüber hinaus.* (Spinner 2008, S. 219)

Zwar konzediert Spinner, dass eine stärkere Kompetenzorientierung eine Qualitätsverbesserung von Unterricht verspreche; es müsse aber im Bewusstsein bleiben, dass der Kompetenzbegriff auch seine Grenzen habe:

> Der Bildungsbegriff, wie er in der humanistischen Tradition diskutiert wird, muss zur kritischen Überprüfung und als Grundorientierung wachgehalten werden. Es gilt, was Marcus Steinbrenner folgendermaßen präzise formuliert hat: „Der Kompetenzbegriff ist kein Denkrahmen, er braucht einen Denkrahmen" (Steinbrenner 2007, S. 414). Es ist der *Bildungsbegriff*, der als *notwendiger Denkrahmen* dienen kann. (Spinner 2008, S. 222; Hervorhebung C. G.)

(3) Die Fundamentalkritiker

Als Beispiel für eine fundamentale Kritik der neuen Paradigmen der Kompetenzorientierung nehme ich die Rede von Werner Wintersteiner auf dem Symposium Deutschdidaktik in Weingarten 2006. Dort legte er dar, dass die PISA-Studie vor aller inhaltlichen Auseinandersetzung mit Kompetenzbegriffen zunächst einmal als machtvoller Eingriff in die nationalen Bildungspolitiken begriffen werden müsse:

> Vorbei an den bestehenden (nationalen) Lehrplänen werden inhaltliche Markierungen gesetzt, die mit unglaublicher Wirkungsmacht ausgestattet sind. Scheinbar nur eben Tests bestimmter „Schlüsselqualifikationen", erweisen sich die PISA-Kriterien sehr bald als thematischer Eingriff und Schritt zur internationalen Homogenisierung von Curricula. PISA gibt die Richtung für Standards an, die in einem ungeklärten Verhältnis zu den nach wie vor gültigen Lehrplänen von den Bildungsbehörden selbst etabliert werden. (Wintersteiner 2007, S. 59)

Im Hinblick auf diese inhaltlichen Eingriffe ist es für Wintersteiner am bedeutendsten, dass PISA einen pragmatischen Lesebegriff etablierte: „Der gesamte Bereich der sprachlichen Fähigkeiten wird öffentlichkeitswirksam auf eine einzige Fähigkeit – Lesen – reduziert, und dabei auch noch auf einen ziemlich engen Begriff von Lesen" (ebd., S. 60). Wichtiger sei aber noch, dass PISA auf „kaltem Wege" eine Neubestimmung von literarischer Bildung als „Privatvergnügen" durchsetze. Die Beschäftigung mit Literatur gelte in der PISA-Philosophie nicht mehr als gesellschaftliche Notwendigkeit, nämlich zum Beispiel als Bestandteil einer elementaren ästhetisch-politischen Bildung, sondern als persönlich-private Vorliebe: „Fiktionale Literatur wird, zusammen mit Privatbriefen, in die Rubrik ‚Lesen für private Zwecke' eingereiht" (ebd.).

Konsequenterweise plädiert Wintersteiner dafür, die Souveränitätsrechte der Fachdidaktik gegenüber der hegemonialen Bildungspolitik von PISA zu verteidigen: Es komme gerade unter den Vorzeichen einer Ökonomisierung und neo-liberalen Reform des Bildungswesens darauf an, in „programmatischen Debatten" die Grundlagen des eigenen Faches zu reflektieren und die Bildungsziele des Deutschunterrichts neu zu bestimmen: „Kritik ist überall dort nötig, wo Standardisierung den grundsätzlichen Bildungszielen entgegensteht" (ebd., S. 67).

(4) Wo verortet sich das Literarische Unterrichtsgespräch?

Vor dem Hintergrund dieser bildungspolitischen Trendwende hat die Erforschung und didaktische Neubelebung des Gesprächs im Literaturunterricht stattgefunden, die seit den späten 1990er Jahren in der Forschergruppe um Gerhard Härle (in Anknüpfung an die Arbeiten von Hubert Ivo, Valentin Merkelbach, Petra Wieler, Ute Andresen u. a.) geleistet wurde. Zunächst implizit, später auch explizit bezogen die Beteiligten damit zugleich Position in den skizzierten Debatten. Die Heidelberger Forschungsgruppe zum Literarischen Unterrichtsgespräch ist vielleicht der literaturdidaktische Arbeitszusammenhang des vergangenen Jahrzehnts, der sich am konsequentesten dem oben skizzierten bildungspolitischen Mainstream verweigert hat. Wie sich seinerzeit der Forschungsverbund zur literarischen Sozialisation gegen den Trend einer technokratischen Lernzielorientierung konstituierte (vgl. Eggert; Berg; Rutschky 1971), so verweigerte sich die Heidelberger Gruppe allen Anmutungen (oder Zumutungen) in Richtung Standardisierung, Operationalisierung oder vergleichende Leistungsmessung und konzentrierte sich stattdessen auf die Gestaltung von Unterricht und die Reflexion seiner Ziele und Gegenstände.

In meinen Augen kann man Gerhard Härle, Marcus Steinbrenner und andere Heidelberger Kollegen (wie Bernhard Rank) am ehesten den Fundamental- Kritikern in den neuen Debatten zurechnen. Sie repräsentieren zugleich einen Trend, der sich insofern offensiv mit den Leitbegriffen der neuen Bildungspolitik auseinander setzt, als er gezielt andere Themen und Perspektiven in die Debatten einbringt. In dem sehr lesenswerten einleitenden Beitrag zu dem Band *Wege zum Lesen und zur Literatur*, der als Gespräch (sic!) zwischen den beiden Herausgebern organisiert ist (Härle; Rank 2004), unterstreicht Härle, dass der Umgang mit Literatur in der Schule aus der drohenden Funktionalisierung für andere Zwecke befreit werden müsse:

> Deswegen folgen meine Überlegungen der Hypothese, dass eine basale literarische Kompetenz erworben werden kann *unabhängig* von der Lesekompetenz, vor und neben ihrem Erwerb, dass erst diese literarische Kompetenz zu einer wirklichen Lesekompetenz im vertieften Sinn führt und nicht umgekehrt […]. Das bedeutet auch eine Akzentuierung *gegen* einen funktionalen Lese- und Literaturbegriff, wie er zur Zeit die Deutschdidaktik und vor allem den realen Deutschunterricht dominiert. (Härle; Rank 2004, S. 4)

Poesie, so führt Härle im Rekurs auf Jürgen Förster aus, stellt in Frage, entwirft Gegensätze zum Wissenskult, sperrt sich dagegen, eingeordnet zu werden:

> Die Divergenz zwischen dem, was hier der Literatur als Funktion und Leistung zugeschrieben wird, und dem, was Schule aus und mit Literatur *macht*, ist bestürzend. Sie legt die Vermutung nahe, dass der Literaturunterricht der letzten Jahrzehnte sich sehr stark in den Dienst einer gesellschaftlichen Funktion hat nehmen lassen, derzufolge Schule als Zurichtung auf den Berufsalltag, auf das Funktionieren in der Gesellschaft und nicht als Förderung individueller Lebenslösungen verstanden wird. Dies verträgt sich aber per se nicht mit einem Verständnis von Literatur, in dem es gerade auf das Individuelle und Einzelne ankommt. (Härle; Rank 2004, S. 9)

Härles Kritik an einer einseitig an den Interessen der Wirtschaft orientierten schulischen Vermittlung von funktionalen (Lese-)Kompetenzen beruft sich auf zwei Größen: die Eigenschaft von Literatur (und einem entsprechenden Literaturunterricht), jene kulturellen Bereiche zu erschließen, „in denen wir träumen und Bilder entwickeln können, in denen wir nicht nur funktionieren und in denen die für unser Menschsein wichtigen Dimensionen Platz haben, die nicht nutzbar zu machen sind und gemacht werden dürfen" (ebd., S. 15) sowie die korrespondierende Eigenschaft (oder: anthropologische Bestimmung) des Menschen (und also: des Schülers), sich in Freiheit selbst zu bilden. Eine Neubestimmung des Bildungsbegriffes bildet die Klammer zwischen diesen beiden Resistenz-Potentialen:

> Eine wichtige widerständig-progressive Dimension kommt dem Bildungsbegriff dort zu, wo man sich auf ihn gegen die soziale oder wirtschaftliche Funktionalisierung des Menschen berufen kann, da er an die Idee der Unvereinnahmbarkeit des Individuums erinnert. Vor allem hierdurch stellt die Verwendung und Verlebendigung des Begriffs „Bildung" ein unverzichtbares Potential bereit, das auch dem Deutsch- und insbesondere dem Literaturunterricht zufällt. (Härle 2008, S. 39)

Die mit PISA gesetzte und nach PISA zunehmend exekutierte Degradierung von Literatur (und Literaturunterricht) zur „Freizeitbeschäftigung" führt gerade bei Härle und den Heidelberger Kollegen zu einer radikalen Rückbesinnung auf den Wert von Literatur und ihre Bedeutung in einem Konzept „sprachlich-literarischer Bildung", das an die Überlegungen von Hubert Ivo anschließt und in der Vermittlung funktionaler (sprachlicher) Kompetenzen keinesfalls aufgeht.[13] Am deutlichsten ist dies in Härles Beitrag zu dem programmatischen Band *Sich bilden, ist nichts anders, als frei werden* (Härle; Rank 2008) formuliert; dort versucht der Verfasser eine Konzeption literarischer Bildung „im Spannungsfeld von Erfahrung und Theorie" zu umreißen. Als Theorien, die für literarische Bildung relevant sind, nennt Härle vor allem Text-, Literatur- und Verstehenstheorien. Dem Erfahrungsbegriff ist dabei das Moment des Ereignishaften und somit Unverfügbaren eingeschrieben: Erfahrungen *können* sich ereignen, lassen sich aber nicht planen oder curricular „herbeizwingen": „Unter *literarischer Bildung* soll im Folgenden ein dialektischer Prozess verstanden werden, zu dessen Entfaltung es der literarischen Erfahrung und der Herausforderungen durch die Theorie bedarf wie er seinerseits wiederum literarische Erfahrung bewirken und Theorien bereichern kann" (Härle 2008, S. 40).

Gerade im Rekurs auf einen existenzialistisch, keineswegs pragmatisch verstandenen *Erfahrungsbegriff* weist Härle die Zumutungen aller ‚Bildungstechnokraten' zurück, indem er auf der Offenheit und Unverfügbarkeit von Bildungsprozessen insistiert:

> Wenn also Bildung das Offensein für Erfahrungen in diesem Sinn ausmacht und Erfahrung gemäß Heidegger das Sich-Begegnen-Lassen eines existenzialen Ereignisses ist, dann wird deutlich, dass dies Konsequenzen für den Deutsch-, jedenfalls für den *Literatur*unterricht hat: Er muss aufgefasst werden als *Ermöglichungsraum*, in dem sich Erfahrung ereignen *kann*. Er darf aber nicht aufgefasst werden als ein Generieren von Erfahrungen, deren Eintreten überprüft und zum Maßstab für das Gelingen oder Misslingen des Unterrichts oder des Lernens erhoben wird. Erfahrungen lassen sich nicht herbeiführen, sondern nur einladen. Zwischen dem, was planbar ist und angestrebt wird, und jenem, was im Moment und über ihn hinaus erreicht werden kann, klafft immer notwendig eine Differenz, die ihrerseits neue Herausforderungen schafft. (Härle 2008, S. 48)

Wenn Härle unter Berufung auf diesen „Ermöglichungsraum" den Ort der Literaturdidaktik als einen „ungemütlichen" und „zugigen Winkel" beschreibt, in dem es sich nicht bequem einrichten lässt, sondern der immer

---

[13] Von dieser Prämisse aus hat Marcus Steinbrenner die meines Erachtens weitreichendste Kritik an Jakob Ossners Kompetenzmodell formuliert (vgl. Steinbrenner 2007).

wieder erneut zu gestalten ist, dann knüpft er in einer erstaunlichen Weise an die Impulse des Eggert-Berg-Rutschky-Projektes aus den 1970er Jahren (*Bildungsprozesse im Literaturunterricht der Sekundarstufen*) an. Auch dort ging es nicht um literarische Bildung als „Erwerben und Haben" (und anschließendes Überprüfen), sondern um die Gestaltung (und Beobachtung) von literarischen Erfahrungen im Sinne von „Begegnung und Werden" Und so wie das Projekt aus den 1970er Jahren sich konsequent den technokratischen Trends der damaligen Lernzielorientierung verweigerte, so markiert auch Härle explizit die Konsequenz dieser Überlegungen für die aktuellen bildungspolitischen Debatten beziehungsweise literaturdidaktischen Diskurse:

> Damit stößt ein Unterricht, der auf literarische Bildung durch Erfahrung fokussiert, immer auch an die Grenzen des institutionell Erwünschten. Im Bildungsbegriff mit seiner kategorialen Infragestellung der Gelingensbedingungen ist auch das kategoriale Verfehlen aller Ansätze zur Operationalisierung, Standardisierung und Validisierung begründet. (Härle 2008, S. 48)

An die Stelle von Standardisierung setzt Härle Offenheit, an die Stelle von Allgemeingültigkeit die Situationsadäquatheit und an die Stelle der Zielbestimmung die Suchbewegung; in diesem Koordinatenkreuz ist das Literarische Unterrichtsgespräch zu verorten: „Die Konzeption des Literarischen Unterrichtsgesprächs als gemeinschaftliche Begegnung in Verstehen und Nicht-Verstehen versucht dies didaktisch zu modellieren und methodisch zu realisieren" (ebd., S. 49).

Mit seinen zentralen Begriffen „Bildung" und „Erfahrung" knüpft Härle genau an diejenigen Diskurse wieder an, mit denen die Erforschung literarischer Sozialisationsprozesse beinahe vier Jahrzehnte zuvor startete: In dem Forschungsprojekt von Eggert, Berg und Rutschky spielte der Erfahrungsbegriff im Sinne literarischer und ‚empirischer' Erfahrungen eine zentrale Rolle – und der Bildungs*begriff nicht weniger* (vgl. auch Eggert; Rutschky 1979 und Rutschky 1977). Nicht zufällig lautete der Untertitel zu *Schüler im Literaturunterricht*: Ein „Erfahrungsbericht"; und ebenso wenig zufällig hieß die aus dem Projekt hervorgegangene Zeitschrift *Literatur und Erfahrung*. In beiden Fällen geht mit den Leitbegriffen „(ästhetische) Erfahrung" und „Bildung" ein Insistieren auf der Freiheit des Subjekts und der (partiellen) Autonomie seiner Bildungsprozesse einher, und ebenso notwendig eine Kritik an pädagogischen Allmachtsphantasien und technokratischem Verfügbarkeitswahn. Es scheint mir ein großes Verdienst von Gerhard Härle und seinen Heidelberger Kollegen zu sein, diesen kritischen Impuls aus den Forschungen zur literarischen Sozialisation aktualisiert, konkretisiert und in die neuen Debatten eingebracht zu haben.

Literatur

Abraham, Ulf (1998): Übergänge. Literatur, Sozialisation und Literarisches Lernen. Opladen: Westdeutscher Verlag

Abraham, Ulf (2005): Drei Trends – ein Kommentar. In: Didaktik Deutsch, Jg. 11, H. 19, S. 8–10

Becker-Mrotzek, Michael (2005): Nicht standardisieren, sondern sprachlich befähigen. In: Didaktik Deutsch, Jg. 11, H. 19, S. 11–13

Charlton, Michael; Sutter, Tilmann (2007): Lese-Kommunikation. Mediensozialisation in Gesprächen über mehrdeutige Texte. Bielefeld: transcript

Christmann, Ursula; Rosebrock, Cornelia (2006): Differenzielle Psychologie. Die Passung von Leserfaktor und Didaktik / Methodik. In: Empirische Unterrichtsforschung in der Literatur- und Lesedidaktik. Ein Weiterbildungsprogramm. Hg. von Norbert Groeben und Bettina Hurrelmann. Weinheim: Juventa, S. 155–176

Cronbach, Lee J.; Snow, Richard E. (1977): Aptitudes and instructional methods: A handbook for research on interactions. New York: Irvington

Dawidowski, Christian (2009): Literarische Bildung in der heutigen Mediengesellschaft. Eine empirische Studie zur kultursoziologischen Leseforschung. Frankfurt a. M. u. a.: Lang

Eggert, Hartmut (2009): Den Schüler im Blick. Fachdidaktische Erkundungen in Zeiten des Umbruchs. In: Umbrüche, Literaturkanon und Literaturunterricht in Zeiten der Modernisierung. Hg. von Christian Dawidowski und Hermann Korte. Frankfurt a. M. u. a.: Lang, S. 9–20

Eggert, Hartmut; Berg, Hans Christoph; Rutschky, Michael (1971): Literarische Vorschule zur Technokratie. In: Diskussion Deutsch, Jg. 1, H. 5, S. 216–243

Eggert, Hartmut; Berg, Hans Christoph; Rutschky, Michael (1975): Schüler im Literaturunterricht. Ein Erfahrungsbericht. Köln: Kiepenheuer & Witsch

Eggert, Hartmut; Garbe, Christine; Krüger-Fürhoff, Irmela Marei; Kumpfmüller, Michael (2000): Literarische Intellektualität in der Mediengesellschaft. Empirische Vergewisserungen über Veränderungen kultureller Praktiken. Weinheim; München: Juventa

Eggert, Hartmut; Garbe, Christine (2003): Literarische Sozialisation. 2. erw. und überarb. Aufl., Stuttgart: Metzler [1. Aufl. 1995]

Eggert, Hartmut; Rutschky, Michael (1979): Interpretation und literarische Erfahrung. Überlegungen aus einem Forschungsprojekt zur literarischen Sozialisation. In: Interpretative Verfahren in den Sozial- und Textwissenschaften. Hg. von Hans-Georg Soeffner. Stuttgart: Metzler, S. 275–287

Eggert, Hartmut; Rutschky, Michael (Hg.) (1978): Literarisches Rollenspiel in der Schule. Heidelberg: Quelle & Meyer

Frederking, Volker; Meier, Christel; Stanat, Petra; Dickhäuser, Oliver (2008): Ein Modell literarästhetischer Urteilskompetenz. In: Didaktik Deutsch, Jg. 14, H. 25, S. 11–31

Fuhrmann, Manfred (1993): „Die Furie des Verschwindens". Literaturunterricht und Literaturtradition. Würzburg: Königshausen & Neumann

Garbe, Christine (2010): Wie kann Literaturunterricht gelingen? Ein Versuch aus der Perspektive der lesebiographischen Forschung. In: Vom Sinn des Erzählens. Geschichte,

Theorie und Didaktik. Festschrift für Jörn Stückrath. Hg. von Claudia Albes und Anja Saupe. Frankfurt a. M. u. a.: Lang 2010, S. 193–210

Garbe, Christine; Holle, Karl; Salisch, Maria von (2006): Entwicklung und Curriculum: Grundlagen einer Sequenzierung von Lehr-/Lernzielen im Bereich des (literarischen) Lesens. In: Empirische Unterrichtsforschung in der Literatur- und Lesedidaktik. Ein Weiterbildungsprogramm. Hg. von Norbert Groeben und Bettina Hurrelmann. Weinheim; München: Juventa, S. 115-154

Garbe, Christine; Holle, Karl; Jesch, Tatjana (2009): Texte lesen. Textverstehen – Lesedidaktik – Lesesozialisation. Paderborn: Schöningh

Garbe, Christine; Philipp, Maik; Ohlsen, Nele (2009): Lesesozialisation. Ein Arbeitsbuch für Lehramtsstudierende. Paderborn: Schöningh

Graf, Werner (1995): Fiktionales Lesen und Lebensgeschichte. Lektürebiographien der Fernsehgeneration. In: Lesen im Medienzeitalter. Biographische und historische Aspekte literarischer Sozialisation. Hg. von Cornelia Rosebrock. Weinheim: Juventa, S. 97–126

Graf, Werner (1997): Lesen und Biographie. Eine empirische Fallstudie zur Lektüre der Hitlerjugendgeneration. Tübingen; Basel: A. Francke

Graf, Werner (2004): Der Sinn des Lesens. Modi der literarischen Rezeptionskompetenz. Münster: LIT

Graf, Werner (2007): Lesegenese in Kindheit und Jugend. Einführung in die literarische Sozialisation. Baltmannsweiler: Schneider Verlag Hohengehren

Haas, Gerhard; Menzel, Wolfgang; Spinner, Kaspar H. (1994): Handlungs- und produktionsorientierter Literaturunterricht. Basisartikel. In: Praxis Deutsch, Jg. 21, H. 123, S. 17–25

Härle, Gerhard (2004a): Literarische Gespräche im Unterricht. Versuch einer Positionsbestimmung. In: Wege zum Lesen und zur Literatur. Hg. von Gerhard Härle und Bernhard Rank. Baltmannsweiler: Schneider Verlag Hohengehren, S. 137–168

Härle, Gerhard (2004b): Lenken – Steuern – Leiten. Theorie und Praxis der Leitung literarischer Gespräche in Hochschule und Schule. In: Kein endgültiges Wort. Die Wiederentdeckung des Gesprächs im Literaturunterricht. Hg. von Gerhard Härle und Marcus Steinbrenner. Baltmannsweiler: Schneider Verlag Hohengehren, S. 107–139

Härle, Gerhard (2008): Literarische Erfahrung im Spannungsfeld von Erfahrung und Theorie. In: „Sich bilden ist nichts anders, als frei werden." Sprachliche und literarische Bildung als Herausforderung für den Deutschunterricht. Hg. von Gerhard Härle und Bernhard Rank. Baltmannsweiler: Schneider Verlag Hohengehren, S. 39–62

Härle, Gerhard; Rank, Bernhard (2004): Wege zum Lesen und zur Literatur. Problemskizze aus Sicht der Herausgeber. In: Wege zum Lesen und zur Literatur. Hg. von Gerhard Härle und Bernhard Rank. Baltmannsweiler: Schneider Verlag Hohengehren, S. 1–20

Härle, Gerhard; Rank, Bernhard (Hg.) (2008): „Sich bilden, ist nichts anders, als frei werden." Sprachliche und literarische Bildung als Herausforderung für den Deutschunterricht. Baltmannsweiler: Schneider Verlag Hohengehren

Härle, Gerhard; Steinbrenner, Marcus (2003): „Alles Verstehen ist ... immer zugleich ein Nicht-Verstehen." Grundzüge einer verstehensorientierten Didaktik des literarischen Unterrichtsgesprächs. In: Literatur im Unterricht, Jg. 4, H. 2, S. 139–162

Härle, Gerhard; Steinbrenner, Marcus (2004): Das literarische Gespräch im Unterricht und in der Ausbildung von Deutschlehrerinnen und -lehrern. Eine Einführung. In: Kein endgültiges Wort. Die Wiederentdeckung des Gesprächs im Literaturunterricht. Hg. von Gerhard Härle und Marcus Steinbrenner. Baltmannsweiler: Schneider Verlag Hohengehren, S. 1–24

Hurrelmann, Bettina (1994): Leseförderung. In: Praxis Deutsch, Jg. 21, H. 127, S. 17–26

Hurrelmann, Bettina (1996): Lesesozialisationsforschung als Grundlagenforschung für Literaturdidaktik und Kinderliteraturwissenschaft. In: Bücher haben ihre Geschichte: Kinder- und Jugendliteratur / Literatur und Nationalsozialismus / Deutschdidaktik. Hg. von Petra Josting und Jan Wirrer. Hildesheim u. a.: Olms, S. 132–140

Hurrelmann, Bettina (2002): Leseleistung – Lesekompetenz. Folgerungen aus PISA mit einem Plädoyer für ein didaktisches Konzept des Lesens als kultureller Praxis. In: Praxis Deutsch, Jg. 29, H. 176, S. 10–21

Hurrelmann, Bettina (2004): Informelle Sozialisationsinstanz Familie. In: Lesesozialisation in der Mediengesellschaft. Ein Forschungsüberblick. Hg. von Norbert Groeben und Bettina Hurrelmann. Weinheim; München: Juventa, S. 169–201

Hurrelmann, Bettina; Hammer, Michael; Nieß, Ferdinand (1993): Leseklima in der Familie. Eine Studie der Bertelsmann Stiftung. Gütersloh: Bertelsmann Stiftung

Hurrelmann, Bettina; Becker, Susanne; Nickel-Bacon, Irmgard (2006): Lesekindheiten. Familie und Lesesozialisation im historischen Wandel. Weinheim; München: Juventa

Iser, Wolfgang (1975): Die Appellstruktur der Texte. In: Rezeptionsästhetik. Theorie und Praxis. Hg. von Rainer Warning. München: Fink, S. 228–252

Kämper-van den Boogaart, Michael (2000): Leseförderung oder Literaturunterricht: zwei Kulturen der Deutschdidaktik? In: Didaktik Deutsch, Jg. 5, H. 9, S. 4–22

Koch, Peter; Oesterreicher, Wulf (1985): Sprache der Nähe – Sprache der Distanz. Mündlichkeit und Schriftlichkeit im Spannungsfeld von Sprachtheorie und Sprachgebrauch. In: Romanistisches Jahrbuch, Bd. 36, S. 15-43

Maiwald, Klaus (2001): Literatur lesen lernen. Begründung und Dokumentation eines literaturdidaktischen Experiments. Baltmannsweiler: Schneider Verlag Hohengehren

Ohlsen, Nele (2008): „Lesen zwischen Lust und Frust". Eine empirische Untersuchung zur Lesesozialisation in der Schule anhand autobiografischer Texte. Hausarbeit zur Ersten Staatsprüfung im Lehramt Grund-, Haupt- und Realschulen [masch. MS., Universität Lüneburg

Paefgen, Elisabeth K. (1999): Einführung in die Literaturdidaktik. Stuttgart; Weimar: Metzler

Pieper, Irene; Rosebrock, Cornelia; Wirthwein, Heike; Volz, Steffen (2004): Lesesozialisation in schriftfernen Lebenswelten. Lektüre und Mediengebrauch von HauptschülerInnen. Weinheim: Juventa

Rutschky, Michael (1977): Die Krise der Interpretation. Probleme der ästhetischen Erfahrung in der Schule. In: Der Deutschunterricht, Jg. 29, H. 2, S. 13–25

Schlotthaus, Werner; Stückrath, Jörn (Hg.) (2004): Zeitzeugen der Deutschdidaktik. Baltmannsweiler: Schneider Verlag Hohengehren

Schoett, Silja (2009): Medienbiografie und Familie – Jugendliche erzählen. Theorie und Methode der medienbiografischen Fallrekonstruktion. Münster: LIT

Spinner, Kaspar H. (1999): Lese- und literaturdidaktische Konzepte. In: Handbuch Lesen. Im Auftrag der Stiftung Lesen und der Deutschen Literaturkonferenz. Hg. von Bodo Franzmann u. a. München: Saur, S. 593–604

Spinner, Kaspar H. (2005): Der standardisierte Schüler. Rede bei der Entgegennahme des Erhard-Friedrich-Preises für Deutschdidaktik am 27. September 2004. In: Didaktik Deutsch, Jg. 11, H. 18, S. 4–14

Spinner, Kaspar H. (2008): Sprachlich-literarische Bildung oder Lese-, Sprech- und Schreibkompetenz. In: „Sich bilden ist nichts anders, als frei werden." Sprachliche und literarische Bildung als Herausforderung für den Deutschunterricht. Hg. von Gerhard Härle und Bernhard Rank. Baltmannsweiler: Schneider Verlag Hohengehren, S. 211-223

Stein, Peter (Hg.) (1980): Wieviel Literatur brauchen Schüler? Kritische Bilanz und neue Perspektiven des Literaturunterrichts. Stuttgart: Metzler

Steinbrenner, Marcus (2004): Aspekte des Verstehens bei Schleiermacher und ihre Bedeutung für die Literaturdidaktik und das Literarische Gespräch. In: Kein endgültiges Wort. Die Wiederentdeckung des Gesprächs im Literaturunterricht. Hg. von Gerhard Härle und Marcus Steinbrenner. Baltmannsweiler: Schneider Verlag Hohengehren, S. 25–59

Steinbrenner, Marcus (2007): Freiheit und Bindung – Sprachlich-literarische Bildung und die Suche nach einem Denkrahmen für die Deutschdidaktik. In: Wirklichkeitssinn und Allegorese. Festschrift für Hubert Ivo zum achtzigsten Geburtstag. Hg. von Susanne Gölitzer und Jürgen Roth. Münster: Monsenstein und Vannerdat, S. 390–420

Steinbrenner, Marcus; Wiprächtiger-Geppert, Maja (2006): Verstehen und Nicht-Verstehen im Gespräch. Das Heidelberger Modell des Literarischen Unterrichtsgesprächs. In: Literatur im Unterricht, Jg. 7, H. 3, S. 227–241

Steitz-Kallenbach, Jörg (2002): Verstrickungen in Literatur. Literaturunterricht – Interaktion – Identität. Baltmannsweiler: Schneider Verlag Hohengehren

Wieler, Petra (1997): Vorlesen in der Familie. Fallstudien zur literarisch-kulturellen Sozialisation von Vierjährigen. Weinheim: Juventa

Wintersteiner, Werner (2007): Die Innenwelt der Außenwelt der Innenwelt. Deutschdidaktik im Sog gesellschaftlicher Interessen. In: Didaktik Deutsch, Jg. 13, H. 22, S. 51–70

Witte, Hansjörg; Garbe, Christine; Holle, Karl; Stückrath, Jörn; Willenberg, Heiner (Hg.) (2000): Deutschunterricht zwischen Kompetenzerwerb und Persönlichkeitsbildung. Dokumentation des Germanistentages 1999 in Lüneburg. Baltmannsweiler: Schneider Verlag Hohengehren

Eduard Haueis

Bedingungen für das Transformieren von Unterrichtsgesprächen zu literarischen Gesprächen – ein sprachdidaktischer Blick auf ein literaturdidaktisches Konzept

1. „Das Gespräch" – ein konstitutives Moment jeder Art von Literatur?

Zur legitimierenden Begründung für das Konzept des Literarischen Unterrichtsgesprächs verweist Gerhard Härle (2004a, S. 137) darauf, dass das Gespräch ein konstitutives Moment jeder Art von Literatur sei: „Am Anfang aller Literatur ist das Gespräch."

Nimmt man das allzu wörtlich, ist die Allgemeingültigkeit dieser Begründung durch Gegenbeispiele leicht ins Wanken zu bringen. Verwendet man aber den Terminus *Gespräch* als Platzhalter für verschiedene Formen sowohl des dialogischen Austauschs als auch der hörbaren Verlautbarung, um anzudeuten, dass die Hervorbringung und Rezeption von ästhetischen Sprachwerken eines (sozial und kulturell geprägten) interaktiven Rahmens bedarf, erscheint das auf den ersten Blick so selbstverständlich, dass man sich fragen muss, ob auf der Basis einer so weiten Fassung des Gesprächsbegriffs das Literarische Unterrichtsgespräch gegenüber anderen Konzepten abzugrenzen sei.

Den Terminus *Gespräch* verwendet Härle, um zu betonen, dass
- sozio- wie ontogenetisch Literatur aus interaktiven Kontexten entsteht: „All unsere literarische Erfahrung hat ihre Wurzeln im Gespräch" (S. 138);
- (unter Rückgriff auf Hubert Ivo) soziale Gruppierungen in freier Geselligkeit sich in der gesprächsförmigen Auslegung poetischer Sprachwerke ihrer Identität versichern;
- Texte im Leseakt zumindest virtuell (also im „inneren Sprechen") hörbar zu machen seien, damit sie vernommen werden können;
- der „sprachliche Mehrwert" poetischer Formulierungen nur in der Kommunikation mit anderen zu ermessen sei.

Das sind zweifellos wesentliche Aspekte, unter denen die Sprachlichkeit von Literatur erscheint, und es ist durchaus angebracht, Begründungen für das

Konzept des Literarischen Unterrichtsgesprächs hier anzusetzen. Eine zwingende argumentative Ableitung ergibt sich daraus indessen noch nicht. Das hängt schon damit zusammen, dass einer der aufgeführten Punkte einer gründlichen Klärung bedarf, bevor er als literaturdidaktisches Argument eingeführt werden kann, weil andernfalls die Unterscheidung zwischen einem Unterrichtsgespräch *über Literatur* und einem *literarischen* Unterrichtsgespräch nicht sicher zu treffen ist.

2. „Reden über poetische Sprachwerke": Ist der griechische Sonderweg der Schriftkultur ein Modell für das Literarische Unterrichtsgespräch?

Was Hubert Ivo (1994, S. 223 ff.) zum „Reden über poetische Sprachwerke" unter Bezugnahme auf den zunächst griechischen, dann europäischen Sonderweg der Schriftkultur ausführt, ist nicht ohne weiteres auf ein didaktisches Setting zu übertragen, das sich am Modell der literarischen Konversation in den bürgerlichen Salons der Goethezeit orientiert.

Zur Erläuterung ist erst einmal zu klären, inwiefern hier von einem Sonderweg in der schriftkulturellen Entwicklung gesprochen werden kann. Gekennzeichnet ist er durch die Verschränkung von zwei Bedingungsfaktoren: dem Verfügen über eine ausgebaute Alphabetschrift und dem Fehlen eines schriftlich fixierten Offenbarungstextes. Ivo akzentuiert den ersten weniger deutlich als etwa Heinz Schlaffer (1990) – meines Wissens der einzige deutsche Literaturwissenschaftler, der sich nicht nur mit den medialen, sondern auch den strukturellen Aspekten von Schrift und Schriftlichkeit befasst. Am Anfang standen auch in der griechischen Kultur keine Sprachwerke, die in der gleichen Weise als poetisch oder literarisch in unserem heutigen Verständnis hätten gelten können. Vielmehr handelte es sich um mythisch-religiös fundierte Texte für den kultischen Gebrauch in Riten und zur „Welterklärung". Als solche waren sie im mündlichen Vortrag schon stimmlich und prosodisch deutlich von der Sphäre des alltagsweltlichen kommunikativen Sprachgebrauchs geschieden.

Die Umgestaltung der von den Phöniziern übernommenen Konsonantenschrift zu einer Alphabetschrift mit Graphemen für Vokalsegmente hatte Auswirkungen in mehrfacher Hinsicht. Erstens kann der Zugang zu einer Schrift mit zwei bis drei Dutzend Graphemen ohnehin nicht allein einer zahlenmäßig kleinen Kaste von Klerikern vorbehalten bleiben; insofern ist auch die griechische Schriftkultur demotisch und bezieht weite Teile der Bevölkerung in den Schriftgebrauch ein. Zweitens eignet sich eine Schrift, die Buchstaben für vokalische Silbenkerne als lineare Segmente einbaut, zur differenzierten Wiedergabe verschiedener Sprechweisen wesentlich besser als ein Alphabet, das nur über Grapheme für konsonantische Silbenränder verfügt. Beides führt drittens dazu, dass im Medium der Schrift sowohl Texte verbreitet werden, deren „Wahrheit" als göttlich beglaubigt gilt (was im mündlichen Vortrag markiert war), als auch solche, die nachprüfbare Wissensbestände konservieren und tradieren.

Dies überschneidet sich mit dem von Ivo hervorgehobenen Aspekt des griechisch-europäischen „Sonderwegs" der Schriftkultur. Die unter göttlichem Beistand mündlich vorgetragenen Sprachwerke der Griechen bildeten nicht die dogmatische Grundlage einer monotheistischen Offenbarungsreligion, sondern einen Schatz an Erzählungen, die sich um lokal und regional verehrte Gottheiten und Helden rankten oder eine Rolle im kultischen Brauchtum spielten. Solche Praktiken waren nicht aufgrund einer Gehorsamspflicht gegenüber den sie begleitenden Texten geboten; vielmehr verdankte sich die besondere Legitimität dieser Sprachwerke den gemeinschaftsstiftenden sozialen und kultischen Kontexten, aus denen sie stammten. Insofern nahmen die um Götter und Helden kreisenden „poetischen Sprachwerke" der Griechen eine mittlere Stellung zwischen den „Verkündigungstexten" der Offenbarungsreligionen des Vorderen Orients und der Unverbindlichkeit von „Wettertexten" ein.

Als geschriebene Texte waren sie nicht mehr an lokales Brauchtum gebunden, sondern konnten – gewiss in unterschiedlichen, zu Vergleichen und Kommentaren anregenden Versionen – im gesamten Umkreis der hellenischen Kultur zirkulieren und leisteten dadurch einen wesentlichen Beitrag zur Selbstverständigung und Selbstvergewisserung der Hellenen als kultureller und sprachlicher Gemeinschaft, die eben nicht durch eine politische Zentralgewalt zusammengehalten, sondern durch einen gemeinsam geteilten Schatz an Sitten, Bräuchen und Texten gestiftet wurde.

Dass es in der Auslegung so konstituierter Texte „kein letztes Wort" gibt, verdankt sich primär nicht dem – immer wieder hypostasierten – unerschöpflichen literarischen Reichtum poetischer Sprachwerke, sondern einer nicht machtbesetzten Praxis, sich darüber zu verständigen, was das aus den Texten Vernommene intersubjektiv für den Zusammenhalt der Gemeinschaft und subjektiv für ihre einzelnen Mitglieder bedeutet.

Genau deswegen sieht Ivo im Zusammenhang mit seinen Darlegungen zu Muttersprache, Identität und Nation im Gelingen solchen Redens ein „Modell sprachverständiger Intersubjektivität, weil sie ohne alle physische und strukturelle Gewalt zustande kommt, den fremden Anderen zu Wort kommen läßt und jeden möglichen Konsens an dialogische Erfahrung bindet, damit er von allen und in allen Punkten auch wirklich gewollt werden kann" (Ivo 1994, S. 259).

Das so charakterisierte Modell eines textbezogenen Sprechens, das kein letztinstanzliches Machtwort kennt, wird von Ivo keineswegs exklusiv für poetische Sprachwerke entworfen, sondern schließt in der „Nachbarschaftlichkeit" einer „freien Geselligkeit" (gemeint ist etwas anderes als die lockere Atmosphäre einer Party!) alles Reden ein, das sich auf Texte bezieht, die für das Zusammenleben der am Gespräch beteiligten Menschen von Belang sind.

Die theoretische Fundierung literaturdidaktischer Konzepte gerät dadurch nicht ins Wanken; die auf die gelingende Entfaltung der Sprachlichkeit gerichteten Überlegungen Ivos sind jedoch nicht deckungsgleich mit spezifisch literaturdidaktischen Begründungen. Für das Konzept des Literarischen Unterrichtsgesprächs bedeutet dies die Notwendigkeit von Präzisierungen in mehrfacher Hinsicht:

– Erstens ist zu klären, inwieweit die Texte, auf die sich die Gespräche beziehen sollen, konstitutiv sind für das Selbstverständnis der daran beteiligten Gruppe. Das fällt nicht zusammen mit dem Anspruch, dass sich eine Gruppe bildet, um ein literarisches Gespräch zu führen, sondern müsste sich an den Texten selbst erweisen lassen.
– Zweitens steht zur Disposition, wie die Grenzlinie zwischen einem literarischen Gespräch und einem Gespräch über Literatur zu ziehen ist. Denn was Ivo an Merkmalen des gelingenden textbezogenen Sprechens nennt, findet sich anderswo als Kennzeichen herrschaftsfreier Konsensbildung in unverzerrter Kommunikation (so bei Habermas) oder des subjektiven Sprachgebrauchs (so bei Humboldt) oder eines authentischen didaktischen Sprechens und somit dementsprechend auch in gut geführten Unterrichtsgesprächen über Literatur.
– Schließlich ist drittens zu überdenken, wie sich ein für die Auslegungspraxis entworfenes Gesprächsmodell zu diskursiven Situationen verhält, die Gelegenheit zum Einbringen und Hervorbringen von poetischen Sprachwerken bieten.

3. Was kennzeichnet die Authentizität des Redens über poetische Sprachwerke?

Die Literaturdidaktik tut sich nicht ohne Grund schwer, die Auswahl der Texte für den Unterricht damit zu begründen, dass sie in ähnlicher Weise wie die grundlegenden Texte der griechischen Kultur als gemeinschaftsstiftend gelten können. Das Konzept des Literarischen Unterrichtsgesprächs begnügt sich mit der – freilich ebenfalls weitreichenden – Forderung nach Authentizität.

Sie stellt sich ein, wenn „in dem Gespräch ein möglichst hohes Maß an Übereinstimmung zwischen dem Gesagten und dem von den einzelnen Gesprächsteilnehmern Gedachten und Empfundenen angestrebt (nicht vorausgesetzt) wird" (Härle 2004, S. 150). Dieser Formulierung zufolge wäre Authentizität primär an die uneingeschränkte Entfaltung sprachlicher Ressourcen gebunden (eine genuin sprachdidaktische Aufgabe!); fast im gleichen Atemzug jedoch scheint Härle darauf zu vertrauen, dass die Authentizität des literarischen Gesprächs durch „Textauswahl, Beteiligung der Lehrerin/des Lehrers am Gespräch und die Konstituierung des Gesprächssettings" zu sichern sei (ebenda).

Die Texte, auf die sich das Gespräch bezieht, sollen für alle Teilnehmenden (also auch unter Einschluss der leitenden Lehrkraft) bedeutsam sein, und unterschiedliche soziale Rollen der Teilnehmenden sollten nicht ignoriert, sondern in wechselseitigem personalem Respekt ausagiert werden. Was ein Literarisches Unterrichtsgespräch von einem Unterrichtsgespräch über Literatur unterscheidet, geht aus diesen Kriterien nicht hervor.

Denn auch für die Auslegungspraxis in einem fragend–entwickelnden Lehrgespräch im Verständnis einer „sokratischen Methode" gilt ja,

- dass ihr ein für alle bedeutsamer Text zugrunde liegt,
- dass sich Lehrer und Schüler gemäß ihren sozialen Rollen in wechselseitiger Achtung daran beteiligen,
- dass die Gesprächsleitung durch ein mäeutisches Vorgehen die Lernenden darin unterstützt, das von ihnen Gemeinte zur Sprache zu bringen,
- und dass auch den Schülern das Recht zu initiierenden Sprechakten eingeräumt ist.

Für ein so angelegtes Gespräch antizipiert zwar die Lehrkraft ein Ergebnis, zu dem es führen soll; ein auf diese Weise zustande gekommenes „letztes Wort" hätte aber ebenfalls nur insoweit Geltung, wie ihm alle Teilnehmer durch Einsicht in die Kraft des stärkeren Arguments zustimmen könnten.

4. Was unterscheidet das Literarische Unterrichtsgespräch vom sokratischen Lehrgespräch über Literatur?

Das von Härle konzipierte literaturdidaktische Konzept nimmt sich aber nicht das sokratische Lehrgespräch zum Vorbild, sondern schließt an ein anderes Gesprächsmodell an: das des literarischen Salons. Dies sei der Ort, an dem Gespräche auf literarische Weise geführt werden konnten: in zwangloser Geselligkeit, als ästhetischer Genuss unterhaltsam für alle Teilnehmer und auf einem thematischen Feld angesiedelt, dem sowohl subjektiv als auch intersubjektiv Wertschätzung entgegengebracht wird.

Das ist nun gewiss eine andere Gesprächskonstellation als die, an der sich das sokratische Lehrgespräch orientiert, und das liegt nicht am Vorhandensein oder Fehlen eines thematischen Bezugs zur Literatur. Sei es in der Öffentlichkeit des Marktplatzes oder in der Abgeschlossenheit eines Gefängnisses, selbst in der Geselligkeit eines Gastmahls, spricht Sokrates als Meister und Lehrer zu seinen Schülern, und die kommen zu ihm nicht, um sich gut zu unterhalten, sondern weil sie von ihm lernen können, ihr Denken und Urteilen zu reflektieren.

Im literarischen Salon dagegen führt nicht die Bereitschaft, von einem als Lehrer oder Meister anerkannten Menschen zu lernen, sondern das Interesse an wechselseitigem geistreichem Austausch die Gesprächsteilnehmer zusammen. Den Zugang dazu gewinnt man zwar unabhängig von Standes- oder Konfessionszugehörigkeiten. Aber so offen, dass er Dummköpfe und Langweiler auf Dauer dulden würde, ist der literarische Salon nicht. Von der Konstellation eines didaktisch durchdachten Lehr-Lern-Gesprächs ist diese Art der Konversation weit entfernt; sie wird von der Pädagogik des 18. Jahrhunderts, die sich so intensiv wie nie zuvor und danach mit der Gestaltung der Unterrichtskommunikation beschäftigte (vgl. Kilian 2002 und 2009), denn auch nicht ins Auge gefasst. Zur erfolgreichen Teilhabe an geistreichen geselligen Unterhaltungen leiteten damals Publikationen an, die nicht aus dem Kontext der schulischen Unterweisung stammten (vgl. Fauser 1991).

5. Inwiefern kann das Literarische Unterrichtsgespräch sich am Modell unterhaltsamer Konversationen orientieren?

Man muss sich daher fragen, was das literaturdidaktische Denken heute dazu veranlassen kann, sich das Modell einer unterhaltsamen Konversation zum Vorbild zu nehmen, um auf diese Weise das Lehrgespräch *über* Literatur hinter sich lassen zu können. Einer Antwort auf diese Frage kommt man vielleicht näher, indem man am Beispiel einer literarischen Darstellung untersucht, was das Gelingen eines geselligen literarischen Gesprächs ausmacht. Auf dieses Beispiel, Goethes *Unterhaltungen deutscher Ausgewanderten* (1795), hat unlängst Christine Lubkoll (2008) im Zusammenhang mit der Verortung der

Novelle als Übergangsform zwischen mündlichem und schriftlichem Erzählen verwiesen.

Da es sich bei der Novelle um ein Genre handle, „dessen typologisierende Beschreibung im Rahmen herkömmlicher Gattungsdefinitionen besonders unbefriedigend geblieben ist" (S. 382), formuliert Lubkoll eine linguistisch abgestützte Hypothese: „Novellistisches Erzählen reflektiert die medien- und sozialgeschichtlich bedingten Veränderungen der Kulturpraxis des Erzählens in der Neuzeit" (S. 383).

Im Hinblick auf die von Lubkoll hervorgehobenen Aspekte erweist sich die Rahmenhandlung des Goetheschen Novellenzyklus als ein besonders lehrreiches Beispiel für gelingende literarische Gespräche. Zwar knüpft Goethe an die Rahmenstruktur von Erzählzyklen wie Boccaccios *Decamerone* an und behält auch deren Funktion der Krisenbewältigung bei.

> Zugleich werden aber in den gattungsbezogenen Diskussionen des Rahmens die inhaltlichen und funktionalen Stoßrichtungen verschoben: An die Stelle der lüsternen Geschichte tritt die moralische Erzählung, an die Stelle eines bloßen gesellschaftlichen Unterhaltungsbedürfnisses die Funktionen der Belehrung und ästhetischen Bildung. (Lubkoll 2008, S. 396)

So ist denn auch die breit angelegte und mit langen dialogischen Passagen ausgestattete Rahmenhandlung in einer Weise gestaltet, dass sie nicht primäre „Mündlichkeit im Sinne der Alltagskommunikation" abbildet, sondern „ein Bildungsprogramm des ‚guten Tons'" (ebd., S. 397).

Ausgelöst wird die zu bewältigende Krise in den *Unterhaltungen* dadurch, dass eine deutsche Adelsfamilie sich in den Wirren der Revolutionskriege gezwungen sieht, die linksrheinische Heimat zu verlassen und vor den nachrückenden französischen Truppen Zuflucht auf den rechtsrheinischen Besitzungen zu suchen. Die Krise besteht darin, dass es im Meinungsstreit um die politischen Ereignisse zu Zerwürfnissen kommt, die den sozialen und kommunikativen Zusammenhalt des Kreises um „die Baronesse von C., eine Witwe von mittlern Jahren" (Goethe, a.a.O., S. 281) existenziell gefährden. Verstört darüber, dass „auf einmal jede gesellige Bildung verschwunden" sei (S. 294 f.), schlägt sie vor, „daß wir, wenn wir beisammen sind, gänzlich alle Unterhaltung über das Interesse des Tages verbannen" (S. 296). Um Bedenken auszuräumen, ob die nun gebotene Schonung aller Beteiligten es nicht verbiete, in die alte Gewohnheit der heiteren Sticheleien und des Klatsches zurückzufallen, bietet ein alter Geistlicher an, zur Unterhaltung der Abendgesellschaft mit Geschichten aus seiner Sammlung erzählenswerter Begebenheiten beizutragen.

> Aus der großen Menge, die im gemeinen Leben unsere Aufmerksamkeit und unsere Bosheit beschäftigen und die ebenso gemein sind als die Menschen, denen sie begegnen oder die sie erzählen, habe ich diejenigen gesammelt, die mir nur irgendeinen Charakter zu haben schienen, die meinen Verstand, die mein Gemüt berührten und beschäftigten und die mir, wenn ich wieder daran dachte, einen Augenblick reiner und ruhiger Heiterkeit gewährten. (S. 300)

Diese sich über mehrere Abende erstreckenden Unterhaltungen zur Wiedergewinnung kultivierter Geselligkeit stellen in der Verschränkung von Erzählungen und wechselseitigen Kommentierungen ein Gesprächsmodell dar, das literarisch ist, ohne dass es in Form und Funktion als ein Sprechen *über* literarische Texte in Erscheinung tritt.

In mehrfacher Hinsicht weist dieses Modell die Merkmale auf, die für das Literarische Unterrichtsgespräch gelten sollen: Ein Generationenverhältnis, welches Alt und Jung einander gegenüberstellt, ist konstitutiv für die Gesprächskonstellation in den *Unterhaltungen deutscher Ausgewanderten*. Es ist hier allerdings nicht im didaktischen Handlungsraum des Unterweisens von Kindern und Jugendlichen angesiedelt, sondern im Bereich des Miteinander-Auskommens. Während die jungen Erwachsenen sich heftig an der politischen Diskussion um das Für und Wider der Französischen Revolution beteiligen, herrscht – mit einer Ausnahme – bei den Vertretern der älteren Generation das Bemühen vor, den familiär-privaten Bereich gegen das Eindringen des Tagespolitischen abzuschirmen. Insofern geht es nicht um Belehrung, sondern um die Wiedergewinnung des gefährdeten sozialen Zusammenhaltes unter Wahrung des wechselseitig entgegen zu bringenden Respekts. Das Mittel dazu ist das gleichberechtigte Einbringen von erzählenswerten Geschichten, die gesprächsweise nicht als Gegenstände philologischer Auslegungen kommentiert werden, sondern im Hinblick auf ihren Beitrag zur kultivierten geselligen Unterhaltung.

Damit zeichnet sich aber zugleich ab, dass das Konzept des Literarischen Unterrichtsgesprächs sich auf Begründungen stützt, die zu zwei Handlungsräumen gehören, die einander komplementär gegenüberstehen und daher in der didaktischen Reflexion zu unterscheiden sind. In dem einen geht es darum, den Zusammenhalt einer sozialen Gruppierung durch ein Repertoire von Texten zu stärken, die aus subjektiven Gründen von jedem der Beteiligten in einen kommunikativen Austausch eingebracht werden können; das wäre eine Konstellation des literarischen Gesprächs, die in der Literaturdidaktik kaum Beachtung findet. Sie könnte sich mit guten Gründen auf die gesellige Gesprächskultur des 18. Jahrhunderts und nur unter Vorbehalt auf den Sonderfall der griechischen Schriftkultur berufen. Der andere Handlungsraum eröffnet dagegen die Möglichkeit, sich an der Auslegung bestimmter Texte zu beteiligen, deren kulturelle und soziale Bedeutung – ohne Anspruch auf ein „letztes Wort" – es zu erkunden gilt. Das ist das Feld eines legitimen Sprechens *über* Literatur.

Literatur

Bourdieu, Pierre (1984): Die feinen Unterschiede. Kritik der gesellschaftlichen Urteilskraft. 3. Aufl., Frankfurt a. M.: Suhrkamp

Brinker, Klaus; Sager, Sven F. (1989): Linguistische Gesprächsanalyse. Eine Einführung. Berlin: Schmidt

Ehlich, Konrad; Rehbein, Jochen (1986): Muster und Institution. Tübingen: Narr

Fauser, Markus (1991): Das Gespräch im 18. Jahrhundert. Rhetorik und Geselligkeit in Deutschland. Stuttgart: Metzler

Goethe, Johann Wolfgang (1795): Unterhaltungen deutscher Ausgewanderten. Poetische Werke. Berliner Ausgabe. Bd. 12. Berlin: Aufbau-Verlag, S. 279–406

Gülich, Elisabeth (2008): Alltägliches erzählen und alltägliches Erzählen. In: Zeitschrift für germanistische Linguistik, Jg. 36, H. 3, S. 381–402

Härle, Gerhard (2004a): Literarische Gespräche im Unterricht. Versuch einer Positionsbestimmung. In: Wege zum Lesen und zur Literatur. Hg. von Gerhard Härle und Bernhard Rank. Baltmannsweiler: Schneider Verlag Hohengehren, S. 137–168

Härle, Gerhard (2004b): Lenken – Steuern – Leiten. Theorie und Praxis der Leitung literarischer Gespräche in Hochschule und. Schule. In: Kein endgültiges Wort. Die Wiederentdeckung des Gesprächs im Literaturunterricht. Hg. von Gerhard Härle und Marcus Steinbrenner. Baltmannsweiler: Schneider Verlag Hohengehren, S. 107–139

Härle, Gerhard; Steinbrenner, Marcus (2003): „Alles Verstehen ist ... immer zugleich ein Nicht-Verstehen. Grundzüge einer verstehensorientierten Didaktik des literarischen Unterrichtsgesprächs. In: Literatur im Unterricht, Jg. 4, H. 2, S. 139–162

Härle, Gerhard; Steinbrenner, Marcus (2004): Das literarische Gespräch im Unterricht und in der Ausbildung von Deutschlehrerinnen und -lehrern. Eine Einführung. In: Kein endgültiges Wort. Die Wiederentdeckung des Gesprächs im Literaturunterricht. Hg. von Gerhard Härle und Marcus Steinbrenner. Baltmannsweiler: Schneider Verlag Hohengehren, S. 1–24

Härle, Gerhard; Steinbrenner, Marcus (Hg.) (2004): Kein endgültiges Wort. Die Wiederentdeckung des Gesprächs im Literaturunterricht. Baltmannsweiler: Schneider Verlag Hohengehren

Haueis, Eduard (2007): Die Befähigung zur Teilhabe an der Schriftkultur. In: ders.: Unterricht in der Landessprache. Baltmannsweiler: Schneider Verlag Hohengehren, S. 133–63

Haueis, Eduard (2008): Markierungen der Textualität und ihr Verblassen im Gebrauch einer Alphabetschrift. In: Denken über Sprechen. Hg. von Reinold Funke, Olaf Jäkel und Franz Januschek. Flensburg: University Press, S. 189–198

Ivo, Hubert (1994): Reden über poetische Sprachwerke. Ein Modell sprachverständiger Intersubjektivität. In: ders.: Muttersprache – Identität – Nation. Opladen: Westdeutscher Verlag, S. 222–271

Kilian, Jörg (2002): Lehrgespräch und Sprachgeschichte. Tübingen: Niemeyer

Kilian, Jörg (2005): Historische Dialogforschung. Eine Einführung. Tübingen: Niemeyer

Kilian, Jörg (2009): „Wie muß das heissen?" Hochsprachnormierung und Spracherziehung im Lehrgespräch des 18. Jahrhunderts. Ein Beitrag der Historischen Dialogforschung zur Erklärung des Sprachwandels. In: Sprache. Hg. von Ekkehard Felder. Heidelberg: Springer, S. 131–153 (= Heidelberger Jahrbücher 53)

Krusche, Dietrich (2007): Wie kommt der Leser in den Text? Sprachliche Pragmatik und literarische Fiktion. In: Diskurse und Texte. Festschrift für Konrad Ehlich zum 65. Geburtstag. Hg. von Angelika Redder. Tübingen: Stauffenburg, S. 137–150

Linke, Angelika (1988): Die Kunst der „guten Unterhaltung": Bürgertum und Gesprächskultur im 19. Jahrhundert. In: Zeitschrift für germanistische Linguistik, Jg. 16, H. 2, S. 123–144

Linke, Angelika (1996): Sprachkultur und Bürgertum. Zur Sprach- und Mentalitätsgeschichte des 19. Jahrhunderts. Stuttgart: Metzler

Lubkoll, Christine (2008): Fingierte Mündlichkeit – inszenierte Interaktion. Die Novelle als Erzählmodell. In: Zeitschrift für germanistische Linguistik, Jg. 36, H. 3, S. 381–402

Mayer, Johannes (2004): Literarische Gespräche: Strukturen – Verstehenslinien – Phasen. In: Kein endgültiges Wort. Die Wiederentdeckung des Gesprächs im Literaturunterricht. Hg. von Gerhard Härle und Marcus Steinbrenner. Baltmannsweiler: Schneider Verlag Hohengehren, S. 141–174

Schlaffer, Heinz (1990): Poesie und Wissen. Die Entstehung des ästhetischen Bewußtseins und der philologischen Erkenntnis. Frankfurt a. M.: Suhrkamp

Schlieben-Lange, Brigitte (1983): Traditionen des Sprechens. Elemente einer pragmatischen Sprachgeschichtsschreibung. Stuttgart u. a.: Kohlhammer

Steinbrenner, Marcus (2004a): „Experten der Textkultur": Zum Stellenwert des literarischen Lesens in der Ausbildung vom Lehrerinnen und Lehrern. In: Wege zum Lesen und zur Literatur. Hg. von Gerhard Härle und Bernhard Rank. Baltmannsweiler: Schneider Verlag Hohengehren, S. 179–185

Steinbrenner, Marcus (2004b): Aspekte des Verstehens bei Schleiermacher und ihre Bedeutung für die Literaturdidaktik und das literarische Gespräch. In: Kein endgültiges Wort. Die Wiederentdeckung des Gesprächs im Literaturunterricht. Hg. von Gerhard Härle und Marcus Steinbrenner. Baltmannsweiler: Schneider Verlag Hohengehren, S. 25–59

Zabka, Thomas (2004): Was bedeutet „Verständigung" im schulischen Interpretationsgespräch? In: Kein endgültiges Wort. Die Wiederentdeckung des Gesprächs im Literaturunterricht. Hg. von Gerhard Härle und Marcus Steinbrenner. Baltmannsweiler: Schneider Verlag Hohengehren, S. 75–96

REINOLD FUNKE

Folgenreiches und folgenloses Verstehen

Dass man literarische Texte zu verstehen versuchen müsse und dass das Verstehen ein gedanklicher Prozess für sich sei, der als solcher gelernt und geübt werden müsse, mag uns heute selbstverständlich erscheinen. Tatsächlich hat es Zeit gebraucht, bis sich diese Vorstellung entwickelte. Explizit wird im ausgehenden 19. Jahrhundert formuliert, dass der Deutschunterricht das „historische Verständnis" (Lehmann 1909, S. 6) literarischer Texte auszubilden habe. Demgegenüber lassen Didaktiken noch in der Mitte des 19. Jahrhunderts den Gedanken erkennen, eine ‚verständige Lectüre' verlange vor allem, dass man Schülerinnen und Schülern an der einen oder anderen Stelle eine „Erklärung" zum Text gibt (vgl. etwa Kriebitzsch 1889).[1] Eine ‚Erklärung' zum Text: In diesem Wort vermissen wir nahezu alles, was uns heute wichtig ist – Eigenaktivität der Lernenden, Respektieren unterschiedlicher Zugänge zum Text, Sich-Einlassen auf ein Gespräch. Jedoch lässt sich das Wort auch von einer anderen Seite anschauen. Eine Erklärung ist ein Annotat, eine Randbemerkung zu einem Leseprozess, der im Übrigen in naiver Weise durch den Text hindurch auf das gerichtet bleibt, wovon dieser handelt. Ein ‚historisches Verständnis' dagegen verlangt, dass man nicht *durch*, sondern *auf* den Text blickt. Dabei gewinnt der Text als der eigentliche Gegenstand des Verstehens ein Eigenleben. Das ist eine Entwicklung, die Aufmerksamkeit verdient. Denn Leser, die sich in dieser Weise orientieren, suchen Texte zu verstehen, aber in den Texten, die sie lesen, geht es um das Verstehen von etwas anderem.

Diese Überlegung scheint mir von Bedeutung zu sein im Blick auf einen literarischen Text, der sich seinerseits an zentraler Stelle mit dem Verstehen befasst und auf den ich mich im Folgenden beziehen möchte – die Erzählung *In der Strafkolonie* von Franz Kafka. Wenn man davon ausgeht, dass Verstehen in erster Linie den Text zum Gegenstand hat, mag man geneigt sein, eine solche Art von Literatur als selbstreferentiell zu beschreiben – das heißt, sie spricht von sich selbst (so etwa Lehmann 1984). Was geschieht dem-

---

[1] Nachvollziehbar wird das auch in den bei Boueke 1971 zusammengestellten Quellen zum Umgang mit literarischen Texten im Deutschunterricht des 19. Jahrhunderts (vgl. Hiecke 1889, von Raumer 1897 und Lehmann 1909).

gegenüber, wenn man an einen solchen Text ‚naiv' herangeht – als ein Leser, der *durch*, nicht *auf* den Text blickt?

In Kafkas 1914 entstandener, aber erst 1919 publizierter Erzählung *In der Strafkolonie* findet sich der Leser unvorbereitet wieder in einem „sandigen, von kahlen Abhängen ringsum abgeschlossenen kleinen Tal" (SE, S. 100). Viel mehr wird über den Ort nicht gesagt, und auch die Zeit des Geschehens bleibt unspezifiziert, wenngleich die zentrale Rolle, die ein monströser batteriegetriebener und programmgesteuerter Apparat spielt, dafür spricht, es in einer (futuristisch gezeichneten) Gegenwart anzusiedeln. Ähnlich kärglich wie die Situierung in Raum und Zeit bleibt die Einführung der Aktanten. Sie werden von Anfang an mit definiten Nominalgruppen als „der Offizier" und „der Reisende" und „der Verurteilte" bezeichnet.

„Nun sehen Sie aber diesen Apparat", sagt der Offizier zu dem Reisenden (SE, S. 100). Es handelt sich um eine Hinrichtungsmaschine, mit der der Verurteilte anschließend auf grausame Weise zu Tode gebracht werden soll. Eine Unzahl von Nadeln, die einen als „Egge" bezeichneten Teil der Maschine bilden, werden ihm sein Urteil schrittweise auf den nackten Leib stanzen. Gesteuert werden die Nadeln von einer „Zeichner" genannten Komponente der Maschine, einer Art von Datenlesegerät, die den Urteilstext aus einem in sie eingelegten Blatt abliest und in mechanische Bewegungen umsetzt. Der Vorgang wird zwölf Stunden dauern, bis der Verurteilte stirbt und sein nackter Körper in eine unter der Maschine befindliche Grube, wie der Offizier es nennt, „niederklatscht" (SE, S. 108).

Das Geschehen wird überwiegend aus der Perspektive des Reisenden dargestellt. Ein Leser, der das Angebot, diese Perspektive zu übernehmen, annimmt, kann eigentlich nur darauf setzen, dass es in einer Reaktion des Reisenden auf die Ankündigungen des Offiziers kulminiert. Diese Reaktion erfolgt, aber gemessen an der Monstrosität des Verfahrens so zögerlich und verhalten, dass man sie eher als eine Nicht-Reaktion empfindet. Als der Reisende sich schließlich aufrafft, dem Offizier wenigstens eine ausdrückliche Unterstützung der vorgesehenen Hinrichtung zu versagen, da tut er, wie es im Text heißt, gerade einmal „wie er mußte" (SE, S. 116).[2]

Der erste mögliche Kulminationspunkt des Geschehens – ein entschiedener Protest des Reisenden – wird auf diese Weise verpasst. Jedoch löst der Reisende mit seiner Weigerung unerwartet ein zweites Geschehen aus. Der Offizier, der in dem Verfahren gleichzeitig als Maschinist, Richter und Voll-

---

[2] Der Reisende und seine Reaktion sind ein wichtiges Thema in Arbeiten zum Text (vgl. Müller-Seidel 1986, Schmidt 1988 und Honold 2008).

strecker fungiert, blättert in Unterlagen, die er in einer Brusttasche bei sich trägt, bis er schließlich, wie es heißt, „das Blatt, das er suchte" (SE, S. 117) findet. Er spannt es in den Zeichner ein und legt sich selbst unter die Egge. Er will, das erkennt der Reisende, das Urteil an sich vollstrecken und hat „schon den einen Fuß ausgestreckt, um in die Kurbel zu stoßen, die den Zeichner in Gang bringen sollte" (SE, S. 120). Das ist allerdings nicht mehr nötig, denn die Maschine setzt sich von alleine in Bewegung. Statt aber ihre vorgesehene Arbeit zu verrichten und das Urteil auf den Leib des Offiziers zu schreiben, beginnt sie sich zu verformen und fällt kurz darauf lärmend auseinander, wobei die in ihr enthaltenen Zahnräder „im Sand" (SE, S. 121) unter ihr landen. Der Offizier wird, statt das Urteil auf seinen Leib geschrieben zu bekommen, leblos vorgefunden – sein Leichnam hängt, von der Mechanik der Maschine aufgespießt, über der Grube, „ohne zu fallen" (SE, S. 121). Somit wird auch ein zweiter möglicher Kulminationspunkt des Geschehens verpasst.

Die Erzählung *In der Strafkolonie* ist durch einen Grad der Anstößigkeit gekennzeichnet, der kaum noch unter Hinweis auf den Zweck literarischer Provokation nachvollziehbar gemacht werden kann. Ausgerechnet in der Literatur gelingt es, das Arsenal der von Menschen ersonnenen Hinrichtungsarten um eine bis dahin unbekannte Variante von unerhörter Grausamkeit zu ergänzen. In diesem Fall mag nicht nur das Verstehen, sondern auch das Verweigern weiterer Auseinandersetzung eine denkbare Form des Umgangs mit dem literarischen Text zu sein.

Es ist der Offizier, dessen Argumentation man gegen diese Option wenden kann. Die Hinrichtungen waren nach ihm in der Vergangenheit feierliche, nahezu weihevolle Gelegenheiten, zu welchen die Bevölkerung strömte, „nur um zu sehen" (SE, S. 111). Ihr Höhepunkt wurde erreicht „um die sechste Stunde" (SE, S. 106), nachdem der Verurteilte unter die Egge gelegt worden war:

> Wie still wird dann aber der Mann um die sechste Stunde! Verstand geht dem Blödesten auf. Um die Augen beginnt es. Von hier aus verbreitet es sich. Ein Anblick, der einen verführen könnte, sich mit unter die Egge zu legen. Es geschieht ja nichts weiter, der Mann fängt bloß an, die Schrift zu entziffern, er spitzt den Mund, […] er entziffert sie […] mit seinen Wunden. Es ist allerdings viel Arbeit; er braucht sechs Stunden zu ihrer Vollendung.

Der Verurteilte beginnt, die Schrift – das heißt sein eigenes Urteil – zu entziffern. Dieses Urteil ist ihm, wie der Reisende zu seiner Irritation erfährt, vorher gar nicht bekanntgegeben worden. Es wäre, so stellt der Offizier lapidar fest, „nutzlos, es ihm zu verkünden" (SE, S. 104). Er hätte es nicht verstanden. Der Weg zum Verstehen des Urteils führt ausschließlich darüber, dass man es auf dem eigenen Körper „mit seinen Wunden" entziffert.

Der Offizier, der sich mit blindem Eifer für seine Maschine einsetzt, kämpft, wenn man so will, um diesen einen möglichen Weg zum Verstehen. Nachdem es ihm nicht gelungen ist, den Reisenden davon zu überzeugen, droht dieser Weg sich endgültig zu verschließen. So „ist es also Zeit" (SE, S. 117) für den Offizier, ihn selber zu gehen. Dazu braucht er „das Blatt, das er suchte" – sein eigenes Urteil, das er überraschenderweise bereits bei sich trägt und aus seiner Brusttasche hervorzieht. Er wird es, wie oben beschrieben, in den Zeichner einspannen und sich selbst unter die Egge legen. Vorher jedoch findet das Blatt noch einmal die Aufmerksamkeit der beiden Protagonisten.

„Lesen Sie", sagt der Offizier zu dem Reisenden, indem er es ihm zeigt (SE, S. 117). Dieser vermag das allerdings nicht. Der Offizier beginnt daraufhin mühsam, die Schrift zu entziffern, und trägt sie schließlich im Zusammenhang vor: „Sei gerecht!' – heißt es", sagt er zu dem Reisenden und fügt hinzu: „jetzt können Sie es doch lesen" (SE, S. 118). Doch selbst jetzt, nachdem ihm das Urteil vorgesprochen wurde, kann der Reisende es nicht entziffern. Der Offizier jedoch ist, obwohl er sein Urteil vorzulesen vermochte, nicht zufrieden. Er hat es jahrelang mit sich herumgetragen, er kann es jederzeit ansehen, er spricht es laut aus, aber – zu einer anderen Schlussfolgerung kann man kaum kommen – er versteht es nicht. Er muss es auf seinem Leib entziffern. Dass der Weg zum Verstehen, den der Offizier so nachdrücklich verficht, tatsächlich gangbar ist, wird durch den weiteren Verlauf des Geschehens allerdings nicht bestätigt. Die Maschine, deren Funktionieren nun erstmals nicht nur durch Hörensagen, sondern in der Realität bestätigt werden müsste, fällt auseinander. Es bleibt offen, ob die Möglichkeit des Verstehens je wirklich bestanden hat und nicht nur in Erzählungen „aus früherer Zeit" (SE, S. 111) berichtet wird. Die Unwirklichkeit der örtlichen und zeitlichen Umstände des Geschehens und der Verzicht darauf, die Aktanten als Personen einer als real fingierten Textwelt einzuführen, lassen diese Frage zusätzlich aufkommen.

Dass man Kafkas Erzählung *In der Strafkolonie* zumindest auch als einen Text über das Verstehen lesen kann, wird in der Literatur verschiedentlich angesprochen (vgl. Mladek 1994 und Müller 2000). Was ist damit gemeint? Handelt es sich um einen ‚selbstreferentiellen' Text in dem Sinne, dass er thematisiert, ob und wie er selbst verstanden wird?

Eine terminologische Differenzierung, die in diesem Zusammenhang von Nutzen sein mag, lässt sich in Anschluss an Härle und Heizmann vornehmen.

Sie sprechen statt von ‚Verstehen' von „*Erkenntnis* vermittelnden Schriftzeichen, die dem Körper eingestochen werden" (Härle; Heizmann 2009, S. 64; Hervorhebung R. F.). Die Aussage bezieht sich auf den Verurteilten, welcher die Zeichen entziffert, die die Maschine ihm auf den Leib schreibt: Er gewinnt Erkenntnis. Aber man kann kaum anders, als über den Verurteilten hinauszugehen, indem man die Konsequenz zieht, dass Kafkas Erzählung Leser fordert, welche Erkenntnis erwarten. Sie sind, wie sich im Sinne der oben vorgenommenen Unterscheidung sagen lässt, durchaus ‚naive' Leser, also Leser, die durch den Text hindurch auf ihre eigene Gegenwart und ihr eigenes Tun blicken. Leser dagegen, die Kafkas Erzählung in sich zum Gegenstand machen, indem sie sie als einen Text über Verstehen lesen, werden von ihr abgewiesen. Denn diese Erzählung tut nichts anderes, als ihnen vor Augen zu führen, dass Lesen nicht zum Verstehen führt. *Erkenntnis* statt *Textverstehen* – mit dieser Entgegensetzung hat es zu tun, wenn ich mich nun recht abrupt von Kafkas Text abwende und zu einem Ereignis übergehe, das (jedenfalls seiner historischen Genese nach) damit gänzlich unverbunden ist.

Unmittelbar nachdem Polen im Jahr 1939 von deutschen Truppen besetzt und sein nicht zwischen Deutschland und der Sowjetunion aufgeteilter Rest in ein „Generalgouvernement" unter Führung des SA-Generals Hans Frank umgewandelt worden war, begannen Terrormaßnahmen gegen die einheimische Bevölkerung. Zu ihnen gehörte eine sogenannte „Außerordentliche Befriedungsaktion" im Frühsommer 1940, die die Erschießung von mehreren tausend Angehörigen der polnischen Führungsschicht vorsah. Frank setzte die Aktion bei einer am 30. 5. 1940 in einem internen Kreis gehaltenen Rede mit folgenden Worten in Gang (wiedergegeben nach Buchheim 2005, S. 228):[3]

> Ich darf Sie bitten, meine Herren, uns mit Ihrer ganzen Energie bei der Durchführung dieser Aufgabe zu helfen [...]. Wir werden diese Maßnahme durchführen, und zwar, wie ich Ihnen vertraulich sagen kann, in Ausführung eines Befehls, den mir der Führer erteilt hat [...].
> Meine Herren, wir sind keine Mörder. Für den Polizisten und SS-Mann, der aufgrund dieser Maßnahme amtlich oder dienstlich verpflichtet ist, die Exekution durchzuführen, ist das eine furchtbare Aufgabe. Wir können leicht Hunderte von Todesurteilen hier unterzeichnen; aber ihre Durchführung deutschen Männern, anständigen deutschen Soldaten und Kameraden zu übertragen, das bedeutet eine furchtbare Belastung.

---

[3] In sprachdidaktischem Zusammenhang wird die Rede Franks thematisiert von Hoffmann 2007.

Meine Herren, wir sind keine Mörder. Im gleichen Atemzug, in dem er einen Befehl zum Massenmord gibt, stellt der Täter fest, dass er kein Mörder sei. Frank war Jurist und hat zeitlebens Wert darauf gelegt, dass Morde von Staats wegen, wie er es nannte, „rechtsstaatlich", das heißt aufgrund eines gerichtlichen Urteils zu erfolgen hätten (vgl. Fest 2006). Das betont er auch im gegebenen Fall, wenn er im weiteren Verlauf seiner Rede fordert, jede einzelne Exekution müsse sich auf ein zumindest „summarische[s] Standgerichtsverfahren" (Buchheim 2005, S. 228) stützen können. Der Jurist, der nach einem Urteil verlangt, vermag jedoch nicht zu verstehen, dass er sein eigenes Urteil soeben ausgesprochen hat, dessen Klartext lautet: *Meine Herren, wir sind Mörder.* Frank wurde am 1. 10. 1946 vom Internationalen Militärgerichtshof in Nürnberg verurteilt, und zwar, wie es in der Urteilsbegründung ausdrücklich heißt, wegen seiner Mitwirkung am „Mord von mindestens drei Millionen Juden" (wiedergegeben nach Schenk 2006, S. 398). So lautete sein Urteil.

Ein Offizier, der sein eigenes Urteil kennt, dem es jahrelang vorliegt, der es abzulesen und auszusprechen vermag, es aber nicht versteht – das ist keine literarische Möglichkeit, sondern unmittelbare Realität. Es wäre kaum angezeigt, zu glauben, dass es nur die Realität von Menschen wie Hans Frank ist. Denn Franks Äußerung *Meine Herren, wir sind keine Mörder* lebt von Potentialen, die die Sprache in ihrem ganz alltäglichen Gebrauch zur Verfügung stellt. Um sie widersinnig zu finden, muss man das Wort *Mörder* so nehmen, dass es jemanden bezeichnet, der mordet oder Morde anordnet. Ein *Mörder*, so wie Frank das Wort meint, ist dagegen ein Mensch, der andere aus Willkür oder aus Freude am Töten umbringt. Das ist, so Franks Voraussetzung, bei „anständigen deutschen Soldaten und Kameraden" nicht der Fall. Das Bemerkenswerte ist, dass die Aussage ihren Widersinn gerade dann verbirgt und gänzlich unauffällig erscheint, wenn man der Praxis folgt, Wörter in einem zum aktuellen Diskurszusammenhang passenden Sinn zu interpretieren. Genau die Praxis, die Verstehen im Sinne eines Textverstehens möglich macht, verschließt hier den Weg zum Verstehen im Sinne eines Erkennens – das heißt eines Verstehens, das Folgen hat. Verstehen in diesem Sinne, folgenreiches Verstehen, so möchte ich im Blick auf das Beispiel Hans Franks sagen, ist nicht nur eine sprachliche oder interpretatorische, sondern auch eine moralische Leistung.

Was hat das alles für den Umgang mit Literatur im Deutschunterricht zu bedeuten? Ich möchte das Ergebnis gleich vorwegnehmen: Nichts. Wenn man daraus, dass Verstehen eine moralische Qualifikation einschließt, folgern würde, dass der Deutschunterricht diese Qualifikation zu vermitteln habe, könnte man sich jedenfalls nicht auf Kafka berufen. Denn den Menschen, die er in seiner Erzählung auftreten lässt, fehlt es nicht an dem Willen zu verstehen, sondern sie finden den Weg zum Verstehen nicht.

Gerade weil sie keine Handlungsoptionen für den Deutschunterricht erkennen lässt, könnte Kafkas Erzählung vom verpassten Verstehen aber lehrreich sein. Denn sie weist auf die Begrenztheit der Möglichkeiten hin, über die dieser Unterricht – als Sprach- wie als Literaturunterricht – verfügt. Der Deutschunterricht, der Textverstehen und -interpretieren lehrt, tut sein Handwerk und kann auch nicht anders, als es zu tun. Indem er so verfährt, stellt er aber nicht eine Instanz bereit, die jenseits der Bedingungen steht, welche Menschen für ihr eigenes Tun blind oder aufmerksam werden lassen. Anderes wird er gerade dann nicht unterstellen können, wenn er das, was er zu lesen und zu interpretieren unternimmt, ernst nimmt.

Primärliteratur

Kafka, Franz ([1919] 1970): Sämtliche Erzählungen. Hg. von Paul Raabe. Frankfurt a. M.: Fischer [zitiert als SE]

Sekundärliteratur

Boueke, Dietrich (1971): Der Literaturunterricht. Weinheim: Beltz

Buchheim, Hans (2005): Befehl und Gehorsam. In: Anatomie des SS-Staates. Hg. von Hans Buchheim, Martin Broszat, Hans-Adolf Jacobsen und Helmut Krausnick. 8. Aufl., München: dtv, S. 215-322

Fest, Joachim C. (2006): Hans Frank – Kopie eines Gewaltmenschen. In: ders.: Das Gesicht des Dritten Reiches. Profile einer totalitären Herrschaft. 9. Aufl., München: Piper, S. 286-299

Härle, Gerhard; Heizmann, Felix (2009): „In bröckelndem Lehm festgebissen". Franz Kafkas Studie *Die Brücke*: Bedeutungspotential und Perspektiven literarischen Lernens. Baltmannsweiler: Schneider Verlag Hohengehren

Hiecke, Robert Heinrich (1889): Der deutsche Unterricht auf deutschen Gymnasien. Ein pädagogischer Versuch. 3. Aufl., Leipzig: E. Eisenach [erstmals 1842]

Hoffmann, Ludger (2007): Sprache und Gewalt: Nationalsozialismus. In: Der Deutschunterricht, Jg. 59, H. 5, S. 44-54

Honold, Alexander (2008): In der Strafkolonie. In: Kafka-Handbuch. Hg. von Bettina von Jagow und Oliver Jahraus. Göttingen: Vandenhoeck & Ruprecht, S. 477-503

Lehmann, Hans-Thies (1984): Der buchstäbliche Körper. Zur Selbstinszenierung der Literatur bei Franz Kafka. In: Der junge Kafka. Hg. von Gerhard Kurz. Frankfurt a. M.: Suhrkamp, S. 213-241

Lehmann, Rudolf (1909): Der deutsche Unterricht. Eine Methodik für höhere Lehranstalten. 3. Aufl., Berlin: Weidmann [erstmals 1890]

Kriebitzsch, Theodor (1889): Das Sprachstück und dessen Behandlung. In: Geschichte der Methodik des deutschen Volksschulunterrichts. Bd. 1: Geschichte des deutschen Unterrichts in der Volksschule. Hg. von Carl Kehr. Bearb. von August Engelien u. a. 2. Aufl., Gotha: Thienemann, S. 418-467 [erstmals 1877]

Mladek, Klaus (1994): ‚Ein eigentümlicher Apparat'. Franz Kafkas ‚In der Strafkolonie'. In: Franz Kafka. Hg. von Heinz Ludwig Arnold. München: Text + Kritik, S. 115-142

Müller, Beate (2000): Die grausame Schrift: Zur Ästhetik der Zensur in Kafkas ‚Strafkolonie'. In: Neophilologus, Jg. 84, H. 1, S. 107-125

Müller-Seidel, Walter (1986): Die Deportation des Menschen. Kafkas Erzählung ‚In der Strafkolonie' im europäischen Kontext. Stuttgart: Metzler

Schenk, Dieter (2006): Hans Frank. Hitlers Kronjurist und Generalgouverneur. Frankfurt a. M.: Fischer

Schmidt, Ulrich (1988): ‚Tat-Beobachtung'. Kafkas Erzählung ‚In der Strafkolonie' im literarisch-historischen Kontext. In: Franz Kafka und die Prager deutsche Literatur. Hg. von Hartmut Binder. Bonn: Kulturstiftung der Deutschen Vertriebenen, S. 55-69

von Raumer, Rudolf (1897): Der Unterricht im Deutschen. In: Geschichte der Pädagogik vom Wiederaufblühen klassischer Studien bis auf unsere Zeit. 3. Teil, 2. Abt. Hg. von Karl von Raumer. 6. Aufl., Stuttgart: Liesching, S. 15-151 [erstmals 1852]

Irmgard Nickel-Bacon

Authentizität in der literarischen Kommunikation:
Anthropologische, poetologische und didaktische Aspekte

> Nur wahre Hände schreiben
> wahre Gedichte. (Paul Celan)

Hilde Domin: Nur eine Rose als Stütze

Ich richte mir ein Zimmer ein in der Luft
unter den Akrobaten und Vögeln:
mein Bett auf dem Trapez des Gefühls
wie ein Nest im Wind
auf der äußersten Spitze des Zweigs.

Ich kaufe mir eine Decke aus der zartesten Wolle
der sanftgescheitelten Schafe die
im Mondlicht
wie schimmernde Wolken
über die feste Erde ziehn.

Ich schließe die Augen und hülle mich ein
in das Vlies der verlässlichen Tiere.
Ich will den Sand unter den kleinen Hufen spüren
und das Klicken des Riegels hören,
der die Stalltür am Abend schließt.

Aber ich liege in Vogelfedern, hoch ins Leere gewiegt.
Mir schwindelt. Ich schlafe nicht ein.
Meine Hand
greift nach einem Halt und findet
nur eine Rose als Stütze.

Ausgangspunkt meiner Überlegungen ist eine ungewöhnliche Erfahrung, die ich im Workshop zur *Exillyrik[1] im Literarischen Gespräch* auf dem zweiten Heidelberger Symposion zum Literarischen Unterrichtsgespräch gemacht habe. Gesprächsteilnehmer waren nicht Studierende, sondern ehemalige und

---

[1] Mit Wolfgang Emmerich werden unter Exillyrik Gedichte verstanden, die eine mit der Exilerfahrung verbundene „existentielle Krise" (Emmerich 1985, S. 50) thematisieren, die er auch als „eine Störerfahrung ersten Ranges" bezeichnet (ebd., S. 36).

amtierende Dozentinnen und Dozenten der Pädagogischen Hochschule. Das explizit geäußerte Anliegen der Teilnehmerinnen und Teilnehmer war, diese Vermittlungsform am praktischen Beispiel kennenzulernen. Implizit jedoch versuchten zwei Teilnehmer mehrfach, das Gespräch über Literatur zu diskreditieren, anstatt sich persönlich auf den Text einzulassen – eine Erfahrung, die für mich Anlass ist, vertiefend über den Aspekt der Authentizität in der literarischen Kommunikation nachzudenken.

Gegenstand des Gesprächs war das Gedicht *Nur eine Rose als Stütze* von Hilde Domin (Domin 1959, S. 55), das ich mehrfach mit Studierenden im Gespräch thematisiert und dort als sehr geeignet für differenzierte Betrachtungen erlebt hatte. Nach einer kurzen Phantasiereise, in der es darum ging, die soziale „Rüstung" abzulegen und sich persönlich für die augenblickliche Situation zu öffnen, wurden die Teilnehmer gebeten, von Textstellen auszugehen, die für sie mit besonderer emotionaler Ladung verbunden waren – sei sie positiv oder negativ. Der Impuls wurde zunächst aufgenommen, dann aber versuchten zwei Teilnehmer wiederholt, die Legitimität von Interpretationen zu bestreiten oder aber einsinnige Gesamtdeutungen voranzutreiben. Impulse, zunächst einmal möglichst viele Facetten des Gedichts persönlich zu erkunden, wurden nur punktuell aufgenommen. Überdeutlich zeigte sich neben einer gewissen Bereitschaft, sich auf das Format der eingangs erläuterten authentischen Begegnung mit dem Text einzulassen, die Absicht, das Literarische Gespräch als solches zu kritisieren. In den Phasen, in denen sich alle auf das vorgegebene Format einließen, gab es durchaus ein Gespräch, das die Ambivalenzen zwischen der luftigen Höhe „auf dem Trapez des Gefühls" und der Sicherheit der verschlossenen „Stalltür am Abend" thematisierte. Eine längere Passage kommunikativen Austauschs bewog schließlich einen der eher widerständigen Gesprächspartner zu der bewundernden Einsicht in die „Zartheit und Zerbrechlichkeit" des Gedichts. Eine solch authentische Begegnung mit dem Text im Gespräch mit anderen war allerdings nur partiell möglich.

Daneben ging es um die Präferenz handlungsorientierter Unterrichtsverfahren gegenüber gesprächsbasierten, aber auch um die Ablehnung eines hermeneutischen Literaturbegriffs zugunsten eines künstlerisch-produktiven. Offensichtlich fanden Macht- und Verteilungskämpfe statt, wie sie für die Institution Hochschule nicht selten sind. Für didaktisches Denken und Handeln sind solche Ausschlussverfahren von Nachteil. Denn unter lern- und entwicklungspsychologischer Perspektive können sich die genannten Verfahren sehr wohl ergänzen (vgl. Nickel-Bacon 2006b, S. 105 ff.) und unterschiedliche Herangehensweisen an Texte aufzeigen, die den künstlerischen Ausdruck ebenso schulen wie die Fähigkeit, sich im Gespräch über Texte auszutauschen. Schließlich geht es allen Beteiligten um einen vertieften Zugang zum literarischen Text, und beide Paradigmen haben ihre kultur- wie wissenschaftshistorische Berechtigung: Handlungs- und Produktionsorientierung ist für die Jüngeren unverzichtbar, das Gespräch ist aus der literarischen Kommunikation nicht wegzudenken und sollte gerade auch von jenen praktiziert werden, die nicht von Kindesbeinen an durch die literarische Sozialisation in der Familie[2] daran gewöhnt sind. Oder würde man einen Schüler, der nicht schwimmen kann, immer nur am Beckenrand entlang spazieren lassen, weil er in dieser Kulturtechnik noch nicht geschult ist? Insofern kann es eigentlich nur darum gehen, die Potentiale und Grenzen unterschiedlicher didaktischer Zugänge zu sehen und Voraussetzungen für ihren Erfolg zu reflektieren.

Authentizität als grundlegenden literaturdidaktischen Parameter sieht Kaspar Spinner kritisch. Zum Problem verweigerter Authentizität äußert er sich in seinem Aufsatz zu Vorlesegesprächen in der Grundschule (vgl. Spinner 2004). Nach seinem Verständnis stellt das Postulat der Authentizität im Literarischen Unterrichtsgespräch nach dem Heidelberger Modell (vgl. Härle 2004) eine Überforderung dar, so dass er diese Kategorie in dem von ihm entworfenen Setting eher als nachrangig bewertet. Sein Argument, die Gesprächsteilnehmer seien gewohnt, soziale Rollen zu spielen (vgl. ebd., S. 293), begründet er mit dem Hinweis darauf, dass Schule ein sozialer Raum sei, in dem die Handelnden nicht nur als Individuen, sondern immer auch als Rollenträger agieren. Ganz gewiss stellten auch im Fall des Workshop-Gesprächs neben literaturbezogenen Konzepten das Verständnis der eigenen Rolle und damit verbundene Selbstbilder Gründe für die weitgehende Verweigerung einer authentischen Begegnung mit dem Text dar. Ein Grund mehr, vertiefend über eine Qualität nachzudenken, die mir für das Literarische Gespräch im engeren Sinne von nicht zu unterschätzender Bedeutung zu sein scheint. Nur in der authentischen Begegnung eines konkreten Lesers beziehungsweise einer konkreten Leserin mit einem literarischen Text kommt das besondere Potential dieses Verfahrens zum Ausdruck, einzelne Aspekte des Textes mit Bedeutung zu füllen und diese für andere Gesprächsteilnehmer erfahrbar zu machen.

Nur wenn alle Beteiligten am Ende des Gesprächs den Eindruck haben, mehr und anderes zu verstehen, als sie es eingangs taten, nur wenn das Ganze

---

2 Zur Bedeutsamkeit des Gesprächs in der familialen Lesesozialisation vgl. Hurrelmann 1997, Wieler 1995 und Nickel-Bacon 2006a.

mehr ist als die Summe seiner Teile, kann diese Unterrichtsform als erfolgreich gelten. Wie zu zeigen sein wird, ist Authentizität zugleich ein wichtiger Aspekt kreativen Handelns und schöpferischer Produktion. Daher nehme ich den eher ungewöhnlichen Fall offensiv verweigerter Aufrichtigkeit zum Anlass, um den Aspekt der Authentizität in der literarischen Kommunikation systematisch zu ergründen und zu zeigen, in welchen Denkzusammenhängen sie steht. Implizit greift das mit ihr verbundene Gesprächsmodell (vgl. Schulz von Thun 1995, S. 99 ff.) auf Menschenbildannahmen zurück, die an dieser Stelle zu reflektieren sind. Dazu zählen insbesondere die Grundannahmen der Humanistischen Psychologie mit ihrem prospektiven Menschenbild der Selbstentfaltung. Damit sind lern- und motivationspsychologische Aspekte verbunden, die die literarische Kommunikation beeinflussen. Schließlich spielt Authentizität als Quelle schöpferischer Kreativität in poetologischen Überlegungen eine wichtige Rolle und könnte, so die abschließende These, ein positives literaturbezogenes Selbstkonzept unterstützen.

1. Authentizität und Selbstakzeptanz in der Humanistischen Psychologie

Gerhard Härle erläutert als ein zentrales Merkmal des von ihm konzipierten Literarischen Unterrichtsgesprächs, dass „die Gesprächskonstellation für alle Beteiligten ein möglichst hohes Maß an Authentizität gewährleistet" – nicht ohne zugleich zu konzedieren, dass mit Authentizität „ein problematischer Begriff eingeführt" werde, den er knapp als ein „möglichst hohes Maß an Übereinstimmung zwischen dem Gesagten und dem von den einzelnen Gesprächsteilnehmern Gedachten und Empfundenen" erläutert (Härle 2004, S. 149 f.). Ähnlich wie schon bei Ute Andresen wird Authentizität im Sinne von Wahrhaftigkeit relevant, um eine „möglichst persönliche und einfühlende Begegnung" der Lernenden mit einem literarischen Text zu initiieren (Härle; Steinbrenner 2004, S. 8). Härle bezieht sich dabei auf das Konzept der Themenzentrierten Interaktion (vgl. ebd., S. 11 und Cohn 1978), die sich unter anderem auf Grundannahmen der Humanistischen Psychologie[3] stützt. In diesem psychologischen Paradigma erscheint Authentizität auch im Zusammenhang mit den Begriffen der Echtheit bzw. der Kongruenz, die als eine grundlegend gesunde Einstellung des Menschen zu sich selbst und zu anderen

---

[3] Zum Paradigma der Humanistischen Psychologie, ihren philosophischen Implikationen und den einzelnen Vertretern vgl. Quitmann 1996. Neben Cohn nennt Quitmann Goldstein, Perls, Rogers, Bühler, Maslow und Fromm.

betrachtet wird. Echtheit oder Authentizität bedeutet, offen zu sein für Gefühle oder Empfindungen und diese als gegeben anzunehmen. Selbstakzeptanz setzt allerdings voraus, dass der Mensch seiner selbst gewahr ist und offen sein kann gegenüber allen seinen Erfahrungen – als ein Potential, das ihm zur Verfügung steht. Insofern sind Akzeptanz und Authentizität Merkmale psychischer Gesundheit.

Dieses Menschenbild stellt eine Neuerung dar gegenüber Psychoanalyse wie Behaviorismus. In der philosophischen Tradition des Humanismus (vgl. Voßkamp 1992), der Phänomenologie und des Existenzialismus betonen die Begründer der Humanistischen Psychologie die Einzigartigkeit und Selbstbestimmungsfähigkeit des Individuums, seine „relative Unabhängigkeit" und „psychologische Freiheit" (vgl. Maslow 1973, S. 49 f.). Sie nehmen eine natürlich gegebene Selbstvervollkommnungstendenz[4] des einzelnen Menschen an, die als Teil seiner natürlichen Tendenz zu schöpferischer Aktivität verstanden wird. Unter Rückgriff auf die in Deutschland durch den Nationalsozialismus unterbrochenen Forschungen der Gestaltpsycholgie um Max Wertheimer, Wolfgang Köhler, Kurt Koffka und Kurt Lewin legte Kurt Goldstein schon 1934 ein Konzept des menschlichen Organismus als eines integrierten und organisierten Ganzen vor, dem die „Tendenz, sich den Umständen entsprechend zu verwirklichen" inhärent sei (Goldstein 1934, S. 295). Die aktive Auseinandersetzung mit der Umwelt postuliert er als genuin menschliches Potential.[5] Besonders beachtenswert scheint hier der enge Zusammenhang zwischen dem menschlichen Potential zur aktiven Auseinandersetzung mit der Umwelt und der Kreativität des Menschen.

In dieser Theorietradition konzipierte Abraham Maslow neben den von Freud betonten körperlichen „Trieben" auch Wachstumsbedürfnisse, die zur Selbstentfaltung führen. Über die Bedürfnisse nach Nahrung, Schutz und sexueller Befriedigung hinaus umfasst Maslows Menschenbild daher auch das Streben nach Wahrheit, Schönheit, Gerechtigkeit und Vollkommenheit.[6] Selbstverwirklichung und menschliche Kreativität sind in diesem Verständnis

---

4 Peter Paulus bezeichnet in seiner Studie zur Selbstverwirklichung die Humanistische Psychologie als diejenige psychologische Theorie, in der „die Konzeption der Selbstverwirklichung am wirkungsvollsten" vertreten wird (Paulus 1994, S. 81).

5 Vgl. dazu auch Paulus 1994, S. 197: „Normal, gesund nennen wir den, bei dem die Tendenz zur Verwirklichung von innen heraus schafft, und der die Störungen, die durch den Zusammenstoß mit der Welt entstehen, überwindet, nicht aus Angst, sondern aus Freude an der Überwindung."

6 Vgl. dazu Maslow 1967, S. 106: Sie sind „instinctoid in nature, i.e. they are needed (a) to avoid illness and (b) to achieve fullest humanness and growth."

eine ebenso notwendige Tendenz des menschlichen Organismus wie sexuelle Lust (vgl. Maslow 1989, S. 107 ff.). Allerdings setzt ihre Verwirklichung die relative Befriedigung der Grundbedürfnisse ebenso voraus wie die Fähigkeit zur Selbstakzeptanz.[7]

Carl Rogers postuliert, ähnlich wie Maslow, Selbstakzeptanz und Authentizität als notwendige Voraussetzungen für die psychische Gesundheit des Menschen. Er hat sich intensiv mit der Frage beschäftigt, was diesen konstruktiven Kräften entgegenstehen könnte, und fand als wesentliche Ursache ein rigides, wenig flexibles Selbstkonzept. Dieses bestimmt als zusammenhängende und strukturierte Vorstellung des Menschen von sich selbst dessen Wahrnehmung. Ist das Selbstkonzept jedoch flexibel und stimmen Selbstkonzept und Wahrnehmung der Realität im Wesentlichen überein, ist Authentizität möglich: Das Individuum kann sein spontanes Erleben akzeptieren und positiv in Wahrnehmung und Verhalten integrieren. Es kommt zu Selbstentfaltung und Autonomie, die für Rogers immer „konstruktiv: nicht immer konventionell und konform, sondern individualisiert, aber immer auch sozialisiert" (Rogers 1985, S. 136) sind. Sie sind verbunden mit Selbstakzeptanz als der Fähigkeit, sich der eigenen Gefühle und Bedürfnisse vorurteilslos und differenziert gewahr zu werden. Diese wiederum ermöglicht Authentizität als ein unmittelbares Erleben der persönlichen Gefühle, die „tief empfunden" und „als zugehörig erkannt" werden (ebd., S. 144). Da sich Realitäten permanent verändern, wird dem Einzelnen allerdings ein hohes Maß an Flexibilität abverlangt: „Die neue Selbstgestalt ist eine fließende, veränderliche Struktur, wobei das eigene Erleben immer mehr zur Grundlage der Selbstbewertung wird" (ebd., S. 143). Unter günstigen sozialen Bedingungen führt ein flexibles Selbstkonzept zur Kooperation mit anderen und zu positiven zwischenmenschlichen Beziehungen auf der Basis von Wertschätzung der jeweils anderen Individualität. Insofern handelt es sich eher um eine Zielvorstellung als um eine jederzeit gegebene Voraussetzung. Die Offenheit und Flexibilität des Erlebens, die als Authentizität bezeichnet werden kann, stellt einen idealtypischen Zustand dar und ist insofern als Leitvorstellung zu sehen. Rogers geht von einem Kontinuum aus zwischen rigiden Einstellungen einerseits, die authentische Erfahrung weitgehend verhindern, und dem „voll sich entfaltenden Menschen" andererseits, der

---

[7] Vgl. dazu auch das folgende Zitat von Maslow: „Many of the tasks of self-actualization are largely intrapersonal, such as making plans, the discovery of the self, the selection of potentialities to develop, the construction of a life-outlook" (Maslow 1955, zit. nach Paulus 1994, S. 166).

sich nicht mehr fürchtet, „Gefühle unmittelbar gegenwärtig und nuancenreich zu erleben" (Rogers 1985, S. 39). Authentizität des Erlebens bildet ihrerseits die Voraussetzung für neue Erfahrungen, die unmittelbar, detailliert und differenziert erlebt werden. Das Menschenbild der Humanistischen Psychologie verbindet also Authentizität mit Werten wie Offenheit, Flexibilität und Toleranz. Insofern stellt sie nicht nur ein ursprünglich gegebenes Potential des Menschen dar, sondern auch seine entscheidende Orientierung. Auf der Basis von Authentizität und Autonomie können positive zwischenmenschliche Beziehungen entstehen und Konstruktionen von Ich und Welt, die ebenso realitätsbezogen wie flexibel sind. Verbunden damit ist die Möglichkeit, das eigene Erleben mitzuteilen, wobei allerdings die authentische Selbstkommunikation von größerer Bedeutung ist als die Mitteilung an andere.

2. Lern- und kreativitätspsychologische Aspekte

Authentizität als besondere Qualität ins Auge zu fassen, bedeutet also, der Eigenart des Menschen als ganzer Person eingedenk zu sein – seiner intellektuellen Möglichkeiten wie seiner emotionalen Bedürfnisse. Mit dem Konstrukt des rigiden, wenig flexiblen Selbstkonzepts identifiziert Rogers das größte Hindernis gelebter Authentizität und verfolgt hier einen etwas anderen Weg als Spinner mit seinem Argument des Rollenhandelns. Aus der Sicht des Psychologen stehen dem authentischen Erleben nicht nur Fremdbilder, sondern in erster Linie Selbstbilder entgegen. Insofern handelt es sich bei der Qualität gelebter Authentizität um ein (zu förderndes) menschliches Potential, das nicht immer konform geht mit gegebenen Sozialstrukturen. Diesen Umstand berücksichtigt Härle in seinen didaktischen Überlegungen insofern, als er bemerkt, dass im Literarischen Unterrichtsgespräch „ein möglichst hohes Maß an Übereinstimmung zwischen dem Gesagten und dem von den einzelnen Gesprächsteilnehmern Empfundenen angestrebt (nicht vorausgesetzt!) wird" (Härle 2004, S. 150).

Inwiefern Authentizität prospektive Qualität entfaltet, und zwar nicht nur im Hinblick auf psychische Gesundheit, sondern auch auf menschliche Kreativität, hat Abraham Maslow erforscht. Er fand in seinen Studien an besonders selbstverwirklichten Menschen heraus, dass bei ihnen ein hohes Maß an Akzeptanz und Authentizität gegeben ist. Insofern stellt er – deutlicher als alle anderen Vertreter der Humanistischen Psychologie – einen Bedingungszusammenhang her zwischen der Offenheit des Menschen für alle Aspekte seines Erlebens und positiven Qualitäten wie Lernbereitschaft, Kreativität und Erkenntnisfähigkeit. Maslow, der ursprünglich ein Vertreter der behavioristischen Psychologie ist, wendet sich von dieser Richtung ab, um für eine Erweiterung des Subjektmodells einzutreten, das alle menschlichen Potentiale ebenso umfasst wie positives und negatives Erleben. Zu diesem Menschenbild gelangt er, weil ihn die Motivationsbasis für Höchstleistungen interessiert, also die Frage, welche Voraussetzungen gegeben sind, wenn Menschen ihre Talente, Kapazitäten und Fähigkeiten in besonders hohem Maße nutzen und zum Einsatz bringen (vgl. Maslow 1989, S. 180).

In einer qualitativ-empirischen Studie von selbstverwirklichten Personen ermittelte Maslow Merkmale wie Autonomie, Toleranz und Kreativität. Er fand heraus, dass alle seine Versuchspersonen sich „sicher und angstlos, akzeptiert, geliebt und liebevoll, achtenswert und geachtet fühlten" (ebd.). Bei seinen Forschungen stellte er außerdem fest, dass seine Probanden über ein ungewöhnlich hohes Maß an Akzeptanz verfügen – im Sinne der Akzeptanz ihrer selbst, ihrer menschlichen Natur, aber auch der Akzeptanz anderer (vgl. ebd., S. 185 ff.). Sie führe zu einer besseren Wahrnehmung als bei durchschnittlichen Menschen, zu Selbstbestimmung und Verantwortung, aber auch zu Autonomie und relativer Unabhängigkeit von der jeweiligen Umwelt, zum Beispiel hinsichtlich der Normen und Werte (vgl. ebd., S. 183 ff. und S. 192). Sie weisen vor allem aber eine „demokratische Charakterstruktur" auf und keine autoritäre (ebd., S. 199). Diese Eigenschaft impliziert auch die Bereitschaft und Fähigkeit, „von jedem zu lernen, der sie etwas lehren kann – gleich welche anderen Eigenschaften er haben mag" (ebd.). Da ihre Einstellung zu Menschen nicht von Status oder Prestige bestimmt ist, auch und gerade nicht von ihrem eigenen, sind sie in der Lage, allen Menschen „ehrlichen Respekt" (ebd.) zu bezeugen und von ihnen das anzunehmen, was sie (noch) nicht wissen oder können. Ihr Interesse gilt also dem eigenen Lernfortschritt, weil ihnen bewusst ist, wie „wenig sie im Vergleich zu dem wissen, was man wissen könnte" (ebd.). Maslows Schlussfolgerung besteht in der Annahme, dass die Erfüllung basaler Bedürfnisse nach Sicherheit und Akzeptanz eine zentrale Voraussetzung psychischer Gesundheit sei, welche ihrerseits die Basis für Leistungsfähigkeit und Kreativität bilde. Auch Rogers geht von einer organismisch fundierten Tendenz zur Selbstentfaltung aus (vgl. Rogers 1983, S. 136), die neben psychischer Gesundheit auch Wachstumstendenzen beinhaltet, zum Beispiel „das Bedürfnis zu explorieren, zu schaffen, zu verändern oder zu spielen" (ebd., S. 137), die kreativen und produktiven Potentiale des Menschen also.

Festzuhalten bleibt, dass Selbstakzeptanz und Authentizität im Menschenbild der Humanistischen Psychologie als eine wichtige Basis für Produktivität, aber auch für erfolgreiches Lernen erscheinen. Sie bringen eine „besondere Kreativität oder Originalität" hervor (Maslow 1989, S. 202), die in diesem Verständnis ein grundlegendes menschliches Potential darstellt, aber in Erziehung und Sozialisation häufig gebremst oder unterdrückt wird. Selbstverwirklichende Menschen verstehen es, eine innere Distanz zu weniger gesunden Aspekten ihrer sozialen Umwelt zu wahren. Ihnen gelingt „eine komplexe Kombination innerer Autonomie und äußerlicher Akzeptierung" (ebd., S. 206), die ihnen auch in unvollkommenen äußeren Verhältnissen erlaubt, authentisch, kreativ und expressiv zu sein.

Damit implizieren die von Maslow beobachteten Persönlichkeitseigenschaften wichtige Aspekte literaturbezogenen Lernens, wie sie Spinner 1999 und 2006 zusammengefasst hat: so etwa Imagination und Kreativität, Selbsterfahrung und Fremdverstehen oder die Bereitschaft zur Auseinandersetzung mit menschlichen Grundfragen, aber auch die Bereitschaft, sich emotional auf Texte einzulassen und subjektiv involviert zu sein. Zu nennen wäre insbesondere die Fähigkeit, die Perspektiven literarischer Figuren nachzuvollziehen, auch wenn sie den gängigen Normen ebenso widersprechen wie möglicherweise der Bewertung durch die Erzählinstanz. Insofern stellen Akzeptanz und Authentizität nicht nur eine utopische Perspektive für die Entwicklung des Individuums in konkreten (und durchaus unvollkommenen) gesellschaftlichen Verhältnissen dar, sondern auch im Literaturunterricht. Gerade in der Kommunikation über Literatur werden literaturbezogene Selbstkonzepte erworben und gefestigt, die erhebliche Auswirkungen auf eine stabile Motivation für die Beschäftigung mit literarischen Texten und die Bereitschaft zum Austausch über das Gelesene haben.

3. Authentizität als poetologisches Moment

Nicht nur in der Kommunikation über Literatur, sondern auch für die Entstehung von Literatur spielt Authentizität eine wichtige Rolle. Poetologische Überlegungen zeigen, dass „Wahrhaftigkeit" (Domin 2005, S. 51) und Echtheit des schreibenden Subjekts eine zentrale Rolle für das Entstehen ästhetisch anspruchsvoller Texte spielen. So ist etwa Christa Wolfs Loslösung von der Regelästhetik des sozialistischen Realismus mit seiner Reduktion von Literatur zum Transportmittel gesellschaftlich ‚richtiger', das heißt zunehmend von der politischen Führung vorgegebener Wahrheiten verbunden mit der Hinwendung zu persönlicher Wahrhaftigkeit. Erst mit dem poetologischen Programm der „subjektiven Authentizität", dem sie erstmals 1967 in *Nachdenken über Christa T.* folgt, findet Christa Wolf Anschluss an die ebenso komplexe wie offene Ästhetik der Moderne. Die entsprechende Poetik entwickelt sie erstmals 1968 in ihrem Essay *Lesen und Schreiben*, in dem sie das Erleben des erzählenden Subjekts zum Ausgangspunkt des Schreibens macht. In ihrer Prosa strebt sie seither nach einer Integration von Innen- und Außenwelt, von Emotion und Kognition, von Subjekt und Objekt des Schreibens.

Christa Wolf sprengt das enge Korsett des sozialistischen Realismus mit einem Konzept von Literatur, das Subjektivität und Phantasie betont, ohne auf die Auseinandersetzung mit der äußeren Realität zu verzichten. Ästhetisch gewinnt Christa Wolf den Anschluss an die literarische Moderne, indem sie die literarischen Techniken der Innensicht und des Perspektivwechsels ebenso verteidigt wie eine komplexe und vielschichtige Erzählstruktur. Damit legitimiert sie ihren literarischen Aus- und Aufbruchsversuch. Der Essay reflektiert die neue Erzählpraxis als „Bedürfnis, auf eine neue Art zu schreiben" (Wolf 1980, S. 9). Das authentische Schreiben ist die Antwort auf eine Verarmung des gelebten Lebens, die sie beklagt und mittels der Ausdrucksmöglichkeiten der Poesie zu kompensieren sucht. Diese wiederum erfordern die Anreicherung durch authentische Erfahrung, die immer subjektiv ist: „Der Erzähler erzählt nicht 'objektiv' [...]. Er entschließt sich, zu erzählen, das heißt: wahrheitsgetreu zu erfinden aufgrund eigener Erfahrung" (ebd., S. 26 f.). Christa Wolf überwindet mit diesem auf subjektiver Erfahrung basierenden Wahrheitsbegriff die Trennung von Subjekt und Objekt des Erzählens.

Auf dem Weg der Synthese gelingt es ihr, die Mannigfaltigkeit des Lebens als Vielfalt der menschlichen Möglichkeiten des Erlebens zu zeigen. Damit erweitert sie ihre Literatur um die Freiräume menschlicher Geistes- und Phantasietätigkeit. Christa Wolf verteidigt die Freiheit der Fiktion und verschiebt den Schwerpunkt ihrer Texte auf das Erleben des schöpferischen Individuums. Das Erzählen bleibt nunmehr gebunden an die Inhalte und Strukturen der „modernen Psyche" (ebd., S. 12). Der objektivistische Wahrheitsbegriff des Marxismus-Leninismus wird verworfen zugunsten der Wahrhaftigkeit des schreibenden Subjekts, das als individuell angenommen wird. Damit ist die Verschiebung des Menschenbildes weg von der gesellschaftlichen Determination hin zur Betonung der individuellen Einzigartigkeit und schöpferischen Freiheit vollzogen. Zugleich öffnet sich Christa Wolf dem prospektiven Menschenbild der Humanistischen Psychologie,[8] das Selbst-

---

[8] Die Humanistische Psychologie war seit den späten sechziger Jahren auch in der DDR bekannt und spielte eine entscheidende Rolle in den Debatten um Entfremdung im real existierenden Sozialismus (vgl. Portele 1980, S. 53). Besonders in Reformkonzepten des

erfahrung als Methode favorisiert und damit einer Poetik der subjektiven Authentizität auffallend nahe steht.

Eine auf das schöpferische Individuum zentrierte und von der Methode der Selbsterfahrung ebenso wie von psychoanalytischen Verfahren des Erinnerns und freien Assoziierens inspirierte Schreibweise fungiert für Christa Wolf als Mittel zur Befreiung von einer ebenso anachronistischen wie dogmatischen Regelästhetik. Die aus dem neuen Menschenbild hergeleitete Schreibweise hebt die Geschlossenheit des Erzählens als bloßer Illustration programmatischer Einsichten auf und öffnet die starren Wahrnehmungsmuster gegenüber der „Mannigfaltigkeit der Erscheinungen" (Wolf 1983, S. 139), um das Bild von Selbst und Welt zu erweitern. Nach diesem neuen poetologischen Programm ist Weltliteratur entstanden wie etwa die Novellen *Kein Ort. Nirgends* und *Kassandra*. Insofern stellt die Autorin einen Fall von kreativer Selbstverwirklichung dar, der durchaus den Erkenntnissen Maslows entspricht und seine Feststellung relativer Autonomie und Unkonventionalität (bis hin zu Dissidenz und Außenseitertum) bestätigt: „Fragestellungen, die das Individuum nicht mehr ignorieren, […] haben uns vom Dogmatismus befreit", erläutert die Autorin 1976 im Gespräch mit Adam Krzemínski (Wolf 1987, S. 851).

Auch Hilde Domin begründet in ihren *Frankfurter Poetik-Vorlesungen* von 1988 die Authentizität des schreibenden Subjekts als entscheidendes Moment von Dichtung, wenn sie konstatiert: „Schreiben – demnach auch Lesen – ist ein Training in Wahrhaftigkeit" (Domin 2005, S. 51). Dabei weitet sie den Aspekt der Authentizität auf alle Prozesse literarischer Kommunikation aus. Was den Akt des Schreibens anbelangt, so betont sie, dass Dichtung ganz allein aus „dem Menschen selbst" komme, „seiner allerinnersten Kraft" (ebd., S. 37) nämlich, und insofern einen Moment des Innehaltens voraussetze, der eine Befreiung vom alltäglichen Funktionieren bedeutet:

> Schreiben – und demnach auch Lesen – setzen dieses Innehalten voraus, das Sich-Befreien vom ‚Funktionieren'. Nur im Innehalten, nur wenn die programmierte und programmierende Zeit stillsteht, kann der Mensch zu sich selber kommen, zu jenem Augenblick der Selbstbegegnung, der im Gedicht auf ihn wartet. Für diesen Augenblick muss er bereit sein. (Domin 2005, S. 50)

Die Begegnung des Menschen mit sich selbst im Medium der Dichtung erfordert nach Hilde Domin dreifachen Mut: den „Mut zur eigenen Identität", den Mut, die persönliche Erfahrung „wahrhaftig zu benennen" und damit

---

sogenannten „humanistischen Sozialismus" lassen sich theoretische Einflüsse nachweisen, die die Vernachlässigung des menschlichen Individuums (vgl. Schaff 1965, S. 60) im realen Sozialismus kritisierten. Vgl. dazu im Einzelnen Nickel-Bacon 2001, S. 69 ff.

„ihr Zeuge zu sein", sowie den Mut, „an die Anrufbarkeit des anderen zu glauben", also daran, dass das gedichtete „Wort ein Du erreicht" (ebd.). Insofern stelle der einsame Akt des Dichtens zugleich eine Überwindung der Einsamkeit dar: „Das Einsamste wird zur Enteinsamung. Für den Autor wie für den Leser" (ebd., S. 33). Mit anderen Worten: In der Dichtung begegnen sich Individuen, die für einen Moment von Freiheit ihre sozialen Funktionen vernachlässigen, um sich ihrem authentischen Selbst zu öffnen.

Das Dichten hat allerdings zwei durchaus widersprüchliche Seiten, die Hilde Domin als Erregung und Ratio bezeichnet:

> Der Prozess des Schreibens ist ein schizoider. Der Autor teilt sich in einen Heißen und einen Kalten: in den Anlieferer, dessen Erregung die Worte bringt, und in den Kontrolleur, den strikten Handwerker, der die Worte durchläßt oder streicht. (Domin 2005, S. 60)

Dabei ist das Spannungsverhältnis zwischen den widersprüchlichen Kräften von Emotion und Kognition durchaus konstitutiv, denn eine zu starke Kontrolle des Gefühls machte das Gedicht unlebendig und beraubte es so seiner eigentlichen Potentiale:

> Das Gedicht lebt in der zuckenden Gegensätzlichkeit seiner Widersprüche. Das Gedicht ist, wie der Mensch selbst, eine ‚wandelnde Vereinigung des Unvereinbaren', ein Spannungsfeld seiner Möglichkeiten. (Domin 2005, S. 69)

In diesem Spannungsfeld ist authentische Begegnung möglich: die Begegnung des schreibenden Individuums mit seinem innersten Selbst, die zum Modellfall von Begegnung überhaupt wird, und die Begegnung des Lesers mit eigener Erfahrung, die im Medium der Poesie möglich ist (vgl. ebd., S. 52f.).

Mit unterschiedlichen Akzentuierungen stehen beide Autorinnen in der epistemologischen Tradition der Frühromantik (vgl. Frank; Kurz 1977, S. 79), mit der sie die Wertschätzung von persönlicher Wahrhaftigkeit teilen, die ihrerseits mit dem menschlichen Vermögen der produktiven Einbildungskraft verbunden ist. Grundlage dieser zur Wahrheit führenden produktiven Phantasie ist das in der frühromantischen Philosophie theoretisch begründete „Selbstgefühl" (Novalis), ein aller Selbstreflexion vorausgehendes „Sein schlechthin", das bei Hilde Domin auch als die „allerinnerste [...] Kraft" des Menschen (Domin 2005, S. 37) benannt ist. Dieses vorreflexive Gefühl, ein Zustand unbewusster Identität mit sich selbst, ist die Grundlage aller Erfahrung. Allerdings bedarf es nach Novalis der Reflexion: „Gefühl scheint das Erste – Reflexion das Zweyte zu seyn" (Novalis [1795/96] 1960, S. 114).

Wie Hilde Domin streben schon die Frühromantiker eine Synthese von Emotion und Reflexion an. Ausgezeichnetes Medium dieser Synthese ist auch für sie die Dichtung, deren fiktive Welt ihnen wahrer erscheint als jede

Schilderung historischer Tatsachen,[9] da sie eine nur im menschlichen Subjekt auffindbare Wahrheit des Gefühls enthält.

4. Authentizität als Aspekt literarischer Kommunikation

In den genannten poetologischen Reflexionen von Novalis bis Christa Wolf erscheint die Begegnung mit einem unhintergehbaren authentischen Selbst und dessen Erfahrung als Urgrund poetischer Kreativität. „Wollen und Funktionieren haben aufgehört", schreibt Hilde Domin (2005, S. 51). Selbstbegegnung setzt das soziale Ich zumindest zeitweise außer Kraft, um jenen „Augenblick von Freiheit" (ebd., S. 81) zu erleben, aus dem heraus Dichtung sich zu formen vermag. „Subjektive Authentizität", wie das bei Christa Wolf genannt wird, setzt die Öffnung des schreibenden Ich für jenen innersten Kern voraus, der sich ihm zugleich entzieht: „Unser Weg, wie der der Dichter aller Zeiten, führt über den schmalen Grat zwischen dem Ausgesprochenen und dem Ungesagt-Unsagbaren" (ebd., S. 62). Literarisches Schreiben als eine Annäherung an das Unsagbare erfordert eine Art herrschaftsfreier Kommunikation des schreibenden Subjekts mit sich selbst, eine Selbstbegegnung, die geprägt sein muss von bedingungsloser Akzeptanz, wenn sie gelingen und ein lesendes Du ansprechen soll.

Ein zweiter Aspekt literarischer Kommunikation ist die Begegnung des lesenden Subjekts mit dem literarischen Text. Auch sie setzt Authentizität voraus, denn die niedergeschriebenen Worte wollen in dem hier skizzierten Modell immer aufs Neue mit gelebter Erfahrung aufgeladen und auf diese Weise zu neuem Leben erweckt werden. Hilde Domin, die viele Jahrzehnte lang Leserin war, bevor sie selbst zu schreiben begann, betont den aktiven Anteil des lesenden Ich bei der Vergegenwärtigung lyrischer Texte:

> Das Gedicht ändert sich, wenn es sich mit dem Ich des Lesers füllt. Denn es ist ja die Essenz einer Erfahrung, immer neu und anders gegenwärtig gemacht. Dabei bekommt die eigene Erfahrung des Lesers etwas von der Farbe des Gedichts, wird stärker, bunter, anders als er es, ohne diese Formulierung, vielleicht je erfahren hätte. Deswegen bleiben Gedichte so lebendig. (Domin 2005, S. 52 f.)

Als Wechselwirkung und gegenseitige Bereicherung fasst Domin die literarische Rezeption, denn das lesende Subjekt reichere den Text an mit gelebter

---

[9] Für Novalis etwa enthielten die Erzählungen der Dichter mehr Wahrheit als die Tatsachenberichte der Historiker: „Es ist mehr Wahrheit in ihrem Märchen als in gelehrten Chroniken. Sind auch ihre Personen und deren Schicksale erfunden: so ist doch der Sinn, in dem sie erfunden sind, wahrhaft und natürlich" (Novalis [1802] 1982, S. 85).

Erfahrung. Umgekehrt bereichere der literarische Text seine Leser durch ein ästhetisches Moment, das ihrer lebensweltlichen Erfahrung fehlt. Immer aufs Neue schafft Dichtung die aktive Pause, diesen Moment des Innehaltens, der Wahrhaftigkeit und Freiheit vereint: ein Jetzt, in dem Echtheit und Schönheit zusammenkommen, in dem gelebte Erfahrung sich zu Wahrhaftigkeit formt. Selbstbegegnung im Medium der Poesie bedeutet daher ein Heraustreten aus allen sozialen Zwängen.

Die Praxis des literarischen Gesprächs erweitert diese literarische Kommunikation um einen dritten Aspekt: die Begegnung mit anderen Leserinnen und Lesern im Medium der Poesie. Wenn sich nach Hilde Domin das Gedicht verändert, sobald es mit dem Erfahrungsschatz eines lesenden Individuums angereichert wird, so wird es durch den kommunikativen Austausch potenziell vielschichtiger, facettenreicher. Wenn Hilde Domin tiefgründig schreibt: „Dichtung setzt die Kommunikation voraus, die sie stiftet" (Domin 2005, S. 52), so wird der tiefere Zusammenhang zwischen der Authentizität des schreibenden Subjekts im Akt der Selbstbegegnung, der Authentizität des lesenden Subjekts in der Begegnung mit Literatur und der Authentizität des über Literatur kommunizierenden Subjekts deutlich: Sie stellt in allen Fällen die besondere Qualität dar, den ästhetischen Mehrwert, der über das längst Gesagte und Erkannte hinausgeht. Allerdings ist diese Qualität nichts Gegebenes oder als gegeben Vorauszusetzendes, sondern eine immer neu zu erstrebende Leitvorstellung aller literarischen Kommunikation.

5. Das literaturbezogene Selbstkonzept – ein Forschungsdesiderat

Wie die Beispiele aus der Humanistischen Psychologie und der modernen Poetologie zeigen, hat eine solche Kommunikation den ganzen Menschen im Blick, nicht eine bestimmte soziale Funktion. Behindert wird authentische literarische Kommunikation von Selbstkonzepten, die diesen Blick trüben oder gar versperren. Dazu gehört etwa das Konzept „Ich kann mit moderner Literatur nichts anfangen" ebenso wie das Konzept „Ich beherrsche die Methode der Gedichtinterpretation und bin darin erfolgreich". Die Abwehr von Mehrdeutigkeit wirkt sich ebenso blockierend aus wie das Vollstrecken eines erlernten Schemas, das Kongruenz zwischen Inhalt und Form unterstellt und Lyrik auf unangemessene Weise vereindeutigt. Dabei verschwinden die Lücken, die Brüche und Widersprüche, die moderner Literatur als Ausdruck oszillierender Spannungsverhältnisse zu eigen sind. Die soziale Funktion, zum Beispiel ein erfolgreicher Abiturient zu sein, fordert hier eine Anpassungsleistung, die ihrem Gegenstand nur selten gerecht wird. Ein weiteres Hindernis authentischer Kommunikation kann die rigide Festlegung auf handlungs- und produktionsorientierte Verfahren darstellen, die das Sprechen über literarische Texte tabuisiert und authentische Kommunikation tendenziell unterbindet. Damit werden lange kulturelle Traditionen des Schreibens und Sprechens über Literatur abgebrochen – mit dem Argument, nicht alle beherrschten diese gleichermaßen. Zugleich aber wird ein negatives Selbstbild verfestigt – das Bild dessen, der sich zu Literatur nicht zu äußern vermag – und eine mögliche Weiterentwicklung verhindert.

An der Schnittstelle der Begegnung mit Literatur im Kreise Gleichaltriger lässt sich positiv Einfluss nehmen auf das Selbstkonzept als Leserin beziehungsweise Leser von Literatur, die/der sich mit anderen auf gewinnbringende Weise über Verstandenes und Nichtverstandenes sowie über beglückende und irritierende Leseerfahrungen austauscht. Die Lesesozialisationsforschung hat aufmerksam gemacht auf die Relevanz und die weitreichenden Wirkungen des lesebezogenen Selbstkonzepts. Dieses kann einerseits zu einem Kreislauf positiver Verstärkung von Persönlichkeitseigenschaften führen, die förderlich sind für den kompetenten Umgang mit Literatur, also etwa für die Fähigkeit, angemessen über Bücher und literarische Texte zu kommunizieren, so dass ein hohes Anregungspotential ebenso gegeben ist wie ein entsprechender Austausch über mögliche Lesestoffe (vgl. Groeben; Schroeder 2004). Das andere Extrem ist ein sich immer weiter negativ verstärkender Teufelskreis von gering ausgebildeten lesebezogenen Fähigkeiten, angefangen bei der Lesefertigkeit bis hin zu Anschlusskommunikationen, der schließlich dazu führt, dass in bildungsfeindlichen Peer-Groups Nicht-Lesen zur positiven Norm wird. Über die Gruppennorm verfestigt sich schließlich ein Selbstkonzept, das „Lesen explizit ausklammert" (ebd., S. 332). Insofern verstärken sich negative Einstellungen in Bezug auf das Lesen gegenseitig; ebenso lassen sich aber auch positive Synergien beobachten. Cornelia Rosebrock und Daniel Nix konstatieren Folgen eines positiven Selbstkonzepts gerade bei der Bewältigung von schwierigen Texten:

> Begeisterte Leser(innen) – in der Sekundarstufe I sind das meist gymnasiale Mädchen – lassen sich von Texten bewegen, die ihnen mindestens »zwei Nummern zu groß« sind – auf der Basis von Erfolgszuversicht und Interesse, also von einem stabilen Selbstkonzept als gute Leserinnen solcher Texte. (Rosebrock; Nix 2008, S. 22)

Dagegen lassen sich Jugendliche mit einem negativen lesebezogenen Selbstkonzept trotz einer hohen aktuellen Lesemotivation schnell entmutigen: Neben anderen Lesehindernissen sei es gerade das negative „Selbstbild, das verhindert, dass die Lektüre faktisch zustande kommt" (ebd., S. 95).

Bisher nicht erforscht wurde meines Wissens das im engeren Sinne literaturbezogene Selbstkonzept, da es in den vorhandenen Untersuchungen[10] in erster Linie um die Gruppe der Wenig- oder Nichtleser ging. Von ihnen zu unterscheiden sind aber diejenigen, die in ihrer Freizeit durchaus lesen, aber einer Kommunikation über anspruchsvolle Literatur ablehnend gegenüberstehen. Als Ursache für das negative Selbstkonzept bezüglich der Rezeption literarischer Texte werden in der Regel schlechte Erfahrungen im Deutschunterricht genannt (vgl. Graf 2007, S. 149 ff.). Diese beziehen sich zum einen auf die Diskrepanz von privater Lektüre und schulischer Textauswahl, zum anderen auf die Bewertungsproblematik. Insbesondere schlechte Noten im Bereich der Interpretation führen zu Frustrationserfahrungen und einer entsprechenden Demotivation. Graf vermutet, sie werde als „persönliche Kränkung" (ebd., S. 152) empfunden – was auf ein hohes emotionales Engagement zurückschließen lässt.

Im günstigeren (Negativ-)Fall entsteht daraus ein Selbstbild, das von der Diskrepanz zwischen dem eigenen und dem institutionell verankerten Umgang mit Literatur ausgeht und beide sorgsam trennt. Im schlimmeren Fall führen solche Erfahrungen zur Abkehr von Literatur und einem entsprechend negativen Selbstkonzept. Anpassung an institutionelle Zwänge bzw. Resignation sind die Folgen, die die persönliche Motivation zur Kommunikation mit und über Literatur dauerhaft beeinträchtigen. In diesem Fall bieten gerade literaturdidaktische Verfahren, die Authentizität als besondere Qualität literaturbezogener Kommunikation betonen, die Möglichkeit, kompensierend einzugreifen und den Teufelskreis erneut in einen Kreislauf sich positiv verstärkender Synergie umzuwandeln.

Gelungen ist dies etwa am Beispiel einer Studentin, die angab, sich mehr für Pädagogik als für Literatur zu interessieren. Einer ihrer wenigen Beiträge zu Hilde Domins *Nur eine Rose als Stütze* lautete: „Das Gedicht erinnert mich ans Schäfchenzählen beim Einschlafen." Die Teilnehmerin fand ihre Äußerung nicht besonders klug, das war ihrer Mimik anzumerken. Im Rahmen von Wertschätzung und Akzeptanz subjektiver Authentizität konnte jedoch ein semantisches Netz ins Bewusstsein der Gesprächsteilnehmer gebracht werden, das vorher niemand bewusst gewesen war: In den einzelnen Strophen werden Versatzstücke von Schlaf- und Wiegenliedern zitiert. Den ebenso zarten wie zärtlichen Subtext des kindlichen Wiegenliedes wahrzunehmen, bringt einige scheinbar heterogene Bilder, insbesondere die von Rose, Zweig, Decke und Schaf, in einen sinnvollen

---

10 Vgl. neben Rosebrock; Nix (2008) insbesondere auch Pieper u. a. (2004).

Zusammenhang, wie er in folgenden, allgemein als „Volksweisen" bekannten Liedstrophen vorgegeben und bei Menschen unseres Kulturkreises als Kindheitserfahrung verankert ist (Arnim; Brentano [1806/1808] 1987, S. 288 und S. 280):

GUTE NACHT, MEIN KIND!

Guten Abend, gute Nacht,
Mit Rosen bedacht,
mit Näglein besteckt,
Schlupf' unter die Deck,
Morgen früh, wenns Gott will,
Wirst du wieder geweckt.

MORGENLIED VON DEN SCHÄFCHEN

Schlaf, Kindlein schlaf,
Der Vater hüt die Schaaf,
Die Mutter schüttelts Bäumelein,
Da fällt herab ein Träumelein,
Schlaf, Kindlein schlaf.
[…]

Die in der frühkindlichen Sozialisation erfahrene Verbindung von lyrischen Bildern und Geborgenheit wird von Hilde Domin zitiert, um ein fragiles Heimatgefühl herzustellen. Ein ebenso individuelles wie reichhaltiges kulturelles Gedächtnis wird erkennbar, das weiter ausgelotet werden kann. So bildete im Falle dieses literarischen Gesprächs unter Studierenden die persönliche Authentizität eine Grundlage für das Verstehen einer spezifischen, durchaus nicht unwichtigen Facette des Gedichts, denn sie eröffnete Konnotationen, die zu genießen und mit Hilfe weiterführender Impulse zu erschließen waren.

6. Literarische Kommunikation, literarisches Lernen und Förderung der schulischen Lesekultur: Fazit

„Gedichte treffen ja meistens direkt in die Seele und machen keinen großen Umweg über den Kopf."[11] In der literarischen Kommunikation, die diesem Literaturverständnis gerecht wird, geht es also erstens um den Mut, gewahr zu werden, wo oder wie ein Gedicht die eigene Person zutiefst berührt, und zweitens um den Mut, dies anderen mitzuteilen. Dafür muss im Gespräch jener Moment von Freiheit inszeniert werden, der es ermöglicht, der eigenen

---

11 Jutta Richter im Interview zu ihrem Gedichtband *Am Himmel hängt ein Lachen*. In: Kölner Stadt-Anzeiger 170 / 2010, S. 21.

Wahrnehmung zu vertrauen und subjektive Authentizität als Weg zum vertieften Verstehen zu erproben. Gerade für Lernende mit einem eher negativen literaturbezogenen Selbstbild ist die Wertschätzung ihrer ehrlichen Äußerungen ebenso grundlegend wie der Bezug auf ein ganzheitliches Bild des Menschen und der Literatur, das Emotion wie Kognition gleichermaßen umfasst (vgl. Nickel-Bacon 2006b).

Welch enormes Potential hier für literaturbezogene Lernprozesse liegt, wird deutlich, wenn berücksichtigt wird, dass sich diese nicht allein auf kognitive Leseleistungen beziehen, sondern auch auf motivationale, emotionale und kommunikative Fähigkeiten (vgl. Hurrelmann 2002), um „sich der besonderen Kommunikationsweisen zu bedienen, die literarische Texte anbieten und erfordern" (Rank 2005, S. 5). Insofern hebt Büker bei ihrer Definition des literarischen Lernens neben „Fähigkeiten, Kenntnissen und Fertigkeiten" sehr treffend auch die Vermittlung von „Einstellungen" hervor, „die nötig sind, um literarisch-ästhetische Texte in ihren verschiedenen Ausdrucksformen zu erschließen, zu genießen und mit Hilfe eines produktiven und kommunikativen Auseinandersetzungsprozesses zu verstehen" (Büker 2002, S. 121).

Das diffuse Feld der Einstellungen und Fähigkeiten kann an dieser Stelle mit guten Argumenten präzisiert werden. Es geht erstens um den Mut und die Fähigkeit, Uneindeutiges, Ambivalentes, Irritierendes ebenso wie Beglückendes als Erlebnismöglichkeiten im Umgang mit Literatur zu akzeptieren und zu diesem Erfahrungspotential eine interessierte Haltung einzunehmen. Es geht zweitens um die Freude am Aushandeln von Deutungsangeboten, aber auch um die Bereitschaft zur Suche nach passenden Worten und den Mut, diese zu äußern. Wie die Leseforschung nachweisen konnte, spielen beim Erwerb dieser literaturbezogenen Kompetenzen Gespräche mit kompetenten Anderen eine zentrale Rolle (vgl. auch Wieler 1995, Hurrelmann 1997, Nickel-Bacon 2006a). In einer erfolgreichen frühen Lesesozialisation vermittelt deren wohlwollende Haltung gegenüber allen Äußerungen des Kindes eben jene positive Einstellung gegenüber dem möglichen Bedeutungspotential literarischer Texte, die notwendig ist, um die Vielfalt der Bedeutungsfacetten von Literatur zu realisieren. Wenn Menschen eine derart idealtypische frühe Erfahrung nicht gemacht haben, sollte die Institution Schule in der Lage sein, diese kompensierend zu vermitteln, um allen ein gleichermaßen gegenstands- wie schülerorientiertes Lernen zu ermöglichen. Das Setting des Literarischen Unterrichtsgesprächs scheint dafür durchaus geeignet.

Ein weiteres Argument für diese Unterrichtsform ergibt sich aus den Erkenntnissen der Leseforschung über die Sozialisationsphase der literarischen Pubertät (vgl. Graf 2007, S. 83 ff.). Das Bedürfnis nach Eigenständigkeit, die

Suche nach Individualität, die Abgrenzung von Autoritätspersonen sowie die Orientierung an den Peers (vgl. Rosebrock 2004, S. 269 ff.) sind gute Gründe, Begegnungsmöglichkeiten mit Literatur im Gespräch mit Gleichaltrigen zu eröffnen und hier durch eine/n kompetente/n Andere/n zu persönlichen Äußerungen einzuladen. Dabei scheint es besonders wichtig, das Rollenverständnis von jungen Menschen, die über Literatur kommunizieren, um die Kategorie der Authentizität zu erweitern – zumindest innerhalb des Literarischen Gesprächs, das den notwendigen Schon- und Schutzraum bieten kann, festgelegte Rollen und starre Selbstkonzepte (zumindest vorübergehend) zu überschreiten.

Lohnenswert ist dies nach meiner Erfahrung insofern, als zahlreiche Studierende in ihren Feedbacks versichern, erst durch dieses Format einen tragfähigen Zugang zu Lyrik gefunden zu haben, der ihnen in der Schule nicht gelungen oder nachhaltig verstellt worden sei. Gerade positive Erfahrungen von Lehramtsstudierenden können eine Erweiterung des literaturbezogenen Rollenverständnisses begründen und dessen Institutionalisierung an der Schule unterstützen.[12] Dafür bieten sich an den verschiedenen Schulformen durchaus unterschiedliche Formate an – vorhandene wie die Literatur-AG in der gymnasialen Oberstufe, aber auch neu zu entwickelnde wie die Leseförderung in der nicht-gymnasialen Sekundarstufe I (vgl. Wrobel 2009). In solchen weniger auf einsinnige Interpretationsleistungen als auf eine stabile Motivation zum Lesen und zur Literatur abzielenden Vermittlungsformen sollte an die nachfolgende Generation die Erfahrung weitergegeben werden, dass zumindest im Umgang mit Literatur das Subjektive objektiv relevant ist. Insofern kann die Wertschätzung von Authentizität ein wichtiger Beitrag zur Förderung einer lebendigen schulischen Lesekultur[13] sein.

---

[12] Exemplarisch zitiert sei die E-Mail einer Referendarin: „Liebe Frau Nickel-Bacon, zu ‚Lyrik im Literarischen Gespräch' hatte ich eins meiner besten Seminare bei Ihnen. [...] Auf jeden Fall eine sehr gute und gewinnbringende Vorgehensweise bei der Auseinandersetzung mit Lyrik!" (E-Mail vom 19.04.2010). Und in einer weiteren E-Mail: „Überlege übrigens gerade, ob ich im nächsten Schuljahr eine AG zum Thema ‚Lyrik im Literarischen Gespräch' anbieten soll. Das wird bestimmt toll!" (18.04.2010).

[13] Förderung der schulischen Lesekultur ist neben Lesestrategietrainings eine Empfehlung des PISA-Konsortiums (vgl. Baumert u. a. 2001, S. 133 f.).

Primärliteratur

Arnim, Achim von; Brentano, Clemens ([1806/08] 1987): Kinderlieder. In: Des Knaben Wunderhorn. Alte deutsche Lieder. Gesammelt von Achim von Arnim und Clemens Brentano. Bd. 3. Kritische Ausgabe. Hg. und kommentiert von Heinz Rölleke. Stuttgart: Reclam, S. 223–320

Domin, Hilde (1959): Nur eine Rose als Stütze. Gedichte. Frankfurt a. M.: Fischer

Domin, Hilde (2005): Das Gedicht als Augenblick von Freiheit. Frankfurter Poetik-Vorlesungen 1987 / 1988. 4. Aufl., Frankfurt a. M.: Fischer

Novalis ([1795 / 96] 1960): Philosophische Studien der Jahre 1795 / 96. In: Novalis. Schriften. Die Werke Friedrich von Hardenbergs. Bd. 2: Das philosophische Werk I. Hg. von Richard Samuel in Zusammenarbeit mit Hans-Joachim Mähl und Gerhard Schulz. Stuttgart: Kohlhammer, S. 29–296

Novalis ([1802] 1982): Heinrich von Ofterdingen. Hg. von Jochen Hörisch. Frankfurt a. M.: Insel

Wolf, Christa (1980): Lesen und Schreiben. In: dies.: Lesen und Schreiben. Neue Sammlung. Essays, Aufsätze, Reden. Darmstadt; Neuwied: Luchterhand, S. 9–48

Wolf, Christa (1983): Voraussetzungen einer Erzählung: Kassandra. Frankfurter Poetik-Vorlesungen. Darmstadt; Neuwied: Luchterhand

Wolf, Christa (1987): Die Dimension des Autors. Essays und Aufsätze, Reden und Gespräche. Darmstadt; Neuwied: Luchterhand

Sekundärliteratur

Baumert, Jürgen u. a. (Hg.) (2001): PISA 2000. Basiskompetenzen von Schülerinnen und Schülern im internationalen Vergleich. Opladen: Leske + Budrich

Büker, Petra (2002): Literarisches Lernen in der Primar- und Orientierungsstufe. In: Grundzüge der Literaturdidaktik. Hg. von Klaus Michael Bogdal und Hermann Korte. München: dtv, S. 120-133

Cohn, Ruth (1978): Von der Psychoanalyse zur themenzentrierten Interaktion. Von der Behandlung Einzelner zu einer Pädagogik für alle. Stuttgart: Klett Cotta

Emmerich, Wolfgang (1985): Einleitung. In: Lyrik des Exils. Hg. von Wolfgang Emmerich und Susanne Heil. Stuttgart: Reclam, S. 21–77

Frank, Manfred; Kurz, Gerhard (1977): Ordo inversus. Zu einer Reflexionsfigur bei Novalis, Hölderlin, Kleist und Kafka. In: Geist und Zeichen. Festschrift für Arthur Henkel. Hg. von Herbert Anton u. a. Heidelberg: Winter, S. 75–97

Goldstein, Kurt (1934): Der Aufbau des Organismus. Den Haag: Nijhoff

Graf, Werner (2007): Lesegenese in Kindheit und Jugend. Einführung in die literarische Sozialisation. Baltmannsweiler: Schneider Verlag Hohengehren

Groeben, Norbert; Schröder, Sascha (2004): Versuch einer Synopse: Sozialisationsinstanzen – Ko-Konstruktion. In: Lesesozialisation in der Mediengesellschaft. Ein Forschungsüberblick. Hg. von Norbert Groeben und Bettina Hurrelmann. Weinheim; München: Juventa, S. 306–348

Härle, Gerhard (2004): Literarische Gespräche im Unterricht. Versuch einer Positionsbestimmung. In: Wege zum Lesen und zur Literatur. Hg. von Gerhard Härle und Bernhard Rank. Baltmannsweiler: Schneider Verlag Hohengehren, S. 137–168

Härle, Gerhard; Steinbrenner, Marcus (2004): Das literarische Gespräch im Unterricht und in der Ausbildung von Deutschlehrerinnen und -lehrern. In: dies. (Hg): Kein endgültiges Wort. Die Wiederentdeckung des Gesprächs im Literaturunterricht. Baltmannsweiler: Schneider Verlag Hohengehren, S. 1–24

Hurrelmann, Bettina (1997): Lesen als Kinderkultur und die Erwachsenen als Leselehrer. In: Wozu Kultur? Zur Funktion von Sprache, Literatur und Unterricht. Hg. von Gerhard Rupp. Frankfurt a. M. u. a.: Lang, S. 81–94

Hurrelmann, Bettina (2002): Leseleistung – Lesekompetenz. Folgerungen aus PISA, mit einem Plädoyer für ein didaktisches Konzept des Lesens als kultureller Praxis. In: Praxis Deutsch. Jg. 29, H. 176, S. 6–18

Maslow, Abraham H. (1955): Deficiency Motivation and Growth Motivation. In: Nebraska Symposium on Motivation: 1955. Hg. von M. R. Jones. Lincoln: University Nebraska Press

Maslow, Abraham H. (1967): A Theory of Metamotivation: the biological Rooting of the Value Life. In: Journal of Humanistic Psychology, Jg. 7, H. 2, S. 93–127

Maslow, Abraham H. (1973): Psychologie des Seins. Ein Entwurf. München: Fischer

Maslow, Abraham H. (1989): Motivation und Persönlichkeit. Frankfurt a. M.: Fischer

Nickel-Bacon, Irmgard (2001): „Schmerz der Subjektwerdung". Ambivalenzen und Widersprüche in Christa Wolfs utopischer Novellistik. Tübingen: Stauffenburg

Nickel-Bacon, Irmgard (2006a): Familiale Lesekulturen um 1830. In: Lesekindheiten. Familie und Lesesozialisation im historischen Wandel. Hg. von Bettina Hurrelmann u. a. Weinheim; München: Juventa, S. 111–138

Nickel-Bacon, Irmgard (2006b): Positionen der Literaturdidaktik – Methoden des Literaturunterrichts. In: Empirische Unterrichtsforschung in der Literatur- und Lesedidaktik. Hg. von Norbert Groeben und Bettina Hurrelmann. Weinheim: Juventa, S. 95–114

Paulus, Peter (1994): Selbstverwirklichung und psychische Gesundheit. Göttingen: Hogrefe

Pieper, Irene u. a. (2004): Lesesozialisation in schriftfernen Lebenswelten. Weinheim; München: Juventa

Portele, Gerhard (1980): Humanistische Psychologie und die Entfremdung des Menschen. In: Humanistische Psychologie. Ansätze einer lebensnahen Wissenschaft vom Menschen. Hg. von Ulrich Völker. Weinheim; Basel: Beltz

Quitmann, Helmut (1996): Humanistische Psychologie. Psychologie, Philosophie, Organisationsentwicklung. 3. überarb. und erw. Aufl., Göttingen u. a.: Hogrefe

Rank, Bernhard (2005). Leseförderung und literarisches Lernen. In: Lernchancen Jg. 8, H. 44, S. 4–9

Rogers, Carl R. (1985): Therapeut und Klient. Grundlagen der Gesprächspsychotherapie. Frankfurt a. M.: Fischer, S. 33–40

Rogers, Carl R.; Rosenberg, Rachel L. (1977): Die Person als Mittelpunkt der Wirklichkeit. Stuttgart: Klett Cotta

Rosebrock, Cornelia (2004): Informelle Sozialisationsinstanz peer group. In: Lesesozialisation in der Mediengesellschaft. Ein Forschungsüberblick. Hg. von Norbert Groeben und Bettina Hurrelmann. Weinheim; München: Juventa, S. 250-279

Rosebrock, Cornelia; Nix, Daniel (2008): Grundlagen der Lesedidaktik und der systematischen Leseförderung. Baltmannsweiler: Schneider Verlag Hohengehren

Schaff, Adam (1965): Marxismus und das menschliche Individuum. Wien: Europa Verlag

Schulz von Thun, Friedemann (1995): Miteinander reden 1: Störungen und Klärungen. Allgemeine Psychologie der Kommunikation. Reinbek: Rowohlt

Spinner, Kaspar H. (1999): Zielsetzungen des Literaturunterrichts. In: Handbuch Lesen. Hg. von Bodo Franzmann u. a. München: Saur, S. 597–601

Spinner, Kaspar H. (2004): Gesprächseinlagen beim Vorlesen. In: Kein endgültiges Wort. Die Wiederentdeckung des Gesprächs im Literaturunterricht. Hg. von Gerhard Härle und Marcus Steinbrenner. Baltmannsweiler: Schneider Verlag Hohengehren, S. 291–308

Spinner, Kaspar H. (2006): Literarisches Lernen. In: Praxis Deutsch, Jg. 33, H. 200, S. 6–16

Voßkamp, Wilhelm (1992): Perfectibilité und Bildung. Zu den Besonderheiten des deutschen Bildungskonzepts im Kontext der europäischen Utopie- und Fortschrittsdiskussion. In: Europäische Aufklärung(en). Einheit und nationale Vielfalt. Hg. von Siegfried Jüttner und Jochen Schlobach. München: Meiner, S. 117–126

Wieler, Petra (1995): Vorlesegespräche mit Kindern im Vorschulalter. In: Lesesozialisation im Medienzeitalter. Historische und biographische Aspekte literarischer Sozialisation. Hg. von Cornelia Rosebrock. Weinheim; München: Juventa, S. 45–64

Wrobel, Dieter (2009): Individuell lesen lernen: Das Hattinger Modell zur nachhaltigen Leseförderung in der Sekundarstufe. Baltmannsweiler: Schneider Verlag Hohengehren

ANGELIKA RUBNER, EIKE RUBNER

Zwei Bausteine des Lebendigen Lernens: Die Rolle der Leitung und des Themas in der Themenzentrierten Interaktion

Vorbemerkung: Für die Planung, Leitung und Auswertung von Gesprächen nutzt das Heidelberger Modell des Literarischen Unterrichtsgesprächs auch Elemente der Themenzentrierten Interaktion (TZI) (vgl. Härle; Steinbrenner 2003, Härle 2004a, Härle 2004b, Mayer 2004, Steinbrenner; Wiprächtiger-Geppert 2006). Mit TZI wird ein gruppen- und gesprächspädagogisches Konzept bezeichnet, das auf aktives, schöpferisches und entdeckendes – „lebendiges" – Lernen und Arbeiten ausgerichtet ist und das sich für die Anwendung im Literaturunterricht in besonderer Weise eignet, wenngleich die spezifischen fachdidaktischen Zielsetzungen nicht bruchlos im gesprächspädagogischen Konzept aufgehen.

In unserem Beitrag wollen wir nach einer Vorstellung des zugrunde liegenden Konzepts zwei auch für das Literarische Unterrichtsgespräch wesentliche Elemente der TZI näher untersuchen, und zwar die Rolle der Gruppenleitung und die Bedeutung des Themas für die Initiierung und Begleitung von Gesprächsprozessen. Dabei ist zu berücksichtigen, dass das Heidelberger Modell des Literarischen Unterrichtsgesprächs sich auf diese TZI-Elemente zwar beruft und sie nutzt, sie aber doch nicht unmittelbar und widerspruchsfrei integriert. Deswegen erfolgen an einigen Stellen Hinweise auf die abweichende Konturierung der TZI-Elemente, ohne jedoch die Unterschiede im Einzelnen aufzuarbeiten – sie bleiben als offene Fragen bestehen. Ergänzend verweisen wir auf den Beitrag von Gerhard Härle in diesem Band, der sich ebenfalls mit einigen Aspekten von Leitung und Thema auseinandersetzt, was zu einem vertieften Verständnis der Gemeinsamkeiten und Unterschiede beider Konzepte beitragen kann.

1. Was ist die TZI?

Die Themenzentrierte Interaktion (TZI) ist ein von Ruth Cohn aus der Psychoanalyse und der Humanistischen Psychologie entwickeltes Konzept, das auf effektives und lebendiges Lernen und Arbeiten in psychosozialen Zusammenhängen abzielt. Sie verbindet anthropologische Grundannahmen (Axiome) in Form einer bestimmten Haltung mit einer Theorie und Praxis des eigenen Handelns und Reflektierens (vgl. Cohn 2004, Langmaack 2004,

Matzdorf; Cohn 1992). Diese Praxis findet ihren Niederschlag in der speziellen Methodik der TZI. Sie wird in der Absicht praktiziert, Persönlichkeitsentwicklung, kooperatives Arbeiten, verantwortliches Tun und lebendiges Lernen mit der Bearbeitung sachlicher Anliegen zu verbinden.[1]

Auf der Basis eines humanistischen Menschenbildes stellt die TZI ein Modell von Gruppenprozessen und eine Methodik des Führens, Leitens und Lehrens bereit. Dabei wird die Respektierung jeder einzelnen Person (des ICH), die Beachtung des Miteinanders (des WIR) und die Einbeziehung der Außenwelt (des GLOBE) mit der ergebnisorientierten Bearbeitung von Aufgaben (des ES) verbunden. Ziel dabei ist, die Aufgaben in einer optimalen Zusammenarbeit zu erledigen, bei der alle auch aus der Begegnung miteinander lernen und sich weiterentwickeln können: So gewinnt die Bewältigung der Aufgabe durch die kooperative Mehrperspektivität der Partizipierenden an Qualität, wie diese wiederum durch das gemeinsame Arbeiten an einer Sache gewinnen.

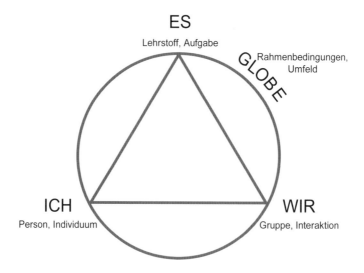

Das „Vierfaktorenmodell" der Themenzentrierten Interaktion

---

1 Vgl. hierzu auch die kurze Charakterisierung der Maximen der TZI durch Ulf Abraham in seiner Einführung in den mündlichen Sprachgebrauch im Deutschunterricht (Abraham 2008, S. 140 f.). Eine ausführliche Darstellung einzelner Aspekte der TZI findet sich im neu erschienenen *Handbuch Themenzentrierte Interaktion* (Schneider-Landolf u. a. 2009).

Das zugrunde liegende Gruppenmodell, das sogenannte Vierfaktorenmodell des Dreiecks in der Kugel, übernimmt dabei die Rolle sowohl eines Planungs- und Analyseinstruments als auch die eines Handlungskonzepts für Lehrende und Leitende.

2. Die Rolle der Gruppenleitung

Der Leitung eines Gesprächs oder einer Gruppe fällt in der TZI eine herausragende Rolle zu, die sich von anderen Konzeptionen wesentlich unterscheidet. Die Leitungsrolle zeichnet sich dabei sowohl durch einen besonderen Leitungsstil aus als auch durch spezielle Funktionen, die mit ihr verbunden sind.

2.1 Der Leitungsstil

Der TZI-Leiter ist weder neutraler oder teilnehmender Beobachter noch moderierender Organisator, sondern er ist teilnehmender Leiter und leitender Teilnehmer. Dieses Leitungsverständnis beinhaltet einen ganz speziellen Leitungsstil, der durch die Forderung nach *partizipierender Leitung*, nach *Modell-Partizipantentum* und *selektiver Authentizität* gekennzeichnet ist (vgl. Hintner u. a. 2009).

Partizipierende Leitung erfordert es, den Spagat zu vollbringen zwischen Sich-Einlassen und Erleben auf der einen Seite sowie Reflektieren, Diagnostizieren und Steuern auf der anderen. Modellpartizipation bedeutet, dass die Gruppenleitung Vorbildfunktionen übernimmt, indem sie – je nach Bedarf und Situation – ein Modell vorlebt, wie ein bestimmtes Thema, eine Aufgabe oder ein Sachanliegen anzugehen ist. Selektive Authentizität schließlich verlangt von der Leitung, aus der Fülle der in sich selbst wahrgenommenen Gedanken, Gefühle, Betroffenheiten usw. jene auszuwählen und mitzuteilen, die für den Lern- und Arbeitsprozess des Einzelnen und der Gruppe förderlich sind oder zu sein versprechen.

Mit der Forderung nach selektiver Authentizität ist gemeint, dass alles, was eine Leitung äußert, echt sein soll, dass sie aber nicht alles, was echt ist, auch aussprechen darf. Bei jeder Selbstaussage und Intervention hat sie auch die Situation und die mögliche Reaktion der Gruppenmitglieder zu antizipieren: *„Ich bin optimal (nicht maximal!) transparent für euch"* (Cohn 2004, S. 189; Hervorhebung im Original).

2.2 Die Leitungsfunktionen

Die Funktionen, die eine Gruppenleitung im Sinne der TZI ausübt, sind nicht abzulösen von den philosophischen Grundlagen, die in den drei wertsetzenden Axiomen zum Ausdruck gebracht werden. Wie die Axiome in alltäglichen und auch institutionellen Interaktionen umgesetzt werden können, darüber geben die aus ihnen abgeleiteten Postulate Auskunft. Sie verweisen auf die Notwendigkeit für alle Teilnehmenden wie auch für die Leitung, sich selbst zu leiten und Störungen im Prozess zu beachten. Hinzugenommen werden schließlich auch spezifische Kommunikationshilfen, die aber nur dann förderlich sind, wenn sie von der Gruppe als *Angebote* und nicht als Normen verstanden und angenommen werden. Diese oft auch als „Hilfsregeln" bezeichneten Orientierungen sind inzwischen kommunikationspädagogisches Allgemeingut geworden; sie unterstützen zum einen die Gesprächsatmosphäre in TZI-Gruppen, die an Wertschätzung für den Anderen, an Authentizität der Beiträge und an Freiheit ausgerichtet ist und begrenzen zum anderen die Gültigkeit der Beiträge auf den Einzelnen selbst, der *von sich* und nicht für die Anderen spricht (siehe Kasten gegenüber).

Für die Planung und Leitung von TZI-Gruppen und ebenso von (nicht nur literarischen) Unterrichtsgesprächen erachten wir die folgenden Leitungsfunktionen als maßgeblich:

- Als Teil der Vorbereitung und Durchführung müssen auf der Basis der Axiome, Postulate und Hilfsregeln konkrete *Ziele und Kommunikationsregeln* in einer für die Gruppe angemessenen Weise vereinbart und geschützt werden.

- In Vorbereitung eines Gruppengesprächs sind *Strukturen und Methoden*[2] auszuwählen, die auf die Gruppe und deren Prozesse sowie auf die Sache, die Umgebungsbedingungen und auf die am Gespräch beteiligten Individuen ausgerichtet sind und die das Gespräch fördern. Für die Ermöglichung eines Verstehensprozesses zu einem literarischen Text wird bislang vor allem das „Format" des Heidelberger Modells vorgeschlagen (vgl. Steinbrenner; Wiprächtiger-Geppert 2006).

- Der oder die Leitende findet, formuliert und setzt ein geeignetes *Thema* bzw. einen geeigneten initiierenden Gesprächsimpuls und führt es/ihn ein.

- Es gehört zu den Aufgaben einer Leitung, die *Entwicklung des einzelnen Gruppenmitglieds* anzuregen und zu fördern. Im Hinblick auf Literarische Unterrichtsgespräche in der Schule kann dies beispielsweise bedeuten, dass

---

[2] Die TZI-Literatur versteht unter „Strukturen" den zeitlichen Ablauf und die Gruppenformen (v. a. Plenum, Teilplenum, Kleingruppen, Partnerarbeit, Einzelarbeit), in denen in der jeweiligen Sitzung gearbeitet werden soll; als „Methoden" sind die Arbeitsweisen innerhalb dieses Rahmens zu verstehen (Gespräch, Diskussion, Interaktion, Rollenspiel, kreatives Gestalten, Körperarbeit und Anderes mehr).

Die Axiome, Postulate und Hilfsregeln der TZI (Kurzfassung)

Das erste Axiom (existentiell-anthropologisches Axiom): Der Mensch ist eine psychobiologische Einheit und ein Teil des Universums. Er ist darum gleicherweise autonom und interdependent. [...]

Das zweite Axiom (philosophisch-ethisches Axiom): Ehrfurcht gebührt allem Lebendigen und seinem Wachstum. Respekt vor dem Wachstum bedingt bewertende Entscheidungen. Das Humane ist wertvoll; Inhumanes ist wertbedrohend.

Das dritte Axiom (pragmatisch-politisches Axiom): Freie Entscheidung geschieht innerhalb bedingender innerer und äußerer Grenzen. Erweiterung dieser Grenzen ist möglich. [...]

Das erste Postulat: Sei dein eigener Chairman, sei die Chairperson deiner selbst. [...] Nimm jede Situation als Angebot für deine Entscheidungen. Nimm und gib, wie du es verantwortlich für dich und andere willst.

Das zweite Postulat: Beachte Hindernisse auf deinem Weg, deine eigenen und die von anderen. Störungen und Betroffenheiten haben Vorrang; ohne ihre Lösung wird Wachstum verhindert oder erschwert.

Einige *Hilfsregeln:*
- Sprich per „ich" und nicht per „man" oder per „wir".
- Sei zurückhaltend mit Verallgemeinerungen.
- Teile dich in deinen Beiträgen selbst mit, sprich deine persönlichen Reaktionen aus und vermeide das Ausfragen Anderer.
- Sei authentisch und selektiv in deinen Kommunikationen. Mache dir bewusst, was du denkst, fühlst und glaubst, und überdenke vorher, was du sagst und tust.
- Seitengespräche haben Vorrang. Sie stören und sind meist wichtig. Sie würden nicht geschehen, wenn sie nicht wichtig wären.
- Beachte Signale aus deiner Körpersphäre, und beachte diese auch bei anderen Teilnehmern.

(Vgl. Matzdorf; Cohn 1992, S. 54–70, Keel 2009)

die Leitung die individuellen Zugänge zu einem Text ebenso wenig bewertet wie die möglichen Nicht-Zugänge oder Ablehnungen des Textes, dass sie stillere Schülerinnen und Schüler ermutigt, bereits Gesagtes mit eigenen Worten und eigener Stimme nochmals zu sagen und dass sie sich selbst mit ihren eigenen Beiträgen im Horizont der Gruppe bewegt.
- Die Verantwortung der Leitung gegenüber der Gruppe wird unter anderem darin deutlich, dass *Gruppenprozesse* beachtet, begleitet, ermöglicht, gefördert und gesteuert werden.
- Der Herstellung von Verbindungen und der Berücksichtigung von Unterschiedlichkeiten der Perspektiven kommt in einem Gespräch besondere Bedeutung zu. Die Leitung hat die Aufgabe, mit dem *Prinzip der dynamischen Balance* als Orientierung das Gleichgewicht zwischen den vier Faktoren ICH, ES, WIR und GLOBE immer wieder herzustellen. Im Literarischen Unterrichtsgespräch spielt auch die Balance zwischen eher personenorientierten und eher textorientierten Beiträgen eine wichtige Rolle, deren Beachtung ebenfalls zu den Aufgaben der Leitung gehört (vgl. Mayer 2004, S. 144-148). Die Herstellung der Balance kann durch gezielte Interventionen oder Strukturveränderungen geschehen, die entweder auf eine momentane Veränderung der Balance (simultane Balance) oder auf eine Veränderung im Nacheinander unterschiedlicher Arbeitsphasen (diachronische Balance) zielen. Damit ist dem Leiter/der Leiterin einer Gruppe und den Teilnehmenden ein Orientierungsrahmen gegeben, der ihnen sowohl *während* des Gruppenprozesses hilft, einen Teil von dessen Dynamik zu verstehen und Ansatzpunkte zur Balance wahrzunehmen, als auch Gruppenprozesse zu reflektieren und zu planen.

3. Die Bedeutung des Themas in der TZI

Wie der Name „Themenzentrierte Interaktion" schon sagt, ist der Mittelpunkt der TZI-Methode das Thema, mit dessen Hilfe das Ziel der Gruppenarbeit deutlich gemacht und das persönliche Lernen, die Interaktion und die Zusammenarbeit in der Gruppe gefördert werden sollen. Ein Thema zu finden und es so zu formulieren, dass diese Ansprüche erfüllt werden, ist eine Herausforderung und eine Kunst zugleich – eine Kunst allerdings, die erlernbar ist. Bei der Planung von Kursen und Sitzungen sollte die Erarbeitung eines guten „TZI-gemäßen" Themas im Fokus der Aufmerksamkeit stehen, denn ein solches Thema kann zur Auseinandersetzung untereinander und zum Interesse am Lernstoff anregen und „verlocken". Ruth Cohn verwendet zur Veranschaulichung das Bild der Tür: „Sowohl die Formulierung des

Themas als auch seine *Einführung* soll den Teilnehmern individuell erleichtern, die eigene Eingangstür zu finden. [...] *Das Thema ist wie ein runder, zu erkundender Raum, der sehr viele Eingangstüren hat, weil es viele Wege zu ihm gibt*" (Farau; Cohn 1991, S. 364; Hervorhebungen im Original). Das Thema ist aber nicht nur ein Raum mit vielen Eingangstüren, sondern es ist selbst Tür zu verschiedenen Räumen:

– Es ist Tür zum ES, zur Aufgabe und zum Anliegen der Gruppe, zu ihrem Arbeits- und Lernvorhaben, zum Sachverhalt, der zu bearbeiten ist.
– Es ist Tür zum ICH, zum eigenen Selbst des Gruppenmitglieds, zu seinen Gedanken und Gefühlen, Erfahrungen und Erinnerungen.
– Es ist Tür zum WIR, zur Dynamik und zur Entwicklung der Gruppe.
– Es kann auch Tür sein zum GLOBE, zum Umfeld, zur Umgebung der Gruppe, zur Realität außerhalb der Gruppe und ihres Gesprächs.

Ein gut gesetztes Thema enthält Aspekte von allen vier Faktoren, auch wenn der Hauptakzent im Allgemeinen jeweils nur bei einem oder zweien liegt.

„Die Möglichkeit, durch Themenformulierungen Interesse zu erwecken, bedeutet *Vorzug und Gefahr*" (ebd., S. 364; Hervorhebung im Original). Der Vorzug besteht in der möglichen Motivation zur Mitarbeit und zum gemeinsamen lebendigen Lernen, in der Konzentration der Aufmerksamkeit und der Kräfte auf eine zu bewältigende Aufgabe. Die Gefahr besteht in der Manipulation, in der Möglichkeit, Unwichtiges für wichtig zu erklären und Wichtiges zu übersehen oder auszublenden.

Ruth Cohn formuliert zusammenfassend: „Im TZI-System bedeutet ‚Thema' das formulierte Anliegen. In einer Gruppe ist es der zentrierte, meist *verbal formulierte Fokus* der Aufmerksamkeit" (ebd., S. 364; Hervorhebung im Original). Allerdings weisen Matzdorf und Cohn auch darauf hin, dass es *„Situationen [gibt], in denen Themen überhaupt nicht formuliert werden können oder sollten. Dies sind Ausnahmen"* (Matzdorf; Cohn 1992, S. 80; Hervorhebung dort). Ihre Beispiele für Ausnahmen stammen aus anderen Feldern, aber es ist doch zu beobachten, dass die veröffentlichten Beispiele aus Literarischen Unterrichtsgesprächen keine „regelgerechten" TZI-Themen aufweisen – jedenfalls nicht in der expliziten Ausformulierung. Zwar bezeichnet Gerhard Härle (2004a, S. 121 f.) die Impulse für die Gesprächseinleitung als „Themenformulierung" im Sinn der TZI, aber bei genauerer Betrachtung lösen die hinführenden Worte vor allem intentional, weniger aber formal und funktional die Anforderungen an ein TZI-Thema ein (vgl. hierzu auch das Beispiel am Schluss des Aufsatzes). Dies soll hier keiner ausführlichen Kritik unterzogen, aber doch als Desiderat der weiteren Forschung und Arbeit an der Konzeption angemerkt werden.

3.1 Vorüberlegungen der Leitung bzw. der Lehrkraft zur Themen- und Struktursetzung

Bevor ein Thema und die dazu passende Arbeitsform gewählt werden, gilt es, sich mit folgenden Fragen auseinanderzusetzen:

1. Was ist mein persönlicher Bezug zum Thema? Was ist mein Interesse, mit dieser Gruppe an dieser Thematik zu arbeiten?
2. Welche Erfahrungen und Lernschritte möchte ich mit diesem Thema ermöglichen? Welche Ziele möchte ich erreichen?
3. Wie kann ich das Thema mit dem bisherigen und dem künftigen Gruppen- und Themenprozess in Beziehung setzen? Soll durch das neue Thema das vorherige weitergeführt oder ein neuer Themenstrang bzw. -akzent gesetzt werden?
4. Welche Arbeitsformen (Struktur und Methode) kann ich einsetzen, um lebendiges Lernen – und das heißt unter anderem Erfahrungen im Hier und Jetzt – zu ermöglichen?
5. Wie kann ich das gewählte Thema und die dazu gehörenden Arbeitsformen so einführen, dass die Teilnehmerinnen und Teilnehmer beides als einen wesentlichen Teil des Gesamtprozesses annehmen können und dadurch ein lebendiger Erfahrungs- und Lernprozess in Gang gesetzt wird?
6. Welches sind die Möglichkeiten und Grenzen der Zeit, die zur Bearbeitung des Themas zur Verfügung steht?

3.2 Die Themenformulierung

Die Kriterien für ein gut formuliertes Thema im Sinne der TZI sind auf fünf verschiedenen Ebenen angesiedelt:

(1) Die Ebene des GLOBE

Das Thema soll

– den GLOBE, den Stand der Gruppe innerhalb des GLOBE und den Stand des Einzelnen innerhalb seines Umfeldes berücksichtigen. Der Leiter bzw. der Lehrer hat die Aufgabe, sich das geografische, historische, soziokulturelle und politische Umfeld der Arbeits- und Lernsituation der aktuellen Gruppe – und dazu gehört auch seine eigene Herkunft und die der einzelnen Gruppenmitglieder – bewusst zu machen;

- einen deutlichen Bezug zum Hier und Jetzt der Gruppe und zur Vergangenheit, Gegenwart oder Zukunft des Sachanliegens haben.

(2) Die Ebene des ES

Das Thema soll

- auf die Sachanliegen, die Realität bezogen sein, der gegenwärtigen Arbeits- und Lernsituation entsprechen, nicht utopisch oder fantastisch, sondern realistisch sein. Es soll Sachthemen und Probleme, die in der Luft liegen, aufgreifen und keine neuen konstruieren;
- alle Perspektiven der Sache im Auge haben, nach allen Seiten und Möglichkeiten hin offen sein, aber auch die Gegensätze und Pole, die beiden Seiten einer Medaille und die Grenzen im Blick haben;
- inhaltlich – unter Berücksichtigung der zur Verfügung stehenden Zeit – so weit beziehungsweise so eng formuliert sein, wie es Sinn und Zweck des Arbeitsvorhabens erfordern;
- positiv und progressfördernd formuliert sein, um konstruktive Lösungsmöglichkeiten und neue Perspektiven zu eröffnen und um regressives Verharren und depressives Versinken in der Problematik und bloße Bestandsaufnahmen zu verhindern;
- nicht schon die Lösung des Sachproblems oder das Ergebnis des Lern- und Diskussionsprozesses liefern oder antizipieren;
- in seinen Ansprüchen an Sach- und Methodenwissen auf die Teilnehmer zugeschnitten sein.

(3) Die Ebene des WIR

Das Thema soll

- den Prozess der Gruppe und das Wir-Gefühl fördern, indem sich die Teilnehmer über ihre einander geltenden Gedanken, Gefühle, Wünsche, Ängste und Konflikte austauschen können;
- dem aktuellen Stand der Gruppe, der gegenwärtigen Gruppenphase (vgl. hierzu Rubner; Rubner 1992) und dem Arbeits- und Lernprozess der Gruppe entsprechen und gleichzeitig ein weiteres Fortschreiten anstoßen.

(4) Die Ebene des ICH

Das Thema soll

- ich-bezogen formuliert sein, damit sich jeder (einschließlich der Leitung, der Lehrkraft) persönlich angesprochen und gefragt fühlt und sich im Thema wiederfinden kann;

- alle Individuen mit ihrer unterschiedlichen Geschichte und Nationalität, ihrem unterschiedlichen Familienstand und Beruf etc. ansprechen und niemanden ausschließen;
- anknüpfen an den Fähigkeiten, Vorstellungen und Meinungen, am konstruktiven Potential der Einzelnen und sie so zur Mitarbeit herausfordern;
- nicht nur das Denken, den Verstand (das Rationale) ansprechen, sondern auch die Gefühle (das Emotionale), die Fantasie und Intuition, die Kreativität und Aktivität;
- zur Mitarbeit aktivieren, das heißt die Motivation, das Interesse und die Lern-, Arbeits- und Diskussionsbereitschaft des einzelnen Gruppenmitglieds ansprechen.

(5) Die Ebene der Sprache

Das Thema soll
- auf der Sprach- und Verstehensebene der Teilnehmenden angesiedelt sein, indem es deren verbale Ausdrucksfähigkeit und Sprachgewohnheiten beachtet;
- verständlich, präzise und kurz formuliert sein, damit es leicht im Gedächtnis behalten werden kann;
- stimulierend formuliert sein und Aufforderungscharakter haben. Es soll nicht abgedroschen, banal oder langweilig wirken;
- in klarer und eindringlicher Sprache formuliert sein; entweder in Form einer Frage (zum Beispiel „Wie"?) oder einer provozierenden und anregenden Aussage;
- seinem Anliegen beziehungsweise dem zur Debatte stehenden Stoff durch ein Substantiv und der Art und Weise, wie dieses / dieser angegangen werden soll (= dem Problemlösungsvorgang), durch ein Verb Ausdruck geben (vgl. hierzu auch Punkt 3.3);
- nicht in der Formulierung schon die Lösung oder das Ergebnis enthalten;
- konkret und nicht zu abstrakt sein! „Konkret", um jeden/jede dort abzuholen, wo er/sie steht; „nicht zu abstrakt", um nicht zum Rationalisieren und Intellektualisieren zu verführen.

Ruth Cohn betont immer wieder die Bedeutung eines gut formulierten Themas: „Ein adäquat formuliertes und eingeführtes Thema unterstützt die Gruppenbildung und das gemeinsame Arbeiten. Das Thema übernimmt einen Teil der Leitungsfunktion, denn es hilft dem Einzelnen wie der Gruppe, die Sache, um die es geht, im Auge zu behalten" (Farau; Cohn 1991, S. 365).

3.3 Eine Methode der Themenformulierung: „Drei Schritte zum Thema"

Zugegebenermaßen ist das Formulieren von Themen im Sinne der TZI schwierig bis unmöglich, wenn man allen zwölf Kriterien, die Ruth Cohn für diesen Prozess nennt (vgl. ebd., S. 365 f.), gerecht werden will. Um diesen komplexen Prozess zu vereinfachen, haben wir ein Instrumentarium entwickelt, das aus einem einfachen Dreischritt besteht, den wir im Folgenden vorstellen wollen:

1. Schritt: Entwickeln eines einfachen Themensatzes, bestehend aus Subjekt – Prädikat – Objekt

Beim Entwickeln des einfachen Themensatzes wird in dieser Reihenfolge vorgegangen: Zunächst wird die Frage nach dem Objekt gestellt, dann die nach dem, was mit diesem Objekt geschehen soll, und erst dann wird danach gefragt, wer das tun soll. Konkret müssen auf folgende drei Fragen Antworten gesucht werden:

1. Um welchen Sachverhalt (Sache, Stoff, Inhalt) soll es in der folgenden Sitzung/Unterrichtsstunde gehen?
   Für diesen Sachverhalt, das Objekt des Satzes, wird ein passendes Substantiv gesucht, das so weit gefasst ist, dass es als Dach bzw. gemeinsamer Nenner (für die verschiedenen Anliegen der Teilnehmerinnen und Teilnehmer oder die Aspekte der Sache) fungieren kann.

2. Was soll mit dem Sachverhalt geschehen? Wie und auf welches Ziel hin soll er bearbeitet werden? Für die Art und Weise, für die konkrete Bearbeitung, das Prädikat des Satzes wird ein passendes Verb gesucht, das den Lernprozess bzw. den Problemlösungsvorgang, um den es gehen soll, erfasst und beschreibt.

3. Welches Subjekt des Satzes (Personalpronomen: ICH, WIR) soll den Sachverhalt bearbeiten?
   Aus dem Objekt, Prädikat und Subjekt wird ein einfacher Themensatz gebildet, der als Grundstock, als Gerippe dient für den folgenden zweiten Schritt.

2. Schritt: Sammeln von Assoziationen zu diesem Themensatz

Alles, was zu diesem einfachen Themensatz in den Sinn kommt, wird ausgesprochen und festgehalten – ohne Kontrolle und Zensur. Zum Beispiel: Sprichwörter, Stichwörter, Bilder, Wortspiele, Zitate, Buch- und Filmtitel, Märchen und andere Geschichten, Vorgänge aus Beruf und Freizeit, Privatleben und Alltag, aber auch Ereignisse aus dem bisherigen Kursverlauf. Die Einfälle können provokant, witzig, peppig, frech, überraschend und verblüffend sein.

3. Schritt: Aufbereitung zu einem anregenden Thema

Aus den gesammelten Assoziationen werden die ein oder zwei besten, anregendsten und passendsten ausgewählt und dann mit dem korrekten, braven, aber unter Umständen auch langweiligen Themensatz aus dem ersten Schritt „versetzt", das heißt aufbereitet zu einem die einzelnen Teilnehmerinnen und Teilnehmer ansprechenden und die Kommunikation in der Gruppe anregenden Thema.

Nachlese

Die Aufbereitung zu einem guten Thema ist mit dem Hobeln und Feilen vergleichbar, bei dem auch Späne abfallen. Die Assoziationen und Einfälle, die nicht zur Themenformulierung verwendet worden sind, werden aufbewahrt. Diese „Späne" können Wiederverwendung in der Einführung von Themen finden, zum Beispiel kann der brave Themensatz als Untertitel bzw. Unterthema wieder auftauchen oder die spritzigen, zunächst auf der Strecke gebliebenen Einfälle können in die Themeneinführung eingearbeitet werden.

4. Abschluss

Vergleicht man diese sehr elaborierte Erarbeitung eines „regelgerechten" TZI-Themas für die Leitung eines Gruppenprozesses mit den Themensetzungen in publizierten Literarischen Unterrichtsgesprächen, so fallen Diskrepanzen auf, auf die wir anhand eines Beispiels noch kurz eingehen wollen. In seiner Leitung eines Gesprächs zu Franz Kafkas Parabel *Die Brücke* gibt Gerhard Härle nach der Textpräsentation und einer ersten Runde mit „inneren Bildern zum Text" ein „kleines Gesprächsthema" in die Gruppe ein, das paraphrasiert etwa so lautet:

> Wir haben jetzt eigene Wahrnehmungen geäußert und Wahrnehmungen von anderen gehört, einige davon haben wir vielleicht behalten, weil sie uns unmittelbar erreicht haben, andere sind in den Hintergrund getreten – das ist ganz normal. Deswegen gebe ich das Thema vor: Meine Wahrnehmungen – deine Wahrnehmungen: welche beschäftigt mich oder befremdet mich im Augenblick, wo sehe ich einen Ansatzpunkt, an dem ich einen nächsten Schritt mit dir, mit euch gehen möchte. (Härle; Heizmann 2009, S. 101)

Diese Formulierung realisiert ganz offenkundig einen Teil der oben dargelegten Kriterien für ein Thema: Sie bezieht sowohl das ICH als auch das WIR ein und berücksichtigt den GLOBE des Gesprächs, insofern die Partizipierenden in das ihnen fremde Setting eingeführt werden. Auch wenn es nur in Ansätzen erkennbar wird, intendiert die Formulierung eine generative und dynamisierende Wirkung des Themas, dem insofern eine leitende Funktion zugesprochen werden kann. Eines der TZI-Kriterien tritt in der Formulierung jedoch kaum in Erscheinung: das des SACH- oder ES-Bezugs. So ist lediglich sehr offen von eigenen Wahrnehmungen und denen der Anderen die Rede. Ein engerer thematischer Fokus – zum Beispiel das Ergehen oder Erleben der Hauptfigur, die Intention des Textes oder seine sprachliche Gestaltung – wird nicht gesetzt. Dies könnte, so unsere Hypothese, damit zusammenhängen, dass die „Sache" des Literarischen Gesprächs ein literarischer Text ist, dessen *Verstehen* nicht als gegeben angenommen wird, sondern erst im Gespräch *entstehen* soll. Sachbezüge im Sinne von expliziten Textbezügen – Hervorhebung einzelner Textelemente und/oder ihrer Bedeutungsmöglichkeiten – könnten demnach als vorgegebene Interpretationsansätze verstanden werden oder sich auswirken und damit dem offenen Prozess der gemeinsamen Suche nach Bedeutungsmöglichkeiten entgegenstehen. Das explizit als „klein" charakterisierte Thema im Kafka-Gespräch markiert deswegen inhaltlich gewissermaßen eine Leerstelle, die die Partizipierenden dazu aufruft und ermuntert, die *eigenen* Inhalte in Bezug auf den Text und ihr Erleben des Textes zu formulieren. Unter dieser Prämisse lassen sich die Kriterien für ein TZI-Thema nicht *unmittelbar* auf das Literarische Unterrichtsgespräch anwenden, wie auch in der angeregten Diskussion im Workshop des Symposions deutlich wurde. Sie stehen aber für eine Intention ein, der sich auch das Literarische Unterrichtsgespräch verpflichtet weiß: Türen zu öffnen für lebendige Begegnungen der Menschen miteinander und mit der Aufgabe einer gemeinsamen Sinnsuche, auf die sie sich einlassen.

Literatur

Abraham, Ulf (2008): Sprechen als reflexive Praxis. Mündlicher Sprachgebrauch in einem kompetenzorientierten Deutschunterricht. Freiburg: Fillibach

Cohn, Ruth C. ([1975] 2004): Von der Psychoanalyse zur Themenzentrierten Interaktion. Von der Behandlung einzelner zu einer Pädagogik für alle. 15. Aufl., Stuttgart: Klett-Cotta

Farau, Alfred; Cohn, Ruth C. ([1984] 1991): Gelebte Geschichte der Psychotherapie. Zwei Perspektiven. Greif-Buch-Ausgabe, Stuttgart: Klett-Cotta

Härle, Gerhard (2004a): Lenken – Steuern – Leiten. Theorie und Praxis der Leitung literarischer Gespräche in Hochschule und Schule. In: Kein endgültiges Wort. Die Wiederentdeckung des Gesprächs im Literaturunterricht. Hg. von Gerhard Härle und Marcus Steinbrenner. Baltmannsweiler: Schneider Verlag Hohengehren, S. 107–139

Härle, Gerhard (2004b): Literarische Gespräche im Unterricht. Versuch einer Positionsbestimmung. In: Wege zum Lesen und zur Literatur. Hg. von Gerhard Härle und Bernhard Rank. Baltmannsweiler: Schneider Verlag Hohengehren, S. 137–168

Härle, Gerhard; Heizmann, Felix (2009): „In bröckelndem Lehm festgebissen". Franz Kafkas Studie *Die Brücke:* Bedeutungspotential und Perspektiven literarischen Lernens. Baltmannsweiler: Schneider Verlag Hohengehren

Härle, Gerhard; Steinbrenner, Marcus (2003): „Alles Verstehen ist ... immer zugleich ein *Nicht-Verstehen.*" Grundzüge einer verstehensorientierten Didaktik des literarischen Unterrichtsgesprächs. In: Literatur im Unterricht, Jg. 4, H. 2, S. 139–162

Hintner, Regina; Middelkoop, Theo; Wolf-Hollander, Janny (2009): Partizipierend Leiten. In: Schneider-Landolf u. a., S. 183–188

Keel, David (2009): Hilfsregeln. In: Schneider-Landolf u. a., S. 195–200

Langmaack, Barbara (2004): Themenzentrierte Interaktion (TZI). Einführende Texte rund ums Dreieck. 3., vollst. überarb. Aufl., Weinheim: Beltz

Matzdorf, Paul; Cohn, Ruth C. (1992): Das Konzept der Themenzentrierten Interaktion. In: TZI. Pädagogisch-therapeutische Gruppenarbeit nach Ruth C. Cohn. Hg. von Cornelia Löhmer und Rüdiger Standhardt. Stuttgart: Klett-Cotta, S. 39–92

Mayer, Johannes (2004): Literarische Gespräche: Strukturen – Verstehenslinien – Phasen. In: Kein endgültiges Wort. Die Wiederentdeckung des Gesprächs im Literaturunterricht. Hg. von Gerhard Härle und Marcus Steinbrenner. Baltmannsweiler: Schneider Verlag Hohengehren, S. 141–174

Rubner, Angelika; Rubner, Eike (1992): Die Entwicklungsphasen einer Gruppe – Grundkonflikte, Einstellungen dem Leiter gegenüber und Leiterinterventionen. In: TZI. Pädagogisch-therapeutische Gruppenarbeit nach Ruth C. Cohn. Hg. von Cornelia Löhmer und Rüdiger Standhardt. Stuttgart: Klett-Cotta, S. 230–251

Rubner, Eike (2009): Themen formulieren und einführen. In: Themenzentrierte Interaktion, Jg. 23, H. 2, S. 80–89

Schneider-Landolf, Mina; Spielmann, Jochen; Zitterbarth, Walter (Hg.) (2009): Handbuch Themenzentrierte Interaktion (TZI). Göttingen: Vandenhoeck & Ruprecht

Steinbrenner, Marcus; Wiprächtiger-Geppert, Maja (2006): Verstehen und Nicht-Verstehen im Gespräch. Das Heidelberger Modell des Literarischen Unterrichtsgesprächs. In: Literatur im Unterricht, Jg. 7, H. 3, S. 227–241

JÖRG KILIAN, BERNHARD RANK

Wörter im Gedicht – allen bekannt und allen ein Geheimnis

Wörter sind im Gedicht semantisch zumeist anders kodiert als in anderen Textgattungen. Dies ist nicht allein mit Hilfe der so genannten Gebrauchstheorie der Bedeutung zu erklären. Diese Theorie geht bekanntlich von Ludwig Wittgensteins Diktum „Die Bedeutung eines Wortes ist sein Gebrauch in der Sprache" (PU §43) aus und postuliert, ein Wort habe außerhalb seines Gebrauchs keine Bedeutung. Wörter im Gedicht können sehr deutlich machen, dass es sich nicht ganz so einfach mit der Bedeutung eines Wortes verhält. Die Bedeutung des Wortes *baiabong* im gleichnamigen Gedicht von Peter Härtling (s. u.) mag aus seinem Gebrauch in diesem Text zwar erschließbar sein. Doch dieser Gebrauch ist nicht seine Bedeutung. Es ist vielmehr so, dass sich das polyseme Bedeutungspotential dieses Wortes im konkreten Gebrauch manifestiert, indem es durch den außersprachlichen und sprachlichen Kontext vereindeutigt, das heißt monosemiert wird. Dadurch wird auch, wiederum in der Regel und konventionellerweise, ein Bezug auf einen Referenten hergestellt, sei er nun perzeptuell im Kopf oder auch außersprachlich wahrnehmbar. Mitunter wird ein Referent dadurch auch erst konstruiert.

In der Lyrik wird diese Monosemierung der lexikalischen Bedeutung zum Zweck der identifizierenden Referenz jedoch oft umgangen. Wörter im Gedicht bleiben mehrdeutig. Sie referieren stets auf ein mentales Perzept, das selbst erst im lyrischen Text konstruiert und konstituiert wird. Diese Konstruktion und Konstitution wiederum erfolgt in der Regel nicht im Wege der Abbildung oder Nachbildung von Vorstellungen und/oder Wissensbeständen, die konventionell an das mentale Lexikon der Sprachbenutzer gebunden sind. Vielmehr wird mit diesen Konventionen sehr oft geradezu ein sprachkritisches Spiel aufgeführt, wird der Leser lyrischer Gedichte vermeintlich in konventioneller Sicherheit gewiegt, die dann im Fortgang des Textes gestört, mitunter sogar zerstört wird. Das vermeintlich bekannte Wort wird zu einem Geheimnis, das auch ko- und kontextuell nicht leicht zu lüften ist.

In diesem Beitrag wird versucht, diesem Geheimnis nachzuspüren, und zwar auf zwei unterschiedlichen Wegen. Jörg Kilian geht aus von assoziativ-semantischen Beziehungen zwischen Wörtern im Gedicht und ihren mentalen

Perzepten. Er richtet sein Augenmerk insbesondere auf stereotypische, prototypische, frame- und skriptsemantische Facetten der Bedeutung von Wörtern im Gedicht. Bernhard Rank wählt einen text- und litertursemiotischen Ansatz und versucht auszuloten, was das Konzept der „Isotopie" und der „Isotopieebenen" für die Analyse und Interpretation von Wörtern im Gedicht leisten kann. Getreu dem Motto des Sammelbandes haben die Autoren ihre Überlegungen gesprächsförmig angelegt und beziehen sich auf dieselben Textbeispiele: *baiabong* von Peter Härtling[1] (Härtling 1989, S. 97 f.) und *Weltende* von Jakob van Hoddis (Lyrik 1962, S. 61).

PETER HÄRTLING: BAIABONG

(auf einem bild des fotografen hilmar
pabel ist zu sehen: ein chinesischer
vater, der auf den schultern eine
stange trägt. an das eine ende der
stange ist ein korb mit reis
gebunden; in dem korb am andern
ende sitzt der kleine sohn.)

baiabong –
die wiegenwaage
wiegt den reis und wiegt dich auf
singend wippt die bambustrage
an der seidenschnur der tage
zählt sie dir dein leben auf.

baiabong –
die schüttelstunde
schluckt den schatten wendet ihn
dieses mittags stete runde
reibt die heiße schulterwunde –
baiabong
     ich bin ich bin

---

[1] Die Auswahl gerade dieses Textes verdankt sich einem von Gerhard Härle und Bernhard Rank gemeinsam durchgeführten Hauptseminar (Pädagogische Hochschule Heidelberg, Wintersemester 2008 / 2009). Gerhard Härle hat das Gedicht dort eingeführt und wichtige Anregungen für sein Verständnis gegeben. Sie sind in die Interpretation eingeflossen, die Bernhard Rank im Folgenden vorstellen wird. Das Foto, das Peter Härtling im Vorspruch zu seinem Gedicht beschreibt, ist abgedruckt auf S. 163.

JAKOB VAN HODDIS: WELTENDE

Dem Bürger fliegt vom spitzen Kopf der Hut,
In allen Lüften hallt es wie Geschrei.
Dachdecker stürzen ab und gehn entzwei,
Und an den Küsten – liest man – steigt die Flut.

Der Sturm ist da, die wilden Meere hupfen
An Land, um dicke Dämme zu zerdrücken.
Die meisten Menschen haben einen Schnupfen.
Die Eisenbahnen fallen von den Brücken.

Jörg Kilian (J. K.): Beginnen möchte ich mit phonologischen und grammatischen Annäherungen an das Wort *baiabong* im Gedicht von Peter Härtling. Wenn in der geschriebenen Sprache das ein Wort ist, was zwischen zwei Leerzeichen steht, ist *baiabong* ein Wort. Nach den Regeln der deutschen Aussprache ist es wahrscheinlich [baiabóŋ] zu sprechen. Der Klang des Wortes folgt den Regeln des Systems der deutschen Phoneme und Phonotaktik. Es fällt nicht schwer, diese Lautstruktur der Kindersprache zuzuordnen. Nähere Erkundungen, zum Beispiel bei Roman Jakobson, bestätigen diese intuitive erste Zuordnung:

> An der Schwelle der ersten Sprachstufe wird der Aufbau des Vokalismus durch einen breiten Vokal und gleichzeitig der Aufbau des Konsonantismus durch einen Verschlußlaut des Vordermundes eingeleitet. Es taucht ein a als der erste Vokal und gewöhnlich ein labialer Verschlußlaut als der erste Konsonant der Kindersprache auf. (Jakobson 1969, S. 61)

Das Wort *baiabong* ist, wie alle Wörter im Gedicht, kleingeschrieben. Man kann auf der Grundlage der Schreibung also keine Wortartenzuordnung vornehmen, kann nicht auf der Grundlage wortartenkategorieller Semantik ermitteln, ob *baiabong* im mentalen Lexikon des Lesers einen Gegenstand/Sachverhalt aufrufen soll, eine Handlung, einen Vorgang, einen Zustand oder eine Eigenschaft. Bei den anderen Wörtern im Gedicht ist dies möglich: Da gibt es zum Beispiel bestimmte Artikel („die wiegenwaage", „die schüttelstunde"). Und da gibt es flektierte Wortformen („wiegt", „wippt", „tage", „heiße"). Zu *baiabong* ist kein solcher Hinweis auf eine wortartenkategorielle Semantik gegeben.

Bernhard Rank (B. R.): Der Hinweis auf die Kindersprache deckt sich mit einer Auskunft, die ich von Peter Härtling bekommen habe: Das Wort sei eine Neuschöpfung, ein Kunstwort, und es habe lautmalerischen Charakter. Studierende, mit denen ein Gespräch über dieses Gedicht geführt wurde, assoziierten damit überwiegend nicht die deutsche, sondern eine fernöstliche

Sprache. Syntaktisch fällt auf, dass *baiabong* die Funktion eines Leitmotivs zukommt. Es steht an hervorgehobener Stelle: am Beginn jeder der beiden Strophen, in der Schlusswendung, die auf zwei Zeilen verteilt ist, und in der Überschrift. Das ist ein deutlicher Hinweis darauf, dass die Lautmalerei nicht ohne semantische Bedeutung ist. Wie können wir diese Bedeutung herausfinden?

J. K.: Ich möchte es mit einer lexikalisch-semantischen Annäherung versuchen und dabei zunächst die sprachtheoretischen Annahmen erläutern, von denen ich ausgehe.

> Was sind Bedeutungen von Wörtern? Es sind geistige Einheiten, die an sprachliche Ausdrücke geknüpft sind und Informationen über die Welt abspeichern. Die Bedeutungsrepräsentation des Wortes *Stuhl* beispielsweise enthält die Informationen (IST EIN MÖBELSTÜCK, ZUM SITZEN, HAT EINE LEHNE, IST FÜR EINE PERSON). Mental gespeicherte Informationen dieser Art […] nennt man konzeptuelle Informationen. (Schwarz; Chur 1996, S. 15; Hervorhebungen im Original)

Die „konzeptuellen Informationen" gehen jedoch über die Bedeutung hinaus. Mit Hilfe einer modifizierten Variante des so genannten „semiotischen Dreiecks" bzw. „semantischen Dreiecks" von Charles K. Ogden und Ivor A. Richards (vgl. Ogden; Richards 1966, S. 11) mag dies erläutert sein:

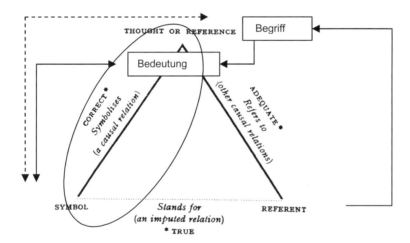

– „Thought or Reference": Begriffe, Perzepte bzw. Konzepte sind zumeist zwar an Sprache, indes nicht an Einzelsprachen gebunden. Sie werden aber an eine Einzelsprache gebunden, wenn sie jeweils mit einem einzelsprachlichen Ausdruck („Symbol") gemeinsam ein Sprachzeichen bilden. In der deutschen Sprache ist *baiabong* kein konventionelles Sprachzeichen.

Kein Wörterbuch kennt dieses Wort. „Thought or Reference" kann definiert werden als ein dem „Symbol" assoziierter „Begriff" (im Sinne einer den „Referent" kognitiv, emotiv, volitiv umfassenden mentalen Repräsentation; vgl. dazu Hermanns 1995), von dem nur eine Teilmenge einzelsprachspezifisch als konventionelle intensionale „Bedeutung" erscheint.

- Es gibt Konzepte (als „Thoughts or References"), die zwar sprachlich konkreter gefasst werden könnten, für die in der (Einzel-)sprache eine solche sprachlich konkretisierende Fassung aber nicht existiert. Wie sich zum Beispiel der Stamm einer Birke anfühlt, dafür existiert in der deutschen Sprache kein konventionelles Wort. *Baiabong* könnte umgekehrt ein Ausdruck („Symbol") sein für ein Konzept („Thought or Reference"), das dem Leser noch nicht bekannt ist und das ihm deswegen auch keine Referenz eröffnet.
- Die Bedeutung eines Wortes ist konventionell in der Regel viel enger gefasst als all das mit einem Wort individuell oder kollektiv im Begriff beziehungsweise Konzept („Thought or Reference") verbundene Wissen, Fühlen, Wollen. Das Wort *Birke* etwa bedeutet laut Duden-Universalwörterbuch (2007, S. 310) standardsprachlich konventionell „*Laubbaum mit weißer Rinde, kleinen, herzförmigen, hellgrünen Blättern u. als Kätzchen [...] wachsenden Blütenständen*". Der Begriff, der konventionell in der deutschen Sprachgesellschaft sowie individuell von einzelnen Mitgliedern dieser Sprachgesellschaft mit *Birke* verbunden wird, geht darüber hinaus.

Die Frame- und die Scriptsemantik können helfen, Bedeutung(en) und Begriff(e) von *baiabong* als Wort im lyrischen Text zu erhellen. Die Framesemantik fragt danach, in welchen (statischen) Wissensrahmen das lexikalisch gebundene Bedeutungswissen eingeordnet ist, und stellt Fragen wie etwa: Was ist ein und was gehört alles zu einem typischen ‚baiabong'? Die Scriptsemantik ergänzt dies um ein dynamisches Element: Was sind typische Handlungen und Vorgänge, die ein ‚baiabong' vollzieht oder die an einem ‚baiabong' vollzogen werden? Die Fragen zu Bedeutung und Begriff eines Wortes bilden gleichsam „slots", in welche die Antworten als „fillers" einzutragen sind.

Die Systematisierungsansätze des Frame- und des Script-Konzepts sind vor allem als Grundlagen für die Ausgrenzung von Bezugsrahmen und Sub-Rahmen sowie für die Zuordnung lexikalischen Materials fruchtbar zu machen. So erlaubt das Frame-Konzept die Ermittlung der sprachlichen Ergliederung der Welt durch die mentale Organisation hierarchisch geordneten Bedeutungswissens. Jeder Frame, also jeder Bezugsrahmen, ist dabei selbst Teil eines übergeordneten und Ausgang für weitere untergeordnete Frames. Die

Beschreibung der Ergliederung der Welt mit Hilfe von Frames ergibt assoziative Felder; durch die Hinzuziehung des Script-Konzepts, einer Art Drehbuch für konventionalisierte Handlungen und Vorgänge innerhalb eines Frames, werden diese statischen Bezugsrahmen dynamisiert.

B. R.: Mein Ausgangspunkt ist das Konzept der „Isotopie", das 1966 von A. J. Greimas in seiner *Sémantique Structurale* ausgearbeitet wurde (vgl. Greimas 1974). Jürgen Link hat es für die Literatursemiotik adaptiert und modifiziert (vgl. Link 1977a/b). Das Erklärungsmodell beruht auf folgenden Grundannahmen:

- Bei der semantischen Analyse geht man von den Prämissen der Merkmalssemantik aus: Die Bedeutung von Wörtern lässt sich beschreiben durch ein Bündel semantischer Merkmale (= Seme). Zur Erläuterung wird oft das Phänomen der semantischen Überschneidungen und Abgrenzungen in einem Feld bedeutungsverwandter Wörter herangezogen, wo sich diese Annahme besonders schlüssig aufzeigen lässt. Ein Ausschnitt aus einem solchen Feld würde merkmalssemantisch zum Beispiel so aufgegliedert:

Bach	*See*	*Kanal*
− + Gewässer	− + Gewässer	− + Gewässer
− + fließend	− − fließend	− + fließend
− − groß	− + groß	− 0 groß
− + natürlich	− + natürlich	− − natürlich

[+ = das Merkmal ist vorhanden; − = das Merkmal ist nicht vorhanden; 0 = das Merkmal ist nicht relevant]

- Mit dem Instrumentarium der Sem-Analyse zielt das Isotopie-Konzept nicht auf die Bedeutung einzelner Wörter, sondern auf ihre semantische Funktion in Wortgruppen, Sätzen und Texten. Dem liegt die Annahme zugrunde, dass das einzelne Wort keine feste, eindeutig umrissene Bedeutung trägt, sondern ein offenes, weit gespanntes Bedeutungspotential enthält, das sich erst zu einer festgelegten Bedeutung konkretisiert, wenn das Einzelwort in einen ganz bestimmten Kontext eingebunden wird. Das betrifft nicht nur den Sonderfall der reinen Polysemie (der *Läufer* als laufender Mensch, als Schachfigur oder als schmaler Teppich), sondern prinzipiell alle Wörter – außer den Eigennamen. Das Adjektiv *hoch* zum Beispiel hat ein sehr weites Bedeutungsspektrum, das von der räumlichen Dimension („ein hoher Turm") über das Akustische oder Soziale („ein hoher Ton", „ein hoher Funktionär") bis zu qualitativen Aspekten reicht ("ein hohes Ideal"). In jeder dieser Wortgruppen wird durch den Vorgang der kontextuellen Monosemierung ein anderes Element aus dem Bedeutungspotential von *hoch* aktualisiert und dominant gesetzt.

- Daraus folgt eine Anweisung für das Verstehen von Texten: Suche nach den dominanten semantischen Merkmalen, die wiederholt auftreten und so die Festlegung der konkreten Wortbedeutungen ermöglichen. Weil das Isotopie-Konzept auf die Annahme der Zerlegbarkeit von Wortbedeutung in eine Menge einzelner semantischer Merkmale zurückgreift, arbeitet es nach der Einschätzung von Angelika Linke u. a. unterhalb der Wortebene: „Die textverknüpfende Wirkung der Rekurrenz wird also nicht an ganzen Wortbedeutungen festgemacht, sondern an einzelnen rekurrenten semantischen Merkmalen" (Linke u. a. 1996, S. 230). Indem man diese dominanten Merkmale spezifiziert, kann man eine Isotopieebene erkennen und den gemeinten Sinn eingrenzen. In der Regel werden Texte durch mehrere Isotopieebenen konstituiert, die nebeneinander stehen oder miteinander verknüpft sein können.

- Es gibt textsortenspezifische Strategien bei der Konstituierung von Isotopieebenen. In Sach- und Fachtexten soll Mehrdeutigkeit so weit wie möglich reduziert werden. Die dominanten Merkmale werden etabliert mit der Intention, durch eingrenzende, Alternativen ausschließende Rekurrenzen eindeutige Aussagen zu ermöglichen. Im Gegensatz dazu stehen Textsorten, die mit Mehrdeutigkeit spielen oder sie bewusst anstreben. So ist zum Beispiel eine ganze Gattung von Witzen auf einem Bruch der Isotopie, auf einem unerwarteten Wechsel der Bedeutungsebene aufgebaut:

    - So, Sie waren in Rom. Haben Sie denn auch die Sixtinische Kapelle gesehen?
    - Ja, tolle Burschen, besonders der Schlagzeuger.
    Hier wird zuerst eine Isotopie 1 mit den Klassemen [= dominante Merkmale, B.R.] Kunst, historische Monumente usw. aufgebaut. Dagegen wird plötzlich eine Isotopie 2 mit dem Klassem Musik, Schlager usw. gestellt. Der Wechsel, d. h. die Modulation, geschieht über einen Aktanten, der ein Homonym darstellt und deshalb beiden Isotopieebenen angehört. (Link 1997c, S. 78 f.)

- Weil der Kontrast zwischen den zunächst unverträglichen Isotopieebenen auf einer übergeordneten Ebene wieder aufgelöst wird, sind solche Witze letzten Endes doch auf Monosemierung hin angelegt. Sie setzen dabei Anspielungen und Assoziationen frei, die das intellektuelle Vergnügen an der Auflösung semantischer Widersprüche begleiten und steigern. Dass man auch an Isotopiebrüchen, die nicht zu einer neuen Synthese führen, Gefallen finden kann, zeigt das Beispiel der Lyrik. Im *Studienbuch*

Linguistik (Linke u. a. 1996) wird dazu ein Vers aus einem Gedicht von August Stramm angeführt: „Die Steine feinden. Fenster grinst Verrat."

> Das semantische Merkmal [feindlich] wirkt in dieser Textpassage als Textverknüpfungsmittel, und so können wir auf semantischer Basis einen Zusammenhang konstruieren, der vom selben Text an anderer Stelle durch semantische Inkompatibilitäten (unbelebten Objekten werden menschliche Handlungsweisen zugeschrieben) und grammatische Normverstöße (*feinden* ist keine existierende Verbform des Deutschen) erschwert wird. (Linke u. a. 1996, S. 230 f.)

- Wie dieses Beispiel zeige, so wird gefolgert, sei das Isotopiekonzept speziell geeignet für eine Beschäftigung mit Texten, „bei denen eine (bewusste) Zerstörung syntaktischer und wortsemantischer Bezüge und die Durchbrechung von Textmustern das Textverstehen erschweren" (ebd.).
- Bei der Erklärung von Wortbedeutungen im Gedicht bezieht sich Jürgen Link in seiner *Literatursemiotik* (vgl. Link 1997a/b) auf die Unterscheidung zwischen Denotation und Konnotation und auf den Begriff der Symbolik. Beide Phänomene beruhen auf einem spezifisch poetischen Umgang mit Isotopien. Konnotation lässt sich auch als „Überschreitung einer Isotopie auf eine andere hin" definieren (Link 1997a, S. 20). Das zeigt sich zum Beispiel an C. F. Meyers Gedicht *Zwei Segel* (Meyer [1882] 1968, S. 102):

CONRAD FERNINAND MEYER: ZWEI SEGEL

Zwei Segel erhellend
Die tiefblaue Bucht!
Zwei Segel sich schwellend
Zu ruhiger Flucht!

Wie eins in den Winden
Sich wölbt und bewegt,
Wird auch das Empfinden
Des andern erregt.

Begehrt eins zu hasten
Das andre geht schnell,
Verlangt eins zu rasten,
Ruht auch sein Gesell.

Die erste semantische Ebene in diesem Gedicht ist die der sprachlich üblichen, denotativen Bedeutungen: »harmonisch paarige Bewegung zweier Segel«. Mit dieser Vorstellung ist aber noch eine zweite Bedeutungsebene verbunden: die Harmonie eines Liebespaars. „Solche zusätzlichen Elemente assoziierbarer Bedeutungen werden als Ebenen der *Konnotation* bezeichnet" (Link 1997b, S. 95). Diese Konnotationen sind keineswegs nur subjektiv oder gar reine Gefühlssache, sondern folgen sprachlichen Strukturen, Regeln und Zusammenhängen: Jedes Konnotat muss mit dem Denotat ein gemeinsames semantisches Merkmal teilen:

> Das Bild (Ebene der Denotation) besteht aus nicht menschlichen Gegenständen. Dadurch, daß die Segel auch mit dem Wort «Gesell» bezeichnet werden, rücken sie gleichzeitig in ein anderes semantisches Feld, das von menschlichen, insbesondere erotischen Beziehungen, was durch weitere metaphorische Begriffe wie «empfinden» und «erregt» bestätigt wird. (Link 1997b, S. 96)

— Wenn ein Bild über den Prozess der Konnotation mit einer oder mehreren Zusatzbedeutungen verknüpft wird, spricht man von einem literarischen Symbol. In diesem Fall besteht es aus analogen Entsprechungen zwischen semantischen Merkmalen des denotativ evozierten Bildes (zwei Segel, Wasserfläche, Winde, synchrone Bewegung) und entsprechenden Elementen konnotativer Bedeutungen (Liebespaar, Umgebung, Lebensschicksale, seelische Harmonie). Das Geheimnis der Wörter im Gedicht liegt demnach im Aufbau von Isotopieebenen, die nicht in denotative Eindeutigkeit überführt werden sollen, sondern zu konnotativer und symbolischer Deutung herausfordern.

Nachdem nun unterschiedliche semantische Konzepte vorgestellt wurden, folgt eine erste Probe aufs Exempel: Welche Aspekte der Bedeutung des Gedichts *baiabong* erschließen sich durch den framesemantischen Zugang, welche durch die Offenlegung von denotativ und konnotativ angelegten Isotopieebenen?

J. K.: Das Wort *baiabong* hat, wie bereits erwähnt, keine konventionelle Bedeutung in der deutschen Sprache. Da es das Gedicht als Titelwort sowie beide Strophen des Gedichts einleitet, darf davon ausgegangen werden, dass es als Begriff bzw. Konzept einen assoziativ-semantischen Rahmen (Frame) um beide Strophen und um das gesamte Gedicht legt. Die Aussagen der Verse der beiden Strophen können dann die semantische Füllung leiten. In beiden Strophen wird diese semantische Füllung substantivisch angelegt:

baiabong – die wiegenwaage
baiabong – die schüttelstunde

Zweimal ein Substantiv, durch den bestimmten Artikel sogar mit gewisser Identifikationsfunktion (wie in Form eines Gleichsetzungskasus):

baiabong – *ist* die wiegenwaage
baiabong – *ist* die schüttelstunde

Von diesem Befund ausgehend sind zwei miteinander verknüpfte semantische Lesarten bei der Rekonstruktion der Bedeutung von *baiabong* zu berücksichtigen. Überlegungen zu Begriffen beziehungsweise Konzepten führen jedoch darüber hinaus: Es werden zwei miteinander verknüpfte Sub-Frames angesetzt, innerhalb deren die Lesarten unterschiedlich entfaltet werden. Im einen Fall handelt es sich um ein kindersprachliches, assoziativ-semantisches Gefüge, im anderen um eine erwachsenen-, man muss wohl genauer sagen: bildungssprachlich konstruierte Wendung.

Zunächst zum kindersprachlichen Gefüge: Wenn man die gerade ausgeführten Gleichsetzungen nach dem Muster X = Y zur Kenntnis nimmt, muss man davon ausgehen, dass *baiabong* in der Kindersprache ein polysemes Wort der Wortart Substantiv ist; mit Teilbedeutungen, die irgendwie miteinander verknüpft sein müssen. Man könnte einen Wörterbuchartikel schreiben:

baiabong
(1) eine Wiegenwaage, die Reis und Menschen wiegen und wippen kann, mit Schnüren befestigt an einer Bambustrage;
(2) eine Schüttelstunde, die bei mittags hoch stehender Sonne Schattenspiele erzeugt, aber auch Wunden bereitet.

In beiden Lesarten dieses Sub-Frames, die als prototypische Lesarten des Wortes erscheinen, wird zum Ausdruck gebracht, was man mit ‚baiabong' machen kann, wozu ‚baiabong' da ist. In beiden Strophen werden dazu überwiegend sinnlich wahrnehmbare Sachmerkmale beschrieben.

Sodann zur erwachsenen- bzw. bildungssprachlichen Wendung: *baiabong/ich bin ich bin*. Die letzten beiden Verse geben Hinweise auf assoziativ-semantische Bedeutungsstrukturen, die Kenntnisse intertextueller Art einfordern und das erwachsenen- oder bildungssprachlich konstruierte Gefüge eröffnen: „ich bin ich bin" – das erinnert an „cogito ergo sum", den ersten philosophischen Grundsatz von René Descartes, den er als unhintergehbares Prinzip der Erkenntnis ansetzte. Descartes hat diesen Grundsatz auch „fundamentum inconcussum" genannt, was mit „unerschütterliches Fundament" übersetzt werden kann. Es ist gewiss kein Zufall, dass hier im Gedicht *baiabong* mit Wippen und Schütteln in Verbindung gebracht wird.

„Seidenschnur": Das Leben hängt am seidenen Faden, sagt der Volksmund, und die germanische, die römische sowie die griechische Mythologie kennen Frauen, die diesen Seidenfaden spinnen: Urd, Skuld und Verdandi sind es in der germanischen Mythologie, in der römischen Mythologie sind es die drei Parzen, in der griechischen die drei Moiren Klothos, Lachesis, Atropos.

Wörter im Gedicht 163

Baiabong würde, framesemantisch interpretiert, demnach bedeuten: „ich bin" – an der „Seidenschnur".

B. R.: Meinem Versuch, die Wortbedeutungen in Härtlings Gedicht zu klären, möchte ich vorausschicken, dass eine Analyse auf der Basis des Isotopie-Konzepts andere Zielsetzungen verfolgt als die Frame-Semantik: Gefragt wird nicht nach einer semantischen Füllung des Einzelworts, sondern nach den Isotopieebenen in Härtlings Gedicht, denen *baiabong* zugeordnet werden kann, und nach dem (dominierenden?) semantischen Merkmal, durch das es diese Bedeutungsebenen näher bestimmt.

Eine zweite Vorbemerkung betrifft die textuelle Präsentation des Gedichts. Es nimmt direkten Bezug auf ein Foto von Hilmar Pabel:

Da Peter Härtling dieses Foto[2] in seiner Sammlung von 1987 aus typographischen und editorischen Gründen nicht mit abdrucken wollte, fügte er nach der Überschrift eine erläuternde Passage ein. Sie gehört als Paratext zur gesamten Textform des Gedichts und liefert semantische Merkmale, die für

---

2   Entnommen aus: Peter Härtling für Kinder. Sonderheft der Zeitschrift „Der bunte Hund". Hg. von Hans-Joachim Gelberg. Weinheim; Basel: Beltz & Gelberg 1989, S. 56.

die konkrete Bestimmung seiner Bedeutungsebenen unerlässlich sind. So können wir zum Beispiel die „wiegenwaage" mit der „bambustrage" kontextuieren, erhalten Hinweise auf die semantischen Merkmale von „schüttelstunde" und „schulterwunde" und sind imstande, die Pronomina „du" und „ich" mit der Beziehung zwischen dem chinesischen Vater und seinem Sohn in Verbindung zu bringen. Außerdem können wir erschließen, dass der Vater mit seinem Sohn in der Hitze des Mittags zum Markt unterwegs ist, um dort seinen Korb mit Reis zu verkaufen – abgewogen mit der Bambusstange, die ihm zugleich als Trage und als Waage dient. Diese Parallele wird zusätzlich durch den Reim verstärkt: *wiegenwaage / bambustrage*.

Das Gedicht beginnt mit einem Rätsel: Was bedeutet *baiabong*? Mit der „wiegenwaage" folgt eine zweite, diesmal semantisch auflösbare Neuschöpfung. Sie gibt einen deutlichen Hinweis auf das strukturelle Muster des gesamten Textes: eine enge Verflechtung zunächst nicht miteinander kompatibler Isotopieebenen. Dafür wird auch die lexikalisch bedingte Polysemie des Wortes *wiegen* genutzt. Abgeleitet von *wägen* bedeutet es ‚ein bestimmtes Gewicht haben' oder ‚das Gewicht von jemand / etwas feststellen'; in der Verwandtschaft zu *Wiege* meint es ‚jemand / etwas sanft, schwingend hin und her bewegen'. Das Wiegenlied dazu „singt" die Bambustrage, die sich „wippend" auf und ab bewegt. Sie ist die „wiegenwaage", die zwei Erfahrungsbereiche, zugleich auch zwei semantische Felder, miteinander verbindet: den materiellen Lebensunterhalt („wiegt den Reis") und die existenzielle Befindlichkeit. In „wiegt dich auf" steckt – neben der Sorge um den Lebensunterhalt – auch die durch den Beiklang des „Wiegens" mütterlich konnotierte Fürsorge des Vaters für seinen Sohn, in „zählt dir dein Leben auf" die Vorstellung von der „steten" Aneinanderreihung ähnlicher Situationen in einem agrarisch-einfachen Leben, hängend am „seidenen Faden" des alltäglich-mühseligen Reis-Erwerbs. Das Leben: ein labiles, sich pendelnd auswiegendes, Arbeit und Beziehung gegeneinander aufwiegendes Gleichgewicht.

Verschränkt ineinander sind ferner zwei Isotopien, die das Merkmal »sich bewegend« gemeinsam haben. Der Bewegung im Raum („wiegen", „wippen", „schütteln", „wenden", „runde" und „reiben") korrespondiert die Bewegung in der Zeit: „tage", „stunde", „mittag", „stete". Direkt in eins gesetzt werden diese beiden Ebenen in den Wortgruppen „schüttelstunde" und „stete Runde". Die „heiße Schulterwunde" schließt Mühseliges und Schmerzliches mit ein. Am Ende wird die Bewegung, die räumliche wie die zeitliche, durch das verdoppelte „ich bin" in die lebendig-dynamische Erfahrung der eigenen Existenz überführt. Diese Entwicklung kündigt sich auf der Ebene der Tageszeiten bereits an, wenn sich der Schatten in der heißen Mittagsstunde „wendet".

Peter Härtlings Gedicht ist so beides in einem: eine Bild-Beschreibung und zugleich auch die Deutung dieses Bildes. Anders als in C. F. Meyers Symbol der „zwei Segel", wo die Ebene der Konnotation im Text zwar naheliegt, aber semantisch weitgehend ausgespart bleibt, wird hier die symbolische Bedeutung des Fotos von Hilmar Pabel parallel zu seiner Inszenierung semantisch entfaltet: Beim konkreten Tun im Alltag wird erfahrbar, was das Leben und die eigene Existenz ausmacht – für den Vater wie für den Sohn, denn das „ich bin ich bin" bleibt in seiner Zuordnung zu einem Sprecher unbestimmt. Es könnte sogar in Wechselrede gesprochen sein: Der Sohn antwortet auf die Anrede des Vaters oder der Vater bestätigt die Identitätserfahrung des Sohnes.

Und *baiabong*? Als lautmalerische, rhythmisch akzentuierte Neuschöpfung, der Kindersprache entlehnt, enthält es selbst keine zusätzlichen, denotativ bestimmbaren Inhaltsmerkmale. Aber es fügt den Bedeutungsebenen der räumlichen und zeitlichen Bewegung, der alltäglichen Arbeit und der interaktiven Beziehung die Komponente des körperlich und sinnlich Erfahrbaren hinzu: So fühlt sich das Wippen der „wiegenwaage" beim Schreiten an, so hört sich der imaginäre Klang der „schüttelstunde" an in der Hitze des Mittags. Und auf diese Weise unterstützt *baiabong*, am Schluss des Gedichts wieder aufgenommen, auch die Verwandlung des Konkreten ins Allgemeine: „ich bin ich bin".

J. K.: Die Analyse von *baiabong* hat verschiedene Bedeutungsfalten dieses Wortes ans Licht gebracht. Der lyrische Text erklärt, in der Analyse, *baiabong* und lässt so seine Bedeutung erschließen. Das Rätsel wird, zumindest im Ansatz, gelöst. Es bleibt freilich offen, ob der lyrische Text ein typisches ‚baiabong' erklärt. Dazu bleibt das Wort im Gedicht denn doch noch zu geheimnisvoll, zumal der Leser dem isolierten Titelwort keine Bedeutung hätte zuweisen können. In anderen Fällen lyrischer Texte scheint dies jedoch möglich, scheint das Titelwort sogleich semantisch erfassbar und gleichsam eine Leseanleitung für das Gedicht zu sein. Doch auch hier ist das Titelwort oft Geheimnis – und spielt mit der scheinbaren semantischen Gewissheit des Lesers, wie zum Beispiel das Wort *Weltende* im Titel des Gedichts von Jakob van Hoddis. Diesem Gedicht möchte ich mich mithilfe der Prototypensemantik annähern. Ausgangsproblem für die Entstehung dieses Konzepts war die Frage, wie Menschen mit Hilfe der Sprache Dinge klassifizieren, zu denen nähere Merkmale fehlen, etwa Farben. Man versuche einmal, das Wort *rot* durch semantische Merkmale zu beschreiben (und setze dies fort zur Beschreibung der Farbadjektive in Gedichten Trakls). Des Weiteren wurde festgestellt, dass es für unterschiedliche Menschengruppen unterschiedliche Ordnungen der Kategorisierung gibt: Für die eine ist das eine Rot das roteste

Rot, für den anderen ein anderes. Die Prototypensemantik fragt deshalb nach dem konventionell typischen Vertreter einer Gattung. Sie überschneidet sich dabei mit onomasiologischen Fragestellungen und fokussiert eher den Begriff als die lexikalisch engere Bedeutung. Gleichwohl arbeitet auch sie mit Merkmalen, wobei sie allerdings die Merkmale als Sachmerkmale (und nicht lediglich als Wortbedeutungsmerkmale) ansetzt.

Man kann fast sagen: Ähnlich wie Roland Emmerich in seinem Kinofilm *2012* sucht Jakob van Hoddis in seinem Gedicht *Weltende* von 1911 die Fragen zu beantworten: Was ist ein und was gehört alles zu einem (typischen?) Weltende? Was sind (typische?) Handlungen und Vorgänge bei einem Weltende?

Es bedarf keiner näheren Begründung, dass Jakob van Hoddis eher untypische „fillers" für diese Frageslots gefunden hat: Das Wort *Weltende* oder auch sein Synonym *Weltuntergang* ist standardsprachlich konventionell mit unterschiedlichem lexikalisch gebundenem Wissen verknüpft, indes kaum mit dem, was Jakob van Hoddis präsentiert. Das Duden–Universalwörterbuch gibt lakonisch zirkulär die Auskunft: „Weltende, das (bes. Rel., Theol.): *Ende der [...] Welt*" (Duden 2007, S. 1915). In der Theologie, namentlich in der Apokalypse des Johannes, ist das Weltende ein furchtbarer Untergang, dem das Heil folgt, jeder Schritt von Posaunen der Engel angekündigt. Roland Emmerich hat offenbar ein ähnliches Konzept zu „Weltende" in filmische Bilder übersetzt. Prototypischerweise, so darf man festhalten, ist das mit dem Wort *Weltende* bzw. mit einem Begriff vom ‚Weltende' verknüpfte Wissen ein Wissen über Katastrophen, Unerwünschtes, Beängstigendes.

Und Jakob van Hoddis? „Dem Bürger fliegt vom spitzen Kopf der Hut." Das ist konventionell kaum eine Katastrophe. „Die meisten Menschen haben einen Schnupfen." Das kommt kaum in Berührung mit dem lexikalisch gebundenen Wissen zu *Weltende*. Und trotz Anspielungen an die theologische Sicht auf das Weltende (auch bei van Hoddis führt das semantische Umfeld von *Weltende* Merkmale wie »Geschrei«, »Sturm« und »wilde Meere« mit sich), setzt van Hoddis zum Beispiel semantische Inkompatibilitäten als „fillers" an: „wilde Meere" „hupfen/An Land", „um dicke Dämme zu zerdrücken", „Dachdecker" „gehn entzwei". Hätte Emmerich dies in filmische Bilder gefasst – das Publikum wäre vielleicht enttäuscht gewesen, eben weil die prototypische Erwartung nicht erfüllt wird.

Prototypische Kategorisierungen können auch als assoziative semantische Stereotype im engeren Sinne gefasst werden. Darunter sind Bedeutungszuweisungen zu verstehen, die nicht zur engeren lexikalischen Bedeutung gehören und auch keine darstellungsfunktionalen Merkmale im engeren

Sinn haben, die aber auch nicht lediglich lexikalisierte konnotative Merkmale sind, zumal sie unverkennbar mit einem darstellungsfunktionalen Potential versehen sind. Assoziative semantische Stereotype gehören zum Begriff bzw. Konzept („Thought or Reference") und leiten von dort aus sehr oft die Wahrnehmung des „Referent". Bekannte assoziative semantische Stereotype sind etwa das Merkmal »dumm«, das zum Wort *Schaf* gestellt wird, das Merkmal »geizig«, das zum Wort *Schotte* gestellt wird, das Merkmal »zerstreut«, das zum Wort *Professor* gestellt wird. In all diesen Fällen handelt es sich nicht um Merkmale der Wortbedeutung im engeren Sinn, sondern um stereotyp der Klasse der „Referents" zugewiesene enzyklopädische Merkmale (vgl. Kilian 2005).

„Im üblichen Sprachgebrauch", schreibt Hilary Putnam, „ist ein Stereotyp eine konventional verwurzelte (häufig übelmeinende und möglicherweise völlig aus der Luft gegriffene) Meinung darüber, wie ein *X* aussehe oder was es tue oder sei" (Putnam 1990, S. 68). Ich folge hier diesem Begriff des Stereotyps weitgehend, und zwar auch und gerade deshalb, weil Putnam die „Wahrheit" des Stereotyps deutlich von der „Wahrheit" der so genannten außersprachlichen Welt trennt. Putnams Gebrauch des Wortes „Meinung" (im Original: „idea") kommt dem Begriff des „Vorurteils" mithin sehr nahe.

Jakob van Hoddis spielt mit den konventionellen assoziativ-semantischen Stereotypen von *Weltende* – indem er sie enttäuscht und kritisch gegen den Strich bürstet. „Dem Bürger fliegt vom spitzen Kopf der Hut." Ein ‚Weltende', so darf man annehmen, trifft nicht allein Bürger, sondern Menschen generell. Und doch ist die Kategorie des Bürgers an besonders prominenter Stelle hervorgehoben: lexikalisch, indem sie die erste Referenz im Gedicht abgibt; syntaktisch, indem das Dativobjekt das Vorfeld besetzt. Schon dies lässt vermuten, dass das Wort *Bürger* hier nicht allein darstellungsfunktionalen Zwecken dient. Liest man diesen Vers aus stereotypensemantischer Perspektive, so haben Bürger „spitze Köpfe" und tragen „Hüte". Das ist, zumindest in Bezug auf die „spitzen Köpfe", kaum prototypensemantisch als Merkmalsbeschreibung ansetzbar. Die Erwähnung der „spitzen Köpfe" lenkt den Blick denn auch darauf, dass hier keineswegs eine standardsprachlich konventionelle darstellungsfunktionale Semantik des Wortes *Bürger* abgerufen wird. Köpfe sind prototypischerweise rund, nicht spitz. Das Adjektivattribut *spitz* muss hier demnach in übertragener Bedeutung zur Kennzeichnung des mit dem Kollektivsingular „dem Bürger" bezeichneten Bürgertums gebraucht sein. In Daniel Sanders *Handwörterbuch der deutschen Sprache* von 1869 wird das Wort *Spitzkopf* erklärt mit „spitzfindiger K.[opf]", also ‚spitzfindiger Mensch', und unter *spitzfindig* heißt es im selben Wörterbuch:

„scharf in Fünden – zumeist von einem auf Unnützes od. zur Vertheidigung von Unwahrem angewandtem Scharfsinn" (Sanders 1869, S. 793). Der „spitze Kopf" zeigt den „Bürger" im Gedicht *Weltende* im Sinne eines assoziativ-semantischen Stereotyps: ein „spitzfindiger Mensch", der seinen Verstand „auf Unnützes od. zur Vertheidigung von Unwahrem" richtet.

B. R.: Die Unterschiede zwischen einer frame- oder prototypensemantisch und einer auf Isotopieebenen ausgerichteten Betrachtungsweise sind bei diesem Beispiel nicht so erheblich wie bei *baiabong* von Peter Härtling. Das hat zwei spezifische Gründe. Zum einen ist der Titel des Gedichts aus einem zusammengesetzten Wort gebildet, dessen semantische Merkmale eindeutig bestimmt werden können: ‚Weltende', das ist der Zeitpunkt, an dem die Welt aufhört zu existieren – mit allem, was zu ihr gehört. Nach geläufiger Vorstellung kündigt sich dieses Ende, der ‚Untergang' der Welt, durch außergewöhnliche Ereignisse an, verbreitet große Angst unter den Menschen und ist mit katastrophalen Naturereignissen verbunden. Zum anderen etabliert der Titel eine übergeordnete Isotopieebene, deren dominante Merkmale die untergeordneten Bedeutungsebenen zusammenführen und in eine übergreifende Sinnstruktur einbinden. So ergibt sich ein deutlicher Hinweis auf die Erwartung, mit der das Gedicht gelesen werden soll: Was in den einzelnen Versen und Strophen steht, wird mindestens ein Merkmal mit dem Bedeutungspotential des Wortes *Weltende* gemeinsam haben.

Das Besondere an dem Text liegt darin, dass er diese Erwartung teils erfüllt, teils konterkariert. Was semantisch in den Kontext passt, ist vor allem der Sturm: in den Lüften (wie Geschrei), über den Dächern (mit fatalen Folgen), am Meer, wo er eine wilde Sturm-Flut auslöst, und auf den Brücken, von denen die Eisenbahnen fallen. Was absolut nicht dazu passt: „Die meisten Menschen haben einen Schnupfen". Dazu kommen semantische Brüche in einzelnen Wortgruppen und Wendungen: Dachdecker „gehn entzwei" – nicht wie Menschen, sondern wie Sachen (etwa die Dachziegel). Die „wilden" Meere „hupfen" an Land wie harmlose Grashüpfer, „zerdrücken" dort, wie ein Riese mit der Faust, nicht etwa die festen oder starken, sondern die „dicken" Dämme. Natürlich kann der Sturm den Menschen die Hüte vom Kopf reißen, aber warum muss es der auffällig vorangestellte „Bürger" sein, dazu noch charakterisiert durch einen „spitzen Kopf"?

Es fällt auf, dass manche Abweichung auch dem Versbau und dem Reim, also formalen Elementen des Gedichts geschuldet ist. „Hupfen" markiert einen Zeilen-Sprung – den einzigen im gesamten Text – und reimt sich zudem mit dem verharmlosenden „Schnupfen". Die Wortwahl „zerdrücken" könnte durch Reimzwang mit „Brücken" bedingt sein, ebenso das „entzwei" durch den Gleichklang mit „Geschrei". Auf diese Weise wird die Wortwahl semantisch entschärft. Der Text evoziert nicht nur Angst und Betroffenheit, sondern demonstriert auch literarisches Können. Nimmt man noch den Einschub „liest man" in Vers 4 mit dazu, sind damit Signale für Distanz und Ironie gesetzt. Übertreibung und Verharmlosung halten sich die Waage, sodass der Eindruck entsteht, es handle sich nicht um ein wirkliches ‚Weltende', sondern um ein spielerisch aus Versatzstücken konstruiertes, die sich nicht bruchlos aneinanderfügen. Man hat das Gedicht in seiner Rezeptionsgeschichte deshalb auch als „Westentaschenapokalypse" bezeichnet. Johannes R. Becher hat 1957 versucht, seine Wirkung auf die Gleichgesinnten von damals zum Ausdruck zu bringen:

> Auch die kühnste Phantasie meiner Leser würde ich überanstrengen bei dem Versuch, ihnen die Zauberhaftigkeit zu schildern, wie sie dieses Gedicht „Weltende" von Jakob van Hoddis für uns in sich barg. Diese zwei Strophen, o diese acht Zeilen schienen uns in andere Menschen verwandelt zu haben, emporgehoben zu haben aus einer Welt stumpfer Bürgerlichkeit, die wir verachteten und von der wir nicht wußten, wie wir sie verlassen sollten. (zitiert nach Raabe 1965, S. 51 f.)

Die literarisch Interessierten wussten damals auch, dass das Wort *Sturm* nicht nur ein Naturereignis, sondern auch eine Wochenschrift bezeichnen konnte. Anfang 1910, als Jakob van Hoddis sein Gedicht schrieb, wurde sie gegründet – als Zeitschrift für die Avantgarde der expressionistischen Künstler und Literaten – mit einem deutlichen Affront gegen das spießige Bildungsbürgertum der damaligen Zeit. Mit diesem Wissen im Hinterkopf kann man, ausgehend von einer zentralen Isotopie des Textes, die konnotativ-symbolische Bedeutungsebene in den Blick nehmen. „Der Sturm ist da" – so steht es an hervorgehobener Stelle zu Beginn der zweiten Strophe. Und er fegt, so der jetzt herstellbare Bezug zum Beginn der ersten Strophe, dem Spießbürger den Hut vom „spitzen Kopf" (vgl. Groddeck 1992).

Die Endzeitstimmung, wie sie im Bürgertum der damaligen Zeit kultiviert wurde, wird demnach lediglich zitiert, und zwar so, dass hinter den Isotopiebrüchen, durch die sie ironisiert wird, ein anderes ‚Weltende' aufscheint: das Ende des Bildungsbürgertums und seiner kulturellen Traditionen. Nur so ist es zu erklären, dass Kurt Pinthus 1919 seine Lyrikanthologie *Menschheitsdämmerung* mit *Weltende* eröffnete – von vielen wurde gerade dieses Gedicht als programmatisch für die expressionistische Literatur angesehen.

Was folgt aus diesen Analysen für die Erklärungskraft der semantischen Konzepte, die dafür herangezogen wurden?

J. K.: Für die Erklärungsansätze der Framesemantik und der Prototypensemantik möchte ich das Ergebnis so zusammenfassen: Beide sind, als neuere, der kognitiven Semantik verpflichtete Ansätze anschlussfähig an ältere, strenger auf Einzelwörter und die Dekomposition von Bedeutungen semantischer Merkmale ausgerichtete Methoden der semantischen Analyse. Dies wird zwar manchmal bestritten, weil die Frame- und die Prototypensemantik als ganzheitliche Zugriffe der Bedeutungserklärung gerade als eine Überwindung der Merkmalsemantik in der Sprachwissenschaft rezipiert wurden. Ohne die Annahme der Existenz semantischer Merkmale, das haben auch die Analysen gezeigt, geht es aber nicht.

Beide Ansätze eignen sich für die semantische Analyse von Wörtern in literarischen Texten, namentlich lyrischen Texten, meines Erachtens in ganz besonderer Weise. Denn beide eröffnen der Rezeption der semantischen und enzyklopädischen Merkmale, die ein Wort in einem Text entfaltet, Wege einer „reichen Semantik", d. h. einer Semantik, die von der Einzelwortbedeutung ausgehend und über dieselbe hinausgehend individuelle, konventionelle, historische, kulturelle, diskursive oder auch, wie die Analyse der Isotopieketten zeigte, textimmanente semantische Vernetzungen einbegreift. Das Wort *Weltende* beispielsweise besitzt eine konventionelle, merkmalanalytisch dekomponierbare lexikalische Bedeutung. In unterschiedlichen Sprechergruppen einer Sprachgesellschaft kann *Weltende* aus dieser lexikalischen Bedeutung heraus unterschiedliche prototypische Konzeptualisierungen erfahren, zum Beispiel theologische, militärische, politische. Jede von ihnen öffnet wiederum unterschiedliche Frames mit unterschiedlichen Mitspielern, Gegenständen und Ereignissen. In lyrischen Texten wird mit der reichen Semantik, die die Wörter im mentalen Lexikon entfalten können, gespielt; zugleich aber wird diese reiche Semantik extrem verdichtet, in ein extrem enges Zeichenkorsett gesteckt. Prototypen- und Framesemantik können helfen, der kargen Zeichenmenge den semantischen Reichtum zu entlocken.

Man könnte nun weitere Wörter in weiteren Gedichten auf vergleichbare Weise frame-, script-, prototypen-, stereotypensemantisch analysieren, etwa am Beispiel von Alfred Lichtensteins *Die Dämmerung* (Lyrik 1962, S. 89):

ALFRED LICHTENSTEIN: DIE DÄMMERUNG
Ein dicker Junge spielt mit einem Teich.
Der Wind hat sich in einem Baum gefangen.
Der Himmel sieht verbummelt aus und bleich,
Als wäre ihm die Schminke ausgegangen.

Auf lange Krücken schief herabgebückt
Und schwatzend kriechen auf dem Feld zwei Lahme.
Ein blonder Dichter wird vielleicht verrückt.
Ein Pferdchen stolpert über eine Dame.
An einem Fenster klebt ein fetter Mann.
Ein Jüngling will ein weiches Weib besuchen.
Ein grauer Clown zieht sich die Stiefel an.
Ein Kinderwagen schreit und Hunde fluchen.

Die genannten semantischen Ansätze sind allerdings, wie an einzelnen Wörtern im Gedicht zu zeigen versucht wurde, nicht allein geeignet, um Bedeutung und Begriff von Wörtern im Gedicht in Bezug auf deren Titelstichwörter zu erschließen. Jedes einzelne Wort in lyrischen Texten kann als Rahmenstichwort angesetzt, kann frame-, script-, prototypen-, stereotypensemantisch untersucht werden. Und man kann auf diese Weise vielleicht gar versuchen, Rahmen-Titel für lyrische Texte zu finden, das Spiel gleichsam umzudrehen: Während bei *baiabong* und *Weltende* die Lektüre durchaus durch das Titelstichwort angeleitet, wohl auch um- und vielleicht gar irregeleitet wird, kann versucht werden, den lyrischen Text wie einen Wörterbuchartikel zu lesen und ein Titelstichwort als Lemma dafür zu finden – zum Beispiel „Ruhe", „Schweigen" oder „Nacht" für den folgenden lyrischen Text (Goethe [1780] 1948, S. 142):

JOHANN WOLFGANG VON GOETHE: EIN GLEICHES

Über allen Gipfeln
Ist Ruh,
In allen Wipfeln
Spürest du
Kaum einen Hauch;
Die Vöglein schweigen im Walde.
Warte nur, balde
Ruhest du auch.

B. R.: Den größten Vorteil des Isotopie-Konzepts sehe ich darin, dass es, ausgehend vom Bedeutungspotential einzelner Wörter, nicht diese selbst, sondern ihre konkrete Füllung durch den semantischen Kontext in den Blick nimmt und die assoziative Kraft auslotet, die sie dabei entfalten. Bei diesem Vorgehen wird auch deutlich, dass es textsortenspezifische Strategien gibt, die sich in einer Bandbreite zwischen zwei gegensätzlichen Polen bewegen: dem Streben nach möglichst weit reichender Eindeutigkeit und dem Eröffnen von Spielräumen für Mehrdeutigkeit, Konnotationen und Symbolik. Sach- und Fachtexte liegen nahe dem ersten, Gedichte nahe dem zweiten Pol.

Dazu kommt ein Zweites: Das Konzept kann der Tatsache Rechnung tragen, dass die Zuordnung von Wörtern zu einer Isotopieebene immer in den Akt der Realisierung einer individuellen Lesart eines Textes eingebunden ist. Man muss zum Beispiel nicht wissen, dass es die Zeitschrift *Der Sturm* gegeben hat, um Zusammenhänge und Kontraste im Gedicht *Weltende* aufzufassen und mental zu verarbeiten. Auch ohne diese zusätzliche Bedeutungsmöglichkeit ergibt der Text Sinn, und das Verständnis, das sich aus der zusätzlichen Komponente ergibt, ist nicht eo ipso das endgültig richtige. Dasselbe gilt, mutatis mutandis, für *baiabong*. Gerade in diesem Gedicht sind die Bedeutungsebenen so ineinander verwoben, dass man, im Rahmen des gesamten Geflechts, bei der eigenen Lesart auch andere und zusätzliche Denotationen und Konnotationen realisieren kann.

Wichtig erscheint es mir, darauf hinzuweisen, dass es sich bei der eigenen Lesart um etwas Individuelles, nicht aber um etwas rein Subjektives handelt. Das beginnt bereits mit dem Bedeutungspotential, das die einzelnen Wörter in den Text einbringen. Es ist das Resultat ihrer verschiedenen Verwendungsweisen in all den Kontexten, in denen sie „gebraucht" wurden: kollektiv und individuell. Dabei wird in der Regel der individuelle durch den kollektiven Gebrauch präformiert, aber auch der umgekehrte Fall ist möglich: Neuprägungen und individuell hergestellte Kontexte können in den Sprachgebrauch der Allgemeinheit übergehen und das Bedeutungspotential ihrer Wörter modifizieren. Allgemeingültig oder subjektiv – das ist bei semantischen Analysen demnach die falsche Alternative. Der Problematik angemessen ist die Einsicht in den dialektischen Zusammenhang zwischen den kollektiven und den individuellen Anteilen des Bedeutungspotentials der Wörter unserer Sprache. Diesen Zusammenhang kann man mit Hilfe des Isotopiekonzepts sprachtheoretisch und sprachgeschichtlich gut erklären.

Daraus ergibt sich auch eine wichtige Zielsetzung des Deutschunterrichts, die sowohl für die Sprach- wie für die Literaturdidaktik Gültigkeit besitzt. Ich formuliere es hier mit der Terminologie, die an anderer Stelle ausführlicher begründet wurde (vgl. Rank 2008 und Rank; Bräuer 2008): Erfahrungen mit dem Bedeutungspotential von Wörtern und ihrem „Gebrauch" in unterschiedlichen Texten machen und diese Erfahrungen mit Hilfe geeigneter Kategorien und Erklärungsmodelle mit zunehmendem Grad an abstrahierender Verallgemeinerung reflektieren. Was den Literaturunterricht angeht, ist das Literarische Unterrichtsgespräch ein dieser Zielsetzung besonders angemessenes Verfahren. Es eröffnet dem individuellen Verstehen von semantischen Zusammenhängen in einem literarischen Text den dafür nötigen Raum, es stellt einen Rahmen für die intersubjektive Verständigung über mögliche Kontextuierungen und Konnotationen zur Verfügung und es erweitert so auch das sprachliche und literarische „Potential" der Gesprächsteilnehmer.

Die spezifisch didaktische Leistung des Isotopiekonzepts sehe ich darin, dass es zunächst eine methodische Hilfe bei der Vorbereitung eines Literarischen Gesprächs bereitstellt. Zur Leitungsfunktion gehört nämlich auch eine Vorstellung davon, welche Bedeutungsebenen in dem Text angelegt sind, der für ein Gespräch ausgewählt wurde. Dafür ist auch Expertenwissen nötig, aber ohne die Verpflichtung, es unbedingt in das Gespräch einfließen zu lassen. Je nach den Lernvoraussetzungen der Gruppe und dem Gang des Gesprächs kann entschieden werden, ob der Hinweis auf die literarische Zeitschrift *Der Sturm* als Impuls in ein Gespräch über *Weltende* eingebracht wird oder nicht.

Mit einer Vorstellung von den unterschiedlichen Isotopieebenen eines Gedichts ‚im Hinterkopf' kann man bei der Leitung eines Gesprächs auch genauer darauf achten, von welchen semantischen Ebenen die Teilnehmerinnen und Teilnehmer in ihren Äußerungen vorbewusst, bewusst oder gar reflektiert ausgehen. Solche Beobachtungen können die Bündelung thematischer Aspekte erleichtern und Kriterien für die Entscheidung bereitstellen, ob und wie noch nicht angesprochene Zusammenhänge ins Gespräch eingebracht werden. Wird dieses Verfahren offengelegt – zum Beispiel durch Impulse („Ich bringe die Überschrift ‚baiabong' mit der ‚Schüttelstunde' in Verbindung und verstehe dieses Wort als ...") oder durch eine entsprechende Einleitung des Gesprächs („Benenne zwei oder drei Wörter aus dem Gedicht, die für dich zusammengehören") – dann sammelt sich auch bei den Schülerinnen und Schülern Erfahrung mit Zugangsmöglichkeiten zu Bedeutungsebenen in literarischen Texten an, die bei Bedarf oder Gelegenheit auch explizit reflektiert und durch einen Begriff (z. B. „Bedeutungsebene") verallgemeinert werden kann. Damit wäre schließlich auch der Forderung nach einer Integration sprachdidaktischer Aspekte in den Literaturunterricht Genüge getan. Da ich diese Forderung unterstütze, bin ich sehr daran interessiert zu erfahren, wie sich das aus der Sicht eines Sprachdidaktikers darstellt.

J. K.: Dazu könnte ich nun weit ausholen, möchte es im vorliegenden Zusammenhang aber erst einmal dabei belassen, festzustellen, dass Literatur, wie Wolfgang Kayser es einmal formuliert hat, ein sprachliches Kunstwerk ist – wobei aus sprachwissenschaftlicher und sprachdidaktischer Sicht die Betonung auf das Adjektiv *sprachlich* gelegt wird. Literatursprache – und somit auch das Wort im Gedicht – vagabundiert durch alle Varietäten, nährt sich von ihnen und speist sie zugleich. Schon dadurch ist literarischer Wortschatz in der Regel semantisch reicher als alltagssprachlicher Wortschatz. Im Gebrauch wird sodann das literarische Wort, wie eingangs erwähnt, grundsätzlich nicht monosemiert und grundsätzlich nicht in seiner referentiellen Funktion konkretisiert. Wörter im Gedicht laden daher geradezu ein zur sprachlich-literarischen Bildung. Die linguistisch gestützte und sprachdidaktisch modellierte Untersuchung von Wörtern im Gedicht im Literarischen Unterrichtsgespräch kann und soll, zum einen, selbstverständlich der Erschließung des lyrischen Textes dienen. Sie kann und soll dann aber auch, zum anderen, der Erweiterung und Vertiefung der lexikalisch-semantischen Kompetenz des Individuums zuträglich sein, im Rahmen des sprachlichen Lernens wie auch im Rahmen der sprachlichen Bildung. Unter *lexikalisch-semantischer Kompetenz* ist die Fähigkeit zur produktiven wie rezeptiven lexikalisch-semantischen Lösung kommunikativer und kognitiver Aufgaben zu verstehen. Zur Erzeugung einer lexikalisch-semantischen Kompetenz trägt, zum einen, eine systematische Wortschatzarbeit bei, wobei die sprachdidaktische Definition und Modellierung ihres Gegenstandes, das heißt des (Lerner-, Grund-, Mindest-)Wortschatzes, sich jedoch in quantitativer wie in qualitativer Hinsicht als höchst problematisch erweist. Zur Erzeugung einer lexikalisch-semantischen Kompetenz tragen darüber hinaus Strategien lexikalisch-semantischen Lernens bei, zum Beispiel in Form der Rekonstruktion der Strukturen von Wortfamilien, Wort- und Sachfeldern sowie Wortbildungsstrukturen, des Weiteren die Erzeugung deklarativen Wissens über Prinzipien und Typen lexikalisch-semantischer Strukturierung. Dass der Wortschatz im Kopf – das mentale Lexikon – nicht (nur) alphabetisch geordnet ist – wie im Wörterbuch –, sondern in assoziativen „Wörternetzen" und Wissensstrukturen, wird namentlich in der Auseinandersetzung mit Wörtern im Gedicht deutlich.

Ein abschließendes Fazit: In unserem Gespräch haben wir versucht, sprach- und literaturwissenschaftliche Zugänge zu Wörtern im Gedicht zu eröffnen, ohne das ‚Geheimnis', das sie in sich bergen, restlos aufzulösen. Es hat sich gezeigt, dass sie unter vielfältigen Aspekten wissenschaftlich erschlossen und didaktisch fruchtbar gemacht werden können: in der Reflexion über Sprache, die auch und gerade in Literarischen Gesprächen einen Ort haben kann. Seinen Grund hat das darin, dass Wörter im Gedicht zwei Regeln zugleich folgen: denen der Sprache und denen der Poesie. Eine der bekanntesten Lyrikerinnen der Gegenwart, Ulla Hahn, hat das mit den folgenden Worten ausgedrückt:

Jedes Wort kann sich aus dem „Steinbruch der Stille" (Stifter) lösen, kann als Feuerwerk von Bedeutungen aufflammen in der Reibung mit einem anderen. Nicht nur die Dinge werden im Gedicht von ihrem gewöhnlichen Gebrauch gerückt; auch die Wörter werden in Bewegung versetzt, aus ihren festgezurrten Bedeutungen gelöst. Der Dichter muss den „Geisterblick" (Eichendorff) haben, der blitzartig das Entlegenste aneinanderrückt; dann schließen die Wörter einander auf.

Das Wunderbare: wenn sich die Wörter im Gedicht zu wandeln beginnen; vom Zeichen, das Wirklichkeit benennt, zum Ding, das Wirklichkeit schafft. Eine Wirklichkeit nicht nach den Gesetzen der Schwerkraft oder Grammatik, sondern nach denen der Poesie, die der Dichter gemeinsam mit den Wörtern in jedem Gedicht neu erfindet. Eine Wirklichkeit der Wortdinge. (Hahn 2008, S. 87)

Primärliteratur

Goethe, Johann Wolfgang von ([1789] 1948): Goethes Werke. Hamburger Ausgabe in 14 Bänden. Bd. 1. Hg. von Erich Trunz. Hamburg: Wegner

Hahn, Ulla (2008): Unerhörte Nähe. Gedichte. Mit einem Anhang für den, der fragt. München: Deutsche Verlags-Anstalt

Härtling, Peter (1998): Die Gedichte. 1953-1987. Mit einem Nachwort von Karl Krolow. Frankfurt a. M.: Luchterhand

Lyrik des expressionistischen Jahrzehnts. Von den Wegbereitern bis zum Dada. Einleitung von Gottfried Benn. München: Deutscher Taschenbuch Verlag 1962 [= Lyrik 1962]

Meyer, Conrad Ferdinand ([1882] 1968): Sämtliche Werke in zwei Bänden. Vollständiger Text nach den Ausgaben letzter Hand. Mit einem Nachwort von Erwin Laaths. Bd. 2. München: Winkler

Sekundärliteratur

Duden (2007). Deutsches Universalwörterbuch. Hg. von der Dudenredaktion. 6., überarb. und erw. Aufl., Mannheim u. a.: Dudenverlag

Greimas, Algirdas J. (1974): Die Isotopie der Rede. Bd. 2: Reader. In: Lektürekolleg zur Textlinguistik. Hg. von Werner Kallmeyer u. a. Frankfurt a. M.: Athenäum Fischer, S. 126–152

Groddeck, Wolfram (1992): Aspekte des Dekonstruktivismus oder Lektüre des Gedichts „Weltende" von Jakob van Hoddis. In: Deutschblätter, Jg. 18, H. 10, S. 2–23

Jakobson, Roman (1969): Kindersprache, Aphasie und allgemeine Lautgesetze. 2. Aufl., Frankfurt a. M.: Suhrkamp

Hermanns, Fritz (1995): Kognition, Emotion, Intention. Dimensionen lexikalischer Semantik. In: Die Ordnung der Wörter. Kognitive und lexikalische Strukturen. Hg. von Gisela Harras. Berlin; New York: de Gruyter, S. 138–178

Kilian, Jörg (2005): Assoziative Stereotype. Sprachtheoretische, sprachkritische und sprachdidaktische Überlegungen zum lexikalisch verknüpften Mythos, Aberglauben, Vorurteil. In: Brisante Semantik. Neuere Konzepte und Forschungsergebnisse einer kulturwissenschaftlichen Linguistik. Hg. von Dietrich Busse, Thomas Niehr und Martin Wengeler. Tübingen: Niemeyer, S. 117–132

Kilian, Jörg (2008a): Verborgene Weltansichten entdecken. Zur Konzeption einer kritischen Semantik assoziativ-semantischer Stereotype aus sprachwissenschaftlicher, sprachphilosophischer und sprachdidaktischer Sicht. Zugleich eine linguistisch begründete Kritik politisch korrekter Sprachkritik. In: Verschlüsseln, Verbergen, Verstecken in öffentlicher und institutioneller Kommunikation. Hg. von Steffen Pappert, Melani Schröter und Ulla Fix. Berlin: Schmidt, S. 49–68

Kilian, Jörg (2008b): Kritische Semantik, sprachliches Lernen und sprachliche Bildung. Aspekte einer linguistisch fundierten kulturwissenschaftlichen Sprachdidaktik. In: „Sich bilden, ist nichts anders, als frei werden." Sprachliche und literarische Bildung als Herausforderung für den Deutschunterricht. Hg. von Gerhard Härle und Bernhard Rank. Baltmannsweiler: Schneider Verlag Hohengehren, S. 261–283

Link, Jürgen (1997a): Literatursemiotik. In: Literaturwissenschaft. Ein Grundkurs. Hg. von Helmut Brackert und Jörn Stückrath. 5. Aufl., Reinbek: Rowohlt, S. 15–29 [1. Aufl. 1992]

Link, Jürgen (1997b): Elemente der Lyrik. In: Literaturwissenschaft. Ein Grundkurs. Hg. von Helmut Brackert und Jörn Stückrath: 5. Aufl., Reinbek: Rowohlt, S. 86–101 [1. Aufl. 1992]

Link, Jürgen (1997c): Literaturwissenschaftliche Grundbegriffe: eine programmierte Einführung auf strukturalistischer Basis. 6., unveränd. Aufl., München: Fink [1. Aufl. 1974]

Linke, Angelika; Nussbaumer, Markus; Portmann Paul R. (1996): Studienbuch Linguistik. 3. Aufl., Tübingen: Niemeyer [1. Aufl. 1991]

Ogden, Charles K.; Richards, Ivor A. (1966): The Meaning of Meaning. A Study of The Influence of Language upon Thought and of The Science of Symbolism. 8. Aufl., New York: Harcourt, Brace & Co. [1. Aufl. 1923]

Putnam, Hilary (1990): Die Bedeutung von „Bedeutung". Hg. und übersetzt von Wolfgang Spohn. 2., durchges. Aufl., Frankfurt a. M.: Klostermann [1. Aufl. 1975]

Raabe, Paul (Hg.) (1965): Expressionismus. Aufzeichnungen und Erinnerungen der Zeitgenossen. Olten; Freiburg: Walter

Rank, Bernhard (2008): Sprachliche Bildung durch Kinderliteratur. In: „Sich bilden, ist nichts anders, als frei werden." Sprachliche und literarische Bildung als Herausforderung für den Deutschunterricht. Hg. von Gerhard Härle und Bernhard Rank. Baltmannsweiler: Schneider Verlag Hohengehren, S. 129–155

Rank, Bernhard; Bräuer, Christoph (2008): Literarische Bildung durch literarische Erfahrung. In: „Sich bilden, ist nichts anders, als frei werden." Sprachliche und literarische Bildung als Herausforderung für den Deutschunterricht. Hg. von Gerhard Härle und Bernhard Rank. Baltmannsweiler: Schneider Verlag Hohengehren, S. 63–87

Sanders, Daniel (1869): Handwörterbuch der deutschen Sprache. Leipzig: Wigand

Schwarz, Monika; Chur, Jeanette (1996): Semantik. Ein Arbeitsbuch. 2. Aufl., Tübingen: Narr

Wittgenstein, Ludwig (1999): Philosophische Untersuchungen. In: Ludwig Wittgenstein: Werkausgabe. Bd. 1. 12. Aufl., Frankfurt a. M.: Suhrkamp, S. 225–580

Kaspar H. Spinner
Operative Verfahren zu Gedichten als Gesprächsimpuls

In der Fachliteratur zum Literarischen Unterrichtsgespräch fällt auf, dass meist schwierige Texte als Gesprächsgrundlage gewählt werden (Gedichte von Nelly Sachs, Paul Celan, Rainer Maria Rilke, Prosa von Kafka). Sie regen mehr zum kommunikativen Austausch an als Texte, die man gleich zu verstehen glaubt und über die (scheinbar) kein Gesprächsbedarf besteht. Die oft auftretende Gefahr, dass das freie Gespräch über Texte rasch versiegt und der in der Schule geläufige Frageunterricht an seine Stelle tritt, kann mit rätselhaften Texten eher vermieden werden. Interessant sind in diesem Zusammenhang Ergebnisse der empirischen Studie von Maja Wiprächtiger-Geppert; sie zeigt, dass vor allem diejenigen Textstellen, die bei den Schülerinnen und Schülern für Irritationen sorgen, zu Interpretationen anregen und damit zum Motor des Literarischen Unterrichtsgesprächs werden. Wenn die Schülerinnen und Schüler dann glauben, die Widersprüche aufgelöst zu haben, erlahmt das Gespräch (vgl. Wiprächtiger-Geppert 2009, S. 279). Ebenso seien Widersprüche zwischen verschiedenen Interpretationen eine „treibende Kraft" (ebd., S. 280). Es leuchtet ein, dass mit hermetischen, rätselhaften Texten solche Effekte besonders gut erreicht werden können. Typisch ist auch, dass Gerhard Härle in einem von ihm geleiteten und veröffentlichten literarischen Gespräch bei seiner einführenden Bemerkung die Wahl des Textes gegenüber den Teilnehmenden damit begründet, dass der Text ihn gerade deshalb fasziniere, „weil er mir n bisschen geheimnisvoll vorkommt" (Härle 2004b, S. 119); hier wird der irritierende Rätselcharakter des Textes explizit zu Beginn thematisiert.

Im Folgenden stelle ich eine andere Vorgehensweise vor, die auf eine ähnliche Wirkung abzielt; das Grundprinzip besteht darin, dass im Sinne des produktiv-operativen Vorgehens die Gesprächsteilnehmer zunächst eine weggelassene Textstelle ausfüllen oder dass sie aus Formulierungsangeboten auswählen und sich anschließend über die vorgeschlagenen Lösungen austauschen. Die Irritation wird also dadurch erzeugt, dass unterschiedliche Vorschläge gemacht werden. Wichtig sind dabei die folgenden Gelingensbedingungen:

- Die operative Aufgabe muss so gestellt sein, dass tatsächlich unterschiedliche Lösungsvorschläge zu erwarten sind. Denn nur so ergibt sich ein Anlass, über die Lösungen zu sprechen.
- Die Textstelle, auf die sich die Aufgabe bezieht, muss für die Globalbedeutung des Textes relevant sein. Sonst ist das Verfahren für die Textinterpretation nicht ergiebig.

Im Folgenden werden drei operative Verfahren an je einem Gedicht vorgestellt. In der Lyrikdidaktik sind die operativen Verfahren seit längerer Zeit geläufig, vor allem durch Publikationen von Gerhard Haas (z. B. Haas 1997). In einem Workshop beim zweiten Heidelberger Symposion zum Literarischen Unterrichtsgespräch sind die folgenden Beispiele erprobt worden.

1. Aus Formulierungsangeboten auswählen

Bei diesem Verfahren wird die Aufgabe gestellt, aus mindestens zwei Formulierungsvorschlägen, von denen eine Variante die originale ist, diejenige auszuwählen, die „am besten passt". Diese Aufgabe kann in vielfältiger Weise durchgeführt werden: bezogen auf eine oder mehrere Textstellen, mit einzelnen Wörtern, mit Wortgruppen oder mit ganzen Sätzen. Im folgenden Beispiel (Walser 1908, S. 17) geht es um den letzten Vers eines Gedichtes; Schlüsse von Texten sind für das Verfahren deshalb in vielen Fällen interessant, weil sie für den Gesamtsinn besonders relevant sind.

> ROBERT WALSER: SCHNEE
>
> Es schneit, es schneit, bedeckt die Erde
> mit weißer Beschwerde, so weit, so weit.
>
> Es taumelt so weh, hinunter vom Himmel,
> das Flockengewimmel, der Schnee, der Schnee.
>
> Das gibt dir, ach, eine Ruh, eine Weite,
> die weißverschneite Welt macht mich schwach.
>
> So dass erst klein, dann groß mein Sehnen
> …
>
> *Welcher Vers passt am besten als letzte Zeile?*
> – die Brust will dehnen zu tiefer Pein.
> – sich drängt zu Tränen, in mich hinein.
> – erklingt zu Tönen, voll und rein.

Im Heidelberger Workshop gab es Argumente für alle drei Varianten, was sich mit meinen Erfahrungen aus anderen Gruppen deckt. So nimmt die Variante „die Brust will dehnen zu tiefer Pein" inhaltlich durch das Verb „dehnen" die Semantik von „weit" und „groß" und durch „tiefen" die vertikale Bewegung von oben nach unten auf; ferner realisiert sie als einzige der drei Varianten einen reinen Reim („Sehnen – dehnen"). Die Variante „sich drängt zu Tränen, in mich hinein" (es ist die originale) ist verhaltener als die beiden anderen (für den Robert-Walser-Kenner dürfte das die Wahl bestimmen) und rundet das Gedicht insofern ab, als die Bewegung, die von der Weite und dem Himmel ausgeht, im Inneren des lyrischen Ichs ankommt. Die Variante „erklingt zu Tönen, voll und rein" führt das „groß" des vorangehenden Verses weiter: Das Sehnen tritt mit den Tönen aus dem Ich heraus (also gerade in umgekehrter Richtung im Vergleich zu Variante 2). Auch der Übergang von „Ruh" (im Sinne von Stille) in der zweitletzten zu „Tönen" in der letzten Strophe kann als besonderer Reiz empfunden werden.

Weil das Gedicht sehr stark einen Stimmungsausdruck wiedergibt, wird das Empfinden der Rezipienten angesprochen; dadurch kann eine subjektive Beteiligung entstehen, die für literarische Gespräche wichtig ist. Zugleich ergeben sich durch den Vergleich der Varianten im Gespräch und die damit verbundene Begründung der Wahl Argumentationen, in denen auch der genaue Textbezug eine Rolle spielt. Die meist eher intuitiv erfolgte Wahl einer Formulierungsvariante kann so im Gesprächsaustausch bewusster werden. Jeder der drei vorgeschlagenen Schlussverse verleiht dem Gedicht eine andere Grundstimmung, so dass im Gespräch das ganze Gedicht in den Blick kommt.

2. Einen Titel aussuchen

Bei diesem Verfahren soll aus dem Wortbestand des Gedichttextes ein möglicher Titel ausgesucht werden; Voraussetzung ist also, dass im Originaltext der Titel im Gedichttext wieder auftaucht. Die Gruppenteilnehmer erhalten das Gedicht ohne Titel und sollen sich überlegen, welche Textstelle sie als Titel einsetzen würden. Dies ist besonders dann ergiebig, wenn neben Konkreta auch abstraktere Begriffe in Frage kommen (zum Beispiel das Konkretum „Sonne" oder das Abstraktum „Unendlichkeit" beim nachfolgenden Gedicht). Für das Gespräch sind diejenigen Vorschläge am ergiebigsten, die einen symbolischen Sinnzusammenhang eröffnen.

> Günter Kunert
> ....
>
> Und Sonne war und fiel heiß auf sie nieder
> und fiel auf mich der ich doch bei ihr war.
> Die Wellen gingen fort und kamen immer wieder
> zurück voll Neugier zu dem nackten Paar.
>
> Ein wenig Fleisch auf soviel Sandgehäufe
> ein wenig Frist in ziemlich viel Unendlichkeit
> ein wenig Leben und zwei Lebensläufe
> darüber Sonne und darunter Dunkelheit.
>
> *Der Titel des Gedichtes fehlt. Er besteht aus einem beziehungsweise zwei Wörtern, die im Gedicht vorkommen. Setzen Sie ein oder zwei Wörter aus dem Gedicht als Titel ein.*

Das Gedicht (Kunert 1979, S. 77) besteht aus einer mehr beschreibenden ersten Strophe und einer zweiten Strophe mit symbolisch abstrahierender Bedeutungserweiterung. Im literarischen Gespräch bei der Erprobung hat sich gezeigt, dass selbst Titelvorschläge, die konkrete Begriffe aufgreifen, in der Regel im Horizont der symbolischen Sinndimension gemacht werden. Das Gespräch über den Titel handelt so implizit oder explizit davon, ob im Gedicht vor allem die Vergänglichkeit bewusst gemacht wird oder das Umfangensein von der Natur oder der Gegensatz zwischen der Größe der Natur und der Begrenztheit einzelner Menschen. Es kommen aber auch formal-strukturelle Aspekte ins Spiel, etwa wenn ein Titelvorschlag „Sonne" damit begründet wird, dass das Wort „Sonne" im ersten und im letzten Vers enthalten sei. Das ist sicher nicht allen Teilnehmenden aufgefallen; im Gespräch kann sich so ihr Blick auf strukturelle Aspekte des Gedichtes erweitern.

Bei der Wahl eines Titels für dieses Gedicht wird besonders deutlich, was für alle operativen Verfahren gelten sollte: Es kommt nicht in erster Linie darauf an, dass man die richtige Lösung findet, denn die Begründungen für abweichende Varianten entfalten oft interessante Interpretationsaspekte, durch die sich das Verstehen des Gedichtes anreichert. Die Teilnehmer empfanden es übrigens als Einengung, dass sie nicht auch drei Wörter (statt maximal zwei) aus dem Text als Überschrift auswählen durften (zum Beispiel „ein wenig Frist"); es ist also zu überlegen, ob der Arbeitsauftrag entsprechend erweitert werden sollte („ein, zwei oder drei Wörter"). Die Titelformulierung von Kunert, *Frist*, wurde von niemand gewählt – das hat zu einer kleinen Überraschung geführt und als Anstoß gedient, Kunerts Titelwahl zu deuten.

3. Ein Gedicht aus seinen Teilen zusammensetzen

Im Gedicht von Rathenow (Rathenow 1989, S. 30), das für dieses Verfahren vorgeschlagen wird, bilden immer zwei Verse einen Satz. Die (reimlosen) Verspaare sind hier in einer beliebigen Reihenfolge abgedruckt; die Teilnehmer sollen eine ihnen einleuchtende Reihenfolge herstellen.

Solche operativen Verfahren, bei denen ein Text zerstückelt wird, sind in der Literaturdidaktik gelegentlich als ein respektloser Umgang mit literarischen Texten kritisiert worden. Vor diesem Hintergrund habe ich in einem E-Mail-Austausch das Arbeitsblatt mit dem auseinandergeschnittenen Gedicht Lutz Rathenow zugeschickt mit der Bemerkung: „Ich hoffe, dass Sie die Zerstückelung nicht entsetzt." Seine Antwort war: „Ja, so etwas darf man tun", verbunden mit dem Hinweis auf andere Texte von ihm, die sich dafür gut eignen würden.

LUTZ RATHENOW: FLOCKEN FALLEN

Im Ofen das Feuer
braucht seine Zeit.

Wer empfindlich ist,
kriecht in seine Gänsehaut.

Hinter den Wolken
warten die Sterne.

Schneeverhangen
sehn wir die Nacht.

Atem treibt Löcher
ins Fenstereis.

Die Verspaare sind hier in veränderter Reihenfolge abgedruckt. Stellen Sie eine Reihenfolge her, die Ihnen einleuchtet.

Die Teilnehmer am Workshop haben mehrere Möglichkeiten der Anordnung vorgeschlagen und argumentativ begründet. Die Originalversion geht von der Empfindung einer Person aus und entwickelt sich dann über Ofen,

Fenster, Blick aus dem Fenster bis zu den Sternen hinter den Wolken, also in einer Struktur der räumlichen Erweiterung und Entgrenzung; im Workshop ist unter anderem auch genau die entgegengesetzte Raumentwicklung realisiert und begründet worden. Es ist überhaupt überraschend, wie bei diesem Gedicht ganz unterschiedliche Anordnungen der Verspaare zu einem einleuchtenden Gesamttext werden. Was die Teilnehmer vorschlagen, ist – so könnte man sagen – das Gedicht von Rathenow und ein wenig auch ihr eigenes. Dass das Verstehen immer auch ein Konstruieren von Sinn ist, wird dabei besonders deutlich erfahrbar. Der originale Text lautet:

LUTZ RATHENOW: FLOCKEN FALLEN
Wer empfindlich ist,
kriecht in seine Gänsehaut.
Im Ofen das Feuer
braucht seine Zeit.
Atem treibt Löcher
ins Fenstereis.
Schneeverhangen
sehn wir die Nacht.
Hinter den Wolken
warten die Sterne.

Es empfiehlt sich, die Verspaare auseinandergeschnitten als Schnipsel auszugeben; so können die Teilnehmenden verschiedene Varianten wirklich vor sich hinlegen und im Wortsinn handwerklich mit dem Text umgehen.

4. Schluss

Eingangs habe ich das in diesem Beitrag referierte Vorgehen mit der Herstellung einer kommunikationsanregenden Irritation begründet. Hinzuweisen ist noch auf einen zweiten Aspekt: Dadurch, dass die Teilnehmenden über eine von ihnen am Text vollzogene Operation sprechen, treten sie in eine reflektierende Distanz zu ihrer eigenen Rezeption. Das erleichtert den kommunikativen Austausch, und zwar insbesondere im Hinblick auf erläuternde, argumentative Äußerungen (zum Beispiel: „Ich habe diese Formulierung gewählt, weil …"). Mit den Ergebnissen der operativen Aufgaben sind sozusagen Hypothesen gesetzt, die dann im Gespräch begründet, gestützt, erweitert, modifiziert werden. Die strikte Unterscheidung von argumentierendem Gespräch über Literatur und literarischem Gespräch, die Härle vornimmt (Härle 2004a, S. 145), gilt für das Vorgehen, das ich hier vorgestellt habe, demnach nicht.

Man darf nicht erwarten, dass ein literarisches Gespräch, das auf der Grundlage von operativen Aufgaben erfolgt, sehr ausführlich wird. Es geht auch nicht in erster Linie um das Gesprächsergebnis, sondern darum, dass sich die Teilnehmenden auf den Text einlassen, dass sie ihr Textverständnis reflektieren, dass sie durch den Austausch mit den anderen erweiterte Sinndimensionen erfahren und dass sie auch den Blick auf den Text zusätzlich schärfen. Eine explizite Textanalyse findet zwar nicht statt, aber die Aufmerksamkeit für die Textstruktur wird gefördert, zum Beispiel wenn mit der Wortwahl im Gedicht argumentiert wird.

Die hier vorgeschlagene Vorgehensweise ist eine Verbindung von zwei didaktischen Positionen – dem handlungs- und produktionsorientierten Literaturunterricht und dem Literarischen Unterrichtsgespräch –, die in der literaturdidaktischen Diskussion sonst eher als gegensätzlich begriffen werden (zum Beispiel in Härle; Steinbrenner 2003, S. 149 f., auch Härle; Steinbrenner 2004, S. 3 f.). In ihrer Kombination kann die Gefahr allzu beliebiger Subjektivität beim literarischen Gespräch und allzu reflexionslosen Herumhantierens beim handlungs- und produktionsorientierten Unterricht verringert werden.

Primärliteratur

Kunert, Günter (1979): Unruhiger Schlaf. Gedichte. München: dtv

Rathenow, Lutz (1989): Sterne jonglieren. Ravensburg: Maier

Walser, Robert (1908): Gedichte. Mit Radierungen von Karl Walser. Berlin: Cassirer o. J. [= 1908]

Sekundärliteratur

Haas, Gerhard (1997): Handlungs- und produktionsorientierter Literaturunterricht. Theorie und Praxis eines „anderen" Literaturunterrichts für die Primar- und Sekundarstufe. Seelze: Kallmeyer

Härle, Gerhard (2004a): Literarische Gespräche im Unterricht. Versuch einer Positionsbestimmung. In: Wege zum Lesen und zur Literatur. Hg. von Gerhard Härle und Bernhard Rank. Baltmannsweiler: Schneider Verlag Hohengehren, S. 137–168

Härle, Gerhard (2004b): Lenken – Steuern – Leiten. Theorie und Praxis der Leitung literarischer Gespräche in Hochschule und Schule. In: Kein endgültiges Wort. Die Wiederentdeckung des Gesprächs im Literaturunterricht. Hg. von Gerhard Härle und Marcus Steinbrenner. Baltmannsweiler: Schneider Verlag Hohengehren, S. 107–139

Härle, Gerhard; Steinbrenner, Marcus (2003): „Alles *Verstehen* ist ... immer zugleich ein *Nicht-Verstehen*". Grundzüge einer verstehensorientierten Didaktik des literarischen Unterrichtsgesprächs. In: Literatur im Unterricht, Jg. 4, H. 2, S. 139–162

Härle, Gerhard; Steinbrenner, Marcus (2004): Das literarische Gespräch im Unterricht und in der Ausbildung von Deutschlehrerinnen und -lehrern. Eine Einführung. In: Kein endgültiges Wort. Die Wiederentdeckung des Gesprächs im Literaturunterricht. Hg. von Gerhard Härle und Marcus Steinbrenner. Baltmannsweiler: Schneider Verlag Hohengehren, S. 1–24

Steinbrenner, Marcus (2010): Mimesis in Literarischen Gesprächen und poetisches Verstehen. In: Poetisches Verstehen. Literaturdidaktische Positionen – empirische Forschung – Projekte aus dem Deutschunterricht. Hg. von Iris Winkler, Nicole Masanek und Ulf Abraham. Baltmannsweiler: Schneider Verlag Hohengehren, S. 37–54

Wiprächtiger-Geppert, Maja (2009): Literarisches Lernen in der Förderschule. Eine qualitativ-empirische Studie zur literarischen Rezeptionskompetenz von Förderschülerinnen und -schülern in Literarischen Unterrichtsgesprächen. Baltmannsweiler: Schneider Verlag Hohengehren

Das Literarische Unterrichtsgespräch und die Reflexion praktischer Erfahrungen

JOHANNES MAYER

Von Brücken und Barrieren:
Das Konzept des Literarischen Unterrichtsgesprächs
in bildungs- und berufsbiographischer Perspektive

Der Heidelberger Ansatz des Literarischen Unterrichtsgesprächs besteht inzwischen seit mehreren Jahren und wirkt immer stärker in die Unterrichtspraxis hinein. Bezogen auf die Berufsbiographie angehender Lehrerinnen und Lehrer lassen sich hierbei viele Entwicklungen nachzeichnen: von ersten theoretischen Überlegungen und praktischen Erfahrungen an der Hochschule über eine vertiefende Ausbildung während des Referendariats bis hin zur Umsetzung des Ansatzes im eigenen Unterricht an der Schule. Dass eine einfache Gleichung von einer theoretischen Aneignung an der Hochschule und einer unmittelbaren Umsetzung im späteren Berufsfeld nicht aufgehen kann (und sollte), ist nahe liegend. Die Lernwege sind stets individuell; dabei werden Chancen und Grenzen des gesprächsförmigen Literaturunterrichts aus jeweils verschiedenen Perspektiven wahrgenommen und in unterrichtlichen Situationen sehr unterschiedlich erlebt und verarbeitet.

Dass diese Entwicklungs- und Lernprozesse im jeweiligen Kontext immer lehrreich und von individueller Bedeutung sind, wurde im Rahmen des Workshops deutlich, der von mir auf dem zweiten Heidelberger Symposion angeboten wurde. Gemeinsam werteten wir unsere Erfahrungen mit dem Konzept des Literarischen Unterrichtsgesprächs an Hochschule und Schule aus und verglichen gelungene und problematische Umsetzungsmöglichkeiten in die eigene Praxis. Das Ziel der folgenden Ausführungen ist es jedoch nicht, die einzelnen Gesprächsbeiträge zu referieren und punktuell konkrete Handlungsanweisungen anzubieten. Vielmehr sollen, nach einem einführenden Überblick, explorativ zentrale Problemlagen herausgearbeitet und daraus abgeleitete Anregungen für die eigene Unterrichtsgestaltung entwickelt werden. Bezug genommen wird neben einschlägigen Beiträgen aus der literaturdidaktischen Forschung vor allem auf die berufsbiographische Professionalisierungsforschung, die zu einer übergreifenden Verortung der spezifischen Anforderungen an eine Modellierung literarischer Gespräche verhelfen kann.

1. Der Einfluss der Bildungs- und Berufsbiographie auf das Lehrerhandeln

Allen groß angelegten Bildungsprogrammen zum Trotz hängt die Qualitätsentwicklung in der Schule wesentlich von der einzelnen Lehrkraft und ihrer Unterrichtsgestaltung ab. Daher ist ein biographischer Blick auf die Aneignung und Umsetzung eines didaktischen Konzepts so sinnvoll wie notwendig. Zur Beantwortung der Frage, welchen Zugang angehende Lehrerinnen und Lehrer zu literarischen Gesprächen haben, muss man allerdings früher ansetzen als bei der Studienzeit. Schließlich greifen Lehrkräfte in ihrem Unterricht nicht ausschließlich auf erworbenes Universitätswissen zurück. Ihre Entscheidungen und ihr didaktisches Handeln werden vielmehr durch die Gesamtheit ihres erworbenen Wissens und ihrer Erfahrungen geprägt. Erste Erfahrungen mit literarischen Gesprächen (oder deren Fehlen) erfolgen bereits in der frühen Kindheit, beispielsweise im Rahmen von Vorlesegesprächen, bei denen die Begegnung mit Literatur gesprächsförmig angelegt ist (vgl. Wieler 1997b, Härle 2004a). Es kann angenommen werden, dass die dabei möglichen Erfahrungen nicht nur auf das Lesen und die literarische Kompetenz förderlich wirken, sondern dass hier auch ein Grundstein für eine positive affektive Besetzung einer gesprächsförmigen Annäherung an Literatur gelegt wird. Aus der Spracherwerbstheorie wurde zur Begründung und Beschreibung dieser ersten Gesprächserfahrungen der Begriff des Formats übernommen (vgl. Bruner 2002).

Während der Ansatz des formatorientierten Lernens vornehmlich zur Beschreibung des kindlichen Spracherwerbs entwickelt wurde, muss sich seine Relevanz für literarische Gespräche im *Unterricht* vor allem an den institutionellen Bedingungen messen lassen, unter denen solche Gespräche stattfinden. Es ist folglich zu fragen, welche Veränderungen (auch De-Formationen) der bisherigen literarischen Sozialisation mit dem Beginn der Schulzeit prägend werden. Merkmale des Brunerschen „Formats" müssen daher mit neuen, stärker institutionellen Rahmungen verknüpft werden, was auch zu einem berufsbiographisch zu bearbeitenden Spannungsverhältnis führen kann.

Nicht zu unterschätzen ist der weitere, nachschulische Verlauf der literarischen Sozialisation angehender Deutschlehrerinnen und -lehrer an der Hochschule. Mit dem Perspektivenwechsel, nun in der Rolle einer Lehrkraft (auch) Akteur von Bildungsinstitutionen zu werden, ist keineswegs schon eine Änderung bereits erworbener und tief verankerter Konzepte und Handlungsmuster verbunden. Die persönlichen, sozialen und fachlichen Bildungsprozesse in der Ausbildung von Deutschlehrerinnen und Deutschlehrern sind in ihrer Bedeutung zwar wesentliche Elemente der aufzubauenden didaktischen Kompetenz, jedoch bieten sich im Verlauf des Studiums wenig Möglichkeiten, die sozialisatorisch bedingten Erfahrungen zu reflektieren oder gar zu kompensieren. Im Gegenteil: Auch die Hochschule als Institution erzieht.

Wie sich die didaktische Kompetenz während des Referendariats als zweiter Phase der Lehrerausbildung verändert, ist bislang noch nicht ausreichend untersucht. Die Ausbildung erfolgt sowohl an den Studienseminaren als auch an den Ausbildungsschulen und wird personell hauptsächlich von Seminar- und Fachleitern in Kooperation mit schulischen Mentorinnen und Mentoren vertreten. Strukturprobleme, die in den beiden unterschiedlichen Lernorten begründet sein können, aber auch fehlende fachdidaktische Kenntnisse der Ausbildenden können eine adäquate Umsetzung aktueller didaktischer Ansätze in der eigenen Unterrichtspraxis ebenso erschweren wie individuell und situativ auftretende Schwierigkeiten, die von den Referendaren nicht eigenständig bewältigt werden können.

Beginnt schließlich mit der ersten schulischen Anstellung die ‚eigentliche' Berufsbiographie, so spielen neben den konkreten Lern- und Gesprächssituationen im Klassenzimmer noch weitere bedingende Faktoren in das Lehrerhandeln hinein. Hinzu kommt in der schulischen Praxis eine Vielzahl neuer Anforderungen, die auf das didaktische Handeln größeren Einfluss haben werden als ausschließlich theoretisch erlernte Handlungsmaximen. Eine wichtige Frage bezüglich dieser dritten Phase der Lehrerbildung ist neben den individuellen Konsequenzen daher die weitere Begleitung der Berufseinsteiger hinsichtlich der Gestaltung literarischer Gesprächsprozesse unter schulischen Bedingungen, wie sie unten dargelegt werden.

1.1 Prägende vorschulische Erfahrungen: Formatorientiertes Lernen

Der Kerngedanke der Spracherwerbstheorie Bruners ist, dass Sprache in gerahmten Kommunikationen erworben wird, in denen das Kind gleichsam die umgebende Kultur aktiv aufnimmt. Im Unterschied zu Chomsky geht er bei den angeborenen Voraussetzungen nicht von einer ‚black box' aus, sondern von einem „Language Acquisition Support System", dessen wesentlicher Bestandteil Formate sind. Mit diesem „Hilfssystem" wird die dialogische Zusammenarbeit von Kind und Erwachsenem gesteuert, bei der das Kind Sprache und Kultur erwirbt. Hervorzuheben ist hierbei, dass das Kind sich bereits in dyadischer Kommunikation befindet, bevor es Wörter sprechen kann. Das Kind entschlüsselt folglich nicht allein vorgesprochene Wörter und erfährt deren Sinn nicht durch bloße Nachahmung. Vielmehr sieht es sich als gleichberechtigter Gesprächspartner mit hineingenommen in die gemeinsame Erkundung von Sprache, Denken und Welt.

Für die Literaturdidaktik wurde dieses Erklärungsmodell zunächst zur Beschreibung des Lesens von Bilderbüchern nutzbar gemacht (Braun 1995, Wieler 1997b und 2004, vgl. zum Vorlesen auch Feneberg 1994). Die Untersuchungen haben deutlich gezeigt, dass auch die ersten literarischen Erfahrungen in ihrer Struktur dialogisch angelegt sind. Ein „Format" ist nach Bruner (2002, S. 103) „ein standardisiertes Interaktionsmuster zwischen einem Erwachsenen und einem Kleinkind, welches als ursprünglicher ‚Mikrokosmos' feste Rollen enthält, die mit der Zeit vertauschbar werden". Die Formate, in denen Sprache, Literatur und Kultur erworben werden, haben den „Charakter eines Spiels" (ebd., vgl. auch Haueis 1985). Einzelne Teilformate werden mit der Zeit systematisiert zu komplexeren sozialen Interaktionen und zunehmend unter wechselnden Bedingungen „inszeniert". Härle (2004a, S. 140 f.) weist darauf hin, dass literarische Erfahrungen auch in literarischen Kleinformen wie Wort- und Sprachspielen, Kinderversen und Abzählreimen gesammelt werden können. Durch diese literarischen Vorformen bekommen auch Kinder aus literaturfernen Elternhäusern Zugang zu literarischen Formen und zum „poetischen, fiktionalen und metaphorischen Sprachgebrauch".

Formate als Rahmen für gelingende literarische Erfahrungen im Gespräch lassen sich zusammengefasst wie folgt beschreiben (vgl. Steinbrenner; Wiprächtiger-Geppert 2006b, S. 228 f.):

- Sie sind *regelorientiert* und schaffen durch die wiederholte Inszenierung *Routinen*, die zwar einerseits den Handlungsraum der Lernenden einschränken, ihnen andererseits aber Sicherheit und Vertrauen geben. Zunehmend werden die ursprünglichen Formate von ihren „Ankerplätzen" (Bruner 2002, S. 104) weg auf neue Handlungen und Situationen übertragen, sodass die Sicherheit vertrauter Routinen und Situationsanforderungen verbunden wird mit einer erwarteten Selbstständigkeit der Lernenden.
- Sie bauen auf einer stabilen Beziehung auf, die auch als „warme und unterstützende Atmosphäre" (ebd., S. 69) beschrieben wird, in der Lernende sich verstanden und als Gegenüber angenommen fühlen können.
- Auch bei gleichberechtigter Akzeptanz des Gegenübers ist das Lernverhältnis von einer deutlichen *Asymmetrie* hinsichtlich des Wissens geprägt. Der Erwachsene fungiert als kompetenter Anderer, als Modell und Vorbild.

Sein Handeln rahmt die Interaktion sowohl bezogen auf die soziale Situation als auch bezogen auf den gemeinsamen Gegenstand. Auf diese Weise wird vom Erwachsenen als verlässlichem Partner ein Gerüst aufgebaut („scaffolding"), das den Lernenden die nötige Unterstützung bietet, sich in die Zone der nächsten Entwicklung (Vygotskij) zu bewegen.

- Mit den Formaten wird immer auch die umgebende *Kultur* erworben, indem der Erwerb von Sprache (und Literatur) in kulturell determinierte Handlungen eingebettet wird.

Selbst wenn Bruners Ansatz die Kritik auf sich gezogen hat, seine empirischen Untersuchungen seien schichtspezifisch, kann das gesprächsförmige Lernen im Format grundsätzlich für alle Kinder Geltung erlangen.[1] Jedoch ist gerade die Frage nach benachteiligten Kindern von besonderer Bedeutung, wenn es um mögliche Brücken und Barrieren geht. Zwar können Kinder aus literaturfernen Elternhäusern dennoch sprachliche und literarische Kompetenzen aufbauen und auch vom Erwachsenen nicht explizit als Gespräch angelegtes Vorlesen ist grundsätzlich dialogisch strukturiert (vgl. Wieler 1997a, S. 71 ff., Wieler 1997b, S. 190 ff.), doch verläuft die Sozialisation in den Bereichen Lesen und Literatur unter Umständen schwerfälliger, wenn nicht gar problematisch. Die entscheidende Rolle für den Erwerb eines Formats „Literarisches Gespräch" spielt daher die Familie mit ihren fördernden oder hemmenden Dynamiken. Gerade die fehlende Gesprächspraxis wird in den Regressionsanalysen von Hurrelmann u. a. (1993, S. 231) als ein wichtiger hemmender Faktor genannt. Umso dringlicher wird eine frühe interaktionelle Stützung des kindlichen Zugangs zum Lesen und zur Literatur. Hurrelmann (2004, S. 49) zieht aus den Studien folgende didaktische Konsequenzen, die auch für die Unterstützung einer gesprächsförmigen Annäherung an Literatur leitend sein können:

> Versucht man aus diesen Ergebnissen interventionsbezogene Konsequenzen zu ziehen, so sind vorrangig die soziale Stützung des kindlichen Lesens durch Wertschätzung und Aufmerksamkeit zu nennen, die Beachtung der frühen Anfänge des Lesenlernens in den Formen prä- und paraliterarischer Kommunikation sowie die Anbahnung eines reflexiven Verhältnisses zur Sprache, ferner die Förderung der Motivation durch Interesse an den Lesestoffen der Kinder, das Angebot von Anschlusskommunikationen sowie ein konsistentes positives Modellverhalten der Eltern.

---

[1] Die schichtspezifischen Ausprägungen wurden von Petra Wieler (1997b) deutlich herausgearbeitet. Auch Hurrelmann (2003, S. 185) verweist bei Kindern aus tendenziell bildungsfernen Schichten auf den Mangel an „Erfahrungen mit dekontextualisierter Sprache" als wesentliches Problem bei der literarischen Sozialisation.

Die Erfahrungen, die Kinder im familiären Rahmen sammeln, prägen nicht nur ihre unmittelbare Leseentwicklung und ihren Zugang zur Literatur, sie haben auch einen nachhaltigen Einfluss auf die weitere Sozialisation – teilweise sogar bis hin zum eigenen Lehrerhandeln (so schon Nündel; Schlotthaus 1978). In der Kindheit angelegte Schieflagen können nur mit vergleichsweise hohem Aufwand kompensiert und zurechtgerückt werden. Viele Erfahrungen mit Studierenden stützen diese These, wenngleich eine Auseinandersetzung mit der eigenen Lesebiographie leider noch zu selten Gegenstand von Hochschulseminaren wird.[2] Dass diese autobiographische Reflexion dringend geboten ist, muss besonders für die Aneignung des Konzepts „Literarisches Unterrichtsgespräch" gelten. Die kritische Auseinandersetzung mit Themen wie dem Leseklima, dem Lesealltag und der Lesekultur in der eigenen Familie und die Interdependenzen auf der Mikro- und Makroebene der Lesesozialisation (vgl. Hurrelmann u. a. 2006, S. 24 ff.) sind sehr gewinnbringend für eine reflektierte Modellierung literarischer Gespräche. Selbstverständlich wird sich ein unreflektierter, dysfunktionaler Einfluss der Sozialisationsinstanz Familie auf das eigene Lesen in der Kindheit auch negativ auf die eigenen Versuche auswirken, als Lehrkraft im Unterricht ein lese- und gesprächsförderndes Klima zu entwickeln. Plakativ formuliert: Wer selbst nicht erlebt hat, wie anregend und lebendig ein literarisches Gespräch sein kann, dem fällt es schwer, später entsprechende Gespräche zu initiieren und zu begleiten. In der Konsequenz ist für angehende Deutschlehrerinnen und Deutschlehrer nach Lehr-Lern-Situationen zu suchen, in denen ein selbstreflexiver und kritisch-konstruktiver Umgang mit der eigenen literarischen Sozialisation möglich wird und wo eigene, vielleicht auch neue literarische Erfahrungen im Gespräch gemacht werden können (vgl. Härle; Mayer; Steinbrenner 2004).

1.2 Prägende Erfahrungen in der Schule

Im Idealfall knüpfen schulisch vermittelte Begegnungen mit Literatur an die gegebenen Vor-Erfahrungen an und führen sie verstärkend oder kompensatorisch fort. Leider kann nicht immer davon ausgegangen werden, dass dies reibungslos gelingt. Allein hinsichtlich der Lesemotivation kann ein erster „Leseknick" bereits in der Grundschule erfolgen (vgl. Richter; Plath 2005), wenn die eingesetzten didaktischen Verfahren und Methoden nicht

---

[2] Positiv hervorzuheben ist hier das Arbeitsbuch *Lesesozialisation* von Garbe u. a. (2009), das dezidiert theoretische Inhalte mit autobiographischen Reflexionen verbindet. Zur Notwendigkeit autobiographischer Reflexion vgl. auch Eggert; Graf 1993.

zu den Anforderungen und Voraussetzungen der Lernenden passen. Neben der oftmals fehlenden „Passung" (vgl. Christmann; Rosebrock 2006 sowie Garbe in diesem Band) sind vor allem veränderte kommunikative und verstehensorientierte Muster wirksam. Im Übergang von der – unter Umständen nur bedingt oder gar nicht – gegebenen protoliterarischen Erfahrung in familiären Kontexten werden in institutionellen Zusammenhängen neue, kontextproduzierte kommunikative Muster prägend, die sowohl auf die Interaktion als auch auf das Verstehen literarischer Texte maßgeblichen Einfluss haben. Besonders deutlich wird dies am Beispiel der Frage: Während Frage-Antwort-Muster auch in der außerschulischen Kommunikation zu finden sind und gerade in der dyadischen Struktur der Eltern-Kind-Kommunikation einen sowohl kommunikativ wie inhaltlich großen Lerneffekt aufweisen, ist diese dialogische Struktur unter institutionellen Bedingungen häufig nur verzerrt als „Schein-Diskurs" wahrzunehmen (vgl. Wieler 1989, S. 113 ff.). Hier fragt ein Wissender, der sich der (vermeintlich) richtigen Antwort bereits bewusst ist. Einen gravierenden Einfluss hat dieses Muster auch auf das literarische Verstehen, insofern mit der Frage weniger ein genuines Interesse oder der Impuls verbunden sind, im literarischen Text auf eigene Spurensuche zu gehen, als vielmehr ein Aufforderungscharakter, die im Unterrichtsplan der Lehrkraft angelegten Aufgaben zu erfüllen, um ‚gemeinsam' eine vorab festgelegte Interpretation nachzuvollziehen.

In Lektürebiographien Erwachsener finden sich viele Beispiele, in denen vom problematischen Verhältnis von schulischem Lesen und eigener Lesemotivation die Rede ist (vgl. zum Beispiel Schön 1993, Köcher 1993, Graf 1995 und 2004). Es darf daher bezweifelt werden, ob gerade der Literaturunterricht seine lese- und verstehensfördernden Zielsetzungen erreicht – oder ausgerechnet selbst für das Misslingen verantwortlich ist. Schön (1993, S. 224) spricht in diesem Zusammenhang von einer „Aporie des Literaturunterrichts", wenn sich die avisierten Zielsetzungen wechselseitig ausschließen und entweder Lesemotivation oder literarischer Kompetenzerwerb auf der Strecke bleiben. Besonders deutlich wird das Dilemma, wenn man den Gegenstand des Literaturunterrichts, die Literatur und ihr Verstehen, den Zwängen der Institution Schule gegenüberstellt. Aus den Lektürebiographien wird ersichtlich, wie häufig etwa der Notenzwang oder der Hang zur geschlossenen Interpretation für eine negative Einschätzung des Literaturunterrichts oder gar des literarischen Lesens insgesamt verantwortlich ist (vgl. Maiwald 1999, S. 305, Gattermaier 2003, S. 266 f.).

Auch in von mir durchgeführten Interviews mit Teilnehmerinnen und Teilnehmern an Seminaren zum Literarischen Unterrichtsgespräch wird an mehreren Stellen deutlich, dass die schulischen Erfahrungen der Probanden keineswegs als durchgehend förderlich zu betrachten sind. Auffällig ist neben der Bestätigung der angeführten Forschungsergebnisse, dass Lehrkräfte ihre didaktischen Entscheidungen auch von der Textsorte abhängig machen. So berichten mehrere Studierende, dass bei Prosa-Texten eher ein gesprächsförmiger Literaturunterricht stattgefunden habe, während bei lyrischen Texten der an Leitfragen orientierte Interpretationsaufsatz Zugang und Ziel des Umgangs mit Literatur gewesen sei. Die Ausführungen legen nahe, dass die Lektüre von Prosa-Texten vornehmlich von einer offenen, inhaltsbezogenen Diskussion begleitet wird, wohingegen der Bereich der Lyrik dem Erwerb textanalytischer Fähigkeiten und Fertigkeiten vorbehalten bleibt. Die Interviews zeigen die Gefahr, dass im Zuge eines eindimensional angelegten Literaturunterrichts ein Verstehens- und Textbegriff transportiert wird, demzufolge der Sinn eines literarischen Textes mithilfe der geeigneten Analyseinstrumente aus dem Textkörper ‚herausoperiert' werden kann. Oder er wird in einer allzu offen geführten Diskussion im bloßen Austausch von Meinungen fruchtlos ‚zerredet'.

Für einen gelingenden Erwerb literarischer Gesprächserfahrungen können neben familiären und schulischen Stützsystemen noch weitere Sozialisationsinstanzen, wie beispielsweise die Peergroup, förderlich wirken. Beim Fehlen dieser Stützsysteme stehen Heranwachsende dem Vakuum meist ohnmächtig gegenüber oder weichen auf andere Medien aus, die stärkere Anerkennung und Gratifikation versprechen. Als Vakuum wird in der Jugend zudem oft die fehlende Begleitung durch Mentorinnen und Mentoren empfunden, die neben das Lesevorbild der Eltern treten. Im gelingenden Fall wiederum werden literarische Gespräche in der Peergroup und die Orientierung an neuen Vorbildern zum Begleiter und zum Stützsystem in der Lesebiographie (vgl. Graf 2007, S. 83). Vor dem Hintergrund des Formatbegriffs wird hier die wichtige Aufgabe von Literaturlehrenden besonders deutlich, die Rolle des kompetenten Anderen in literarischen Gesprächen persönlich, individuell und professionell auszufüllen. Die lesebiographischen Interviews zeigen diesbezüglich oftmals Erinnerungen an gelungene Literaturgespräche im Deutschunterricht, die auf einen ‚guten' Mentor beziehungsweise eine ‚gute' Mentorin zurückgeführt werden (vgl. Pieper u.a. 2004, Fritzsche 2004, S. 235). Das Gelingen literarischer Gespräche unter institutionellen Bedingungen darf sich meines Erachtens aber nicht daran messen, inwiefern es Lehrkräften gelingt, das Format des kindlichen Spracherwerbs im schulischen Rahmen so zu simulieren, dass es diesen gewissermaßen vergessen macht. Stattdessen ist vielmehr davon auszugehen, dass die Könnerschaft des kompetenten Anderen darin besteht, unter Berücksichtigung transparent gemachter institutioneller Bedingungen authentische Kommunikation und Begegnung zu ermöglichen (vgl. Härle in diesem Band).

1.3 Prägende Erfahrungen an der Hochschule und im Referendariat

Die Reflexion der erfahrenen familiären und schulischen Gesprächsmuster ist ein wichtiger Bestandteil hochschuldidaktischer Vermittlung des didaktischen Konzepts „Das Literarische Unterrichtsgespräch". Dabei kann es allerdings nicht darum gehen, als Ergänzung oder Gegenmodell vermeintlich ‚richtiges' kommunikatives Handeln oder die ‚richtige' Umsetzung dieses Ansatzes zu lehren. Wohl aber können Lernmöglichkeiten angeboten werden, durch die man ‚besser' (im Sinne von reflektierter) handeln und begründet didaktische Entscheidungen treffen kann. So zeigt sich das Heidelberger Modell nicht als unverrückbares Set von Handlungsabläufen oder methodischen Spielzügen. Didaktisches Handeln vollzieht sich auch hier in einem Spielraum mehr oder weniger großer Variationen von Entscheidungsalternativen, die immer und vor allem an die Person der Lehrenden und deren Fähigkeit zur situativ angemessenen Aktivierung von Erfahrung und Wissen gebunden sind. Bedenkt man jedoch die Gefahr, dass die neuen Lehrkräfte bei Problemen und Schwierigkeiten eher auf die während ihrer Sozialisation erlernten Verhaltensmuster zurückgreifen als auf professionelle Handlungsstrategien (vgl. Lipowsky 2003, S. 396), müssen die prägend gewordenen Interaktions- und Verstehensmuster einer kritischen und möglichst produktiven Reflexion zugänglich gemacht werden. In unseren Auswertungsgesprächen im Anschluss an literarische Gespräche, aber auch in den geführten Interviews wurde immer wieder das eigene Erstaunen darüber bekundet, dass alle ihre eigene Sicht einbringen konnten, dass es eher eine gemeinsame tastende Annäherung an den Text als eine Verfügung über den Text gewesen sei und dass man überhaupt so intensiv miteinander habe sprechen können. Für viele Teilnehmerinnen und Teilnehmer war es eine neue Erfahrung, dass die gesprächsförmige Annäherung an Literatur eben „kein endgültiges Wort" kennt (vgl. Mayer 2004, S. 171 f.)

In der Konsequenz ergibt sich für Hochschulseminare zum Literarischen Unterrichtsgespräch die Zielsetzung, einen Raum für literarische Erfahrungen, die Reflexion der subjektiven Theorien und den erforderlichen Kompetenzerwerb zur Verfügung zu stellen. Eine „Didaktik als Reflexionswissenschaft" (Hubert Ivo) darf sich dabei nicht in einer anwendungsnahen Kenntnis schulspezifischer Methoden erschöpfen, sondern muss darauf abzielen, durch die Beschäftigung mit den spezifischen Problemen und Gegenständen einen Denkrahmen auszubilden, innerhalb dessen dann selbstverantwortliche Entscheidungen im späteren schulischen Kontext getroffen werden können. Zu einem solchen Denkrahmen gehört ein angemessenes Verständnis von Literatur und von literarischen Lern- und Verstehensprozessen in institutionellen Kontexten, was nicht abstrakt vermittelt, sondern in authentischen Lehr-Lern-Settings an der Hochschule erworben werden kann. Im Idealfall führen Studierende ihre ersten Erfahrungen in weiteren Seminaren sowie im schulischen Praktikum fort. Die Studierenden vertiefen auf diese Weise ihr fachliches Wissen, ihre didaktische Kompetenz und ihre methodische Erfahrung in der Leitung eigener literarischer Gespräche – und bringen diese wiederum in Lehrveranstaltungen und in das literarische Leben an der Hochschule ein.

Ein grundlegendes Problem des Lehramtstudiums ist die disparate Verteilung der Lehrerbildungsaufgaben, die in verschiedene disziplinäre Expertisen münden, welche sich Lehramtstudierende in der Zusammenschau erst erarbeiten müssen. Allein die fachlichen, fachdidaktischen und erziehungswissenschaftlichen Studienanteile, die zu einer professionellen Modellierung literarischer Gespräche nötig sind, stehen an den meisten Hochschulen nebeneinander, ohne dass im Seminarkontext ausreichend Brücken geschlagen werden. Die Segmentierung des Studiums in BA- und MA-Studiengänge verstärkt die Problematik in vielen Fällen noch, weil sie eine konzeptionelle Trennung vollzieht, die mit einer defizitären Verschulung des Studiums einhergeht. Der für die Umsetzung eines didaktischen Konzepts konstitutive Zusammenhang der verschiedenen Bereiche wie auch der wissenschaftlichen und praktischen Kompetenzen kann unter derzeitigen (zumal personell unterversorgten) Bedingungen nur mit Mühe und unbefriedigend geleistet werden.

Dabei brauchen Lehrkräfte, die künftig an sehr unterschiedlichen Schularten mit jeweils entsprechend diffizilen Anforderungen Gespräche leiten wollen, eine Könnerschaft in vielen Bereichen. Exemplarisch seien nur genannt:

- Domänenspezifisches Wissen hinsichtlich der Verstehensanforderungen des literarischen Textes und seines Potentials für literarische Erfahrungen;
- diagnostische Kompetenz hinsichtlich der schülerseitigen Lern- und Erfahrungsvoraussetzungen;
- eine Lehrerpersönlichkeit, die sich durch Achtsamkeit, Offenheit und Neugierde ebenso auszeichnet wie durch die Fähigkeit, verfügbares Wissen und Können situativ zu nutzen, divergierende Ansprüche und Bedürfnisse

zu balancieren und sich selbstregulativ einbringen beziehungsweise zurückhalten zu können;
- Ambiguitätstoleranz hinsichtlich der Alterität des Textes, der Individualität der beteiligten Individuen mit ihren divergierenden Zugängen und hinsichtlich der (auch emanzipativ wirkenden) Gruppendynamik sowie nicht zuletzt hinsichtlich der Umgebungsbedingungen (vgl. Helsper 2008 und Heizmann in diesem Band);
- professionell reflektierte eigene Erfahrung.

Die Liste ließe sich noch um weitere Punkte erweitern. Anhand der diagnostischen Kompetenz möchte ich beispielhaft verdeutlichen, dass die hier angeführten Punkte nicht additiv nebeneinander stehen, sondern eng miteinander verwoben sind und sich weiter ausdifferenzieren lassen. So umfasst die pädagogische Diagnostik nicht nur das Sammeln und Auswerten von Daten über Personen, sondern auch über Institutionen, Situationen oder Sachen, mit dem Ziel eines adäquaten Urteils, um daraus resultierende Handlungen begründen, kontrollieren und optimieren zu können (vgl. Jäger 2007, S. 95). Angesicht dieser weit gefassten Definition sehen sich alle Lehrkräfte im Unterrichtszusammenhang mit einer großen Anzahl diagnostischer Aufgaben konfrontiert. Diese Prämisse gilt auch für das Literarische Unterrichtsgespräch, obwohl hierfür die fachlichen Voraussetzungen in der Regel nicht gegeben sind und daher von den Studierenden erst erarbeitet werden müssen. Keinesfalls geht es dabei ausschließlich um die im Zusammenhang mit Gesprächsprozessen häufig diskutierte Frage nach einer adäquaten Notengebung. Wesentlich wichtiger als eine Beschränkung der Lehrkräfte auf ihre Funktion als Zensurengeber erscheint mir die Relevanz der diagnostischen Kompetenz für die Modellierung, Durchführung und Auswertung der literarischen Gespräche selbst.

In *diachroner* Perspektive muss zunächst eingeschätzt werden, in welchem Rahmen und zu welchem Zeitpunkt ein Gespräch stattfinden soll. Auch die Frage der Textauswahl stellt neben den introspektiven Anteilen zusätzliche Anforderungen an eine angemessene Einschätzung der Schülervoraussetzungen im Abgleich mit den Anforderungsbedingungen und literarischen Erfahrungsmöglichkeiten des Textes. Es muss ebenfalls entschieden werden, ob und in welche Phasen ein literarisches Gespräch unterteilt werden soll und wie die Phasenübergänge und Phasen konkret gestaltet werden können, was wiederum wesentlich von der Lerngruppe, der Einschätzung ihrer Dynamik sowie ihrer fachlichen und sozialen Voraussetzungen abhängig ist. Hinzu kommt der Nutzen der diagnostischen Fähigkeiten für die anschließende Reflexion eines literarischen Gesprächs. In den an der Hochschule durchgeführten Veranstaltungen traten immer wieder Schwierigkeiten auf, die interaktionellen und verstehensorientierten Prozesse überhaupt wahrzunehmen, sie entsprechend auszuwerten und für die weitere Planung fruchtbar zu machen. Die grundlegend postulierte Individualität und Situativität eines literarischen Gesprächs sollte es jedenfalls nicht unmöglich machen, literarische Erfahrungen im Nachhinein oder in einem nächsten Lernschritt zu reflektieren und weiterzuführen.

In *synchroner* Perspektive wird die hohe Anforderung an die Gesprächsleitung während des Gesprächsprozesses besonders deutlich. Im Verlauf eines literarischen Gesprächs fällt der Leitung die Aufgabe zu, aus allen Wahrnehmungen auf verbaler, paraverbaler und nonverbaler Ebene gewissermaßen eine Diagnostik *in vivo* zu betreiben, um entsprechende Impulse, eigene Beiträge, Interventionen oder Phasenmarkierungen zu setzen. Die Verantwortung gilt hier dem Gegenstand ebenso wie den beteiligten Subjekten, der Gruppe sowie den institutionellen Bedingungen. Zwar bietet die Orientierung am Gesprächs- und Gruppenleitungsmodell der Themenzentrierten Interaktion (TZI) und deren Prinzip der „Chairpersonship", der Selbstleitung aller Teilnehmer (vgl. Matzdorf; Cohn 1992, S. 66 ff. sowie Rubner; Rubner in diesem Band), eine Entlastung; dennoch fällt diese Aufgabe vor allem zu Beginn der Arbeit mit Lerngruppen vornehmlich der Leitung zu. Hinsichtlich der Durchführung literarischer Gespräche in Schulen treten hier besondere Probleme dann auf, wenn die stets kontinuierliche Einschätzung von Schülerbeiträgen und Verstehensanforderungen eine Überforderung der Lehrkräfte darstellt. Dann läuft die Leitung Gefahr, sich entweder in eigene Abstinenz zu flüchten oder aber das offene Gespräch durch allzu häufige Strukturierungshandlungen zu behindern. Ein weiteres Problem, gegen das sich Studierende oft nicht gewappnet fühlen, stellt der herausfordernde Umgang mit der Heterogenität der Schülerschaft dar, wie sie sich im Gesprächsverlauf in besonders divergierenden Beiträgen oder in „Störungen" abbilden kann. An eine gemeinsam getragene Entfaltung von Gesprächsthemen oder eine verantwortungsvolle Begegnung mit dem literarischen Text ist dann bisweilen nicht mehr zu denken, und es erfordert viel Ambiguitätstoleranz und die Fähigkeit zum Umgang mit Diversität, um die Heterogenität gewinnbringend in Gesprächen zuzulassen und zu entfalten.

Sowohl *diachron* wie auch *synchron* betrachtet werden hohe Anforderungen an die Könnerschaft der Lehrkraft gestellt. Die erforderlichen komplexen Informationsverarbeitungsprozesse können häufig nur durch die Anwendung von Routinen, Regeln oder konkreten Anleitungen bewältigt werden. Es gehört daher zum Aufgabenfeld angehender Lehrerinnen und Lehrer, die gesammelten Erfahrungen zu einer eigenen Kasuistik zusammenzufassen, die ein schnelleres und besseres didaktisches Urteil (in Diagnose, Prognose und Retrognose) und Handeln erlaubt.[3] Für die Hochschule kann dies bedeuten, in Übungen und Seminaren mithilfe von Transkripten, aber vor allem auch durch literarische Gespräche selbst Erfahrungsräume und angeleitete Reflexionsmöglichkeiten zur Verfügung zu stellen.

Eine besondere Situation finden angehende Lehrerinnen und Lehrer im Referendariat vor, das scheinbar darauf angelegt ist, die Brücke zwischen Theorie und Praxis zu schlagen. So ist der Ansatz des Literarischen Unterrichtsgesprächs den Fachleiterinnen und Lehrbeauftragten am Ausbildungsseminar oftmals noch nicht ausreichend bekannt, und auch bei den Mentorinnen und Mentoren der Ausbildungsschulen stehen teilweise ganz andere Fragen im Vordergrund. Statt an einer kompetenzfördernden Verzahnung von theoretischem und praktischem Wissen, Reflexion und Können sowie hochschulischer und schulischer Realität zu arbeiten, sehen sich viele Referendarinnen und Referendare nach wie vor dem berüchtigten „Praxisschock" unvorbereitet gegenüber und erleben die zweite Phase der Lehramtsausbildung als Bewältigung einer Abfolge von Krisen. Berufsbiographisch betrachtet ist der Berufsverlauf (nicht nur) an dieser Stelle durch „kritische Ereignisse und Phasen" sowie „kritische Personen", die Betroffene durch ihre Anwesenheit negativ beeinflussen, gekennzeichnet (vgl. Treptow 2006, S. 44). Verstärkt wird diese Krisenhaftigkeit durch konzeptionelle Widersprüche wie die konflikthafte Doppelrolle von Beratung und Beurteilung, die häufig noch mehr oder minder latent anzutreffen ist, sowie durch den Bewertungsdruck während des Referendariats insgesamt. Dadurch wird auf der Interaktionsebene Transparenz tendenziell erschwert und erneut einem „Schein-Diskurs" Vorschub geleistet. Nicht zuletzt wird im Verlauf des Referendariats die staatliche Determination von Organisation und Inhalten dieser Phase erfahrbar, die sich unter anderem in einer hohen Regulierungsdichte und einer ‚verwalteten Berufsbiographie' äußert (vgl. Lenhard 2004) – eine mitunter sehr ernüchternde Erfahrung.

Für eine Weiterentwicklung des Vorbereitungsdienstes auch hinsichtlich einer Vertiefung bereits angebahnter didaktischer Erfahrungen kann es unterschiedliche Ansatzpunkte geben (vgl. Böhner 2009):

---

[3] Gerade unter biographischer Blickrichtung ist das unter anderem von Helsper (2000) geforderte kasuistische, forschende Lernen eine notwendige Ergänzung kognitionspsychologischer Sichtweisen, da es die biographische Relevanz der pädagogischen Erfahrungen, Erkenntnisse und Entscheidungen herausstellt.

- Seminar- und Fachleiter sollten noch stärker nach ihrem fachdidaktischen Wissen und Können ausgewählt und entsprechend fortgebildet werden. Sie sollten konfligierende Botschaften aufgrund ihrer Doppelrolle nach Möglichkeit vermeiden und dadurch authentisches Lernen unterstützen.
- Die Verzahnung von Ausbildungsseminaren, Schulen und Hochschulen muss konzeptionell und personell verbessert werden.
- Der Vorbereitungsdienst sollte unabhängig von der derzeitig forcierten Orientierung an einheitlichen Standards weiterhin auch biographie- und persönlichkeitsorientiert ausbilden.
- Im Besonderen sollte im Referendariat an einer Integration fachdidaktischer, fachlicher und allgemeinpädagogischer Kompetenzen gearbeitet werden. Hierzu gehört auch eine domänenspezifische Verankerung der Teilbereiche, die beispielsweise für das Literarische Unterrichtsgespräch unumgänglich ist. Hilfreich wäre hierfür eine enge Kooperation zwischen allgemeinpädagogischen und fachseminarlichen Ausbildern.

Für die Referendarinnen und Referendare selbst stehen neben strukturell bedingten Erfahrungen vor allem das subjektive Erleben und Verarbeiten unterrichtlicher Situationen im Vordergrund. Wie reagiert man beispielsweise darauf, wenn im Laufe eines literarischen Gesprächs überraschenderweise ganz andere Themen als nur die auf den Text bezogenen virulent werden? Wenn die Akzeptanz des Lehramtsanwärters von den Schülern als ‚vollgültiger' Lehrer infrage gestellt wird oder das Gespräch zur Plattform für Provokationen der Schüler untereinander wird? Teilweise sehen sich die Anwärterinnen und Anwärter weniger in der Rolle des fachlich kompetenten Anderen, der ein Lernformat einführt und leitet, sondern müssen überhaupt um wechselseitigen Respekt und ein gemeinsames Arbeiten ringen. Auch die bisweilen als erdrückend erlebte Arbeitsbelastung mit einem hohen Aktualitätsdruck kann über die Umsetzung eines anspruchsvollen und vorbereitungsintensiven Konzepts im selbstständigen Unterricht dominieren.

Manche Berichte ehemaliger Studierender zeigen die Gefahr, dass der Ansatz des Literarischen Unterrichtsgesprächs angesichts des Anforderungsdrucks und der teilweise geringen Unterstützungskultur nach ein paar wenigen Versuchen auf einen späteren Zeitpunkt der schulischen Tätigkeit verschoben oder ganz aufgegeben wird. Aus anderen Äußerungen hingegen lässt sich schließen, dass gerade dieses Konzept mit seiner ausgewiesenen Haltung gegenüber den Verstehensleistungen der Schülerinnen und Schüler sich als besonders fruchtbar erwiesen hat und lebendige Lernsituationen ermöglichen konnte. Selbst wenn die Ergebnisse des Workshops keinen repräsentativen Status haben, stimmt es zumindest optimistisch, wenn literarische Gespräche in eine schulische Lesekultur eingefügt werden können oder diese sogar erst zu etablieren helfen. Über die genauen Gründe für diese unterschiedlichen Perspektiven kann angesichts der fehlenden Forschungsergebnisse jedoch nur gemutmaßt werden.

1.4 Anforderungen in der Berufseinstiegsphase

Der Berufseinstieg gilt als die dritte Phase der Ausbildung einer Lehrerprofessionalität und bedeutet zugleich einen besonders sensiblen Teil der Berufsbiographie. In der ersten Anstellung sehen sich Junglehrerinnen und -lehrer, meist erstmals in der Funktion der Klassenleitung, mit vielen neuen Herausforderungen und Problemlagen konfrontiert, die es zu bewältigen gilt. Die Ansprüche an ein professionelles Lehrerhandeln sind dabei nicht gering. Ganz allgemein wird die Übernahme von Verantwortung sowohl gegenüber dem lernenden Individuum wie gegenüber der Gesellschaft erwartet. Angesichts der hohen Komplexität der Bedingungs-, Prozess- und Wirkungszusammenhänge, in denen dieses Handeln steht, kann beim Schuleinstieg von einer professionellen Bewältigung aller Aufgaben nicht einmal annähernd gesprochen werden. Mit Komplexität ist hierbei nicht nur die abstrakte politische Ebene gemeint, wo kostspielige Reformprogramme zum einen fortlaufend Rahmenbedingungen ändern und zum anderen zentrale Probleme der Bildungssysteme wie soziale Selektion, fehlende Chancengleichheit und mangelnde Fördermöglichkeiten eher verschärft denn gelöst werden. Die Professionalitätsforschung zeigt sehr klar, wie sich die grundlegenden Probleme auf der Makroebene in individualisierter Form auch auf der Mikroebene der einzelnen Lehrenden und der konkreten Unterrichtssituationen widerspiegeln (vgl. zum Beispiel Böttcher; Liesegang 2009, Altrichter u. a. 2007, und Böllert; Gogolin 2003). So trivial die Erkenntnis scheint, dass professionelles Lehrerhandeln nicht das Ergebnis aufgenommenen Wissens, sondern eine aktive Auseinandersetzung mit Unterrichtssituationen voraussetzt, so überfordernd stellt sich dies gewendet auf den einzelnen Berufseinsteiger in seinen Tätigkeitsfeldern häufig dar.

Stehen angesichts der auftretenden kritischen Ereignisse keine angemessenen Handlungskompetenzen zur Verfügung, so ist zu befürchten, dass die neuen Lehrkräfte in vergangene Verhaltensmuster regredieren, statt auf professionelle Strategien zurückzugreifen. Des Weiteren werden Anfangsschwierigkeiten von den Betroffenen, so sie keine professionelle Begleitung erfahren, schnell als persönliches Versagen eingeordnet, das lieber verschwiegen als kollegial besprochen wird – mit der Folge eines sich steigernden Einzelkämpfertums.

Was zeichnet also einen gelingenden Berufseinstieg aus, der Lehrende zur Könnerschaft führt? Die Lehrerprofessionalitätsforschung spricht inzwischen bezeichnenderweise nicht mehr von den Lehrfertigkeiten, die Lehrkräfte erwerben müssen, um schulische Situationen zu meistern. In Überwindung des schlichten Prozess-Produkt-Paradigmas mit seiner Suche nach Wenn-Dann-Beziehungen (im Sinne von „Was macht der Lehrer mit welchen Auswirkungen auf die Schüler?") sucht beispielsweise der Expertenansatz nach dem kompetenten Lehrer, bei dem Wissen und Fertigkeiten zu einer Einheit verschmelzen. Weder geht es um konkrete Handlungsanweisungen noch um die Zusammenstellung von Persönlichkeitsmerkmalen des ‚guten Lehrers', mithin aber um eine personalisierte Diskussion unterrichtlicher Entscheidungen anhand komplexer Handlungsanalysen. Im Unterschied zu Novizen lässt sich dabei das Expertenwissen „als eine Veränderung der kategorialen Wahrnehmung von Unterrichtssituationen" (Bromme 1997, S. 199) verstehen. Das bedeutet, dass Experten nicht grundsätzlich ‚mehr' wissen, sondern sie verfügen zum Beispiel über Konzepte typischer Unterrichtsereignisse, unterrichtsmethodischer Maßnahmen und dazugehöriger Aktivierungsformen der Schülerinnen und Schüler. Hierzu zählt ein wachsendes Repertoire von Handlungszielen und -mustern, das in elaborierter Form ein flexibles und situationsangemessenes Handeln ermöglicht. Angewendet auf die Durchführung eines literarischen Gesprächs ist hierunter – im Gegensatz zu kognitionspsychologisch orientierten Ansätzen – nicht das sichere Erreichen von Teilzielen innerhalb eines Gesprächs zu verstehen, sondern die so stabile wie flexible Herstellung und Wahrung einer Balance zwischen den verschiedenen an der Interaktion beteiligten Faktoren (die TZI nennt: ICH, WIR, ES und GLOBE; vgl. Rubner; Rubner in diesem Band) und die Ermöglichung einer glaubhaften, möglichst authentischen Begegnung mit literarischen Texten.

Lehrende erreichen diese Flexibilität wesentlich durch Routinen. Routinen bedeuten auf der Handlungsebene der Lehrkraft, dass Handlungen zunehmend internalisiert und ohne bewusste Entscheidungen durchgeführt werden, kurzum: Sie dienen der Entlastung. Für die „Inszenierung" von Lernformaten (Bruner) bedeuten Routinen den Aufbau von Ritualen beziehungsweise ritualisierten Lernsituationen. Dies kann das wöchentliche Ritual eines literarischen Gesprächs über einen vereinbarten Text beinhalten, aber auch ritualisierte Formen innerhalb eines literarischen Gesprächs. So hat beispielsweise die ritualisierte Phasierung eines Gesprächs (vgl. Härle; Mayer 2001, Steinbrenner; Wiprächtiger-Geppert 2006a) aufgrund der Transparenz und der erwartbaren Abfolge eine entlastende Funktion für alle Beteiligten. Der kommunikative Rahmen des durch die *äußeren* Routinen erreichten Gerüsts öffnet dann wiederum einen Raum für individuelle Zugangsweisen, die *innerhalb* eines Gesprächs situativ eingebracht, reflektiert und weitergeführt werden können.

Damit die Bewältigung der Anforderungen keine einsame Aufgabe des Junglehrers bleibt, sind Fortbildungsmaßnahmen und eine begleitende Unterstützung notwendige Bestandteile des Berufseinstiegs. Die dritte Phase der Lehrerbildung muss daher ein Stützsystem aufbauen, das den Berufsalltag professionell und kooperativ begleitet, Impulse für die Gestaltung von literarischen Gesprächen gibt, bei Problemen und Hindernissen beratend zur Seite steht sowie zur persönlichen und beruflichen Weiterentwicklung anregt. Im Idealfall können kollegiale Unterstützungsgruppen und Tandempartnerschaften gebildet werden, die neben dem Austausch auch eine kollegiale Unterrichtsreflexion zum Inhalt haben. Mit dem Selbstverständnis als reflektierende Praktiker bedeutet dies zum Beispiel die systematische Reflexion geführter Gespräche. Förderlich für diese Reflexion ist die fallbasierte Analyse anhand von (Problem-)Situationen, bei der gemeinsam Alternativen abgewogen und entwickelt werden, um in didaktischen Entscheidungsfeldern einen größeren Handlungsspielraum aufzubauen.

2. Gelingensbedingungen und Perspektiven literarischer Gespräche in der Schule

Die bisherigen Ausführungen machen deutlich, dass didaktische Entscheidungen und pädagogische Handlungen gerade im Hinblick auf das Literarische Unterrichtsgespräch keiner technokratischen Sicht folgen können. Auch wenn das Verlangen manch angehender oder bereits tätiger Lehrkräfte verständlich ist, die Frage beantwortet zu bekommen, *was* bei einem Gespräch in einer bestimmten Lerngruppe nun *wie* funktioniert und *welche Folgen* sich aus einer methodischen Entscheidung ergeben, kann dieser Wunsch nicht erfüllt werden. Die Gründe hierfür liegen bereits in der Konzeption des Ansatzes selbst, der zur Durchführung keine lineare Anwendung von Wissen, gespickt mit methodischen Kniffs voraussetzt, sondern neben notwendigen konzeptionellen, theoretischen und methodischen Kenntnissen vor allem eine besondere Haltung dem Text und den am Gespräch beteiligten Schülerinnen und Schülern gegenüber. Eine biographische Perspektive auf die individuelle Aneignung, Anwendung und Weiterentwicklung des Literarischen Unterrichtsgesprächs schärft hierbei das Bewusstsein für die vielfältigen Wechselwirkungen zwischen der lernenden Lehrperson, dem Anspruch und der

Orientierung literaturdidaktischer Überlegungen, den individuell gegebenen (hemmenden oder fördernden) Umgebungsbedingungen sowie den Lernvoraussetzungen der Gruppe mit den beteiligten Individuen in einer konkreten Gesprächssituation zu einem bestimmten literarischen Text.

Mit der besonderen Haltung, die zur Leitung literarischer Gespräche gehört, ist bereits eine wesentliche Gelingensbedingung angesprochen. Ausgehend von den Axiomen der humanistischen Pädagogik ist darunter eine von Interesse und Offenheit geprägte Sicht auf die Menschen und den Gegenstand zu verstehen, der es nicht um die Vermittlung eng gefasster Einsichten und Wissensbestände geht, sondern um die situative und individuelle Begegnung aller im lebendigen Gespräch. Diese Haltung lässt sich nicht ohne weiteres Zutun aneignen, sondern bedarf biographisch motivierter und reflektierter Erkenntnisse, die in vielen Erfahrungssituationen erworben und in einer eigenen Kasuistik gesammelt werden müssen. Zu dieser Haltung gehört auch, institutionelle und gruppenspezifische Kontextbedingungen wahrzunehmen und durch die eigene Persönlichkeit, durch Rituale und wenn nötig auch durch die Einführung von Hilfsregeln für eine vertrauensvolle Atmosphäre zu sorgen. Leichter gelingt dies sicherlich in Klassen, die die Lehrkraft schon längere Zeit kennen und in denen – auch durch die gelebte Haltung – respektvolle Begegnungen und „lebendiges Lernen" möglich sind.

Als eine weitere Gelingensbedingung kann die durchdachte Vorbereitung literarischer Gespräche gelten, zu der neben der Textauswahl die Einführung des Textes sowie Überlegungen zur Gestaltung der Phasenübergänge sowie zu den einzelnen Phasen selbst zählen. Hierfür bedarf es einiges an Erfahrung, wenn zum Beispiel (bewusst oder unreflektiert) ein Text ausgewählt wird, der auf große Befremdung und Ablehnung stößt. Diese Alterität zuzulassen und didaktisch zu gestalten (und sie nicht methodisch zu eliminieren), stellt eine Herausforderung dar, die für die eigene Professionalisierung fruchtbar gemacht werden kann. Nicht zu unterschätzen ist die Entscheidung für die Präsentationsform des literarischen Textes: Wird er vorgelesen? An einem Stück oder unterbrochen von Pausen, Fragen, Impulsen? Wird anschließend gleich nochmals gelesen oder kann darauf vielleicht vorerst verzichtet werden? Liest die Lehrkraft oder lesen Schüler, werden vielleicht auch selbst mitgebrachte Texte gelesen? Soll der Text bewusst betont und stimmlich oder gestisch ausgestaltet werden? Oder soll sich der Klang des Textes ohne besondere Markierungen entfalten? Für alle diese Fragen gibt es keine einheitliche Antwort, da ihre Beantwortung von der Lehrperson, dem Text und den situativen Bedingungen abhängig ist. Die Erkundung methodischdidaktischer Entscheidungen wird immer auch von Ernüchterung oder Scheitern begleitet sein – auch dies gehört zum Wagnis eines Gesprächs.

Der Verlauf eines Gesprächs kann durch seine Situativität, Individualität und konkrete Prozessualität nicht vorhergesagt, sondern nur erfahren, rekonstruiert und bewusst gestaltet werden (vgl. Mayer 2004). Als Orientierung für einen möglichst gelingenden Verlauf können aber die Hinweise zur Leitung literarischer Gespräche dienen, wie sie von Hubert Ivo (1994) als „Prinzip der Balancierstange" oder von der Heidelberger Forschungsgruppe entwickelt wurden (vgl. Härle in diesem Band). Leitend ist hier die Vorstellung, dass ein Gespräch keinen linearen Gang nimmt, sondern sich in Bewegungen vollzieht, die einem Balanceakt gleichen. Die angemessene Auslegungspraxis eines literarischen Textes pendelt hierbei zwischen einer Disziplin des Textbezugs und einer Disziplin, die den Personen gilt. Zwischen diesen beiden Polen vollzieht sich das literarische Verstehen als eine fortwährende Suchbewegung. Der Leitung literarischer Gespräche fällt die Aufgabe zu, im Gespräch für eine ausgewogene und „dynamische" Balance Sorge zu tragen, beispielsweise durch eine geeignete Themenstellung, durch Impulse und Fragen sowie durch partizipierende Leitungsbeiträge.

Für das Gelingen Literarischer Unterrichtsgespräche können weitere Bedingungen beschrieben werden, die auch für andere Konzepte grundlegend sind. Hierzu gehört eine möglichst hohe Klarheit und Strukturiertheit in der Abfolge und Durchführung literarischer Gespräche, die allen Beteiligten Sicherheit und Orientierung geben kann, ohne in einen Schematismus zu verfallen. Als kompetente Andere können Leitende Strukturhilfen wesentlich auch durch ihren eigenen Umgang mit dem Text im Sinne eines Beispiellesers geben. Wie im Brunerschen Format dienen die eigenen Beiträge dann nicht als Bevormundung oder als Beschränkung der Verstehensmöglichkeiten, sondern als ein authentischer Gesprächsbeitrag, der *auch* als Modell genommen werden kann.

Zu einem literarischen Gespräch gehört ein lern- und gesprächsförderndes Klima, das gerade durch eine dialogisch-demokratische Grundhaltung auch erst entstehen kann. Zur Gestaltung des Klassenklimas zählen noch weitere Aspekte, die allgemein der Klassenführung zugeordnet werden: der Abbau hemmender Leistungsangst, eine überraschungsoffene Grundhaltung, ein Taktgefühl für Tempo und Wartezeiten, ein veränderter Umgang mit ‚Fehlern' und ‚Störungen', die Schaffung und Wahrung differenzierter Zugänge sowie Routinen, Rituale und Regeln in der Klassengemeinschaft (vgl. Helmke 2009). Als hinderlich, wenn nicht gar als problematisch, wird in diesem Zusammenhang oftmals der Umgang mit Heterogenität betrachtet.

Auch wenn Heterogenität in der pädagogischen Praxis mit Sicherheit eine der anspruchsvollsten Herausforderungen darstellt, sollte man sich nicht in die Sehnsucht nach Homogenisierung der Schülerschaft flüchten. Zur Professionalisierung von Lehrkräften gehört es vielmehr, das „Potential der Verschiedenheit" produktiv nutzen zu lernen und die unterschiedlichen Sichtweisen, Erfahrungshintergründe und Verhaltensmuster ins Gespräch zu bringen. Zur Bewältigung dieser Aufgabe ist eine enge Verknüpfung mit diagnostischen Kompetenzen ebenso erforderlich wie der Einbezug außerschulischer Faktoren (nicht nur in „Brennpunktschulen") und die Nutzung von personellen, zeitlichen und gegebenenfalls auch finanziellen und materiellen Ressourcen.[4]

Daneben ist als weitere Gelingensbedingung die Ingebrauchnahme der wachsenden Varianten des Literarischen Unterrichtsgesprächs und weiterer methodischer Hilfen zu nennen. Für die Durchführung im Unterricht kann eine variierte Textauswahl bereits eine erste Hilfe sein, literarische Gespräche lebendig zu halten. Einen wichtigen Einfluss hat auch das Setting selbst: Wird das Gespräch in der ganzen Klasse geführt oder mit einer Teilgruppe? Wird die Großgruppe nach unterschiedlichen Aufgaben geteilt, sodass das ‚eigentliche' Gespräch im Innenkreis stattfindet und dem Außenkreis verstärkt begleitende Aufgaben (Beobachtung, Protokoll, Experten) zufallen? Auch ist über eine Kombination mit zusätzlichen Lern- und Gesprächshilfen nachzudenken, die auf die Gesprächs- und Reflexionsprozesse stützend wirken. Im Sammelband finden sich beispielsweise in den Beiträgen von Ohlsen und Bräuer Verknüpfungsmöglichkeiten mit Verfahren des produktiven Schreibens oder der Portfolioarbeit. Während der Gespräche selbst können zusätzliche methodische Hilfen eingesetzt werden, wie beispielsweise ein „Erzähl-Stab" zur Verwaltung des Rederechts oder Strukturierungshilfen wie „Frage- und Sage-Karten", Textlupen oder Themenkarten. Je nach Altersstufe bietet es sich auch an, das Gespräch in eine Geschichte einzubinden, etwa als eine detektivische Annäherung an literarische Texte (vgl. dazu auch den Beitrag von Heizmann).

Dem Abschluss literarischer Gespräche sollte besondere Aufmerksamkeit gewidmet werden. In der Praxis wird dieser von den Beteiligten teilweise als zeitlich bedingter Abbruch oder als Beendigung eines „fruchtlosen Herumratens" empfunden. Stattdessen sollte am Ende eines Gesprächs allen Teil-

---

[4] Als Lehrer an einer Grund-, Haupt- und Realschule, die Förder- und Erziehungshilfeschüler in den Regelunterricht integriert, sind mir Umfang und Anforderung eines differenzierten Unterrichts in stark heterogenen Lerngruppen durchaus bewusst.

nehmenden (und sich selbst) Gelegenheit gegeben werden, sich abschließend nochmals zum Text und zum Gespräch zu äußern. Dies verhilft zu einer Konsolidierung von literarischen Gesprächserfahrungen ebenso wie zu einer würdigenden Zusammenschau der aufgebauten Deutungslinien und Interpretationshypothesen. Nicht zuletzt wird durch eine bewusste Gestaltung ein Übergang geschaffen, der auch mit einem Ritual (spielerische Rückkehr von der detektivischen Spurensuche, bewusstes Auflösen des Stuhlkreises) verbunden werden kann.

3. Schluss

Wie ein literarisches Gespräch in seinem Verlauf nicht vorhersehbar ist, sondern situationsgebunden vielerlei Wendungen nehmen kann, so sind auch die Wege, auf denen eine literaturdidaktische Konzeption angeeignet und umgesetzt wird, individuell und nicht vorhersagbar. Unter Bezugnahme auf biographische Zusammenhänge können neben möglichen Hindernissen jedoch auch Lernvoraussetzungen beschrieben werden, die diese Entwicklungsprozesse wirksam unterstützen. Fest steht, dass Lehrerinnen und Lehrer auf ihrem Bildungsweg und in der Institution Schule mit vielfältigen Belastungen konfrontiert werden, die zumeist in dilemmatischen Kernproblemen und Antinomien begründet liegen und sich auch auf die Gestaltung literarischer Unterrichtsgespräche auswirken. Es bleibt eine Aufgabe der Forschung, diese Problemfelder sowie spezifische Bearbeitungsstrategien und Handlungsmöglichkeiten von Lehrkräften systematisch zu rekonstruieren, um weitere Gelingensbedingungen herausstellen zu können.

Ein Kernelement von Lehrerqualifizierungsmaßnahmen sollte die Ausbildung von (biographischer) Reflexivität durch den Aufbau einer eigenen Kasuistik sein. Neben der Frage nach den eigenen biographischen Anteilen und deren Auswirkungen auf das professionelle Handeln kommt der pädagogischen und literaturdidaktischen Fallarbeit hierfür eine besondere Bedeutung zu. Bei der gemeinsamen Auseinandersetzung mit eigenen Erfahrungen sowie in der Untersuchung von Fallbeispielen werden Reflexionskompetenzen und ein (berufs-)biographisch selbstreflexives Wissen aufgebaut, welche wichtige Voraussetzungen für die Analyse und Bewältigung der Komplexität von schulischen Interaktionsprozessen und Antinomien darstellen.

Werden die strukturellen und biographischen Zusammenhänge in der Hochschule, im Referendariat und beim Berufseinstieg zur Sprache gebracht und reflektiert, können in den didaktischen Handlungsfeldern gezielte und angemessene didaktische Entscheidungen getroffen werden, die für das

Gelingen literarischer Gespräche in der Schule nötig sind. Ein Vorankommen auf diesem Weg hat nicht nur einen großen Einfluss auf die eigene Gestaltung der literarischen Gespräche selbst, es ermöglicht zugleich den höchst lohnenswerten Aufbau einer literarischen Gesprächskultur als Teil des literarischen Lebens an Schulen.

Literatur

Altrichter, Herbert u. a. (2007): Educational Governance. Handlungskoordination und Steuerung im Bildungssystem. Wiesbaden: Verlag für Sozialwissenschaften

Böhner, Markus M. (2009): Wirkungen des Vorbereitungsdienstes auf die Professionalität von Lehrkräften. In: Lehrerprofessionalität. Bedingungen, Genese, Wirkungen und ihre Messung. Hg. von Olga Zlatkin-Troitschanskaia u. a. Weinheim; Basel: Beltz, S. 439–449

Böllert, Karin; Gogolin, Ingrid (2003): Stichwort: Professionalisierung. In: Zeitschrift für Erziehungswissenschaft, Jg. 5, H. 3, S. 367–383

Böttcher, Wolfgang; Liesegang, Timm (2009): Das Verhältnis von Institutions- und Organisationsentwicklung und deren Bedeutung für Professionalität von Lehrenden. In: Lehrprofessionalität. Bedingungen, Genese, Wirkungen und ihre Messung. Hg. von Olga Zlatkin-Troitschanskaia u. a. Weinheim; Basel: Beltz, S. 517–528

Braun, Barbara (1995): Vorläufer der literarischen Sozialisation in der frühen Kindheit. Eine entwicklungspsychologische Fallstudie. Frankfurt a. M. u. a.: Lang

Bromme, Rainer (1997): Kompetenzen, Funktionen und unterrichtliches Handeln des Lehrers. In: Psychologie des Unterrichts und der Schule. Hg. von Franz E. Weinert. Göttingen: Hogrefe, S. 177–212

Bruner, Jerome (2002): Wie das Kind sprechen lernt. 2. erg. Aufl., Bern u. a.: Huber

Christmann, Ursula; Rosebrock, Cornelia (2006): Differenzielle Psychologie: Die Passung von Leserfaktor und Didaktik/Methodik. In: Empirische Unterrichtsforschung in der Literatur- und Lesedidaktik. Ein Weiterbildungsprogramm. Hg. von Norbert Groeben und Bettina Hurrelmann. Weinheim: Juventa, S. 155–176

Eggert, Hartmut; Graf, Werner (1993): Lektürebiographie als Gegenstand und Methode der Lehrerausbildung. In: Mitteilungen des Deutschen Germanistenverbandes, Jg. 13, H. 2, S. 40–50

Feneberg, Sabine (1994): Wie kommt das Kind zum Buch? Die Bedeutung des Geschichtenvorlesens im Vorschulalter für die Leseentwicklung von Kindern. Neuried: ars una

Fritzsche, Joachim (2004): Formelle Sozialisationsinstanz Schule. In: Lesesozialisation in der Mediengesellschaft. Ein Forschungsüberblick. Hg. von Norbert Groeben und Bettina Hurrelmann. Weinheim; München: Juventa, S. 202–249

Garbe, Christine u. a. (2009): Lesesozialisation. Ein Arbeitsbuch für Lehramtsstudierende. Paderborn u. a.: Schöningh

Gattermaier, Klaus (2003): Literaturunterricht und Lesesozialisation. Eine empirische Untersuchung zum Lese- und Medienverhalten von Schülern und zur lesesozialisatorischen Wirkung ihrer Deutschlehrer. Regensburg: Edition Vulpes

Graf, Werner (1995): Fiktionales Lesen und Lebensgeschichte. Lektürebiographien der Fernsehgeneration. In: Lesen im Medienzeitalter. Biographische und historische Aspekte literarischer Sozialisation. Hg. von Cornelia Rosebrock. Weinheim; München: Juventa, S. 97–125

Graf, Werner (2004): Der Sinn des Lesens. Modi der literarischen Rezeptionskompetenz. Münster: LIT-Verlag

Graf, Werner (2007): Lesegenese in Kindheit und Jugend. Einführung in die literarische Sozialisation. Baltmannsweiler: Schneider Verlag Hohengehren

Härle, Gerhard (2004a): Literarische Gespräche im Unterricht. Versuch einer Positionsbestimmung. In: Wege zum Lesen und zur Literatur. Hg. von Gerhard Härle und Bernhard Rank. Baltmannsweiler: Schneider Verlag Hohengehren, S. 137–168

Härle, Gerhard (2004b): Lenken – Steuern – Leiten. Theorie und Praxis der Leitung literarischer Gespräche in Hochschule und Schule. In: Kein endgültiges Wort. Die Wiederentdeckung des Gesprächs im Literaturunterricht. Hg. von Gerhard Härle und Marcus Steinbrenner. Baltmannsweiler: Schneider Verlag Hohengehren, S. 107–139

Härle, Gerhard; Mayer, Johannes (2001): Literarische Gespräche im Unterricht führen. Ein Erfahrungsaustausch mit Ute Andresen. In: Lesezeichen. Schriftenreihe des Lesezentrums der Pädagogischen Hochschule Heidelberg, H. 9, S. 33–91

Härle, Gerhard; Mayer, Johannes; Steinbrenner Marcus (2004): Das literarische Unterrichtsgespräch. Ein Forschungsprojekt an der Pädagogischen Hochschule Heidelberg. In: Ein langer Weg zu einer forschungsbasierten Bildungswissenschaftlichen Hochschule. Einblicke in 100 Jahre Lehrerbildung in Heidelberg. Hg. von der Pädagogischen Hochschule Heidelberg u. a. Heidelberg: Pädagogische Hochschule, S. 166–176

Haueis, Eduard (1985): Sprachspiele und die didaktische Modellierung von Wissensstrukturen. In: Germanistik – Forschungsstand und Perspektiven. Vorträge des Deutschen Germanistentages 1984. 1. Teil: Germanistische Sprachwissenschaft. Didaktik der deutschen Sprache und Literatur. Hg. von Georg Stötzel. Berlin: de Gruyter, S. 658–667

Helmke, Andreas (2009): Unterrichtsqualität und Lehrerprofessionalität. Diagnose, Evaluation und Verbesserung des Unterrichts. Seelze-Velber: Kallmeyer; Klett

Helsper, Werner (2000): Antinomien des Lehrerhandelns und die Bedeutung der Fallrekonstruktion – Überlegungen zu einer Professionalisierung im Rahmen universitärer Lehrerausbildung. In: Welche Lehrer braucht das Land? Hg. von Ernst Cloer u. a. Weinheim; München: Juventa, S. 142–177

Helsper, Werner (2008): Ungewissheit und pädagogische Professionalität. In: Soziale Arbeit in Gesellschaft, H. 4, S. 162–168

Hurrelmann, Bettina (2003): Ein erweitertes Konzept von Lesekompetenz und Konsequenzen für die Leseförderung. In: Schieflagen im Bildungssystem. Die Benachteiligung der Migrantenkinder. Hg. von Georg Auernheimer. Opladen: Leske + Budrich, S. 161–176

Hurrelmann, Bettina (2004): Sozialisation der Lesekompetenz. In: Struktur, Entwicklung und Förderung von Lesekompetenz. Vertiefende Analysen im Rahmen von PISA 2000. Hg. von Ulrich Schiefele u. a. Wiesbaden: Verlag für Sozialwissenschaften, S. 37–60

Hurrelmann, Bettina u. a. (1993): Leseklima in der Familie. Gütersloh: Verlag Bertelsmann Stiftung

Hurrelmann, Bettina u. a. (2006): Lesekindheiten. Familie und Lesesozialisation im historischen Wandel. Weinheim: Juventa

Ivo, Hubert (1994): Reden über poetische Sprachwerke. Ein Modell sprachverständiger Intersubjektivität. In: ders.: Muttersprache, Identität, Nation. Opladen: Westdeutscher Verlag, S. 222-271

Jäger, Reinold S. (2007): Beobachten, beurteilen und fördern! Lehrbuch für die Aus-, Fort- und Weiterbildung. Landau: Empirische Pädagogik

Köcher, Renate (1993): Lesekarrieren – Kontinuität und Brüche. In: Lesesozialisation. Hg. von Heinz Bonfadelli u. a. Bd. 2: Leseerfahrungen und Lesekarrieren. Studien der Bertelsmannstiftung. Gütersloh: Bertelsmann Stiftung, S. 215–310

Lenhard, Hartmut (2004): Zweite Phase an Studienseminaren und Schulen. In: Handbuch Lehrerbildung. Hg. von Sigrid Blömeke u. a. Bad Heilbrunn; Braunschweig: Westermann; Klinkhardt, S. 275-290

Lipowsky, Frank (2003): Wege von der Hochschule in den Beruf. Eine empirische Studie zum beruflichen Erfolg von Lehramtsabsolventen in der Berufseinstiegsphase. Bad Heilbrunn: Klinkhardt

Maiwald, Klaus (1999): Literarisierung als Aneignung von Alterität. Theorie und Praxis einer literaturdidaktischen Konzeption zur Leseförderung im Sekundarbereich. Frankfurt a. M.: Lang

Matzdorf, Paul; Cohn, Ruth C. (1992): Das Konzept der Themenzentrierten Interaktion. In: TZI. Pädagogisch-therapeutische Gruppenarbeit nach Ruth C. Cohn. Hg. von Cornelia Löhmer und Rüdiger Standhardt. Stuttgart: Klett-Cotta, S. 39–92

Mayer, Johannes (2004): Literarische Gespräche: Strukturen – Verstehenslinien – Phasen. In: Kein endgültiges Wort. Die Wiederentdeckung des Gesprächs im Literaturunterricht. Hg. von Gerhard Härle und Marcus Steinbrenner. Baltmannsweiler: Schneider Verlag Hohengehren, S. 141–174

Nündel, Ernst; Schlotthaus, Werner (1978): Angenommen: Agamemnon. Wie Lehrer mit Texten umgehen. München u. a.: Urban & Schwarzenberg

Pieper, Irene u. a. (2004): Lesesozialisation in schriftfernen Lebenswelten. Lektüre und Mediengebrauch von HauptschülerInnen. Weinheim; München: Juventa

Richter, Karin; Plath, Monika (2005): Lesemotivation in der Grundschule. Empirische Befunde und Modelle für den Unterricht. Weinheim: Juventa

Schön, Erich (1993): Jugendliche Leser und ihr Deutschunterricht. In: Bedeutungen erfinden – im Kopf, mit Schrift und miteinander. Zur individuellen und sozialen Konstruktion von Wirklichkeiten. Hg. von Heiko Balhorn und Hans Brügelmann. Konstanz: Faude, S. 220–226

Steinbrenner, Marcus; Wiprächtiger-Geppert, Maja (2006a): Literarisches Lernen im Gespräch. Das „Heidelberger Modell" des Literarischen Unterrichtsgesprächs. In: Praxis Deutsch, Jg. 33, H. 200, S. 14–15

Steinbrenner, Marcus; Wiprächtiger-Geppert, Maja (2006b): Verstehen und Nicht-Verstehen im Gespräch. Das Heidelberger Modell des Literarischen Unterrichtsgesprächs. In: Literatur im Unterricht, Jg. 7, H. 3, S. 227–241

Treptow, Eva (2006): Bildungsbiografien von Lehrerinnen und Lehrern. Eine empirische Untersuchung unter Berücksichtigung geschlechtsspezifischer Unterschiede. Münster: Waxmann

Vygotskij, Lev S. (2002): Denken und Sprechen. Psychologische Untersuchungen. Hg. und übersetzt aus dem Russischen von Joachim Lompscher und Georg Rückriem. Weinheim; Basel: Beltz

Wieler, Petra (1989): Sprachliches Handeln im Literaturunterricht als didaktisches Problem. Bern u. a.: Lang

Wieler, Petra (1997a): Das Prinzip der Dialogizität als Grundzug der familialen Vorlesepraxis mit Kindern im Vorschulalter. In: Lesen im Wandel. Hg. von Christine Garbe u. a. Lüneburg: Universität, Fachbereich I: Didaktikdiskurse: eine Schriftenreihe, S. 65–100

Wieler, Petra (1997b): Vorlesen in der Familie. Fallstudien zur literarisch-kulturellen Sozialisation von Vierjährigen. Weinheim; München: Juventa

Wieler, Petra (2004): Gespräche mit Grundschulkindern über Kinderbücher und andere Medien. In: Kein endgültiges Wort. Die Wiederentdeckung des Gesprächs im Literaturunterricht. Hg. von Gerhard Härle und Marcus Steinbrenner. Baltmannsweiler: Schneider Verlag Hohengehren, S. 265–289

MICHAEL BAUM

„Wo aber sind die Freunde?" – Ein Gespräch über
Hölderlins Gedicht *Andenken*

1. Ästhetische Erfahrung I

In seiner Studie *Die Kunst der Entzweiung* expliziert Martin Seel den Begriff der ästhetischen Erfahrung im Hinblick auf Kants *Kritik der Urteilskraft*: „Die ästhetische Erfahrung ist eine durch den schönen Gegenstand ermöglichte Stimmung der Bestimmbarkeit, die sich erhält im spielerisch wahrnehmenden Verweilen an diesem Gegenstand, dessen ästhetische Qualität durch eine seiner Bestimmungen nicht adäquat zu benennen ist" (Seel 1997, S. 44).[1]

Gemäß dieser Auffassung eignet dem Ästhetischen die Fähigkeit, Muster der Wahrnehmung und des Urteilens aufzuheben, gleichsam die Bühne zu bereiten für ein Spiel, das anderen, neuen Regeln folgt. Ästhetische Erfahrung wäre folglich zuallererst eine Empfindung der Offenheit für etwas, das vielleicht ankommt, dessen Konturen aber zunächst sich nur in groben Umrissen darstellen. Nicht etwas, dem bestimmte (strukturelle) Qualitäten zukommen, verstrickt sich mit einem denkenden und wahrnehmenden Subjekt, sondern ein Wahrnehmungsraum ohne „Zeichen", „Dargestelltes" oder „Information", der zugleich ein Versprechen enthält, öffnet sich dem Betrachter. Gemäß Kant, auf den sich Seel bezieht, geschieht die Bestimmung des zunächst offenen Bewusstseins nicht durch eine Zeichenstruktur, die mit einem Code zu lesen wäre, sondern es findet eine Verschiebung von Zeichenordnungen statt, die nur spielerisch bearbeitet werden kann. „Benennungen", welche die Alltagssprache zur Verfügung stellt, reichen nicht aus. Die ästhetische Erfahrung geht einher mit der Formulierung einer neuen Sprache.

Es scheint, als ob diese, in der Tradition des deutschen Idealismus stehenden Bestimmungen eine Intimität der ästhetischen Erfahrung reklamieren.

---

[1] Schiller hat hier später angeschlossen, indem er in den *Briefen zur ästhetischen Erziehung* die Bestimmbarkeit des für das Ästhetische empfindlichen Bewusstseins als Voraussetzung für das Spiel der Kunst ansieht (vgl. Schiller [1795] 1993, S. 570–669; hier: S. 627).

Wer zu sich selbst kommt, wer sich öffnet, frei macht für ein Spiel ohne formale, semantische und zeitliche Grenzen, der kann nicht zugleich Rücksicht nehmen auf die Intersubjektivität sozialer Verhältnisse. Gleichwohl erweitert Kant, wie Seel zeigt, die Vorstellung eines intimen Bezirks des ästhetischen Erlebens um die Analyse der „Funktion des Austauschs ästhetischer Einschätzungen" (Seel 1997, S. 44, vgl. Kant [1793] 1996, § 60). Damit wird in den Diskurs des Ästhetischen eine Differenz eingeführt. Denn als Erlebender bin ich ein anderer denn als Sprechender in einem Dialog. Erleben und dialogisches Sprechen sind zwar durch das Medium der Sprache aufeinander bezogen, doch diese Beziehung konstituiert sich vor dem Hintergrund einer basalen Differenz. Die Sprache des Dialogs nebst ihren pragmatischen Regeln teilt mein Inneres, wie ja schon in der Autokommunikation die Äußerlichkeit eines wie auch immer kreativ gehandhabten Zeichensystems zwischen meine Gedanken und Empfindungen fährt. Ästhetisches und pragmatisches Sprechen treten in eine Konkurrenz, reiben sich aneinander. Was teile ich mit in einem „ästhetischen Dialog", etwa in der Form des literarischen Gesprächs? Welche Rolle spielt die zeitliche, semantische und soziale Eigendynamik sozialer Prozesse? Wie stellt sich dieses Sprachspiel für einen Soziologen dar? Etwa als Weitergabe kulturellen Kapitals, der ein ganzes soziales Regelwerk (Auswahl kanonischer Texte, institutioneller Rahmen, Ausrichtung auf einen ästhetischen Code, der die ökonomischen und politischen Bedingungen der Gesprächssituation notwendig ausblendet …) in Gang setzt, um das alte Spiel weiter zu spielen?

Gerhard Härle und Marcus Steinbrenner haben in einem programmatischen Aufsatz zur *verstehensorientierten Didaktik des literarischen Unterrichtsgesprächs* die wunden Punkte einer dialogischen Kommunikation über ästhetische Erfahrungen benannt und diese in ihre Theoriebildung mit aufgenommen, anstatt sie zu überschreiben mit Figuren des Machbaren und Zweckmäßigen. Dort heißt es im sechsten von sieben Postulaten zum literarischen Gespräch: „Als ‚wahres Gespräch' muss das literarische Unterrichtsgespräch auch die ‚wahren Bedingungen' der Institution und der Gesellschaft einbeziehen. Erst durch den Charakter seiner Wahrhaftigkeit erhält das literarische Gespräch seinen Wert in Blick auf den Text, auf das Verstehen und auf die gemeinschaftliche Kommunikation." Dies wird im siebten Postulat hinsichtlich der Paradoxie zwischen Authentizität und Sozialität des literarischen Gesprächs, so wie es sich für das teilnehmende Individuum darstellt, konkretisiert: „Literatur und das literarische Gespräch verweisen auf die Rechte und den Anspruch des Individuums – auch wenn sie im konkreten Unterricht nicht eingelöst werden können" (Härle; Steinbrenner 2003, S. 156).

Ich sehe darin den Ausweis einer literarischen Hermeneutik in didaktischer Absicht, die weiß um die Aporien einer Lehre des Verstehens, welche die sozialen Kontexte des hermeneutischen Unterfangens ausblendet. Gadamers einseitiger Bezug auf die Tradition der romantischen Hermeneutik (Schleiermacher) sowie auf Heidegger wird somit aufgehoben. Ferner tritt das Theorie-Praxis-Problem erneut in aller Schärfe hervor. Während nämlich dann, wenn von Lernzielen oder neuerdings Kompetenzen die Rede ist, die inneren Widersprüche der sozialen Situation Unterricht hintangestellt und durch abstrakte Zielbeschreibungen ersetzt werden – dem Kompetenzdiskurs etwa fehlt sowohl ein Sprachbegriff als auch ein Begriff von Gesellschaft –, findet sich in dem Modell von Härle und Steinbrenner die Frage nach der sozialen Aporetik des literarischen Gesprächs berücksichtigt und im Zusammenhang mit der Frage nach der Literatur selbst reflektiert.

Damit ist ein Rahmen des Fragens, Nachdenkens, Forschens skizziert, der in Zukunft zu füllen sein wird. Noch wissen wir viel zu wenig über die Brüche, welche die Differenz zwischen sozialer und ästhetischer Kommunikation bewirkt. Härle und Steinbrenner arbeiten mit dem Begriff der Wahrhaftigkeit, gehen also davon aus, dass ästhetische Kommunikation die Grenzen der pragmatischen Rede zu sprengen vermag. Der ästhetische Aspekt, eben: Wahrhaftigkeit, überwölbt den sozialen. In einem ‚wahren Gespräch' gelingt es, die Unbedingtheit des Ästhetischen als Wahrhaftigkeit sozial verbindlich zu machen. Der Ort, an dem neue Fragen anheben, ist jener zwischen Subjekt und „Intersubjektivität". Wenn der ästhetischen Erfahrung eine „Stimmung der Bestimmbarkeit" entspricht, wenn sie sich mit dem Aufschub von Sinnfestlegung durch „spielerisch wahrnehmendes Verweilen" verbindet (Kant, Seel), wenn schließlich die pragmatischen und ästhetischen Zeichensysteme nicht ineinander übersetzbar sind, dann verlangt dies nach einer kritischen Fortschreibung des Modells von Härle und Steinbrenner; dann müssen aus Postulaten Theoreme werden. Um nur eine interessant erscheinende Frage vorweg zu stellen:[2] Wie lässt sich der Moment erklären, in dem ein spielend-verweilendes Bewusstsein in den Raum der Kommunikation eintritt? Was geschieht, wenn, unter der Maßgabe einer gewissen zeitlichen

---

[2] Es liegt m. E. auf der Hand, dass das vorhandene, höchst aufschlussreiche empirische Material auch im Hinblick auf diese Fragen ausgewertet werden könnte. Wünschenswert wäre ferner eine Arbeit mit verschiedenen medialen Codierungen: Der Mitschnitt macht bestimmte akustische Färbungen und Phrasierungen hörbar; das Video informiert, wenigstens aus einer gewissen Perspektive, über Gesten und Blicke, mithin das Feld des Selbst- und Fremdbezugs.

und institutionellen Ökonomie, der Spielende zu einem Sprechenden wird, der, wie verbindlich auch immer, Geltungsansprüche stellt?

Bevor der Versuch unternommen wird, die eigenen ästhetischen Erfahrungen während der Lektüre von Hölderlins *Andenken* anzudeuten, soll eine Beziehung aufgewiesen werden zwischen der zeitgenössischen Ästhetik-Debatte und den hier zur Sprache gebrachten vorwiegend literaturdidaktischen Problemen. Nach Christoph Menke ist die moderne Ästhetik-Debatte durch eine „unaufgelöste Ambivalenz bestimmt." Diese verweist auf zwei nicht harmonisierbare „Traditionslinien": „Während die eine die ästhetische Erfahrung als Moment neben anderen Erfahrungsweisen und Diskursen in die ausdifferenzierte Vernunft der Moderne einträgt, spricht ihr die zweite ein die Vernunft der nicht-ästhetischen Diskurse überschreitendes Potential zu" (Menke 1991, S. 9). Es stellt sich folglich die Frage, ob die ästhetische Erfahrung *autonom* ist, also *neben* anderen Formen der Erfahrung ihren Ort hat, oder ob ihr Status der *souveräne* ist, was hieße, dass sie nicht auf einer Ebene mit den anderen Formen der Erfahrung betrachtet werden kann. Menke fährt fort: „Beschreibt das Autonomiemodell die ästhetische Erfahrung als geltungsrelativ, so das Souveränitätsmodell deshalb als absolut, weil ihr Vollzug zugleich das gelingende Funktionieren der nicht-ästhetischen Diskurse sprengt" (ebd., S. 10). Nach Menke wäre es gänzlich aussichtslos, den Streit zugunsten einer Auffassung schlichten zu wollen. Stets blieben die Modelle spannungsvoll aufeinander bezogen.

Die Literaturdidaktik hat bisweilen in ihrer Beschwörung des Ästhetischen (etwa in der Rede von der „gesteigerten Wahrheit/Zeichenhaftigkeit der Kunst") auf das Souveränitätsmodell gesetzt und zugleich versucht, den institutionellen Rahmenbedingungen des Unterrichts Rechnung zu tragen.[3] Gerhard Härle und Marcus Steinbrenner enttabuisieren diesen Widerspruch, indem sie, gleichsam utopisch, den souveränen Charakter des Ästhetischen für eine Form der literarischen Geselligkeit[4] reklamieren, welche die Bezeichnung „literarisches Gespräch" trägt; ganz konsequent wird denn diese Form der ästhetischen Kommunikation auch vom „normalen Unterricht" mit seinen Vermittlungsroutinen getrennt.

---

[3] Anders jedoch Jürgen Kreft (1982, S. 88), der von verschiedenen Regionen menschlicher Vernunft ausgeht, von der eine diejenige der „inneren Natur" sei; Kommunikationen in diesem Bereich zielten hinsichtlich ihrer Geltung auf „Wahrhaftigkeit", etwa im Unterschied zum nicht-poetischen Sprachgebrauch, in welchem „Verständlichkeit" der Orientierungspunkt sei.

[4] Zu einer kritischen Analyse in Hinsicht auf die soziale Blindheit der romantischen literarischen Geselligkeit vgl. Luhmann 1982.

Im Zusammenhang der hier untersuchten Problematik interessiert insbesondere die Frage nach dem Dialogischen, wie sie sich zwischen Autonomie und Souveränität der Kunst stellt. Menke schreibt in seinen Untersuchungen zur „Gefahr des Ästhetischen": [5]

> Die beständige Möglichkeit, einen Einstellungswechsel zur ästhetischen Negativität vorzunehmen, ist kein Einwand gegen die nicht-ästhetische Verwendung von Zeichen und Darstellungen, aber läßt sie zerfallen: sie konfrontiert die nicht-ästhetische Verwendung von Zeichen mit einer nach ihren Regeln unbewältigbaren Krise, weil sie ihre notwendige Voraussetzung, die automatische Verstehbarkeit von Zeichen, so negiert, daß sie durch kein Argument wiederhergestellt werden kann. Wer gegenüber Zeichenverwendungen, deren Leistungen nicht ästhetisch zu Recht Geltung beanspruchen, von der unbegrenzbaren Möglichkeit zu ästhetischer Negativitätserfahrung Gebrauch macht, kann durch kein noch so durchschlagendes Argument zur Ordnung gerufen werden. (Menke 1991, S. 271)

An diesem Punkt, den die didaktische Reflexion nicht fliehen sollte, geht die Erfahrung des Ästhetischen einher mit einer irreduziblen Differenz gegenüber den Disziplinierungsmechanismen in sozialen Systemen wie Schule und Hochschule. Der Widerstand, den das Ästhetische mobilisieren kann, rückt in den Blick und verdrängt für einen Moment sämtliche erwünschten und geforderten Effekte unterrichtlicher Kommunikation.

2. Ästhetische Erfahrung II

Es ist an der Zeit, den Blickpunkt zu wechseln, das heißt: die theoretischen Überlegungen zur ästhetischen Erfahrung mit einem Exempel zu verknüpfen. – Literarische Gespräche, wie sie Gerhard Härle versteht, differenzieren ästhetische Erfahrungen aus, um, bereichert durch die Rückmeldungen anderer Teilnehmer, zu einem vertieften Verstehen von Literatur zu gelangen (vgl. Härle; Heizmann 2009, S. 28). Wenn also hier kurz vorgestellt werden soll, welche Perspektiven ein Gespräch über Hölderlins ersten Hesperischen Gesang mit dem Titel *Andenken* (Hölderlin [1804/1805] 2004, S. 121-123) eröffnet hat, und wenn es der Leiter dieses Gesprächs ist, der die Verantwortung für die Darstellung übernimmt, dann mag es nur konsequent sein, dessen eigene ästhetischen Erfahrungen, die wesentliches Motiv für die Textwahl waren, zu umreißen. Diese Erfahrungen liegen selbstredend auf anderen Ebenen als „Interpretationsansätze", „Deutungen" oder

---

[5] Die Frage des Verstehens stellt sich womöglich neu und anders, wenn das Gespräch als Ritual betrachtet wird, das mimetische Textbezüge ermöglicht; vgl. hierzu Steinbrenner 2010.

"Lesarten" (dazu einige wenige Bemerkungen im dritten Kapitel). Es geht um das, was den Leser angesprochen und nicht mehr losgelassen hat:

FRIEDRICH HÖLDERLIN: ANDENKEN

Der Nordost wehet,
Der liebste unter den Winden
Mir, weil er feurigen Geist
Und gute Fahrt verheißet den Schiffern.
Geh aber nun und grüße
Die schöne Garonne,
Und die Gärten von Bordeaux
Dort, wo am scharfen Ufer
Hingehet der Steg und in den Strom
Tief fällt der Bach, darüber aber
Hinschauet ein edel Paar
Von Eichen und Silberpappeln;

Noch denket das mir wohl und wie
Die breiten Gipfel neiget
Der Ulmwald, über die Mühl',
Im Hofe aber wächset ein Feigenbaum.
An Feiertagen gehen
Die braunen Frauen daselbst
Auf seidnen Boden,
Zur Märzenzeit,
Wenn gleich ist Nacht und Tag,
Und über langsamen Stegen,
Von goldenen Träumen schwer,
Einwiegende Lüfte ziehen.

Es reiche aber,
Des dunkeln Lichtes voll,
Mir einer den duftenden Becher,
Damit ich ruhen möge; denn süß
Wär' unter Schatten der Schlummer.
Nicht ist es gut,
Seellos von sterblichen
Gedanken zu seyn. Doch gut
Ist ein Gespräch und zu sagen
Des Herzens Meinung, zu hören viel
Von Tagen der Lieb',
Und Thaten, welche geschehen.

Wo aber sind die Freunde? Bellarmin
Mit dem Gefährten? Mancher
Trägt Scheue, an die Quelle zu gehen;
Es beginnet nemlich der Reichtum
Im Meere. Sie,
Wie Mahler, bringen zusammen
Das Schöne der Erd' und verschmähn
Den geflügelten Krieg nicht, und
Zu wohnen einsam, jahrlang, unter
Dem entlaubten Mast, wo nicht die Nacht durchglänzen
Die Feiertage der Stadt,
Und Saitenspiel und eingeborener Tanz nicht.

Nun aber sind zu Indiern
Die Männer gegangen,
Dort an der luftigen Spitz'
An Traubenbergen, wo herab
Die Dordogne kommt,
Und zusammen mit der prächt'gen
Garonne meerbreit
Ausgehet der Strom. Es nehmet aber
Und giebt Gedächtniß die See,
Und die Lieb' auch heftet fleißig die Augen,
Was bleibet aber, stiften die Dichter.

Die Erfahrung dieses „Gesangs" ist tatsächlich eine musikalische. Wenn ich an die Lektüre dieses Textes denke, entsteht in mir ein Klangbild. Das Bild einer Sprachmelodie mit Auf- und Abschwüngen, Phrasierungen, Rhythmuswechseln, unterschiedlichen Tempi. Nichts liegt mir (zunächst) ferner als eine Untersuchung von semantischen Beziehungen. Diese Zeilen *atmen* und es ist ohne Zweifel die Körperlichkeit des Textes (als Sprachkörper, der sich bewegt; als nachhaltig, aber sanft flutende Energie), die mich aus dem, was wir das alltägliche Reden oder Denken nennen, heraushebt. Die Doppelbewegung des Gedenkens, emphatisch im Sinne eines Beschwörens von verloren gegangener Präsenz, trauernd im Wissen um den nicht mehr rückgängig zu machenden Verlust, erscheint immer wieder getragen vom Atemgeräusch des Textes, gleichsam indirekt herbeigeführt, ohne direkte Explikation im Semantischen. Noch die einprägsamsten Verse muss ich wiederholen, ohne sie zu übersetzen, muss sie immer neu dem inneren Ohr zur Anschauung geben, stets den Sinn aufschiebend. (Wie ließe sich das im Gespräch mitteilen: die Arbeit der Differenz, der Aufschub, das Versprechen?)

Der erste nachhaltige Rhythmuswechsel gleich zu Beginn: Nach dem streng und getragen klingenden ersten Vers höre ich die Bewegung der

Fahrt über helle, kurze Vokale und s-Laute. Dann wiederum ein Umschwung: Es wird klar, dass der Dichter an der Fahrt nicht teilnehmen wird; er vermag den Ort des Gedenkens nur zu grüßen. Die Stimmung wird melancholisch – oszillierend zwischen der Freude und der Trauer des Gedenkens –, die Vokaldauer erhöht sich, dunklere Klangfarbe dominiert. Erst das letzte Wort der Strophe hebt sich, musikalisch-rhythmisch betrachtet, auf eigentümliche Weise ab: „Silberpappeln".

In der zweiten Strophe wird das Panorama des Gedenkens ausgebreitet; sie ist nach musikalischen Kriterien betrachtet am regelmäßigsten. Bilder tauchen auf im Bewusstsein dessen, der sich erinnert: Gipfel, Ulmwald, Mühle, Hof, Feigenbaum, die „braunen Frauen" (draußen arbeitend, gebräunt von der Sonne von Bordeaux). Der Klang ist ruhig, weich, langsam: Die Erinnerung ist zeitlich getrennt vom Geschehen, die Bilder brauchen Zeit, bis sie aufscheinen können, es gibt Pausen, Zögern, es gibt ein Suchen nach der eigenen Vergangenheit. Am Ende die Überleitung zur Strophe des Dichters und der Imagination: Direkt ist die Rede von „goldenen Träumen" und dem einwiegenden Rhythmus der Erinnerungen.

Die dritte Strophe feiert das poetische Gedenken: Das dunkle Licht (der Wein aus Bourdeaux, der Traum, das Oszillieren zwischen Präsenz und Entzug des Erinnerten) verweist allegorisch auf den Doppelcharakter der Poesie. Doch dann ein starker rhythmischer Einschnitt. Vers sechs der dritten Strophe ruft gleichsam denjenigen zur Besinnung, der sich dem Panorama der Erinnerung hingeben und dieses mit seiner dichterischen Phantasie vermengen möchte. Wir begegnen erneut der Kontroverse zwischen der Intimität der ästhetischen Erfahrung und dem sozialen Charakter der Sprache, der nicht nur als Einengung, sondern auch als Befreiung aus dem Egozentrischen empfunden werden kann: „Nicht ist es gut, / Seellos von sterblichen / Gedanken zu seyn. Doch gut / Ist ein Gespräch und zu sagen / Des Herzens Meinung, zu hören viel / Von Tagen der Lieb', / Und Thaten, welche geschehen." An dieser Grenze zwischen Selbstversenkung und Mitteilungswunsch bewegt sich Hölderlins Text, der – das wird noch deutlicher werden – poetologische Lesarten ermöglicht.

Die vierte und die fünfte Strophe werden für mich von einer Klammer zusammengehalten, deren Teile unterschiedliche Formen aufweisen. Der Beginn ist eine bohrende Frage, auf die der Text keine Antwort gibt: „Wo aber sind die Freunde?" Nicht: Wo sind die Freunde? Das klänge wie eine Bitte um Information oder wie ein Vorwurf an die Freunde, die jetzt, wo man sie braucht, nicht da sind. Hölderlins so charakteristisches „Aber", jenes zögernde, den Sinn aufschiebende, die gesamte Aussage in der Schwebe haltende Moment (Innehalten, Herausfallen aus der Ordnung, das Nichts ahnend), entfremdet den Vers seiner Umgebung, schränkt die Möglichkeit einer durch Kontextualisierung zum Verstehen kommenden Lektüre ein. Dieser Vers weist enigmatisch in einen Raum, der vom Gedicht nicht begrenzt werden kann. Er hallt, mit Stimme, aber ohne Person; er ist im Übergang begriffen zu einem endlosen Memento, für welches das verlorene Bordeaux nur ein Zeichen von vielen ist. Bis zum viertletzten Vers der letzten Strophe herrscht dann, nach den Eingangsfragen, ein berichtender oder erörternder Ton vor. Dann lese ich den letzten Vers, kunstvoll melodisch und rhythmisch eingebunden in eine Schlussgruppe (wieder ein deutlicher Rhythmuswechsel vor dem letzten Vers, ein noch stärkerer Akzent als der zwischen Vers eins und zwei der ersten Strophe): „Was bleibet aber, stiften die Dichter." Ist es möglich, dass diese Zeile, die das Gedicht verschließt wie ein Grabstein, auf die Frage nach den Freunden (oder der Freundschaft) antwortet? Kann es eine dermaßen asymmetrische Beziehung zwischen Frage und Antwort geben?

Wo ließe sich eine solche Hypothese artikulieren, wenn nicht im geschützten Raum ästhetischer Erfahrung, in dem Bewegungen möglich sind, die nicht durch Kriterien eines Diskurses wie Kausalität, Finalität, Referenz usf. eingeschränkt werden? Was lässt sich im sozialen Raum des Gesprächs dazu sagen? Sind all diese Empfindungen und Gedanken überführbar in eine Kommunikation, die um Verstehen ringt? Was tun mit den Gedanken in der Schwebe, wenn um Mitteilung gebeten wird?

3. Eine „Lesart"

Hölderlins Gesang – es wurde bereits angedeutet – durchwandert gleichsam die Grenze zwischen der Intimität der Poesie sowie des Gedenkens auf der einen und dem Raum der Kommunikation auf der anderen Seite. Die Antinomie zwischen der „Seelenlosigkeit" der endlosen Selbstreflexion und dem belebenden Moment des Gesprächs, welches das Subjekt aus dem egozentrischen Kerker befreit, sie wird schließlich aufgehoben, indem sie gerinnt in Schrift: „Was bleibet aber, stiften die Dichter." Schrift heißt das antinomische Medium, welches die Präsenz der Dinge beschwört und zugleich nur sein kann, weil das, wovon die Rede ist, sich entzogen hat.

Es sind jedoch, wie ich meine, drei Zeichenkomplexe, die in wechselseitiger Verweisung den Grenzgang zwischen Präsenz und Absenz tragen, der nichts anderes ist als die Poesie selbst: Freundschaft, Gedächtnis und Schrift. Der räumliche Vektor, der dem Gedicht eingeschrieben ist, die Bewegung von Nordosten nach Südwesten, bezeichnet die Differenz zwischen poetischer Imagination und Welt. Die Worte begleiten gleichsam imaginär die Freunde bis zur „luftigen Spitz". Wenn von Freundschaft die Rede ist, dann wird, dem abendländischen Kanon gemäß, das Bild der idealen Symbiose, der erfüllenden wechselseitigen Präsenz der Freunde aufgerufen. In Schillers „Bürgschaft" etwa zielt die gesamte Handlung der Ballade auf das Leben rettende Wiedersehen der Freunde. Zugleich aber sind die großen Texte der Tradition, eben jene, welche die Präsenz des Freundes feiern – etwa Ciceros *Laelius* oder Montaignes Essay *Über die Freundschaft* –, Totenklagen.[6] Das emphatische Gedenken an den Freund, ja vielleicht sogar die Freundschaft selbst in jenem metaphysischen Sinne, den wir ihr gerne zuschreiben, ist ein Ereignis in der Schrift, dem die Momente der Verzögerung und der Absenz inhärent sind (vgl. dazu Baum in Vorb.). In dem Gesang *Andenken* wird der Freunde gedacht, die, wie die vierte Strophe zeigt, als Männer der Tat imaginiert werden (zum autobiographischen Kontext der Hauslehrerstelle Hölderlins in Bordeaux vgl. Beck 1975, insbesondere S. 86 ff.). In diesem Gedenken geht die erlebte Freundschaft in Dichtung über. Ohne die Trauer um den Verlust keine Poesie.

Das Bild des Denkens und Gedenkens ist bei Hölderlin verknüpft mit Bildern des Liquiden. Während in der ersten Strophe eine referentielle Beziehung durch das Bild der Schifffahrt gewahrt bleibt, verschmelzen andernorts Imagination, Bewusstsein und Wasser zu einer Art Strom des Gedenkens. Die imaginäre Grenze bildet der Becher, „des dunkeln Lichtes voll", den der Dichter trinkt. Seine Wirkungen verweisen auf das Innen des gedenkenden Subjekts, dessen Imaginäres es von sich selbst zu entfernen droht. Erst in der vierten Strophe wird das Gehen zur Quelle zu einem Bild der Versammlung und Konzentration – Heidegger hat ihm in seiner existenzial-ontologischen Auslegung des Gesangs große Bedeutung zugemessen (vgl. dazu die kritische Diskussion bei Stoermer 2002, S. 335-372). In den letzten Versen vereinigen sich die referentiellen und imaginären Implikationen der Metaphorik des Liquiden: „[...] Es nehmet aber / Und giebt Gedächtniß die See." – Das ist Hölderlins Chiffre für die Paradoxien des Gedächtnisses beziehungsweise des „Andenkens". Allein die Dichter vermögen es, durch eine „Stiftung" die Spannung aufzulösen und der Trauer um den Verlust eine Form zu geben. Doch diese Form ist nicht selbstgenügsam; der Text

---

[6] Vgl. dazu Härle (2007) und hier insbesondere das Kapitel: *„Jetzt aber gehst Du mir aus dem Gesicht". Klage um den toten Geliebten.* Viele der hier besprochenen lyrischen Texte handeln vom geliebten Freund.

lässt sich poetologisch lesen, doch er vertritt keine Poetologie; er umkreist das Ereignis der Trauer, des Verlusts, der Wunden, die der abwesende Andere im Subjekt hinterlassen hat. Dafür gibt es keine gültige Form der Mitteilung. Nur eine Teilung der Zeichen aller Dimensionen (Bilder, Rhythmen, Syntagmen, Klänge usf.), die darauf verweisen, dass der Andere, den das Subjekt begehrt, letztlich nicht bezeichnet werden kann, weil er alles Zeichenhafte spaltet und zugleich überragt. Die Differenzen, die Hölderlins Text konstituieren, mögen Spuren dieser Inkommensurabilität des Anderen sein, welche Dichtung möglich und unmöglich zugleich macht: „Diese Spur bewirkt, daß immer das Sprechen noch etwas anderes sagt als das, was es sagt, sie sagt den anderen, der ‚vor' und ‚außerhalb' von ihm spricht, sie läßt den anderen sprechen in der Allegorie" (Derrida 2005, S. 61). Der Prozess der Teilung des Ausdrucks, damit letztlich des unendlichen Aufschubs des Anderen, des Freundes, bringt die Zeichen in Bewegung, ermöglicht Dichtung. Die festliche Metaphorik – Hölderlin spricht von der „Stiftung", welche die Dichter vornehmen – vermag letztlich nicht ganz zu verdecken, dass das Fest, dessen Höhepunkt die Stiftung ist, auch ein Fest des Schmerzes, der Trauer um den verlorenen Freund ist.

Ich habe darauf hingewiesen, dass in meiner ästhetischen Erfahrung des ersten Hesperischen Gesangs von Hölderlin zwei Verse in merkwürdiger Art und Weise aufeinander bezogen sind: „Wo aber sind die Freunde?" und „Was bleibet aber, stiften die Dichter." Beide Verse sind gezeichnet von Hölderlins enigmatischem „Aber", das zahlreiche Nuancen aufweist; es erscheint mir wie ein Einstiegspunkt in unterirdische Verbindungen zwischen den Gliedern des Gedichts. Im ersteren Vers dominiert ein fragender, vielleicht zweifelnder Akzent. Im letzteren Vers markiert das Aber eher ein kurzes Innehalten, das wie ein Eingedenken in Hinsicht auf andere Stimmen der Dichtung wirkt. Doch zugleich wird der Zweifel überwunden und die Frageform, in welche die Auseinandersetzung mit dem Verlust der Freunde gekleidet war, aufgehoben. Wenn auch die Qualität der Stiftung im Dunkeln bleibt, von der da am Ende die Rede ist (weil sie letztlich nichts anderes darstellt als die absolute Differenz?), so ist der Satz der Form nach eine konstative Aussage, die, so möchte man fast meinen, keinen Widerspruch zulässt. Die Trauer um die Freunde wird kein Ende finden, aber sie verbrüdert sich mit den Formen der Poesie.

4. Ein Gespräch

Das Gespräch, dessen Ertrag hier kurz umrissen wird, fand am 23. November 2009 statt. Es wurde vom Verfasser dieser Zeilen geleitet. Teilgenommen haben sechs Personen mittleren Alters (zum Teil Kolleginnen und Kollegen) sowie zwei Studentinnen der Pädagogischen Hochschule Heidelberg. Zum Teil waren Vorkenntnisse über den Text vorhanden. Die Dauer betrug etwa 75 Minuten. Der Leiter hat das Gespräch eingeleitet und beendet. Der Text wurde zunächst einige Minuten lang still studiert und dann vom Leiter vorgelesen. Es gab zwei größere Gesprächsrunden: eine, in der sich, reihum, alle Teilnehmer zu ersten Eindrücken und Überlegungen äußerten; eine weitere in Form des freien Austauschs.[7] Aus organisatorischen Gründen konnte das Gespräch leider nicht aufgezeichnet werden; es existiert folglich kein Transkript. Sämtliche zitierten Aussagen wurden aus Mitschriften übernommen. Es liegt also ohne Zweifel eine Empirie niederer Ordnung vor.

Zunächst eine Vorbemerkung: Es stellte für mich eine nicht geringe Herausforderung dar, die Rolle(!) des Leiters auszufüllen, den Abstand zwischen eigener ästhetischer Erfahrung und möglicher Nähe zu den Teilnehmerinnen und Teilnehmern auf der einen sowie der nötigen Distanz in der Leitungsfunktion auf der anderen Seite auszutarieren. Die Versuchung ist groß, eine Gesprächssituation anzustreben, in der zwei Partner (zum Beispiel der Leiter und ein Teilnehmer) in symbiotischer Weise ihre Eindrücke austauschen. Stets lockt die „Souveränität des Ästhetischen" jene, die eine gemeinsame Sprache gefunden zu haben glauben. Für Momente scheint dann die basale Differenz von sozialem und ästhetischem Sprechmodus aufgehoben zu sein, was als besonders befriedigend erlebt werden kann. Die Sprecher geben der Auffassung nach, dass gewisse Dinge, weil sie auf Wahrhaftigkeit zielen, geäußert werden müssen. Allerdings liegt der Gedanke nahe, dass diese symbiotische Gesprächssituation mit der Verletzung von Gesprächsregeln erkauft werden muss.

Folgende Beobachtungen sind in den Gesprächsrunden mitgeteilt worden:

1. Auffällig waren zwei frühe Äußerungen (u. a. die erste), die darauf abzielten kundzutun, dass man kaum in der Lage sei, Überlegungen „zusammenzubringen". Dies kann interpretiert werden als Effekt der ungeschriebenen Gesetze des pragmatischen Diskurses. Offensichtlich wurde erwartet, dass erwartet wurde(!), dass eine synthetisierende Verstehensleistung im Stile der „Interpretation" angemessen ist. Scheinbar überwog der (mutmaßlich) unausgesprochene Appell, den anderen ein Verstehensangebot in diskursiver Sprache (Hypothese, Belege im Sinne von Parallelstellen usf.)

---

[7] Diese Rahmung des Gesprächs entspricht in etwa der Struktur der Gespräche nach dem Heidelberger Modell, das Gerhard Härle mit verschiedenen Mitarbeitern entwickelt hat.

zu unterbreiten. Dies, obwohl in der Einleitung von ersten Überlegungen, Wahrnehmungen und Fragen die Rede war, die in der ersten Gesprächsrunde hätten artikuliert werden können. Welche Missverständnisse oder Erwartungen der Gesprächsleiter womöglich produziert hat, lässt sich aufgrund der paradoxen Struktur aller Eigenbeobachtungen nicht sagen.

2. Gegenläufiges äußerte eine Studentin: Sie sei noch lange nicht so weit, „Lesarten" oder „Deutungsmöglichkeiten" zu artikulieren, vielmehr könne es im Moment nur darum gehen, „Bruchstücke" an Assoziiertem sprachlich zu äußern. Ähnlich die ersten Äußerungen einer Kollegin, die gleichfalls die Metaebene sowohl des Textes (im Sinne einer hypothetischen Strukturbeschreibung) als auch der eigenen Lektüreerfahrung fokussierte: Der Text habe, aufgrund der opaken Bildsprache und der Themenwechsel sowie der Wechsel der Ausdrucksformen eine „starke, nachhaltige, jede Sinnzuweisung zunächst erschütternde Irritation" bei ihr ausgelöst. Daran schloss die Äußerung eines Kollegen während der zweiten Gesprächsrunde an. Die Formulierung, die gebraucht wurde, war allerdings abstrakter: Man werde „von der einen auf die andere Sinnebene gezogen"; darin liege womöglich ein „poetologisches Moment" des Gedichts. Zugleich aber, jenseits der selbstreferentiellen Textfunktion, sei von „Taten" die Rede.

3. Eine dritte Gruppe von Äußerungen bestand in der Artikulation ästhetischer Erfahrung, nicht selten vermittels synästhetischer Ausdrücke. Es ging dabei ganz offensichtlich darum, ein recht intimes Moment der Lektüre zu versprachlichen. Dabei überwog der Ausdrucksmodus. Die Äußerungen wurden zwar in einen intersubjektiven Raum gestellt, zielten aber nicht auf Teilnahme an einem Diskurs im Sinne der Formulierung von Hypothesen oder Argumenten. Auffällig waren die assoziativen Verknüpfungen mit dem musikalischen Bereich. „Wie ein Streichquartett" klinge der Text, so ein Kollege. Immer fort sei ein „Rauschen" zu hören, wurde von dritter Seite ergänzt.

4. Ein weiterer Typus von Aussagen im ersten wie im zweiten Teil des Gesprächs zielte darauf ab, den ontologischen Status des Ausgesagten zu umreißen. Die entsprechenden Aussagen lassen sich nicht auf einen Nenner bringen. Vielmehr scheint es, als tasteten sich die Teilnehmerinnen und Teilnehmer durch die Polyperspektivität des Textes. Themen waren: a) das imaginative Geschehen auf der einen, die geschilderten Ereignisse auf der anderen Seite; es kommen hier, nach Auffassung einer Teilnehmerin, „zwei Welten zusammen"; b) die Paradoxien des Gedächtnisses, über die

der Text Auskunft gibt; c) die räumliche Anordnung des Mitgeteilten: „Das Ganze hat eine Richtung, von Norden nach Süden".
5. Schwer wiederzugeben ist an dieser Stelle und ohne Transkript der lebhafte Gedankenaustausch über den Bildbereich des Liquiden und das Motiv der Ausfahrt auf den zahlreichen denotativen und konnotativen Ebenen. Die Teilnehmerinnen und Teilnehmer thematisierten eben jene Doppelbewegung, die Hölderlin auch dem Wasser zuschreibt – zwischen Vergessen und Gedenken, Strom des Bewusstseins und Entfernung mit dem Schiff, Versammlung an der Quelle und Ausströmen ins Meer. (Hier zeigten sich zahlreiche Überschneidungen mit meinen ästhetischen Erfahrungen.)
6. Schließlich soll hingewiesen werden auf diverse Versuche, die Sprache von Hölderlins Gesang an bekannte Motive und Traditionen anzuschließen. „Die Natur", so ein Kollege, „erscheint bei Hölderlin als locus amoenus"; ferner sind „Anklänge an antike Topoi der Gastfreundschaft herauszuhören"; zum Beispiel: „Philemon und Baucis". Schließlich stehen die gewählten Bildfelder der Natur in einer „gewissen Nähe zur Literatur der Romantik". Einzelne Bilder werden als existentielle Chiffren gelesen: etwa die Bewegung des Wassers, genauer auch: der Wellen, die das Subjekt „mit sich fortreißen" können. Das in „vielen Farben schillernde Wörtchen Aber" (eine Formulierung von mir) wird von einer Teilnehmerin als signifikant für Hölderlin angesehen.

Diese Beobachtungen geben Anlass zur Formulierung einer Hypothese: Die Teilnehmerinnen und Teilnehmer waren sich in hohem Maße der Differenz zwischen Sagbarem und Unsagbarem bewusst. Die Äußerungen wurden nicht selten zurückhaltend, umsichtig und mit einem Sensorium für die sich zunächst entziehenden „Bedeutungen" der Sprache Hölderlins getätigt. Zugleich vertrat eine Teilnehmerin, unter Zustimmung mehrerer anderer Teilnehmer, zum Ende hin die Auffassung, dass in Zeiten der Dominanz des ökonomischen Paradigmas auch im Bildungsdiskurs die Zeit für ernsthafte Gespräche über Literatur, die nicht auf einen vorher schon definierten Ertrag zielten, leider immer knapper werde.

Hölderlins Gesang thematisiert die Differenz zwischen Sagen und Sehen, Schrift und Gedächtnis. Indem wir über Gespräche *schreiben*, arbeiten wir an diesen unhintergehbaren, aber zugleich ungeheuer produktiven Differenzen weiter, „zu sagen / Des Herzens Meinung, zu hören viel / Von Tagen der Lieb', / Und Thaten, welche geschehen."

Primärliteratur

Hölderlin, Friedrich ([1804 / 1805] 2004): Sämtliche Werke, Briefe und Dokumente in zeitlicher Folge. Bd. 11. Hg. von D. E. Sattler. Darmstadt: Luchterhand

Sekundärliteratur

Baum, Michael: Überleben in Freundschaft. Thomas Bernhard / Jacques Derrida. [In Vorbereitung]

Beck, Adolf (Hg.) (1975): Hölderlin. Chronik seines Lebens mit zeitgenössischen Abbildungen. Frankfurt a. M.; Leipzig: Insel

Derrida, Jacques (2005): Mémoires. Für Paul de Man. Aus dem Französischen von Hans-Dieter Gondek. 2. Aufl., Wien: Passagen

Härle, Gerhard (2007): Lyrik – Liebe – Leidenschaft. Streifzug durch die Liebeslyrik von Sappho bis Sarah Kirsch. Göttingen: Vandenhoeck & Ruprecht

Härle, Gerhard; Heizmann, Felix (2009): „In bröckelndem Lehm festgebissen." Franz Kafkas Studie *Die Brücke*: Bedeutungspotential und Perspektiven literarischen Lernens. Baltmannsweiler: Schneider Verlag Hohengehren

Härle, Gerhard; Steinbrenner, Marcus (2003): „Alles *Verstehen* ist … immer zugleich ein *Nicht-Verstehen*". Grundzüge einer verstehensorientierten Didaktik des literarischen Unterrichtsgesprächs. In: Literatur im Unterricht, Jg. 4, H. 2, S. 139–162

Kant, Immanuel (1996): Kritik der Urteilskraft. Werke. Bd. 10. Hg. von Wilhelm Weischedel. 2. Aufl., Frankfurt a. M.: Suhrkamp [erstmals 1793]

Kreft, Jürgen (1982): Grundprobleme der Literaturdidaktik. 2. Aufl., Heidelberg: Quelle und Meyer

Luhmann, Niklas (1982): Liebe als Passion. Zur Codierung von Intimität. Frankfurt a. M.: Suhrkamp

Menke, Christoph (1991): Die Souveränität der Kunst. Ästhetische Erfahrung nach Adorno und Derrida. Frankfurt a. M.: Suhrkamp

Schiller, Friedrich (1993): Über die ästhetische Erziehung des Menschen in einer Reihe von Briefen. Sämtliche Werke. Bd. 5. Hg. von Gerhard Fricke und Herbert G. Göpfert. 9. Aufl., München: Hanser [erstmals 1795]

Seel, Martin (1997): Die Kunst der Entzweiung. Zum Begriff der ästhetischen Rationalität. Frankfurt a. M.: Suhrkamp

Steinbrenner, Marcus (2010): Mimetische Textbezüge in Literarischen Gesprächen. Literaturdidaktische Theoriebildung im Spannungsfeld von Empirie und Kulturwissenschaft. In: Kulturtheoretische Kontexte für die Literaturdidaktik. Hg. von Michael Baum und Marion Bönnighausen. Baltmannsweiler: Schneider Verlag Hohengehren, S. 25–45

Stoermer, Fabian (2002): Hermeneutik und Dekonstruktion der Erinnerung. Über Gadamer, Derrida und Hölderlin. München: Fink

CHRISTOPH BRÄUER

Literarisches Lernen im Sprechen und Schreiben:
Schriftliche Vor- und Nachbereitungen literarischer Gespräche.

1. Orientierung

Der Literaturunterricht kranke häufig daran, dass die Lehrkraft „rigide" an der eigenen Interpretation festhalte und die individuellen Assoziationen und Deutungsansätze der Schülerinnen und Schüler übergangen würden; Interpretieren werde so zu einem immer gleichen Ritual: „Erörterung, Interpretation, Schema F"; literarische Texte würden „kaputt geredet" oder durch zu hohe Erwartungen und hohen Druck „erstickt"[1] – so klagte meine Lerngruppe der Klassenstufe 11 zu Beginn des Schuljahres in einem Gespräch über ihren bisherigen Deutschunterricht.

Solche und ähnliche Erfahrungen der Schülerinnen und Schüler stehen nicht nur einem erfolgreichen literarischen Lernen entgegen, sondern auch dem Gegenstand Literatur. Um den Unterricht für diese Lerngruppe schüler- und problemorientiert und zugleich dem Gegenstand angemessen zu gestalten, bedarf es offensichtlich alternativer Unterrichtskonzepte. Eine didaktische Möglichkeit, um den Klagen der Lerngruppe zu begegnen, versprechen offene Gesprächsformen wie etwa das Literarische Unterrichtsgespräch. Inwieweit sich solche alternativen Unterrichtskonzepte im regulären Unterricht überhaupt umsetzen lassen und inwieweit sie sich bewähren, ist unter ‚Theoretikern' wie ‚Praktikern' gleichermaßen umstritten.

In diesem Beitrag wird ein Sprache und Literatur, Schreiben und Lesen verbindendes didaktisches Konzept vorgestellt, um auf der Grundlage der Arbeitsergebnisse die Lernchancen eines derart konzipierten gesprächsförmigen Literaturunterrichts zu untersuchen. Im Rahmen der unterrichtsleitenden Thematik ‚Lebensentwürfe' einer gymnasialen Klassenstufe 11 wurde die Erzählung *Der Spaziergang von Rostock nach Syrakus* von Friedrich Christian Delius bearbeitet. Die tragenden und strukturierenden Elemente bilden zwei literarische Lesegespräche zu Anfang und zu Ende der Einheit, die jeweils schriftlich vor- und nachbereitet wurden.

---

[1] Die anonymisierten Zitate stammen aus einem Gespräch mit der Lerngruppe zu Beginn des Schuljahres 2008 / 2009.

Im Fokus dieses Beitrags stehen die Auswertung und die Reflexion dieser schriftlichen Vor- und Nachbereitungen. Dabei geht es – neben der grundsätzlichen Frage der *Praktikabilität* – in einem weiteren Sinne um die Frage, inwieweit ein gesprächsförmiger Literaturunterricht einen Beitrag zu einer „*Erziehung zur Literatur*" (Joachim Fritzsche) wie zu einer „*Erziehung zur Schriftlichkeit*" (Hartmut Günther) leisten kann. In einem engeren Sinne geht es um die *individuellen Lernzuwächse*: Inwieweit profitieren die einzelnen Schülerinnen und Schüler in der Deutung der Erzählung von den offenen Gesprächen in der Gruppe? Als Grundlage der Auswertung dienen sogenannte Lese-Portfolios, in denen der Lernprozess durch die schriftliche Vor- und Nachbereitung der beiden Gespräche dokumentiert wird.

2. Offene Gespräche im Deutschunterricht

Die besondere Angemessenheit eines gesprächsförmig gestalteten Literaturunterrichts lässt sich didaktisch zweifach begründen: erstens aus der Beschaffenheit des Gegenstands Literatur und zweitens aus der Eigenart des (literarischen) Verstehensprozesses und der entsprechenden „kulturellen Praxis" (vgl. Hurrelmann 2002). „Am Anfang aller Literatur ist das Gespräch": Dies gilt sowohl phylogenetisch für die Entstehung der Literatur an sich als auch ontogenetisch für unseren Umgang mit ihr (vgl. Härle 2004, S. 137).

Literaturwissenschaft wie Literaturdidaktik haben in den vergangenen vier Jahrzehnten sowohl theoretisch als auch empirisch deutlich gemacht, dass Interpretationen „kein letztes Wort" (Ivo 1994) kennen: Literarische Texte zeichnen sich – gerade auch im Gegensatz zu pragmatischen Texten – durch ihre Polyvalenz, ihre Vielstimmigkeit und Vielsinnigkeit aus; sie nutzen das gesamte Potential der Sprache, spielen mit Konventionen, arbeiten mit uneigentlicher Rede (Metaphorik, Symbolik u. a.; vgl. Bräuer 2006, S. 450 ff.). Mehrdeutigkeit, Offenheit und Nicht-Verstehen sind wichtige Charakteristika der Literatur (vgl. Härle 2004) und korrespondieren mit der Bedeutung von „Leerstellen" und der Annahme eines „idealen Lesers" in der Rezeptionsästhetik sowie der Zuschreibung eines „Partiturcharakters" (vgl. Lypp 1997, S. 115).

Lesedidaktik und Lesesozialisationsforschung, Gesprächsanalyse und psychologische Leseforschung haben auf der Grundlage empirischer Forschung aufgezeigt, welche Bedeutung dem *Subjekt* im Lesen und Interpretieren zukommt. Leserinnen und Leser entnehmen Texten nicht Informationen oder Sinn, sie sind vielmehr aktiv an der Konstruktion von Textbedeutung und -sinn beteiligt, sie treten im Lesen und Interpretieren in eine *Interaktion* mit dem Text, in der sie Textinformationen mit ihrem eigenen Sprach- und Weltwissen verbinden – entsprechend kommt dem *Vorwissen* und den *Vorerfahrungen* der Leserinnen und Leser eine erhebliche Bedeutung zu (vgl. Groeben; Christmann 1999).

Die Gesprächsförmigkeit allen Lesens und Interpretierens zeigt sich nicht nur in den Modellierungen des Prozesses (,Interaktion'; ,Sprechen'), sondern – noch deutlicher – im Erwerb (literarischer) Lesekompetenz: Die Lesesozialisationsforschung (vgl. Rosebrock; Nix 2008) beschreibt, wie Kinder literarische Rezeptionskompetenzen im Rahmen einer „kulturellen Praxis" erwerben, in die sie durch die Familienmitglieder eingeführt werden: etwa in den Sprachspielen des frühen Spracherwerbs besonders zwischen Mutter und Kind, in den Kinderversen und Abzählreimen (vgl. Härle 2004, S. 141) oder in „Vorlesegesprächen" mit den Eltern (vgl. Wieler 1997). Besonderes Merkmal im Erwerb dieser proto- und para-literarischen Erfahrungen ist eine dyadische Interaktionssituation, in der ein „kompetenter Anderer" (häufig die Mutter) das Kind in einer spezifischen, auf das Kind abgestimmten Weise im Erwerb unterstützt.

Die Lesesozialisationsforschung stimmt darin überein, dass gesprächsförmige literarische Vorformen und die Kommunikation über Literatur zentrale Bestandteile eines Erfolg versprechenden Erwerbs literarischer Kompetenzen darstellen (vgl. Hurrelmann 1997, S. 137). Die Ergebnisse der aktuellen Vergleichsstudien legen nahe, dass nicht (nur) fehlende Lesefähigkeiten die Abnahme literarischer Rezeptionsfähigkeit begründen, sondern fehlende gesprächsförmige literarische Erfahrungen unterentwickelte Lesefähigkeiten bedingen (vgl. Härle 2004, S. 139). Inwieweit literarische Gespräche in den weiterführenden Schulen eine kompensierende und sozialisatorische Wirkung entfalten, ist empirisch bis dato noch nicht erforscht. Immerhin kann Bettina Hurrelmann (1987) zeigen, wie sich in literarischen Gesprächen mit unterschiedlichen Gruppen (literarisches) Verstehen anbahnt.

Hurrelmann unterscheidet in allen drei Gruppen, von denen sie Gespräche auswertet, dieselben drei Phasen des Gesprächs: In einer ersten Rezeption werden globale, stark schematische Eindrücke formuliert und erste vorläufige, emotional akzentuierte Bewertungen abgegeben. In einer zweiten Phase werden die ersten Bewertungen sowohl mit denen der anderen Gesprächsteilnehmer abgeglichen als auch an den Text zurückgebunden und auf ihre Tragfähigkeit hin untersucht. Nur selten konnte sie beobachten, dass Gesprächsteilnehmer allein auf die Bestätigung ihrer ersten Bewertung aus waren. Diese Kernphase des Gesprächs zeichnet sich laut Hurrelmann durch zwei gegensätzliche Bewegungen aus: Durch Operationen des *Elaborierens*, in denen Bezüge zu anderen Texten, zur Realität und zu den eigenen Erfahrungen hergestellt werden, erleben die Eindrücke und Bewertungen der ersten Phase eine deutliche Erweiterung, die über den Text hinausreicht. Die Operationen des *Strukturierens* stellen eine Gegenbewegung dieser zentrifugalen Kraft dar: „Zurück zum Text" – „man versuchte, die springenden Punkte und organisierenden Konstellationen in den Texten selbst zu fixieren, eine Struktur aufzudecken, die die *Bedeutungsmöglichkeiten zu bündeln* gestattete" (Hurrelmann 1987, S. 66; Hervorhebung im Original). In der dritten, pragmatisch erzwungenen abschließenden Phase des Gesprächs äußerten die Gesprächsteilnehmer Resümees der verstandenen Bedeutungen und Kritik an den Texten; beides blieb unabgeschlossen, in sich widersprüchlich und zum Teil ergaben sich auch neue Diskussionsansätze.

Hurrelmann sieht die Unterschiede zu methodisch vorweg geregelten Interpretationsverfahren vor allem darin, dass die erste emotionale und schematische Rezeption in Phase 1 einen konstitutiven Bestandteil des Prozesses darstellt. Weil sich die Interpretationsphase unordentlich und in einer gegenläufigen Dynamik vollzieht, führt sie nicht zu einer Fixierung des Sinns. Die Reformulierungen des Verstandenen und die Textkritik der abschließenden Phase bleiben offen und revidierbar und stellen „kein methodisch gleichsam zugesichertes Endergebnis" dar (vgl. Hurrelmann 1987, S. 69). Schließlich gleicht Hurrelmann die beobachteten Charakteristika der drei Gesprächsphasen mit den Phasen eines hermeneutisch orientierten Verstehensprozesses ab und stellt abschließend fest, dass die erste emotionale Reaktion auf den Text ein „notwendiges Moment des Verstehensprozesses" ist:

> Hier werden die Schemata und die Verständigungsmotive aktualisiert, die in die Interpretationsphase hineinführen. Literarische Wirkung ist – so gesehen – zunächst einmal eine Voraussetzung, nicht eine Folge der Interpretation. Für den Literaturunterricht ist damit eine Grenze des methodisch Machbaren, ein notweniger Freiheitsspielraum der Schüler markiert. (Hurrelmann 1987, S. 73)

Die sprach- wie literaturdidaktische Angemessenheit des literarischen Gesprächs für den Erwerb sprachlich-kommunikativer wie literarischer Kompetenzen lässt sich *konzeptionell* mit Hilfe der drei pädagogischen Zielbegriffe ‚Problemorientierung', ‚Schülerorientierung' und ‚Gegenstandsorientierung' folgendermaßen zusammenfassen:

- Das literarische Gespräch greift eine kulturelle Praxis auf und befähigt zur Teilnahme an der gemeinsamen Beschäftigung mit Sprachkunstwerken. In diesem Sinne ist ein Gespräch über Sprache und Kunst *problemorientiert*; es unterstützt die Schülerinnen und Schüler in der Teilnahme am gesell-

schaftlichen Leben beziehungsweise führt zuallererst in die kulturelle Praxis ein. Indem in den literarischen Gesprächen nicht nur über Literatur gesprochen, sondern gleichsam mit Literatur ‚gehandelt' wird, erfahren und erproben die Schülerinnen und Schüler im Rahmen der institutionellen Möglichkeiten kulturelle Praxis im Unterricht.
– Das literarische Gespräch knüpft an die Vorerfahrungen der Schülerinnen und Schüler an und ist in diesem Sinne *schülerorientiert*; zugleich gibt es den Schülerinnen und Schülern strukturell Raum, ihre je eigenen individuellen Vorkenntnisse, Bedürfnisse und Interessen einzubringen und zu bearbeiten; es lässt sie mit ihren Leseeindrücken, Fragen und Problemen nicht allein und eröffnet einen Raum, in dem sie ihren eigenen Lese- und Verstehensprozess gestalten und reflektieren können. Diese Prozessorientierung erlaubt es ihnen auch, (literarische) Lesekompetenz zu erwerben und zu entwickeln. Sie können im Sinne einer Binnendifferenzierung im Gespräch an ihrem eigenen Lernfortschritt arbeiten und dabei durch ihre Mitschülerinnen und -schüler wie auch durch die Lehrkraft in ihrem Literaturerwerb unterstützt werden.
– Schließlich wird das literarische Gespräch im Sinne einer *Gegenstandsorientierung* dem Wesen literarischer Texte gerecht, indem es zur Auseinandersetzung mit dem Text auffordert, Alteritäts- und Differenzerfahrungen Raum gibt, Vielsinnigkeit und Vielstimmigkeit erfahrbar werden lässt und Offenheit und Revidierbarkeit zumutet.

2.1 Das literarische Gespräch als pädagogisches Problem

Lesebiografische Interviews (vgl. Graf 1995) und die dokumentierten Reflexionsrunden nach literarischen Gesprächen indizieren, dass offene Gesprächsformen im Literaturunterricht von den Schülerinnen und Schülern als wichtig und (lese-)motivierend wahrgenommen beziehungsweise erinnert werden.[2] Allerdings wird die *Effektivität* offener Gesprächsformen, wie etwa des Literarischen Unterrichtsgesprächs, kritisch beurteilt; so erscheint es Hartmut Eggert (1998, S. 40) fraglich, ob aus positiven Aussagen über gesprächsförmigen Unterricht auch auf eine „produktive Aufnahme und Verarbeitung der Anregungen des Literaturunterrichts" geschlossen werden könne. Und Fritzsche stellt allgemein fest, dass es bislang „keinerlei quantitative Untersuchungen zu den Wirkungen des Literaturunterrichts in der

---

2   Exemplarisch heißt es etwa bei Werner Graf (1995, S. 121): „Diese Fragen, die sich mir beim Lesen stellten, diskutierte ich mit Freunden oder im Deutschunterricht, und je mehr ich mit anderen darüber sprechen konnte, um so mehr las ich."

gymnasialen Oberstufe" gebe; die Forschung in diesem Bereich beschränke sich auf einzelne qualitative Studien (vgl. Fritzsche 2004, S. 229).

Hier kann nicht weiter der grundsätzlichen Frage nach Qualität und Quantität ‚literarischer Leistung' und der notwendig zu führenden und auch geführten Diskussion um normative Modellierungen literarischer Bildung oder literarischer Kompetenzen nachgegangen werden (vgl. beispielsweise Härle; Rank 2008 und Bräuer 2010). Gleichwohl zielt die Problematisierung der Effektivität sowohl darauf ab, welche Kompetenzen in einem literarischen Gespräch überhaupt erworben werden können, als auch auf die Frage, inwieweit sich weitere Kompetenz- und Lernziele im Rahmen eines gesprächsförmig organisierten Literaturunterrichts erreichen lassen – man denke etwa an konzeptionell schriftlich geformte Interpretationsverfahren, wie sie traditionell Teil der Curricula sind (beispielsweise im Hessischen Lehrplan Deutsch, S. 9f.).

Wenn auch Leseförderung und Stärkung der Lesemotivation wichtige Ziele sind, so gilt es doch im schulischen Literaturunterricht auch andere Lern- und Kompetenzziele zu entwickeln, sodass eine Abwägung von zeitlichem und kognitivem Aufwand und motivationalem und kognitivem Ertrag vor dem Hintergrund umfangreicher Lehrpläne und begrenzter zeitlicher Ressourcen durchaus berechtigt erscheint.

Neben der Effektivität literarischer Gespräche schätzt Fritzsche noch einen zweiten, entscheidenden Aspekt – die „institutionelle Verträglichkeit" – als problematisch ein: „Die Skepsis gegenüber den ‚produktiven' Verfahren im Literaturunterricht könnte auch bei den ‚literarischen Gesprächen' angebracht sein, das heißt auch bei solcher mündlicher ‚Anschlusskommunikation' wäre nach der ‚institutionellen Verträglichkeit' zu fragen" (Fritzsche 2004, S. 229). Auch Hubert Ivo (1996, S. 26) bemerkt in kritischer Absicht, dass die Kernfrage bleibe, unter welchen „institutionellen Bedingungen" und unter welchen „individuellen und fachlichen Voraussetzungen" ein Konzept, den Literaturunterricht gesprächsförmiger zu gestalten, realisierbar werden könnte.

- Es geht um das pädagogische Problem, inwieweit der Rahmen der Institution Schule und ihr Lehrer-Schüler-Rollensystem die *Umsetzung* eines offenen literarischen Gesprächs unter gleichberechtigten Gesprächspartnern im oben modellierten Sinne überhaupt zulassen: Kann die Lehrkraft die Rolle eines gleichberechtigten Gesprächspartners annehmen, können die Schülerinnen und Schüler die Rolle gleichberechtigter Gesprächspartner einnehmen? Es besteht die berechtigte Befürchtung, dass die Lehrkraft ihre Lehrer-Rolle im institutionellen Muster nicht verlassen

kann oder von den Schülerinnen und Schülern nicht aus ihr entlassen wird; in diesem Fall steuert die Lehrkraft gewollt oder ungewollt das Gespräch.
– Eine weitere Gefahr besteht darin, dass sich die Lehrkraft – gerade auch in Reaktion auf diese Befürchtung – ganz aus dem Gespräch zurückzieht oder sich ganz auf eine Moderation beschränkt. In diesem Sinne kritisiert Ivo (1996, S. 24) an der von Merkelbach u. a. propagierten Konzeption literarischer Gespräche, sie ließe sich auf die „Handlungsmaxime, nicht einzugreifen" reduzieren. Problematisch erscheint eine solche Rolle der Lehrkraft insbesondere in Hinblick auf die Frage nach der Erfüllung ihres Lehrauftrags und nach den Lernchancen für die Schülerinnen und Schüler in einem solchen Gespräch, sollte es im Austausch subjektiver Leseeindrücke und Bewertungen verharren.
– Eine dritte Problematik knüpft daran an: Inwieweit bringen die Schülerinnen und Schüler Voraussetzungen wie Gesprächs- und Interpretationskompetenz und die dafür nötigen Kenntnisse mit, um überhaupt als gleichberechtigte und kompetente Gesprächspartner agieren zu können? Die Bedeutung des (Vor-)Wissens im Lese- und Verstehensprozess gilt auch für das literarische Gespräch, sodass jedes literarische Gespräch dort an seine Grenzen stößt, wo den teilnehmenden Schülerinnen und Schülern die notwendigen Einsichten in Schriftlichkeit und Literatur und das nötige Wissen fehlen.

Hurrelmann greift die vielschichtige Problematik auf, wenn sie anmerkt:

> Literaturunterricht gesprächsförmig zu organisieren, ist eine Form der Bearbeitung der Widersprüche, nicht einfach eine Lösung. Für das Gespräch im Unterricht gilt es, die Grenzen zwischen methodischer Unterstützung und Enteignung von Verstehensprozessen zu beachten. Es muss Rückzugsmöglichkeiten vorsehen und mit Doppelsprachigkeiten rechnen. (Hurrelmann 1987, S. 78)

Das literarische Gespräch legt einerseits diese Probleme offen, schafft damit aber zugleich auch den Raum, sie zu bearbeiten.

3. Die Bearbeitung der Problematik: Lesegespräch und Lese-Portfolio

Das allgemeine Ziel einer didaktischen Konzeption, die sich diesen Problemen stellt, muss es sein, die Problem-, Schüler- und Gegenstandsorientierung literarischer Gespräche beizubehalten und derart zu gestalten, dass die Schülerinnen und Schüler im Rahmen des Literaturunterrichts das Lesen und Interpretieren von Literatur beziehungsweise eines spezifischen literarischen

Textes als eine lebendige kulturelle Praxis (und nicht als eine schulische Zumutung) erfahren, ihre individuellen (literarischen) Kompetenzen im Lesen und Interpretieren erproben, entwickeln und reflektieren sowie Wirkung und Wesen literarischer Texte erkennen und beurteilen können.

3.1 Die Fragestellung und Zielsetzung

Als leitende Fragestellung gilt es auszuwerten, welche Lernchancen das Literarische Unterrichtsgespräch Schülerinnen und Schülern im Deutschunterricht bietet. Das lässt sich differenzieren in die Frage nach dem Erwerb literaler wie literarischer Kompetenzen im weiteren Sinne und nach der Entwicklung individueller Lesarten des für die Lektüre ausgewählten Romans durch die einzelnen Schülerinnen und Schüler.

Diese doppelte Fragestellung zielt erstens auf die oben problematisierte *Effektivität* der konkreten literarischen Gespräche der Unterrichtseinheit ab: Hier liegt der Schwerpunkt auf den *individuellen* Lernchancen der Schülerinnen und Schüler. Dass in literarischen Gesprächen tragfähige Deutungshypothesen entwickelt werden (können), kann man als gesichert unterstellen.[3] Inwieweit einzelne Schülerinnen und Schüler in ihrem Lesen und Interpretieren von offenen Gesprächen im Deutschunterricht profitieren, bleibt – gerade vor dem Hintergrund unterschiedlicher motivationaler und kognitiver Eingangsvoraussetzungen unterschiedlicher Lerngruppen (siehe unten) – ein ebenso wichtiges Problem schulischen Literaturunterrichts.

Diese Lernchancen können sowohl auf die konkrete Deutung der behandelten Erzählung *Der Spaziergang von Rostock nach Syrakus* im Sinne des Erreichens von Lernzielen (Bildungs-Erzählung; Ost-West-Dialog; Polit-Satire; siehe unten) bezogen werden als auch auf die literarische Kompetenz im Umgang mit Literatur im Sinne des Erwerbs von Kompetenzen (beispielsweise „subjektive Involviertheit und genaue Wahrnehmung miteinander ins Spiel bringen", „sprachliche Gestaltung aufmerksam wahrnehmen", „Perspektiven literarischer Figuren nachvollziehen" oder „narrative und dramaturgische Handlungslogik verstehen"; vgl. Spinner 2006).

Die Fragestellung zielt zweitens aber auch auf die *Umsetzung* und damit auf die institutionelle Verträglichkeit des literarischen Gesprächs als Unter-

---

[3] Verwiesen sei hier auf die Analysen literarischer Gespräche, wie sie im Rahmen des Forschungsprojekts zum Literarischen Unterrichtsgespräch an der Pädagogischen Hochschule Heidelberg von Gerhard Härle, Johannes Mayer, Marcus Steinbrenner und Maja Wiprächtiger-Geppert vorgelegt wurden; eine solche Analyse kann nur auf der Grundlage eines Gesprächstranskripts vorgenommen werden, was in diesem Rahmen nicht zu leisten ist.

richtsverfahren ab: Hier liegt der Schwerpunkt auf der Wahrnehmung des literarischen Gesprächs als einem bereichernden und den Lese- und Interpretationsprozess unterstützenden Verfahren. Inwieweit können die Schülerinnen und Schüler die offenen Gespräche als solche wahrnehmen und nutzen sie sie, um den eigenen Lese- und Interpretationsprozess zu erproben, zu entwickeln und zu reflektieren? Dies bildet nicht nur eine Bedingung für die Möglichkeit, langfristig die oben genannten Kompetenzen in der Institution Schule zu erwerben, sondern auch darüber hinaus literarische Gespräche als eine kulturelle Praxis zu erleben, die auch auf das außerschulische Leben einwirken kann.

Beide Aspekte der Fragestellung – Effektivität und Umsetzung – sind eng miteinander verknüpft; für die didaktische Konzeption ist nun entscheidend, dass sie sowohl den Raum eröffnet, diese Zielsetzungen zu verfolgen, als auch die Möglichkeit, deren Erfolg oder Misserfolg festzustellen.

Mit den Zielsetzungen sind zugleich auch die Kriterien für die Auswertung der Unterrichtseinheit skizziert. Die in Anschlag gebrachten Zielsetzungen gehen dabei über das didaktische Prinzip des literarischen Gesprächs hinaus und markieren so auch die Bearbeitung des pädagogischen Problems: Eine Erfolgs- oder Misserfolgsfeststellung in Bezug auf offene Gesprächsformen und damit eine schulische Indienstnahme des Verfahrens sieht das Literarische Unterrichtsgespräch in einem strengen Sinne nicht vor. Mit dieser Erweiterung einher geht die Verknüpfung des medial mündlichen Gesprächs mit seiner medial und konzeptionell schriftlich konzipierten Vor- und Nachbereitung, die dem offenen, fragilen Gesprächsprozess eine strukturierende, stabilisierende Form im Sinne eines „Gerüsts" (vgl. Steinbrenner; Wiprächtiger-Geppert 2006, S. 14 f.) gibt.

Das literarische Gespräch erfährt mit dieser Modifikation auch eine theoretische Erweiterung, indem der zuvor betonte Charakter der Mündlichkeit des ‚wahren' Gesprächs erweitert wird um Aspekte der Schriftlichkeit (Literalität). Die Modellierung literarischer Gespräche, so die hier angestoßene Argumentation, beinhaltet und bedingt Aspekte konzeptioneller Schriftlichkeit, und gerade diese Aspekte gilt es in schulischer Perspektive zu bearbeiten, um literarische Gespräche im Unterricht für ein nachhaltiges literarisches Lernen fruchtbar werden zu lassen. Insofern ist die konzipierte Verbindung von Sprechen und Schreiben unter einer Erwerbsperspektive eine didaktisch notwendige Erweiterung gesprächsförmigen Literaturunterrichts in der Schule.

Eine zentrale Begründung dafür liegt darin, dass Alterität, Differenzerfahrungen, Erfahrungen des Verstehens und Nicht-Verstehens eine „Sprache der Distanz" erfordern, um produktiv werden zu können. Die „Sprache der Distanz", der „Reflexivität", der „Vergegenständlichung", der intensiven Bearbeitung *eines* Themas sind Kennzeichen konzeptioneller Schriftlichkeit (vgl. Günther 1993). Der Erwerb eben dieser konzeptionell schriftlichen Versprachlichungsstrategien erlaubt es, in Gesprächen über subjektive Deutungen und einen bloßen Meinungsaustausch hinauszugelangen. Schreibende Vor- und Nachbereitung von mündlichen Gesprächen können Distanz, Vergegenständlichung, Situationsentbindung und Reflexivität spuren und somit diese Aspekte der Schriftlichkeit in Bezug auf ein ‚in das Gespräch Treten' mit dem literarischen Text und mit anderen Lesenden bearbeiten.

Dieses Einrücken literarischer Gespräche in eine Erziehung zur Schriftlichkeit – zumindest im schulischen Kontext – ist einerseits motiviert durch die Literalität literarischer Texte, andererseits aber auch der Institution Schule geschuldet, die in der Tradition der Schriftlichkeit steht. Es sollte nicht verschwiegen werden, dass eine solche Argumentation, so man ihr folgen mag, ein Licht wirft auf die Problematik von schulischen Kompetenzzielen, die auf eine „konzeptionelle Mündlichkeit" zielen: Literarische Gespräche lassen zwar zunächst eine solche Konzeptionalität zu, zielen aber zugleich in ihrer produktivsten Form auf ihre konzeptionell schriftliche Überformung. Diesem Anspruch soll in der im Folgenden vorzustellenden Konzeption über die schriftliche Vor- und Nachbereitung der Gespräche Rechnung getragen werden. Im Sinne einer Erziehung zur Schriftlichkeit wird in dieser Bearbeitung aber gerade auch ein Gewinn gesehen.

3.2 Die Konzeption eines gesprächsförmigen Unterrichts

Die Konzeption beruht auf der Voraussetzung, dass alle Schülerinnen und Schüler die Lektüre eigenständig und vollständig gelesen haben. Sie lässt sich in drei Ebenen untergliedern, die jeweils sowohl die Erkenntnisse der Leseforschung als auch die Beobachtungen gesprächsförmiger Interpretationsprozesse (vgl. die Ausführungen in Hurrelmann 1987) aufgreifen: Auf der obersten Ebene der *Makrostruktur* gliedert sich die Konzeption der Einheit in drei strukturierende und sich gegenseitig stützende Elemente: ein eröffnendes *erstes Lesegespräch*, eine *Phase der Vertiefung* und ein abschließendes *zweites Lesegespräch*.

Das *erste Lesegespräch* verfolgt eine doppelte Zielsetzung: In ihm geht es zunächst darum, gemeinsam mit dem Text und miteinander über den Text ins Gespräch zu kommen; das eröffnende Gespräch ist dabei, so die konzeptionelle Annahme, geprägt von ersten subjektiven Bewertungen und einem globalen Zugriff auf die Erzählung; unter dem Eindruck unterschiedlicher Bewertungen und verschiedener Leseeindrücke entwickeln sich im Weiteren Fragen und Probleme, die über die Möglichkeiten des eröffnenden Gesprächs hinausweisen und die Grundlage für die Phase der Vertiefung bilden.

Die *Phase der Vertiefung* eröffnet den Raum, den globalen Leseeindrücken nachzugehen, sie zu irritieren oder zu klären, sie mit dem Text, mit notwendigen Hintergrundinformationen und mit den Eindrücken der anderen abzugleichen, die eigene Lesart zu modifizieren oder zu revidieren und so die Grundlage für eine differenzierte Deutung und Bewertung der Erzählung zu schaffen. Diese Phase der Vertiefung berücksichtigt das Problem, dass bei Schülerinnen und Schülern nicht stillschweigend das notwendige Welt- und literarische Hintergrundwissen und die kommunikativen wie literarischen Kompetenzen vorausgesetzt werden können, um im Rahmen *eines* Gesprächs eine eigene Deutungshypothese zu entwickeln. Zugleich ermöglicht diese Phase der Lehrkraft, einem Verharren der Schülerinnen und Schüler auf einer bloß subjektiven und globalen Bewertung oder Deutung entgegenzuwirken oder korrigierend beziehungsweise relativierend einzugreifen, ohne den offenen Charakter des Lesegesprächs zu desavouieren.

Diese Phase der Differenzierung mündet in das abschließende *zweite Lesegespräch*, in dem es wiederum um das Entwickeln, Erproben, Ergänzen oder Fallenlassen einer, nun aber differenzierteren individuellen Deutungshypothese und einer Textbewertung im gemeinsamen Gespräch geht. Dem zweiten Lesegespräch kommt eine bündelnde, resümierende, verdichtende Funktion zu, ohne den Anspruch zu erheben, dass alle ein oder gar dasselbe Verständnis der Erzählung entwickeln; im schulischen Rahmen, in dem das abschließende Gespräch zugleich eine Vorbereitung auf eine anschließende Klausur darstellen kann, kommt der kommunikativen Klärung und dem sprachlichen Ausdruck des eigenen oder fremden Verständnisses oder des Nicht-Verstehens allerdings eine wichtige Rolle zu. Perspektivisch geht es um ein (prä-)hermeneutisch geprägtes literarisches Argumentieren mit Thesen, Antithesen und Synthese – im Gespräch mitunter (noch) auf verschiedene Gesprächsteilnehmer verteilt, aber mit dem Potential, auch durch einen Gesprächsteilnehmer realisiert zu werden (ein solches Sprechen verwiese dann auf eine konzeptionell schriftliche Überformung).

> Ich deute die Erzählung auf verschiedene Weisen. Zum einen als eine Politsatire auf die Missstände in der DDR, zum anderen aber auch als eine Erzählung, die anhand eines einzelnen Schicksals auf Engagement und Anstrengungen einiger DDR-Bürger, die dem SED-Regime trotzen, hinweist. Die Erzählung zeigt darüber hinaus, wie lange Sehnsüchte bestehen können, entgegen aller widrigen gesellschaftlichen und politischen Umstände. (Schülerin 11, L2N)

Nimmt man etwa dieses schriftliche Schlussstatement,[4] so zeigt sich eine differenzierende Deutung mit zwei globalen Deutungshypothesen, die aus dem Gespräch aufgegriffen werden. In der Gegenüberstellung dieser Hypothesen liegt gewissermaßen schon die Spur für eine argumentative Erörterung beider oder einer der beiden Hypothesen und die entsprechende Auseinandersetzung mit den Inhalten des Textes und ihrer abschließenden kritischen Würdigung.

Auf einer *Mezzo-Ebene* wiederholt sich diese Dreischrittigkeit in der Konzeption eines sogenannten *Lese-Portfolios*, das der Vorbereitung, Strukturierung und Nachbereitung der beiden Lesegespräche dient und hier zugleich die Datengrundlage für die Auswertung möglicher Lernchancen und -erfolge liefert.

3.3 Das Verfahren des Lese-Portfolios

Beide Lesegespräche werden begleitet durch ein sogenanntes Lese-Portfolio (vgl. Rupp 2006, S. 594). Es erfüllt in dieser Konzeption eine zweifache Funktion: Es bereitet erstens jeweils die beiden Gespräche vor, hilft sie zu strukturieren und bearbeitet die beiden Gespräche nach; zweitens dokumentiert die schriftliche Vor- und Nachbereitung den Lernprozess und seine jeweiligen (Zwischen-)Produkte und erlaubt den Schülerinnen und Schülern eine Reflexion ihres Lernprozesses. Die didaktische Funktion des Portfolios im Unterrichtskonzept lässt sich zugleich empirisch für die Diagnose des Lernprozesses durch die Auswertung schriftlicher Lernprodukte nutzen – diese Auswertung erlaubt einen Blick auf die Lernchancen, die eine in diesem Sinne gesprächsförmig konzipierte Unterrichtseinheit eröffnet. Die Gestaltung des Lese-Portfolios (Mezzo-Struktur) greift den oben dargestellten Aufbau auf: Das erste Lesegespräch wird vorbereitet durch das Bestimmen von bis zu drei Textstellen, „die Sie bei der ersten Lektüre persönlich im Positiven oder im Negativen besonders angesprochen haben"; die Bestimmung solcher „Textanker" (= Textstellen, an denen man sich in einem ersten Zugriff (fest-)halten kann) unterstützt die Schülerinnen und Schüler, einen subjektiv bedeutsamen Zugang zum Text zu finden. Die Formulierung einer „kurzen Stellungnahme zur Erzählung" dokumentiert den ersten globalen Leseeindruck und/oder eine erste subjektive Wertung zu Beginn des Lese- und Verstehensprozesses.

---

[4] Die Kürzel verweisen auf den jeweiligen Schüler und den Äußerungsort im erhobenen Datenmaterial: Vor-/Nachbereitung des 1. Lesegesprächs (L1V/L1N) bzw. des 2. Lesegesprächs (L2V/L2N). Alle Zitate entsprechen der Schülerschreibung.

Im anschließenden Gespräch können diese subjektiven Textzugänge, Eindrücke und Bewertungen differenziert werden. Eine solche Differenzierung kann in der Nachbereitung in einem vorläufigen „Resümee nach dem ersten Lesegespräch" formuliert werden; dabei können die Schülerinnen und Schüler sowohl auf die Erzählung als auch auf das Gespräch eingehen als auch ihre erste Bewertung durch die Überlegung aufbrechen, welche Fragen und Probleme sie in den kommenden Stunden gerne klären würden. Die gemeinsame Auswertung dieser Fragen und Probleme strukturiert die folgenden Vertiefungsstunden. Dazu kommt, dass der Vergleich der Stellungnahme vor dem Gespräch mit dem Resümee danach den Lernprozess beziehungsweise den möglichen Lernfortschritt dokumentiert – beides wird unten entsprechend ausgewertet.

Das zweite Lesegespräch wird durch die individuelle Bestimmung von bis zu drei für die Erzählung zentralen Textstellen vorbereitet. Eine solche aufgrund der Vertiefungsstunden mögliche differenziertere Deutung oder Bewertung des Textes kann in einer kurzen Stellungnahme zur Erzählung formuliert und dokumentiert werden. Auch hier strukturieren beide Aspekte das folgende zweite Lesegespräch vor. Das zweite Gespräch wird sowohl durch ein Resümee in Bezug auf die Erzählung und/oder das Gespräch selbst (Schlussstatement) als auch durch eine knappe Deutung der Erzählung nachbereitet. Auch hier dokumentiert der Vergleich zwischen der Stellungnahme und dem Resümee beziehungsweise der Deutung den Lernprozess und den möglichen Lernfortschritt. Darüber hinaus lässt sich durch den Vergleich beider Vor- beziehungsweise Nachbereitungen auch der Lernprozess wie der mögliche Lernfortschritt zwischen erstem und zweitem Lesegespräch beschreiben.

3.4 Das Verfahren des Lesegesprächs

Bei der Durchführung literarischer Gespräche haben sich Gruppen von fünf bis fünfzehn Teilnehmerinnen und Teilnehmern bewährt. Um im schulischen Lesegespräch auf eine ähnliche Gruppenstärke zu kommen, muss die Lerngruppe in einen *Innenkreis*, der am Gespräch teilnimmt, und in einen *Außenkreis*, der das Gespräch beobachtet, geteilt werden. Die Aufteilung der Gruppe erfolgt spontan vor dem Gespräch und sollte möglichst freiwillig geschehen.

Diese Aufteilung ist nicht unproblematisch: Zwar kann die Beobachtung des Gesprächs nicht nur für den Einzelnen interessant und gewinnbringend sein, sondern über geeignete Beobachtungsaufträge auch für eine gemeinsame Reflexion und die Gestaltung des weiteren Unterrichts produktiv werden, aber die strukturell erzwungene Passivität des Außenkreises birgt das Risiko, dass Schülerinnen und Schüler sich aus dem Unterricht ausklinken. Um diese Passivität des Außenkreises abzuschwächen, steht ein freier Stuhl im Innenkreis, auf den sich jeweils ein Mitglied des Außenkreises setzen kann, um spontan *einen* Gesprächsbeitrag zu leisten. Zugleich bietet der Außenkreis aber auch einen Schutz- und Rückzugsraum für diejenigen, die sich zunächst eher durch *aktives Zuhören* als durch *aktives Sprechen* an einem literarischen Gespräch beteiligen möchten – der Innenkreis erzeugt zumal im Rahmen der Institution Schule den impliziten oder expliziten Zwang, sich durch einen eigenen Beitrag zu exponieren, ein Zwang, der zu der geschilderten Doppelsprachigkeit und zum Eindruck einer Leistungssituation führen kann und dem Prinzip des literarischen Gesprächs zuwider läuft.

Wie diese Aufteilung in Innenkreis und Außenkreis von den Schülerinnen und Schülern wahrgenommen wird und inwieweit sie einen Einfluss auf die Lernchancen hat, kann ebenfalls anhand des dokumentierten Lernprozesses reflektiert werden – die Lese-Portfolios enthalten eine entsprechende Aufgabe.

Für die *Strukturierung* des Literarischen Unterrichtsgesprächs in der hier konzipierten Form des Lesegesprächs sind vier Phasen konstitutiv:

1. In der *Vorleserunde* lesen alle Gesprächsteilnehmerinnen und -teilnehmer ausgewählte „Textanker" vor; im ersten Lesegespräch sind dies individuell aufgefallene Textstellen, im zweiten für die eigene Lesart subjektiv bedeutsame („wichtige") Textstellen, wie sie im Rahmen des jeweiligen Lese-Portfolios vorbereitet wurden. Diese Vorleserunde dient aber nicht nur einem lektüreorientierten Einstieg in das Gespräch, sie bringt zugleich den Text in seinen vielfältigen Aspekten und Wirkungen ‚zum Klingen' und schafft eine gemeinsame Textgrundlage, auf die sich jeder im Gespräch beziehen kann. Beides ist besonders vor dem Hintergrund schulischer Praxis hervorzuheben, nach der eine Ganzschrift in der Regel von den Schülerinnen und Schülern im Vorfeld alleine und stumm gelesen wird. Die Vorleserunde kennt keinen festen zeitlichen Rahmen und endet in der Regel dann, wenn keiner der Gesprächsteilnehmerinnen oder -teilnehmer mehr den Wunsch verspürt, eine Textstelle vorzulesen.

2. An das Vorlesen schließt sich eine sogenannte *Blitzlichtrunde* an: Jeder gibt eine kurze Stellungnahme oder einen Leseeindruck zur Erzählung ab. Das Blitzlicht ist durch das Lese-Portfolio vorentlastet; die Teilnehmerinnen und Teilnehmer waren allerdings gebeten, die Stellungnahme in der Blitzlichtrunde knapp und frei wiederzugeben. Prinzipiell geben alle Gesprächsteilnehmerinnen und -teilnehmer ein Blitzlicht ab; Empirie

und Erfahrung zeigen jedoch, dass der Blitzlichtrunde zugleich die Funktion einer ‚Sollbruchstelle' im Übergang zum freien Gespräch zukommt: Häufig führt ein Beitrag zu Reaktionen der Anderen, sodass sich ohne weiteren Impuls ein offenes Gespräch entwickelt und das Blitzlicht ablöst.

3. Dieses *offene Gespräch* bildet die dritte und zentrale Phase des Lesegesprächs; es sollte entsprechend der didaktischen Prinzipien so gestaltet sein, dass alle ihre Fragen und Antworten, subjektiven Wertungen und Deutungen einbringen können; dazu gehört insbesondere, dass unterschiedliche Meinungen und gegensätzliche Beiträge ausgesprochen und gehört werden.

4. Den – häufig pragmatisch erzwungenen – Abschluss des Lesegesprächs bildet die Schlussrunde, in der jeder nochmals kurz seinen Eindruck vom Text und/oder vom Gespräch äußern kann; dieser Runde kommt auch die Funktion zu, „von der Aktualisierung lebensweltlicher Erfahrungen zurückzufinden zur vergleichenden Reflexion und Vertiefung ihrer Textauffassungen" (Wieler 1998, S. 31). Zugleich kann die Schlussrunde dazu dienen, offen gebliebene Fragen oder ungeklärte Probleme anzusprechen. Beide Aspekte werden im Lese-Portfolio nochmals schriftlich formuliert.

Mit dieser Strukturierung des Lesegesprächs wird eine „gegenstandsbezogene" wie „interaktionsbezogene Rahmung" (vgl. Bräuer 2010) im Unterricht modelliert, in welchem die von Bettina Hurrelmann (1987) beobachteten und beschriebenen Phasen des Verstehensprozesses einen systematischen Platz finden.

Eine besondere Bedeutung kommt im Rahmen dieser Strukturierung des Gesprächs der *Gestaltung* der Lehrerrolle zu: Um dem offenen Charakter eines Gesprächs im Rahmen der Institution Schule nahezukommen, muss sich die Lehrkraft einerseits mit elizitierenden und evaluativen Beiträgen zurückhalten, kann sich andererseits aber nicht auf eine strikt moderierende Rolle (vgl. Christ u.a. 1995) zurückziehen. Eine „Sprachlosigkeit des Lehrers" (Wieler 1998, S. 31) als kompetenter Anderer wäre den Schülerinnen und Schülern keine Hilfe, über schlichte Assoziationen und einen subjektiven Lebensweltbezug hinauszukommen. Denn gerade die „Sprachfähigkeit" der Lehrkraft liefert ein Vorbild für das Sprechen über Literatur im Sinne einer Erziehung zur Schriftlichkeit und Literalität. Daher sollte die Lehrkraft mit ihren Fragen und Impulsen versuchen, die Schülerinnen und Schüler anzuregen, auf andere Beiträge einzugehen, und ihre Reaktionen sollten zeigen, dass ihr an einem Verständnis und einer Entwicklung der Deutungen gelegen ist und es ihr nicht allein darauf ankommt, die Stichworte zu erhalten, die ihr ein Fortspinnen des geplanten Unterrichtsfadens erlauben (vgl. Spinner 1987, S. 188, Werner 1996, S. 11).

Aus diesen Befunden können mit aller gebotenen Vorsicht die folgenden zentralen Prinzipien der Gestaltung der Lehrerrolle abgeleitet werden:

1. Die Lehrkraft muss die Schülerinnen und Schüler als „Experten ihrer eigenen *Leseerfahrung*" (vgl. Wieler 1998, S. 33) an- und ernst nehmen (Schülerorientierung), auch wenn dies zunächst bedeuten kann, Ab- und Umwege im Gespräch zuzulassen und zu beschreiben. Sie sind als Suchbewegungen im Sinne des Lese- und Verstehensprozesses nicht zu überwinden, sondern zu allererst zu ermöglichen und zu entwickeln (Prozessorientierung).

2. Die Lehrkraft muss die *Offenheit* und *Polyvalenz* von Literatur (Gegenstandsorientierung) berücksichtigen. Die Verstehenshoheit liegt nicht bei ihr, sondern bei der Gruppe in der Argumentation mit dem und gegenüber dem literarischen Text – also in der Auseinandersetzung mit dem Gegenstand.

3. Die Lehrkraft muss ein eigenes Interesse am Verstehen des literarischen Textes und an dessen Verständnis durch die Schülerinnen und Schüler haben. Auch aus diesem Grund kommt der *Textauswahl* eine besondere Bedeutung zu (siehe unten). Die Lehrkraft darf und sollte ihre eigenen Leserfahrungen, Fragen und Deutungshypothesen einbringen und ihre Argumentation offen legen, aber sie muss es primär aus der Rolle einer *interpretierenden Leserin* tun und nicht aus der einer *evaluierenden Lehrerin*.

4. In diesem Sinne tritt die Lehrkraft als *kompetente Andere* auf, der (zunächst) die Leitung des Gesprächs zukommt; im Rahmen der Leitungsfunktion übernimmt sie neben der oben skizzierten Phasierung des Gesprächs insbesondere die Aufgabe, für eine angenehme und offene Gesprächsatmosphäre Sorge zu tragen und dem Gespräch geeignete *Impulse* zu geben. Diese Impulse (etwa im Sinne offener, problemorientierter Fragen) sollten der Beschäftigung mit dem literarischen Text entspringen (Gegenstandsorientierung) und können sowohl Fragen und Probleme der Schülerinnen und Schüler als auch Fragen und Probleme der Lehrkraft aufgreifen.

Diese Prinzipien weisen darauf hin, dass die gelingende Leitung offener Gespräche im Unterricht weniger auf Antizipation und Planung als auf der Einnahme einer didaktischen *Haltung* und einem ausgebildeten Lesebewusstsein der Lehrkraft selbst beruht. Aufgrund des Lehrer-Schüler-Rollensystems in der Institution Schule zeichnen sich solche Lehr-Lern-Gespräche prinzipiell durch eine höhere Störanfälligkeit aus (vgl. Haueis 1999). Wer dieses Gespräch wolle, müsse es gegen viele innere und äußere Widerstände durchsetzen und mit Misserfolgen und der Fragilität solcher literaturrezipierender Gespräche leben lernen, so Merkelbach (1998, S. 78).

4. Zur praktischen Umsetzung eines gesprächsförmigen Literaturunterrichts

Um den Anforderungen in der Umsetzung gerecht werden zu können, muss das didaktische Konzept insbesondere auf die Voraussetzungen der Schülerinnen und Schüler (Lerngruppe) und die Beschaffenheit des literarischen Textes (Textauswahl) achten (vgl. dazu Bräuer 2009). Für die Umsetzung des Konzepts in einer leistungsstarken elften Klasse bot die Lehrplanvorgabe ‚Identitätsfindung' einen geeigneten Rahmen für die Lektüre des Romans *Der Spaziergang von Rostock nach Syrakus* von Friedrich Christian Delius.

Die Einheit umfasste 12 Unterrichtsstunden. Die Klasse erhielt zunächst zwei Wochen Zeit, um die Erzählung vollständig zu lesen und sich auf das erste Lesegespräch vorzubereiten. Den Auftakt der Unterrichtseinheit bildete das erste Lesegespräch; am Gespräch nahmen 12 Schülerinnen und Schüler und die Lehrkraft teil, ein weiterer Stuhl blieb für spontane Beiträge der zehn Beobachterinnen und Beobachter frei.[5] Im durchaus kontrovers geführten Gespräch standen insbesondere zwei Aspekte für eine längere Zeit im Mittelpunkt der Gesprächsbeiträge: die Frage, ob die Erzählung spannend sei, was literarische Spannung ausmache, und die Frage, warum in der Erzählung so ausführlich auf das Segeln eingegangen werde und ob das auf diese Weise mit zahlreichen Fachbegriffen aus der Segelsprache geschehen müsse.

In der anschließenden Stunde wurde das erste Gespräch ausgewertet und die Fragen und Probleme erhoben, die in der folgenden Vertiefungsphase bearbeitet und referiert werden sollten. Es ergaben sich fünf Problemfelder, denen sich fünf Arbeitsgruppen zuordneten. In dieser Auswertungsstunde wurde auch eine zweifache Fragestellung als Leitlinie der Referate erarbeitet, nach der die Schülerinnen und Schüler einerseits überlegen sollten, aus welchen „innerfiktionalen Gründen" sich die Handlungen und Ereignisse ergeben

---

[5] Ein Schüler aus dem Außenkreis machte vom Angebot dieses freien Stuhls zweimal Gebrauch.

und welche „außerfiktionalen Begründungen" sich für diese innerfiktionalen Gestaltungen anführen lassen könnten.[6]

Die Schülerinnen und Schüler erhielten für die Beschäftigung mit ihrem jeweiligen Problemfeld und für die Vorbereitung ihres Referates eine Woche Zeit. In dieser Zeit standen ihnen zwei Unterrichtsstunden zur Verfügung, in denen sie auch auf einen ausgewählten Materialpool mit Hintergrundinformationen und Texten zugreifen konnten (siehe Bekes; Frederking 2004). In einer dritten Stunde dieser Woche wurde ein weiterer Aspekt des Lesegesprächs aufgegriffen: Die Bedeutung, die das Reisen für die Schülerinnen und Schüler besitzt, wurde der Bedeutung gegenübergestellt, die es für die Hauptfigur Gompitz einnimmt.

Das abschließende Gespräch wurde von *allen anwesenden* 18 Schülerinnen und Schülern im Innenkreis bestritten. Dieses Gespräch verlief weniger kontrovers, auch wenn die einzelnen Deutungshypothesen kritisch diskutiert wurden. Im Zentrum stand die Frage, inwieweit es sich bei Paul Gompitz' Reise um einen Ausbruch aus dem Alltäglichen oder um den Aufbruch zu Neuem (*Bildungs-* oder *Entwicklungsroman*) handele – also um die außerfiktionale Begründung der innerfiktionalen Handlung. Bearbeitet wurden auch Deutungshypothesen, nach denen man die Erzählung als *Beziehungs-* beziehungsweise *Liebesroman* oder als eine *Polit-Satire* lesen und verstehen könne. Dieses Gespräch bildete zugleich den Abschluss der Einheit.

5. Die Auswertung der Lese-Portfolios

Im Folgenden werden die Lese-Portfolios ausgewertet, um eine Antwort auf die Frage nach den literalen wie nach den literarischen Lernchancen in einem als gesprächsförmig konzipierten Literaturunterricht zu erhalten. Dazu wird zunächst am Beispiel zweier ausgewählter Lese-Portfolios der jeweilige individuelle Lernprozess rekonstruiert. Vor diesem Hintergrund werden die sich im Rahmen dieser Unterrichtskonzeption eröffnenden Lernchancen unter Einbeziehung aller Lese-Portfolios diskutiert. Die Grundlage dieser Auswertung bilden 22 Lese-Portfolios der Schülerinnen und Schüler.

---

[6] Dieses Vorgehen entspricht dem literaturtheoretischen Ansatz der „poetologischen Differenz" (vgl. Gerigk 2002).

5.1 Die Rekonstruktion des Lernprozesses

Die beiden ausgewählten Portfolios stammen von einem Schüler (SR9i) und einer Schülerin (SN8a). Der Schüler, ich nenne ihn Jörg, war im ersten Lesegespräch im Innenkreis, die Schülerin, ich nenne sie Anna, im Außenkreis; beide können als durchschnittlich gute Schüler gelten und geben somit einen Einblick in zwei ‚normale' Lernverläufe. Ziel der Auswertung ist es, den Lernprozess der beiden auf der Grundlage ihrer Lese-Portfolios zu rekonstruieren, um im Weiteren Rückschlüsse auf die Lernchancen einer gesprächsförmig konzipierten Unterrichtseinheit zu ziehen.

(1) Vor- und Nachbereitung des eröffnenden ersten Lesegesprächs

Jörg bestimmt zwei Textstellen als Textanker, die die Willkür des DDR-Regimes thematisieren: die Angst von Paul Gompitz, „nicht wieder in die DDR hereingelassen zu werden" (Delius [1998] 2007, S. 16), und seine Antwort auf die Frage des Vernehmers bei seiner Rückkehr in die DDR, mit welchem Strafmaß er nun rechne (ebd., S. 143 f.). Entsprechend formuliert Jörg in seiner kurzen Stellungnahme, die Erzählung stelle dar, wie sich „Bürger der DDR gegen den Staat behaupten müssen, wenn sie ihren Wünschen nachgehen" wollten (L1V). Er gewinnt der Erzählung von Anfang an eine politische Deutung ab und sieht in der positiven Darstellung der Hauptfigur neue Perspektiven auf eine ‚überlebensfähige' DDR. Jörg formuliert eine erste globale Deutung der Erzählung, die er selbst als einen Denkanstoß sieht, enthält sich dabei aber jedweder Wertung.

Anna wählt zwei Textanker aus. In ihrer ersten Textstelle wird von Gompitz' Entschluss erzählt, „dem Fernweh endlich nachzugeben und das Land, um bleiben zu können, einmal zu verlassen" (ebd., S. 7). Auch ihre zweite Textstelle thematisiert, was Gompitz zu seinem Glück noch fehlt: „Nichts, außer einem Ziel, Italien" (ebd., S. 65). In ihrer kurzen Stellungnahme betont sie, die Erzählung beinhalte eine sehr detaillierte „Beschreibung einer Handlung", es werde nicht auf Personen eingegangen, „außer selten auf die Gedanken des Protagonisten" (L1V) – ihre beiden Textstellen spiegeln diese Gedanken wider. Auf dieser Grundlage kommt Anna zu einer ersten subjektiven Wertung. Sie stellt kritisch fest, dem Buch fehle es ein wenig an Spannung, merkt aber auch positiv an, die kursiv gesetzten Dialoge zu Beginn jedes Kapitels seien anregend, das Buch insgesamt daher wohl sehr geeignet, um Diskussionen darüber zu führen (L1V). Auch inhaltlich findet sie noch einen interessanten Aspekt: „Auch bekommt man einen guten Eindruck davon, wie das Leben im Überwachungsstaat, DDR, gewesen sein muss" (L1V).

Anna und Jörg finden auf ganz verschiedene Weise einen Zugang zur Erzählung: Jörg von einer ersten globalen Deutung her, Anna von einer ersten subjektiven Wertung, die assoziativ an verschiedenen Stellen und Aspekten des Textes festgemacht werden.

Jörg setzt sich in den Innenkreis und beteiligt sich aktiv am ersten Lesegespräch. In seinem Resümee nach diesem Gespräch streicht er heraus, das Gespräch sei für ihn „sehr anregend" gewesen: „Das Buch selbst hat für mich zahlreiche neue Facetten erhalten. Es wird einfacher ein objektives Urteil zu fällen, da man andere Meinungen zum Vergleich heranziehen kann" (L1N). Jörg beurteilt das Gespräch positiv, weil er einerseits für sich neue und interessante Seiten der Erzählung kennen gelernt, andererseits fremde und andere Leseeindrücke erfahren hat, sodass er sich nun ein differenzierteres Urteil über die Erzählung bilden kann – auch wenn sich dadurch sein (wohl positives) Urteil nicht verändert hat. In den von ihm notierten Fragen zeigen sich im Abgleich zu seiner Eingangsstellungnahme neue thematische Aspekte: Er problematisiert die Motivation von Gompitz, wieder in die DDR zurückzukehren und die Veränderung in der Qualität der Beziehung zwischen Gompitz und seiner Frau (L1N). Beide Fragestellungen bleiben fortan für ihn leitend bis hinein in seine abschließende Deutungshypothese (siehe unten).

Auch Anna formuliert zunächst ein positives Urteil über das erste Lesegespräch, an dem sie als Beobachterin im Außenkreis teilgenommen hat: „Das Lesegespräch hat mir persönlich geholfen neue Ideen zu erschließen" (L1N). Sie unterstreicht, dass das Gespräch „interessant und anregend" gewesen und „nicht ins Stocken" geraten oder langweilig geworden sei – auch wenn ihr manche Themen zu lange besprochen wurden. Ihre explizite Bezugnahme auf zwei Beiträge des Innenkreises belegt, dass Anna trotz ihrer Beobachterrolle vom Lesegespräch profitiert hat: „Zum Beispiel finde ich den Aspekt der Verknüpfung und der Symbole, von [Schüler 17i] genannt, sehr interessant. Ich bin vorher nicht auf den Gedanken gekommen, dass der Beruf Helgas etwas bedeuten könnte. Auch finde ich den Ansatz von [Schülerin 6i] berechtigt. Auch mir kam die Idee, dass der Autor zu sehr auf den Protagonisten bezogen ist und nicht auf andere Menschen oder Beziehungen eingeht" (L1N). Sie erweitert ihre Leseeindrücke durch neue Aspekte (Symbolik) und bezieht angesprochene Aspekte auf ihre eigenen Leseeindrücke (die fehlende Konturierung anderer Personen, siehe L1V oben).

Sowohl Anna als auch Jörg nehmen das Lesegespräch als anregend und ansprechend wahr und können sowohl im Innenkreis als auch im Außenkreis vom Gespräch für ihren eigenen Lese- und Verstehensprozess wie für ihre Deutung und Wertung der Erzählung profitieren. Deutlich wird dies, auch für die Schülerinnen und Schüler selbst, im schriftlichen Fixieren und Reflektieren der im Gespräch geäußerten Beiträge: Eigene und fremde Deutungen und Hypothesen, Eindrücke und Wahrnehmungen erhalten durch ihre schriftsprachliche Fixierung ihre Vergegenständlichung, auf die sich nun und im Weiteren bezogen werden kann.

(2) Vor- und Nachbereitung des abschließenden zweiten Lesegesprächs

In seiner Vorbereitung auf das zweite Lesegespräch wählt Jörg drei für ihn zentrale Stellen, in denen es um die Person Gompitz geht, um seine Eigenschaften (Delius [1998] 2007, S. 28), seine Prinzipien (ebd., S. 59) und seine Sehnsucht (ebd., S. 118). Jörg verlagert im Vergleich zu seinen Textankern mit den nun gewählten Textstellen seinen Fokus stärker auf das Innenleben des Protagonisten. Aus seiner Stellungnahme spricht eine Irritation, die aber als produktiv empfunden wird: Für Jörg muss „dieses vielschichtige Buch" erst bearbeitet werden, bevor es seine Qualität preisgebe (L2V). Seine erste globale Deutung erscheint Jörg unter dem Eindruck des ersten Lesegesprächs und der Vertiefung revisionsbedürftig, auch wenn das Buch viel Interpretationsspielraum lasse. Nun könne er sich noch nicht für eine Interpretation entscheiden. Aus dieser Formulierung scheint mir weniger Hilflosigkeit als Einsicht in die Vielsinnigkeit literarischer Texte zu sprechen.

Anna bestimmt als „wichtige" Textstelle in der Vorbereitung des zweiten Lesegesprächs Seite 9 der Erzählung: Hier blickt man auf das bisherige Leben Paul Gompitz' zurück; seine Wünsche und Bedürfnisse wie seine Anstrengung, sein Leben zu leben, werden geschildert. Anna knüpft mit dieser Auswahl an die ersten Textanker (die für sich genommen auch schon als zentrale Textstellen ihrer Lesart fungieren könnten) an. In ihrer Stellungnahme dokumentiert sie ihren gewandelten Blick auf die Erzählung: „Wie sich nach langen Stunden des Diskutierens herausstellte", ist die Erzählung eine „spannende und vor allem tiefsinnige Erzählung" (L2V). Anna konkretisiert diesen Wandel: „Zwar war für mich die Spannung nicht beim Lesen des Buches zu spüren, dann jedoch umso mehr, wenn man von den Denkanstößen Anderer angeregt, noch einmal sorgfältig den Hintersinn einiger Passagen hinterfragte und durchleuchtete" (L2V). Anna führt diesen Wandel, das neue Interesse und die Spannung, insbesondere auf das Gespräch mit anderen Leserinnen und Lesern zurück und fühlt sich letztlich in ihrer zu Beginn geäußerten Ansicht, dass dieses Buch reichlich Diskussionsstoff biete, bestätigt. Zugleich betont sie aber auch die Notwendigkeit, sich für eine Klärung und Deutung der Erzählung über die Hintergründe zu informieren.

In seinem Resümee des zweiten Lesegesprächs stellt Jörg zunächst fest: „Abschließend kann ich sagen, dass das zweite Lesegespräch neue Ansichten und Meinungen zum Vorschein brachte, aus beziehungsweise mit denen ich meine eigene erweitern beziehungsweise präzisieren konnte" (L2N). Die hohe Wertschätzung des gemeinsamen Gesprächs mündet bei Jörg in dem Fazit, dass „das Buch nur dann gut ist, wenn man es in einer Gruppe liest" oder bespricht. Er bezieht dieses Fazit wohl auch auf den Wandel der Lerngruppe, in der viele, wie Anna, das Buch erst nach den Gesprächen und der Vertiefung spannend und interessant fanden, denn Jörg selbst „fand es auch schon vorher gut" – aber: „Jetzt habe ich auch die Argumente für diesen Standpunkt" (L2N). Hier scheint das didaktische Prinzip literarischer Gespräche aufgegangen zu sein: Die erste subjektive Deutung wird durch eine Phase der Unsicherheit und Irritation in eine differenzierte, begründete und kluge Interpretation überführt:

> Paul Gompitz findet sich im Laufe der Erzählung selbst. Er positioniert sich innerhalb seines (begrenzten) Lebensraumes neu. Seine Gefühle gegenüber anderen Menschengruppen verändern sich, er entdeckt seine Freude am Segeln und seine Liebe zu seiner Ehefrau Helga. […] Ein Mann reist in die Welt um zu verstehen, warum es ihm nicht gelingt, trotz seiner Unzufriedenheit die DDR nicht für immer zu verlassen. (L2N)

Aber diese Suchbewegung verdeutlicht nicht nur einen individuellen Verstehensprozess, der von literarischer Kompetenz zeugt, sondern begründet zugleich Lesemotivation bei Jörg: „Interessanterweise ist das Buch nach dem ‚Auseinander nehmen' immer noch reizvoll und ich werde es sicher noch einmal irgendwann lesen" (L2N).

Anna formuliert zunächst eine ganz andere Erfahrung des zweiten Lesegesprächs: „Mich hat erstaunt, dass sich alle sofort in den Innenkreis setzen" (L2N). Anna, die im ersten Lesegespräch für sich noch die Beobachterrolle gewählt hatte, im zweiten dann aber am Gespräch teilnimmt, spricht hier auch von sich selbst. Ob das Sprechen seinen ‚Schrecken' verloren hat, die Schülerinnen und Schüler sich nun selbst einbringen wollen oder sich besser für ein Statement vorbereitet fühlen und das Gespräch als eine geeignete Vorbereitung für die anschließende Klausur wahrnehmen (wie Anna vermutet) – all diese möglichen Gründe sprechen für die Akzeptanz des Lesegesprächs in der Lerngruppe, für die Offenheit und ‚Wärme', in der Anna das erste Gespräch – gerade auch im Unterschied zu anderen Unterrichtsgesprächen (s. o.: „erstaunt") – wahrgenommen hat. Für Anna selbst warf das zweite Gespräch im Gegensatz zum ersten nicht mehr viel Neues oder Anregendes auf; dennoch empfand auch sie das zweite Gespräch als gewinnbringend: „Trotzdem war positiv anzumerken, dass mir vieles noch einmal im Detail in Erinnerung gerufen wurde", für Anna ein gelungener Abschluss und eine gute Vorbereitung für die Arbeit (L2N). Die Bestätigung und Festigung der eigenen Deutung und Wertung waren oben als eine Funktion des abschließenden zweiten Lesegesprächs benannt worden. Schließlich kommt auch Anna zu einer differenzierten, begründeten und einsichtigen Deutung:

> Gesellschaftskritisch und dabei an manchen Stellen satirisch wird die Geschichte eines DDR-Bürgers erzählt, der das tat, was sich wahrscheinlich viele Bürger damals wünschten. Die Mängel der DDR werden dabei durch die Wünsche und Sehnsüchte Gompitz' reflektiert. (L2N)

Vergleicht man jeweils die erste Stellungnahme von Jörg und Anna mit ihrer abschließenden Deutung, so zeigt sich, welchen Lern- und Verstehensprozess sie im Rahmen dieses gesprächsförmig konzipierten Unterrichts vollzogen haben: Sie gelangen von ihrem je individuellen ersten Textzugang in einem individuellen Prozess zu einer beachtlichen individuellen Deutungshypothese der Erzählung, in der sich zugleich Elemente der gemeinsamen Gespräche zeigen.

5.2 Die Auswertung der Lernchancen

Die Auswertung der beiden Lese-Portfolios von Jörg und Anna zeigt exemplarisch, wie im Sinne explorativer Einzelfall-Studien auf der Grundlage schriftlicher Lerndokumente die zugrunde liegenden Lernprozesse und die daraus resultierenden Lernchancen rekonstruiert werden können; dies geschieht auch hier zunächst rein qualitativ und nicht quantitativ, sodass weder aus dieser Rekonstruktion noch aus der folgenden Auswertung eine repräsentative Bedeutung für das skizzierte Unterrichtskonzept im Besonderen oder für gesprächsförmige Unterrichtskonzeptionen im Allgemeinen abgeleitet werden kann. In Bezug auf die Umsetzung dieses Konzepts in der konkreten Lerngruppe durch den Verfasser am Beispiel von Delius' Erzählung lassen sich jedoch begründete Annahmen über die Lernchancen und deren Grenzen machen. Sie sollen im Folgenden unter Bezugnahme auf die im Rahmen der Darstellung der pädagogischen Problematik entwickelten Kriterien der *Effektivität* und der *Umsetzung* zusammengefasst werden.

(1) Die Effektivität des durchgeführten Unterrichtskonzepts

Die überwiegende Mehrheit der Schülerinnen und Schüler beurteilt die Lesegespräche positiv. Sie betonen dabei sowohl eine allgemeine Akzeptanz des Verfahrens als auch dessen anregende, differenzierende und motivierende Wirkung, wie sie exemplarisch aus der folgenden Stellungnahme spricht:

> Das zweite Lesegespräch hat mir, wie auch das erste, gut gefallen. Ich habe neue Interpretationsideen bekommen und das Buch gefällt mir jetzt noch mehr, da ich (nicht zuletzt durch dieses Gespräch) eine ganz andere Sicht auf das Buch bekommen habe. (SN19i, L2N)

Die *Funktionalität* beider Lesegespräche, wie auch die Bedeutung der Vertiefungsphase, wird von den Schülerinnen und Schülern deutlich wahrgenommen.

So wird das erste Lesegespräch als anregend und klärend empfunden, die Erfahrung anderer und fremder Leseeindrücke betont und deren Bedeutung für die eigene Deutung der Erzählung herausgestellt: „Das erste Lesegespräch hat mir sehr gut gefallen und vieles verständlicher gemacht. Ich habe neue Meinungen und Denkweisen zu und über die Erzählung gehört, die mir geholfen haben, meine eigene Meinung zu überdenken" (SN1i, L1N). Darüber hinaus wurde das erste Gespräch nicht nur als bestätigend, sondern auch als irritierend erfahren: „In dem Lesegespräch sind einige neue Aspekte für mich sichtbar geworden, jedoch wurde es auch von Bestätigungen und Widersprüchen geleitet" (SR16i, L1N). Schließlich zeigen die Stellungnahmen auch, dass das Gespräch neue Fragen und Probleme aufwarf, für die eine weitere Klärung gewünscht wurde: „Ich möchte noch erwähnen, dass während des Lesegesprächs auch einige Fragen und Probleme aufkamen, die bisher noch nicht beantwortet beziehungsweise gelöst werden konnten" (SR15a, L1N).

Die Funktion der Klärung dieser Fragen und Probleme kam im Rahmen des Konzepts (zunächst) der Vertiefungsphase zu; schon Anna hatte die Bedeutung dieser Phase betont, um sich über das notwendige Hintergrundwissen für ein vertieftes Deuten und Verstehen der Erzählung zu verständigen. Ihre Funktionalität wird auch in weiteren Lese-Portfolios herausgestellt, etwa wenn ein Schüler in der Vorbereitung des zweiten Lesegesprächs rückblickend feststellt: „Die Erzählung eignet sich sehr gut für die Arbeit in einer Gruppe, da man sich gegenseitig ergänzen kann, um Hintergründe und Details erschließen zu können" (SR5a, L2V). Dieser Eindruck bestätigt sich auch in den Stellungnahmen nach dem zweiten Lesegespräch:

> Das Gespräch zeigte deutlich, dass ein Großteil der Klasse die Erzählung durch das Bearbeiten interessanter empfand als vorher. Ich teile die Meinung meiner Mitschüler und sehe es, wie schon vor dem zweiten Lesegespräch, als wichtig an sich mit der Erzählung in einer Gruppe zu beschäftigen, da so viele verschiedene Ideen eingebracht werden. (SR5a, L2N)

> Das zweite Lesegespräch war besser als das erste Lesegespräch. […] Es war auch stark bemerkbar, dass man sich schon länger mit der Erzählung beschäftigt hat und sich tiefer gehend damit auseinandergesetzt hat. (SN7a, L2N)

Betont wird aber nicht nur der Charakter der Vielstimmigkeit und Vielsinnigkeit des zweiten Lesegesprächs, sondern auch dessen Funktion der Bündelung und Verdichtung der Leseeindrücke und Deutungen:

> Das zweite Lesegespräch war meiner Ansicht nach ein sehr gelungener Abschluss der Unterrichtseinheit. Viele Ideen und Fragen bzw. Anregungen aus dem ersten Lesegespräch wurden noch einmal angesprochen und zum Teil unter vollkommen anderen Gesichtspunkten ausgelegt. [...] Letztendlich hat das Gespräch in einer großen Gruppe dazu beigetragen, das Buch besser verstehen zu können, und ich habe erkannt, dass es durchaus mehrere richtige Interpretationsmöglichkeiten des Buches gibt. (SR15a, L2N)

Aus dem letzten Satz der Stellungnahme spricht darüber hinaus die Einsicht in die Offenheit von literarischen Texten, eine Offenheit, die aber (nunmehr) nicht als Beliebigkeit, sondern als Bereicherung erlebt wird – ein deutlicher Hinweis auch auf die Lernchancen hinsichtlich literarischer Kompetenz im gesprächsförmigen Unterricht (siehe unten). Daneben wird auf die differenzierende und anregende Wirkung auch des zweiten Lesegesprächs hingewiesen:

> Mir persönlich kamen während des letzten Lesegesprächs immer noch mehr neue Gedanken, an die ich vorher nicht gedacht hatte. So fiel mir zum Beispiel auf, dass man die lange Vorbereitungszeit der ‚Flucht' auch als Zeichen der Unentschlossenheit von Gompitz interpretieren könnte, der sich immerhin dazu entschieden hatte, sein Leben aufs Spiel zu setzen. (SR15a, L2N)

Schließlich wurde das zweite Lesegespräch auch in seiner abschließenden und vorbereitenden Funktion erlebt: „Das Lesegespräch war noch einmal ein guter Abschluss und eine gute Vorbereitung auf die Klausur" (SN7a, L2N). Auch hier sei nochmals die reflexive Funktion und Wirkung der schriftlichen Vergegenständlichung dieser Eindrücke und Erfahrungen hervorgehoben.

(2) Der Erwerb literarischer Kompetenz und der Erwerb von Kenntnissen

Als Problematik in Bezug auf die Lernchancen wurde oben die pragmatisch erzwungene Aufteilung in Innenkreis und Außenkreis benannt. Mit Blick auf die Lese-Portfolios lässt sich die Frage nach den Lernchancen dahingehend beantworten, dass sich die Rezeption des ersten Lesegesprächs sowohl in den Portfolios der Gesprächsteilnehmerinnen und -teilnehmer als auch in denen der Beobachterinnen und Beobachter findet: Sei es als Bezugnahme auf Beiträge des Lesegesprächs („Viele meinten ja, dass es schwierig war die Segelbegriffe und Geographie nachzuvollziehen, aber ich fand das bei der Handlung gar nicht so schlimm und ohne diese Begriffe wäre es auch nicht besser zu lesen gewesen"; SN2a, L1N), sei es durch eine Aufnahme und Verarbeitung der geäußerten Gedanken:

> Das Beobachten der Personen im Innenkreis war sehr interessant. Zu Beginn war ich der Meinung, dass die Geschichte nur eine Spannungssteigerung hat, doch mit dem Lesegespräch wurde ich immer überzeugter davon, dass vllt. auch die Beschreibung der Italienreise eine Spannungssteigerung enthält. Vorher hatte ich auch noch nicht auf die Symbolik der Erzählung geachtet, doch nun bekam ich Gedankenanstöße über einige inhaltliche Verknüpfungen nachzudenken. (SN7a, L1N; auch SR5a, L1N)

Gleichwohl haben sich alle Schülerinnen und Schüler im zweiten Lesegespräch spontan und freiwillig in den Innenkreis begeben (siehe unten). Wie weit die Lernchancen in einem gesprächsförmig konzipierten Literaturunterricht in Bezug auf literarische Kompetenz und Kenntnisse reichen können, mag stellvertretend das folgende Resümee eines Schülers aufzeigen:

> Das Lesegespräch hat mir gezeigt, dass nicht nur ich, sondern fast ausnahmslos alle Schüler der Klasse zu dem Entschluss kamen, den Roman beim ersten Lesen zu oberflächlich betrachtet und zu wenig hinterfragt bzw. hineingedeutet zu haben. Erst durch die Referate haben die Schüler erkannt, wie interpretationsfähig einzelne Stellen des Romans sind. Jedoch komme man nicht an die gleiche Fülle von Ideen, wenn man das Buch alleine liest, meinen einige Schüler. Dem muss ich zustimmen und daraus schließe ich, dass sich der Roman gut für ein gemeinsames Lesen bzw. Interpretieren innerhalb einer Klasse eignet. Durch die vielen Beiträge und Anregungen von Schülern für Schüler wird das Buch nicht nur interessanter, sondern die Schüler erfahren von anderen ‚Köpfen' andere Denkweisen, an die sie sich womöglich beim Lesen weiterer Bücher an bestimmten Stellen erinnern werden. Das erweitert sowohl den Interpretationshorizont, als auch die Fähigkeit die Ereignisse eines Buches aus verschiedenen Perspektiven zu betrachten. Durch diese Fähigkeiten ist man in der Lage ein Buch einerseits tiefgründiger und andererseits objektiver zu erfassen, da man, wie oben erwähnt, durch die Betrachtung aus verschiedenen Blickwinkeln ein weniger subjektives, einseitiges Bild von etwas (Buch, Ereignisse, Charaktere …) erhält und somit zunehmend in der Lage sein wird ein eigenes Lesegespräch in sich aufbauen zu können. (SR16i, L2N)

Aus dieser Reflexion spricht nicht nur eine Differenzierung der individuellen Lesehaltung (die als Kennzeichen ausgebildeter Lesekompetenz in Anschlag gebracht wird), in ihr äußert sich die subjektive Bedeutsamkeit der gemachten literarischen Erfahrung, die als Grundvoraussetzung für den Transfer von (schulischem) Wissen in (außerschulisches) Handeln gilt und darüber hinaus auch andeutet, wie Erziehung zur Literatur ganz undogmatisch auch eine Erziehung durch Literatur (etwa zu Offenheit und Toleranz) bedeuten kann.

Sehr aufschlussreich in Bezug auf die Lernchancen ist auch die Entwicklung, die sich in einem Lese-Portfolio eines zunächst ausgesprochen kritischen Schülers zeigt:

> Vom Lesegespräch habe ich mehr erwartet, denn zu oft konnte man keine verknüpfte Diskussion, sondern nur Aneinanderreihung von Meinungen beobachten. Zu oft sind

die Schüler nicht aufeinander eingegangen. Wichtige Deutungen sind manchmal untergegangen. (SR17i, L1N)

Der Schüler hatte in seiner Vorbereitung des Lesegesprächs eine vergleichsweise elaborierte Deutung formuliert und das erste Lesegespräch durch sehr differenzierte Beiträge bereichert, auf die sich zahlreiche Mitschülerinnen und -schüler in ihren Resümees beziehen und von denen sie offensichtlich profitierten. Aus seiner Enttäuschung und Kritik wird im Resümee des zweiten Lesegesprächs beinahe schon Euphorie:

> Ich habe festgestellt, dass sich die Klasse/der Kurs sehr positiv entwickelt hat. [...] Jetzt ist die Klasse/der Kurs bereit und fähig geniale Deutungshypothesen aufzustellen und diese zu argumentieren. Ein Beispiel dafür ist die Idee die Erzählung als Liebesgeschichte aufzufassen. Eine Flucht oder Auszeit von einer Beziehung. Dies ist eine wirklich interessante Interpretation, die mich überzeugt hat. Von allein wäre ich wahrscheinlich nicht darauf gekommen. (SR17i, L2N)

Hier profitiert offensichtlich ein leistungsfähiger Schüler, der dem Gespräch gegenüber zunächst kritisch eingestellt war, von einem Gespräch in einer heterogenen Lerngruppe. Das lässt sich auch für leistungsschwächere Schülerinnen und Schüler zeigen. Offensichtlich können die Schülerinnen und Schüler in einem offenen Gespräch durchaus zu kompetenten Anderen für ihre Mitschülerinnen und -schüler werden. Aus dem Lese-Portfolio einer anderen Schülerin spricht aber auch Stagnation, ein Verharren auf einer ersten globalen Wertung; hier werden die unterschiedlichen Meinungen zwar wahrgenommen, jedoch als schwer nachvollziehbar beschrieben und entsprechend nicht als produktiv erfahren.

(3) Die Interpretation des literarischen Textes

Die Auswertung der als Textanker bestimmten Stellen in der Vorbereitung des ersten Lesegesprächs zeigt die Bandbreite möglicher Textzugänge: Neben thematischen Aspekten (Glück, Beziehungsproblematik, Selbstverwirklichung, DDR-Regime, Flucht) werden auch sprachliche Aspekte (Metaphorik, Symbolik) angesprochen. Wie diese ersten subjektiven Zugänge zum Text verdeutlichen auch die ersten kurzen Stellungnahmen die großen individuellen Unterschiede, wie sie dann auch das erste Gespräch bestimmen: Neben den von mir erwarteten globalen, subjektiven Eindrücken und Wertungen, finden sich auch schon differenzierte Deutungsansätze, Stellungnahmen, die auf eine Wertung ganz verzichten (wie beispielsweise Jörg) und Statements, in denen sowohl an Sprache als auch am Inhalt der Erzählung zum Teil harsche Kritik geäußert wird. Als ein Beispiel sei die folgende Stellungnahme zitiert:

> Die Erzählung ist zwar so kurzweilig gehalten wie möglich, aber immer noch langweilig aufgrund der Tatsache, dass ein Großteil des Buches die Planung einnimmt. Auch wenn das Buch mich inhaltlich nicht wirklich überzeugen konnte, finde ich, dass es gut geschrieben ist und die Metaphorik gelungen ist. (SR5a, L1V)

Im Laufe der Unterrichtseinheit wie der Gespräche ändern insbesondere die kritischen oder der Erzählung ablehnend gegenüberstehenden Schülerinnen und Schüler ihre Bewertung des Textes (wie beispielsweise Anna), während diejenigen, die die Lektüre von Anfang an positiv empfanden, sich eher bestätigt fühlen. Exemplarisch sei das an folgendem Resümee verdeutlicht:

> Friedrich Christian Delius konnte mich jetzt im Nachhinein vollkommen von seiner Erzählung ‚Der Spaziergang von Rostock nach Syrakus' überzeugen. Der Sinn dieses Buches ist es weiterzudenken und vieles zu hinterfragen. Liest man hingegen diese Erzählung nur oberflächlich, so wird man nie auf den bemerkenswerten literarischen Hintergrund dieses Buches aufmerksam werden. (SR15a, L2V)

Leistungsstärkere wie leistungsschwächere Schülerinnen und Schüler dokumentieren schließlich in ihren abschließenden Deutungen ihre individuellen Lernerfolge. In allen Deutungen wird die Erzählung als gestaltete Welt aufgefasst und interpretiert und nicht nur als eine biografische Erzählung einer wahren Begebenheit gesehen. Diese Deutungen sind von unterschiedlicher Richtung und Tiefe, verweisen aber bei der Mehrzahl auf ein vertieftes Textverständnis. Neben kurzen Deutungen, die sehr auf eine Deutungshypothese des zweiten Gesprächs abheben („Es wird die Beziehung und die Entwicklung von Gompitz dargestellt"; SN12i, L2N), finden sich differenzierte Deutungshypothesen:

> Ich deute die Erzählung auf verschiedene Weisen. Zum einen als eine Politsatire auf die Missstände in der DDR, zum anderen aber auch als eine Erzählung, die anhand eines einzelnen Schicksals auf Engagement und Anstrengungen einiger DDR-Bürger, die dem SED-Regime trotzen, hinweist. Die Erzählung zeigt darüber hinaus, wie lange Sehnsüchte bestehen können, entgegen aller widrigen gesellschaftlichen und politischen Umstände. (SR11a, L2N)

Der letzte Satz dieser Deutungshypothese weist schon über eine bloße Deutung der Erzählung hinaus in Richtung eines „allegorischen", wenn nicht gar eines „anagogischen Sinns" (vgl. Gerigk 2002), wie er sich auch in der folgenden Interpretation der Erzählung offenbart: „Wenn man sich etwas ganz fest vornimmt und keine Mühen scheut, schafft man es auch. Oft ist das Ergebnis anders als erwartet und man entdeckt unerwartete Dinge über sich oder andere" (SR14i, L2N). Diese Entwicklung einer allgemeinen Deutung aus der Erzählung im Sinne einer Moral oder Lehre deutet Möglichkeiten der Übernahme literarischer Erfahrungen in das eigene (Er-)Leben an (Transfer, Erziehung durch Literatur), wie sie auch im Sinne des Lehrplans erzielt werden sollen.

5.3 Die Umsetzung des gesprächsförmigen Unterrichtskonzepts

Sowohl die Rekonstruktion der Lernprozesse von Jörg und Anna als auch die bisherige Auswertung sprechen für eine ausgesprochen positive Resonanz der Schülerinnen und Schüler auf das durchgeführte Unterrichtskonzept. Die Lesegespräche wurden in ihrer auch durch das Konzept nahe gelegten Funktion wahrgenommen und genutzt; dies gilt sowohl für die Lesegespräche als auch für die Vertiefungsphase.

Inwieweit die beiden Lesegespräche den oben geforderten Prinzipien gerecht geworden sind, lässt sich aufgrund einer fehlenden Aufzeichnung und Transkription nicht seriös bewerten. Die Auswertung der Lese-Portfolios deutet jedoch zumindest an, dass die Schülerinnen und Schüler die Gespräche als offen und gleichberechtigt erlebt haben. Dies lässt sich an Beschreibungen der Gespräche, an der Bedeutung, die den Beiträgen beigemessen wird, wie an der Beurteilung der Rolle der Lehrkraft in den Portfolios festmachen.

Viele sind zunächst erstaunt von der Unterschiedlichkeit ihrer Leseeindrücke, ihrer Deutungen und Wertungen – eine für mich überraschende Leseerfahrung für eine elfte (!) Jahrgangsstufe:

> Das Gespräch war sehr interessant und half, die Erzählung aus einem anderen Winkel zu sehen, ich dachte nicht, dass es so unterschiedliche Meinungen gibt. (SR14i, L1N)

Diese unterschiedlichen Leseeindrücke werden aber schnell als sehr produktiv wahrgenommen: „Desweiteren wurde man durch Aussagen anderer Schüler auf Dinge in der Erzählung aufmerksam gemacht, die man zuvor nicht erkannt hatte. So wurden für mich unwichtige Dinge plötzlich zu relevanten Passagen in der Erzählung" (SN3i, L2N). Die unterschiedlichen Eindrücke werden angenommen und aufgenommen:

> Meiner Ansicht nach war die Gesprächsrunde sehr anregend im Bezug auch auf meine eigenen Ideen zu diesem Buch. Durch die offene Runde und die Weiterführung neuer Gedanken wurden Aspekte angesprochen, an die ich bisher nicht gedacht hatte. Aus der Beobachterperspektive sind mir vor allem die unterschiedlichen Meinungen zu dem Buch aufgefallen. (SR15a, L1N)

Dieses Resümee charakterisiert das Gespräch darüber hinaus als „offen", insbesondere auch für die Aufnahme und Weiterführung der Gedanken der anderen:

> Mir hat die freiheitliche Herangehensweise an die Erzählung im Gespräch sehr gefallen. Es hat mir viele neue Ansichtsweisen eröffnet, wie man die Erzählung deuten kann, auf die ich allein nicht gekommen wäre. (SR18a, L2N)

Deutlich wird hier auch, dass diese Lerngruppe durchaus den Anforderungen, die ein solches offenes Gespräch an sie stellt, gerecht wird und dass sie gerade das Gespräch ‚unter sich' als besonders gewinnbringend erfährt. Dies lässt sich auch als ein Beleg für die Rolle und Bedeutung der *peers* in der Lesesozialisation werten (vgl. Rosebrock 2004):

> Durch die vielen Beiträge und Anregungen von Schülern für Schüler wird das Buch nicht nur interessanter, sondern die Schüler erfahren von anderen ‚Köpfen' andere Denkweisen, an die sie sich womöglich beim Lesen weiterer Bücher an bestimmten Stellen erinnern werden. (SR16i, L2N)

Die Klasse erlebt diese Gespräche ganz im Sinne einer kulturellen Praxis, in der literarische Erfahrungen gemacht, eingebracht und geteilt werden können: „Man kann sagen, dass man sich durch diese Methode sehr schnell auf einer sehr tiefen Ebene befindet, die alleine sehr schwer zu erreichen ist" (SR14i, L2N). Tiefe und Interpretation werden nicht als schulische Zumutung (‚Auseinandernehmen', ‚Zerreden') wahrgenommen, sondern als spannend und interessant beschrieben. Aus den Portfolios spricht nirgends der Zwang zum Weiterdenken oder Hinterfragen; die Überwindung eines oberflächlichen Leseeindrucks wird als (schulischer) Gewinn bezeichnet, selbst da, wo die Schülerinnen und Schüler die Erzählung nicht als Freizeitlektüre gelesen hätten oder lesen würden.

Für diese positive Wahrnehmung des Gesprächs spricht auch der Umstand, dass sich im zweiten Lesegespräch jeder ungezwungen und ohne eine Aussprache oder Aufforderung in den Innenkreis setzte – auch dies wurde positiv wahrgenommen: „Das zweite Lesegespräch war besser als das erste Lesegespräch. Es war angenehmer, dass alle im Innenkreis gesessen haben" (SN7a, L2N; auch SN12i, L2N). Die Lehrkraft taucht in keinem einzigen Lese-Portfolio an irgendeiner Stelle auf, obgleich sie keineswegs nur moderierend an den Gesprächen beteiligt war. Ihre Beiträge und Impulse sind offensichtlich als Beiträge eines Lesers, nicht als Beiträge des Lehrers, wahrgenommen worden. Die Schülerinnen und Schüler fühlten sich, so die Vermutung, als Herr ihres eigenen Lese- und Verstehensprozesses.

6. Resümee

Die Rekonstruktion der Lernprozesse von Jörg und Anna sowie die Auswertung aller Lese-Portfolios in Hinblick auf die Lernchancen eines gesprächsförmigen Unterrichts legen nahe, dass sich die aus der Praxis gewonnenen didaktischen Prinzipien auch in ihrer Rückübertragung in die schulische Praxis bewähren. Berücksichtigt man die soziale Erwünschtheit mancher Stellungnahmen und eine grundsätzlich positive Bewertung eines ungewohnten Unterrichts, so bleiben unter dem Strich immer noch gelungene literarische Lernprozesse zu konstatieren. Diese Lernprozesse vollziehen sich innerhalb der individuellen Lese-Portfolios und können daher nicht über eine besondere Leistungsfähigkeit der Lerngruppe an sich erklärt werden.

Wohl aber setzt die Arbeit mit Lese-Portfolios eine gewisse Schreibkompetenz bei den Schülerinnen und Schülern voraus. So gilt es, sich im Schreiben der Differenzen zwischen den eigenen früheren und späteren Deutungsansätzen (diachron) ebenso wie der Unterschiede zwischen der eigenen Position und der anderer (synchron) bewusst zu sein beziehungsweise zu werden; diese verschiedenen Aspekte müssen zunächst vergegenständlicht werden, um anschließend reflexiv und in Teilen argumentativ aufeinander bezogen werden zu können. Deutlich wird dabei ein stärker konzeptionell schriftlicher Grad an Planung, Organisation und Komplexität. Auch wenn die Lese-Portfolios nicht als ein zusammenhängender Text gesehen werden können, so tragen die einzelnen Textteile insgesamt essayistische Züge und verweisen zumindest in Teilen auf ein sich entwickelndes „epistemisches Schreiben" (Bereiter 1980): Im Schreiben entwickelt sich in der wechselseitigen Auseinandersetzung mit eigenen und fremden Deutungsversuchen (in den Gesprächen) eine eigene Deutung (in der Schrift). In diesem Sinne verbindet sich das Sprechen und Schreiben und unterstützt mutmaßlich eine Erziehung zur Schriftlichkeit und „Literalität" (vgl. Bertschi-Kaufmann; Rosebrock 2009). Dass die Lerngruppe dafür vorauszusetzende Schreibkompetenzen *auch* mitbringt, erscheint offensichtlich. Ob nun diese literalen Lernchancen *alleine* auf den schriftlichen Vor- und Nachbereitungen der Gespräche oder *ausschließlich* auf den beiden Gesprächen beruhen oder ob beide Formen sich ergänzen, kann aufgrund dieser Beobachtungen nicht entschieden werden. Die Funktion des Schreibens im Zusammenspiel mit den hier anzusetzenden Kommunikationsbedingungen und den zu beobachtenden Versprachlichungsstrategien spricht meiner Erkenntnis nach aber für einen bedeutsamen Einfluss auf die Lernchancen – auch dann, wenn man die schriftlichen Reflexionen mit denen einer mündlichen Reflexion vergleicht.

Gerade der Verweis auf die Schreibkompetenzen macht allerdings auch die Grenzen literarischer Unterrichtsgespräche deutlich: Schriftliche Formen der Interpretation, wie sie von Bildungsstandards und Lehrplänen auch als Lern- und Kompetenzziele verlangt werden, können durch gesprächsförmigen Unterricht alleine nicht erworben werden. Sie verlangen eine andere Gestaltung des Unterrichts. Die individuelle Prozessierung des Lesens und Interpretierens literarischer Texte und der Aufbau einer schriftlichen Interpretation, wie sie vor allem im gymnasialen Literaturunterricht verlangt wird, sind inkommensurabel.

Welche Ansprüche literarische Unterrichtsgespräche an die Klasse und an die gesprächsleitende Lehrkraft stellen und wie fragil und brüchig diese Gespräche selbst in ihrer hoch strukturierten Form noch sind, belegen die Lese-Portfolios ebenfalls eindrucksvoll: So sind mehrere Hinweise aus dem Innen- wie dem Außenkreis ernst zu nehmen, die sowohl das erste Lesegespräch phasenweise als langweilig und redundant als auch das zweite als weniger ergiebig empfanden. Vor dem Hintergrund dieser Kritik ist zu fragen, ob die Gesprächsleitung an diesen Stellen früher eingreifen oder durch andere Impulse das Gespräch in eine andere Richtung lenken hätte können oder müssen. Auch die in wenigen Portfolios geäußerte Kritik an den Beiträgen oder dem Gesprächsverhalten anderer Mitschülerinnen und Mitschüler deutet an, welche Ansprüche offene Gespräche an ihre Teilnehmerinnen und Teilnehmer richten.

Als Ertrag des didaktischen Konzepts und seiner empirischen Überprüfung kann festgehalten werden, dass literarische Gespräche im schulischen Unterricht als eine bereichernde kulturelle Praxis von den Schülerinnen und Schülern erlebt werden, die die literarische Lesemotivation verstärkt und sinnvolle und zielführende literarische Lernprozesse anbahnt. Literarische Gespräche sind in diesem Sinne, das indizieren die Lese-Portfolios, effizient und institutionell verträglich – auch wenn ihre Fragilität und Offenheit sie zugleich immer auch zu einem Wagnis machen.

Primärliteratur

Delius, Friedrich Christian ([1998] 2007): Der Spaziergang von Rostock nach Syrakus. Erzählung. 14. Aufl., Reinbek bei Hamburg: Rowohlt

Sekundärliteratur

Bekes, Peter; Frederking, Volker (Hg.) (2004): Friedrich Christian Delius: Der Spaziergang von Rostock nach Syrakus. Reihe Texte. Medien. Braunschweig: Schroedel

Bereiter, Carl (1980): Development in Writing. In: Cognitive process in writing. Hg. von Lee W. Gregg. Hillsdale; New York: Erlbaum, S. 73–93

Bertschi-Kaufmann, Andrea; Rosebrock, Cornelia (Hg.) (2009): Literalität. Bildungsaufgabe und Forschungsfeld. Weinheim; München: Juventa

Bräuer, Christoph (2006): Literarische Texte. In: Lexikon Deutschdidaktik. Bd. 1. Hg. von Heinz-Jürgen Kliewer und Inge Pohl. Baltmannsweiler: Schneider Verlag Hohengehren, S. 450–453

Bräuer, Christoph (2009): Über Literatur sprechen lernen. Das literarische Gespräch im Unterricht. Reihe Unterrichtsentwicklung. Frankfurt: Amt für Lehrerbildung

Bräuer, Christoph (2010): Könnerschaft und Kompetenz in der Leseausbildung. Theoretische und empirische Perspektiven. Weinheim; München: Juventa

Christ, Hannelore; Fischer, Eva; Fuchs, Claudia; Merkelbach, Valentin; Reuschling, Gisela (1995): „Ja, aber es kann doch sein …" In der Schule literarische Gespräche führen. Frankfurt a. M.: Lang

Eggert, Hartmut (1998): Literarische Bildung ohne Schule? In: Der Deutschunterricht, Jg. 50, H. 6, S. 38-45

Fritzsche, Joachim (1994): Zur Didaktik und Methodik des Deutschunterrichts. Bd. 3. Umgang mit Literatur. Stuttgart: Klett

Fritzsche, Joachim (2004): Formelle Sozialisationsinstanz Schule. In: Lesesozialisation in der Mediengesellschaft. Hg. von Norbert Groeben und Bettina Hurrelmann. Weinheim: Juventa, S. 202–249

Gerigk, Horst-Jürgen (2002): Lesen und Interpretieren. Göttingen: Vandenhoeck und Ruprecht

Graf, Werner (1995): Fiktionales Lesen und Lebensgeschichte. Lektürebiographien der Fernsehgeneration. In: Lesen im Medienzeitalter. Biographische und historische Aspekte literarischer Sozialisation. Hg. von Cornelia Rosebrock. Weinheim: Juventa, S. 97–126

Groeben, Norbert; Christmann, Ursula (1999): Psychologie des Lesens. In: Handbuch Lesen. Hg. von Bodo Franzmann u. a.. München: Saur, S. 145–223

Günther, Hartmut (1993): Erziehung zur Schriftlichkeit. In: Sprache gebrauchen – Sprachwissen erwerben. Hg. von Peter Eisenberg und Peter Klotz. Stuttgart: Klett, S. 85–96

Härle, Gerhard (2004): Literarische Gespräche im Unterricht. Versuch einer Positionsbestimmung. In: Wege zum Lesen und zur Literatur. Hg. von Gerhard Härle und Bernhard Rank. Baltmannsweiler: Schneider Verlag Hohengehren, S. 137–168

Härle, Gerhard; Rank, Bernhard (Hg.) (2008): „Sich bilden, ist nichts anders, als frei werden". Sprachliche und literarische Bildung als Herausforderung für den Deutschunterricht. Baltmannsweiler: Schneider Verlag Hohengehren

Haueis, Eduard (1999): Sprachdidaktische Gegenstandsmodellierung für das Lernen in der ‚Zone der nächsten Entwicklung'. In: Dem denkenden Kopf die Möglichkeit der freieren Tätigkeit. Eigenaktives Lernen im Deutschunterricht. Hg. von Viola Oehme. Berlin: Volk und Wissen, S. 43–49

Hessisches Kultusministerium: Lehrplan Deutsch. Gymnasialer Bildungsgang. Jahrgangsstufen 5-13

Hurrelmann, Bettina (1987): Textverstehen im Gesprächsprozeß – Zur Empirie und Hermeneutik von Gesprächen über die „Geschlechtertausch"-Erzählungen. In: Man müßte ein Mann sein …? Interpretationen und Kontroversen zu Geschlechtertausch-Geschichten in der Frauenliteratur. Hg. von Bettina Hurrelmann u. a. Düsseldorf: Schwann, S. 57–82

Hurrelmann, Bettina (1997): Familie und Schule als Instanzen der Lesesozialisation. In: Lesen im Wandel. Hg. von Christine Garbe u. a. Lüneburg: Universität, Fachbereich I: Didaktikdiskurse, S. 125–148

Hurrelmann, Bettina (2002): Leseleistung – Lesekompetenz. Folgerungen aus PISA, mit einem Plädoyer für ein didaktisches Konzept des Lesens als kultureller Praxis. In: Praxis Deutsch, Jg. 29, H. 176, S. 6–18

Ivo, Hubert (1994): Reden über poetische Sprachwerke. Ein Modell sprachverständiger Intersubjektivität. In: ders: Muttersprache, Identität, Nation. Opladen: Westdeutscher Verlag, S. 222-271

Ivo, Hubert (1996): Über den Tag hinaus. Begriff einer allgemeinen Sprachdidaktik. In: Didaktik Deutsch, Jg. 1, H. 1, S. 8–29

Lypp, Maria (1997): Schwankende Schritte. Mehrdeutigkeiten in Texten für Kinder. In: Kinderliteratur, literarische Sozialisation und Schule. Hg. von Bernhard Rank und Cornelia Rosebrock. Weinheim: Deutscher Studien Verlag, S. 101–115

Merkelbach, Valentin (1998): Über literarische Texte sprechen. Mündliche Kommunikation im Literaturunterricht. In: Der Deutschunterricht, Jg. 50, H. 1, S. 74–82

Rank, Bernhard; Bräuer, Christoph (2008): Literarische Bildung durch literarische Erfahrung. In: „Sich bilden, ist nichts anders, als frei werden". Sprachliche und literarische Bildung als Herausforderung für den Deutschunterricht. Hg. von Gerhard Härle und Bernhard Rank. Baltmannsweiler: Schneider Verlag Hohengehren, S. 63–88

Rosebrock, Cornelia (2004): Informelle Sozialisationsinstanz peer group. In: Lesesozialisation in der Mediengesellschaft. Hg. von Norbert Groeben und Bettina Hurrelmann. Weinheim; München: Juventa, S. 250–279

Rosebrock, Cornelia; Nix, Daniel (2008): Grundlagen der Lesedidaktik und der systematischen schulischen Leseförderung. Baltmannsweiler: Schneider Verlag Hohengehren

Rupp, Gerhard (2006): Portfolio. In: Lexikon Deutschdidaktik. Bd. 2. Hg. von Heinz-Jürgen Kliewer und Inge Pohl. Baltmannsweiler: Schneider Verlag Hohengehren, S. 594–595

Spinner, Kaspar H. (1987): Zur Rolle des Lehrers im Unterrichtsgespräch. In: Zur Psychologie des Literaturunterrichts: Schülerfähigkeit – Unterrichtsmethoden – Beispiele. Hg. von Heiner Willenberg. Frankfurt a. M.: Diesterweg, S. 186–188

Spinner, Kaspar H. (2006): Literarisches Lernen. In: Praxis Deutsch, Jg. 33, H. 200, S. 6–16

Steinbrenner, Marcus; Wiprächtiger-Geppert, Maja (2006): Literarisches Lernen im Gespräch. Das „Heidelberger Modell" des Literarischen Unterrichtsgesprächs. In: Praxis Deutsch, Jg. 33, H. 200, S. 14–15

Werner, Johannes (1996): Literatur im Unterrichtsgespräch – Die Struktur des literaturrezipierenden Diskurses. München: Ernst Vogel

Wieler, Petra (1997): Vorlesen in der Familie. Fallstudien zur literarisch-kulturellen Sozialisation von Vierjährigen. Weinheim; München: Juventa

Wieler, Petra (1998): Gespräche über Literatur im Unterricht. Aktuelle Studien und ihre Perspektiven für eine verständigungsorientierte Unterrichtspraxis. In: Der Deutschunterricht, Jg. 50, H. 1, S. 26–37

MARCUS STEINBRENNER

„… und wenn die zwei sich in die Augen geschaut haben, haben sie noch LICHT gesehen". Literarische Erfahrungen in einem Gespräch mit einer 9. Realschulklasse

1. Fragestellung

> Der Leser von Literatur lernt […] wie man über das Denken, Wollen und Fühlen von Menschen sprechen kann. Er lernt die Sprache der Seele. Er lernt, dass man derselben Sache gegenüber anders empfinden kann, als er es gewohnt ist. Andere Liebe, anderer Hass. Er lernt neue Wörter und neue Metaphern für seelisches Geschehen. Er kann, weil sein Wortschatz, sein begriffliches Repertoire, größer geworden ist, nun nuancierter über sein Erleben reden, und das wiederum ermöglicht ihm, differenzierter zu empfinden.

Dieses Zitat stammt aus Peter Bieris Rede *Wie wäre es, gebildet zu sein?* (2008, S. 18) und findet sich dort im Abschnitt „Bildung als Artikuliertheit". Es ist eine schöne Umschreibung von Bildung und dem Stellenwert, der der Literatur und der „poetischen Erfahrung" (ebd., S. 20 f.) dabei zukommen kann. Damit sind wir auch nicht weit weg vom aktuellen Bildungsplan des Landes Baden-Württemberg, der unter dem Bereich „Literatur als Gesprächspartner" als erste Kompetenz formuliert: „Literatur als etwas erfahren, das Gedanken, Gefühle und Erfahrungen von anderen enthält und so hilft, eigene Empfindungen wahrzunehmen und (sich) mitzuteilen" (Bildungsplan Hauptschule und Werkrealschule 2004, S. 60).

Literatur als etwas zu erfahren wird hier mutig als eine Kompetenz beschrieben. Ich möchte nun nicht der Frage nachgehen, ob es sich hier tatsächlich um eine Kompetenz handelt; im gegenwärtig wuchernden Kompetenzdiskurs findet sich aber mit Sicherheit auch eine Modellierung von Erfahrungskompetenz. Stattdessen möchte ich der mit diesem Diskurs verbundenen und durchaus berechtigten Frage nachgehen, ob sich das, was Peter Bieri und auch der Bildungsplan hier beschreiben und einfordern, konkreter aufzeigen lässt. Mein Beitrag verfolgt damit die Fragerichtung, die Andrea Bertschi-Kaufmann mit ihrem Plenarvortrag auf dem Symposion Deutschdidaktik 2008 in Köln vorgegeben hat. Er trägt den Titel: *„… über und über beschneit vom Gelesenen". Ein Plädoyer für die Vermittlung literarischer Erfahrung und dafür, dass sie mit Forschung evident gemacht wird*

(Bertschi-Kaufmann 2008).[1] In diesem Sinn möchte ich im Folgenden erkunden, ob und wie literarische Erfahrungen in literarischen Gesprächen aufgezeigt werden können.

Dabei werde ich zunächst literarische Erfahrung im Anschluss an unterschiedliche Theoriekontexte als eine Form von Mimesis beschreiben und mit diesem theoretischen Hintergrund dann Gesprächsäußerungen von Schülerinnen und Schülern einer 9. Realschulklasse zum Gedicht *Sprachgitter* von Paul Celan interpretieren. In einem dritten Schritt werde ich literarische Erfahrung noch genauer als *ästhetische Erfahrung* im Sinne Ulrich Oevermanns bestimmen. Auch für ihn ist Mimesis ein zentrales Moment im Prozess der Erfahrung von Kunst, und die Struktureigenschaften ästhetischer Erfahrung, die er entwickelt, lassen sich auf die Textauswahl, die methodische Gestaltung und die Zielsetzungen des Literarischen Unterrichtsgesprächs beziehen.

2. Mimesis und literarische Erfahrung

2.1 Mimesis

Eine trennscharfe Definition von Mimesis wäre ein Widerspruch in sich selbst. Als philosophischer und anthropologischer Grundbegriff verweist Mimesis auf allgemeine Darstellungs- und Ausdrucksformen menschlicher Handlungen, die sich an vorgegebenen Mustern und Modellen orientieren – dies stellt wohl die allgemeinste Form einer Begriffsexplikation dar. In *Mimesis. Kultur – Kunst – Gesellschaft* (1998) leisten Gunter Gebauer und Christoph Wulf eine umfassende historische Rekonstruktion und Bestandsaufnahme des Begriffs. Sie liefern dabei keine Definition, sondern zeichnen seine Entwicklung von der antiken griechischen Philosophie (Aristoteles, Platon) bis in die Gegenwart (Adorno, Benjamin, Derrida) nach und stellen dabei zentrale Merkmale und Dimensionen heraus. Theoriebildung geschieht hier als geschichtliche Rekonstruktion und Herstellung einer Konstellation von unterschiedlichen Verwendungsweisen und Merkmalen eines Begriffs. Auf diese Weise wird eine Art von Begriffsraum aufgespannt.

Ich kann die historischen Positionen und auch die zentralen Dimensionen des Mimesisbegriffs in diesem Rahmen nicht anführen und verweise dafür

---

[1] „… über und über beschneit vom Gelesenen" ist ein Zitat aus *Lesendes Kind*, einer Miniatur aus der *Einbahnstraße* von Walter Benjamin ([1928] 1972, S. 113). Benjamin versucht narrativ und dabei häufig auch mit Metaphern wie der Schneemetapher Lese- und literarische Erfahrungen aufzuzeigen. Sein Sprachdenken spielt für den theoretischen Hintergrund dieser Arbeit eine wesentliche Rolle.

auf die Darstellung von Gebauer und Wulf (1998). An anderer Stelle habe ich zentrale Aspekte herausgearbeitet und sie auf sprachlich-literarisches Lernen bezogen (Steinbrenner 2009). Hier möchte ich versuchen, den Mimesisbegriff auf Gesprächsäußerungen zu beziehen und dadurch zu konkretisieren. Deshalb möchte ich an dieser Stelle nur drei mir besonders wichtig erscheinende Aspekte nennen:

(1) Mit Walter Benjamin kann Mimesis als „Fähigkeit im Produzieren von Ähnlichkeiten" (Benjamin [1933] 1977, S. 210) aufgefasst werden. Beim Produzieren von Ähnlichkeiten entsteht etwas Neues, das dem Vorgegebenen ähnlich, nicht aber mit ihm identisch ist. Mimesis ist damit mehr als Imitation und Reproduktion von Vorgegebenem: In der mimetischen Aneignung von Vorgegebenem kommt das nachahmende Subjekt mit ins Spiel, das sich mimetisch auf einen Gegenstand bezieht. Die Einbildungskraft des Subjekts gestaltet den Nachahmungsprozess mit, sodass das Vorgegebene eine neue Qualität gewinnen kann (vgl. Wulf 1997, S. 1015). Der literarische Text und seine Sprache werden zu einem Muster, einem Modell für das Sprechen der Rezipienten, die dieses Muster auf unterschiedlichen Ebenen „nachahmen". Es wird nicht nur reproduziert, sondern in einer spezifischen Weise dargestellt, wobei der Nachahmende immer auch etwas von sich selbst ausdrückt. Seit seiner Entstehung und schon bei Platon verweist der Begriff auf die drei Momente *Reproduktion*, *Darstellung* und *Selbstausdruck* (vgl. Erhart 2000).

(2) In der anthropologischen Sprachauffassung Walter Benjamins verlagert sich der Ort mimetischen Verhaltens im Verlauf des Zivilisationsprozesses immer stärker von unmittelbar sinnlichen (körperlichen oder visuell-bildhaften) Bereichen in den „unsinnlichen" Bereich der Sprache und der Schrift:

> Dies Lesen ist das älteste: das Lesen vor aller Sprache, aus den Eingeweiden, den Sternen oder Tänzen. Später kamen Vermittlungsglieder eines neuen Lesens, Runen oder Hieroglyphen in Gebrauch. Die Annahme liegt nahe, dass dies die Stationen wurden, über welche jene mimetische Begabung, die einst das Fundament der okkulten Praxis gewesen ist, in Schrift und Sprache ihren Eingang fand. Dergestalt wäre die Sprache die höchste Stufe des mimetischen Verhaltens und das vollkommenste Archiv der unsinnlichen Ähnlichkeit. (Benjamin [1933] 1977, S. 213)

Zugänglich werden diese „unsinnlichen Ähnlichkeiten" durch den Akt des Lesens. Mithilfe seines mimetischen Vermögens kann der Leser dabei die Abstraktionen der Schrift wieder auflösen, konkretisieren und versinnlichen. Dazu dienen ihm seine imaginative Einbildungskraft und die von ihr entworfenen Bilder und Vorstellungen, die die Schrift notwendig ergänzen. Die Entwicklung und Verbreitung der Schrift bedingen auf der einen Seite Abstraktions- und Entsinnlichungsprozesse, führen aber gleichzeitig zu einer

Entwicklung und Transformation des mimetischen Vermögens, sodass in unserer Kultur auch (und nach Auffassung Benjamins gerade) im Medium der Schrift und im Akt des Lesens sinnlich-mimetische Erfahrungen gemacht werden können.[2]

(3) Mimesis widersetzt sich der harten Subjekt-Objekt-Spaltung; sie kann einen nicht-instrumentellen Bezug zu anderen Menschen oder Gegenständen und eine sonst nicht erreichbare Nähe ermöglichen. Mimesis eines Vorbilds ist immer die Herstellung eines vorab nicht determinierbaren Verhältnisses zwischen dem Vorbild und einem sich mimetisch darauf beziehenden Menschen. Das Ergebnis ist von den jeweiligen Bedingungen des Vorbilds und des sich mimetisch zu ihm Verhaltenden abhängig und daher nur unzulänglich voraussagbar. Dieser offene und unverfügbare Charakter unterscheidet Mimesis von der eher zielgerichteten und ergebnisorientierten Imitation. In mimetischen Prozessen lässt sich ein Individuum von einem Gegenstand oder anderen Menschen in Bann ziehen, setzt sich einem Prozess der ‚Anähnlichung' aus und kann dabei auch in Gefahr geraten, sich an das Vorbild oder die Bezugswelt zu verlieren.

Die drei angeführten Aspekte machen deutlich, dass die normative Frage, *warum* Mimesis überhaupt für Lern- und Bildungsprozesse bedeutsam ist, nur vor dem Hintergrund anthropologischer, sprach- und literaturtheoretischer Prämissen und hier nur sehr knapp und allgemein beantwortet werden kann: weil Mimesis als grundlegendes menschliches Vermögen betrachtet wird, das der Einübung und Bildung bedarf. In unserer Schriftkultur hat Mimesis vor allem in Schrift, Sprache und Literatur ihren genuinen Ort.

---

[2] Zur Erfahrung des Lesens bei Benjamin vgl. Stierle 1980. Mit Verweis auf Benjamin einerseits und Jürgen Grzesik andererseits sieht auch Cornelia Rosebrock die Qualität der mentalen Operationen bei poetischer Sprache auf Leserseite insbesondere durch das mentale Herstellen von Analogien bestimmt: „Während für informatorische Texte die Bedeutung der Worte und Sätze über Konventionen weitgehend geregelt ist, provoziert poetische Sprache darüber hinaus Analogien verschiedenster Art und Komplexität. […] Als ‚unsinnliche Ähnlichkeit' könnte man, mit einer Wendung Benjamins, solche mental hergestellten Gleichklänge zwischen Bezeichnendem und Bezeichnetem beschreiben, Zeichenbeziehungen, die nicht oder nicht ausschließlich durch den konventionellen Gebrauch geregelt sind, sondern sich als Ähnlichkeitsbeziehung herstellen lassen" (Rosebrock 2008, S. 95). Genau dies macht auch für Jürgen Grzesik die spezifische Qualität des ästhetischen Empfindens und Urteilens im Prozess des Textverstehens aus, bei dem die Zeichen des Textes nicht „nur *als digitales Mittel*", sondern „*als analoge Informationsquelle* genutzt werden" (Grzesik 2005, S. 317; Hervorhebungen im Original).

2.2 Mimetische und analytische Formen des Umgangs mit Literatur

In der Literaturdidaktik ist der Mimesis-Begriff bislang vor allem von Ulf Abraham verwendet worden. In seiner Habilitationsschrift mit dem Titel *StilGestalten* weist Abraham in einem Rückblick auf die Geschichte der Deutschdidaktik „Analyse oder Mimese" unter anderem mit Bezug auf das Schleiermachersche Begriffspaar Divination und Comparation als durchgehende und mit Konflikten, ja Aporien verbundene „literaturdidaktische Zielalternative" aus (vgl. Abraham 1996, S. 173-199, vgl. auch Abraham; Kepser 2005, S. 102-107). Im Anschluss an Abraham möchte ich kurz die Unterscheidung von Analyse und Mimese nachzeichnen. Analyse ist gekennzeichnet durch folgende Aspekte:

- Zergliedern des Textes in einzelne Elemente;
- Benennen der einzelnen Teile mit möglichst eindeutigen, objektiven Begriffen; klassifizieren und einordnen;
- Herausarbeiten von allgemeinen Merkmalen und Strukturen, die der Text mit anderen Texten gemeinsam hat (Gattungs-, Epochen-, Stilmerkmale u. a.);
- Distanz, Vorherrschen einer „objektivierenden Einstellung".

Die mediale Schriftlichkeit der Texte ist dabei eine wichtige Voraussetzung, da sie es ermöglicht, einzelne Elemente des Textes zu fixieren, zu isolieren und genau zu betrachten. Abraham spricht hier vom „optischen Paradigma der Textrezeption". Mimese lässt sich durch folgende Aspekte kennzeichnen:

- Nachvollzug des Textes durch Nachsprechen, Nachschreiben, Nachgestalten und Nachspielen;
- Bildung von Analogien, Ähnlichkeitsbezügen und Übertragungen;
- Anknüpfen an das individuell Bedeutsame;
- stärker von der unmittelbaren, ganzheitlichen Textwirkung ausgehend, Oszillieren zwischen Text und Leser, „Verstricktsein" in und mit dem Text.

Der Klang des Textes, sein „Ton", das Hören und Sprechen spielen dabei eine wichtige Rolle. Abraham nennt dies „akustisches Paradigma der Textrezeption".

Diese Gegenüberstellung dient nicht dazu, eine Kategorie gegen die andere auszuspielen. Die mit Analyse und Mimese verbundenen Verfahren und Zugangsweisen haben ihre je spezifischen Funktionen, Chancen und Risiken. Beide Kategorien sind in diesem Sinn ambivalent und stehen nicht per se für eine ‚gelingende' Textrezeption. Im Idealfall ergänzen und bedingen sich Analyse und Mimese gegenseitig und werden gerade in ihren Widersprüchen produktiv. Bei näherer Betrachtung zeigen sich hier Parallelen zu der Unterscheidung von „Interpretation" und „literarischer Erfahrung", wie sie Hartmut Eggert und Michael Rutschky in ihren Studien zur literarischen Rezeption von Schülerinnen und Schülern vorgenommen haben (Eggert; Rutschky 1979). Auch Jürgen Grzesik (2005, S. 322 ff.) unterscheidet vergleichbar zwischen „ästhetischer Analyse" und „ästhetischem Erleben".

Mimese wird bislang in der Literaturdidaktik eher mit spielerischen oder mit produktiven Formen verbunden. Ich möchte hier versuchen, ein „mimetisches Sprechen" beziehungsweise einen mimetischen Textbezug in Gesprächen aufzuzeigen. Der Terminus mimetisches Sprechen findet sich so bislang nur bei Horst Rumpf, der in Bezug auf Wagenscheinsche Unterrichtsgespräche von einer „teilnehmenden", „bildhaften", „mimetisch-nachdenklichen Sprache" spricht. Diese stellt

> nicht Tatbestände fest, unabhängig von einem Sprecher oder einer einmaligen Situation, sie vibriert förmlich von der Nachdenklichkeit in einem Gespräch zwischen Menschen, die bemüht sind, ein merkwürdiges Phänomen zu verstehen. [...] Sie schmiegt sich, einfühlend, in den Prozess einer dramatischen Auseinandersetzung ein – sie hat nicht registrierend informierenden, sondern mimetisch vergegenwärtigenden Charakter. (Rumpf 2004, S. 60)

2.3 Mimesis und literarische Erfahrung in Gesprächen

In seiner umfangreichen Studie *Literatur und Erfahrung. Ästhetische Erfahrung als Reflexionsinstanz von Alltags- und Berufswissen* untersucht Martin Sexl, wie literarische Texte bei der Versprachlichung und kommunikativen Verarbeitung von Problemen in beruflichen Situationen behilflich sein können. Zu diesem Zweck interpretiert er eine Reihe von Gruppengesprächen mit Krankenpflegerinnen zu unterschiedlichen literarischen Texten, die er selbst geleitet hat, und macht dabei die Leistungen ästhetischer Erfahrungsprozesse für die Reflexion von Berufserfahrungen deutlich. Literarische Erfahrung bestimmt Martin Sexl als „Stellvertretererfahrungen", bei denen die „mimetische Beziehung zwischen unserer eigenen – unstrukturierten – Erfahrung und der fremden – textuell strukturierten – Erfahrung" die zentrale Rolle spielt:

> Das Entscheidende an der mimetischen Beziehung zwischen der eigenen und der fremden Welt besteht allerdings nicht darin, daß Literatur die fremde Welt *abbilden* würde, um sie gleichsam in Form eines photographischen Bildes vorzuführen, das wir als Information in unserem Gedächtnis abspeichern könnten. Vielmehr entdecken wir als Leser/innen in Texten (und erleben während der Textlektüre) anhand konkreter Situationen allgemeingültige Strukturen. (Sexl 2003, S 175)

Diese Strukturen können wir auf unsere eigenen Erfahrungen übertragen.[3] In einem solchen „Nachvollzug interpretativer Weltentwürfe schult Lesen unsere Aufmerksamkeit und sensibilisiert unsere Wahrnehmungsfähigkeit, Eigenes in einem neuen Licht und das andere überhaupt erst als anders wahrzunehmen. Lesen versetzt Leser/innen in eine spezifische Lage – die ästhetische Einstellung –, in eine Art *meditative Kontemplation*" (ebd., S. 176; Hervorhebung im Original; vgl. auch Abschnitt 4).

Literarische Erfahrungen realisieren sich für Sexl vor allem als „mimetische Beziehung" zwischen Text und Leser. Was eine „mimetische Beziehung" ausmacht und wie sie realisiert wird, wird allerdings nicht näher bestimmt. Der Terminus selbst spielt bei der Gesprächsinterpretation, wohl auch bedingt durch die Fragestellung, kaum eine Rolle. Ich habe bei der Interpretation zahlreicher Gesprächsbeiträge aus unterschiedlichsten Kontexten in einem wechselweise deduktiv-induktiven Prozess (vgl. Steinbrenner 2010b) fünf Merkmale eines mimetischen Textbezugs herausgearbeitet, die ich hier zunächst im Überblick nenne und im nächsten Abschnitt dann anhand von Gesprächsäußerungen veranschauliche und konkretisiere:[4]

1. Die Schülerinnen und Schüler *übertragen* das Gedicht in eine (konkrete) Handlung/Szene, die sie *nacherzählen*, oder in ein Bild, das sie beschreiben.
2. Sie *paraphrasieren* oder *zitieren* den Text und vergegenwärtigen ihn sich dadurch. Dabei werden Worte und Wendungen aus dem Gedicht gebraucht, die in das eigene Sprechen *einfließen*.
3. Auf einer stärker inhaltlichen Ebene stellen sie *Übertragungen*, *Ähnlichkeitsbeziehungen* und *Analogien* vor allem zu eigenen Erfahrungen her.

---

[3] Zu einer ähnlichen Sichtweise auf Literatur kommt Gerhard Lauer vor dem Hintergrund der modernen Hirnforschung und der Theorie der Spiegelneuronen. Sie hat für Lauer Folgen für einen präziseren Begriff der Literatur: Diese „besteht demnach aus Nachahmungsgeschichten. Sie ist Nahrung für unseren Nachahmungsinstinkt" (Lauer 2007, S. 137), sie fordert ihn heraus: „Nichts können wir besser und nichts interessiert uns mehr, denn durch ihn sind wir geworden, was wir sind" (Lauer 2007, S. 155) – ein „animal poeta" (ebd., S. 158).

[4] Das Attribut „mimetisch" kann auch auf viele Textbezüge angewandt werden, die im Rahmen von produktiven Verfahren, beim literarischen Schreiben, beim gestaltenden Vorlesen oder beim szenischen Interpretieren entstehen. Bei all diesen Verfahren *durchwandert* der literarische Text ein Medium (Stimme, Schrift, Körper) und wird transformiert in ein Produkt, das in einer mimetischen Ähnlichkeitsbeziehung zum literarischen Text steht. Vergleichbar mit meinem Vorgehen können an und mit diesen Produkten ebenfalls literarische Erfahrungen aufgezeigt werden. Das „flüssigere" Medium Mündlichkeit, die Möglichkeit zum personalen Bezug und die größere Verankerung in der Lebenspraxis geben dem Gespräch aber eine besondere Bedeutung.

4. Sie gehen dabei *tentativ*, mit einem abgeschwächten Geltungsanspruch vor.
5. Die Gesprächsbeiträge lassen eine *emotionale Beteiligung*, einen *affektiven Bezug* zum literarischen Text und zu der Gesprächssituation erkennen.

3. Mimetische Textbezüge in Gesprächen: Interpretation von Gesprächsäußerungen zum Gedicht *Sprachgitter* von Paul Celan

SPRACHGITTER

1 Augenrund zwischen den Stäben.

2 Flimmertier Lid
3 rudert nach oben,
4 gibt einen Blick frei.

5 Iris, Schwimmerin, traumlos und trüb:
6 der Himmel, herzgrau, muß nah sein.

7 Schräg, in der eisernen Tülle,
8 der blakende Span.
9 Am Lichtsinn
10 errätst du die Seele.

11 (Wär ich wie du. Wärst du wie ich.
12 Standen wir nicht
13 unter einem Passat?
14 Wir sind Fremde.)

15 Die Fliesen. Darauf,
16 dicht beieinander, die beiden
17 herzgrauen Lachen:
18 zwei
19 Mundvoll Schweigen.

Paul Celan ([1957] 2003, S. 99 f.)

Die Gesprächsäußerungen, die ich exemplarisch interpretiere, stammen aus einem Gespräch zu dem Gedicht *Sprachgitter* von Paul Celan. Ich leitete das Gespräch mit einer 9. Realschulklasse in Stuttgart im Frühjahr 2005.[5] Es hatte 32 Teilnehmer und fand im Sitzkreis statt. Die Klassenlehrerin war eine

---

5 Ich bedanke mich herzlich bei der Klassenlehrerin und den Schülerinnen und Schülern! In Steinbrenner (2009) interpretiere ich Beiträge aus Gesprächen mit einer 3. Grundschulklasse und einer 5. Realschulklasse sowie aus einem Gespräch mit Studierenden zum Gedicht *Sprachgitter*.

ehemalige Studentin der Pädagogischen Hochschule Heidelberg, die auch an einem Seminar zum Ansatz des Literarischen Unterrichtsgesprächs teilgenommen hatte. Das Gespräch dauerte insgesamt eine Schulstunde (45 Minuten). Ich habe das Gespräch eingeleitet, indem ich den Text zwei Mal vorgelesen und die Schülerinnen und Schüler dann gebeten habe, sich eine Textstelle auszusuchen, über die sie gerne sprechen wollten – weil sie sie besonders schön oder spannend fanden oder weil sie ihnen fremd war und sie sie nicht verstanden. Einige, wegen der großen Runde natürlich nicht alle, konnten ihre Stelle dann vorlesen und ihre Auswahl begründen. Diese erste Sammlung an Beiträgen lieferte die gegenseitigen Anknüpfungspunkte für das Gespräch (vgl. ausführlicher zu diesem Vorgehen: Abschnitt 4 und Steinbrenner; Wiprächtiger-Geppert 2006).

Im Folgenden interpretiere ich fünf Gesprächsbeiträge. Schon allein diese Auswahl von exemplarischen Beiträgen macht deutlich, dass ich keinen Anspruch auf Repräsentativität erheben kann: Es geht mir nicht darum, etwas zu *beweisen*, sondern darum, etwas *aufzuzeigen* und plausibel zu machen – verbunden mit dem Ziel, dass der Leser/die Leserin dieses Aufsatzes meine Interpretation nachvollziehen und analoge Schlüsse zum Beispiel für die eigene Gesprächspraxis und die Einschätzung von Schüleräußerungen ziehen kann.[6] Bei der Interpretation der Gesprächsäußerungen nehme ich Bezug auf die oben bereits aufgezählten Merkmale mimetischen Sprechens:

1. Die Schülerinnen und Schüler *übertragen* das Gedicht in eine (konkrete) Handlung/Szene, die sie *nacherzählen*, oder in ein Bild, das sie beschreiben.
2. Sie *paraphrasieren* oder *zitieren* den Text und vergegenwärtigen ihn sich dadurch. Dabei werden Worte und Wendungen aus dem Gedicht gebraucht, die in das eigene Sprechen *einfließen*.

[Sabine] [32:27] Ja also zu der Überschrift SPRACHgitter hab ich jetzt, wo ich das Gedicht gelesen hab, eigentlich ähm so ein Bild * in mir oder vor mir halt, dass da irgendwie ein dunkler Raum is und davor is ein Gitter, ein Fenster und dass man da

---

[6] Vgl. zu diesem Vorgehen Zabka (2002). Zabka interpretiert in seinem Aufsatz *Interpretationen interpretieren* Unterrichtssequenzen und darin erfolgende Textdeutungen „mit dem Ziel, die Leser zum ‚analoge[n] Denken' anzuregen, d. h. zum Vergleich der untersuchten Fälle mit anders gelagerten Fällen der Praxis" (Zabka 2002, S. 117). Ein solches „analoges Denken" beim Leser kann im produktiven Nach-Vollzug Denkräume eröffnen und durch die Theorie neue und andere Sichtweisen, zum Beispiel auf die eigene Gesprächspraxis oder die Äußerungen von Schülern im Gespräch, ermöglichen. Aus der Inspiration des Literaturdidaktikers durch die Theorie kann so – im besten Fall – die Inspiration des Lesers/der Leserin werden.

halt nur so die Umrisse von zwei Augen sieht und dass es halt was TRAUriges wird und vielleicht dass da irgendjemand was SAgen will, aber es es geht nicht, er KANN das nicht sagen, weil er es vielleicht nicht darf oder so, dass er deswegen schweigen muss.[7]

Ausgehend von der Überschrift „Sprachgitter" macht sich Sabine in ihrer Vorstellung „ein Bild", das sie beschreibt und als „was Trauriges" deutet. Dann paraphrasiert sie in eigenen Worten ein zentrales Thema des Gedichts, „dass da irgendjemand was SAgen will, aber es es geht nicht, er KANN das nicht sagen". Den Rahmen ihres Beitrags bilden die Überschrift „Sprachgitter" und das letzte Wort des Gedichts „Schweigen". Innerhalb dieses Rahmens wird das Gedicht zunächst imaginativ und dann deutend nachvollzogen, wobei die Deutung hypothetisch und tentativ bleibt, was sich unter anderem an dem zweimaligen „vielleicht" zeigt.

Tanja knüpft im unmittelbar darauf folgenden Beitrag thematisch an Sabine an, allerdings mit einem engeren Bezug zu der Textstelle „zwei / Mundvoll Schweigen":

[Tanja] [33:06] Ähm da steht ja auch ZWEI Mundvoll Schweigen und das könnt ja bedeuten, dass es zwei Personen, die BEIde ähm, denen BEIden was auf der Zunge liegt, die es unbedingt sagen wollen, deswegen das Mundvoll, aber dass sie es dann im Endeffekt doch nicht tun und deswegen schweigen.

Tanja zitiert zunächst den letzten Vers und erweitert dann die Deutung von Sabine dahingehend, „dass es zwei Personen" sein könnten, denen das Sprechen unmöglich ist. Auffällig ist hier die Betonung von „BEIden", das auch im Gedicht durch seine nachgeordnete Stellung und den darauf folgenden Zeilenbruch herausgehoben und betont ist. Tanja überträgt die Wendung „zwei / Mundvoll Schweigen" und überhaupt die Sprachthematik des Gedichts auf die ihr bekannte Redewendung, dass jemandem „was auf der Zunge liegt". Auch am Ende ihres Beitrags steht dann wieder das letzte Wort des Gedichts, „schweigen".

Bereits das in diesen Beiträgen stattfindende rekonstruierende Paraphrasieren stellt eine eigenständige und nicht selbstverständliche sprachliche ‚Leistung' dar, die Voraussetzung für weitergehende Deutungen und überhaupt für einen Bezug zum Text ist. Häufig und zu unrecht wird dies als bloßes Nacherzählen

---

[7] Erläuterungen zu den Transkriptionen:
Die Namen der Beteiligten wurden anonymisiert. Für die Transkriptionen gelten folgende Auszeichnungen:
…*…   kurze Pause (gesteigert als ** und ***)
BeTOnung   Großbuchstaben: betonte Silbe
Die *Sprecherzuweisung* erfolgt in eckigen Klammern mit Angabe des Namens und des Zeitpunkts, zu dem der einzelne Beitrag im Gesamtverlauf des Gesprächs geäußert wurde.

und ein Verhaftet-Sein am Text abgewertet. Wichtige Themen des Gedichts werden identifiziert und angesprochen und analogische Übertragungen finden statt – ein weiteres Merkmal mimetischer Textbezüge.

3. Auf einer stärker inhaltlichen Ebene stellen die Schülerinnen und Schüler Übertragungen, Ähnlichkeitsbeziehungen und Analogien vor allem zu eigenen Erfahrungen her.

> [Anna] [20:32] Am Lichtsinn * ja * ja ich find halt, dass man, wenn man jemandem in die Augen * guckt, dass man da * sieht, ob die Person traurig oder halt glücklich is, ähm, wir ham auch nen Freund im GeFÄNGnis, der sah früher auch ganz anders aus und da sieht man auch an seinen Augen, dass die * voll dunkel geworden sind und voll * betrübt und so ja so.

Anna überträgt den Vers „Am Lichtsinn / errätst Du die Seele" (Z. 9 f.) zunächst auf das allgemeine Phänomen, dass man am Blick eines Anderen dessen Stimmung beziehungsweise Gefühlslage ablesen kann und dann auf einen konkreten Freund von ihr, der sich derzeit im Gefängnis befindet. Zur Charakterisierung seines Blicks verwendet sie zunächst das Attribut „dunkel" und dann, vielleicht angestoßen durch das Gedicht, das doch eher ungewöhnliche „betrübt" (vgl. Z. 5 des Gedichts: „traumlos und trüb"). Die Lehrerin bestätigte im Nachhinein, dass es sich hierbei um eine authentische Begebenheit handelt, die die Schülerin zu dieser Zeit sehr beschäftigte.

Annas Deutung „dass man, wenn man jemandem in die Augen * guckt, dass man da * sieht, ob die Person traurig oder halt glücklich is" vereinfacht die Verse neun und zehn und realisiert dabei doch einen Teil ihres Bedeutungspotentials. So ist im Gedicht weniger von Augen die Rede, die eine Stimmung ausdrücken, sondern von einem „Lichtsinn", also eher einem Sinn für Licht, an dem man die Seele erraten kann – vielleicht im Sinne einer spezifischen Wahrnehmungsfähigkeit für das Gute, Menschlich-Humane. In diese Richtung geht auch das Beispiel Annas, denn „dunkle" und „betrübte" Augen zeugen ja häufig nicht nur von der eigenen Stimmungslage, sondern auch von einer Gebrochenheit und Hoffnungslosigkeit, die die eigene Wahrnehmung von Anderen verdunkelt.

Anna behauptet zudem nicht, dass ihre Deutung „so im Text steht" im Sinne einer Interpretation, die sich „am Text festmachen" oder „durch den Text belegen" lässt. Ihre Äußerung entspricht mehr der Artikulation einer durch den Text angestoßenen Erfahrung mit einem abgeschwächten Geltungsanspruch – ein weiteres Merkmal eines mimetischen Textbezugs.

4. Die Schülerinnen und Schüler gehen dabei tentativ, mit einem abgeschwächten Geltungsanspruch vor.

Die Paraphrasierung des Textes, die nachvollziehende Übertragung in eine Szene oder ein Bild, wie auch das Herstellen von Analogien zur eigenen Erfahrungswelt, sind schon per se nicht mit einem definitorischen Geltungsanspruch verbunden. Für den Gesprächsforscher Heiko Hausendorf, der sich in seinen Analysen zur „riskanten" Praxis der Kunstkommunikation vor allem auf das Sprechen über Werke der bildenden Kunst in alltagssprachlichen Kontexten (zum Beispiel Museen) bezieht, ist eine „Modalisierung der Darstellung im Sinne einer Abschwächung des Geltungs- beziehungsweise Wahrheitsanspruches" (Hausendorf 2005, S. 120) charakteristisch für die „Pragmatik des Deutens" von Kunst, der eine „Unsicherheit des ‚Verstehens'" entspricht.[8] Eine Modalisierung des Geltungsanspruchs lässt sich nach Hausendorf unter anderem an folgenden sprachlichen Merkmalen festmachen:

– Verwendung von Geltungsadverbien (u. a.: vielleicht, irgendwie, eigentlich);
– Unterbrechungen im Redefluss, Satzabbrüche, Neuansätze, Reformulierungen;
– Häufung von Füllwörtern.

Ein derart charakterisiertes, tentatives Vorgehen zeigt sich deutlich am folgenden Beitrag Kadirs:

> [Kadir] [33:46] Ich denk vielleicht, dass sich da zwei Personen * gegenseitig vielleicht * also lieben * und * die haben sich vielleicht * gegenseitig das Herz gebrochen * und * und die wissen es nicht, wie sie es sich gegenseitig sagen sollen, weil sie, weil vielleicht wollen sie nicht mehr auseinander gehen, wollen gar nicht auseinander sein. Das is irgendwie für BEide schwer.

Der Beitrag ist eine Reaktion auf meine Nachfrage, auf welche Situationen oder Erfahrungen man die im Gedicht thematisierte Schwierigkeit des Miteinander-Sprechens noch beziehen könnte. Kadir liest das Gedicht hier als „Liebesgedicht", eine Lesart, die ihm wahrscheinlich schon öfter im Deutschunterricht begegnet sein dürfte. Allein viermal verwendet er das Geltungsadverb „vielleicht", zudem ist sein Beitrag durchzogen von Pausen, Abbrüchen und Neuansätzen. Das liegt sicher auch daran, dass diese Deutung und ihre Äußerung im Gespräch (Kadir beteiligte sich sonst kaum im Literaturunterricht) für ihn ein Wagnis darstellen, bei dem er emotional stark beteiligt ist – womit ich bei einem letzten Merkmal eines mimetischen Textbezugs bin:

---

[8] Das „Deuten" von Kunst steht im Gegensatz zum „Erläutern" von Kunst, dem die „Sicherheit des Wissens" entspricht (ebd., S. 110).

5. Die Gesprächsbeiträge lassen eine emotionale Beteiligung, einen affektiven Bezug zum literarischen Text und zu der Gesprächssituation erkennen.[9]

Ganz am Schluss des Gesprächs kommt Kadir noch einmal zu Wort. Er unterbricht mich beim Versuch, die wichtigsten Deutungsansätze zusammenzufassen, beim Stichwort Liebesgedicht mit der Frage „Liebesgedicht, darf ich dazu noch etwas sagen?" – und setzt dann mit seinem Beitrag an:

> [43:44] [Kadir] Also ich denk vielleicht * war die Beziehung zu Ende und wenn die zwei Personen sich gegenseitig in die, in die, ähm, in die Augen geschaut haben, haben sie noch LICHT gesehen also gegenseitig, dass sie noch Gefühle haben, aber, aber sich doch nicht * was sagen konnten gegenseitig, weil es, weil, weil sie wieder nicht verletzt sein wollen.

Der Beitrag hatte in der Gesprächsgruppe eine ziemlich große Wirkung und sprach mehrere sehr an, was auch an einer längeren Pause deutlich wurde, die direkt auf ihn folgte. Kadirs emotionale Beteiligung kommt vor allem im Ton, Klang und Rhythmus der Äußerungen zum Ausdruck, die das Transkript nur bedingt wiedergeben kann. Ein Stück weit können sie beim lauten Lesen dieses Transkriptauszugs deutlich werden. Ein weiteres Kennzeichen ist auch hier wiederum die Häufung von Füllwörtern, Pausen, Abbrüchen und Neuansätzen.

Im Unterschied zu seinem Beitrag zuvor nimmt Kadir in diesem Beitrag direkter auf den Text Bezug, indem er die Augen aus „Augenrund" und das Licht aus „Lichtsinn" aufgreift und in seine Deutung und sein Sprechen einflicht. Gewiss realisiert er damit nur einen Teil des (letztlich unendlichen) Bedeutungspotentials dieses Gedichts[10] und doch zeigt sich hier bei ihm vielleicht etwas von dem, was Peter Bieri im Eingangszitat als sprachlich-literarische Bildung bestimmt:

> Er lernt neue Wörter und neue Metaphern für seelisches Geschehen. Er kann, weil sein Wortschatz, sein begriffliches Repertoire, größer geworden ist, nun nuancierter über sein Erleben reden, und das wiederum ermöglicht ihm, differenzierter zu empfinden. (Bieri 2008, S. 18)

Mein Ziel war es aufzuzeigen, wie in den hier vorgestellten Gesprächsäußerungen literarische Erfahrungen in der Form eines mimetischen Textbezugs

---

[9] Dies könnte auch als „Involvement" bezeichnet werden. Vgl. zu diesem Begriff die eben erschienene Arbeit von Lydia Steinhauer (2010): *Involviertes Lesen. Eine empirische Studie zum Begriff und seiner Wechselwirkung mit literarästhetischer Urteilskompetenz.*

[10] Vgl. hierzu die Interpretation von Hendrik Birus (2005) und die dort angegebene, weiterführende Literatur. Birus interpretiert das Gedicht sehr textnah und geht dabei Vers für Vers vor. Zur Interpretation des Gedichts als „Liebesgedicht" vgl. Bollack 2006, insbesondere das Kapitel „Ingeborg", S. 337-376.

versprachlicht werden. Damit möchte ich – im Sinne des Postulats von Andrea Bertschi-Kaufmann – literarische Erfahrungen zumindest ein Stück weit „evident" machen. Die Einschätzung beziehungsweise Wertung der Gesprächsbeiträge bleibt freilich prekär und an den Standort des Beobachters (und seiner Brille in Form theoretischer Prämissen) gebunden. So kann problematisiert werden, dass die Beiträge zu sehr dem Text verhaftet sind, wenn sie sich nicht von seiner Sprache lösen und ihn nur nachsprechen / zitieren oder in seiner konkreten Bildlichkeit verharren. Zudem kann kritisch betrachtet werden, dass die Schülerinnen und Schüler den Text zu stark auf ihre eigene Lebenswirklichkeit beziehen und damit seine allgemein-existentielle Bedeutung ausblenden. „Textnähe" und „Textferne" *zugleich* scheinen viele Beiträge zu charakterisieren – ein Befund, der zeigt, wie problematisch solche Zuschreibungen von außen sind. Des Weiteren kann kritisiert werden, dass es sich hier nur um unkontrolliertes, ja beliebiges Assoziieren handelt. Was vor dem hier entfalteten theoretischen Hintergrund als gegenstandsangemessen und als Chance gerade des literarischen Gesprächs erscheint – erscheint vor einem anderen Hintergrund, zum Beispiel dem tradierter schulischer Kommunikationsnormen oder dem eines anderen Verständnisses von Interpretation, als problematisch. Wichtig sind aus diesem Grund die Explikation der eigenen Position und die Anerkennung eines beschränkten Geltungsanspruchs meiner Interpretation, die wie jede Interpretation *eine* Sichtweise in Form eines Deutungs*angebots* darstellt.

Zu einer vergleichbaren Sichtweise und Deutung von Gesprächsäußerungen zu Gedichten kommt Christina Burbaum in ihrer Studie *Vom Nutzen der Poesie* (2007). Burbaum untersucht mit qualitativen Interviews das Sprechen über vorgelegte Gedichte und arbeitet dabei vor allem vier spezifische Merkmale heraus:

- Aussagen über Gedichte sind immer auch eine „Positionierung und Thematisierung der eigenen Person" (Burbaum 2007, S. 335).
- Häufig findet sich „das besondere sprachliche Phänomen des (Re-)Zitierens: das wörtliche Einbinden von Gedichten beziehungsweise Gedichtausschnitten" (ebd.). Besonders hier zeigt sich eine hohe emotionale Dichte und Involviertheit der Interviewpartnerinnen.
- Eine weitere Beobachtung betrifft den Gültigkeitsanspruch: „So rahmen die Interviewpartnerinnen häufig ihre Aussagen zu dem Gedicht, indem sie sie relativieren" (ebd., S. 337).
- Zugleich wechseln sie „zwischen der Darstellung einer persönlichen Erfahrung und einer allgemein menschlichen Erfahrung hin und her", was

„sich besonders an einem schillernden Wechsel der Verwendung der Personalpronomina erkennen" lässt (ebd., vgl. auch die Beispiele in Steinbrenner 2010a, 2010b).

Insgesamt handelt es sich beim Sprechen über Gedichte laut Burbaum „um eine sehr komplexe, häufig sehr deutungsoffene Kommunikationssituation" (ebd., S. 338), wobei die Deutungsoffenheit auch als Ressource betrachtet werden kann, wenn nicht so sehr konkrete Interpretationen relevant sind, „sondern emotionale Qualitäten […] am Medium des Gedichtes ausdifferenziert und damit erfahrbar gemacht werden können" (ebd., S. 343). Die Sprecherin wird zur „Koautorin" und „im Sich-Leihen und Aneignen der Worte des Gedichtes können auf unterschiedlichsten Ebenen Erfahrungen angeeignet, erprobt und neu gedeutet werden" (ebd., S. 350).

4. Literarische Erfahrung in Gesprächen als ästhetische Erfahrung nach Ulrich Oevermann

In einem letzten Schritt soll nun die in Gesprächen mögliche literarische Erfahrung noch genauer als *ästhetische Erfahrung* im Sinne Ulrich Oevermanns bestimmt werden. Seine Theorie kann für die Beschreibung und die Gestaltung von Erfahrungsprozessen in literarischen Gesprächen genutzt werden und auch er charakterisiert im Anschluss an Piaget ästhetische Erfahrung als einen in erster Linie mimetischen Akkommodationsprozess. Ausgehend von den Leitbegriffen „Krise" und „Muße" lässt sich sein Ansatz gut erläutern, denn der „Grundmodus ästhetischer Erfahrung" sei es, „Krisen gewissermaßen eingebettet in die Muße zu simulieren", – so Oevermann in seinem Vortrag *Krise und Muße. Struktureigenschaften ästhetischer Erfahrung aus soziologischer Sicht* (Oevermann 1996, S. 10).

Eine Krise ist für Oevermann dadurch bestimmt, dass sich ein Mensch „selbständig ohne Rückgriff auf fertige Routinen oder fertige Rationalitätsmaßstäbe entscheiden muß" (ebd., S. 6). Solche Entscheidungssituationen prägen unser Handeln grundlegend und sind sozusagen das Pendant der menschlichen Autonomie im Sinne von Entscheidungsfreiheit. Das Besondere an ästhetischen Erfahrungen ist, dass sie solche krisenhaften Momente „simulieren". In einem Kunstwerk werden „Erfahrungsgehalte gewissermaßen stellvertretend für uns in der gekonnten Gestaltung wahrnehmbar" gemacht (ebd., S. 37). Charakteristisch für Kunst ist, dass in ihr Erfahrungen gestaltet und thematisiert sind, an denen wir im Akt der Rezeption stellvertretend partizipieren, ohne sie selbst mit allen Konsequenzen machen zu müssen – im Gedicht *Sprachgitter* zum Beispiel die Erfahrung mit den Grenzen der Sprache.[11]

„Krisen" im Sinne Oevermanns können dabei nur von Kunstwerken hervorgerufen werden, die „vermittelt über die Diskrepanzen, die sie mit sich bringen, Routinen aufbrechen und erschüttern und zur Umgruppierung und zu Strukturtransformationen zwingen, also Neues entstehen lassen" (ebd., S. 41). Ästhetische Erfahrung als „eine dem Modus der Krise angehörige Erfahrung" wird damit zugleich

> die Basis jeglicher Erkenntnis, vor allem aber jeglicher Erfahrungserweiterung und -modifikation [...]. Ihr steht diametral gegenüber die routinisierte, registrierende kognitive Operation der Einordnung von Daten in schon vorhandene Schemata, gesteigert in der wissenschaftlichen Operation der Subsumtion von Messungen unter vorgefaßte Kategorien. Piaget nennt dies Letztere Assimilation im Gegensatz zur mimetischen Akkommodation, als die die ästhetische Erfahrung sich herstellt. (Oevermann 1996, S. 15)

Voraussetzung für diesen mimetischen Akkommodationsprozess ist eine „Einbettung in Muße". Gemeint ist damit vor allem eine angemessene Rezeptionspraxis, bei deren Bestimmung Oevermann allerdings recht vage bleibt. „Muße" charakterisiert er vor allem dadurch, dass sie selbst „möglichst krisenfrei" (ebd., S. 15), also frei von äußeren Zwängen oder Störungen ist. Dies ermöglicht ein Handeln, „das in nichts als Wahrnehmen besteht, dessen Zielgerichtetheit sich in der Wahrnehmung von etwas schon erschöpft" (ebd., S. 1). Eine solche Wahrnehmung ist „das Urmodell von zweckfreiem, interesselosen Handeln, von Kontemplation und eben auch von ästhetischer Erfahrung und von Mimesis" (ebd., S. 1 f.). Diese Form der Wahrnehmung grenzt Oevermann vor allem negativ ab: Sie steht „polar einer in eine zielgerichtete, zweckorientierte Praxis eingebetteten Wahrnehmung gegenüber, in der wir Gegenstände selektiv auf einen voreingerichteten Handlungsplan hin abmustern und subsumtiv einordnen" (ebd., S. 2). Ästhetische Erfahrung kann die Krise „simulieren", indem sie das Kunstwerk möglichst unvoreingenommen und voraussetzungslos, in allen seinen Hinsichten „jedenfalls möglichst wenig vorselegiert, auf sich wirken läßt. Dadurch erhöht sich die Chance, mit dem Unvorhersehbaren konfrontiert zu werden" (ebd., S. 15). In der ästhetischen Erfahrung begibt sich das Subjekt „gewissermaßen freiwillig

---

[11] Vgl. hierzu auch den Begriff der mimetischen Stellvertretererfahrung bei Sexl im Abschnitt 2.3. Diese Sichtweise spielt auch in der von Ottmar Ette angestoßenen Diskussion um die „Literaturwissenschaft als Lebenswissenschaft" eine zentrale Rolle. Fiktionale Literatur schafft, so Ette im Anschluss an Iser, „einen Erprobungsraum, innerhalb dessen die Leser in einem ernsten Spiel andere Lebenssituationen testen, sich diesen aussetzen und dabei Erfahrungen machen können, die ihnen ansonsten im ‚richtigen Leben' verwehrt blieben" (Ette 2007, S. 21 f.).

in die potentiell zur Krise sich öffnende Kontemplation" (ebd., S. 8). Angemessen, so Oevermann zusammenfassend, ist die Rezeptionspraxis dann, wenn sie „als krisenzugewandte und krisentolerante Öffnung der Sinne in Hingabe an die Sache selbst sich vollzieht" (ebd., S. 39).

Die Rolle der Schule bei der Ermöglichung und Gestaltung solcher Rezeptionspraxen sieht Oevermann eher kritisch: An mehreren Stellen des Textes taucht der Begriff der Haltung auf (u.a. S. 26 und S. 29), einer Haltung der „Offenheit" und „Empfänglichkeit" des Subjekts für die potentiell krisenhaften Erfahrungen, die das Kunstwerk anstoßen kann. Oevermann vertritt hier die durchaus provokative Auffassung, dass eine solche Haltung der Empfänglichkeit gegenüber der Lebendigkeit des Werkes

> nicht primär eine Funktion des didaktisierten Lernens sein kann, sondern daß umgekehrt das Problem darin besteht, wie wir uns unsere ursprüngliche Empfänglichkeit im Verlauf des schulischen Lernens und der institutionellen Bildung als Offenheit unserer sinnlichen Erkenntnis und Wahrnehmung erhalten, damit dann die den Bildungsinhalt ausmachenden Erkenntnisse tatsächlich zur Hebung und Sublimierung der ursprünglichen Empfänglichkeit und Wahrnehmung dienen können. (Oevermann 1996, S. 25, mit Bezug zu Adornos Theorie der Halbbildung)

Auf konkrete schulische oder außerschulische Rezeptionspraxen geht Oevermann nicht näher ein. Trotz dieser Tatsache und trotz seiner in dieser Hinsicht schulkritischen Haltung können aus seiner Theorie mögliche Schlussfolgerungen für die Gestaltung literarischer Gespräche gezogen werden, und zwar – ausgehend von seinen Leitbegriffen „Krise" und „Muße" – hinsichtlich der Textauswahl (a), der methodischen Gestaltung der Lernsituation (b) und der Zielbestimmung (c).

(a) Zur Textauswahl: Ästhetische Erfahrung als „eine dem Modus der Krise angehörige Erfahrung" (ebd., S. 15) erfordert Texte, die das Potential haben, Krisen im Sinne Oevermanns auszulösen, das heißt Texte, die uns mit ungewohnten Denk-, Handlungs-, Sicht- und Sprechweisen konfrontieren und die dadurch in der Lage sind, unsere Routinen aufzubrechen und uns zu *verändern*. Die durch das Kunstwerk angestoßene Veränderung des Subjekts ist konstitutiv für ästhetische Erfahrung. Die Begegnung mit dem Kunstwerk „kann nur dann zur Erfahrung werden, wenn das Individuum bereit ist, sich davon ,verändern' zu lassen", so Gerhard Härle in seinem Aufsatz *Literarische Bildung im Spannungsfeld von Erfahrung und Theorie* (2008, S. 60) und so auch Ulf Abraham in seinem Aufsatz zum *P/poetischen V/verstehen* als anthropologischer Erfahrung:[12]

---

[12] Beide Autoren nehmen dabei Bezug auf die Schlusswendung von Rilkes *Archaïschem Torso Apollos*: „Du mußt Dein Leben ändern" (zit. nach Härle 2008, S. 59, siehe auch

Poesie ist und bleibt ohne Nutzen, es sei denn er liege darin, dass wir unser Leben ändern. Denn der anthropologische Sinn literarischer Kommunikation war seit der Erfindung der Literatur, und d.h. seit den Zeiten der Oralität, Selbstverständigung des Menschen, Beschreibung und Deutung menschlicher Daseinsmöglichkeiten, kurz gesagt: Selbstauslegung mit dem Ziel unsere Möglichkeiten zu erweitern, unsere Verlusterfahrungen zu verarbeiten oder uns doch wenigstens über das zu trösten, was wir einfach nicht haben oder können. (Abraham 2010, S. 19f.; Hervorhebung im Original)

(b) Zur methodischen Gestaltung der Lernsituation: „Einbettung in Muße" kann konkret heißen, dass die Lern- und diesem Fall die Gesprächssituation so gestaltet wird, dass sie selbst möglichst krisenfrei ist und den Lernenden ein Maß an Sicherheit bietet, das ihnen Offenheit für den Text und ein Sich-Einlassen auf die ästhetische Erfahrung als potentielle Krisensituation ermöglicht. Hier greift der Gedanke der Gestaltung des Gesprächs als Format im Sinne Bruners (vgl. Steinbrenner; Wiprächtiger-Geppert 2006). Nach Bruner sind Formate eingespielte, standardisierte Ablaufmuster von Handlungs- und Redeaktivitäten zwischen Kind und Erwachsenem (Bruner 2002, S. 131). Sie haben für den Sprach- und damit auch Literaturerwerb eine zentrale Bedeutung. Formate als verabredete Ereignisse, die sprachlich geschaffen und immer wieder herbeigeführt werden können, stiften Orientierung und Sicherheit und ermöglichen dadurch die Auseinandersetzung mit neuen und fremden Lerngegenständen. So beruht ein Literarisches Unterrichtsgespräch auf Regeln und Routinen, zum Beispiel in Form von wiederkehrenden kanonischen Sprachhandlungen oder eingespielten Ablaufmustern. Zu nennen wären hier im Einzelnen:

- Der Sitzkreis – er wird jeweils zu Beginn des Gesprächs eingerichtet und am Ende wieder aufgelöst; er konzentriert und verdichtet die Bedeutsamkeit der Handlungsprozesse;
- der feste und explizit vereinbarte zeitliche Rahmen des Gesprächs;
- explizit vereinbarte oder implizit geltende Gesprächsregeln und -normen;
- gestaltete Übergänge, gestalteter Beginn und Abschluss des Gesprächs;
- die Rahmung des Gesprächs durch Runden zu Beginn und zum Abschluss, in der jede/jeder die Gelegenheit erhält, sich zu äußern;
- die explizite und deutlich wahrnehmbare Leitung des Gesprächs, wobei die Leiterin/der Leiter als kompetenter Anderer, als Modellpartizipant und

---

Abraham 2010, S. 16). Diese Veränderung ist als Produkt oder als *Ergebnis* von Erfahrung zu unterscheiden vom Erfahrungs*prozess,* wie er sich in den Gesprächsäußerungen zeigt. Es muss nicht eigens betont werden, dass dieses Ergebnis sich noch stärker einer empirischen Überprüfbarkeit entzieht als der Erfahrungsprozess.

Vorbild dient, das für den Sinn des Tuns bürgt und eine „warme und unterstützende Atmosphäre" (Bruner 2002, S. 69) schafft, in der der Lernende sich verstanden und als Person akzeptiert fühlen kann.[13]

Nicht zuletzt muss hier auch das Vorlesen des literarischen Textes zu Beginn und häufig auch am Ende des Gesprächs genannt werden. Es rahmt das Gespräch, zentriert die Aufmerksamkeit auf den Text und bringt ihn vor allem in seiner Klangdimension zur Geltung. Das Vorlesen bietet die Chance, dass der Text eine unmittelbare Präsenz und Wirkung entfaltet – Voraussetzung für eine „Öffnung der Sinne in Hingabe an die Sache selbst" (Oevermann 1996, S. 39).

(c) Zur Zielsetzung literarischer Gespräche: Ein zentrales Merkmal von ästhetischer Wahrnehmung ist für Oevermann, dass die Zielgerichtetheit dieser Wahrnehmung sich in der Wahrnehmung selbst schon erschöpft (vgl. ebd., S. 1). Mithin kann der *Prozess der ästhetischen Wahrnehmung und Erfahrung selbst* als ein wesentliches Ziel eines Literarischen Unterrichtsgesprächs betrachtet werden – und nicht erst ein dabei oder daraus entstehendes Produkt, etwa in Form der Erarbeitung einer Interpretation, die auf bestimmte thematische oder sprachliche Aspekte eingeht. Ästhetische Erfahrung im Gespräch verträgt sich nur schwer mit vorab formulierten Leitfragen zum Text oder der Setzung spezifischer Themen und damit, dass „wir Gegenstände selektiv auf einen voreingerichteten Handlungsplan hin abmustern und subsumtiv einordnen" (ebd., S. 2), wie dies häufig bei der Unterrichtsplanung geschieht. Diese Zielbestimmung steht natürlich in einer gewissen Spannung zur derzeit herrschenden Kompetenzorientierung, außer man ist so mutig und formuliert wie der Bildungsplan des Landes Baden-Württemberg eine „Erfahrungskompetenz". Mit Oevermann gilt es dann allerdings nicht nur darüber nachzudenken, wie eine solche Kompetenz in der Schule vermittelt und erlernt werden kann, sondern vor allem auch darüber, wie und warum sie *verlernt* wird.

5. Schluss und Ausblick

Mimetische Prozesse sind schwer zu kontrollieren und vorab zu planen und dies ist wohl ein Grund, warum sie unter den institutionellen Bedingungen

---

[13] Ausgehend von diesen Merkmalen kann das Literarische Unterrichtsgespräch nach dem „Heidelberger Modell" auch als „Ritual mit ludischem Charakter" im Sinne Christoph Wulfs beschrieben werden, das als Modellsituation in besonderem Maße „mimetisches Lernen" und mimetische Bezugnahmen auf ästhetische Gegenstände ermöglicht (vgl. Wulf 1997, 2007a,b, Steinbrenner 2010b, S. 29 ff.).

der Schule häufig wegorganisiert und umgangen werden. Eine im Sinne der „Muße" *gestaltete* Lern- und Gesprächssituation, die diesen potentiell krisenhaften Prozessen Raum gibt und sie zugleich rahmt, ist eine wesentliche Gelingensbedingung für ästhetische Erfahrungen in Form der Mimesis zwischen dem literarischen Text und seinen Leserinnen und Lesern. Die von Oevermann beschriebene „Muße" kann dabei nicht nur Praxis einer einzelnen, isolierten Schulstunde sein, sie muss Teil einer in der gesamten Schule verankerten und gelebten Gesprächs- und Textkultur werden, die als nachahmbares Modell ästhetischer Praxis wirkt.[14] Dies gilt nicht nur für die Schulen, sondern insbesondere auch für die Lehrerbildung an Hochschulen, deren Ziel es ist, „Experten der Textkultur", das heißt Experten in der gegenstandsangemessenen Gestaltung von Lernsituationen, zu bilden – und keine Textwissenschaftler oder Animateure (vgl. Steinbrenner 2004).

Andrea Bertschi-Kaufmann schließt ihren eingangs zitierten Plenarvortrag auf dem Symposion Deutschdidaktik 2008 mit einem Ausblick auf den von Gundel Mattenklott verwendeten Begriff der „Literarischen Geselligkeit". Mimesis und Muße sind wohl entscheidende Momente literarischer Geselligkeit. Mattenklott (1979) bezieht diesen vor allem von Friedrich Schleiermacher geprägten Begriff auf das literarische Schreiben an der Schule. Ich denke, es wäre eine reizvolle Aufgabe, das Literarische Unterrichtsgespräch als Teil einer literarischen Geselligkeit an Schulen und Hochschulen zu initiieren, zu beschreiben und fest zu verankern.

Literatur

Abraham, Ulf (1996): StilGestalten. Geschichte und Systematik der Rede vom Stil in der Deutschdidaktik. Tübingen: Niemeyer

Abraham, Ulf (2010): P/poetisches V/verstehen. Zur Eingemeindung einer anthropologischen Erfahrung in den kompetenzorientierten Deutschunterricht. In: Poetisches Verstehen. Didaktische Positionen – empirische Forschung – Unterrichtsprojekte. Hg. von Iris Winkler, Nicole Masanek und Ulf Abraham. Baltmannsweiler: Schneider Verlag Hohengehren, S. 9–22

Abraham, Ulf; Kepser, Matthis (2005): Literaturdidaktik Deutsch. Eine Einführung. Berlin: Schmidt

Bender, Saskia (2010): Kunst im Kern von Schulkultur. Ästhetische Erfahrung und ästhetische Bildung in der Schule. Wiesbaden: VS Verlag für Sozialwissenschaften

---

[14] Vgl. hierzu die Arbeit *Kunst im Kern von Schulkultur. Ästhetische Erfahrung und ästhetische Bildung in der Schule* von Saskia Bender (2010), die auf der Theorie Oevermanns aufbaut.

Benjamin, Walter ([1928] 1972): Lesendes Kind. In: Einbahnstraße. Gesammelte Schriften. Bd. IV.1: Kleine Prosa. Baudelaire-Übertragungen. Hg. von Rolf Tiedemann und Hermann Schweppenhäuser. Frankfurt a. M.: Suhrkamp, S. 113

Benjamin, Walter ([1933] 1977): Über das mimetische Vermögen. In: Gesammelte Schriften. Bd. II.1: Aufsätze, Essays, Vorträge. Hg. von Rolf Tiedemann und Hermann Schweppenhäuser. Frankfurt a. M.: Suhrkamp, S. 210–213

Bertschi-Kaufmann, Andrea (2008): „… über und über beschneit vom Gelesenen". Ein Plädoyer für die Vermittlung literarischer Erfahrung und dafür, dass sie mit Forschung evident gemacht wird. Plenarvortrag auf dem Symposion Deutschdidaktik 2008 in Köln. Online unter: http://www.uni-koeln.de/sdd2008/Bertschi-Kaufmann_Vortrag [Stand 16. 11. 2010]

Bieri, Peter (2008): „Wie wäre es, gebildet zu sein?". In: Bildung ist mehr. Potentiale über PISA hinaus. 9. Heidelberger Dienstagsseminar. Hg. von Rolf Göppel u. a. Heidelberg: Mattes, S. 13–21. Online unter: http://www.mattes-verlag.de/buecher/paedagogische_hochschule/978-3-86809-017-8_bieri.pdf [Stand 16. 11. 2010]

Bildungsplan Hauptschule und Werkrealschule (2004). Hg. vom Ministerium für Kultus, Jugend und Sport Baden-Württemberg. Online unter: http://www.bildung-staerkt-menschen.de/service/downloads/Bildungsplaene/ [Stand 16. 11. 2010]

Birus, Hendrik (2005): *Sprachgitter*. In: Kommentar zu PAUL CELANs *Sprachgitter*. Hg. von Jürgen Lehmann. Heidelberg: Universitätsverlag Winter, S. 209–224

Bollack, Jean (2006): Dichtung wider Dichtung. Paul Celan und die Literatur. Hg. und übers. von Werner Wögerbauer. Göttingen: Wallstein

Bruner, Jerome (2002): Wie das Kind sprechen lernt. Mit einem Geleitwort zur deutschsprachigen Ausgabe und einem Nachwort zur zweiten Auflage von Theo Herrmann. 2. erg. Aufl., Bern u. a.: Huber

Burbaum, Christina (2007): Vom Nutzen der Poesie. Zur biographischen und kommunikativen Aneignung von Gedichten. Eine empirische Studie. Bielefeld: transcript

Celan, Paul (2003): Die Gedichte. Kommentierte Gesamtausgabe in einem Band. Hg. und kommentiert von Barbara Wiedemann. Frankfurt a. M.: Suhrkamp

Eggert, Hartmut; Rutschky, Michael (1979): Interpretation und literarische Erfahrung. Überlegungen aus einem Forschungsprojekt zur literarischen Sozialisation. In: Interpretative Verfahren in den Sozial- und Textwissenschaften. Hg. von Hans-Georg Soeffner. Stuttgart: Metzler, S. 275–287

Erhart, Walter (2000): Art. „Mimesis". In: Reallexikon der deutschen Literaturwissenschaft. Bd. 2. Hg. von Harald Fricke u. a. 3., neubearb. Aufl., Berlin; New York: de Gruyter, S. 595–600

Ette, Ottmar (2007): Literaturwissenschaft als Lebenswissenschaft. Eine Programmschrift im Jahr der Geisteswissenschaften. In: Lendemains, Jg. 32, H. 125, S. 7–32

Gebauer, Gunter; Christoph Wulf (1998): Mimesis. Kultur – Kunst – Gesellschaft. 2. Aufl., Reinbek: Rowohlt

Grzesik, Jürgen (2005): Texte verstehen lernen. Neurobiologie und Psychologie der Entwicklung von Lesekompetenzen durch den Erwerb von textverstehenden Operationen. New York u. a.: Waxmann

Härle, Gerhard (2008): Literarische Bildung im Spannungsfeld von Erfahrung und Theorie. In: „Sich bilden, ist nichts anders, als frei werden". Sprachliche und literarische Bildung als Herausforderung für den Deutschunterricht. Hg. von Gerhard Härle und Bernhard Rank. Baltmannsweiler: Schneider Verlag Hohengehren, S. 39–62

Hausendorf, Heiko (2005): Die Kunst des Sprechens über Kunst. Zur Linguistik einer riskanten Kommunikationspraxis. In: Beschreibend wahrnehmen – wahrnehmend beschreiben. Sprachliche und ästhetische Aspekte kognitiver Prozesse. Hg. von Peter Klotz und Christine Lubkoll. Freiburg i. Br.: Rombach, S. 99–134

Lauer, Gerhard (2007): Spiegelneuronen. Über den Grund des Wohlgefallens an der Nachahmung. In: Im Rücken der Kulturen. Hg. von Karl Eibl u. a. Paderborn: Mentis, S. 137–163

Mattenklott, Gundel (1979): Literarische Geselligkeit – Schreiben in der Schule. Mit Texten von Jugendlichen und Vorschlägen für den Unterricht. Stuttgart: Metzler

Oevermann, Ulrich (1996): „Krise und Muße. Struktureigenschaften ästhetischer Erfahrung aus soziologischer Sicht." Vortrag am 19.06.1996 in der Städel-Schule [Masch. Ms.]. Online unter: http://www.w-f-k.de/PDF-Dateien/Ulrich%20Oevermann, %20Krise%20 und%20Musse.pdf [Stand 16. 11. 2010]

Rosebrock, Cornelia (2008): Literarische Erfahrung mit dem Erlkönig: Ein Blick auf die Prozessebenen des Lesens. In: „Sich bilden, ist nichts anders, als frei werden". Sprachliche und literarische Bildung als Herausforderung für den Deutschunterricht. Hg. von Gerhard Härle und Bernhard Rank. Baltmannsweiler: Schneider Verlag Hohengehren, S. 89–110

Rumpf, Horst (2004): Staunkraft und Sprache. In: Die Dinge haben Namen. Zum Verhältnis von Sprache und Sache im Sachunterricht. Hg. von Marcus Rauterberg und Gerold Scholz. Baltmannsweiler: Schneider Verlag Hohengehren, S. 59–68

Sexl, Martin (2003): Literatur und Erfahrung. Ästhetische Erfahrung als Reflexionsinstanz von Alltags- und Berufswissen. Eine empirische Studie. Innsbruck: Studia Universitätsverlag

Steinbrenner, Marcus (2004): „Experten der Textkultur". Zum Stellenwert des literarischen Lesens in der Ausbildung von Lehrerinnen und Lehrern. In: Wege zum Lesen und zur Literatur. Hg. von Gerhard Härle und Bernhard Rank. Baltmannsweiler: Schneider Verlag Hohengehren, S. 179–185

Steinbrenner, Marcus (2009): Mimetische Annäherung an lyrische Texte im Sprach-Spiel des literarischen Gesprächs. In: Literatur als Spiel. Evolutionsbiologische, ästhetische und pädagogische Aspekte. Beiträge zum Deutschen Germanistentag 2007. Hg. von Thomas Anz und Heinrich Kaulen. Berlin; New York: de Gruyter, S. 645–668

Steinbrenner, Marcus (2010a): Mimesis in Literarischen Gesprächen und poetisches Verstehen. In: Poetisches Verstehen. Literaturdidaktische Positionen – empirische Forschung – Projekte aus dem Deutschunterricht. Hg. von Iris Winkler, Nicole Masanek und Ulf Abraham. Baltmannsweiler: Schneider Verlag Hohengehren, S. 37–54

Steinbrenner, Marcus (2010b): Mimetische Textbezüge in Literarischen Gesprächen. Literaturdidaktische Theoriebildung im Spannungsfeld von Empirie und Kulturwissenschaften. In: Kulturtheoretische Kontexte für die Literaturdidaktik. Hg. von Michael Baum und Marion Bönnighausen. Baltmannsweiler: Schneider Verlag Hohengehren, S. 25–46

Steinbrenner, Marcus; Wiprächtiger-Geppert, Maja (2006): Verstehen und Nicht-Verstehen im Gespräch. Das Heidelberger Modell des Literarischen Unterrichtsgesprächs. In: Literatur im Unterricht, Jg. 7, H. 3, S. 227–241 [als leicht überarbeitete Version online im Leseforum Schweiz, Ausgabe 03/2010: http://leseforum.ch/myUploadData/files/2010_3_steinbrenner_wipraechtiger.pdf]

Steinhauer, Lydia (2010): Involviertes Lesen. Eine empirische Studie zum Begriff und seiner Wechselwirkung mit literarästhetischer Urteilskompetenz. Freiburg i. Br.: Fillibach

Stierle, Karlheinz (1980): Walter Benjamin und die Erfahrung des Lesens. In: Poetica, Jg. 12, S. 227–248

Wulf, Christoph (1997): Mimesis. In: ders. (Hg.): Vom Menschen. Handbuch historische Anthropologie. Weinheim; Basel: Beltz, S. 1015–1029

Wulf, Christoph u. a. (2007a): Lernkulturen im Umbruch. Rituelle Praktiken in Schule, Jugend und Familie. Wiesbaden: VS Verlag für Sozialwissenschaften

Wulf, Christoph (2007b): Mimetisches Lernen. In: Pädagogische Theorien des Lernens. Hg. von Michael Göhlich u. a. Weinheim; Basel: Beltz, S. 91–101

Zabka, Thomas (2002): Interpretationen interpretieren. Zur Erforschung von Unterrichtshandlungen, in denen literarischen Texten übertragene Bedeutungen zugeschrieben werden. In: Empirische Unterrichtsforschung und Deutschdidaktik. Hg. von Clemens Kammler und Werner Knapp. Baltmannsweiler: Schneider Verlag Hohengehren, S. 116–127

MAJA WIPRÄCHTIGER-GEPPERT

Spurensuche. Literarische Rezeptionskompetenz von Schülerinnen und Schülern der Primarstufe an Förderschulen[1]

Literarische Texte und der Erwerb literarischer Kompetenz spielen an Förderschulen – so werden in Baden-Württemberg Sonderschulen für Lernbehinderte bezeichnet – als Ziele unterrichtlicher Bemühungen nur eine marginale Rolle. Die Bildungsbestrebungen sind auf einen funktionalen Bildungsbegriff ausgerichtet, der eine selbstständige berufliche und private Lebensführung fokussiert. Vor diesem Hintergrund muten Ziele wie der Erwerb literarischer Kompetenz eigentümlich fremd an, sie stehen im Verdacht, bildungsbürgerliches Brauchtum zu transportieren. Welche zentralen Funktionen und Folgen Literatur und literarische Kompetenz auch im Leben von Menschen aus bildungsfernen Milieus entfalten können, kommt nicht in den Blick. Dabei ließen sich gerade im Hinblick auf die unsicheren und instabilen Lebensbedingungen, mit denen die Schüler zurechtkommen müssen, Folgefunktionen von literarischem Lesen ausmachen, die eine intensive Beschäftigung mit Literatur nicht nur begründen, sondern sogar nahe legen würden: so etwa die Befriedigung anthropologischer Grundbedürfnisse nach Erzählen und Erzählungen (vgl. Scheffel 2004), die Stiftung kultureller Kohärenz (indem sie in die Denkbilder, Symbolisierungen und Handlungsmuster einer Kultur einführt; vgl. Müller-Michaels 1996), die Persönlichkeits- und Identitätsentwicklung (vgl. Spinner 2001), die Sprachförderung durch den Kontakt mit einer anderen, ästhetisch überformten Sprache und nicht zuletzt der Erwerb literarischer Rezeptionskompetenz.

An diesem Punkt setzt eine von der Verfasserin durchgeführte Studie an. Es ist davon auszugehen, dass auch Förderschüler vor und außerhalb der Schule im Umgang mit (audio-visuellen) Medien literarische Rezeptionskompetenzen erworben haben (vgl. Lypp 1989b, S. 70, Dehn 1999, S. 574). Welche das sind und in welcher Ausprägung die Schüler darüber verfügen, ist bisher kaum bekannt. Ziel der Studie war es deshalb, im Rahmen von

---

[1] Der Text basiert auf der Studie *Literarisches Lernen in der Förderschule* und stellt diese in Auszügen vor. Für ausführliche Erläuterungen zur theoretischen und methodischen Anlage, Durchführung und detaillierten Analyse der Ergebnisse der ganzen Studie vgl. Wiprächtiger-Geppert (2009).

Literarischen Unterrichtsgesprächen zu untersuchen, ob und wenn ja in welcher Ausprägung bestimmte literarische Rezeptionskompetenzen bei den Schülerinnen und Schülern in der 4.-6. Klasse der Förderschule vorhanden sind.

Im Folgenden soll zunächst der für die Untersuchung verwendete Begriff literarischer Rezeptionskompetenz erläutert werden. Im Anschluss werden die Ergebnisse der Studie für einige ausgewählte Kompetenzen zusammengefasst.

1. Ein Modell literarischer Rezeptionskompetenz

Das hier beschriebene Modell erhebt keinen Anspruch auf allgemeine Gültigkeit, sondern wurde entwickelt, um die literarische Rezeptionskompetenz von Förderschülern zu beschreiben. Es ist daher explizit und pragmatisch auf diesen Zweck hin ausgerichtet. Literarische Rezeptionskompetenz wird als Modell konstruiert, das sich ausschließlich auf die *Rezeption* von solchen Textsorten bezieht, in denen die „kulturelle Praxis des Ausdrückens und der Weitergabe ästhetischer Erfahrung" stattfindet und die „über den Alltagsdiskursen eine zweite Ebene der symbolischen Diskurse errichte[n]" (Abraham 2005b, S. 19). In seiner literaturtheoretischen Ausrichtung orientiert sich das Modell an den Theoriegrundlagen des Literarischen Unterrichtsgesprächs nach dem „Heidelberger Modell" (vgl. Härle; Steinbrenner 2003 und Steinbrenner; Wiprächtiger-Geppert 2006). Verstehen wird vor diesem Hintergrund als gesprächsförmiger, dynamischer und prinzipiell unabschließbarer Prozess gedacht. Dieser Prozess ist aber nicht beliebig, sondern wird durch den Text, die Tradition und das Gegenüber im Gespräch validiert.

Literarische Rezeptionskompetenz wird im Rahmen dieser Untersuchung definiert als ein Repertoire von vorhandenen Fähigkeiten und Fertigkeiten, die ein Schüler – in qualitativ und quantitativ unterschiedlichem Maße – zur Rezeption von literarischen Texten einsetzen kann (vgl. auch Andringa 2000). Im Umgang mit einem konkreten Text aktualisiert der Schüler eine Auswahl seiner vorhandenen Fähigkeiten und Fertigkeiten, um in den Sinnbildungs- und Verstehensprozess einzutreten. Diese Aktualisierung wird von drei Faktoren beeinflusst: zum einen durch die personale und die soziale Rezeptionssituation, zum anderen durch die Rezeptionsanforderungen des Textes (vgl. auch Hurrelmann 2002 und Sutter 2002). Die von Kämper-van den Boogaart als „heikel" bezeichnete Frage, „wie die sozialen und personalen Rahmenbedingungen, die neben den Mediencharakteristika als potentielle Einflussfaktoren von Lesekompetenz in Anschlag gebracht werden" (Kämper-van den Boogaart 2003, S. 29 f.), in einem Kompetenzmodell berücksichtigt werden sollen, wird dadurch bearbeitet, dass diese Rahmenbedingungen als „moderierende Variablen" für die Kompetenzaktualisierung betrachtet werden. Das folgende Schaubild stellt diesen Prozess schematisch dar:

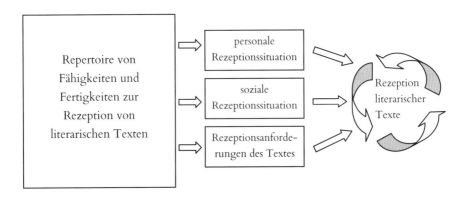

So verstanden hat dieses Modell keinen normativen Charakter, der zur Festlegung von Zielen literarischer Bildung dienen kann. Es fehlt eine normative Bewertung, wie angemessen der Einsatz und die Ausformung einer bestimmten Fähigkeit oder Fertigkeit sind. Für die Beschreibung der Ressourcen, die den untersuchten Schülern zur Verfügung stehen, um sich auf den „potentiell unendlichen Parcours" des Textsinns (Derrida 2004, S. 44) zu begeben, ist eine solche normative Qualitätseinschätzung aber nicht nur nicht notwendig, sondern sogar hinderlich. Sie würde gerade bei Literaturanfängern den Blick verstellen auf erste Ansätze dieser Fähigkeiten, beispielsweise auf erste Interpretationsversuche, bei denen zwar die Fähigkeit, überhaupt eine zweite, nicht explizierte Spur in einem Text zu finden, zum Ausdruck kommt, diese „Interpretation" sich aber weit außerhalb eines Textdeutungsrahmens und intersubjektiv validierbarer Lesarten befindet.

Nach diesen grundsätzlichen Bestimmungen sollen in einem nächsten Schritt die einzelnen Bausteine des Kompetenzmodells expliziert werden: das Repertoire von Fähigkeiten und Fertigkeiten zur Rezeption literarischer Texte und die drei moderierenden Variablen – die personale Rezeptionssituation, die soziale Rezeptionssituation und die textseitigen Rezeptionsanforderungen.

1.1 Repertoire

Das Repertoire von Fähigkeiten und Fertigkeiten[2] zur Rezeption literarischer Texte bildet den Kern des Modells. Der Begriff Repertoire signalisiert, dass es sich dabei um eine Disposition handelt, die je nach Erfordernissen der Situation und der Bereitschaft des Subjekts aktualisiert werden kann. Die Fähigkeiten und Fertigkeiten eines Schülers sind nicht direkt zugänglich, sondern nur aus sicht- oder hörbaren Reaktionen und Äußerungen während des Aktualisierungsprozesses zu rekonstruieren. Für empirisch begründete Aussagen bedeutet dies, dass nur diejenigen Fähigkeiten und Fertigkeiten sicher zu rekonstruieren sind, die bei einem konkreten Rezeptionsvorgang zum Ausdruck kommen. Werden Kompetenzen nicht aktualisiert, lassen sich aus deren Fehlen keine Schlüsse darüber ziehen, ob die Kompetenzen nicht vorhanden oder ob sie nicht aktualisiert worden sind.[3] Wie bei diagnostischen Tests gilt auch hier das „Minimumprinzip": Was ein Schüler in einer bestimmten Situation an Fähigkeiten und Fertigkeiten zeigt, ist das Minimum dessen, was er zu leisten imstande ist.

1.2 Personale Rezeptionssituation

Die personale Rezeptionssituation umfasst die ganze Persönlichkeit mit ihren physischen und psychischen Merkmalen (wie Alter, Geschlecht, Motivation), ihren spezifischen Anpassungen an die Umwelt und Auseinandersetzungen mit ihr und die dem Individuum eigene Welt- und Selbstwahrnehmung (vgl. Schneewind 2001, S. 237) – wenn auch einzelne Eigenschaften in unterschiedlichem Maße auf die Rezeption einwirken. Merkmale mit einem großen Einfluss auf die Rezeption literarischer Texte sind sicher das Geschlecht (vgl. z. B. Garbe 2003) und die im Verlauf der Lesesozialisation mit Texten und mit Schrift gemachten Erfahrungen sowie deren subjektive Interpretation (vgl. Möller; Schiefele 2004, S. 101). Aufgrund dieser Erfahrungen erwerben Schüler eine Erwartungshaltung an Texte und messen dem Lesen einen Wert

---

[2] Als Bezeichnung für die Bestandteile des Repertoires wird die Doppelung „Fähigkeiten und Fertigkeiten" verwendet. Die einzelnen Aspekte ließen sich nach eher übergreifenden, generellen Fähigkeiten und eher aufgabenbezogenen Fertigkeiten unterscheiden. Diese Unterscheidung ist für die Untersuchung aber nicht relevant.

[3] Wie Kämper-van den Boogaart (2005) gezeigt hat, ist es ein wichtiger Aspekt angemessener Textrezeption und -interpretation, nicht einfach alle vorhandenen Kompetenzen zu aktualisieren, sondern diejenigen auszuwählen, die zum Text und zur Rezeptionssituation passen. Das schließt die Nichtaktualisierung einzelner vorhandener Kompetenzen ein.

bei (vgl. Hurrelmann 2002, S. 280, Möller; Schiefele 2004). Dabei ist mit einer Hochwertung des Lesens nicht automatisch eine hohe Bereitschaft zur Lektüre verbunden. Wie Irene Pieper u. a. in ihrer Studie zur *Lesesozialisation in schriftfernen Lebenswelten* gezeigt haben, werten gerade Schüler aus bildungsfernen Elternhäusern das Lesen sehr hoch, allerdings ohne dass sie für sich Partizipationsmöglichkeiten sehen. Vielmehr ist für sie Lesen eine „Erfahrungsform ‚von anderen' und als Merkmal anderer sozialer Lagen situiert" (Pieper u. a. 2004, S. 17).

1.3 Soziale Rezeptionssituation

Die soziale Rezeptionssituation beschreibt den sozialen Kontext, in dem die Rezeption eines Textes stattfindet: zum Beispiel die private, intime Lektüre, das gemeinsame Betrachten von Bilderbüchern von Eltern und Kindern oder die Lektüre im Rahmen des institutionellen Kontextes der Schule. Die soziale Rezeptionssituation hat in mehrfacher Hinsicht Einfluss auf die Aktivierung literarischer Rezeptionskompetenz. Es findet in der Regel eine Abstimmung zwischen dem sozialen Kontext und dem angestrebten Lesemodus statt. Ausgangspunkt dieses Abstimmungsprozesses können beide Aspekte sein. Ein festgelegter sozialer Kontext wie die Schule führt oft zum Lesemodus „Pflichtlektüre", während die Absicht zum intimen Lesen den Leser nach einem geeigneten ungestörten Ort suchen lässt. Eine wichtige Rolle für die Ausgestaltung der sozialen Rezeptionssituation spielen die Interaktionen zwischen den Beteiligten. Besonders deutlich wird das in den Untersuchungen zum Bilderbuchlesen (vgl. Wieler 1997) und zum Leseklima in der Familie (vgl. Hurrelmann u. a. 1993). Im Kontext der Institution Schule werden darüber hinaus besonders deren institutionelle Rahmenbedingungen wirksam. Die herrschenden formellen und vor allem informellen Normen spielen für das Lesen und erst recht für Literarische Unterrichtsgespräche eine wichtige Rolle. Die Vorstellung eines vertrauensvoll nutzbaren, sanktionsfreien Möglichkeitsraumes, in dem sich Schüler gemeinsam mit der Lehrperson mit anspruchsvollen Texten und Themen auseinandersetzen können, ist zunächst ein Ideal, dem sich Lehrpersonen mit ihren Klassen nur in intensiver Arbeit annähern können.

1.4 Textseitige Rezeptionsanforderungen

Die Aktivierung literarischer Rezeptionskompetenzen ist nicht nur leserbedingt, sondern hängt auch vom Text ab. Zum einen ergeben sich aus der Materialität des Textes Anforderungen an die Rezeptionskompetenz des

Lesers. Kennzeichen literarischer Texte wie „Autofunktionalität, Verfremdung, Vorherrschen der Konnotation, Vorherrschen der Symbolik" (Link 2004, S. 24) werden in den Texten qualitativ und quantitativ unterschiedlich realisiert und stellen damit jeweils spezifische Rezeptionsanforderungen. Zum anderen weisen Texte ein unterschiedliches Potential an Referenzstrukturen auf, die der Leser verfolgen kann, um den Verstehensprozess zu befördern (vgl. Eggert 2002). Diese können mehr oder weniger explizit und mehr oder weniger stark an einen bestimmten, zum Beispiel historischen Kontext gebunden sein. Die Eigenart eines jeden Textes erfordert vom Leser einen je spezifischen Zugang zum Text und damit eine Auswahl im Hinblick darauf, welche der vorhandenen literarischen Rezeptionskompetenzen für eine ihm angemessen erscheinende Textrezeption zu aktualisieren sind.[4]

2. Kategoriensystem

Auf der Basis dieses Kompetenzmodells wurde ein Kategoriensystem für die Auswertung von Schüleräußerungen in Literarischen Unterrichtsgesprächen durch eine qualitative Inhaltsanalyse erstellt. Dazu wurden Rezeptionskompetenzen ausgewählt, deren Erwerb sowohl im Hinblick auf die Zielgruppe der Förderschüler als auch im Hinblick auf den Umgang mit literarischen Texten und literarischen Unterrichtsgesprächen zugleich zentral und basal erscheint:

- Basales Fiktionsverständnis
- Fähigkeit, eine Verbindung zwischen Text, Vorstellung und Sprache herzustellen
- Fähigkeit, mit indirektem und uneigentlichem Sprachgebrauch umzugehen
- Fähigkeit, Texte zu interpretieren
- Fähigkeit, intertextuelle oder intermediale Bezüge herzustellen
- Fähigkeit, Texte oder Textteile zu bewerten oder zu beurteilen
- Fähigkeit zum Fremdverstehen
- Fähigkeit, eine individuelle Verbindung zum Text aufzunehmen

---

[4] Ein stärker normativ ausgerichtetes Modell müsste an dieser Stelle ein Außenkriterium einsetzen und von einer „von außen" angemessenen Rezeption und Interpretation sprechen.

- Fähigkeit, literarisch gestaltete Sprache wahrzunehmen und positiv zu bewerten
- Fähigkeit, mit literarischen Fremdheitserfahrungen umzugehen
- Fähigkeit zur intersubjektiven Verständigung

Ergänzt wurde das Kategoriensystem mit Kategorien, die literarisches und sprachliches Wissen sowie Weltwissen erheben. Mithilfe dieser Kategorien wurden alle Äußerungen analysiert, die Förderschüler der 4. Bis 6. Klasse in mehreren Literarischen Unterrichtsgesprächen machten. Alle Gespräche liegen als Audiodateien vor und wurden vollständig transkribiert (vgl. Wiprächtiger-Geppert 2009).

3. Ergebnisse der Untersuchung

JOACHIM RINGELNATZ: HEIMATLOSE

1 Ich bin fast
2 Gestorben vor Schreck:
3 In dem Haus, wo ich zu Gast
4 War, im Versteck,
5 Bewegte sich,
6 Regte sich
7 Plötzlich hinter einem Brett
8 In einem Kasten neben dem Klosett,
9 Ohne Beinchen,
10 Stumm, fremd und nett
11 Ein Meerschweinchen.
12 Sah mich bange an,
13 Sah mich lange an,
14 Sann wohl hin und sann her,
15 Wagte sich
16 Dann heran
17 Und fragte mich:
18 „Wo ist das Meer?"

Die Ergebnisse der qualitativen Inhaltsanalyse wurden unter drei Gesichtspunkten ausgewertet: Unter dem Fokus Text stellte sich die Frage, welche textseitigen Anforderungen die Texte stellen und wie die Schüler der unterschiedlichen Klassen darauf reagieren. Die zweite Perspektive widmete sich bestimmten Gruppen von Kindern, die in ähnlicher Art und Weise mit Texten umgehen und Rezeptionskompetenzen aktualisieren. Den dritten Gesichtspunkt bildete die Frage nach einzelnen Rezeptionskompetenzen, die klassen- und textübergreifend analysiert wurden. Die Ergebnisse der Kategorien „Basales Fiktionsverständnis", „Fähigkeit, Texte zu interpretieren" und „Fremdverstehen" sollen im Folgenden dargestellt und erläutert werden. Zur Illustration werden Transkriptausschnitte von Gesprächen zu Joachim Ringelnatz' Gedicht *Heimatlose* verwendet.

3.1 Basales Fiktionsverständnis

Zur Entwicklung des basalen Fiktionsverständnisses liegen verschiedene empirische Befunde vor. Die meisten Studien verweisen zunächst auf Jean Piagets grundlegende Forschungen im Bereich der Entwicklung der kindlichen Kognition. Nach Piaget verfügen Kinder bis etwa zum Alter von 7 bis 8 Jahren über mehrere Wirklichkeitskonzepte, die nicht hierarchisiert sind (vgl. Spinner 1993, Rosebrock 2001). Erst im Laufe der Grundschulzeit lernen sie, diese Wirklichkeitskonzepte „nach Geltung zu staffeln und miteinander in Einklang zu bringen und so das kulturell gültige Wirklichkeitskonzept, das Alternativen ausschließt, zu erwerben" (Rosebrock 2001, S. 54 f.). Die Untersuchung von Bettina Hurrelmann zur Entwicklung des Fiktionsverständnisses zeigt, dass Kinder den fiktionalen Status eines Textes anhand semantischer Kriterien ermitteln, indem sie den Inhalt des Textes mit der Wirklichkeit vergleichen. Am Ende der Grundschulzeit glauben einige Kinder noch, dass es sich bei den verwendeten literarischen Texten um vom Autor ausgeschmückte Wirklichkeitsberichte handelt. Die meisten Kinder jedoch gehen nicht mehr von einem ausgearbeiteten Wirklichkeitsbericht aus, sondern von einer „Geschichtenerzählung" (Hurrelmann 1978, S. 419), die auf einem wahren Kern aufbaut und der Unterhaltung dient. Damit haben sie einen entscheidenden Schritt auf dem Weg zu einem umfassenden Fiktionsverständnis gemacht. Dieser Schritt scheint vom Text (möglicherweise auch vom Untersuchungsdesign) abhängig zu sein. In den von Jürgen Kreft analysierten Gesprächen zu Peter Hacks' *Der Bär auf dem Försterball* haben die Schüler diesen Schritt tendenziell eher nach der Grundschulzeit vollzogen. Noch eine Entwicklungsstufe weiter sind die untersuchten Schüler der 10. Klasse: Sie vergleichen den Text nicht mehr mit der Wirklichkeit, sondern übertragen ihn auf diese und suchen nach strukturellen Ähnlichkeiten (vgl. Kreft 1984, S. 22 ff.).

Hinweise auf das Fiktionsverständnis der Schüler finden sich in der vorliegenden Untersuchung immer an solchen Stellen, an denen die im Text dargestellten Sachverhalte sich nicht mit dem Vorwissen der Schüler vereinbaren lassen. Deutlich wahrnehmbare Fiktionssignale wie sprechende Tiere dienen als Anlass, den Wirklichkeitsstatus und oft auch den Wahrheitsgehalt des

Textes zu thematisieren. Die meisten Kinder befinden sich demnach auf der Stufe des ausgestalteten Wirklichkeitsberichts, bei dem dem Autor enge Grenzen gesetzt sind, wenn er seine Glaubwürdigkeit nicht verlieren will. Häufig führen solche Fiktionssignale zur Ablehnung des Textes, da die Schüler dem Autor unterstellen, sie zu belügen. Sie gehen davon aus, dass es sich bei den Texten um „Märchen" handelt, bei denen kleinen Kindern Erfundenes glaubhaft gemacht werden soll, und sehen es als ihre Aufgabe an, diese Lügen zu entlarven. Sie verfügen noch nicht über ein Konzept von fiktionalen Texten für Erwachsene und sind nicht in der Lage, einen Fiktionsvertrag (vgl. Eco 1996, S. 103) einzugehen. Wie die Untersuchungen von Hurrelmann und Kreft mit Regelschülern nahe legen, gibt es auch bei den Förderschülern einige Schüler, die den Schritt zur Geschichtenerzählung mit wahrem Kern vollzogen haben. Es sind meist die leistungsstarken Schüler. Im Rahmen eines Gesprächs zu *Heimatlose* ist in einer Klasse eine Sequenz entstanden, an der sich unterschiedliche Stufen der Entwicklung des Fiktionsverständnisses zeigen lassen: 5

Uwe:	weil wir Menschen uns ja nicht mit den Meerschweinchen verstehen waren das vielleicht Meerschweinchen gegen Meerschweinchen vielleicht war das auch ein ausgesetztes und die haben sich dann unterhalten dann hat der mit den Füßen dem ohne Füße gesagt wo ist das Meer
Nils:	gut [Lehrerin: hm=hm Nils] aber wie kann n Meerschweinchen schreibe
Uwe:	net schreibe die piepsen doch immer
Nils:	nee nee ähma wenn die mit ähma wenn wenn wenn das Meerschweinchen ähm das war woher will der Mann das dann wissen dass der ähma dass das Meerschweinchen das erlebt hat weil das Meerscheinchen kann nicht ähm schreibe
Uwe:	der Mann denkt sich doch das aus der
David:	nein
Uwe:	doch der denkt sich das aus David ((lacht)) […]
Gudrun:	vielleicht hat der ja dieser (Kiste) am St am Meer ein kleines Meerschweinchen gefunden und (tot) ohne Beine [Lehrerin: hm=hm und dann] hat der so hal so halt geschrieben [L4 319–333]

Während Nils und David noch von einem Wirklichkeitsbericht ausgehen und auf Authentizität bestehen, gehen Uwe und Gudrun eher von einem wahren Kern, einem Erzählanlass aus, den der Autor dann als Ausgangspunkt einer ausgedachten „Geschichte" verwendet.

---

5 Die Bezeichnungen verweisen auf die Gesprächs- und die Äußerungsnummern; alle Transkripte sind vollständig abgedruckt in Wiprächtiger-Geppert 2009. Die verwendeten Transkriptionszeichen finden sich im Anhang.

Es bleibt fraglich, wie weit Förderschüler ihre Fiktionskompetenz im Verlauf der folgenden Schuljahre quasi von sich aus ausbauen. Im Gegensatz zu den Regelschulen findet in der Sekundarstufe I kein Literaturunterricht statt, der helfen könnte, ein angemessenes Konzept der fiktionalen Erzählung für Erwachsene zu entwickeln. Angesichts der aktuellen Medienlandschaft mit ihrer Tendenz zur Vermischung fiktionaler und nicht-fiktionaler Inhalte scheint es aber dringend geboten, dass *alle* Schüler in die Lage versetzt werden, das Spiel der Medien mit der Fiktion zu durchschauen. Die Förderschule muss sich hier genauso wie die Hauptschule dringend mit der Frage auseinandersetzen, wie ein angemessenes Fiktionsverständnis gefördert werden kann. Ein zentraler Ansatzpunkt könnte dabei sein, den schulischen Umgang mit unterschiedlichen Textsorten unterschiedlich zu gestalten. Es gilt, die Ziele und Methoden beim Lesen von Sachtexten deutlich von denen beim Lesen literarischer Texte zu trennen und diese Trennung auch den Schülern zugänglich zu machen. So könnten sich prototypische Handlungs- und Textmuster herausbilden, bei denen der Fiktionalitätsstatus ein wichtiges Merkmal bildet.

3.2 Interpretationsfähigkeit

Auch zur Entwicklung der Interpretationsfähigkeit liegen verschiedene Untersuchungen vor (vgl. zum Beispiel Spinner 1993, Artelt u.a. 2001). Sowohl in den von Spinner angeführten Untersuchungen als auch bei PISA wird Interpretationsfähigkeit als „Erkennen eines Hauptthemas oder eines Hauptgedankens" operationalisiert – für die Interpretation literarischer Texte ein höchst unbefriedigender Ansatz. Deshalb wird im Folgenden mit Juliane Köster davon ausgegangen, dass Interpretieren eine Transferleistung ist, bei der die Schüler „eine *symbolische Lesart* entwickeln oder akzeptieren" (Köster 2006, S. 57), die auf Fähigkeiten zur lokalen Informationsentnahme, der Herstellung globaler Kohärenz und dem Erkennen textinterner Bewertungen basiert. Ihren Untersuchungen zufolge ist etwa ein Drittel der Viertklässler in der Lage, eine solche symbolische Deutung des Textes zu leisten. Anstatt diesen Befund wie Spinner (1993) nur mit der noch nicht ausgereiften kognitiven Entwicklung zu begründen, weist Köster darauf hin, dass möglicherweise auch institutionelle Faktoren eine Rolle spielen: Von Grundschülern werden im Regelfall keine übertragenen Deutungen erwartet und somit auch keine Aufgaben gestellt, die ein solches Verstehen anbahnen könnten – eine Feststellung, die für die Förderschulen erst recht zutrifft.

In den untersuchten Gesprächen setzen Deutungsversuche der Schüler meist dann ein, wenn Textelemente im Widerspruch zu ihrem Welt- oder

Textwissen stehen. Vermutlich wird dabei die Entwicklung eines kohärenten mentalen Modells gestört und die Suche nach plausiblen Kontextualisierungen ausgelöst, um die Entwicklung wieder in Gang zu bringen. Sobald für die Schüler eine kohärente Lesart entstanden ist, stellen sie ihre Deutungsbemühungen ein, auch wenn für Außenstehende ihre Lesart kaum nachzuvollziehen ist. Irritationsstellen dienen somit als „Quelle des Sinnentwurfs" (Härle; Steinbrenner 2003a, S. 155) und „nur Nichtverstehen provoziert weitere Verstehensversuche. Diskontinuität sichert Kontinuität" (Baum 2010, S. 103).

Der Vers 9 in *Heimatlose* hat sich in allen Gesprächen zu diesem Text als sehr produktive Stelle für Deutungsversuche erwiesen. Einige davon sind im Folgenden aufgeführt:

vielleicht ist es so: dick dass es dass man die Beine gar nicht sieht sieht so richtig dass er deswegen denkt dass der gar keine Beine hat [L4 99]

vielleicht weil s bei einem Unfall die Füße verloren hat [L4 121]

oder die Mutter wo das geworden ist das hab ich auch schon bei Hasen gesehen hat die Mutter denen kleinen Hasen die Beine abgebissen [...] weil sie die nicht haben wollte oder irgendwas [L4 158-161]

nein oder vielleicht hat er sie selber aufgefressen weil er Hunger hatte [O6 185]

vielleicht war s ein Krüppel der hat keine Beine [O6 225]

nein der ist so wie gelähmt [...] dass er sich gar nicht mehr bewegen kann der ist wie gelähmt [...] weil er Angst (gehabt hat oder) [O6 366–371]

Bis auf die letzte Äußerung liegen alle Lesarten auf der wörtlichen Ebene. Das zeigt sich auch in Gesprächen zu anderen Texten. Nur wenige, zumeist leistungsstärkere Schüler sind an einigen Stellen in der Lage, auch eine übertragene Lesart in Betracht zu ziehen und zu äußern, wie dies im letzten Beispiel der Fall ist. Die Beispiele zeigen auch, dass allein die Fähigkeit, eine Lesart zu generieren, noch nichts darüber aussagt, wie angemessen diese Lesart ist und wie weit sie intersubjektiv validierbar wäre. Da die Frage nach Angemessenheit aber nicht im Fokus der Studie stand, wurde in der Auswertung nur der Deutungsvorgang selbst betrachtet.

Die große Bedeutung der Irritationsstellen sollte Lehrpersonen an Haupt- und Förderschulen dazu anregen, in ihrem Unterricht anspruchsvollere Texte einzusetzen, die solche Irritationsstellen enthalten. Nur so kann Interpretationsfähigkeit gefordert und gefördert werden. Wie die Untersuchung von Steffen Volz gezeigt hat, orientieren sich die Lehrpersonen der Förderschule bei der Textauswahl für den Unterricht an der *Lese*kompetenz ihrer Schüler und nicht an deren literarischer Rezeptionskompetenz. Das führt zu einer Verwendung altersinadäquater Texte, was von den Schülern wahrgenommen wird und zur Ablehnung der Texte und des Lesens führt (vgl. Volz 2005, S. 174). Noch fehlen aber Textsammlungen und didaktisch-methodische Hinweise dazu, die die Lehrpersonen hier unterstützen könnten.

3.3 Fremdverstehen

Fremdverstehen bezieht sich hier auf die Fähigkeit, die Emotionen fiktiver und nur sprachlich vermittelter literarischer Figuren nachzuvollziehen und auf die Fähigkeit, die Perspektive dieser Figuren zu übernehmen. Fremdverstehen meint hier nicht eine wie auch immer geartete emotionale Reaktion auf Literatur, wie sie Begriffe wie „Empathiefähigkeit" oder „Identifikation" nahe legen würden.

In den Untersuchungen zur Entwicklung des Fremdverstehens wird immer wieder betont, dass diese Fähigkeit stark vom Text abhängt (vgl. Spinner 1989 und 2006, Rupp u. a. 2004), besonders vom Alteritätspotential, das der Text bereithält (vgl. hierzu den Beitrag von Felix Heizmann in diesem Band), beziehungsweise von der Nähe zur eigenen Lebenswelt. Aber auch hier ist nicht klar, wie weit diese Fähigkeit von der entsprechenden Anregung aus der Umwelt beeinflusst wird. Kaspar H. Spinner geht davon aus, dass dem Kind zunächst das Interesse an der Innendimension der Figuren fehlen würde (vgl. z. B. 1989, S. 19 f. und 1993, S. 61) und sich diese Fähigkeit erst nach dem zehnten Lebensjahr entfalte. Betrachtet man die starke Psychologisierung der Kinder- und Jugendliteratur in den vergangenen Jahren, kann man vermutlich davon ausgehen, dass sich diese These so pauschal nicht aufrechterhalten lässt und bereits Kinder Interesse und Verständnis für die Motive, Gefühle oder Absichten literarischer Figuren entwickeln, wenn sie in Texten damit konfrontiert werden. Für die Entwicklung der Perspektivübernahme unterscheidet Els Andringa in Anlehnung an den amerikanischen Psychologen Robert L. Selman fünf Entwicklungsstufen (vgl. Andringa 1987):

1. Egozentrische Perspektivenübernahme:
   Der Figur werden die eigenen Denk- und Wahrnehmungsschemata unterstellt.

2. Einseitige Perspektivenübernahme:
   Es wird erkannt, dass Figuren eine eigene Perspektive haben, in Bezug auf den Text wird eine Perspektive eingenommen, ohne die anderen zu berücksichtigen.

3. Mehrfache, nicht koordinierte Perspektivenübernahme:
   Es können mehrere Perspektiven erkannt werden, sie werden nacheinander eingenommen, können aber nicht in Beziehung gebracht werden.
4. Koordinierte Perspektivenübernahme:
   Verschiedene Standpunkte können simultan berücksichtigt und zueinander in Beziehung gebracht werden. Ihre wechselseitige Abhängigkeit wird erkannt.
5. Perspektivenintegration:
   Auf dieser Stufe wird erkannt, dass das Verhalten der Personen und ihre Motive in einen weiteren Kontext (sozial, politisch, gesellschaftlich) eingebettet sind. Sie können unter normativer Perspektive betrachtet und interpretiert werden.

In ihrer Untersuchung kommt Andringa zum Schluss, dass bei Sechstklässlern die Stufe 0 nicht mehr und die Stufe 1 nur noch vereinzelt vorkommt. Die meisten Schüler in der 6. Klasse befinden sich auf Stufe 2, sie können verschiedene Perspektiven einnehmen, diese aber noch nicht in Beziehung zueinander setzen. Die Stufe 3 erreichen die meisten Schüler in der 8., weitere Stufen erst am Ende der Schulzeit oder im Erwachsenenalter. Steffen Volz (2005) geht davon aus, dass auch jugendliche Förderschüler die Stufe 3 erreichen. Allerdings sind ihre Äußerungen zu literarischen Texten bruchstückhaft und ihre Fähigkeit zum Fremdverstehen muss aus wenig elaborierten Statements erschlossen werden. Damit bleibt eine deutliche Differenz zu den Ausführungen der Schüler in Andringas Studie bestehen.

In der hier vorgestellten Studie sind die meisten der Viert- bis Sechstklässler in der Lage, die Perspektive literarischer Figuren zu übernehmen. Sie übernehmen meist die Perspektive derjenigen Figur, die im Text am präsentesten ist, bei *Heimatlose* ist es die Perspektive des Meerschweinchens. Daneben wird aber manchmal auch die Autorenperspektive eingenommen:

> vielleicht vielleicht hat der Angst vor den anderen Tieren [H6 159]
>
> in Südamerika da sind seinen Artgenossen und hat (-) Freunde und er will nach Hause (zurück) fahren [B2 333]
>
> vielleicht hat der jetzt das Gedicht geschrieben weil er sehr gerne Meerschweinchen mag und da ist ihm einfach eingefallen ist [E4 195 f]

Perspektivenübernahme ist in den meisten Fällen mit einem Interpretationsversuch, einer Lesart verbunden. Literarische Figuren stellen offenbar tatsächlich „Türöffner' zu fiktionalen Welten" (Hurrelmann 2003, S. 6) dar, die den Schülern helfen, Zugang zum Text zu finden. Weitergehende Aussagen zur mehrfachen Perspektivübernahme lassen sich nur schwer machen. Zum einen findet in den Gesprächen als Ganzes durch die unterschiedlichen Beiträge der Schüler eine mehrfache Perspektivübernahme statt, die sich aber nicht an einzelne Schüler zurückbinden lässt. Das Literarische Unterrichtsgespräch ist nicht das richtige Setting, um präzise Aussagen über die Fähigkeit zur Perspektivübernahme des einzelnen Schülers zu erlangen. Zum anderen legen die gewählten Texte und die Impulse der Lehrpersonen eine mehrfache Perspektivübernahme nicht unbedingt nahe. Vielmehr versuchen sie durch die Konzentration auf eine Figur und deren Handeln den Schülern den Zugang zum Text zu erleichtern.

Was aber auf jeden Fall festgehalten werden kann: Auch Förderschüler sind in der Lage, die Emotionen literarischer Figuren zu erfassen. Sie nehmen textadäquate Zuschreibungen von Gefühlen vor, obwohl die Emotionen kaum explizit dargestellt sind und aus dem Handlungsverlauf oder den Äußerungen des Protagonisten erschlossen werden müssen. Als Hilfe dient den Schülern das Vorwissen. An vielen Stellen nutzen sie ihr eigenes Erleben, um die Emotionen der Figuren besser zu verstehen und im Gespräch darzustellen.

Die Fähigkeit zum Fremdverstehen ist von den drei beschriebenen Kompetenzen sicher diejenige, die sich am leichtesten auf außerliterarische Kontexte übertragen lässt und auch im Rahmen der sozialen Erziehung und der Förderung der Persönlichkeitsentwicklung eine Rolle spielt. Hier ließe sich für die Förderschule recht einfach anknüpfen – auf die Gefahr hin allerdings, dass Literatur zur Lebenshilfe funktionalisiert wird. Diese Tendenz besteht bereits. Werden literarische Texte eingesetzt, so werden – wie eine Analyse sonderpädagogischer Unterrichtsvorschläge zu literarischen Texten zeigt – Fabeln, Märchen und problemorientierte Kinder- und Jugendliteratur bevorzugt und zur Sozialerziehung der Schüler eingesetzt (vgl. Volz 2005).

4. Fazit

Bei allen drei Fähigkeiten lässt sich zeigen, dass auch Förderschüler zwischen 11 und 14 Jahren über diese Kompetenzen – zumindest in Ansätzen – verfügen und diese Kompetenzen es ihnen unabhängig von ihrer Lesekompetenz ermöglichen, in einen Verstehensprozess mit einem anspruchsvollen (kinder-)literarischen Text einzutreten. Die verbreitete Annahme, Schüler aus bildungsfernen Milieus müssten zunächst „richtig lesen" lernen, bevor an den Umgang mit Literatur zu denken wäre (vgl. Pieper u. a. 2004, S. 62 ff.), kann damit eindeutig widerlegt werden. Noch fehlt aber die Bereitschaft, literarischen Texten einen Bildungswert für Schüler aus bildungsfernen Milieus zuzuschreiben und eine Lobby, die solche Überlegungen in Schulen und bildungspolitischen Gremien vertritt und weitere empirische Studien zum literarischen Lernen befördert. Und nicht zuletzt fehlen für erfolgreichen Literaturunterricht an der Förderschule didaktisch-methodische Konzepte und ausgearbeitete Unterrichtsmaterialien, die Lehrpersonen leicht in ihrem Unterricht umsetzen können. Die praktischen Hinweise zur Durchführung von Literarischen Unterrichtsgesprächen (vgl. Steinbrenner; Wiprächtiger-Geppert 2006) sind ein erster Schritt in diese Richtung.

Verwendete Transkriptionszeichen:

[…] Auslassung
hm=hm zustimmendes Rezeptionssignal
so: Dehnungsmarkierung
(Kiste) vermuteter Wortlaut
((lacht)) Beschreibung para- und außersprachlicher Merkmale
(-) Pause ca. 1 sec.

Primärliteratur

Ringelnatz, Joachim (1928): Heimatlose. In: ders.: Allerdings. Berlin: Rowohlt

Sekundärliteratur

Andringa, Els (1987): Wer sieht wen? Entwicklungen in der Wahrnehmung fremder Perspektiven. In: Zur Psychologie des Literaturunterrichts. Schülerfähigkeiten – Unterrichtsmethoden – Beispiele. Hg. von Heiner Willenberg. Frankfurt a. M.: Diesterweg, S. 87–108

Artelt, Cordula u. a. (2001): Lesekompetenz: Testkonzeption und Ergebnisse. In: PISA 2000. Basiskompetenzen von Schülerinnen und Schülern im internationalen Vergleich. Hg. vom Deutschen PISA-Konsortium. Opladen: Leske und Budrich, S. 69–137

Baum, Michael (2010): Literarisches Verstehen und Nichtverstehen. Kulturtheorie und Literaturunterricht. In: Taschenbuch des Deutschunterrichts. Bd. 2: Literatur- und Mediendidaktik. Hg. von Volker Frederking u. a. Baltmannsweiler: Schneider Verlag Hohengehren, S. 100–123

Derrida, Jacques (2004): Der ununterbrochene Dialog: zwischen zwei Unendlichkeiten, das Gedicht. In: Jacques Derrida und Hans-Georg Gadamer: Der ununterbrochene Dialog. Hg. und mit einem Nachwort versehen von Martin Gessmann. Frankfurt a. M.: Suhrkamp, S. 7–50

Eco, Umberto (1996): Im Wald der Fiktionen. Sechs Streifzüge durch die Literatur. München: Deutscher Taschenbuch Verlag

Eggert, Hartmut (2002): Literarische Texte und ihre Anforderungen an die Lesekompetenz. In: Lesekompetenz. Bedingungen, Dimensionen, Funktionen. Hg. von Norbert Groeben und Bettina Hurrelmann. Weinheim; München: Juventa, S. 186–194

Garbe, Christine (2003): Warum lesen Mädchen besser als Jungen? Zur Notwendigkeit einer geschlechterdifferenzierenden Leseforschung und Leseförderung. In: Deutschdidaktik und Deutschunterricht nach PISA. Hg. von Ulf Abraham u. a. Freiburg i. Br.: Fillibach, S. 69–89

Härle, Gerhard; Steinbrenner Marcus (2003): „Alles Verstehen ist ... immer zugleich ein *Nicht-Verstehen.*" Grundzüge einer verstehensorientierten Didaktik des literarischen Unterrichtsgesprächs. In: Literatur im Unterricht, Jg. 4, H. 2, S. 139–162

Hurrelmann, Bettina (1978): Überlegungen zur Verarbeitung fiktionaler Erzähltexte durch Kinder im Grundschulalter. In: Diskussion Deutsch, Jg. 9, H. 43, S. 406–420

Hurrelmann, Bettina (2002): Prototypische Merkmale der Lesekompetenz. In: Lesekompetenz. Bedingungen, Dimensionen, Funktionen. Hg. von Norbert Groeben und Bettina Hurrelmann. Weinheim; München: Juventa, S. 275–286

Hurrelmann, Bettina (2003): Literarische Figuren. Wirklichkeit und Konstruktivität. In: Praxis Deutsch, Jg. 30, H. 177, S. 4–12

Hurrelmann, Bettina; Hammer, Michael; Nieß, Ferdinand (1993): Leseklima in der Familie. Bd. 1. Gütersloh: Bertelsmann

Kämper-van den Boogaart, Michael (2003): Lesekompetenzen – Hauptsache flexibel. Zu einer Parallele zwischen Literaturdidaktik und empirischer Lesepsychologie. In: Deutschdidaktik und Deutschunterricht nach PISA. Hg. von Ulf Abraham u. a. Freiburg i. Br.: Fillibach, S. 26–46

Kämper-van den Boogaart, Michael (2005): Lässt sich normieren, was als literarische Bildung gelten soll? Eine Problemskizze am Beispiel von Brechts Erzählung *Der hilflose Knabe.* In: Kompetenzen im Deutschunterricht. Beiträge zur Literatur-, Sprach- und Mediendidaktik. Hg. von Heidi Rösch. Frankfurt a. M. u. a.: Peter Lang, S. 27–50

Köster, Juliane (2006): Von der Lebenswelt zur Literatur. Zu Erich Kästner „Fauler Zauber" (4. Schuljahr). In: Literarische Kompetenzen – Standards im Literaturunterricht. Modelle für die Primar- und Sekundarstufe. Hg. von Clemens Kammler. Seelze: Kallmeyer, S. 50–64

Kreft, Jürgen (1984): Zur Erforschung der literarischen Rezeption im Unterricht auf der Grundlage einer kognitiv-genetischen Kompetenztheorie. In: Methoden der Literaturdidaktik, Methoden im Literaturunterricht. Hg. von Jakob Ossner und Karlheinz Fingerhut. Ludwigsburg: Pädagogische Hochschule, S. 13–33

Link, Jürgen (2004): Literatursemiotik. In: Literaturwissenschaft. Ein Grundkurs. Hg. von Helmut Brackert und Jörn Stückrath. 8., erw. und durchges. Aufl., Reinbek bei Hamburg: Rowohlt, S. 15–29

Möller, Jens; Schiefele, Ulrich (2004): Motivationale Grundlagen der Lesekompetenz. In: Struktur, Entwicklung und Förderung von Lesekompetenz. Vertiefende Analysen im Rahmen von PISA. Hg. von Ulrich Schiefele u. a. Wiesbaden: VS Verlag für Sozialwissenschaften, S. 101–124

Pieper, Irene u. a. (2004): Lesesozialisation in schriftfernen Lebenswelten. Lektüre und Mediengebrauch von HauptschülerInnen. Weinheim; München: Juventa

Rosebrock, Cornelia (2001): Schritte des Literaturerwerbs. In: Lesezeichen. Mitteilungen des Lesezentrums der Pädagogischen Hochschule Heidelberg, Jg. 5, H. 10, S. 35–62

Rupp, Gerhard; Heyer, Petra; Bonholt, Helge (2004): Folgefunktionen des Lesens – Von der Fantasie-Entwicklung zum Verständnis des sozialen Wandels. In: Lesesozialisation in der Mediengesellschaft. Ein Forschungsüberblick. Hg. von Norbert Groeben und Bettina Hurrelmann. Weinheim; München: Juventa, S. 95–141

Schneewind, Klaus A. (2001): Persönlichkeit. In: Lexikon der Psychologie in fünf Bänden. Heidelberg; Berlin: Spektrum Akademischer Verlag, S. 237–240

Spinner, Kaspar H. (1989): Fremdverstehen und historisches Verstehen als Ergebnis kognitiver Entwicklung. In: Der Deutschunterricht, Jg. 41, H. 4, S. 19–23

Spinner, Kaspar H. (2006): Literarisches Schreiben zu einem Text. Zu Franz Hohler „Das Huhn auf der Funkausstellung". In: Literarische Kompetenzen – Standards im Literaturunterricht. Modelle für die Primar- und Sekundarstufe. Hg. von Clemens Kammler. Seelze: Kallmeyer, S. 66–79

Steinbrenner, Marcus; Wiprächtiger-Geppert, Maja (2006): Verstehen und Nicht-Verstehen im Gespräch. Das Heidelberger Modell des Literarischen Unterrichtsgesprächs. In: Literatur im Unterricht, Jg. 7, H. 3, S. 227–241

Sutter, Tilmann (2002): Anschlusskommunikation und die kommunikative Verarbeitung von Medienangeboten. Ein Aufriss im Rahmen einer konstruktivistischen Theorie der Mediensozialisation. In: Lesekompetenz. Bedingungen, Dimensionen, Funktionen. Hg. von Norbert Groeben und Bettina Hurrelmann. Weinheim; München: Juventa, S. 80–105

Volz, Steffen (2005): Literaturerwerb im Bildungskeller. Befunde zur literarischen Sozialisation und zu literarischen Kompetenzen bildungsferner Jugendlicher. Online unter: http://archiv.ub.uni-heidelberg.de/volltextserver/frontdoor.php?source_opus=6215 [gesehen am 29.08.2010]

Wieler, Petra (1997): Vorlesen in der Familie. Fallstudien zur literarisch-kulturellen Sozialisation von Vierjährigen. Weinheim; München: Juventa

Wiprächtiger-Geppert, Maja (2009): Literarisches Lernen in der Förderschule. Eine qualitativ-empirische Studie zur Rezeptionskompetenz von Förderschülerinnen und -schülern in Literarischen Unterrichtsgesprächen. Baltmannsweiler: Schneider Verlag Hohengehren

Felix Heizmann

„… weil alles könnte gar keinen Sinn ergeben".
Literarisches Lernen durch Erfahrungen mit Alterität im Gespräch mit Grundschulkindern

1. Der Alteritätsbegriff

Alterität spielt in unterschiedlichen Wissenschaftsgebieten eine wichtige Rolle. Außer in Disziplinen wie Philosophie, Soziologie und Ethnologie ist der Alteritätsbegriff auch in Teildisziplinen der Germanistik – namentlich in der interkulturellen Germanistik und der Mediävistik – von Bedeutung. Dabei werden die Begriffe *Alterität* und *Fremdheit* oftmals als Synonyme verwendet. Alterität stellt einen Neologismus dar, der sich vom Lateinischen *alterare* (ändern, verändern) oder *alter* (der / die / das Andere beziehungsweise Fremde) ableitet. Darüber hinaus steht der Alteritätsbegriff in dialektischer Spannung zum Begriff der Identität: Moderne philosophische und soziologische Konzepte weisen darauf hin, dass der Mensch auf die Begegnung mit dem Fremden regelrecht angewiesen ist, um sich seiner selbst bewusst werden zu können – Identität steht in Opposition zu Alterität und setzt sie zugleich voraus und vice versa.

In den letzten Jahren nehmen auch die Erziehungswissenschaften im Rahmen der Konturierung von Bildungsprozessen nicht nur das Alteritätspotential von Lerngegenständen, sondern auch die Alterität auf personaler Ebene verstärkt wahr. Die Begegnung und Auseinandersetzung mit alteritären Lerngegenständen kann insofern für den Schulunterricht fruchtbar gemacht werden, als dem Fremden ein Bildungswert inhärent ist, der Lernende regelrecht provoziert, bereits vorhandene Wissensbestände und -strukturen neu zu hinterfragen (vgl. u. a. Benner 1999, Wimmer 2007).

Obwohl Erziehungswissenschaftlerinnen und Erziehungswissenschaftler einerseits zwar die Gratifikationen für Lernende bei der Auseinandersetzung mit fremden Lerngegenständen betonen, muss andererseits auch bedacht werden, dass mit dem Moment der Alteritätserfahrung – nicht nur in Lehr- und Lernkontexten – seit jeher etwas Beunruhigendes und Irritierendes einhergeht, das nicht nur zu einer situativen Abwehrhaltung bei Einzelnen, sondern sogar zu einer regelrechten „Fremdheitsvernichtung per Didaktik" (Rumpf 1998, S. 339) führen kann. Horst Rumpf stellt deshalb kritisch fest, dass unsere Lehr- und Lernkultur mit dem Fremden nicht viel anzufangen wisse, weil sie es – wo immer es auszubrechen drohe – sofort in „domestizierende Ordnungszusammenhänge" (ebd., S. 332) einbette, um es letztendlich zu entschärfen. *Aneignung* und *Einebnung* scheinen deshalb die gebräuchlichsten Umgangsformen zu sein, deren wir uns bedienen, um fremden Lerngegenständen den Stachel zu ziehen (ähnlich auch Waldenfels 1999, 2006).

Damit muss sich auch die Literaturdidaktik auseinandersetzen: Konzeptionen und Modelle, die auf die fruchtbare Auseinandersetzung mit Alteritätserfahrungen abzielen, werden immer damit konfrontiert werden, dass das Fremde als das Unvertraute und Unzugängliche aufhört fremd zu sein, wenn es zum Beispiel in der Form von „Wissen" oder von „Kompetenzen" *angeeignet* wird.[1] Gleichzeitig sollten sich literaturdidaktische Ansätze jedoch um die Anbahnung produktiver Begegnungen mit Alterität im Schulunterricht bemühen, um Lernenden wichtige Erfahrungen mit Prozessen literarischen Lernens und der Selbstreflexion durch die Auseinandersetzung mit der Fremdheit literarischer Texte zu ermöglichen.[2]

Mit der problematischen Inbesitznahme des Fremden setzt sich der Philosoph Bernhard Waldenfels schon seit vielen Jahren kritisch auseinander. Dabei nimmt er eine höhere Betrachtungsebene ein, wenn er fordert, das Fremde zunächst grundsätzlich als etwas zu denken, „das nicht dingfest zu machen ist" (Waldenfels 2006, S. 7). Wenn wir es hingegen als etwas nehmen,

> das uns heimsucht, indem es uns beunruhigt, verlockt, erschreckt, indem es unsere Erwartungen übersteigt und sich unserem Zugriff entzieht, so bedeutet dies, daß die Erfahrung *des* Fremden immer wieder auf unsere Erfahrung zurückschlägt und in ein *Fremdwerden der Erfahrung* übergeht. (ebd.; Hervorhebungen im Original)

Die Auseinandersetzung mit Alterität benötigt deshalb spezielle Umgangsformen, die in statischen Begriffen wie *Aneignung* und *Zugriff* nicht auf-

---

[1] Es ist deshalb Volker Gerner (2007, S. 345) nur bedingt zuzustimmen, wenn er in seiner Studie feststellt, dass „Schüler nur allzu schnell bereit sind, Fremdheit oberflächlich in den eigenen Horizont einzupassen, ohne die Widerständigkeit überhaupt bemerkt zu haben". Mir scheint es sinnvoller zu sein, nicht primär bei den Lernenden, auch nicht bei den Lehrenden, sondern einige Stufen höher, nämlich bei den aktuellen bildungspolitischen und -theoretischen Konzepten anzusetzen. Zeit und Ökonomie als wichtigste Determinanten postmoderner Bildungsprozesse begünstigen geradezu die von Rumpf (1998), Waldenfels (1998, 1999, 2006) und Erdheim (1990, 1992) beschriebenen (institutionellen) Abwehrmechanismen gegen das Fremde.

[2] Vgl. dazu den Aufsatz von Hans Lösener (2010, S. 92), in dem er für einen „Fahrplan für die unterrichtsvorbereitende Textanalyse" plädiert, um im Literaturunterricht Prozesse poetischen Verstehens anbahnen und „literarische Lernprozesse in Hinblick auf Alteritätserfahrungen" (ebd., S. 82) modellieren zu können.

gehen. Vielmehr sind es jene Modi, die – wie das ,Akkommodieren' (vgl. Rumpf 1998, S. 341) – sich nicht vor dem Fremden verschließen, sondern ihm mit Toleranz, Staunen und Interesse begegnen und dazu ermuntern, das bedrohliche Terrain, das hinter den Grenzen des Vertrauten lauert, auch tatsächlich zu betreten und sich nicht sofort in die altbekannte „konservative Bastion" (Erdheim 1990, S. 109) zu flüchten. Die von Waldenfels, Rumpf und Erdheim geforderten Formen lassen sich als *Öffnung für* und als *Annäherung an* das Fremde zusammenfassend beschreiben.

Auch das Heidelberger Modell des Literarischen Unterrichtsgesprächs wird diesen Forderungen meines Erachtens gerecht. Sowohl in den theoretischen als auch in den didaktischen Überlegungen wird *Verstehen* nicht als *Aneignung*, sondern als gesprächsförmige *Annäherung* an das Fremde konturiert. Beides, literarische Erfahrungen und Textverstehen, werden dabei als Ort der Geburt des Neuen gedacht: „Verstehen im eigentlichen Sinn", wie es bei Härle und Steinbrenner (2003, S. 252) heißt, meint, dass sich im gemeinsamen Gespräch „etwas Neues ereignet" (ebd.), das die Grenzen des bisher Vertrauten überschreitet.

Ein moderner Literaturunterricht, der hermeneutische mit dekonstruktivistischen Prämissen des Textverstehens verknüpft, kann einer theoretisch und didaktisch fundierten Konturierung von Alteritätserfahrungen insofern gerecht werden, als die Alterität literarischer Texte sich gegen Zugriffe auf den Text im Sinne einer fixierbaren Interpretation sperrt und neue Spielräume von Sinn- und Textverstehen eröffnet. Die sprachtheoretischen Überlegungen Wilhelm von Humboldts und Friedrich Schleiermachers, die für die theoretische Konturierung des Heidelberger Modells Pate stehen, verdeutlichen, dass sich Alteritätserfahrungen besonders produktiv in einem Prozess gesprächsförmiger Sinnsuche entfalten können, weil individuelle Sinn- und Verstehenshypothesen erprobt, modifiziert oder gar revidiert werden können (vgl. Steinbrenner 2004). Es ist Dieter Mersch deshalb nur zuzustimmen, wenn er in seiner Auseinandersetzung mit Sprache, Alterität und Verstehen anmerkt, dass auch das Gespräch nur „periphere Übergänge" (1997, S. 37) zum Verstehen anbahnen kann, die immer wieder zusammenbrechen müssen und dadurch dem Rezipienten einen Anstoß geben, neue Anläufe zu wagen. Verstehen, das sich auf die Sprache beruft, sei es die eigene, die des Anderen oder die des literarischen Textes, beruft sich damit immer zugleich auf den Entzug der Allgemeingültigkeit, denn auch das Gespräch vermag es nicht,

> die Kluft der Alterität zu überbrücken, vielmehr bewohnt die Ruptur, die ,Abgründigkeit' des Anderen jeden scheinbaren Konsens und trägt in dessen vermeintliches Ein-Verständnis eine unheilbare Differenz ein. (Mersch 2005, S. 119)

Die Achtung und der Anspruch des Anderen werden im Literarischen Gespräch berücksichtigt, weil und insofern es sich dagegen sperrt, die von Mersch beschriebene Kluft und Differenz zu tilgen (vgl. dazu auch Härle; Heizmann 2009, S. 14f., Härle 2010, S. 20). Diese Momente der Unterschiedlichkeit bilden überhaupt erst den eigentlichen Antrieb für ein „wahres Gespräch" über Literatur als einen Prozess des Annäherns *an* die jeweiligen Sinnhypothesen und des Abstoßens *von* ihnen, eine dialektische Bewegung, die theoretisch kein Ende kennt, die aber in der Schulrealität methodisch inszeniert und deshalb zu einem künstlichen Ende geführt werden muss (vgl. u. a. Härle; Steinbrenner 2003, S. 268).

Das Literarische Gespräch nach dem Heidelberger Modell versucht nicht, die skizzierte paradoxale Grundstruktur aufzulösen, in die Lernprozesse durch die Entdeckung von personaler und gegenständlicher Alterität unumgänglich geraten, sondern sie auszuhalten und sie kritisch zu reflektieren, um sie für schulische Lernprozesse fruchtbar zu machen.

2. Personale und sprachlich-literarische Alterität im Literarischen Unterrichtsgespräch

Im Literarischen Unterrichtsgespräch spielt Alterität in Form von fremden Sinnentwürfen, Irritationen und Artikulationen von Nicht-Verstehen, das oftmals mit dem Fremden einhergeht, eine geradezu konstitutive Rolle. Es handelt sich dabei nämlich um jene Momente, die den literarischen Verstehensprozess dialektisch vorantreiben, weil das Fremde die Gesprächsteilnehmer ständig provoziert, ihre individuellen Sinnhypothesen und Schemata abzugleichen. Mit dieser mäandrierenden Suchbewegung im literarischen Gespräch, die – mit Hubert Ivo zu sprechen – „kein letztes Wort" (1994, S. 254) kennt, kommt das Modell einer Forderung des Literaturdidaktikers Volker Gerner nach, für den mit dem Gespräch im Literaturunterricht ein „entscheidendes Moment ins Spiel kommen" sollte, nämlich dass

> die Fremdheitserfahrung eines Einzelnen mit der von anderen konfrontiert wird. Somit erreicht man eine mehrfache, eine potenzierte Fremdheit. Fremdheitserfahrungen anderer sind ja selbst wieder befremdlich und haben ebenso viel Irritationspotential wie der Text selbst und die eigene Rezeption. (Gerner 2007, S. 346)

Mit dem ersten Teil des Zitats hebt Gerner auf das ab, was ich als *personale Alterität* beschreibe. Diese Ebene von Alterität speist sich aus den unterschiedlichen Denkhorizonten und Sinnhypothesen, die wiederum auf die Individualität jedes einzelnen Gesprächsteilnehmers verweisen und die in der gemeinsamen Spurensuche unermüdlich ihre Kreise neu ausziehen. Hans-Georg Gadamer bringt es in *Wahrheit und Methode* mit der Formel auf den Punkt, dass die sprachliche Verständigung immer das, worüber sie stattfindet, vor die sich „Verständigenden [hin]stellt, wie einen Streitgegenstand, der zwischen den Parteien niedergelegt wird" (1965, S. 422). Aufgrund der divergierenden Denkhorizonte, der Vorerfahrungen der Lernenden und aufgrund ihres unterschiedlichen (Vor-)Wissens und ihrer unterschiedlich ausgeprägten literarischen Rezeptionskompetenz gleicht das gemeinsame Gespräch deshalb einem unendlichen Abenteuer, sodass ein Einverständnis – zumindest theoretisch – fiktiv bleibt, weil es der Individualität der beteiligten Gesprächsteilnehmer widerspricht. Für die Begegnung mit dem Anderen auf personaler Ebene erscheint mir deshalb gerade eine ethische Erwartungshaltung wichtig zu sein, die den Anderen nicht relativiert (vgl. u.a. Lévinas 1983, 1992). Die Begegnung mit dem personal Anderen fordert – utopisch gedacht – eine normativ-symmetrische Gleichheit ein, die die Unterschiedlichkeit der Denkhorizonte und Sinnhypothesen akzeptiert, ohne ihre Nicht-Einheit zugunsten einer All-Einheit zu verwischen.[3]

Es bedarf keiner ausführlichen Erläuterung, dass sich das Denken der Gesprächsteilnehmerinnen und -teilnehmer zumindest partiell auch in den Gesprächsprozessen widerspiegelt. Kein Geringerer als Wilhelm von Humboldt weist an vielen Stellen darauf hin, dass Denken und Sprechen niemals identisch genug gedacht werden können und dass sich die Individualität des Denkens auch auf das Sprechen auswirkt und umgekehrt (vgl. Zenkert 2004, S. 696ff.). Dies lässt sich mit einer Metapher Humboldts verdeutlichen, die die Dimension der personalen Alterität bildhaft ausgestaltet: die Sprache als Brücke. Die Metapher umkreist den unermüdlichen Versuch, die Risse und Brüche sprachlicher Verständigung durch vielfach wiederholtes Sprechen und Hören aufzuheben: Die Sprache „baut wohl Brücken von einer Individualität zur andren, und vermittelt das gegenseitige Verständnis; den Unterschied selbst aber vergrößert sie eher" (Humboldt [1836] 1998, S. 287). Humboldts Brücken-Metapher entfaltet ihre Wirkung durch ein zusätzliches Paradoxon, weil die Sprache die Menschen verbindet, indem sie vereinzelt: Die Brücken der Verständigung sind zugleich auch Brücken der Entfernung; sie stiften Nähe

---

3   Einen ähnlichen Denkansatz verfolgt auch Hubert Ivo mit dem Begriff des „*Alterisierens*" (2004, S. 63; Hervorhebung im Original). In Bezug auf literarische Unterrichtsgespräche fordert er, dem „Anderen nicht gleichgültig [zu] begegnen" (ebd., S. 65) und ihm seine Andersheit auch zuzugestehen. Eine Haltung, die mit dem Anderen analysierend und vereinnahmend verfährt, trachtet nach seinem Anderssein und somit zugleich nach seinem „personalen Leben" (ebd.).

in der Distanz und Distanz in der Nähe. Damit lässt sich auch erklären, warum sich die sprachliche Verständigung niemals als Modus bruchloser Intersubjektivität beschreiben lässt, weil sich im Gespräch ein „Zusammentreffen von Gedankensphären" ereignet, „von welchen der allgemeinere Theil sich deckt, der individuellere überragt" (Humboldt 1968, zit. nach Jäger 1988, S. 93). Die Entfaltung von Alterität ist also gewissermaßen auf ein personales Widerlager angewiesen, um die eigenen Verstehenshypothesen am Anderen zu überprüfen und sich ihrer Andersheit bewusst zu werden.

Die Ebene personaler Alterität steht wiederum in einem engen Wechselverhältnis mit dem sprachlich-literarischen Alteritätspotential des Textes. Sowohl die Versprachlichung des eigenen Denkens als auch die Artikulation von vorläufigen Sinnhypothesen entzünden sich am spezifischen Text, auf den die Teilnehmer im Gespräch reagieren. Wenn Gerner im zweiten Teil seines Zitats vom Irritationspotential des Textes spricht, dann umreißt er damit jene Ebene, die ich als *sprachlich-literarische Alterität* bezeichne. Dieses Alteritätspotential geht vom Text aus, aber es entfaltet seine besondere Intensität und Wirkung erst im Zusammenspiel mit den Rezipienten. Auch Ulf Abraham stellt dies bei seinen Überlegungen zu Alteritätserfahrungen fest:

> Dieser Prozess [= literarisches Lesen, F. H.] aber wird vom Leser paradoxerweise gerade deshalb als wichtig und gewinnbringend erfahren, weil er vom Text systematisch *behindert* wird. Mitgebrachte mentale Modelle, Klischees oder Stereotypen der Wahrnehmung werden [...] ja nicht umstandslos bestätigt, sondern irritiert. [...] Aber im Gegensatz zu pragmatischer (hier: wissenschaftlicher) Kommunikation, die behauptet und widerruft, beweist und widerlegt, irritiert der literarische Text einfach dadurch, dass er *ist* und Normen verletzt (z.B. sprachliche oder ethische). Die Fähigkeit und Bereitschaft, sich irritieren zu *lassen*, ist für mich geradezu der Gradmesser ästhetischer Erfahrung im Literaturunterricht.
> Die Rezeptionswiderstände, mit denen der literarische Text uns einfängt und festhält, lassen sich bündig im Begriff der ‚Alterität' zusammenfassen. (Abraham 2000, S. 17; Hervorhebungen im Original)

Literatur kann also erst dann Alteritätserfahrungen anbahnen, wenn sie zunächst *anders* ist als ihr Rezipient. Ein anspruchsvoller literarisch-poetischer Text wird nur dann intensive Alteritätserfahrungen provozieren können, wenn er konventionelle Ordnungen sowie ihre Darstellung durchbricht und bekannte Regelsysteme lockert, mit denen in der außertextuellen Lebenswelt Sinn konstituiert wird. Alteritätserfahrungen entspringen also grundsätzlich dem spezifischen literarischen Text, um sich von ihm aus als Wirkung im Erfahrungshorizont des Rezipienten zu entfalten.

Eine gesprächsförmige literaturdidaktische Konzeption, die auf die Begegnung mit Alteritätserfahrungen im Literaturunterricht abzielt, muss sich deshalb zunächst der Frage stellen, welche Gegenstandsspezifika literarisch-poetischer Texte sich überhaupt zur Beschreibung sprachlich-literarischer Alterität eignen und wie sie darüber hinaus für eine Analyse von Gesprächsprozessen fruchtbar gemacht werden können.

3. Kategorien sprachlich-literarischer Alterität

Für keinen kritischen Literaturwissenschaftler bestehen Zweifel daran, dass alle Versuche, die Eigenart literarischer Texte über bestimmte Gegenstandsspezifika zu bestimmen, zum Scheitern verurteilt sind. Die systematische Beschreibung literarischer Texte unterliegt immer einem kulturellen, historischen und auch diskursiven Wandel, der so vielseitig ist, dass eindeutige und konstante Spezifika und deren Bedeutung kaum herauspräpariert werden können (vgl. Eggert 2002, S. 186 ff., Link 1997a, S. 23 f.). Obwohl sich Literaturkonzepte also in den unterschiedlichen Kulturen und Zeiten verändern, besteht trotzdem – zumindest für die deutschsprachige Literatur – Konsens darüber, dass es stets eine Reihe von Strukturmerkmalen gibt, aus deren Gesamtheit Texte ihren literarisch-poetischen Status generieren.

Um literarische Unterrichtsgespräche analysieren zu können, entwickelte ich im Rahmen des Forschungsprojekts zum Literarischen Unterrichtsgespräch an der Pädagogischen Hochschule Heidelberg ein Kategoriensystem sprachlich-literarischer Alterität. Hinsichtlich ihrer Beschreibung unterscheide ich in Anlehnung an Ulf Abraham (2000) drei Makroebenen, die sowohl auf epische als auch auf lyrische Texte angewendet werden können: semantisch-thematische, sprachlich-stilistische und strukturell-formale Alterität. Die drei Makroebenen differenziere ich jeweils mit weiteren Mikroebenen aus, die vor allem für die Analyse der Gesprächsprozesse herangezogen werden. Einen möglichen Rahmen für dieses Vorgehen bieten die wissenschaftlichen Beiträge, die sich bislang explizit mit der Konturierung des Alteritätsbegriffs in der literaturdidaktischen Diskussion beschäftigten (vgl. Maiwald 1999, 2001, Abraham 2000, Gerner 2007). Dieser Rahmen kann sowohl durch literaturtheoretische und didaktische als auch durch rezeptionstheoretische Überlegungen erweitert werden, weil sprachlich-literarische Alteritätserfahrungen – wie oben skizziert – nicht ausschließlich dem Gegenstand, sondern auch der Wechselbeziehung mit dem Rezipienten entspringen.

Ich möchte im Folgenden ausschließlich auf das Kategoriensystem[4] lyrischer Texte eingehen, weil sich meine Auswertung auf das Gedicht *Zirkuskind* von Rose Ausländer stützt, einem ästhetischen Text mit großem Alteritätspotential, der Gegenstand der gemeinsamen gesprächsförmigen Spurensuche mit Grundschulkindern aus je zwei dritten und vierten Klassen aus dem Rhein-Neckar-Raum war (vgl. Heizmann 2010).

3.1 Sprachlich-stilistische Alterität

Mit der Kategorie der *sprachlich-stilistischen Alterität* geraten die Formen des uneigentlichen Sprechens in den Blick. Diese Ebene zielt auf jegliche Form literarischen Sprachgebrauchs ab, der die Sprache von ihrer einsinnigen, referentiellen und direkten Bedeutung loslöst. Ein erster großer Teilbereich kann unter der Bildhaftigkeit eines Textes zusammengefasst werden: Metaphern, Symbole, Allegorien, Vergleiche sowie literarische Personifikationen können die Kluft zwischen dem Gesagten (als Ebene der Denotation) und dem Gemeinten (der Konnotation) weiten und sprachlich-stilistische Alterität entfalten. Freilich führen die Formen des uneigentlichen Sprechens nicht automatisch zur Anbahnung von Alteritätserfahrungen. Die Metaphorik eines Textes kann sich in die Sinnkonstitution auf Wort- oder Versebene des Gedichts einpassen, sodass auch Formen des uneigentlichen Sprechens – je nach Verskontext – durchaus rezeptionsversichernd wirken können (vgl. Gross 1994, S. 29 ff.). Wenn sich jedoch die Spannung des mehrdeutigen Zeichens nicht generalisieren lässt, weil sie sich nicht „in einen satzübergreifenden Bildzusammenhang ein[ordnet]" (Spinner 2006, S. 11), dann kann sich dieser Prozess auch destabilisierend auf die Sinnkonstitution auswirken (vgl. auch Rosebrock 2001). Ähnlich verhält es sich mit Neologismen und Sprachspielen.

---

[4] Es sei an dieser Stelle explizit darauf hingewiesen, dass über die Plausibilität einer solchen Einteilung natürlich gestritten werden kann, weil es entlang der Trennungslinien der Makro- und Mikroebenen eine Vielzahl von Berührungspunkten gibt. Das Gleiche gilt für die gattungsspezifische Unterscheidung von epischen und lyrischen Texten. Bei näherer Betrachtung der bislang in der Literaturdidaktik angestellten Überlegungen fällt auf, dass sich die Kategorisierungsvorschläge sprachlich-literarischer Alterität hauptsächlich auf epische Texte beziehen, was von Ulf Abraham (2000, S. 18) auch als Forschungsdesiderat beschrieben wird. Das von mir für *lyrische* Texte entwickelte Kategoriensystem möchte keinesfalls als Vorgabe, sondern vielmehr als Angebot verstanden werden, um das große Feld von möglichen Alteritätsparametern überhaupt andeuten zu können. Des Weiteren ist unbedingt zu betonen, dass das Kategoriensystem nicht für sich in Anspruch nimmt, eine literaturwissenschaftliche Textanalyse oder gar -interpretation zu leisten. Die Beschreibung unterschiedlicher Alteritätsparameter dient primär der Analyse von Gesprächsprozessen.

Weitere potentielle Alteritätsfaktoren auf stilistischer Ebene ergeben sich insbesondere durch syntaktische Abweichungen vom alltäglichen Sprachgebrauch. Bei Gedichten können sich sprachlich-stilistische Alteritätserfahrungen durch Inversionen, Ellipsen und Enjambements anbahnen. Auf semiotischer Ebene lassen sich paraverbale Zeichen sowie der Verzicht auf Interpunktionsregeln oder auch die Nichtbeachtung von Groß- und Kleinschreibung anführen. Mit Abweichungen in diesen Bereichen signalisieren lyrische Texte bekanntlich nicht selten, dass sie die Normen der Sprache und der „Wirklichkeit" überschreiten.

3.2 Strukturell-formale Alterität

Unter dem Parameter der *strukturell-formalen Alterität* führe ich vor allem die Bauformen des lyrischen Sprechens an. Gerade lyrische Texte können auf der strukturellen Ebene Alteritätserfahrungen provozieren, die „durch *Differenzerfahrungen* ausgelöst und vorangetrieben" (Abraham 2000, S. 18; Hervorhebung im Original) werden.

Auf der strukturell-formalen Ebene sind unter anderem Abweichungen vom alltäglichen Sprachgebrauch wichtig: Im *phonologischen Bereich* etwa durch den Reim und das Metrum, im *textuellen Bereich* lassen sich die Strophen- und Gedichtformen, der individuelle Zeilenbruch sowie die graphische Gestaltung des Gedichts in seiner Gesamtheit nennen, die zur sprachlichen Überstrukturierung des lyrischen Textes beitragen (vgl. u.a. auch Burdorf 1997, S. 20 ff., Waldmann 2000, bes. S. 3 ff.).

Ein weiterer Faktor strukturell-formaler Alterität kann für lyrische Texte fruchtbar gemacht werden, obwohl er vor allem in der literaturwissenschaftlichen und -didaktischen Konturierung von Fiktionalitätskonzepten eine Rolle spielt. Es geht dabei um die (intendierte) Werkkategorie und die mit ihr beim Rezipienten verbundenen Erwartungen, die beim Rezeptionsprozess erfüllt werden können – oder auch nicht. Nickel-Bacon, Groeben und Schreier (vgl. 2000, S. 278) weisen darauf hin, dass die Rezeption literarischer Texte auch immer vor dem Hintergrund einer taxonomischen Rahmung wie etwa *Roman* oder *Autobiographie* erfolgt. Sie erkennen darin eine *pragmatische Perspektive*, weil Angaben dieser Art wie Signale wirken, die beim Leser ein stummes Wissen im Sinne gattungs- oder textsortenspezifischer Rezeptionsstrategien aktivieren können. Diese Strategien beeinflussen – wenn auch unbewusst – die vertiefte Auseinandersetzung mit literarischen Texten.[5]

---

5 Die angestellten Überlegungen wollen daran erinnern, dass gewisse Lektüreindikatoren im Laufe der Zeit erlernt werden müssen (vgl. Burdorf 1997, S. 165). Dem geübten

3.3 Semantisch-thematische Alterität

Die Kategorie der *semantisch-thematischen Alterität* bezieht sich unter anderem auf die Diskrepanz zwischen der im literarischen Text konstituierten Welt und der des Rezipienten. Sie beschreibt den Grad der Erkennbarkeit und Vertrautheit – respektive der Fremdheit – der im Gedicht entworfenen Welt, der sozialen Beziehungen und der inneren Empfindungen. Lyrische Texte bringen Stimmungen und Gedanken eines Subjekts zum Ausdruck, indem sie den Rezipienten mit „Gedanken und Gefühle[n] und zwischenmenschliche[n] Beziehungen" (Spinner 2006, S. 9) konfrontieren, die ihm fremd wie auch vertraut sein können. Die sprachlich stark verdichtete subjektive Auseinandersetzung eines Ich mit dem Gehalt eines Textes ermöglicht es, sich davon abzugrenzen oder sich darin – zumindest in Ansätzen – zu spiegeln und zu entdecken. Auch hier lässt sich – wie bei epischen Texten – von einer Symmetrie oder Asymmetrie zwischen der Perspektive des literarischen – hier speziell des lyrischen – Subjekts und den eigenen persönlichen Erfahrungen aus der Lebenswelt sowie dem individuellen Denken des Rezipienten sprechen.

Semantisch-thematische Alteritätserfahrungen können sich darüber hinaus durch historische Differenz, die Ungewissheit der Sprecher-Instanz, die paradoxe Entfaltung des fremden Gehalts, die zweckfreie Überschreitung der Wirklichkeit sowie eine Loslösung oder Lockerung von sinnkonstituierenden außertextuellen Regelsystemen entfalten, sodass Bedeutung auch dann entstehen kann, wenn die eigentlichen Erwartungen der Rezipienten enttäuscht werden (vgl. Gross 1994, S. 29 ff., Rosebrock 2001).

4. Das Gedicht und sein Bedeutungspotential

Beim Gedicht *Zirkuskind* von Rose Ausländer aus dem Jahr 1979 handelt es sich um einen ästhetisch anspruchsvollen Text, der sowohl Kindern und Jugendlichen als auch Erwachsenen intensive literarische Erfahrungen ermöglichen kann. Der Text zeichnet sich auf der sprachlichen Ebene durch seine „Einfachheit" (Lypp 1984) aus, die es Grundschulkindern erleichtert, sich in einem gemeinsamen Gespräch dem Bedeutungspotential des Textes anzunähern. Mit der „Einfachheit" einer geht der komplexe semantische Gehalt des

---

und erfahrenen Leser mögen solche Indikatoren als überflüssig erscheinen – in didaktischen Überlegungen sind sie es keinesfalls, weil das Fehlen der Fähigkeit zur Kategorisierung von Texten zu Verunsicherungen und Irritationen im Rezeptionsakt wie auch im Prozess literarischen Verstehens beitragen kann.

Gedichts, der auf der Kombination einer Vielzahl von (Sprach-)Bildern beruht, die das Gedicht bereits auf der Ebene der *pictura* bereitstellt (vgl. zu dieser Terminologie Link 1997b, S. 98 f.).

ROSE AUSLÄNDER: *ZIRKUSKIND*

Ich bin ein Zirkuskind
spiele mit Einfällen
Bälle auf – ab

Ich geh auf dem Seil
über die Arena
der Erde

reite auf einem Flügelpferd
über ein Mohnfeld
wo der Traum
wächst

Werfe dir Traumbälle zu
fang sie auf

Die Verknüpfung der Strophen eins, zwei und vier legt nicht nur eine gedankliche Verbindung nahe, sondern das Gedicht deutet diese sprachlich auch explizit an, sodass sich eine zirkuläre – sprich: hermeneutische – Lektüre des Textes aufdrängt: Das Spielen und Jonglieren mit Einfällen und Bällen (V. 1-3) schlägt eine Brücke zum Balanceakt des Ich auf dem Seil über die Arena der Erde (V. 4-6) sowie zu den Traumbällen (V. 11). Alle entworfenen Bilder ziehen also ihre Kreise vom (imaginären) Ort des Zirkus aus, der als kreativer Bildspender fungiert, sodass eine ausschließlich auf die wörtliche Ebene fokussierende Lektüre sich deutlich von der abstrakteren Isotopieebene oder gar von einer selbstreferenziellen Ebene des Textes unterscheidet. Diese Bedeutungsschichten konfligieren nicht miteinander, sondern sie können im Rezeptionsakt einander ergänzen und nebeneinander bestehen.

In der ersten Strophe ist die metaphorische Rede vom Spiel mit den Einfällen (V. 2) insofern irritierend, als das Verb „spielen" entweder die Nennung eines personalen Gegenübers etwa im Sinne eines Spielpartners oder eine Verbindung mit Gegenständen erwarten lässt. Trotzdem erfolgt eine metaphorische Verschmelzung von „spielen" und „Einfällen", eine Fügung, deren geringes Irritationspotential auf die in unserem Sprachgebrauch fast schon erstarrte Metapher vom „Spiel mit den Gedanken" zurückgeführt werden kann. Die Verbindung des zweiten und dritten Verses der ersten Strophe ließe sich nach Irene Pieper (vgl. 2004, S. 224) auch als Vergleich lesen, dessen tertium comparationis im dynamischen *Fall* besteht: Bei den „Einfällen" des lyrischen Ich kann dieser sowohl im Sinne blitzartiger Gedankengänge als auch mit der Bewegung des „auf – ab" assoziiert werden. Die Verse der ersten Strophe legen zunächst das Bild von der Jonglage mit Bällen nahe, das vom Zirkuskind (V. 1) und der Wendung „Bälle auf – ab" (V. 3) gestützt wird. Darüber hinaus stellt das „Spiel mit den Einfällen" (V. 2) ein Abstraktum dar, das jedoch vom „Spiel mit den Bällen" als Konkretum semantisch durchkreuzt wird.

Mit dem „Zirkuskind" (V. 1) und dem kindlichen „Spiel" (V. 2) stellt sich auf einer ersten Assoziationsebene ein Gefühl von Freiheit und Ungebundenheit ein, einer Lebensart, bei der diskursive Regeln und Normen der Gesellschaft in den Hintergrund treten. Den spannenden Identifikationsprozess, selbst in die Rolle eines verspielten Zirkuskindes zu schlüpfen, könnten Grundschulkinder als faszinierend und reizvoll empfinden. Zugleich haftet dieser Vorstellung ein Gefühl von Traurigkeit und Mitleid an, stellt man sich Zirkuskinder doch oft als heimatlos vor. Ihnen könnte auch die Geborgenheit der Familie als wichtige und beständige Sozialisationsinstanz beim Erwachsenwerden fremd sein. Eine kindliche Lesart könnte das reflektieren, weil viele Kinder die familiäre Geborgenheit als wichtig empfinden.

Die zweite Strophe knüpft mit dem Vers „Ich geh auf dem Seil" an die Kunststücke der Akrobaten im Zirkus an. Die sich daran anschließende Genetivmetapher „Arena/der Erde" (V. 5-6) eröffnet eine faszinierende Grenzenlosigkeit, weil der Bildspender „Erde" die klein anmutende und von Menschenhand geschaffene „Arena" des Zirkus um die Dimension der Unendlichkeit erweitert. Die Metapher von der „Arena der Erde" knüpft darüber hinaus laut Pieper (vgl. 2004, S. 224) an die vielschichtige Welttheatermetaphorik an, die die Vorstellung von der Welt als großem und einzigartigem Theater evoziert. Gleichzeitig wirkt die „Arena" als potentieller Bildempfänger fort, indem sie das auf die Antike zurückgehende Bild von der „Arena" als Schauplatz von „Kampf und Tod" nicht verwirft. In Verbindung mit dem metaphorischen Balanceakt des Ich „auf dem Seil/über die Arena/der Erde" (V. 4-6) kann dann eine selbstreferenzielle Ebene des Gedichts in den Blick geraten: Sie erlaubt es, Poesie als Ausdruck der ästhetisch-formalen Gestaltung des Wechselspiels „Mensch – Welt" zu denken. Vor diesem Hintergrund verleiht das Gedicht dem Balanceakt des Menschen zwischen Leben und Tod, Freiheit und Gebundenheit sowie Stabilität und Herausforderung Ausdruck. Aber auch das dichterische Schaffen ist davon nicht losgelöst: In Spannungsverhältnissen wie Angst und Mut, Aufstieg und Fall sowie Anerkennung und Ablehnung begegnet uns erneut der Balanceakt auf dem Seil.

In der dritten Strophe eröffnet der Ritt auf dem „Flügelpferd" (V. 7) eine weitere selbstreferenzielle Ebene des Gedichts. Das Symbol des Flügelpferds spielt auf den Brunnen der Weisheit und der Poesie an, an dem sich, so die Vorstellungen in der griechischen Mythologie, die Dichter seit jeher laben, sodass das Gedicht sein eigenes Entstehen reflektieren könnte.

Das Flügelpferd lässt sich zugleich auch als Fabelwesen deuten, sodass der Ritt auf ihm – auch sprachlich – den Eintritt in eine phantastische Anderswelt markieren kann. Diese Deutungslinie wird durch den Traum gestützt, der jegliche Verbindung zu außertextuellen Referenzen endgültig aufhebt. Der „wachsende Traum" spielt auf eine Verdichtung und Ausdehnung an, die eine kohärente Verbindung mit dem Mohnfeld eingehen kann. Beide, Traum und Mohnfeld, lassen eine Vielzahl von Assoziationen zu, von denen eine Eigenschaft – im Sinne des tertium comparationis – als markant erscheint: die Zerbrechlichkeit und der Grenzcharakter von Mohn und Traum, wodurch der Text erneut auf den oben skizzierten Balanceakt Bezug nimmt.

An die Metapher vom „wachsenden Traum" lässt sich eine psychoanalytische Deutungslinie anschließen, weil der Traum als Königsweg zum Unbewussten gilt. In Sigmund Freuds *Die Traumdeutung* heißt es:

> Den ersten dieser Gegensätze bilden einerseits die strenge Abgeschiedenheit oder Abgeschlossenheit des Traumes von dem wirklichen und wahren Leben, und anderseits das stete Hinübergreifen des einen in das andere, die stete Abhängigkeit des einen von dem andern. – Der Traum ist etwas von der wachend erlebten Wirklichkeit durchaus Gesondertes, man möchte sagen ein in sich selbst hermetisch abgeschlossenes Dasein, von dem wirklichen Leben getrennt durch eine unübersteigliche Kluft. Er macht uns von der Wirklichkeit los, löscht die normale Erinnerung an dieselbe in uns aus und stellt uns in eine andere Welt und in eine ganz andere Lebensgeschichte, die im Grunde nichts mit der wirklichen zu schaffen hat. (Freud 1977, S. 19)

Das Gedicht als Traum könnte dem Rezipienten auf einer selbstreferenziellen Ebene ein Poetizitätsmodell vorstellen, das dem Akt des Dichtens symbolisch Ausdruck verleiht. Die Dichtung kann – auch wenn sie die Bezüge zur Wirklichkeit in der Regel bricht – reale Erfahrungen des Menschseins aufgreifen, um sie in einem symbolisch-metaphorischen Gewand ins Allgemeine zu erheben – gebunden ist sie daran jedoch keinesfalls. Aus dem Literarischen können ästhetische Erfahrungen hervorgehen, die die Regeln der Wirklichkeit nach Belieben außer Kraft setzen. Auch dieser Text spielt mit dem Überschreiten der Regeln des alltäglichen Lebens, was die fehlende Interpunktion auf syntaktischer Ebene und auch die zahlreichen Verschmelzungen von Konkretem und Abstraktem im Bereich des Semantischen zusätzlich unterstreichen. Literatur macht uns wie auch der Traum „von der Wirklichkeit los" (Freud 1977, S. 19), indem sie uns in „eine andere

Welt" (ebd.) entführt. Demnach könnte das Gedicht den eigenen Schaffensprozess auch sprachlich reflektieren, weil Dichtung produktionsästhetisch selbst als ein Balanceakt zwischen Verkennung und Erfolg, zwischen göttlicher Eingebung und Versagen aufgefasst werden kann. Die Spannungen, in die die Dichtung notwendig eingelassen ist, werden hier in wenigen Versen in ein Bildfeld gefasst. Für Pieper verankert das „Verb ‚wachsen' den Traum außerdem in der Erde" (2004, S. 224), wodurch für sie „der Konnex zwischen Traum und Leben oder Lebenserfahrungen" (ebd.) hergestellt wird. Dieser Gedanke ließe sich unter Bezugnahme auf selbstreferenzielle Aspekte noch mit dem Begriff der literarischen Erfahrung als Schwellenerfahrung abrunden: eine Erfahrung, die dem Erleben eines Traums insofern ähnelt, als das Medium der Literatur das textuelle Überschreiten von Wirklichkeitsgrenzen hin zum Imaginären ermöglicht, um einen Raum für menschliches Probehandeln zu eröffnen.

Die letzte Strophe spannt einen Bogen zurück zur ersten: Das (kindliche) Spiel mit Einfällen und Bällen zugleich verschmilzt im Kompositum „Traumbälle". Doch das Spiel geschieht nun nicht mehr in Einsamkeit; der Vers „Werfe dir Traumbälle zu" spricht direkt den Rezipienten an und bewegt ihn – durch den Imperativ „fang" zusätzlich bestärkt – dazu, die Traumbälle des Ich aufzufangen. Die durch poetische Sprache konstituierte Welt beginnt sich hier mit der realen Welt – mit unserer Welt – zu verschränken und fordert uns Rezipienten dazu auf, an ihr teilzuhaben. Die metaphorische Lesart des *Zirkuskindes* legt den Gedanken nahe, dass sich der Text nach seinem Erscheinen endgültig vom Dichter ablöst und vom Rezipienten – von uns – gesucht, gefunden und „aufgefangen" werden will.

5. Alteritätserfahrungen in literarischen Gesprächen mit Grundschulkindern

Neben zahlreichen Gesprächen mit Studierenden, die im Kontext der Hauptseminare zum Literarischen Unterrichtsgespräch an der Pädagogischen Hochschule Heidelberg geführt wurden, leitete ich vier Gespräche mit Grundschulkindern. Jeweils zwei davon entstanden in dritten beziehungsweise vierten Klassen an zwei Grund-, Haupt- und Werkrealschulen im Rhein-Neckar-Raum.[6] Das Gedicht *Zirkuskind* von Rose Ausländer bildete die

---

[6] An dieser Stelle möchte ich mich sehr herzlich bei den Schülerinnen und Schülern bedanken, mit denen ich Gespräche zum Gedicht *Zirkuskind* führen konnte. Die Namen wurden verändert und anonymisiert. Ich bedanke mich außerdem sehr herz-

Textgrundlage aller literarischen Gespräche und war bis dahin nicht Gegenstand des Literaturunterrichts, weshalb ich davon ausgehen konnte, dass es sich in allen Gesprächsgruppen um die erste Begegnung mit diesem Text handelte. Nach Auskünften der Klassenlehrerinnen hatten die Schüler mit dem Literarischen Unterrichtsgespräch bislang noch keine Erfahrungen gemacht.

Zu Beginn der Gespräche stellte ich mich, dem Entwicklungsstand der Schülerinnen und Schüler entsprechend, als Textforscher vor, mit einem Beruf, den man „auch mit der Arbeit eines Detektivs vergleichen kann" [L 1/1 (4,2)],[7] der, die Polyvalenz des literarischen Textes andeutend,

> auch immer schwierige und auch KNIFFlige, rätselhafte Fälle [bearbeitet] und das möchte ich jetzt auch mal mit ähm euch machen. Ich habe einen solchen Fall, einen WIRKlich sehr kniffligen Fall ausgewählt, den habe ich in meiner Tasche [...] und ich habe ja schon gesagt, dass ich Textforscher bin und der Fall, um den es JETZT hier gehen soll, ist ein GeDICHT. [L 9/4 (3,2)]

Als Leiter muss ich mir über das eigene Interesse am ausgewählten Text hinausgehend vorstellen können, dass der Gehalt und die Sprache des Textes auch die Schüler zum Gespräch anregen und eine gemeinsame Spurensuche anstoßen können, bei der mich interessiert, „was KINder denken und herausfinden können, wenn ich mit ihnen zusammen diese Texte lese und vor allem, wenn ich mit den Kindern zuSAMmen ein Gespräch über einen solchen Text" führe [L 3/2 (3,2)].

Die Einleitung in das Gespräch hat dabei eine doppelte Funktion: In ihr wird vor allem das angestrebte Gesprächssetting thematisiert, das so transparent wie möglich gestaltet werden soll, um den Teilnehmenden Orientierung bei der gemeinsamen Spurensuche zu geben. Gerade bei der Anbahnung von Alteritätserfahrungen ist darauf meines Erachtens besonders zu achten, weil ansonsten die Gefahr eines so genannten Leitungs- und Orientierungsvakuums besteht, das sich wiederum destruktiv auf die Verarbeitungskapazität der Lernenden auswirken kann (vgl. Härle 2004, S. 114 f.). Vor dem Hintergrund meiner partizipierenden Funktion im Gespräch war es mir darüber hinaus wichtig, auch meine eigene Rolle zu thematisieren, wodurch mögliche Irritationen aufseiten der Schülerinnen und Schüler während des Gesprächs aufgefangen werden sollen:

---

lich bei Gerhard Härle und Marcus Steinbrenner, mit denen ich mich über didaktische und methodische Überlegungen zum Vorgehen beraten konnte.

[7] Die Erläuterungen zur Transkription der Gespräche finden sich am Ende des Aufsatzes.

> Wir können uns DANN in diesem gemeinsamen Gespräch hier gegenseitig auch erzählen, welche Ideen und welche Einfälle wir haben ** und wichtig dabei ist, weil wir alle Textdetektive sind, dass jeder zu Wort kommen kann, das bedeutet, dass ich selbst auch mit euch auf diese Spurensuche gehe * und außerdem möchte ich ein bisschen auf den Gesprächsablauf ähm achten, ein bisschen auf die Zeit und auch darauf, dass wenn jemand etwas sagen möchte, dass er auch dran kommt * und wir haben ja jetzt alle so eine Textlupe hier in der Hand und anstatt uns zu melden können wir einfach, wenn wir eine SPUR gefunden haben oder wenn uns etwas einfällt, genau, können wir einfach die Lupe hochheben ** und weil wir alle zusammenarbeiten, ist es auch wichtig, dass ihr nicht nur zu MIR sprecht, sondern dass ihr IMmer auch zu allen Anderen sprecht. [L 34/16 (4,1)]

Zur Unterstützung des Gesprächsprozesses teilte ich selbst angefertigte „Textlupen" aus, die einen strukturierten Gesprächsprozess ermöglichen, indem sie die Aufmerksamkeit der Teilnehmenden auf jeweils eine Strophe des Gedichts bündeln, was sowohl dem Entwicklungsstand als auch der Konzentrationsfähigkeit der Schülerinnen und Schüler der dritten wie auch der vierten Grundschulklassen entgegenkommt. Nachdem wir[8] über die einzelnen Strophen des Gedichts gesprochen hatten, legten wir die Textlupen unter unsere Stühle, um die Spuren, „die wir jetzt gefunden haben, im Gespräch zusammenzuführen" [L 154/54 (4,1)]. Außerdem ernannte ich alle Gesprächsteilnehmer zu *Textdetektiven*,[9] sodass wir bei dieser Spurensuche zu „Kolleginnen und Kollegen" [L 22/10 (4,1)] wurden und deshalb

> bekommt ihr auch alle gleich einen richtigen Detektivausweis, einen TEXTdetektivausweis, die ich auch in meinem Koffer hier in der schwarzen Tasche dabei habe [Jakob: oh krass Alter] und das Gute, wenn wir so einen Ausweis haben, den können wir uns gleich um den Hals hängen, das Gute ist auch, dass ich dann eure NAmen weiß. [L 14/7 (3,1)]

---

[8] Zugleich kann das Sprechen in der Wir-Form eine warme und gedeihliche Atmosphäre in der Gruppe generieren, was sich wiederum auf die Begegnung mit dem Alteritätspotential des Textes, aber auch auf die personale Begegnung untereinander fruchtbar auswirken kann. Ein solcher Prozess ist notwendig auf Vertrauen und Offenheit angewiesen, weil die Auseinandersetzung mit Alterität Lernende in besonderer Intensität dazu anhalten kann, „das Sicherheitsbedürfnis und den Zwang nach Bestätigung des ohnehin Vertrauten zu überwinden" (Härle 2010, S. 16).

[9] Die Idee der *Textdetektive* übernehme ich nicht aus dem Konzept zur Förderung des Leseverstehens, das an der Universität Frankfurt von einer Forschergruppe um Andreas Gold (vgl. 2007) entwickelt wurde. Ich teile die fundierte Kritik an diesem Konzept von Christoph Bräuer, für den dort die „Parallele Detektiv – Textdetektiv hinkt" (2002, S. 27), weil die Lehrkraft Probleme konstruiert, die im Nachhinein von den Schülern rekonstruiert werden müssen, was mit dem natürlichen Problemlösen während des Leseprozesses und vor allem mit der gemeinsamen Spurensuche in Literarischen Unterrichtsgesprächen nichts gemeinsam hat.

Beides, Textlupe und Detektivausweis, ließ über seine strukturierende Funktion hinaus in der Gruppe nach kurzer Zeit ein kollegiales Zusammengehörigkeitsgefühl entstehen, sodass es sich hierbei nicht um methodische Finessen handelt, sondern um wichtige Elemente für eine Gruppe junger Schüler, die sich nach sehr kurzer Zeit auf das ihnen nicht bekannte und unwegsame Abenteuer des Literarischen Unterrichtsgesprächs mit hoher intrinsischer Motivation und einem großen Entdeckerdrang einließen.

5.1 „Ja also dass der Traum länger bleibt, weil das jetzt so spannend auf einmal ist" – sprachlich-stilistische Alteritätserfahrungen

Nachdem das Gedicht zweimal im Sitzkreis vorgelesen worden ist, bringe ich den Impuls ein, sich eine Spur „AUSwendig zu merken und als Zeichen, dass wir die Spur auswendig gelernt haben, drehen wir unser Textblatt einfach UM und legen es uns auf den Schoß" [L 34/16 (4,1)]. Danach leite ich die erste Runde ein, in der sich die Gesprächsteilnehmer mit ihrem Namen und ihrer Spur kurz vorstellen.

Einige der zu Gesprächsbeginn eingebrachten Textspuren möchte ich im Folgenden zitieren: In den dritten und vierten Klassen werden vor allem die komplexen Metaphern des Gedichts genannt und als potentielle „Spuren" identifiziert. In diesen ersten Beiträgen wird besonders deutlich, dass die Schülerinnen und Schüler die bildlichen Formen des uneigentlichen Sprechens umkreisen: Linda denkt, dass „auf dem Seil über die Arena der Erde, das ist irgendwie auch ein bisschen auch * so ein bisschen MAgisch so irgendwie" [41/7 (4,1)], woran Tina einige Beiträge später anknüpfen kann. Sie scheint die Unendlichkeit, die in dieser Metapher anklingt, zwar wahrzunehmen, aber es fällt ihr (un-)sagbar schwer, diese Vorstellung zu versprachlichen, weil „ich kann s jetzt nicht beschreiben, es ist irgendwas auch bisschen MAgisch und MYStisches" [76/9 (4,1)]. Mit ihrem Beitrag stößt sie einen neuen und produktiven Gesprächsprozess an, in dem die anderen Teilnehmer die Faszination, die von dieser – im wahrsten Sinne des Wortes – großen Metapher ausgeht, um weitere Deutungshypothesen erweitern [alle Gesprächsbeiträge 4,1]:

> Bei über die Arena der Erde dann * man weiß ja nicht * also * da das ist ja ein Zirkus so mal über ner Arena, aber es ist irgendwie komisch * es könnte der Name vom Zirkus sein oder vielleicht auch irgendetwas Interessantes, vielleicht ist da drunter mal irgendwas GeHEIMnisvolles gefunden worden oder irgend so etwas. [Ramona 77/7]
> Ja wie die Tina schon gesagt hat * irgendwie hat das was so ein bisschen MAgisches und BeZAUberndes, wenn man den die Strophen jetzt liest, dann denkt man irgendwie ähm *

ja ist die Erde ist eigentlich nur eine Arena, weil ganz viele kleine Sachen passieren, die * ja manchmal schlimm und manchmal schön sind [L: mhm]. [Linda 78/12]

Es kann auch sein, dass das KIND jetzt grad TRÄUMT und dass das dann denkt, dass die Arena jetzt die ganze ERde wäre und wie die Linda schon gesagt hat, dass da immer kleine DINge passieren * und dass das immer ganz anders ist. [Judith 79/5]

Und da steht ja au/ * oben in der zweiten Zeile * spiele mit Einfällen * dass und in dem ganzen Gedicht werden ja auch diese Einfälle beschrieben [L: mhm] und das halt (…). [Tina 80/10]

Ich glaube die Linda hat gerade gesagt, wenn man auf einem Seil läuft oder das hört sich in dem Text so an, als ob die ganzen Dinge auf der Erde ganz klein sind * und so geht es mir auch, wenn ich mir da ein BILD von mache, fällt mir auch auf * ah ganz WEIT oben auf einem Seil und alles ist unten klein * gefällt euch das Bild? ** Weil es ist ja auch schon gefährlich. [L 81/32]

Ja * weil ähm wenn s wirklich so * das gibt es doch in Zirku/ ähm Zirkussen oft, dass mal, dass jemand dort oben auf dem Seil das Gleichgewicht verLIERT, dann kann man ihn nicht mehr auffangen oder vielleicht irg/ etwas rechtzeitig holen und [Linda: und dann bricht er sich was] dann kann da was kann was Schlimmes passieren. [Pierre 82/4]

Gerade diese Ausschnitte verdeutlichen, dass sich am Alteritätspotential des Textes der literarische Verstehensprozess entzünden *kann*. Auf Linda und Tina scheint die Textstelle eine große Faszination auszuüben, weil sie sie zunächst selbst in das Gespräch einbringen, ohne dazu überhaupt eine Deutungshypothese versprachlichen zu können. Die Beiträge der Kinder stoßen in diesem Fall einen gemeinsamen Prozess des Metaphernverstehens an.[10] Die Textdetektive ringen förmlich mit der poetischen Sprache des Textes, was an der auffälligen Häufung von (mimetischen) Umschreibungen wie *magisch, mystisch, bezaubernd* und *geheimnisvoll* deutlich wird. Durch diesen tentativen Annäherungsprozess könnten die Schüler bemerken, dass die metaphorische Sprache mit ihren Funktionen eine Sphäre eröffnen kann, die ihnen das situative Abstoßen von der Lebenswirklichkeit und den in ihr wirksamen Regeln ermöglicht.

Mit Maria Lypp ließe sich die Auswahl solcher Spuren durch die Textdetektive erklären, da sie zwischen der Unverständlichkeit des Textes und seiner Bedeutsamkeit für Kinder eine Wechselbeziehung beobachtet. Ihr zufolge „wächst die textuelle Bedeutung in dem Maße, in dem die allgemeinsprachliche verwischt wird" (1984, S. 30), sodass die Stellen, die das Potential für einen

---

[10] Vgl. dazu den sehr interessanten Aufsatz von Irene Pieper (2004), in dem sie sich intensiv mit dem Prozess des Metaphernverstehens in literarischen Gesprächen mit Schülern über das Gedicht *Zirkuskind* auseinandersetzt.

die Lebenswirklichkeit übersteigenden Übergang ermöglichen, von den Schülerinnen und Schülern wohl zunächst an der Textoberfläche aufgrund ihrer alteritären Sprachlichkeit identifiziert werden. Die Bedeutung wie auch das Verstehen dieser Stellen, in diesem Fall einer Metapher, scheint für die Kinder zunächst sekundär zu sein. Demnach könnten auf sprachlicher Ebene *Übergangsindikatoren* in Form von Textstellen identifiziert werden, die von der üblichen – und oft von den Kindern mit viel Anstrengung geübten – alltagssprachlichen Zeichenverwendung abweichen.

Die Annäherung an das Verstehen komplexer Stellen kann, wie es die Transkriptausschnitte andeuten, im weiteren Gesprächsverlauf als sekundärer Prozess angestoßen werden, der mit Heinz Schlaffer als „tolerante Antwort auf die vermehrte Erfahrung von Fremdheit" (2005, S. 185) gedacht werden kann, die die ganze Gruppe, nicht nur Einzelne, zu einer mäandrierenden Annäherung oder Umkreisung des Textes motiviert. Beeindruckend verdeutlichen die von Ramona, Linda, Judith, Tina und Pierre in das Gespräch eingebrachten Hypothesen zum Balanceakt des Ich auf dem Seil über die Arena der Erde, dass die Textdetektive sowohl personal als auch thematisch aufeinander Bezug nehmen, indem ihre Gesprächsbeiträge wie kleine Zahnräder ineinander greifen. Zum einen verfügen die Schülerinnen und Schüler der vierten Klasse bereits über besonders elaborierte Gesprächskompetenzen, zum anderen zeigt sich darin die gute Gesprächsatmosphäre, die – nicht nur in der Primarstufe – als wichtiges Fundament für die Annäherung an das Alteritätspotential gedacht werden muss.

5.2 „Ähm das ist eigentlich gar kein richtiges Gedicht, das reimt sich ja fast gar net" – strukturell-formale Alteritätserfahrungen

In einer der beiden dritten Klassen stellt Janina schon in der Vorstellungsrunde fest, dass „sich die Wörter nicht reimen" [30/5 (3,2)]. Im weiteren Gesprächsverlauf erhebt sie in ihren Beiträgen die Form des Reims zu einem konstitutiven Merkmal von Gedichten, indem sie den fehlenden Gleichklang, den sie wahrscheinlich am Ende der Verse erwartet hatte, als Spur zu identifizieren glaubt. In diesem Gesprächsausschnitt könnte sich auch die *pragmatische Perspektive* der Textrezeption in ihrer Wirkung zeigen: Beim Sprechen über das Gedicht scheinen die Schülerinnen und Schüler sofort an den Reim zu denken, dessen Ausbleiben sie als Verstoß gegen die Formroutine empfinden. Das Gedicht widerlegt diese Erwartungen, weil die Form des Textes nicht umstandslos Janinas Vorstellungen von einem Gedicht bestätigt – vielmehr irritiert sie der Verzicht auf die Reimform. Wie Verstöße im syntaktischen oder stilistischen Bereich sprachlich-stilistischer Alterität als ästhetische Irritationsstellen gedacht werden können, so begegnet man diesem Phänomen auch auf strukturell-formaler Ebene. Solche Gesprächsbeiträge verdeutlichen, dass der Text durch das, was er negiert, zugleich auch irritiert. Strukturell-formale Alterität scheint sich deshalb besonders dann zu entfalten und wahrgenommen zu werden, wenn der jeweilige Text bereits bestehende Klischees und Rezeptionsroutinen durchkreuzt.

5.3 „Das Rätsel ist eigentlich schon lange gelöst, weil alles könnte gar kein Sinn ergeben" – semantisch-thematische Alteritätserfahrungen

Ausgehend von den drei Alteritätsparametern möchte ich nun Gesprächsausschnitte heranziehen, die Rückschlüsse auf die Rezeptionsstrategien der Gesprächsgruppen in ihrer Begegnung mit semantisch-thematischer Alterität zulassen. Es handelt sich hierbei um Gesprächssequenzen, die vor allem auf die Referenzialität des Textes abheben, indem sie um große Themenkomplexe wie *Wirklichkeit, Traum* und *Sinn* kreisen. Diese Gesprächsausschnitte werden zwar oftmals von wenigen Versen des Textes angestoßen, aber sie kreisen eher um den Gehalt des Gedichts in seiner *Gesamtheit*. In vielen Beiträgen der Textdetektive lässt sich ein Vorgehen erkennen, das für die Begegnung mit semantisch-thematischer Alterität in diesen Klassenstufen konstitutiv zu sein scheint. Hierbei handelt es sich um diverse Formen des logischen Denkens und Schlussfolgerns, die bei einigen Teilnehmern immer wieder als Rezeptionsstrategie angewendet werden und als altersgerechte Umgangsform zu verstehen sind: Die Strategien offenbaren das Ringen zwischen dem logischen Denken der Rezipienten und dem vom Text eingeforderten Verzicht darauf.

Marco geht von der *Arena der Erde* aus und stellt fest, dass das „ja gar nicht sein (kann), weil das Zirkuskind, wenn das ja mit dem SEIL über die E/ ganze ERde will, das geht ja gar nicht, wenn s um die ganze Erde will, weil ähm * entweder es würde vom Seil abstürzen schon lange", weil „so n weiter Weg könnte man nicht aushalten auf dem Seil" [Marco 103/5 (3,1)]. Diese Erklärungen nutzt er gewissermaßen als Vorbereitung für die Feststellung, dass das „eigentlich gar nicht gehen (kann), ist eigentlich glaub ich nur en TRAUM" [105/6 (3,1)]. Auch Matthias kann sich das, was der Text hier in wenigen Zeilen konstituiert, kaum vorstellen: Zum einen „gibt (es) überhaupt kein Seil, das so groß, das so lang ist wie die Erde" [107/6 (3,1)], was nach Vanessa „eigentlich ein Doppelseil" [113/8 (3,1)] verlangen würde und zum anderen „dauert (des) bestimmt so ne Woche bis man * wenn man s überHAUPT schafft". Kurze Zeit später spitzt Christoph das Problem noch zu, weil man ein solches Seil „ja doch nirgendwo befestigen" [Christoph 111/6 (3,1)] könne.

Diese Herangehensweise legt beredtes Zeugnis von den Rezeptionsstrategien der Textdetektive ab: Die literarische Sprache fordert eine andere Sichtweise von Welt ein, die die Schüler zunächst nur partiell leisten möchten, weil sie dem Text mit außertextuellen Referenz- und Denkmodellen begegnen, wogegen sich das Gedicht sträubt, indem es die Normen logischen Denkens durchbricht. Die Verweigerung dieses Zugriffs kann zu einer semantisch-thematischen Alteritätserfahrung für die Lernenden werden, was sich gerade auch im Abarbeiten am Irritierenden zeigt:

> Ähm und ähm das Rätsel ist eigentlich schon lange gelöst, weil alles könnte gar kein Sinn ergeben, das sollte eigentlich jetzt nur ein Traum sein. [Marco 129/8 (3,1)]

Zwei Beiträge später ist Marcos Geduld am Ende; er bringt rhetorische Fragen ein, die er sich im gleichen Atemzug selbst beantwortet:

> Ja * gibt s en Flügelpferd? NEIN [L: da reden wir ja gleich drüber] des find ich * es gibt kein Pferd mit Flügeln, ein Mohnfeld gibt s auch nicht o [XY: doch] [XY: doch]. [131/9 (3,1)]

Die Vermutung liegt nahe, dass er den Text an sich infrage stellen möchte, weil sein logisches Denken und seine Lebenserfahrung mit den latenten Sinnschichten des Textes nicht kompatibel sind: Marco kann Imaginäres (Flügelpferd) und Konkretes (Mohnfeld) nicht voneinander trennen. Der Text scheint in seinen Augen eine Ansammlung absurder Sprachelemente zu sein, die – genauso wie der Traum – keinerlei Realitätscharakter für sich in Anspruch nehmen können, was er auch in der expliziten Abwertung *„nur ein Traum"* zum Ausdruck bringt. Auch Christoph zieht diese Konsequenz in Betracht: Nüchtern stellt er fest, dass

> der ganze dritte Absatz dann net stimmt, weil da steht ja * reite auf einem einem Flü/ ** [XY: Flügelpferd] Flügelpferd über den Mohnfeld, wo * der Traum wächst [L: mhm]. Des stimmt ja alles net. [178/9 (3,1)]

Jedoch bildet sich im Verlauf der Gespräche ein Umdenken ab: Die Klasse bemerkt allmählich, dass das Gedicht einem Konstruktionsprinzip folgen könnte, das dem Traumgeschehen als Ort des Unmöglichen ähnelt, sodass über das *Gedicht als Traum* nach und nach auch nicht mehr – wie in Marcos Beitrag [129/8 (3,1)] – abwertend gesprochen wird. Im Kontext der Auseinandersetzung mit dem Flügelpferd hält schließlich auch Jakob [152/7 (3,1)] fest:

> Es würde die schon geben * bloß nicht in Wirklichkeit * [L: aha] [Cecilia: ja die die] [L: Moment] * die gibt s eigentlich nur im Traum.
>
> Im Traum meinst du? [L 153/72]
>
> Oder in Fantasie oder auf jeden Fall nicht in äh * in Wirklichkeit [Cecilia: äh oder in]. [Jakob 154/8]

Es ist anzunehmen, dass die Textdetektive gerne weiterhin einem binären Entweder-Oder-Denken folgen würden, in dem *Fantasie* und *Traum* auf der einen Seite und *Wirklichkeit* auf der anderen Seite einander unverbunden gegenüberstehen. Deshalb scheint die semantisch-thematische Alteritätserfahrung als ein *Dazwischen* denkbar, als eine ästhetische Erfahrung, deren Bedeutsamkeit die Schülerinnen und Schüler unbewusst wahrzunehmen scheinen, die sie aber womöglich noch nicht verorten können. Das Gedicht negiert eindeutige Bedeutungszuschreibungen, indem poetische und auch realistische Textelemente unvermittelt aufeinandertreffen, was nicht als Manko des Verstehensprozesses gedacht werden darf. Im Gegenteil: Der Text legt diese Spuren selbst immer wieder, wenn er mit Metaphern spielt, die auf dem schmalen Grat zwischen einem poetischen und einem pragmatischen Wort- und Sprachgebrauch balancieren, um die Wahl einer gezielten Deutungsstrategie – poetologisch im Sinne eines Traums oder kausallogisch im Sinne der Wirklichkeit – zu erschweren. Die gesprächsförmige Auseinandersetzung mit dem Gedicht muss vor dem Entwicklungsstand der Lernenden deshalb immer auch als komplexes Spiel gedacht werden, dessen Regeln zunächst vom Text, nicht von den Rezipienten vorgegeben werden: Das Gedicht spielt in seiner Machart immer wieder beide Rezeptionsstrategien zugleich an, sodass die gesprächsförmige Auseinandersetzung den Sprung in die semantische Alteritätserfahrung vollziehen kann. Und sie vollzieht sich deshalb in besonderer Intensität, weil die Schülerinnen und Schüler gerade durch die wechselseitigen Anstöße nur noch situativ annehmen können, dass das Gedicht von realen Ereignissen handelt, die vom außertextuellen Standpunkt vollends erklärt werden können – die Textdetektive *erfahren* die Alterität des Textes. Die semantische Alterität des Textes blitzt also immer wieder auf, indem sie den außertextuellen Standpunkt stört, weil in ihm das Eigenrecht der Poetizität sowie die Loslösung der Sprache von ihrer denotativen Bedeutung nicht erkannt und vollzogen werden können.

Dass die außertextuellen Rezeptionsmodi jedoch keinesfalls statisch, sondern eher beweglich und wechselhaft sind, zeigt sich immer wieder in den Gesprächsverläufen. Nicht selten wird zunächst der außertextuelle Standpunkt klar markiert und dann durch andere Beiträge mehr infrage gestellt als gesichert. Marco, der sich gegen die im Text konstituierte Welt bislang durchaus lautstark wehrte, scheint schon einige Beiträge später den außertextuellen Standpunkt selbst zu relativieren, wenn er im Anschluss an Lenas Beitrag eine überaus wichtige Deutung einbringt, deren erklärendes und irritierendes Potential zugleich in den gesprächsförmigen Prozess einfließt:

> Für die manchen existieren se SCHON, die dran GLAUben, für die in der Fantasie leben sie ja auch [L: glaubst du dran?]. Nein. [Marco 166/10 (3,1)]

Marcos Beitrag hebt auf die Imaginationskraft der Rezipienten des Gedichts ab und folgt zugleich einer wichtigen Bedeutungslinie, die der Text vor allem im letzten Vers auch markiert: Im Spiel mit den Traumbällen, die das lyrische Subjekt dem Rezipienten zuwirft, klingt auf der konnotativen Ebene des Verses auch Marcos Deutungshypothese an. Der Rezipient, der sich auf die Sprache des Textes einlassen soll, könnte in der letzten Strophe direkt angesprochen werden. Marco scheint den Appell des Textes an den Leser, sich im Rezeptionsprozess auf die poetische Welt einzulassen, wahrgenommen zu haben. Durch die Horizonterweiterung im Gespräch könnte er die Erfahrung gemacht haben, dass der Standpunkt ausschlaggebend ist, von dem aus das Gedicht rezipiert wird. Er deutet an, dass die Anerkennung der Existenz des Flügelpferdes mit der Überschreitung der außertextuellen Wirklichkeit einhergeht, was er nachvollziehen kann, wozu er aber gegenwärtig noch nicht bereit ist. Kurze Zeit später spricht Marco erneut zur Gruppe:

> ALle haben auch schon andere Glauben. Manche glauben an Geister, manche glauben an Pferde mit Flügel oder Einhörner oder so Gestalten [L: mhm]. Jeder glaubt immer was anderes. [Marco 190/12 (3,1)]

Auf einmal lohnt sich für ihn die Beschäftigung mit dem Text, weil

> da kann ja jeder seiner Phantasie freien Lauf lassen [L: mhm]. Man sollte die Menschen denken lassen, was sie wollen, es geht ja nicht um sie * um die anderen eigentlich. [Marco 192/13 (3,1)]

Viele Textdetektive der dritten Klassen scheinen wahrzunehmen, dass das Gedicht nicht vor dem Hintergrund der Wirklichkeit rezipiert werden kann, weil sie bemerken, dass sich die Bedeutungsebenen des Gedichts dem kausallogischen Denken verschließen. Vielleicht hat auch Luisa herausgefunden, dass die Sprache des Textes nicht pragmatischen, sondern literarischen Mustern folgt, die über die wörtliche, eigentliche Bedeutung hinausweisen. Wenn sie feststellt, dass das Gedicht „ja nicht über WAHre Sachen sein (muss)" [134/18 (4,2)] oder wenn Linda bemerkt, dass das Gedicht „ein bisschen ver/verschlüsselt (ist) die letzten beiden also [...] das ist ein bisschen verSCHLÜsselt der der letzte Absatz" [Linda 139/22 (4,1)], dann könnten sie damit die Erfahrung zum Ausdruck bringen, dass das rationale Schlussfolgern beim gemeinsamen Spurenlesen an seine Grenzen stößt.

6. Alterität und Identität

Ich möchte nun den Bogen zur dialektischen Wechselbeziehung von „Alterität" und „Identität" spannen, die mir im Rahmen der Thematik nicht nur auf theoretischer, sondern auch auf der Ebene unmittelbarer literarischer Erfahrung wichtig ist.

Bei der vorbereitenden Planung der Gespräche ging ich – im Sinne von Bettina Hurrelmanns Terminus des Elaborierens (vgl. Hurrelmann 1987, S. 61 ff.) – davon aus, dass sich die Textdetektive primär für den Spaß- und Spielcharakter der Akrobaten oder für die ungebundene Lebensweise eines Zirkuskindes interessieren würden. Umso fasziniert war ich von jenen Gesprächssequenzen, in denen wir uns gemeinsam der ambivalenten und mehrdeutigen Lesart der Zirkuskind-Metapher annäherten, gerade indem zunächst die konkrete lebensweltliche Lesart sich mit mehrschichtigen Zuschreibungen „aufladen" konnte [alle Gesprächsbeiträge 4,1]:

> Also ich habe mal auch schon darüber nachgedacht, ob ich gerne ein Zirkuskind wäre * und auf der einen Seite denke ich mir, ja ein Zirkuskind, das kann verrückte und auch ja AUSgefallene Sachen machen, vielleicht auch jonglieren mit Bällen, da musste ich dran denken und das würde beSTIMMT auch Spaß machen, auf der anderen Seite * ja. [L 67/29]
>
> Ja vielleicht mal so eins zwei Tage mal ausprobieren, aber jetzt nicht für immer und ewig [Jarmila: ja] so. [Linda 68/9]
>
> Weil da ist man ja dann auch immer im/ unterWEGS und man ist nie [Linda: ja] an der gleichen Stelle. [Judith 69/4]
>
> Ja man, wenn man hier jetzt Freunde gefunden hat, dann muss man die in einer Woche wieder verlassen [L: mhm] [Pierre: und] [Tina: wenn]. [Linda 70/10]
>
> Der Pierre und dann die Tina, ich merke mir es ja. [L 71/30]
>
> Also wenn da und wenn dann einem was gefällt, zum Beispiel die LANDschaft, so dass da viele Blumen sind, neben dran ein schönes Maisfeld ist, wo man dann immer Mais holen kann * und dann ähm ist man da grad so und dann kommt auf einmal der Zirkusdirektor und sagt LOS jetzt wir müssen weiter, ist ja auch nicht so toll. [Pierre 72/3]
>
> Man fühlt sich vielleicht auch nie richtig zu Hause, weil man, wenn wenn man sich vielleicht an die an die Umgebung und die ganzen Sachen gewöhnt hat, dann muss man ja gleich wieder weg. Zirkus bleibt nicht so lang. [Tina 73/8]
>
> Und außerdem muss man dann immer manchmal in ne neue SCHUle und dann. [Linda 74/11]

Diese Gesprächsbeiträge zeigen, dass sich im Literarischen Unterrichtsgespräch eine dialektische Wechselbeziehung von Alterität und Identität ereignen *kann*. Wir experimentieren mit einem alteritären, uns fremden Lebens- oder Weltentwurf, indem wir unser eigenes und uns als geordnet erscheinendes Leben mit dem ästhetisch-poetischen Lebensentwurf kontrastiv abgleichen.

Vor dem Hintergrund des Entwicklungsstandes der Textdetektive kollidiert im Gespräch der (nomadische) Lebensstil des Zirkuskindes mit ihrem individuellen wie auch kollektiven Leben, das – wie ich in meiner Analyse zahlreicher Gesprächsbeiträge feststellen konnte – vor allem von Themenkreisen wie der *Familie* und dem *gemeinsamen Zuhause, dem Freundeskreis* und *der Schule* geprägt ist. Im literarischen Gespräch spiegelt sich deshalb ein kleiner, wohl aber durchaus repräsentativer Lebensausschnitt ihrer Altersgruppe wider, ein Prozess, der sich zu entzünden vermag an einer

- *literarischen* und den *Kindern fremden Perspektive*: Die Kinder können sich – wie in den oben zitierten Gesprächsbeiträgen deutlich wird – von der poetischen Welt des lyrischen Ich abgrenzen,
- „fremden" Äußerung eines Anderen, der über eigene Erfahrungen (Wünsche, Träume, Ängste) spricht und von der sich wiederum andere Textdetektive distanzieren.

Beide Prozesse können eine intensive Selbstreflexion über die Auseinandersetzung mit dem Fremden anbahnen. Dass das *Sprechen über Literatur* in seiner identitätsfördernden Wirkung in der Literaturdidaktik bislang auf wenig Resonanz gestoßen ist, wundert sehr, weil das Gespräch im Besonderen Gelegenheit zu Selbstdarstellung anhand von Fremddarstellung gibt. Für Klein und Schlieben-Lange (1996, S. 1; Hervorhebung im Original)

> wäre der ausgezeichnete Ort der Konstitution des Subjekts das *Gespräch*, in dem durch wechselseitige Perspektivierungen, Zuschreibungen und Aushandlungsprozesse über diese Perspektiven und Zuschreibungen die – allerdings immer wieder zu revidierende – Identität der beteiligten Subjekte erst entwickelt wird.

Was Feilke und Ludwig in der Literaturdidaktik für das autobiographische Erzählen konstatieren, begegnet uns auch in Literarischen Gesprächen: Das Sprechen von Ängsten, Träumen und Wünschen bringt, zumindest partiell, das „innere Leben" (1998, S. 18) der Lernenden zum Ausdruck, was einen wichtigen Reflexionsprozess anbahnen kann, der konstitutiv für die Suche nach der eigenen Identität ist. Die Textdetektive machen sich mit den Metaphern der *Traumbälle*, des *Zirkuskindes* und des Balanceakts auf dem *Seil über die Arena der Erde* auf die Suche nach der eigenen Identität, indem sie die Verse als facettenreiche Gesprächskerne erkennen, die sie mit eigenen Beiträgen umkreisen und anreichern. Dabei können sie nicht nur implizit erfahren und lernen, dass das *Sprechen von sich* nicht minder auch ein *Sprechen für sich selbst* ist – und dass Literatur diese Dimension eröffnen kann.

7. Fazit

Den letzten Schritt, nämlich die Brücke zwischen den beiden Lernbereichen[11] des Literaturunterrichts zu schlagen, werde ich mit Peter Bieri gehen. Die Durchführung, Analyse und Reflexion literarischer Unterrichtsgespräche zu einem Text mit großem Alteritätspotential lässt die Hypothese zu, dass – und vielleicht auch: dass gerade – Schülerinnen und Schüler der Primarstufe intensiv erfahren, ‚was die Sprache mit uns Menschen macht'. Das Gespräch im Sinne der gemeinsamen Spurensuche ermöglicht ihnen das neugierige Eintreten in einen Korridor, durch dessen langsames Beschreiten sie zum einen Alteritätserfahrungen machen, zum anderen auch die eigene Person und Welt besser verstehen können (vgl. Bieri 2008, S. 20).

In einem ersten Schritt habe ich aufgezeigt, dass das Literarische Gespräch eine Konzeption darstellt, die sowohl der sprachlich-literarischen als auch der Ebene personaler Alterität gerecht werden kann, was ich nicht nur theoretisch beschrieben, sondern auch an praktische Erfahrungen zurückgebunden habe: Im Gesprächsprozess vollzieht sich kein Zugriff auf das Fremde im Sinne der fixierten Interpretation; vielmehr ereignet sich ein Prozess der Entstehung und Sammlung von Sinnhypothesen, mit dem zugleich auch immer ein Prozess der „Verflüssigung" (Fingerhut 1997, S. 116) als notwendige Bedingung personaler Alterität einhergeht. Gerade dieses *gemeinsame Gegeneinander* vermag meiner Meinung nach der Auseinandersetzung mit dem Fremden gerecht zu werden. Außerdem handelt es sich beim Gespräch per definitionem um eine Form menschlicher Zusammenkunft, die weder dem Ich noch dem Anderen gehört. Das ist sowohl für die theo-

---

11 Hierbei berufe ich mich auf Joachim Fritzsches Ausführungen zu den übergeordneten Zielen und Inhalten des Literaturunterrichts. Fritzsche unterscheidet in Anlehnung an Helmers zwischen den beiden Prozessen „Erziehung zur Literatur" und „Erziehung durch Literatur" (1994, S. 98). Mit ersterem hebt er auf „literarische Bildung" beziehungsweise „literarisches Lernen" ab, in dessen Zentrum die Literatur als Lern*gegenstand* steht. Bei letzterem kommt dem literarischen Text die Funktion eines Lern*mediums* zu, was nicht bedeutet, dass mithilfe der Literatur „pädagogische Absichten verfolgt" werden, sondern es „heißt nur, daß der Literatur eine positive Funktion beim Aufwachsen zuerkannt wird" (ebd., S. 99), sodass Prozesse der Identitätsbildung und der Selbstreflexion in den Blick geraten.

retische Beschreibung als auch für die didaktische Anbahnung von Alteritätserfahrungen einer der zentralen Aspekte, weil die Inbesitznahme von Gegenständen – auch von literarischen Texten – doch vornehmlich aus dem eigenen Territorium heraus erfolgt. Das Gespräch kann deshalb als *dritter Raum* gedacht werden, in dem Eigenes und Fremdes miteinander kommunizieren.

Mit dem zweiten Schritt deute ich an, dass die Schüler, ausgehend vom Text und durch die Versprachlichung ihres individuellen Denkens, Erlebens und Fühlens, das für Andere wiederum fremd sein kann, auch etwas über sich selbst erfahren. Zu nennen sind beispielsweise jene Beiträge, in denen die Kinder ihre Faszination über den Spielcharakter des Zirkuskindes zum Ausdruck bringen, weshalb sich einige von ihnen auch eine Identifikation mit dem Text-Ich herbeisehnen: „Also weil die [= Zirkuskinder, F. H.] machen * also * die machen zum Beispiel Saltos und so [L: was machen die?] * Salto ja [Ina: Akrobatik]" [Vanessa 68/6 (3,1)]. Der Versprachlichung von Wünschen werden häufig kontrastive Beiträge gegenübergestellt, in denen sich andere Kinder davon zugleich auch entschieden distanzieren:

> Also ein Zirkuskind, da sind ja dann meistens die ganzen Eltern auch im Zirkus nicht mal eins * so und dann muss es halt. * Ich glaube nicht, dass es dann soviel Freizeit hat, ich meine * die können sich ja dann auch voll auch verbiegen manche oder so, die müssen das ja auch lernen dann * ja vielleicht gehen die so gar nicht auf ne normale Schule. [Luisa 47/6 (4,2)]

Nur drei Gesprächsbeiträge später geht Luisa erneut auf das Leben eines Zirkuskindes ein, wenn sie zu Bedenken gibt, dass Zirkuskinder „dann auch nicht so richtig Freunde halt (haben) nur die, wo bei dem Zirkus sind, die können ja n/ die mei/ die meisten Zirkusleute, die wandern ja auch" [50/7 (4,2)]. Unabhängig von solchen Vergleichen der eigenen Lebenswelt mit jener eines Zirkuskindes vergegenwärtigen sich die Kinder ihre Fähigkeiten zu träumen, mit Sprache zu spielen und in bestimmten „Glaubens"-Welten zu leben, zumindest in Ansätzen.

In seinem sehr anregendem Aufsatz mit dem Titel *Wie wäre es, gebildet zu sein?* spricht Peter Bieri von unterschiedlichen Pfeilern eines modernen Bildungskonzepts, in dem – neben der *Bildung als poetische Erfahrung* – auch die *Bildung als Selbsterkenntnis* eine wichtige Rolle spielt. Auch wenn Bieri diesen Gedanken nicht aus dem Literarischen Gespräch entwickelt, lässt sich die Zielsetzung der Selbstreflexion in Gesprächen, um die es mir geht, meines Erachtens damit sehr fruchtbar umreißen:

> Es geht darum, sich in seinem Denken, Fühlen und Wollen zu verstehen, statt die Dinge nur geschehen zu lassen. Es geht um die Interpretation meiner Vergangenheit und das Durchleuchten meiner Entwürfe für die Zukunft, kurz: um das Schaffen und Fortschreiben von Selbstbildern. Und der Gebildete ist auch darin reflektiert, dass er

Fragen wie diese stellt: Woher weiß ich, dass ein Selbstbild kein Trugbild ist? Haben wir einen privilegierten Zugang zu uns selbst? Sind Selbstbilder gefunden oder erfunden? (Bieri 2008, S. 18)

Die ästhetische Sprache des Textes hilft den Kindern, sich selbst gegenüberzutreten, indem sie ihr eigenes Denken, ihre Träume und Ängste reflektieren, woraus auch Schülerinnen und Schüler der Primarstufe bereichert und verändert hervorgehen können. Was Bieri unter „Bildung als Selbsterkenntnis" subsumiert, betont auch Ulf Abraham (2010, S. 16) mit dem Schlagwort der „Veränderung", mit dem er sich entschieden gegen die Funktionalisierung literarischer Texte im Unterricht wendet:

> Niemand garantiert mir, dass ich nach der Lektüre noch derselbe bin wie vor der Lektüre. Poetisches Verstehen hat die Kraft, den Verstehenden zu verändern, sein Denken, sein Fühlen, seine Vorstellungsbilder.

Vielleicht kann die Anbahnung von Alteritätserfahrungen in Literarischen Unterrichtsgesprächen einen Beitrag für solche Veränderungen leisten, indem sie sowohl der sprachlich-literarischen Alterität eines Textes als auch der personalen Alterität der Lernenden den nötigen Raum eröffnet. Dadurch können die beiden wesentlichen Momente des Literaturunterrichts, nämlich Textverstehen und Sinnannäherung einerseits sowie Selbstreflexion und Selbstverstehen andererseits, vor dem Hintergrund der Begegnung mit dem Fremden – und nicht in seiner Vereinnahmung – wechselseitig füreinander fruchtbar werden.

Erläuterungen zu den Transkriptionen:

Die Namen der Beteiligten wurden anonymisiert. Für die Transkriptionen gelten folgende Auszeichnungen:

*	kurze Pause (gesteigert als ** und ***)
(Beispiel)	vermuteter Wortlaut
(...)	unverständlicher Beitragsteil
[X.Y.: Beispiel]	gleichzeitig gesprochener Beitrag
[Pause]	außersprachlicher Kommentar
BeTOnung	Großbuchstaben: betonte Silbe
X.Y. (?)	Sprecherzuweisung unklar
Ungewiss/	Slash kennzeichnet vermuteten Wortabbruch (hier: vermutlich „Ungewissheit")

Die *Sprecherzuweisung* erfolgt in eckigen Klammern mit Angabe des Namens, der Nummer des Beitrags im gesamten Gespräch und der Nummer des individuellen Beitrags; in runden Klammern werden die Klassenstufe und die Gesprächsgruppe hinzugefügt. Beispiel:

Britta [102/9 (4,1)]: Brittas Beitrag ist der 102. im gesamten Gespräch und ihr 9. eigener Beitrag; sie ist Teilnehmerin in der 1. Gesprächsgruppe der Klasse 4.

Primärliteratur:

Ausländer, Rose (1996): Zirkuskind. In: Rose Ausländer: Treffpunkt der Winde. Werke. Bd. 9: Gedichte. Hg. von Helmut Braun. Frankfurt a. M.: Fischer, S. 106

Sekundärliteratur

Abraham, Ulf (2000): Das a / Andere W / wahrnehmen. Über den Beitrag von Literaturgebrauch und literarischem Lernen zur ästhetischen Bildung (nicht nur) im Deutschunterricht. In: Mitteilungen des Deutschen Germanistenverbandes, Jg. 47, H. 1, S. 10–23

Abraham, Ulf (2010): P/poetisches V/verstehen. Zur Eingemeindung einer anthropologischen Erfahrung in den kompetenzorientierten Deutschunterricht. In: Poetisches Verstehen. Literaturdidaktische Positionen – empirische Forschung – Projekte aus dem Deutschunterricht. Hg. von Ulf Abraham, Iris Winkler und Nicole Masanek. Baltmannsweiler: Schneider Verlag Hohengehren, S. 9–22

Benner, Dietrich (1999): „Der Andere" und „Das Andere" als Problem und Aufgabe von Erziehung und Bildung. In: Zeitschrift für Pädagogik, Jg. 45, H. 3, S. 315–327

Bieri, Peter (2008): Wie wäre es, gebildet zu sein? In: Bildung ist mehr: Potentiale über PISA hinaus. 9. Heidelberger Dienstagsseminar. Hg. von Rolf Göppel u. a. Heidelberg: Mattes, S. 8–21

Bräuer, Christoph (2002): Als Textdetektive der Lesekompetenz auf der Spur … – Zwei Blicke auf ein Unterrichtskonzept zur Vermittlung von Lesestrategien. In: Didaktik Deutsch, Jg. 7, H. 13, S. 17–32

Burdorf, Dieter (1997): Einführung in die Gedichtanalyse. 2. überarb. und akt. Aufl., Stuttgart; Weimar: Metzler

Eggert, Hartmut (2002): Literarische Texte und ihre Anforderungen an die Lesekompetenz. In: Lesekompetenz. Bedingungen, Dimensionen, Funktionen. Hg. von Norbert Groeben und Bettina Hurrelmann. Weinheim; München: Juventa, S. 186–213

Erdheim, Mario (1990): Aufbruch in die Fremde. Der Antagonismus von Kultur und Familie und seine Bedeutung für die Friedensfähigkeit der Individuen. In: Die vergessene Dimension internationaler Konflikte: Subjektivität. Hg. von Reiner Steinweg und Christian Wellmann. Frankfurt a. M.: Suhrkamp, S. 93–113

Erdheim, Mario (1992): Das Eigene und das Fremde. Über ethnische Identität. In: Psyche, Jg. 46, H. 7, S. 730–744

Feilke, Helmuth; Otto, Ludwig (1998): Autobiographisches Erzählen. In: Praxis Deutsch, Jg. 25, H. 152, S. 15–25

Fingerhut, Karlheinz (1997): L – E – S – E – N: Fachdidaktische Anmerkungen zum „produktiven Literaturunterricht" in Schule und Hochschule. In: Das Literatursystem der Gegenwart und die Gegenwart der Schule. Hg. von Michael Kämper-van den Boogaart. Baltmannsweiler: Schneider Verlag Hohengehren, S. 98–125

Freud, Sigmund (1977): Die Traumdeutung. Frankfurt a. M.: Fischer

Fritzsche, Joachim (1994): Zur Didaktik und Methodik des Deutschunterrichts. Bd. 3: Umgang mit Literatur. Stuttgart: Klett

Gadamer, Hans-Georg (1965): Wahrheit und Methode. Grundzüge einer philosophischen Hermeneutik. 2. Aufl., Tübingen: Paul Siebeck

Gerner, Volker (2007): Das Eigene und das Andere. Eine Theorie der Deutschdidaktik am Beispiel des identitätsorientierten Literaturunterrichts. Marburg: tectum

Gold, Andreas (2007): Lesen kann man lernen. Lesestrategien für das 5. und 6. Schuljahr. Göttingen: Vandenhoeck & Ruprecht

Gross, Sabine (1994): Lese-Zeichen. Kognition, Medium und Materialität im Leseprozeß. Darmstadt: Wissenschaftliche Buchgesellschaft

Härle Gerhard; Steinbrenner, Marcus (2003): Der „Parcours des Textsinns" und das „wahre Gespräch". Zur verstehensorientierten Didaktik des literarischen Unterrichtsgesprächs. In: Literatur in Wissenschaft und Unterricht, Jg. 36, H. 3, S. 247–278

Härle, Gerhard (2004): Lenken – Steuern – Leiten. Theorie und Praxis der Leitung literarischer Gespräche in Hochschule und Schule. In: Kein endgültiges Wort. Die Wiederentdeckung des Gesprächs im Literaturunterricht. Hg. von Gerhard Härle und Marcus Steinbrenner. Baltmannsweiler: Schneider Verlag Hohengehren, S. 107–139

Härle, Gerhard; Heizmann, Felix (2009): „In bröckelndem Lehm festgebissen." Franz Kafkas Studie *Die Brücke*: Bedeutungspotential und Perspektiven literarischen Lernens. Baltmannsweiler: Schneider Verlag Hohengehren

Härle, Gerhard (2010): Irritation und Nicht-Verstehen. Zur Hermeneutik als Provokation für die Literaturdidaktik. In: Kulturtheoretische Kontexte für die Literaturdidaktik. Hg. von Michael Baum und Marion Bönnighausen. Baltmannsweiler: Schneider Verlag Hohengehren, S. 9–23

Heizmann, Felix (2010): Literarisches Lernen zwischen Fremdheit und Eigenheit. Eine explorative Studie zum Bedeutungspotential von Alteritätserfahrungen im Literarischen Unterrichtsgespräch. Magisterarbeit im Magisterstudiengang Fachdidaktik Deutsch [masch. Ms., Pädagogische Hochschule Heidelberg]

Humboldt, Wilhelm von (1998): Über die Verschiedenheit des menschlichen Sprachbaues und ihren Einfluß auf die geistige Entwicklung des Menschengeschlechts. Hg. von Donatella Di Cesare. Paderborn u. a.: Schöningh [erstmals 1836]

Hurrelmann, Bettina (1987): Textverstehen im Gesprächsprozeß – zur Empirie und Hermeneutik von Gesprächen über die Geschlechtertauscherzählungen. In: dies. (Hg): Man müßte ein Mann sein …? Interpretationen und Kontroversen zu Geschlechtertausch-Geschichten in der Frauenliteratur. Düsseldorf: Schwann, S. 57–82

Ivo, Hubert (1994): Reden über poetische Sprachwerke. Ein Modell sprachverständiger Intersubjektivität. In: Ders.: Muttersprache, Identität, Nation. Opladen: Westdeutscher Verlag, S. 222–271

Ivo, Hubert (2004): Zwölf Fußnoten zu dem Versuch, mit Studierenden ein literarisches Gespräch zu führen, und zwar über den Visionstext *Scivias I.1* der Hildegard von Bingen. In: Kein endgültiges Wort. Die Wiederentdeckung des Gesprächs im Literaturunterricht. Hg. von Gerhard Härle und Marcus Steinbrenner. Baltmannsweiler: Schneider Verlag Hohengehren, S. 61–73

Jäger, Ludwig (1988): Über die Individualität von Rede und Verstehen. Aspekte einer hermeneutischen Semiologie bei W. v. Humboldt. In: Individualität. Hg. von Manfred Frank und Anselm Haverkamp. München: Fink, S. 76–94

Klein, Wolfgang; Schlieben-Lange, Brigitte (1996): Das Ich und die Sprache. In: Zeitschrift für Literaturwissenschaft und Linguistik, Jg. 26, H. 101, S. 1–5

Lévinas, Emmanuel (1983): Die Spur des Anderen. Untersuchungen zur Phänomenologie und Sozialphilosophie. Hg. von Wolfgang Nikolaus Krewani. Freiburg i. Br.; München: Alber-Broschur Verlag

Lévinas, Emmanuel (1992): Jenseits des Seins oder anders als Sein geschieht. Freiburg i. Br.; München: Alber-Broschur Verlag

Link, Jürgen (1997a): Literatursemiotik. In: Literaturwissenschaft. Ein Grundkurs. Hg. von Helmut Brackert und Jörn Stückrath. 5. erw. Aufl., Reinbek bei Hamburg: Rowohlt, S. 15–29

Link, Jürgen (1997b): Elemente der Lyrik. In: Literaturwissenschaft. Ein Grundkurs. Hg. von Helmut Brackert und Jörn Stückrath. 5. erw. Aufl., Reinbek bei Hamburg: Rowohlt, S. 86-101

Lösener, Hans (2010): Poetisches Verstehen bei der Unterrichtsvorbereitung. Überlegungen zur literaturunterrichtlichen Sachanalyse. In: Poetisches Verstehen. Literaturdidaktische Positionen – empirische Forschung – Projekte aus dem Deutschunterricht. Hg. von Ulf Abraham, Iris Winkler und Nicole Masanek. Baltmannsweiler: Schneider Verlag Hohengehren, S. 82–97

Lypp, Maria (1984): Einfachheit als Kategorie der Kinderliteratur. Frankfurt a. M.: dipa

Maiwald, Klaus (1999): Literarisierung als Aneignung von Alterität: Theorie und Praxis einer literaturdidaktischen Konzeption zur Leseförderung im Sekundarbereich. Frankfurt a. M.: Peter Lang

Maiwald, Klaus (2001): Literatur lesen lernen. Begründung und Dokumentation eines literaturdidaktischen Experiments. Baltmannsweiler: Schneider Verlag Hohengehren

Mersch, Dieter (1997): Vom Anderen reden. Das Paradox der Alterität. In: Ethnozentrismus. Möglichkeiten und Grenzen des interkulturellen Dialogs. Hg. von Manfred Brocker und Heino Nau. Darmstadt: Primus, S. 27–45

Mersch, Dieter (2005): Gibt es Verstehen? In: Kultur Nicht Verstehen. Produktives Nichtverstehen und Verstehen als Gestaltung. Hg. von Juerg Albrecht u. a. Zürich; Wien; New York: Springer, S. 109–125

Nickel-Bacon, Irmgard; Schreier Margrit; Groeben, Norbert (2000): Fiktionssignale pragmatisch. Ein medienübergreifendes Modell zur Unterscheidung von Fiktion(en) und Realität(en). In: Poetica, Jg. 32, H. 3/4, S. 267–299

Pieper, Irene (2004): Poetische Verdichtung: Schüler und Schülerinnen interpretieren Rose Ausländers Gedicht *Zirkuskind* im Unterrichtsgespräch. In: Kein endgültiges Wort. Die Wiederentdeckung des Gesprächs im Literaturunterricht. Hg. von Gerhard Härle und Marcus Steinbrenner. Baltmannsweiler: Schneider Verlag Hohengehren, S. 219–239

Rosebrock, Cornelia (2001): Lektüre und Alteritätserfahrung. Rezeptionsästhetische Überlegungen. In: „Entfaltung innerer Kräfte". Blickpunkte der Deutschdidaktik. Festschrift für Kaspar H. Spinner. Hg. von Christine Köppert und Karl Metzger. Seelze: Friedrich, S. 80–91

Rumpf, Horst (1998): Das kaum auszuhaltende Fremde. Über Lernprobleme im Horror vacui. In: Zeitschrift für Pädagogik, Jg. 44, H. 3, S. 331–341

Schlaffer, Heinz (2005): Poesie und Wissen. Frankfurt a. M.: Suhrkamp

Spinner, Kaspar H. (2006): Literarisches Lernen. In: Praxis Deutsch, Jg. 33, H. 200, S. 6–16

Steinbrenner, Marcus (2004): Aspekte des Verstehens bei Schleiermacher und ihre Bedeutung für die Literaturdidaktik und das literarische Gespräch. In: Kein endgültiges Wort. Die Wiederentdeckung des Gesprächs im Literaturunterricht. Hg. von Gerhard Härle und Marcus Steinbrenner. Baltmannsweiler: Schneider Verlag Hohengehren, S. 25–59

Waldenfels, Bernhard (1998): Antwort auf das Fremde. Grundzüge einer responsiven Phänomenologie. In: Der Anspruch des Anderen. Perspektiven phänomenologischer Ethik. Hg. von Iris Därmann und Bernhard Waldenfels. München: Fink, S. 35–49

Waldenfels, Bernhard (1999): Topographie des Fremden. 2. Aufl., Frankfurt a. M.: Suhrkamp

Waldenfels, Bernhard (2006): Grundmotive einer Phänomenologie des Fremden. Frankfurt a. M.: Suhrkamp

Waldmann, Günter (2000): Produktiver Umgang mit Literatur im Unterricht. Grundriss einer produktiven Hermeneutik. Theorie – Didaktik – Verfahren – Modelle. 3. Aufl., Baltmannsweiler: Schneider Verlag Hohengehren

Wimmer, Michael (2007): Wie dem Anderen gerecht werden? Herausforderungen für Denken, Wissen und Handeln. In: Kindliche Fremdheit und pädagogische Gerechtigkeit. Hg. von Alfred Schäfer. München u. a.: Schöningh, S. 155–184

Zenkert, Georg (2004): Fragmentarische Individualität. Wilhelm von Humboldts Idee sprachlicher Bildung. In: Deutsche Zeitschrift für Philosophie, Jg. 52, H. 5, S. 691–707

NELE OHLSEN

„Zwischen Stolper- und Meilensteinen".
Probleme und Chancen literarischer Gespräche in der Grundschule

1. Gespräche im Literaturunterricht – Eine Notwendigkeit?

In der Literaturdidaktik wird seit geraumer Zeit verstärkt die Auffassung vertreten, dass dem Gespräch als einer dem Gegenstand Literatur besonders angemessenen Form der Texterschließung ein fester Platz im Literaturunterricht zukommen muss (vgl. Härle; Steinbrenner 2004, S. 11). Andererseits wird der Einsatz dieses methodischen Verfahrens in der Schulpraxis seit Jahren von Didaktikern kritisiert. Es heißt, solche Gespräche seien zu zielorientiert, zu stark kognitiv ausgerichtet und die Schülerinnen und Schüler würden im lehrerzentrierten Gespräch zu wenig in ihrer Persönlichkeit geachtet. Alternative Verfahren, wie zum Beispiel der handlungs- und produktionsorientierte Literaturunterricht, versprechen diesbezüglich Abhilfe (vgl. Haas; Menzel; Spinner 1994). Doch kann und sollte man als Lehrkraft aus den genannten Gründen auf Gespräche im Literaturunterricht verzichten?

Das Gespräch ist die genuine Form des Umgangs mit Literatur, so zum Beispiel schon in gesprächsförmigen frühkindlichen Vorlesesituationen oder auch in der Anschlusskommunikation über Literatur im Allgemeinen (vgl. Rosebrock; Nix 2008, S. 23 f., Garbe; Philipp; Ohlsen 2009, S. 71 ff. und S. 131 ff.). Daher bezieht sich die Kritik bei genauer Betrachtung auch nicht generell auf Gespräche im Literaturunterricht, sondern vielmehr auf die häufig vorherrschende schulische Gesprächsform: das fragend-entwickelnde Unterrichtsgespräch. Die Diskussion um den fragend-entwickelnden Unterricht soll hier nicht erneut aufgerollt werden (vgl. u. a. Wieler 1989, Haas; Menzel; Spinner 1994 und Härle; Steinbrenner 2004). Viel interessanter erscheint dagegen die Frage, auf welche Art und Weise man gelingende Gespräche zu einem literarischen Text in der Schulpraxis initiieren kann. Großes Potential verspricht diesbezüglich die Heidelberger Konzeption des Literarischen Unterrichtsgesprächs, die im Rahmen der Lehramtsausbildung entwickelt und schon an zahlreichen Schulen erprobt wurde (vgl. Steinbrenner; Wiprächtiger-Geppert 2006).

Bei Modellversuchen der Leuphana Universität Lüneburg, die im Wintersemester 2007/2008 von Studierenden des literaturdidaktischen Seminars

Literarische Gespräche von Silja Schoett in unterschiedlichen Einrichtungen[1] durchgeführt wurden, zeigte sich jedoch, dass eine Übertragung des Heidelberger Modells auf den Schulkontext nicht immer ohne Weiteres möglich ist. Vor allem zwei Stolpersteine scheinen den Einsatz literarischer Gespräche in der Schulpraxis zu erschweren: die mangelnden Gesprächskompetenzen der Schülerinnen und Schüler und die Offenheit des Gesprächs, die in Spannung steht zum institutionellen Rahmen beziehungsweise zu den Normen der Sozialisationsinstanz Schule. Im Hinblick auf diese beiden Stolpersteine wurden unterschiedliche, auf die konkrete Lerngruppe bezogene Modifikationen des Ansatzes entworfen und erprobt, die im Folgenden vorgestellt werden sollen.

2. Stolpersteine bei der Umsetzung des Literarischen Unterrichtsgesprächs in der Schulpraxis

Kaspar H. Spinner führt trotz seiner Befürwortung der Heidelberger Konzeption des Literarischen Unterrichtsgesprächs in seinem Basisartikel zum *Literarischen Lernen* an, dass die Durchführung bei großen Schulklassen nicht unproblematisch sei (vgl. Spinner 2006, S. 12). Konkretisiert man diese Aussage Spinners auf der Basis der Erfahrungen innerhalb der Lüneburger Modellversuche, so lassen sich die Probleme literarischer Gespräche in der Schulpraxis vor allem zwei Bereichen zuordnen:

– Zum einen zeigten sich Defizite bezüglich der *Gesprächskompetenzen* der Schülerinnen und Schüler. Teilweise war es den Studierenden nicht möglich, sie zu einem Gespräch anzuleiten, da sie sich nicht gegenseitig zuhören und aufeinander eingehen konnten. Ihr Fokus war stets auf die Lehrkraft und deren Fragen, nicht jedoch auf die Beiträge ihrer Mitschülerinnen gerichtet. Dies ist sicher auch entwicklungsbedingt: Viele Kinder verfügen noch nicht über die nötigen Gesprächskompetenzen für ein offenes Gespräch zu einem mehrdeutigen Text. Das literarische Gespräch kann für sie eine „Zone der nächsten Entwicklung" sein, in dem diese Kompetenzen gefordert und gefördert werden.

– Zum anderen erwies sich die *Offenheit des Literarischen Unterrichtsgesprächs* als problematisch. So meldeten sich viele während der Gespräche, obwohl die Studierenden vorher erklärt hatten, dass Meldungen im Gespräch nicht nötig seien. Zudem konnten sich die Schülerinnen und

---

[1] Zu den Einrichtungen zählten Kindergarten, Grundschule, Hauptschule und Realschule.

Schüler nicht aus ihrer Rolle lösen und authentische Beiträge zum Text formulieren; sie versuchten vielmehr in der Tradition des fragend-entwickelnden Unterrichtsgesprächs und dem Prinzip der sozialen Erwünschtheit folgend, die ‚richtige' Interpretation des Textes zu erraten. Einigen fiel es zudem schwer, sich frei zu den mehrdeutigen Texten zu äußern, da sie mit der offenen Aufgabe und/oder mit der Vieldeutigkeit des Textes überfordert schienen. Sie waren es nicht gewohnt, sich Gesprächsanlässe selbst zu suchen, sondern forderten klare Arbeitsanweisungen. Dies kann auch als Ausdruck eines durch die Institution Schule mitgeprägten „Aufgabe-Lösungs-Musters" gedeutet werden (vgl. hierzu Wieler 1989 in Anlehnung an Ehlich und Rehbein). Dieses Muster steht in Spannung zur Offenheit Literarischer Unterrichtsgespräche, was eine Chance dieses Ansatzes, zugleich aber auch ein Risiko darstellt.

3. Erkundung von Umsetzungsmöglichkeiten des literarischen Gesprächs in der Grundschule

Die Durchführung literarischer Gespräche in der Schulpraxis ist nach Erfahrungen der Lüneburger Modellversuche folglich nicht unproblematisch. Aus diesem Grund wurde die Heidelberger Konzeption für die vorliegende Untersuchung modifiziert. Der Anstoß zu den vorgenommenen Veränderungen entstand in Anlehnung an das zweite Heidelberger Symposion zum Literarischen Unterrichtsgespräch und dem dort gemeinsam mit Silja Schoett durchgeführten Workshop *Offen für Offenheit*, der die Problematik der Offenheit literarischer Gespräche in der Schulpraxis thematisierte. Bei der Modifikation des Heidelberger Modells wurde darauf geachtet, dass die Konzeption des Literarischen Unterrichtsgesprächs in ihren Grundannahmen unverändert bleibt. Im Folgenden werden die vorgenommenen Veränderungen unter Bezugnahme auf die genannten Probleme vorgestellt und erläutert.

3.1 Durchführung eines gezielten Gesprächstrainings für Schülerinnen und Schüler

Wie in Kapitel 2 beschrieben, verfügen viele Schülerinnen und Schüler (noch) nicht über die notwendigen Gesprächskompetenzen, wie *aktives Zuhören* oder *aufeinander Eingehen*, die sie für eine erfolgreiche und aktive Teilnahme an literarischen Gesprächen benötigen. Um diesem Problem zu begegnen, wurde ein speziell auf die Bedingungen eines literarischen

Gesprächs angepasstes Gesprächstraining entwickelt, das vor allem auch schwächeren Grundschülerinnen und -schülern in wenigen Unterrichtsstunden spielerisch die notwenigen Voraussetzungen vermitteln kann. Die einzelnen Bausteine des Gesprächtrainings sind der Darstellung auf der gegenüberliegenden Seite zu entnehmen.

3.2 Begrenzungen der Offenheit literarischer Gespräche

Neben den mangelnden Gesprächskompetenzen der Schülerinnen und Schüler erwies sich in den Lüneburger Modellversuchen auch die Offenheit der Heidelberger Konzeption als Herausforderung. Auch hier werden die Normen und Rahmenbedingungen der Sozialisationsinstanz Schule wirksam. So kennen viele Schülerinnen und Schüler nur sehr strukturierten und lehrerzentrierten Unterricht (vgl. Ohlsen 2008, S. 83 ff. und Härle; Steinbrenner 2004, S. 3), sodass eine Konfrontierung mit dem offenen literarischen Gespräch zu einer Überforderung führen kann, da solche Klassen mit der plötzlichen Öffnung des Unterrichts nicht umzugehen wissen. Hinzu kommt, dass das literarische Gespräch mit fest tradierten Mustern der Sozialisationsinstanz Schule, wie zum Beispiel dem Melden, bricht. Auch diese Abweichungen von der schulischen Norm können verunsichern. Daher werden im Folgenden Wege vorgestellt, wie die Offenheit des literarischen Gesprächs *langsam angebahnt* werden kann, damit die Schülerinnen und Schüler ohne Überforderung an diese Form herangeführt werden können, die für sie in vielen Fällen eine „Zone der nächsten Entwicklung" darstellt.

(1) Transparenz der Methode

Unsicherheit und Überforderung begegnet man am besten mit Transparenz. Deshalb sollte bei der Einführung literarischer Gespräche im Deutschunterricht der Grundschule Wert auf eine größtmögliche Transparenz gelegt werden. So lassen sich in einer einführenden Stunde in vereinfachter Form grundlegende Merkmale und Ziele des literarischen Gesprächs herausstellen, indem den Schülerinnen und Schülern zum Beispiel verdeutlicht wird, dass sie alle einen Text anders verstehen und dass ihre Meinung genau so richtig und wichtig ist wie die ihrer Mitschüler.

Darüber hinaus bietet sich eine strukturierte Einführung in den Ablauf des literarischen Gesprächs an. Auf diese Weise können die Kinder langsam an die Offenheit herangeführt werden und es ist möglich, eventuell auftretenden Unsicherheiten präventiv vorzubeugen. Erfahrungsgemäß wirkt ein solch

DIE BAUSTEINE DES GESPRÄCHSTRAININGS
Übungen zum Aktiven Zuhören

Bilddiktat (Einzelarbeit)
Bei dieser Übung wird ein Text in Abschnitten vorgelesen. Nach jedem Teilstück wird eine Pause eingelegt, in der die Schülerinnen und Schüler zu jedem Abschnitt ein Bild malen. Nach Abschluss des Bilddiktats werden die unterschiedlichen Bilder miteinander verglichen. Diese Übung dient der Einsicht, dass jeder beim Zuhören etwas anderes versteht und dass beim Empfänger nicht immer das ankommt, was der Sender vermitteln wollte (vgl. Cwik; Risters 2004, S. 28).

Zuhörübung „Ich erzähl dir was" (Partnerarbeit)
Zu Beginn dieser Übung erzählt eine Schülerin bzw. ein Schüler den Anderen eine spezifische Situation. Das Thema kann frei bestimmt werden, zum Beispiel: „Eine Situation, in der ich Angst hatte". Die zuhörende Schülerin schreibt die Erzählungen mit und gibt diese dann mündlich wieder. Danach werden die Rollen gewechselt. Diese Übung trainiert das aktive Zuhören (vgl. Cwik; Risters 2004, S. 28 f.).

Übungen zum Aufeinander-Eingehen im Gespräch

Stummes Malen (Gruppenarbeit)
Bei dieser Übung erhält die Klasse pro Gruppe ein leeres Blatt und jeweils einen Stift pro Person. Im Anschluss wird den Schülerinnen und Schülern ein Text vorgelesen, der an einer spannenden Stelle abbricht. Die Schülerinnen und Schüler erhalten die Aufgaben, die Fortsetzung der Geschichte zu zeichnen. Danach werden die Erfahrungen während des Malens reflektiert. Diese Übung zielt auf die Erfahrung, dass ohne das Miteinander-Sprechen bestimmte Aufgaben nicht bearbeitet werden können (vgl. Cwik; Risters 2004, S. 50 ff.).

Übung zum aufeinander Eingehen (Gruppenarbeit)
Innerhalb dieses Bausteins lernen die Schülerinnen und Schüler eine Technik zum aufeinander Eingehen im Gespräch kennen. Diese besteht darin, die Aussage des Vorgängers zu wiederholen und mit der eigenen Aussage zu verknüpfen. Im Anschluss wird die gelernte Technik trainiert, indem über zuvor notierte spezifische Situationen (zum Beispiel: „Situationen, in denen ich mutig war") gesprochen wird.

Das Aufstellen von Gesprächsregeln

Im Sinne einer umfassenden Transparenz bietet es sich an, die zuvor eingeübten Gesprächstechniken als „Gesprächsregeln der Klasse" auszuformulieren und schriftlich zu fixieren. Die aufgestellten Regeln können dann als feste Struktur in die Arbeit im literarischen Gespräch eingehen und als Referenzrahmen bei Streit oder Unstimmigkeiten dienen.

Beispiel für Gesprächsregeln (3. Klasse)

- deutlich sprechen
- leise sein, wenn jemand spricht
- einer fängt das Gespräch an
- gut zuhören
- über die gleiche Sache sprechen
- nachfragen, wenn man etwas nicht verstanden hat

transparentes Vorgehen äußerst motivierend. Eine Möglichkeit zur Einführung in den Ablauf literarischer Gespräche ist etwa die Arbeit mit einer Powerpoint-Präsentation. In dieser lässt sich mit relativ einfachen Mitteln ein literarisches Gespräch mit einer fiktiven Schulklasse ‚vorführen', das dem Ablauf der Gespräche nachempfunden wird, die im Folgenden selbst geführt werden sollen. Der Gesprächsinhalt und auch die dargestellten Phasen sind frei gestaltbar. Wichtig ist, dass den Schülerinnen und Schülern durch dieses Vorgehen der Ablauf eines literarischen Gesprächs deutlich wird.

(2) Textauswahl

In den Modellversuchen war es für die Schülerinnen und Schüler oft schwierig, sich einem mehrdeutigen Text zu nähern und sich konkret auf ihn einzulassen. Aus diesem Grund bietet es sich an, bei der Einführung literarischer Gespräche in der Grundschule zunächst mit Texten zu arbeiten, die zwar mehrdeutig, aber nicht sehr komplex sind (vgl. Lypp 1997). Vor allem Kurzgeschichten mit einigen Leerstellen und offenem Ende erwiesen sich als gut geeignet, um die Grundschülerinnen und -schüler erste Erfahrungen mit eigenen Sinndeutungen machen zu lassen. In der Auseinandersetzung mit den eingesetzten Kurzgeschichten gewannen die Klassen relativ schnell Sicherheit im Umgang mit mehrdeutigen Texten, sodass die Komplexität und die Leerstellen innerhalb der Texte langsam gesteigert werden konnten.

(3) Einführung eines Gesprächsprotokolls

Eine weitere Beobachtung im Rahmen der Modellversuche war, dass Grundschülerinnen und -schüler das Sprechen über einen Text nicht als ‚richtige Arbeit' ansahen und schnell die Konzentration im Gespräch verloren. Aus diesem Grund wurde die Heidelberger Konzeption in der Phase des offenen Gesprächs um ein strukturgebendes Element erweitert. Das entwickelte Gesprächsprotokoll dient einerseits zur Aufrechterhaltung der Konzentration sowie andererseits zum Nachvollzug des Geleisteten. So ist es möglich, im Medium der Schriftlichkeit die eigenen Gedanken sowie den Gesprächsverlauf festzuhalten, zu ordnen, nachzuvollziehen, wiederzugeben und zu reflektieren. Eine Form, die als Gesprächsprotokoll in der Grundschule geeignet scheint, ist die Verwendung eines Table-Sets. Das Verfahren sei hier kurz erläutert:

Probleme und Chancen Literarischer Gespräche

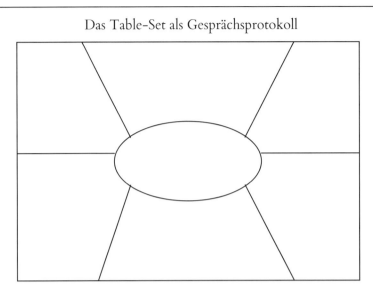

Das Table-Set als Gesprächsprotokoll

Ein Table-Set, zu Deutsch „Tischdecke", ist eine Din-A-1-Pappe, die in ein gemeinsames Mittelfeld und einzelne Felder für jedes Kind unterteilt ist. Zunächst schreiben die Schüler ihre eigenen Gedanken und Fragen zum Text in ihr Feld. Im Anschluss überlegen sie gemeinsam, über welche Fragen sie im Gespräch nachdenken wollen. Die ausgewählten Fragen sowie die Antworten, die sie auf die entsprechenden Fragen im Gespräch gefunden haben, notieren sie nacheinander im Mittelfeld der Tischdecke. Das Table-Set bietet somit die Möglichkeit eines schriftlichen Protokolls sowohl der Gedanken des einzelnen Kindes als auch des Gesprächs in der Gruppe (vgl. Cwik; Risters 2004, S. 79 f.).

(4) Arbeit in Kleingruppen ohne Lehrkraft

Neben dem Einsatz des Table-Sets als strukturgebendes Element erwies es sich aus unterschiedlichen Gründen als sehr sinnvoll, die Kinder zunächst in Kleingruppen ohne Lehrkraft arbeiten zu lassen. Auf diese Weise können sich die Kinder an die Struktur des literarischen Gesprächs gewöhnen und erste Erfahrungen mit dem Table-Set als Gesprächsprotokoll sammeln. Die Kleingruppenarbeit reduziert zudem die Anforderung an die Gesprächskompetenzen der Schülerinnen und Schüler. Sie müssen nicht einem Gespräch mit 20 Teilnehmerinnen und Teilnehmern folgen, sondern können sich auf wenige Gesprächspartner konzentrieren. Der Ausschluss der Lehrkraft erleichtert den Schülerinnen und Schülern die eigene Sinnsuche, da sie sich bei ihren Antworten nicht auf die Lehrkraft und die vermeintliche „soziale Erwünschtheit" konzentrieren müssen.

(5) Die Not der Notengebung und das literarische Gespräch

Die Grundidee des möglichst authentischen Miteinanders und die Prozessorientierung im literarischen Gespräch stehen in Spannung zu der in den rechtlichen Vorgaben geforderten Bewertung von Schülerleistungen. So steht man als Lehrkraft sehr schnell vor dem Problem, wie man die Leistungen von Schülerinnen und Schülern im literarischen Gespräch bewerten soll. Hierzu ein konkretes Beispiel: Eine Schülerin schweigt. Im literarischen Gespräch ist dies durchaus erlaubt. Eine mündliche Leistung im Sinne der Vorgaben hat diese Schülerin jedoch nicht gezeigt (Niedersächsisches Kultusministerium 2006, S. 30 f.). Wie bewertet man das Schweigen der Schülerin?

Eine Möglichkeit, diese Diskrepanz zu umgehen und dennoch eine Bewertungsgrundlage zu haben, ist etwa der Einsatz eines Lerntagebuchs. In diesem werden nach jeder Stunde der Stundenverlauf und der eigene Lernzuwachs notiert. Auf diese Weise müssen nicht die Gespräche selbst bewertet werden, sondern die Bewertung ergibt sich aus der Tiefe der Reflexion und der formalen Ausführung innerhalb des Lerntagebuchs. Oder anders formuliert: aus der Mühe, die sich die Kinder bei der Dokumentation ihres Lernprozesses geben. Das Bewertungskriterium der „Mühe" erwies sich als sehr gut nachvollziehbar und viele trauten sich, auch ihr Nicht-Verstehen oder Missfallen zu dokumentieren, da dies nicht einer negativen Bewertung unterlag.

3.3 Übersicht zur Einführung literarischer Gespräche in der Grundschule

Fasst man die in Kapitel 3.1 und 3.2 vorgeschlagenen Modifikationen zusammen, so lässt sich aus diesen eine grobe Übersicht für die Einführung literarischer Gespräche in der Grundschule erstellen. Zu bedenken ist bei der vorgeschlagenen Vorgehensweise, dass es sich dabei nicht um ein starres Gerüst handeln soll, sondern vielmehr um eine Anregung für den eigenen Unterricht und die eigene Planung, die der jeweiligen Lerngruppe und -situation angepasst werden kann.

ÜBERSICHT ZUR EINFÜHRUNG LITERARISCHER GESPRÄCHE IN DER GRUNDSCHULE

Sequenz 1: Einführung in das Thema und die Methode des Lerntagebuchs:
   Die Schülerinnen und Schüler werden mit der Konzeption literarischer Gespräche und ihrer Zielsetzung vertraut gemacht und in den Umgang mit dem Lerntagebuch eingeführt.

Sequenz 2: Propädeutische Vorarbeit: Sprechen und Zuhören – miteinander sprechen:
Mit der Klasse werden die einzelnen Bausteine des Gesprächstrainings (vgl. Kapitel 3.1) durchgeführt. Die Ergebnisse des Gesprächstrainings werden als Gesprächsregeln für die Klasse schriftlich fixiert. Hierbei kann bereits das Table-Set eingeführt werden, indem die Schülerinnen und Schüler zunächst Gesprächsregeln im eigenen Feld notieren, sich dann auf gemeinsame Regeln einigen und diese im gemeinsamen Feld des Table-Sets formulieren.

Sequenz 3: Einführung in den Ablauf des literarischen Gesprächs:
Die Schülerinnen und Schüler werden in den Ablauf des literarischen Gesprächs eingeführt. Dies kann auf unterschiedliche Weise erfolgen, zum Beispiel durch den Einsatz einer Powerpoint-Präsentation (vgl. Kapitel 3.2).

Sequenz 4: Offene Gespräche in Kleingruppen:
Die Schülerinnen und Schüler erproben das literarische Gespräch zunächst in der Kleingruppe. Das Table-Set dient als fester Strukturrahmen des Gesprächs. Der Text ist zunächst mehrdeutig, aber wenig komplex. Die Komplexität der Texte (z. B. Abstraktionsgrad, Anzahl der Leerstellen) wird langsam gesteigert. Die Lehrkraft nimmt zunächst nicht an den Gesprächen teil, um Antworten aus sozialer Erwünschtheit zu vermeiden.

Sequenz 5: Literarische Gespräche im Plenum:
Ist der Ablauf des literarischen Gesprächs in der Kleingruppe gefestigt, kann dazu übergegangen werden, ein Gespräch mit allen Schülerinnen und Schülern im Plenum mit der Lehrkraft zu führen. Auch hier kann das Table-Set einen strukturierenden Rahmen bieten, indem zum Beispiel eine große Tischdecke auf dem Boden abgeklebt wird. Wichtig ist, dass alle wissen, dass sie ihre eigenen Meinungen äußern sollen und dürfen und dass die Lehrkraft ebenfalls authentische Beiträge formuliert.

4. Ein literarisches Gespräch mit Drittklässlern zu Morgensterns Gedicht *Gruselett*

Im Folgenden soll exemplarisch ein literarisches Gespräch mit einer dritten Grundschulklasse vorgestellt und ausgewertet werden. Es ist das erste Plenumsgespräch, das nach mehreren Gesprächen in Kleingruppen mit der ganzen

Klasse geführt wurde.² Als Textgrundlage für das Gespräch wurde das Gedicht *Gruselett* von Christian Morgenstern ([1932] 1981, S. 271) ausgewählt:

CHRISTIAN MORGENSTERN: GRUSELETT

Der Flügelflagel gaustert
durchs Wiruwaruwolz,
die rote Fingur plaustert
und grausig gutzt der Golz.

4.1 Textdeutungsrahmen

Das Gedicht *Gruselett* gehört zu den so genannten Galgenliedern Morgensterns. Morgenstern reagierte mit dem Verfassen seiner Galgenlieder auf die gesellschaftlichen Verhältnisse seiner Zeit. In Distanz zum Bürgertum und zur fortschreitenden Technisierung sind die Galgenlieder als Gegenwelt zu verstehen, durch die die Fantasie der Menschen neu angeregt werden sollte. Charakteristisch für seine Lyrik sind Klangbilder und sprachliche Verfremdungen, die die Sinndeutung erschweren (vgl. Wilson 2003, S. 38 ff.).

Gruselett lässt sich als typisches Galgenlied beschreiben. Es wirkt und lebt durch seine klanglichen Qualitäten. Der Klang rahmt das Gedicht und sorgt durch die Wahl von dunklen Vokalen sowie die teilweise grotesken Wortschöpfungen für eine zwischen Grusel und Amüsement schwankende Atmosphäre. Der inhaltliche Sinn des *Gruseletts* bleibt dabei weitestgehend durch die sprachlichen Verfremdungen verschlossen (vgl. Wilson 2003, S. 233 ff.). Es gelingt den Rezipienten zwar, die Vorstellung einer (womöglich gruseligen) Handlung („Der Flügelflagel gaustert") an einem bestimmten, schaurigen Schauplatz („durchs Wiruwaruwolz") als mentales Modell aufzubauen, eine weitere Sinndeutung ist aufgrund der Abweichung von der bekannten Lexik jedoch nur schwer möglich (vgl. Korthals 2003, S. 93). Zudem gibt es keine eindeutigen Verweise auf eine außertextuelle Realität.

4.2 Rezeptionsanforderungen des Textes

Die Auseinandersetzung mit *Gruselett* bedeutet zunächst das Einlassen auf die verfremdete Sprache. Generell kann angenommen werden, dass Kindern der Umgang mit literarischen Fremdheitserfahrungen leichter fällt als

---

2   Das Gespräch wurde von mir geleitet und ist im Rahmen einer Staatsexamensarbeit im März 2010 an der Grundschule Eversen entstanden (vgl. Ohlsen 2010). Für die Unterstützung möchte ich mich bei meinen Kolleginnen und der Schulleitung, bei den Eltern und bei den Schülerinnen und Schülern der Klasse 3 bedanken.

Erwachsenen, da sie über weniger Weltwissen und Erfahrungen verfügen und ihnen sprachliche Alteritätserfahrungen (noch) eher vertraut sind (vgl. Wiprächtiger-Geppert 2009, S. 103).

Des Weiteren müssen die klangliche Qualität des Gedichts und die daraus entstehende gruselig-amüsante Grundstimmung erfasst werden. Grundsätzlich kann davon ausgegangen werden, dass Schülerinnen und Schüler der Primarstufe intuitiv in der Lage sind, den Klang und die dadurch vermittelte Grundstimmung des Gedichts wahrzunehmen (vgl. Spinner 2006, S. 9), wenn dem im Rahmen des Unterrichts genügend Raum gegeben wird, etwa durch mehrmaliges (gestaltetes) Vorlesen des Textes. Dies ist insbesondere wichtig für Kinder, die mit dieser Art von Sprache noch wenig Erfahrung gemacht haben.

Interessant für die Auswertung erscheint die Frage, wie die Kinder die inhaltliche Ebene des Gedichts deuten. Die Besonderheit bei der inhaltlichen Auseinandersetzung mit dem Gedicht liegt darin, dass die Schülerinnen und Schüler *Gruselett* aufgrund der Dichte der sprachlichen Verfremdungen nicht unmittelbar und wörtlich verstehen können. Sie sind also beim Aufbau einer eigenen inhaltlichen Vorstellung darauf angewiesen, Analogien zu Bekanntem herzustellen. Vermutet werden kann, dass die Schülerinnen und Schüler diesbezüglich auf ihre unmittelbare Lebenswelt zurückgreifen werden, um zu einer Sinndeutung zu gelangen.

4.3 Auszug aus dem Gesprächstranskript (Phase des offenen Gesprächs)

Dem im Folgenden abgedruckten Gesprächsauszug gingen ca. 10 Minuten voran, in denen die Schülerinnen und Schüler das Gedicht kennen lernten und ihre Fragen zu diesem auf Post-It-Zetteln festhielten, die auf eine als Table-Set fungierende Tischdecke geklebt wurden. Nach Beendigung der Schreibphase wurden die Zettel gemeinsam sortiert und die erste Frage für das Gespräch im Plenum ausgewählt. Die Kinder entschieden sich dafür, zunächst über die Bedeutung der „roten Figur" zu sprechen.

1	Jan-Niclas	Oder, ähm, vielleicht heißt die rote Fingur, ähm, ja, äh, die rote Fingur plaustert, vielleicht die rote Figur plaustert.
2	Nele Ohlsen (= N. O.)	Ich frage mich nur, was die rote Figur sein kann, oder Fingur, oder sagen wir mal, das ist vielleicht ne Figur. Was könnte die sein?

3	Till	Ich finde, ein, vielleicht ein Teufel oder so? (…)³
4	Annika	Vielleicht ist es ein Gespenst?
5	Lina	Vielleicht ist es ein Gespenst oder, ähm, vielleicht hat der Angst vor jemandem und deswegen spielt der was vor.
6	Alex	Oder vielleicht, ähm, hat der, der das so geschrieben hat, der das Gedicht geschrieben hat, wie er will. (…)
7	Jan-Niclas	Aber vielleicht kann es ja auch sein, dass Fingur irgendein Vergangenheitswort ist, mir kommt das so vor.
8	Lina	Die rote Fingur plaustert. Ich würde ja gerne wissen, was plaustert ist. Und rote Fingur, aber könnte doch auch Figur bedeuten.
9	N. O.	Ich hab (…) bei plaustern, ich weiß nicht wie s euch geht, so ne Vorstellung vom Aufplustern. Ich weiß nicht, dass das so ne große böse (…).
10	Lina	*(unterbricht sie)* Sie macht bumm.
11	Nils	Sich plustert nech, so *(Geste)*.
12	N. O.	Ja, genau.
13	Nils	Die rote Fingur plaustert sich auf.
14	Lina	Ja, genau. Sie pumpt.
15		*SchülerInnen reden durcheinander.*
16	N. O.	So, jetzt müssen wir uns kurz einigen.
17	Jan-Niclas	Die rote Fingur plaustert. Aber vielleicht ist das ja (…) so, ähm, wenn das jetzt n Vogel wär, dass der, dass der Vogel die ganze Zeit laut ist oder so.
18	Lina	Nein, der plustert sich auf und dann geht er wieder rein und wieder zurück *(verdeutlicht Aussage durch Armbewegung).*
19	Alex	Oder die rote Fingur plappert.
20	N. O.	Könnte auch sein. Finde ich spannend.
21	Jona (♂)	*Steht auf und pumpt sich wie ein Luftballon auf.*
22	N. O.	Du meinst, die plustert sich auf?
23	Jona (♂)	Ja.
24		*SchülerInnen reden durcheinander.*
25	N. O.	Ich glaub, Eric möchte was sagen.
26	Eric	Vielleicht ist das aber auch eine Luftmatratze, die sich aufpumpt.
27	N. O.	Ja, stimmt, so ne rote Figur in so ner Geisterbahn, oder so, Eric. Vielleicht könnt das Ganze inner Geisterbahn sein.
28	Lina	Ja, und sie kommt raus und erschrickt alle. Hatta.
29	Alexander	Dädä.

---

3 Zeichenerklärung: (…) = unverständlich

30	Nils	Und denn, äh, der, äh, der Waggon sieht wie n Flügel aus und denn, äh, eben kommt die rote Fingur, die plustert sich dann auf, um die zu erschrecken, und denn und das Letzte denn, da ist irgendwas (…), dann knarrt das Holz öfters und dann ist das auch noch gruselig.
31	N. O.	Was ist das Wiruwaruwolz denn?
32	Alex	Irgendwas mit Unterholz vielleicht.
33	Justin	Vielleicht ist da auf der anderen Seite, denn sind das so Tunnel, wo man hinfährt, auf der anderen Seite sind dann so Wagen und dann ist da so ein Monster und guckt, wenn man da lang fährt, (…) guckt an die Wand und das Monster macht dann ein Schatten und dann ist der Schatten immer so: grr grr *(macht Greifbewegungen mit den Händen).*
34	Alexander	Wie Batman.
35	N. O.	Meinst du, meinst du, dass dies Wiruwaruwolz n Schatten ist?
36	Justin	*Nickt.*
37	Alex	Vielleicht der Wolf streift durchs Unterholz.
39	Till	Vielleicht ist, ist diese Fingur auch ein Fisch. Es gibt ja auch Fische, die laden sich auf.
40	Lina	Ja, es ist so n Stachelfisch, der Stacheln hat, so *(zeigt)*, der kann sich doch immer ausbreiten, ein Kugelfisch, aber der hat auch Stacheln.
41	Nils	Und vielleicht ist es ja auch ein Piratenschiff, das untergegangen ist, ne, mit dem Flügel, also die hatten ja vorne auch immer so was, ne.
42	N. O.	Ne Galionsfigur meinst du?
43	Nils	Ja. (…) Die Flügel wurden immer größer, und von einem Zaubergeist (…) und Wiruwaruwolz (…) n Ungeheuer, n Monster, was da so gelebt hat (…).
44	Lina	Und dieser Fisch, der hat ja, zuerst ist der so n bisschen dick und dann boom, und dann geht er wieder rein, aber das macht der nur, wenn der Feinde hat, denn plustert er sich auf und auf einmal platzt der.
45	N. O.	*SchülerInnen reden durcheinander.* Timo wollt noch mal was sagen.
46	Timo	Ich würd gern noch mal zur Geisterbahn zurückkommen und der, der das geschrieben hat, der heißt ja auch Morgenstern, vielleicht ist das der Besitzer von der Geisterbahn (…).
47	N. O.	Da habt ihr ja schon zwei ganz spannende Sachen, ich find das mit dem Schiff auch spannend, aber das mit der Geisterbahn auch.
48	Lina	Welcher Schatz?

49	N. O.	Na, Nils hat doch grad gesagt, das könnte ein untergegangenes Piratenschiff sein.
50	Jan-Niclas	Oder das ist ne Geisterbahn und, ähm, wenn man, wenn man hier die rote Figur dann plaustert, dass die sich dann aufbläst, dass man sich erschreckt (…) und das, ähm, durchs Wiruwaruwolz, dass das denn so ne bestimmte Höhle ist, wo man sich richtig erschreckt (…).
51	Alex	Ähm, oder die (…), dann krabbelt s durchs Unterholz, die rote Fingur plappert und plappert und graust (…).
52	Jan-Niclas	Oder, ähm, das hat Alex grad ganz gut erklärt, dass, ähm, dass die Höhle da un, da drunter ist und dann, äh, so Geräusche macht und plaustert, dass, äh, dass man das, ähm, da so rumspringt und das Holz denn da manchmal so.
53	Lina	*(unterbricht ihn)* Oder es könnte ein Flugzeug sein, das abgestürzt ist, zum Beispiel in der Wüste, und denn geht das da hin und hat kein Wasser mehr und steckt denn da drinne und wartet bis Hilfe kommt.
54		*SchülerInnen reden durcheinander.*
55	N. O.	Jetzt müssen wir, glaub ich, mal eben kurz sortieren. Till möchte was sagen. *(Zu Justin)* Wolltest du auch noch was sagen?
56	Justin	Ja.
57	N. O.	Und dann Jona.
58	Till	Ich weiß vielleicht, was das heißt, ähm, der Flügelhagel geistert durch Wiruwaruwolz, die rote, durch Wiruwaruwolz, die rote Fingur plustert sich auf und grausig guckt der Golz.
59	N. O.	*(zu Till)* Ähm, Geheimschrift hast du vorhin gesagt, ne.
60	Lina	Ja, das könnte auch sein, weil man das rückwärts lesen kann.
61		*SchülerInnen lesen Gedicht rückwärts.*
62	N. O.	Ich glaub nicht, dass es rückwärts geht.
63	Jan-Niclas	Wenn man s umdreht vielleicht.
64	N. O.	Das klingt wie ein Zauberspruch, Justin.
65	Lina	*(flüstert mit Jona)* Ja, Jona (♀) hatte grad ne ganz tolle Idee. Es könnte, ähm, ein Geheimspruch hinterher sein, wenn man es umdreht oder ein Zauberspruch.
66	N. O.	Jetzt müssen wir einmal wieder leise werden, jetzt geht s zu viel durcheinander. So, jetzt ist Jona (♂) dran und dann hatte Jona (♀) eine Idee. Jetzt hörn wir den noch mal zu.
67	Jona (♂)	Ja, äh, wenn die rote da, hier wär, *(zeigt auf linke Schulter)* hier die rote und hier die gute *(zeigt auf rechte Schulter)*, hier die böse und hier die liebe (…), und hier, die böse plustert sich auf.

68	Lina	Ich sollte erzählen. Jona (♀) hatte die Idee, wenn man es umdreht, könnte es ein Zauberspruch sein oder ein Geheimspruch und da macht man denn irgendwie, könnte n Zauberspruch sein oder so.
69	Nils	Vielleicht ist es ja auch so, diese, das kann ja auch sein, dass das eine andere, andere Welt gibt.
70	Lina	*(wird unruhig)*
71	N. O.	Lina, du musst jetzt einmal Nils zuhören, weil, der kann da ja gar nicht gegen anreden.
72	Nils	Ne andere Welt, vielleicht ist, n anderes Portal, irgendwo, ähm, vielleicht das Bermuda-Dreieck, und alle, die da rein fahrn, fahrn in diese andere Welt und da ist das (…). Ich sag mal Flugzeugflügel und (…) dann, äh, durch Wiruwaruwolz, so heißt dann eben die Stadt da drin, also wie in ein Bermuda-Dreieck (…), weil Wiruwaru, äh, so nennen die Aliens das (…) und diese rote Fa, Fingur, (…) das ist der Herrscher und da man nicht so aus diesem Bermuda-Dreieck wieder flüchten kann, baun se ein, ähm, großes Labyrinth aus Holz noch, wo man denn erst zum Turm muss, und dann ganz oben ins Weltall kommt und dann kann man erst wieder auf die Erde.
73	Lina	Das kann ja eine andere Sprache sein.
74	Jan-Niclas	Vielleicht, das ist vielleicht n Zauberspruch, wenn man den Namen jetzt nennt (…) *(liest es rückwärts vor)*.
75	Lina	Wie Sesam öffne dich.
76	Jan-Niclas	Sesam öffne dich!
77	N. O.	Eric, Eric möchte noch mal was sagen.
78	Eric	Vielleicht, wie Jona sagt, ähm, vielleicht ist das ja auch, Wiruwaruwolz ein Irrgarten, und dann kommt da ein Schloss.
79	Justin	*(unterbricht ihn)* Eine Tür.
80	Eric	Ja, eine Tür, und wenn man in da reingeht, ist das ein Geisterschloss.
81	Lina	Ja, und dann kommt da ein Gespenst raus und dann kommt so n Tunnel und dann kommen noch mehrere Gespenster (...).
82	Alex	Vielleicht geht s um ein Gespenst und wenn man Wiruwaruwolz sagt, dann geht das auf und dann kommt das Gespenst raus und dann ist Gespenst, ist halt ganz gruselig, oder vielleicht hat das ein Freund an seinen Freund geschrieben und das soll Geheimsprache sein und die haben die selbst entwickelt, und das sollte, sollte ne geheime Nachricht werden.

83	Lina	Oder es gibt so n Buch und das ist ganz versteckt und man findet, und wenn man da das Buch, ähm, inner Bücherei suchen möchte und in einer anderen Bücherei, einer ganz großen Bücherei kaufen kann und dann drückt man dagegen, dann dreht sich ne Tür und man kommt nicht mehr raus und dann geht man weiter, wie, ähm, ja, Eulenstaub oder so.
84	Annkathrin	Oh ja, Lina, hast du das auch gestern gesehen?
85	Lina	Ja, ich kann das schon auswendig. Und denn, und denn war das bei Bibi Blocksberg so, da liegen überall Eulen rum und dann haben die sich auf so Pfosten gestellt und wenn die den Kopf gedreht haben, dann war das richtig. Und dann gab s da noch diesen Eulenstaub, und denn kam heraus, wer ne echte, richtige Eule ist, und wenn das so n Geist wär, dann könnte er auch n echter Geist werden.
86	Jan-Niclas	Aber vielleicht, ähm, vielleicht ist das ja n Karateland (…) und denn *(zeigt Karategriff)* Sesam öffne dich *(Karategriff)* und dann wird alles anders.
87		*SchülerInnen reden durcheinander.*
88	N. O.	Till wollt noch was sagen.
89	Till	Vielleicht, wie Nils gesagt hat, ist der aus ner anderen Welt gekommen und das hat n Alien geschrieben und das Alien, das das geschrieben hat, ähm, das, weil das nicht die Sprache von uns kann, hat es einfach so geschrieben, jeder Satz von rechts nach links, und wenn man den Namen hier von rechts nach links liest, dann heißt es (…)
90	Lina	Oder das Geist, das ist in einem bestimmtem Buch und wenn man die Seite auf, wenn man diese Seite aufklappt, denn kommt da der Geist raus. Oder, da ist n Bild und denn zwinkert das n bisschen und abends (…), denn kommt das raus.
91	Jona (♂)	Und und *(steht auf und macht Bewegungen des Geistes).*
92	N. O. (?)	Jetzt ist Jona erst mal dran.
93	Jona (♂)	*Steht auf und macht Bewegungen des Geistes.*
94	Jan-Niclas	Oder vielleicht das *(wird von mehreren SchülerInnen unterbrochen)*
95	N. O.	So ihr müsst noch mal wieder n bisschen leise werden. Jetzt ist Jan-Niclas und denn Till.
96	Jan-Niclas	Oder hier, der Flügelflagel gaustert, das heißt bestimmt, ähm, der Flügel, hmm, eigentlich vielleicht hier, die Flügellage gaustert (…).
97	Timo	Und was heißt gaustert?
98	Lina	Gaustert *(überlegt):* reden.
99	Alex	Geist – gostert.

100	Jan-Niclas	Ja, die Flügellage geistert.
101	Lina	Jetzt ist erst mal Justin (…).
102	Justin	Vielleicht, vielleicht (…) heißt das ja auch rückwärts gesprochen ru-gli-et-noi.
103	Lina	Oder vielleicht, vielleicht gibt s ja so was, also wenn man DS spielt, dann kommt immer so n Gespenst, und das kommt immer und dann macht das so dimdedim, bei Mario Super (…).
104	N. O.	Ihr müsst euch einmal einigen. *(Zu Eric, der auf die außen liegenden Kärtchen verweist)* Wir haben schon alle mit besprochen, glaub ich. Wir sind schon, wir können, glaub ich, schon alle in die Mitte tun. *(Legen Kärtchen in die Mitte).*
105	Till	Ich geh noch mal zurück zu Nils, weil der hat ja gesagt, da ist ein Schiff untergegangen und die, und die Überschrift heißt ja Gruselett, und da könnte, äh, warn da Menschen in dem Schiff und denn, die sind dann gestorben und denn liegen Skelette unten auf dem Boden und ein großes Skelett als Überschrift.
106	Eric	Oder vielleicht ist das ja auch, Skelette, die gehen können, oder das sind Geister, die nie sterben können.
107	Justin	Oder das Gruselett heißt da aus allen Menschen, die das auf m Schiff warn, und das unter, also das untergegangen ist, von dem anderen Schiff bekämpft wurde, (…) dann warn da alle Menschen (…) und dann kam aus m Himmel, ähm, ein Piratengott, der kam denn runter und hat alle zu einem noch größeren Piratengott gemacht (…), und dann waren die alle zu einem 50 Meter hohem Geist geworden und der spukt dann unter Wasser rum, und zu Essen braucht er nur Luft, nee Wasser.
108	Lina	Aber denn ist ja bald das ganze Wasser weg, das ist ja doof.
109	Alexander	Seltsam. Das passt irgendwie gar nicht zum Gedicht.
110	N. O.	Warum meinst du, das passt nicht zum Gedicht?
111	Alexander	(…) das passt ja irgendwie nicht mit Piraten, wenn da so was war.
112	Till	Aber vielleicht hieß das Schiff auch Gruselett.
113	Alex	Vielleicht wollten die, ist das Schiff gesunken, wie Till, und dann wollten die meisten, die Dingsen, die meisten retten und dann Flügelhagel und wollten die helfen (…) Wiruwaruwolz und mussten sie (…).

4.4 Ergebnisse

Wie erwartet, zeigen die Schülerinnen und Schüler kaum Probleme, sich auf das Gedicht einzulassen. Bei der ersten Textbegegnung wird zwar deutlich, dass die verfremdete Sprache von den Kindern wahrgenommen wird, jedoch zeigen sich wenig Berührungsängste bei der Begegnung mit Alterität. Auch die Grundstimmung des Gedichts wird intuitiv erfasst. Die Beiträge kreisen immer wieder um den Kontext des Gruselns. Annika zum Beispiel beschreibt die rote Fingur als Gespenst (3) und Nils entwirft in seiner Deutung eine gruselige Szene in einer Geisterbahn, wobei er das Gedicht paraphrasiert und in eigene Formulierungen und Vorstellungen überträgt:

> Und denn, äh, der, äh, der Waggon sieht wie n Flügel aus und denn, äh, eben kommt die rote Fingur, die plustert sich dann auf, um die zu erschrecken, und denn und das Letzte denn, da ist irgendwas (...), dann knarrt das Holz öfters und dann ist das auch noch gruselig. (30)

Aber auch die Komik des Gedichts wird aufgegriffen. So amüsieren sich die Kinder sehr beim Vorlesen des Gedichts sowie beim späteren Versuch, den Text, bei dem eine Geheimschrift vermutet wird, rückwärts zu lesen. Der Klang des Gedichts, der als gruselig und/oder komisch empfunden wird, spielt im Gesprächsverlauf eine wichtige Rolle. Die Kinder nutzen die Gelegenheit, einzelne Worte und Verse immer wieder aufzugreifen, nachzusprechen und mit ihnen zu spielen. Jan-Niclas äußert sich explizit in der Abschlussrunde zur Komik:

> Ich fand das Gedicht, ähm, ganz toll und sehr lustig, und ich hab gedacht, ähm, das wär jetzt eigentlich ganz kurz gegangen, aber das war, ach, sehr lustig (...). (133)

Inhaltlich versuchen die Kinder, sich über unterschiedliche Deutungsansätze dem Gedicht zu nähern. Ihre Verstehensansätze lassen sich untergliedern in die Deutung von einzelnen Wörtern oder Sequenzen sowie in übergreifende Textdeutungen. Auffallend ist, dass immer wieder versucht wird, das Gedicht in eine spannende Handlung zu übertragen und es nachzuerzählen. So vermutet Nils, dass es um ein untergegangenes Piratenschiff gehen könnte:

> Und vielleicht ist es ja auch ein Piratenschiff, das untergegangen ist, ne, mit dem Flügel, also die hatten ja vorne auch immer so was, ne. (41)

Er begründet seine Vermutung damit, dass der Flügelflagel eine Galionsfigur sein könnte. Im späteren Verlauf des Gesprächs greift Till den Beitrag von Nils noch einmal auf und stellt einen originellen Zusammenhang zum Titel des Gedichts her:

> Ich geh noch mal zurück zu Nils, weil der hat ja gesagt, da ist ein Schiff untergegangen und die, und die Überschrift heißt ja Gruselett, und da könnte, äh, warn da Menschen in dem Schiff und denn, die sind dann gestorben und denn liegen Skelette unten auf dem Boden und ein großes Skelett als Überschrift. (105)

Till erkennt im Titel des Gedichts die Wortzusammensetzung „gruseln" und „Skelett" zu *Gruselett*, die auch Kretschmer beschreibt (vgl. Wilson 2006, S. 233). Er assoziiert diese Beobachtung mit Nils' Beschreibung des untergegangenen Piratenschiffs. Till führt Nils' Gedanken weiter aus und vermutet, dass die Menschen auf dem Schiff gestorben sind und nun als Skelette auf dem Boden liegen. Das „Skelett" im Titel des Gedichts bildet für ihn einen passenden Rahmen für den beschriebenen Inhalt. In den weiteren Kommentaren wird der Gedanke des Piratenschiffs noch weiter ausgebaut. Justin beschreibt einen Piratengott, der mit den Menschen kämpft und mit Wasser spuckt (107). Diese Interpretation wird jedoch von den anderen Kindern nicht geteilt (108-111). Timo greift im Folgenden den Titel des Gedichts noch einmal auf und bezieht diesen auf ein Schiff. Er deutet ihn im Gegensatz zu Till als Schiffsname:

> Aber vielleicht hieß das Schiff auch Gruselett. (112)

Ein weiterer Deutungsansatz entsteht durch einen Beitrag von Till, der von der Gesprächsleitung wieder aufgriffen wird. Er vermutet, dass es sich bei den sprachlichen Verfremdungen des Gedichts um eine Art Geheimschrift handeln könnte. Dieser Beitrag Tills wird von Lina aufgegriffen. Sie stimmt Till zu und regt die anderen dazu an, das Gedicht rückwärts zu lesen und so zu einer Sinnzuschreibung zu gelangen:

> Ja, das könnte auch sein, weil man das rückwärts lesen kann. (59)

Nachdem das rückwärts Lesen zu nur mäßigem Erfolg geführt hat, kommt die Idee auf, dass es sich um einen Zauberspruch handeln könnte, der in einer anderen Sprache verfasst wurde:

> Lina: Das kann ja eine andere Sprache sein. (73)
> Jan-Niclas: Vielleicht, das ist vielleicht n Zauberspruch, wenn man den Namen jetzt nennt (…) *(liest es rückwärts vor)*. (74)
> Lina: Wie Sesam öffne dich. (75)
> Jan-Niclas: Sesam öffne dich! (76)

Lina stellt die Deutung in Bezug zu dem ihr bekannten Zauberspruch „Sesam öffne dich". Dieser Bezug wird von Jan-Niclas aufgegriffen und erneut ausgesprochen, dann jedoch nicht weiter thematisiert. Der Gedanke der Geheimsprache wird von Alex in Beitrag 82 wieder aufgegriffen. Er spricht von einer geheimen Nachricht zweier Freunde. Diese Äußerung greift Lina erneut auf. Sie aktualisiert ihre Medienerfahrungen und erinnert sich an eine Folge von *Bibi Blocksberg*, zu der sie das Gedicht in Beziehung setzt und deren Handlung sie auf das Gedicht überträgt:

> Lina: Oder es gibt so n Buch und das ist ganz versteckt und man findet, und wenn man da das Buch, ähm, inner Bücherei suchen möchte und in einer anderen Bücherei, einer ganz großen Bücherei kaufen kann und dann drückt man dagegen, dann dreht sich ne Tür und man kommt nicht mehr raus und dann geht man weiter, wie, ähm, ja, Eulenstaub oder so. (83)

Annkathrin:	Oh ja, Lina, hast du das auch gestern gesehen? (84)
Lina:	Ja, ich kann das schon auswendig. Und denn, und denn war das bei Bibi Blocksberg so, da liegen überall Eulen rum und dann haben die sich auf so Pfosten gestellt und wenn die den Kopf gedreht haben, dann war das richtig. Und dann gab s da noch diesen Eulenstaub, und denn kam heraus, wer ne echte, richtige Eule ist, und wenn das so n Geist wär, dann könnte er auch n echter Geist werden. (85)

Till hingegen versucht, sich die verfremdete Sprache wieder in Rückbezug auf einen anderen Beitrag zu erklären. Insgesamt gibt es im Gesprächsverlauf häufig Bezugnahmen der Schülerinnen und Schüler aufeinander. Till greift Nils Anmerkung zur „anderen Welt" (72) auf und deutet die verfremdete Sprache als Werk eines Außerirdischen, der der menschlichen Sprache nicht mächtig ist:

> Vielleicht, wie Nils gesagt hat, ist der aus ner anderen Welt gekommen und das hat n Alien geschrieben und das Alien, das das geschrieben hat, ähm, das, weil das nicht die Sprache von uns kann, hat es einfach so geschrieben, jeder Satz von rechts nach links, und wenn man den Namen hier von rechts nach links liest, dann heißt es (…). (89)

Weitere Handlungen, in die das Gedicht übertragen wird, sind eine Geisterbahnfahrt (27 ff.; 47; 50), ein Flugzeugabsturz (53) sowie ein Gespensterschloss (78-82). Dadurch, dass das Gedicht nicht eindeutig auf eine außertextuelle Realität verweist, löst es eine Vielzahl an Assoziationen und Übertragungen aus. Als Grundlage für ihre Deutungen greifen die Schülerinnen auf ihre Lebenswelt zurück. Till zum Beispiel vermutet hinter der „roten Fingur" einen Fisch. Er begründet diese Analogie unter Rückgriff auf sein Weltwissen:

> Vielleicht ist, ist diese Fingur auch ein Fisch. Es gibt ja auch Fische, die laden sich auf. (39)

Andere Kinder nähern sich wie Lina und Annkathrin dem Gedicht durch Vergleiche mit eigenen Medienerfahrungen. Alexander erkennt in einer Beschreibung von Justin ein ihm bekanntes Handlungsmuster der Comicfigur Batman und setzt dieses zur von Justin dargestellten Handlung in Beziehung:

Justin:	Vielleicht ist da auf der anderen Seite, denn sind das so Tunnel, wo man hinfährt, auf der anderen Seite sind dann so Wagen und dann ist da so ein Monster und guckt, wenn man da lang fährt, (…) guckt an die Wand und das Monster macht dann ein Schatten und dann ist der Schatten immer so: grr grr *(macht Greifbewegungen mit den Händen)*. (33)
Alexander:	Wie Batman. (34)

Jona wiederum wählt einen anderen Zugang zum Gedicht. Er überträgt das Gedicht an mehreren Stellen in Gesten:

> Und und *(steht auf und macht Bewegungen des Geistes)*. (91)

Anhand des von Jona geäußerten „und und" und den erregten Gesten, die er macht, lässt sich erkennen, dass Jona stark in das Gedicht und seine Sprache involviert ist. Dies gilt auch für viele andere, die ihre Beiträge durch Gesten begleiten und unterstützen (z. B. 11, 18, 21, 33, 91, 93 u. a.). Alle setzen sich auf ihre Weise sehr intensiv mit dem Gedicht und seiner Sprache auseinander und wollen zu einem gelingenden Gespräch beitragen. Dies zeigt sich auch daran, dass an einigen Stellen durcheinander geredet wird, um die eigenen Sinnverstehensprozesse mitzuteilen. Auffällig ist jedoch, dass immer wieder ein Miteinander und ein gemeinsames Gespräch entstehen, in dem die Kinder häufig aufeinander Bezug nehmen, sich gegenseitig zu neuen Deutungen führen und dabei auch selbstständig den Gesprächsverlauf steuern:

Jan-Niclas:	Oder vielleicht das *(wird von mehreren unterbrochen)* (94)
N. O.:	So, ihr müsst noch mal wieder n bisschen leise werden. Jetzt ist Jan-Niclas und denn Till. (95)
Jan-Niclas:	Oder hier, der Flügelflagel gaustert, das heißt bestimmt, ähm, der Flügel, hmm, eigentlich vielleicht hier, die Flügellage gaustert (…). (96)
Timo:	Und was heißt gaustert? (97)
Lina:	Gaustert (überlegt): reden. (98)
Alex:	Geist – gostert. (99)
Jan-Niclas:	Ja, die Flügellage geistert. (100)
Lina:	Jetzt ist erst mal Justin (…). (101)
Justin:	Vielleicht, vielleicht (…) heißt das ja auch rückwärts gesprochen ru-gli-et-noi. (102)

Insgesamt zeigt sich durch die vielen Deutungssätze, dass die Kinder von den sprachlichen Verfremdungen des Gedichts sehr fasziniert sind und es dementsprechend in immer neue Handlungen und Gesten übertragen. Die Begeisterung für den Text und die eigenen Deutungsansätze wird noch einmal in der Abschlussrunde aufgegriffen, in der sich viele positiv zum Gesprächsverlauf und zum Gedicht selbst äußern:

Anna Lena:	Ich finde toll, dass wir so viel herausgefunden haben, jetzt habe ich eine viel bessere Vorstellung, wie ich mir das vorstellen muss, weil am Anfang konnte ich mir das gar nicht vorstellen. (118)
Alex:	Ich fand, dass hat wirklich viel Spaß gemacht und ich hätte nicht gedacht, dass die Zeit so schnell vergeht (…) und mir hat auch ganz viel Spaß gemacht, weil man seine Meinung äußern konnte. (132)

Es zeigt sich jedoch auch, dass einige Kinder mit *Gruselett* noch nicht abgeschlossen haben und nach weiteren Deutungen suchen. So greift Alexander noch einmal die verfremdete Sprache auf und stellt heraus, dass er gerne erfahren würde, was der Autor sich bei der Verfremdung der Wörter gedacht hat:

Alexander:	Also ich fands auch schön, aber ich finde, wir haben irgendwie nicht so viel herausgefunden. (119)
N. O.:	Was wäre dir noch wichtig, was hättest du noch gerne herausgefunden? (120)
Alexander:	Also wie das jetzt umgesetzt heißt, weil wie die Buchstaben jetzt richtig wären, da müssten wir ja einfach nur den Mann fragen. (121)

Hier zeigt sich die Sehnsucht nach der richtigen und einfachen Deutung, für die der Autor einstehen sollte, die es aber gerade bei diesem Gedicht nicht gibt. Alexanders Auffassung steht hier gegen Anna Lenas Ansicht, „dass wir so viel herausgefunden haben". Beide haben unterschiedliche Erfahrungen mit dem Gedicht und dem Gespräch gemacht und es wäre an dieser Stelle unangemessen, diese Erfahrungen zu kommentieren oder gar zu bewerten.

Es ist nicht untypisch, dass gerade Anna Lena und Alexander sich auf diese Art äußern. Hinsichtlich der Ambiguitätstoleranz zeigen sich in den Gesprächen häufig dementsprechende geschlechtsspezifische Unterschiede. Ein sinnvoller nächster Lernschritt könnte sein, mit Alexander auf der Grundlage seines Lesetagebuchs über seine Leseerfahrungen ins Gespräch zu kommen. Für den Moment des Gesprächs selbst ist es wichtig, dass er es als positive Erfahrung verbucht („also ich fands auch schön") – als eine Begegnung mit Literatur, in der er auch mit seinen eigenen Erfahrungen zu Wort kommen kann.

Insgesamt ist die Begeisterung für das Gedicht *Gruselett* durch das literarische Gespräch bei den Schülerinnen und Schülern so groß und nachhaltig, dass viele darum bitten, das Gedicht als neues „Gedicht des Monats" in der Klasse aufzuhängen.

5. Fazit

Es konnte aufgezeigt werden, dass literarische Gespräche bereits in der Grundschule mit einer entsprechenden „Passung" an die jeweilige Lerngruppe möglich sind. Bei einer gezielten und angeleiteten Einführung entstehen fruchtbare Lernsituationen für Grundschülerinnen und -schüler, in denen sie ihre literarischen Kompetenzen gewinnbringend weiterentwickeln können. Ein besonderes Potential der Heidelberger Konzeption kann darüber hinaus in der nachhaltigen Wirkung auf das Selbstkonzept der Schülerinnen und Schüler gesehen werden. Die von der Lehrerin vertretene Grundhaltung des Modells, dass die eigene Meinung der Kinder wichtig und ‚richtig' ist und von der Lehrkraft geschätzt und akzeptiert wird, bewirkte in der vorgestellten

Klasse bei vielen, vor allem bei den stilleren und schwachen Kindern, dass sie den Mut fassten, sich einzubringen, ihre eigene Meinung zu äußern und diese und die der anderen Kinder wertzuschätzen. Aktuelle Studien der Lesesozialisationsforschung stützen diese Beobachtung. So konnte nachgewiesen werden, dass das Interesse an und die Akzeptanz von Schülermeinungen einer der wichtigsten Faktoren für eine gelingende schulische Lesesozialisation darstellt (vgl. Ohlsen 2008, S. 102).

Diese Befunde sollten dazu Anlass geben, dass das literarische Gespräch in unterschiedlichen, von der konkreten Lerngruppe abhängigen Modifikationen verstärkt in die Praxis der Grundschulen Einzug hält, damit möglichst viele ebenso gewinnbringende Erfahrungen machen können wie die in diesem Beitrag vorgestellte dritte Klasse. Der Weg dorthin ist sicher nicht immer leicht: Bei großen Klassen ist die Umsetzung schwieriger; die Schülerinnen und Schüler müssen langsam an das Konzept gewöhnt werden und vor allem die Lehrkräfte müssen bereit sein, sich auf die Sinnsuche und ein authentisches Miteinander mit den Kindern einzulassen. Aber der Beitrag zeigt, dass es sich lohnt, Stolpersteine zu überwinden, um Erfahrungen in literarischen Gesprächen zu ermöglichen – Erfahrungen, die für ihr literarisches Verstehen und ein positives (literarisches) Selbstkonzept fruchtbar werden können.

Primärliteratur

Manes-Wagner, Hauke (2002): Es klingelt ... In: ders.: Mut-Mach-Geschichten. Geschichten zum Weiterträumen. Pädagogisch wertvolle Geschichten für Kinder. Gelnhausen: Wagner Verlag, S. 49–57

Morgenstern, Christian ([1932] 1981): Alle Galgenlieder: Galgenlieder. Palmström. Palma Kunkel. Der Gingganz. Fotomechanischer Nachdruck der Erstausgabe. Zürich: Diogenes

Waechter, Philip (2005): Rosi in der Geisterbahn. Weinheim; Basel: Beltz

Sekundärliteratur

Cwik, Gabriele; Risters, Willi (2004): Lernen lernen von Anfang an. Bd. 2: Kommunikation und Kooperation trainieren – Für die Klassen 1-4. Berlin: Cornelsen Scriptor

Garbe, Christine; Philipp, Maik; Ohlsen, Nele (2009): Lesesozialisation. Ein Arbeitsbuch für Lehramtsstudierende. Paderborn: Schöningh

Haas, Gerhard; Menzel, Wolfgang; Spinner, Kaspar H. (1994): Handlungs- und produktionsorientierter Deutschunterricht. In: Praxis Deutsch, Jg. 21, H. 123, S. 17–25

Härle, Gerhard; Steinbrenner, Marcus (2004): Das literarische Gespräch im Unterricht und in der Ausbildung von Deutschlehrerinnen und -lehrern. Eine Einführung. In: Kein endgültiges Wort. Die Wiederentdeckung des Gesprächs im Literaturunterricht. Hg. von Gerhard Härle und Marcus Steinbrenner. Redaktionelle Mitarbeit: Johannes Mayer. Baltmannsweiler: Schneider Verlag Hohengehren, S. 1–24

Korthals, Holger (2003): Zwischen Drama und Erzählung. Ein Beitrag zur Theorie geschehensdarstellender Literatur. Berlin: Erich Schmidt Verlag

Lypp, Maria (1997): Schwankende Schritte. Mehrdeutigkeiten in Texten für Kinder. In: Kinderliteratur, literarische Sozialisation und Schule. Hg. von Bernhard Rank und Cornelia Rosebrock. Weinheim: Deutscher Studien Verlag, S. 101–115

Niedersächsisches Kultusministerium (Hg.) (2006): Kerncurriculum für die Grundschule. Deutsch. Niedersachsen. Hannover: Unidruck

Ohlsen, Nele (2008): Lesen zwischen Lust und Frust. Eine empirische Untersuchung zur Lesesozialisation in der Schule anhand autobiografischer Texte. Unveröffentlichte Examensarbeit. [Masch. Ms., Universität Lüneburg

Ohlsen, Nele (2010): Förderung der literarischen Kompetenz durch Einführung und Erprobung des Literarischen Gesprächs mit Texten zum Thema „Mut und Angst". Eine Unterrichtsreihe in einem dritten Schuljahr. Unveröffentlichte Hausarbeit im Rahmen des 2. Staatsexamens für das Lehramt an Grund-, Haupt- und Realschulen. [Masch. Ms., Studienseminar Celle für das Lehramt an Grund-, Haupt- und Realschulen

Rosebrock, Cornelia; Nix, Daniel (2008): Grundlagen der Lesedidaktik und der systematischen Leseförderung. 2., korr. Aufl., Baltmannsweiler: Schneider Verlag Hohengehren

Spinner, Kaspar H. (2006): Literarisches Lernen. In: Praxis Deutsch, Jg. 33, H. 200, S. 6–16

Steinbrenner, Marcus; Wiprächtiger-Geppert, Maja (2006): Verstehen und Nicht-Verstehen im Gespräch. Das Heidelberger Modell des Literarischen Unterrichtsgesprächs. In: Literatur im Unterricht, Jg. 7, H. 3, S. 227–241

Wieler, Petra (1989): Sprachliches Handeln im Literaturunterricht als didaktisches Problem. Bern u. a.: Lang

Wilson, Anthony (2003): Über die Galgenlieder Christian Morgensterns. Würzburg: Königshausen & Neumann

Wiprächtiger-Geppert, Maja (2009): Literarisches Lernen in der Förderschule. Eine qualitativ-empirische Studie zur literarischen Rezeptionskompetenz von Förderschülerinnen und -schülern in Literarischen Unterrichtsgesprächen. Baltmannsweiler: Schneider Verlag Hohengehren

Anhang

Auswahlbibliographie „Gespräche im Literaturunterricht"
Zusammengestellt von Felix Heizmann und Marcus Steinbrenner

Die hier vorliegende Auswahlbibliographie stellt die aktuelle Literatur zur Didaktik des Gesprächs im Literaturunterricht zusammen. Sie basiert auf der von Marcus Steinbrenner im Jahr 2004 vorgelegten Auswahlbibliographie, wobei der Fokus dieser Zusammenstellung enger gefasst wurde: Aufgenommen wurden jene Titel, in denen explizit *Literatur als Gegenstand von Gesprächen im Deutschunterricht* thematisiert wird. Daneben wurde eine Auswahl an didaktisch relevanten Arbeiten aus der Lesesozialisationsforschung und der Gesprächsforschung berücksichtigt. Für allgemeine Literatur zur Mündlichkeit und Gesprächsdidaktik verweisen wir auf die aktuellen Bibliographien in Abraham (2008) und Becker-Mrotzek (2009).

Der Erfassungszeitraum dieser Auswahlbibliographie beginnt 1985 und erstreckt sich über die letzten 25 Jahre, wobei auch einzelne ältere Titel aufgenommen wurden, sofern sie in ihrer Wirkungsgeschichte von Belang waren; Redaktionsschluss der Aufnahme war der 30.06.2010. Für ältere Titel wird auf die bekannten Bibliographien von Behme (1977) und Boueke (1978, 1984) und die bibliographischen Nachweise in den IDE-Heften bis 1985/1986 verwiesen. Eine vertiefte Auseinandersetzung mit englischsprachiger Fachliteratur eröffnet die gründliche Bibliographie *Empirical studies on verbal interaction and literary understanding* von Tanja Janssen und Irene Pieper (2009).

Des Weiteren sei an dieser Stelle angemerkt, dass das Fehlen einer einschlägigen deutschdidaktischen Fachbibliographie ein erhebliches Desiderat darstellt, weshalb ein systematisches, effektives und zuverlässiges Bibliographieren nur unter großem Zeitaufwand möglich ist. Diese Auswahlbibliographie erhebt keinen Anspruch auf Vollständigkeit und möchte dennoch der interessierten Leserin/dem interessierten Leser einen Zugang zu weiterführender Literatur eröffnen.

Verzeichnis der verwendeten Siglen

DD	Diskussion Deutsch
DiDeu	Didaktik Deutsch
DU	Der Deutschunterricht
DUB	Deutschunterricht [1948 ff. Berlin/DDR, ab 1989 Berlin, ab 2001 Braunschweig]
LiU	Literatur im Unterricht

LWU	Literatur in Wissenschaft und Unterricht
OBST	Osnabrücker Beiträge zur Sprachtheorie
PD	Praxis Deutsch
SPIEL	Siegener Periodicum zur Internationalen Empirischen Literaturwissenschaft

Abraham, Ulf (1998): Übergänge. Literatur, Sozialisation und Literarisches Lernen. Opladen; Wiesbaden: Westdeutscher Verlag, S. 193–211, S. 267–272

Abraham, Ulf (2005): Gespräche über Literatur – eine alte Aufgabe des Deutschunterrichts in neuer Sicht. In: PD, Jg. 32, H. 192, S. 62 [Rezension zu Härle; Steinbrenner 2004b]

Abraham, Ulf (2008): Sprechen als reflexive Praxis. Mündlicher Sprachgebrauch in einem kompetenzorientierten Deutschunterricht. Freiburg: Fillibach, S. 115–123

Andresen, Ute (1999): Versteh mich nicht so schnell. Gedichte lesen mit Kindern. Überarb. und erw. Aufl., Weinheim; Basel: Beltz

Andresen, Ute (2000): Ausflüge in die Wirklichkeit. Grundschulkinder lernen im Dreifachen Dialog. Weinheim; Basel: Beltz

Andresen, Ute (2004): Wer spricht? Was spricht? Wie spricht das Gedicht. In: Härle; Steinbrenner (2004b), S. 175–189

Baum, Michael (2007): Verstehen und Nichtverstehen im Diskurs der Literaturdidaktik. In: LiU, Jg. 8, H. 2, S. 143-153

Baum, Michael (2010a): „In bröckelndem Lehm festgebissen". In: Wirkendes Wort, Jg. 60, H. 1, S. 167–170 [Rezension zu Härle; Heizmann 2009]

Baum, Michael (2010b): Literarisches Verstehen und Nichtverstehen. Kulturtheorie und Literaturunterricht. In: Taschenbuch des Deutschunterrichts. Bd. 2: Literatur- und Mediendidaktik. Hg. von Volker Frederking u. a. Baltmannsweiler: Schneider Verlag Hohengehren, S. 100–123

Becker-Mrotzek, Michael (Hg.) (2009): Mündliche Kommunikation und Gesprächsdidaktik. Deutschdidaktik in Theorie und Praxis, Bd. 3. Baltmannsweiler: Schneider Verlag Hohengehren

Becker-Mrotzek; Vogt, Rüdiger (2009): Unterrichtskommunikation. Linguistische Analysemethoden und Forschungsergebnisse. 2., bearb. und aktual. Aufl., Tübingen: Max Niemeyer Verlag, S. 54–56

Behme, Helma (1977): Zur Theorie und Praxis des Gesprächs in der Schule – eine Bibliographie. Kastellaun: Henn

Beiersdorf, Günter; Schöttker, Detlev (1978): Alltagsgespräch, literarischer Dialog, ästhetische Kommunikation. Zur neueren Diskussion in Literaturwissenschaft und Linguistik. In: DD, Jg. 9, H. 44, S. 501–519

Boehm, Johann (1984): Das Unterrichtsgespräch. Erläuterungen und methodische Hinweise an literarischen Werken. Frankfurt a. M. u. a.: Lang

Boueke, Dietrich u. a. (Hg.) (1978): Bibliographie Deutschunterricht. Ein Auswahlverzeichnis. 3., bearb. und erg. Aufl., Paderborn: Schöningh

Boueke, Dietrich u. a. (Hg.) (1984): Bibliographie Deutschunterricht. Ergänzungsband 1977-1983. Ein Auswahlverzeichnis. Paderborn: Schöningh

Braun, Georg (1993): Buchdiskussion im Klassenzimmer. In: Leseförderung und Leseerziehung. Theorie und Praxis des Umgangs mit Büchern für junge Leser. Hg. von Ortwin Beisbart u. a. Donauwörth: Auer, S. 203–210

Bräuer, Christoph (2009): Über Literatur sprechen lernen. Das literarische Gespräch im Unterricht. Reihe Unterrichtsentwicklung. Frankfurt a. M.: Amt für Lehrerbildung

Brusch, Wilfried (1980): Zur Konzeption von Textarbeit und Unterrichtsgespräch als Elemente einer fremdsprachlichen Bildung. In: Neusprachliche Mitteilungen aus Wissenschaft und Praxis, Jg. 33, H. 1, S. 29–36

Brusch, Wilfried (1984): Pädagogischer Dialog und echtes Gespräch. Eine Englischstunde zu James Thurbers „The Secret Life of Walter Mitty". In: Englisch-Amerikanische Studien, Jg. 6, H. 3, S. 415–428

Brusch, Wilfried (1986): Text und Gespräch in der fremdsprachlichen Erziehung. Hamburg: ELT

Burbaum, Christina (2007): Vom Nutzen der Poesie. Zur biografischen und kommunikativen Aneignung von Gedichten. Eine empirische Studie. Bielefeld: transcript Verlag, S. 231–313

Burwitz-Melzer, Eva (2004): Unterrichtsgespräche beim Einsatz von Literatur im Fremdsprachenunterricht. In: Rezeptionsästhetische Literaturdidaktik mit Beispielen aus dem Fremdsprachenunterricht Englisch. Hg. von Lothar Bredella und Eva Burwitz-Melzer. Tübingen: Narr, S. 237–324

Chambers, Aidan (1993): Tell me: Children, Reading & Talk. Lockwood u. a.: The Thimble Press

Charlton, Michael; Sutter, Tilmann (2007): Lese-Kommunikation: Mediensozialisation in Gesprächen über mehrdeutige Texte. Bielefeld: transcript Verlag, S. 119–146

Christ, Hannelore; Fischer, Eva; Fuchs, Claudia; Merkelbach, Valentin; Reuschling, Gisela (1995): „Ja aber es kann doch sein ...". In der Schule literarische Gespräche führen. Frankfurt a. M.: Lang

Christ, Hannelore; Fuchs, Claudia; Merkelbach, Valentin (1993): In der Schule literarische Gespräche führen. In: Jahrbuch der Deutschdidaktik. Tübingen: Narr, S. 25–40

Delius, Annette (1977): Einige Schwierigkeiten der Kommunikation über Literatur im Unterricht. In: DU, Jg. 29, H. 2, S. 49–62

Eggert, Hartmut; Berg, Hans Christoph; Rutschky, Michael (1974): Literaturrezeption von Schülern als Problem der Literaturdidaktik. In: Ästhetische Erfahrung und literarisches Lernen. Hg. von Wilhelm Dehn. Frankfurt a. M.: Fischer, S. 267–298

Eggert, Hartmut; Berg, Hans Christoph; Rutschky, Michael (1975): Schüler im Literaturunterricht. Ein Erfahrungsbericht. Köln: Kiepenheuer & Witsch

Eggert, Hartmut; Rutschky, Michael (1979): Interpretation und literarische Erfahrung. Überlegungen aus einem Forschungsprojekt zur literarischen Sozialisation. In: Interpretative Verfahren in den Sozial- und Textwissenschaften. Hg. von Hans-Georg Soeffner. Stuttgart: Metzler, S. 275–287

Falschlehner, Gerhard (1996): Will uns der Autor etwas sagen? Acht wohlgemeinte Ratschläge zum Umgang mit Texten. In: ide, Jg. 20, H. 4, S. 61–76

Frank, Gerhard; Riethmüller, Walter (1972): Die Rolle des Unterrichtsgesprächs bei der Behandlung von Lesetexten. In: dies. (Hg.): Deutschstunden in der Sekundarstufe. Unterrichtsvorbereitung und Unterrichtsanalyse. 2. Aufl., Stuttgart: Klett, S. 41–50

Garbe, Christine (1997): Einsame Lektüre oder Kommunikation? Zwei kontroverse Leitvorstellungen zu kindlichen Lektüreprozessen. In: Zwischen Leseanimation und literarischer Sozialisation. Konzepte der Lese(r)förderung. Hg. von Thomas Eicher. Oberhausen: Athena

Garbe, Christine (2009a): Günstige Dynamiken: Kommunikative und kreative Aneignungsformen von Literatur in der gymnasialen Oberstufe. In: Texte lesen. Lesekompetenz – Textverstehen – Lesedidaktik – Lesesozialisation. Hg. von Christine Garbe, Karl Holle und Tatjana Jesch. Paderborn: Schöningh, S. 210–213

Garbe, Christine (2009b): Lesen in der Familie: Übergänge von der Mündlichkeit zur Schriftlichkeit. In: Texte lesen. Lesekompetenz – Textverstehen – Lesedidaktik – Lesesozialisation. Hg. von Christine Garbe, Karl Holle und Tatjana Jesch. Paderborn: Schöningh, S. 178–181

Garbe, Christine (2010): Wie kann Literaturunterricht gelingen? Ein Versuch aus der Perspektive der lesebiographischen Forschung. In: Vom Sinn des Erzählens. Geschichte, Theorie und Didaktik. Festschrift für Jörn Stückrath. Hg. von Claudia Albes und Anja Saupe. Frankfurt a. M. u. a.: Lang, S. 193–210

Göbel, Reinhard (1989): Gespräche über literarische Werke im Unterricht. In: DUB, Jg. 42, H. 5, S. 239–243

Haas, Gerhard (1997): Handlungs- und produktionsorientierter Literaturunterricht. Theorie und Praxis eines „anderen" Literaturunterrichts für die Primar- und Sekundarstufe. Seelze: Kallmeyer, S. 45–51

Härle, Gerhard (2004a): Literarische Gespräche im Unterricht. Versuch einer Positionsbestimmung. In: Wege zum Lesen und zur Literatur. Hg. von Gerhard Härle und Bernhard Rank. Baltmannsweiler: Schneider Verlag Hohengehren, S. 137–168

Härle, Gerhard (2004b): Lenken – Steuern – Leiten. Theorie und Praxis der Leitung literarischer Gespräche in Hochschule und Schule. In: Härle; Steinbrenner (2004b), S. 107–139

Härle, Gerhard (2008): Literarische Bildung im Spannungsfeld von Erfahrung und Theorie. In: „Sich bilden, ist nichts anders, als frei werden". Sprachliche und literarische Bildung als Herausforderung für den Deutschunterricht. Hg. von Gerhard Härle und Bernhard Rank. Baltmannsweiler: Schneider Verlag Hohengehren, S. 39–62

Härle, Gerhard (2010): Irritation und Nicht-Verstehen. Zur Hermeneutik als Provokation für die Literaturdidaktik. In: Kulturtheoretische Kontexte für die Literaturdidaktik. Hg. von Michael Baum und Marion Bönnighausen. Baltmannsweiler: Schneider Verlag Hohengehren, S. 9–23

Härle, Gerhard; Heizmann, Felix (2009): „In bröckelndem Lehm festgebissen". Franz Kafkas Studie *Die Brücke*: Bedeutungspotential und Perspektiven literarischen Lernens. Baltmannsweiler: Schneider Verlag Hohengehren

Härle, Gerhard; Mayer, Johannes (2001): Literarische Gespräche im Unterricht führen. Ein Erfahrungsaustausch mit Ute Andresen. In: Lesezeichen. Schriftenreihe des Lesezentrums der Pädagogischen Hochschule Heidelberg, H. 9, S. 33–91

Härle, Gerhard; Mayer, Johannes; Steinbrenner Marcus (2004): Das literarische Unterrichtsgespräch. Ein Forschungsprojekt an der Pädagogischen Hochschule Heidelberg. In: Ein langer Weg zu einer forschungsbasierten Bildungswissenschaftlichen Hochschule. Einblicke in 100 Jahre Lehrerbildung in Heidelberg. Hg. von der Pädagogischen Hochschule Heidelberg u. a. Heidelberg: Pädagogische Hochschule, S. 166–176

Härle, Gerhard; Steinbrenner Marcus (2003a): „Alles *Verstehen* ist ... immer zugleich ein *Nicht-Verstehen.*" Grundzüge einer verstehensorientierten Didaktik des literarischen Unterrichtsgesprächs. In: LiU, Jg. 4, H. 2, S. 139–162

Härle, Gerhard; Steinbrenner, Marcus (2003b): Der „Parcours des Textsinns" und das „wahre Gespräch". Zur verstehensorientierten Didaktik des literarischen Unterrichtsgesprächs. In: LWU, Jg. 36, H. 3, S. 247–278

Härle, Gerhard; Steinbrenner, Marcus (2004a): Das literarische Gespräch im Unterricht und in der Ausbildung von Deutschlehrerinnen und -lehrern. Eine Einführung. In: Härle; Steinbrenner (2004b), S. 1–24

Härle, Gerhard; Steinbrenner, Marcus (Hg.) (2004b): Kein endgültiges Wort. Die Wiederentdeckung des Gesprächs im Literaturunterricht. Redaktionelle Mitarbeit: Johannes Mayer. Baltmannsweiler: Schneider Verlag Hohengehren [erneut erschienen 2010 als 2., unveränd. Aufl.]

Hausendorf, Heiko (2005): Die Kunst des Sprechens über Kunst. Zur Linguistik einer riskanten Kommunikationspraxis. In: Beschreibend wahrnehmen – wahrnehmend beschreiben. Sprachliche und ästhetische Aspekte kognitiver Prozesse. Hg. von Peter Klotz und Christine Lubkoll. Freiburg i. Br.: Rombach, S. 99–134

Hausendorf, Heiko (2006): Gibt es eine Sprache der Kunstkommunikation? Linguistische Zugangsweisen zu einer interdisziplinären Thematik. In: Sprachen ästhetischer Erfahrung. Hg. von Gert Mattenklott und Martin Vöhler. Paragrana. Internationale Zeitschrift für historische Anthropologie. Berlin: Akademie-Verlag, Jg. 15, H. 2, S. 65–98

Hausendorf, Heiko (2007): Die Sprache der Kunstkommunikation und ihre interdisziplinäre Relevanz. In: ders. (Hg.): Vor dem Kunstwerk. Interdisziplinäre Aspekte des Sprechens und Schreibens über Kunst. München; Paderborn: Fink, S. 17–51

Hellekamps, Stephanie (2001): Literaturunterricht und die „Ästhetik der pädagogischen Kommunikation". Klaus Mollenhauers Frage nach der ästhetischen Bildung und die neuere literaturdidaktische Diskussion. In: Zeitschrift für Erziehungswissenschaft, Jg. 4, H. 1, S. 23–37

Hölsken, Hans-Georg; Grewenig, Adi (1981): Sich über Verstehen verständigen – oder: Was tun Schüler, wenn sie Texte interpretieren? In: OBST, Jg. 5, H. 20, S. 182–216

Hurrelmann, Bettina (1987): Textverstehen im Gesprächsprozeß – zur Empirie und Hermeneutik von Gesprächen über die Geschlechtertauscherzählungen. In: dies. (Hg.): Man müßte ein Mann sein...? Interpretationen und Kontroversen zu Geschlechtertausch-Geschichten in der Frauenliteratur. Düsseldorf: Schwann, S. 57–82

Ivo, Hubert (1994): Reden über poetische Sprachwerke. Ein Modell sprachverständiger Intersubjektivität. In: ders. (Hg.): Muttersprache, Identität, Nation. Opladen: Westdeutscher Verlag, S. 222–271

Ivo, Hubert (2004): Zwölf Fußnoten zu dem Versuch, mit Studierenden ein literarisches Gespräch zu führen, und zwar über den Visionstext *Scivias I.1* der Hildegard von Bingen. In: Härle; Steinbrenner (2004b), S. 61–73

Jäkel, Olaf (2001): Sokratisches Textgespräch. Ein Modell zur schülerorientierten Gedichtinterpretation im Englischunterricht mit Fortgeschrittenen. Frankfurt a. M. u. a.: Lang

Janssen, Tanja; Pieper, Irene (2009): Empirical Studies on verbal interaction and literary understanding. Online: http://l1.publication-archive.com/public?fn=enter&repository=1&article=295 [Abruf: 30. 06. 2010]

Kilian, Jörg (2002): Lehrgespräch und Sprachgeschichte. Untersuchungen zur historischen Dialogforschung. Tübingen: Niemeyer

Köppert, Christine (1997): Entfalten und Entdecken. Zur Verbindung von Imagination und Explikation im Literaturunterricht. München: Vögel

Köppert, Christine; Spinner, Kaspar H. (1996): Zum Gespräch im Literaturunterricht. In: SPIEL, Jg. 15, H. 1, S. 24–43

Kruse, Iris (2007): Vorlesegespräche und das Verstehen erzählender Texte. In: Grundschulunterricht, Jg. 54, H. 5, S. 4–8

Langenmayr, Margret (1993): Lese-Erfahrungen im Gruppengespräch: ein Beitrag zur psychoanalytischen Erforschung literarischer Rezeptionsprozesse. Frankfurt a. M. u. a.: Lang

Maiwald, Klaus (2001): Literatur lesen lernen. Begründung und Dokumentation eines literaturdidaktischen Experiments. Baltmannsweiler: Schneider Verlag Hohengehren, S. 84–92

Martens, Gunter (1982): „Seit ein Gespräch wir sind" – Wege zur Erschließung Hölderlinscher Texte im Gruppengespräch. In: DD, Jg. 13, H. 67, S. 436–460

Mayer, Johannes (2004): Literarische Gespräche: Strukturen – Verstehenslinien – Phasen. In: Härle; Steinbrenner (2004b), S. 141–174

Mayer, Johannes (2006): Art. „Literarisches Gespräch". In: Lexikon Deutschdidaktik. Bd. 1. Hg. von Heinz-Jürgen Kliewer und Inge Pohl. Baltmannsweiler: Schneider Verlag Hohengehren, S. 457–460

Merkelbach, Valentin (1995): Zur Theorie und Didaktik des literarischen Gesprächs. In: „Ja aber es kann doch sein …". In der Schule literarische Gespräche führen. Hg. von Hannelore Christ u. a. Frankfurt a. M.: Lang, S. 12–52

Merkelbach, Valentin (1997): „… wenn wir sie läsen und darüber sprächen". Zu Maximilian Nutz: „Schülerzentrierte Literatur-Gespräche – Gespräche über Literatur?" In: DiDeu, Jg. 3, H. 4, S. 90–92

Merkelbach, Valentin (1998a): Das literarische Gespräch zwischen Leselust und Lehrgang. Aporie des Literaturunterrichts. In: Über ein anderes Bild von Lehre. Hg. von Ursula Fritsch und Heide-Karin Maraun. Weinheim: Deutscher Studienverlag, S. 83–92

Merkelbach, Valentin (1998b): Über literarische Texte sprechen. Mündliche Kommunikation im Literaturunterricht. In: DU, Jg. 50, H. 1, S. 74–82

Merkelbach, Valentin (2002): Das literarische Gespräch im Unterricht. In: Interpretationen und Modelle für den Deutschunterricht zu 130 Schulklassikern und Jugendbüchern. Hg. von Jakob Ossner, Cornelia Rosebrock und Irene Pieper. Berlin: Cornelsen [CD-Rom]

Merkelbach, Valentin (2004): Aspekte des literarischen Gesprächs in der aktuellen fachdidaktischen Diskussion. In: Härle; Steinbrenner (2004b), S. 97–106

Nissen, Rudolf (1992): Rezeptionsgespräche als Lerngespräche: Schema-Begriff und kommunikatives Lernen im fremdsprachlichen Literaturunterricht. In: Prozeßorientierung in der Fremdsprachendidaktik. Hg. von Uwe Multhaup und Dieter Wolff. Frankfurt a. M.: Diesterweg

Nissen, Rudolf (2002): Textauswahl und Lerngespräch. In: Arbeitsfelder der Literaturdidaktik: Bilanz und Perspektiven. Lothar Bredella zum 65. Geburtstag. Hg. von Michael Legutke u. a. Tübingen: Narr, S. 19-36

Nutz, Maximilian (1997): Schülerzentrierte Literatur-Gespräche – Gespräche über Literatur? In: DiDeu, Jg. 2, H. 3, S. 86–92 [Rezension zu Valentin Merkelbach (1995) und Johannes Werner (1996)]

Ohlsen, Nele (2009): Günstige Dynamiken: Kommunikative und kreative Aneignungsformen von Literatur in der gymnasialen Oberstufe. In: Lesesozialisation. Ein Arbeitsbuch für Lehramtsstudierende. Hg. von Christine Garbe, Maik Philipp und Nele Ohlsen. Paderborn: Schöningh, S. 181–193

Paefgen, Elisabeth K. (1996): Reicher Materialfundus. In: PD, Jg. 23, H. 135, S. 13-15 [Rezension zu Christ u. a. 1995]

Paefgen, Elisabeth K. (2006): Einführung in die Literaturdidaktik. 2. aktual. und erw. Aufl., Stuttgart; Weimar: Metzler, S. 118–125

Pfleger, Reinhardt (1982): Studien zur Konstituierung einer rezeptionsanalytisch fundierten Literaturdidaktik. Frankfurt a. M.: Lang

Pieper, Irene (2004): Poetische Verdichtung: Schüler und Schülerinnen interpretieren Rose Ausländers Gedicht *Zirkuskind* im Unterrichtsgespräch. In: Härle; Steinbrenner (2004b), S. 219–239

Reinbacher-Kaulen, Brigitte (1994): „Also ich hatte mal ne Familie". Ein literarisches Gespräch unter Mädchen. In: DD, Jg. 25, H. 136, S. 98–105

Rupp, Gerhard (2002): Empirisches Beispiel: Interpretation im Literaturunterricht. In: Lesekompetenz. Bedingungen, Dimensionen, Funktionen. Hg. von Norbert Groeben und Bettina Hurrelmann. Weinheim; München: Juventa, S. 106–120

Scheffer, Bernd (1995): Klischees und Routinen der Interpretation. Vorschläge für eine veränderte Literaturdidaktik. In: DU, Jg. 47, H. 3, S. 74–83

Schmalohr, Emil (2008): Kann ich lesen, hab ich Flügel. Lesegespräche mit Kindern. Göttingen: Vandenhoeck & Ruprecht

Schmidt, Karl-Wilhelm (2001): Gespräche über literarische Texte: Der Ingeborg-Bachmann-Wettbewerb im Unterricht. In: DU, Jg. 53, H. 6, S. 65–70

Sexl, Martin (2003): Literatur und Erfahrung. Ästhetische Erfahrung als Reflexionsinstanz von Alltags- und Berufswissen. Eine empirische Studie. Innsbruck: Studia Universitätsverlag

Spinner, Kaspar H. (1987a): Interpretieren im Deutschunterricht. In: PD, Jg. 14, H. 81, S. 17–23

Spinner, Kaspar H. (1987b): Zur Rolle des Lehrers im Unterrichtsgespräch. In: Zur Psychologie des Literaturunterrichts. Schülerfähigkeiten – Unterrichtsmethoden – Beispiele. Hg. von Heiner Willenberg u. a. Frankfurt a. M.: Diesterweg, S. 186–188

Spinner, Kaspar H. (1992): Sokratisches Lehren und die Dialektik der Aufklärung. Zur Kritik des fragend-entwickelnden Unterrichtsgesprächs. In: DD, Jg. 23, H. 126, S. 309–321

Spinner, Kaspar H. (2004): Gesprächseinlagen beim Vorlesen. In: Härle; Steinbrenner (2004b), S. 291–307

Spinner, Kaspar H. (2006): Literarisches Lernen. In: PD, Jg. 33, H. 200, S. 6–16

Spinner, Kaspar H. (2007): Lesestrategien oder literarisches Gespräch? In: Neue Wege zu und mit literarischen Texten. Hg. von Christiane Fäcke und Wolfgang Wangerin. Baltmannsweiler: Schneider Verlag Hohengehren, S. 18–29

Steinbrenner, Marcus (2004a): Aspekte des Verstehens bei Schleiermacher und ihre Bedeutung für die Literaturdidaktik und das Literarische Gespräch. In: Härle; Steinbrenner (2004b), S. 25–59

Steinbrenner, Marcus (2004b): Auswahlbibliographie „Gespräche im Literaturunterricht". In: Härle; Steinbrenner (2004b), S. 309–319

Steinbrenner, Marcus (2006): Art. „Verstehen". In: Lexikon Deutschdidaktik. Bd. 2. Hg. von Heinz-Jürgen Kliewer und Inge Pohl. Baltmannsweiler: Schneider Verlag Hohengehren, S. 787–793

Steinbrenner, Marcus (2009): Mimetische Annäherung an lyrische Texte im Sprach-Spiel des literarischen Gesprächs. In: Literatur als Spiel. Evolutionsbiologische, ästhetische und pädagogische Aspekte. Beiträge zum Deutschen Germanistentag 2007. Hg. von Thomas Anz und Heinrich Kaulen. Berlin; New York: de Gruyter, S. 645–668

Steinbrenner, Marcus (2010a): Mimesis in Literarischen Gesprächen und poetisches Verstehen. In: Poetisches Verstehen. Literaturdidaktische Positionen – empirische Forschung – Projekte aus dem Deutschunterricht. Hg. von Iris Winkler, Nicole Masanek und Ulf Abraham. Baltmannsweiler: Schneider Verlag Hohengehren, S. 37–54

Steinbrenner, Marcus (2010b): Mimetische Textbezüge in Literarischen Gesprächen. Literaturdidaktische Theoriebildung im Spannungsfeld von Empirie und Kulturwissenschaften. In: Kulturtheoretische Kontexte für die Literaturdidaktik. Hg. von Michael Baum und Marion Bönnighausen. Baltmannsweiler: Schneider Verlag Hohengehren, S. 25–46

Steinbrenner, Marcus; Wiprächtiger-Geppert, Maja (2006a): Literarisches Lernen im Gespräch. Das „Heidelberger Modell" des Literarischen Unterrichtsgesprächs. In: PD, Jg. 33, H. 200, S. 14–15 [erneut erschienen in PD, Sonderheft 2007: Lesen nach PISA, S. 12–13]

Steinbrenner, Marcus; Wiprächtiger-Geppert, Maja (2006b): Verstehen und Nicht-Verstehen im Gespräch. Das Heidelberger Modell des Literarischen Unterrichtsgesprächs. In: LiU, Jg. 7, H. 3, S. 227–241
[als leicht überarbeitete Version online im Leseforum Schweiz, Ausgabe 03/2010: http://leseforum.ch/myUploadData/files/2010_3_steinbrenner_wipraechtiger.pdf]

Vinçon, Inge (2004): Diskutieren und Argumentieren beim Umgang mit literarischen Texten. In: Wege zum Lesen und zur Literatur. Hg. von Gerhard Härle und Bernhard Rank. Baltmannsweiler: Schneider Verlag Hohengehren, S. 51–80

Vogt, Rüdiger (2004): Symbolische Textdeutungen entwickeln: Lehrer und Schüler interpretieren Peter Hacks' Geschichte *Der Bär auf dem Försterball* im Unterrichtsgespräch. In: Härle; Steinbrenner (2004b), S. 241–264

Werner, Johannes (1996): Literatur im Unterrichtsgespräch – Die Struktur des literaturrezipierenden Diskurses. München: Vögel

Werner, Johannes (2004): Schulisches Interpretieren als „Deutungsspiel". Die argumentierenden Formen des literarischen Gesprächs. In: Härle; Steinbrenner (2004b), S. 191–218

Wieler, Petra (1989): Sprachliches Handeln im Literaturunterricht als didaktisches Problem. Bern u. a.: Lang

Wieler, Petra (1996): Vorlesen im Gespräch. Zur interaktiven Einbettung primärer Literaturerfahrungen von Kindern. In: SPIEL, Jg. 15, H. 1, S. 44–67

Wieler, Petra (1997a): Das Prinzip der Dialogizität als Grundzug der familialen Vorlesepraxis mit Kindern im Vorschulalter. In: Lesen im Wandel. Hg. von Christine Garbe u. a. Lüneburg: Universität, Fachbereich I: Didaktikdiskurse: eine Schriftenreihe, S. 65–100

Wieler, Petra (1997b): Vorlesen in der Familie. Fallstudien zur literarisch-kulturellen Sozialisation von Vierjährigen. Weinheim; München: Juventa

Wieler, Petra (1998): Gespräche über Literatur im Unterricht. Aktuelle Studien und ihre Perspektiven für eine verständigungsorientierte Unterrichtspraxis. In: DU, Jg. 50, H. 1, S. 26–37

Wieler, Petra (2002a): Das Literatur-Gespräch in der Schule: Ansatzpunkt für eine sprachlerntheoretisch fundierte didaktische Konzeption. In: Empirische Unterrichtsforschung und Deutschdidaktik. Hg. von Clemens Kammler und Werner Knapp. Baltmannsweiler: Schneider Verlag Hohengehren, S. 128–140

Wieler, Petra (2002b): „Bimmelt leise ihre Weise...". Ästhetische und affektive Komponenten des Vorlesegesprächs mit einem kleinen Kind. In: Lesen in der Mediengesellschaft. Stand und Perspektiven der Forschung. Hg. von Heinz Bonfadelli und Priska Bucher. Zürich: Pestalozzianum, S. 133–147

Wieler, Petra (2004): Gespräche mit Grundschulkindern über Kinderbücher und andere Medien. In: Härle; Steinbrenner (2004b), S. 265–289

Wieler, Petra; Brandt, Birgit; Naujok, Natascha; Petzold, Janina; Hoffmann, Jeanette (2008): Medienrezeption und Narration. Gespräche und Erzählungen zur Medienrezeption von Grundschulkindern. Freiburg i. Br.: Fillibach

Wieler, Petra (2010): Vorlesen, Erzählen – Gespräche im Literaturunterricht. In: Taschenbuch des Deutschunterrichts. Bd. 2: Literatur- und Mediendidaktik. Hg. von Volker Frederking u. a. Baltmannsweiler: Schneider Verlag Hohengehren, S. 283–298

Willenberg, Heiner (2003): Unterrichtsgespräch versus Vergleichsarbeit. In: DUB, Jg. 56, H. 5, S. 26–31

Willenberg, Heiner u. a. (Hg.) (1987): Zur Psychologie des Literaturunterrichts. Schülerfähigkeiten – Unterrichtsmethoden – Beispiele. Frankfurt a. M.: Diesterweg

Winkler, Iris (2005): Auf Spurensuche beim Lesen. Mithilfe des „Voraussagetextes" den eigenen Textverstehensprozess nachvollziehen. In: PD, Jg. 32, H. 194, S. 45–53

Wiprächtiger-Geppert, Maja (2007): Literaturunterricht an Förderschulen. Ein Forschungsprojekt an Sonderschulen mit dem Förderschwerpunkt Lernen. In: Zeitschrift für Heilpädagogik, Jg. 58, H. 7, S. 258–264

Wiprächtiger-Geppert, Maja (2009): Literarisches Lernen in der Förderschule. Eine qualitativ-empirische Studie zur literarischen Rezeptionskompetenz von Förderschülerinnen und -schülern in Literarischen Unterrichtsgesprächen. Baltmannsweiler: Schneider Verlag Hohengehren

Wirthwein, Heike (2007): Kindische Eltern, erwachsene Kinder. Die Kurzgeschichte *Mein erster Achttausender* von Malin Schwerdtfeger aus ihrem Debütband Leichte Mädchen. In: PD, Jg. 34, H. 206, S. 48–53

Zabka, Thomas (2001): Bedeutungen übertragen. Studien zu einem Handlungstyp der Literaturinterpretation in Wissenschaft und Unterricht. [Habil. FU Berlin. FB Philosophie und Geisteswissenschaften], S. 394–420

Zabka, Thomas (2002): Interpretationen interpretieren. Zur Erforschung von Unterrichtshandlungen, in denen literarischen Texten übertragene Bedeutungen zugeschrieben werden. In: Empirische Unterrichtsforschung und Deutschdidaktik. Hg. von Clemens Kammler und Werner Knapp. Baltmannsweiler: Schneider Verlag Hohengehren, S. 116–127

Zabka, Thomas (2004): Was bedeutet „Verständigung" im schulischen Interpretationsgespräch? In: Härle; Steinbrenner (2004b), S. 75–96

Zabka, Thomas (2005): Pragmatik der Literaturinterpretation. Theoretische Grundlagen – kritische Analysen. Tübingen: Niemeyer

Auswahl an Qualifikationsarbeiten aus dem Kontext des Heidelberger Forschungsprojekts zum Literarischen Unterrichtsgespräch

Heizmann, Felix (2010): Literarisches Lernen zwischen Fremdheit und Eigenheit. Eine explorative Studie zum Bedeutungspotential von Alteritätserfahrungen im Literarischen Unterrichtsgespräch. Magisterarbeit im Magisterstudiengang Fachdidaktik Deutsch [masch. Ms., Pädagogische Hochschule Heidelberg]

Klimkait, Johannes (2005): „Seit wann können Heringe ertrinken?" Literarische Unterrichtsgespräche mit Schülerinnen und Schülern mit einer geistigen Behinderung. Zulassungsarbeit zum Ersten Staatsexamen für das Lehramt an Sonderschulen [masch. Ms., Pädagogische Hochschule Heidelberg]

Mayer, Johannes (2004): Das literarische Unterrichtsgespräch. Eine qualitative Untersuchung von Strukturen, Verstehensprozessen und Phasen literarischer Gespräche und deren didaktischer Modellierung. Diplomarbeit im Diplomstudiengang Erziehungswissenschaft [masch. Ms., Pädagogische Hochschule Heidelberg]

Ohlsen, Nele (2010): Förderung der literarischen Kompetenz durch Einführung und Erprobung des Literarischen Gesprächs mit Texten zum Thema „Mut und Angst". Eine Unterrichtsreihe in einem dritten Schuljahr. Unveröffentlichte Hausarbeit im Rahmen des 2. Staatsexamens für das Lehramt an Grund-, Haupt- und Realschulen [masch. Ms., Studienseminar Celle für das Lehramt an Grund-, Haupt- und Realschulen]

Steinbrenner, Marcus (2004): Arbeit mit einem TZI-Thema in einem literarischen Gespräch. Schriftliche Arbeit zur Erlangung des TZI-Zertifikats [masch. Ms.]

Steinbrenner, Marcus (2005a): Den Gedanken wirklich außer sich erblicken. Ansätze zu einer verstehensorientierten Didaktik des Gesprächs im Literaturunterricht. Magisterarbeit im Magisterstudiengang Fachdidaktik Deutsch [masch. Ms., Pädagogische Hochschule Heidelberg]

Steinbrenner, Marcus (2005b): Individuelle Zugänge zu poetischer Sprache in Lehr-Lern-Kontexten – am Beispiel des Gedichts *Sprachgitter* von Paul Celan. Diplomarbeit im Rahmen des Ausbildungsgangs Specialist in Gifted Education (ECHA) [masch. Ms., Internationales Centrum der Universitäten Nijmegen und Münster]

Stutzmann, Saskia (2010): „... wobei der Rest eher so 'ne Irrfahrt gewesen ist". Spuren des Unbewussten in Verstehensprozessen literarischer Unterrichtsgespräche. Magisterarbeit im Magisterstudiengang Fachdidaktik Deutsch [masch. Ms., Pädagogische Hochschule Heidelberg]

Thösen, Yvonne (2010): Literarische Unterrichtsgespräche in einer chilenisch-deutschen Klassenpartnerschaft. Wissenschaftliche Hausarbeit zum Ersten Staatsexamen [masch. Ms., Pädagogische Hochschule Heidelberg]

(Stand: 30. Juni 2010)

Lebensdaten und Schriftenverzeichnis von Prof. Dr. Gerhard Härle
Zusammengestellt von Saskia Stutzmann und Bernhard Rank

Gerhard Härle, Dr. phil. habil.,
Professor für Deutsche Sprache und Literatur und ihre Didaktik

1949	Geboren in Hof an der Saale
1969–1972	Studium der Theologie und Philosophie in Freiburg im Breisgau und Paris
1972–1978	Studium der Germanistik, Pädagogik und Philosophie in München und Heidelberg
1978–1984	Tätigkeit als freiberuflicher Journalist und Autor. Veröffentlichung von Hörspielen, Essays, Erzählungen und Kritiken
1985	Magister Artium an der Universität Marburg (mit Auszeichnung). Veröffentlichung der Magisterarbeit über die Homosexualitätsthematik in Thomas Manns Roman *Der Zauberberg*
1986–1987	Promotionsstipendium der Studienstiftung des deutschen Volkes. Betreuer der Dissertation: Prof. Dr. Gert Mattenklott
1987–1995	Wissenschaftlicher Mitarbeiter für Didaktik der deutschen Sprache und Literatur am Fachbereich Sprach- und Literaturwissenschaften der Universität-Gesamthochschule Siegen (Lehrstuhl Prof. Dr. Wolfgang Popp). Mitbegründer und Leiter des Sonderforschungsgebiets „Homosexualität und Literatur" (als Spezialgebiet der *gender studies*)
1988	Promotion zum Dr. phil. an der Universität Marburg (s. c. l.). Veröffentlichung der Dissertation *Männerweiblichkeit. Zur Homosexualität bei Klaus und Thomas Mann*
1987–1995	Arbeit am Forschungsprojekt zur Geschichte der sprachlichen und kulturellen Normierung und Vermittlung des Paradigmas ‚Reinheit' zwischen Reformation und Aufklärung, Universität Marburg
1990	Diplom als Gruppenleiter nach TZI, Mitglied von WILL-International
1994	Habilitation am Fachbereich 3 der Universität-GH Siegen, Venia legendi für Neuere deutsche Literaturwissenschaft und für Allgemeine Literaturwissenschaft. Habilitationsschrift: *Reinheit der Sprache, des Herzens und des Leibes. Studien zum Paradigma 'Reinheit' in der deutschen Sprach- und Geistesgeschichte von der Reformation bis zur Aufklärung*
1995	Graduierung für die TZI-Ausbildung (= Ausbildungs- und Lehrberechtigung für Themenzentrierte Interaktion)
seit 1995	Professor für deutsche Sprache und Literatur und ihre Didaktik an der Pädagogischen Hochschule Heidelberg
2000–2009	Dekan der Fakultät für Kultur- und Geisteswissenschaften

seit 2001	Leitung des Forschungs- und Konzeptionsprojekts *Das Literarische Unterrichtsgespräch*
2004–2008	Leitung des Forschungsprojekts *Lesekompetenz – Medienerfahrung – literarische Bildung* (zusammen mit Bernhard Rank)
seit 2009	Prorektor für Studium, Lehre und Medienentwicklung

Schriftenverzeichnis (Auswahl)

1. Buchveröffentlichungen als Autor und als Herausgeber

Die Gestalt des Schönen. Untersuchung zur Homosexualitätsthematik in Thomas Manns Roman ‚Der Zauberberg'. Königstein/Ts.: Hain bei Athenäum 1986

Männerweiblichkeit. Zur Homosexualität bei Klaus und Thomas Mann. Frankfurt a. M.: Athenäum 1988 [zugleich Dissertation Universität Marburg 1988]; 2. Auflage 1993; 3. Aufl. 2001; 4. Aufl. 2005

Studienführer Germanistik. München: Lexika-Verlag 1990. 2. vollst. neu bearb. Aufl. 1997 [mit Uwe Meyer]

[Hg.] ‚Heimsuchung und süßes Gift'. Erotik und Poetik bei Thomas Mann. Mit Beiträgen von Gert Mattenklott, Burghard Dedner, Hermann Kurzke, Elsbeth Wolffheim, Hans Wißkirchen, Werner Deuse und Gerhard Härle. Frankfurt a. M.: Fischer 1992

[Hg. mit Maria Kalveram und Wolfgang Popp] Erkenntniswunsch und Diskretion. Erotik in biographischer und autobiographischer Literatur. Berlin: rosa Winkel 1992

[Hg.] Grenzüberschreitungen. Friedenspädagogik. Geschlechterdiskurs. Literatur – Sprache – Didaktik. Festschrift für Wolfgang Popp zum 60. Geburtstag. Essen: Die Blaue Eule 1995

Reinheit der Sprache, des Herzens und des Leibes. Zur Wirkungsgeschichte des rhetorischen Begriffs *puritas* in Deutschland von der Reformation bis zur Aufklärung. Tübingen: Max Niemeyer 1996 [zugleich Habilitationsschrift Universität Siegen 1994]

[Hg. mit Wolfgang Popp und Annette Runte] Ikonen des Begehrens. Bildsprachen der männlichen und weiblichen Homosexualität in Literatur, Film und Kunst. Stuttgart: Metzler 1997

[Hg. mit Bernhard Rank] Wege zum Lesen und zur Literatur. Baltmannsweiler: Schneider Verlag Hohengehren 2004

[Hg. mit Marcus Steinbrenner, redaktionelle Mitarbeit: Johannes Mayer] Kein endgültiges Wort. Die Wiederentdeckung des Gesprächs im Literaturunterricht. [Erstes Heidelberger Symposion zum Literarischen Unterrichtsgespräch 15.12.2003]. Baltmannsweiler: Schneider Verlag Hohengehren 2004

[Hg. mit Gina Weinkauff] Am Anfang war das Staunen. Wirklichkeitsentwürfe in der Kinderliteratur. [Festschrift für Bernhard Rank.] Baltmannsweiler: Schneider Verlag Hohengehren 2005

Lyrik – Liebe – Leidenschaft. Streifzug durch die Liebeslyrik von Sappho bis Sarah Kirsch. Göttingen: Vandenhoeck & Ruprecht 2007

[Hg. mit Bernhard Rank] „Sich bilden, ist nichts anders, als frei werden". Sprachliche und literarische Bildung als Herausforderung für den Deutschunterricht. Baltmannsweiler: Schneider Verlag Hohengehren 2008

„In bröckelndem Lehm festgebissen". Franz Kafkas Studie *Die Brücke*: Bedeutungspotential und Perspektiven literarischen Lernens. Schneider Verlag Hohengehren 2009 [mit Felix Heizmann]

2. Aufsätze, Essays und Rezensionen

Männerliebe – Männlichkeitshaß. Überlegungen zum Sinn der Homosexualität bei Klaus Mann. In: Siegener Hans Henny Jahnn Kolloquium. Homosexualität und Literatur. Hg. von Dietrich Molitor und Wolfgang Popp. Essen: Die Blaue Eule 1986, S. 152–170

Hinter-Sinn. Zur Bedeutung des Analen für die Ästhetik homosexueller Literatur. In: Forum Homosexualität und Literatur H. 1, 1987, S. 38–72. Dasselbe auch in: Homosexualität und Wissenschaft II. Berlin: rosa Winkel 1992, S. 27–61

Enfant terrible – Enfant perdu. Ein Bild von Klaus Mann. In: Galerie. Revue culturelle 3, Luxembourg, 1988, S. 341–346

Zur Situation der Deutschdidaktik an den bundesdeutschen Hochschulen. Fragebogen und Auswertung. Universität-GH Siegen 1988 [Masch. Ms.]

Und wie man sich rettet, so liebt man. Ein Hinweis zur Poetologie der Homoerotik bei Klaus und Thomas Mann. In: Frankfurter Rundschau, 08.07.1989, S. 2 ZB

Das Paradies ist ein Versprechen. Hans Wollschlägers Neuausgabe der ‚Kindertodtenlieder' von Friedrich Rückert. [Rezension]. In: Frankfurter Rundschau, 08.08.1989, S. 9

Klaus Mann: Tagebücher 1931 bis 1933. [Rezension]. In: Forum Homosexualität und Literatur H. 7, 1989, S. 119–123

Ist das Pornographie? Ein literaturwissenschaftliches Gutachten und sein Kontext. In: Forum Homosexualität und Literatur H. 7, 1989, S. 71–96 [mit Wolfgang Popp]

Über das Beenden von TZI-Gruppen. In: Themenzentrierte Interaktion, 3. Jg., H. 1, 1989, S. 72–83 [mit Elfi Stollberg]

Die auf dem Zaun leben ... Magie – homosexuelle Ästhetik – Hubert Fichte. In: Leben, um eine Form der Darstellung zu erreichen. Studien zum Werk Hubert Fichtes. Hg. von Hartmut Böhme und Nikolaus Tiling. Frankfurt a. M.: Fischer 1991, S. 83–106

Bücherumschau. In: Forum Homosexualität und Literatur H. 9, 1990, S. 103–114. [Forschungsbericht u. a. zu Thomas Manns Tagebüchern 1946–1948, Klaus Manns Tagebüchern 1934–135, Hans Dieter Zimmermanns ‚Kleist, die Liebe und der Tod']

‚Die einfache Klarheit glücklich vermeiden'. Das Kuriosum Adrien Turel: ein Quer(feld-ein)denker. In: Frankfurter Rundschau, 20.10.1990, S. 2 ZB

Ein Haus aus lauter Geschichten. Michel Tourniers Novellen-Zyklus ‚Das Liebesmahl'. [Rezension]. In: Frankfurter Rundschau, 13.12.1990, S. 35

Klaus Mann: Die Mythen der Unterwelt – Horst Wessel. Texte aus dem Nachlaß. Herausgegeben und eingeleitet von Gerhard Härle. In: Forum Homosexualität und Literatur H. 11, 1991, S. 101–116

Bibliographie Homosexualität und Literatur. Herausgegeben und bearbeitet von Gerhard Härle. In: Forum Homosexualität und Literatur H. 12, 1991, S. 45–121 [Fortsetzung in den Folgeheften]

Selbstmord, Inzest, Morphium. Marianne Krüll über die Tragödie der Familie Mann: ‚Im Netz der Zauberer'. [Rezension]. In: Frankfurter Rundschau, 28. 12. 1991, S. 6 ZB

Bertil Madsen: Auf der Suche nach einer Identität (Hubert Fichte). [Rezension]. In: Germanistik, 32. Jg., 1991, H. 3/4, S. 940

Die zu eng gewordene Biographie. Interview mit dem Schweizer Schriftsteller Christoph Geiser. In: Forum Homosexualität und Literatur H. 13, 1991, S. 51–76 [mit Wolfgang Popp]

Simulationen der Wahrheit. Körpersprache und sexuelle Identität im Werk Thomas Manns. In: ‚Heimsuchung und süßes Gift'. Hg. von Gerhard Härle. Frankfurt a. M.: Fischer 1992, S. 63–86

Erkenntniswunsch und Diskretion. Zur Verhältnisbestimmung von Erotik und Autobiographik. In: Erkenntniswunsch und Diskretion. Hg. von Gerhard Härle, Maria Kalveram und Wolfgang Popp. Berlin: rosa Winkel 1992, S. 19–40

Bitte um Vergebung. Thomas Manns Tagebücher aus den Jahren 1949 und 1950. In: Frankfurter Rundschau, 27. 3. 1992, S. 32

Bücherumschau. In Forum Homosexualität und Literatur 19, 1993, S. 89–101 [Forschungsbericht zu neuen Veröffentlichungen von und über Thomas Mann]

Briefe an Franz Kafka. [Unterrichtsprojekt im 9./10. Schuljahr einer Realschule]. In: Praxis Deutsch, 20. Jg., 1993, H. 117, S. 41–46 [mit Wolfgang Popp]

Autobiographie. Eine Lesart. In: Kunst & Therapie. Zs. zu Fragen der Ästhetischen Erziehung 21, 1993, S. 10–30; dasselbe auch in: Selbstlaut. Autobiographische Aspekte in der Kunst von Frauen. Hg. von Margit Schmidt und Sabine Schütz. Köln: Richter 1993, S. 10–30

Lust, Angst und Provokation. Homosexuelle Ästhetik bei Platen, Mann und Fichte. In: Lust, Angst und Provokation. Homosexualität in der Gesellschaft. Hg. von Helmut Puff. Göttingen, Zürich: Vandenhoeck & Ruprecht 1993, S. 104–128

Homosexualität und Krankheit. Literarische Gestaltungen eines prekären Zusammenhangs. Eröffnungsvortrag zum 5. Siegener Kolloquium Homosexualität und Literatur. In: Forum Homosexualität und Literatur 18, 1993, S. 13–32 [mit Wolfgang Popp]

Hans-Jürgen Heinrichs: Die Djemma el-Fna geht durch mich hindurch (Hubert Fichte). [Rezension]. In: Germanistik, 34. Jg., 1993, H. 2/3, S. 864 f.

„Die Unmöglichkeit, ein Selbst zu sein". Ein Aufsatzband über Jüdinnen im 19. und 20. Jahrhundert. [Rezension von: Jutta Dick und Barbara Hahn (Hg.): Von einer Welt in die andere. Jüdinnen im 19. und 20. Jahrhundert]. In: Frankfurter Rundschau, 3. 3. 1994, S. 27

„Da mit vnser Erbeit rein und völlig erhalten werde". Quellenstudie zum Reinheitsbegriff Martin Luthers. In: Linguistica Biblica 69, 1994

Le tonton Gaby, la tata Marcel. Versuch über Raymond Queneaus Roman *Zazie dans le métro*. In: Sprachreich. FS für Ursula Böhmer. Hg. von Doris Funk. Siegen 1994, S. 131–143

Jochen Hengst und Heinrich Lewinski: Hans Henny Jahnn – Ugrino. [Rezension]. In: Germanistik, Jg. 36, 1995, H. 3/4, S. 988 f.

Birgit Schillinger: Das kreative Chaos bei Thomas Mann und Hans Henny Jahnn. [Rezension]. In: Germanistik, Jg. 36, 1995, H. 3/4, S. 1003

Grenzüberschreitungen. Literaturwissenschaft und gesellschaftliche Verantwortung. In: Grenzüberschreitungen. Hg. von Gerhard Härle. Essen: Die Blaue Eule 1995, S. 9–14

Heilige Handlungen. Die literarische Ausbeute von Josef Winklers Indien-Reise: „Domra" [Rezension]. In: Frankfurter Rundschau, 2. 10. 1996, Literaturbeilage

Die Anwesenheit eigentlich Abwesender. Versuch über Erotik und Ikonologie. In: Ikonen des Begehrens. Hg. von Gerhard Härle u. a. Stuttgart: Metzler 1997, S. 9–20

Störung, Varianz und Provokation. Literarische Aspekte homosexueller Identitätsbildung. In: Studien zur Kinderpsychoanalyse. Jahrbuch der Österreichischen Gesellschaft für Kinderpsychoanalyse. Themenheft „Zur Entwicklung der psychosexuellen Identität". Band 15, 1999, S. 97–130

Die Alm als pädagogische Provinz – oder: Versuch über Johanna Spyris *Heidi*. In: Erfolgreiche Kinder- und Jugendbücher. Was macht Lust auf Lesen? Hg. von Bernhard Rank. Baltmannsweiler: Schneider Verlag Hohengehren 1999, S. 59–86

Pro und Kontra *Hochschulräte* [Kontra-Beitrag]. In: daktylos. Zeitung der Pädagogischen Hochschule Heidelberg, 4. Jg., 1999, H. 1

Verstehen (zu) leicht gemacht – oder: Wie angemessen sind die aktuellen literaturdidaktischen Verfahren ihrem Gegenstand? Vortrag an der Universität Siegen, 1999 [Masch. Ms.]

Klaus Mann – Porträt eines melancholischen Kämpfers. Anmerkungen zur Homosexualität bei Klaus und Thomas Mann. Studien zur Kinderpsychoanalyse. Jahrbuch der Österreichischen Gesellschaft für Kinderpsychoanalyse. Bd. 16, 2000, S. 119–146

Schaller, Angelika: „Und seine Begierde ward sehend". Auge, Blick und visuelle Wahrnehmung in der Prosa Thomas Manns. [Rezension]. In: Germanistik, Jg. 42., 2001, H. 3/4, S. 804 f.

Literarische Gespräche im Unterricht führen. In: Lesezeichen, Jg. 5, 2001, H. 9, S. 33–91 [mit Johannes Mayer]

Themenzentrierte Interaktion – ein Vorschlag zur Interdisziplinarität in der LehrerInnen-(aus)bildung. In: Interdisziplinäres Lehren und Lernen. Hg. von Anneliese Wellensiek und Hans-Bernhard Petermann. Weinheim: Beltz [Schriftenreihe der Pädagogischen Hochschule Heidelberg, Bd. 38] 2002, S. 126–138 [mit Marcus Steinbrenner]

Interdisziplinäre Ausbildung von LehrerInnen mit TZI. Theoretische Fragen – Praktische Erfahrungen. In: Themenzentrierte Interaktion, 16. Jg., 2002, H. 2, S. 49–63 [mit Marcus Steinbrenner]

„Alles *Verstehen* ist ... immer zugleich ein *Nicht-Verstehen*." Grundzüge einer verstehensorientierten Didaktik des literarischen Unterrichtsgesprächs. In: Literatur im Unterricht, 4. Jg., 2003, H. 2, S. 139–162 [mit Marcus Steinbrenner]

Der „Parcours des Textsinns" und das „wahre Gespräch". Zur verstehensorientierten Didaktik des literarischen Unterrichtsgesprächs. In: Literatur in Wissenschaft und Unterricht, 36. Jg., 2003, H. 3, S. 247–278 [mit Marcus Steinbrenner]

Wege zum Lesen und zur Literatur. Problemskizze aus der Sicht der Herausgeber. In: Wege zum Lesen und zur Literatur. Hg. von Gerhard Härle und Bernhard Rank. Baltmannsweiler: Schneider Verlag Hohengehren 2004, S. 1–20 [mit Bernhard Rank]

Literarische Gespräche im Unterricht. Versuch einer Positionsbestimmung. In: Wege zum Lesen und zur Literatur. Hg. von Gerhard Härle und Bernhard Rank. Baltmannsweiler: Schneider Verlag Hohengehren 2004, S. 137–168

Das literarische Gespräch im Unterricht und in der Ausbildung von Deutschlehrerinnen und -lehrern. Eine Einführung. In: Kein endgültiges Wort. Die Wiederentdeckung des Gesprächs im Literaturunterricht. Hg. von Gerhard Härle und Marcus Steinbrenner. Baltmannsweiler: Schneider Verlag Hohengehren 2004, S. 1–24 [mit M. Steinbrenner]

Lenken – Steuern – Leiten. Theorie und Praxis der Leitung literarischer Gespräche in Hochschule und Schule. In: Kein endgültiges Wort. Die Wiederentdeckung des Gesprächs im Literaturunterricht. Hg. von Gerhard Härle und Marcus Steinbrenner. Baltmannsweiler: Schneider Verlag Hohengehren 2004, S. 107–139

„Que o mundo me conheça...". Encombrimento e desocultação como princípio poetológico dos diários e da obra literária de Thomas Mann. In: Cadernos do cieg [centro interuniversitário de estudos germanísticos], H. 12: Heinrich e Thomas Mann. Três estudos. Coimbra 2004, S. 9–43

Das literarische Unterrichtsgespräch. Ein Forschungsprojekt an der Pädagogischen Hochschule Heidelberg. In: Ein langer Weg zu einer forschungsbasierten Bildungswissenschaftlichen Hochschule. Einblicke in 100 Jahre Lehrerbildung in Heidelberg. Hg. von der Pädagogischen Hochschule Heidelberg und der Vereinigung der Freunde der Pädagogischen Hochschule Heidelberg. Heidelberg: Pädagogische Hochschule Heidelberg 2004, S. 166–176 [mit Johannes Mayer und Marcus Steinbrenner]

Medienintegrative Hochschullehre. Virtuelle Lernumgebung – Mediaut-Konzeption – Kooperationsprojekte. In: Ein langer Weg zu einer forschungsbasierten Bildungswissenschaftlichen Hochschule. Einblicke in 100 Jahre Lehrerbildung in Heidelberg. Hg. von der Pädagogischen Hochschule Heidelberg und der Vereinigung der Freunde der Pädagogischen Hochschule Heidelberg. Heidelberg: Pädagogische Hochschule Heidelberg 2004, S. 224–230 [mit Thomas Möbius und Regina Wieland]

Von erstaunlichen Wirklichkeiten und wahrem Staunen. In: Am Anfang war das Staunen. Wirklichkeitsentwürfe in der Kinderliteratur. Hg. von Gerhard Härle und Gina Weinkauff. Baltmannsweiler: Schneider Verlag Hohengehren 2005, S. 1–9 [mit Gina Weinkauff]

„Der guckt in das Auge wie in 'n Fernseh". Literarische Begegnungen von Kindern mit Daniel Pennacs *Afrika und Blauer Wolf*. In: Am Anfang war das Staunen. Wirklichkeitsentwürfe in der Kinderliteratur. Hg. von Gerhard Härle und Gina Weinkauff. Baltmannsweiler: Schneider Verlag Hohengehren 2005, S. 49–75

Kinderliteratur im Gespräch. „Sobald ich schreibe, beziehe ich Stellung." Andreas Steinhöfel im Gespräch mit Gerhard Härle und Bernhard Rank. In: Lesezeichen, 8. Jg., 2005, H. 16, S. 7–39

Intertextualität – eine Herausforderung für Literaturwissenschaft und Literaturdidaktik. In: Intertextualität und Bildung – didaktische und fachliche Perspektiven. Hg. von Ralph Olsen, Hans-Bernhard Petermann und Jutta Rymarczyk. Frankfurt a. M. u. a.: Lang 2006, S. 21–45

Art. „Klassische Literatur". In: Lexikon Deutschdidaktik. Hg. von Heinz J. Kliewer und Inge Pohl. Baltmannsweiler: Schneider Verlag Hohengehren 2006, Bd. 1, S. 308 ff.

Das dreizehnte Zelt. Eine lesebiographische Hommage an Benno Pludra. In: Lesezeichen, 9. Jg., 2006, H. 17, S. 22–26

„Wer vieles bringt ...". Rezension der *Einführung in die Literaturdidaktik* von Ulf Abraham und Matthis Kepser. In: Didaktik Deutsch, 12. Jg., 2006, H. 20, S. 117–125

Art. „Homoerotische Literatur", „Liebesdichtung", „Queer Studies". In: Metzler Lexikon Literatur. Begriffe und Definitionen. Hg. von Dieter Burdorf u. a. Stuttgart; Weimar: Metzler, 3., völlig neu bearb. Aufl. 2007, S. 325 f., 434 f., 624

„Jetzt aber gehst du mir aus dem Gesicht". Klagen um den toten Geliebten. In: Forum Homosexualität und Literatur, H. 50, 2007, S. 45–65

Bildung und Freiheit. Eine Einleitung. In: „Sich bilden, ist nichts anders, als frei werden". Sprachliche und literarische Bildung als Herausforderung für den Deutschunterricht. Hg. von Gerhard Härle und Bernhard Rank. Baltmannsweiler: Schneider Verlag Hohengehren 2008, S. 3–18 [mit Bernhard Rank]

Literarische Bildung im Spannungsfeld von Erfahrung und Theorie. In: „Sich bilden, ist nichts anders, als frei werden". Sprachliche und literarische Bildung als Herausforderung für den Deutschunterricht. Hg. von Gerhard Härle und Bernhard Rank. Baltmannsweiler: Schneider Verlag Hohengehren 2008, S. 39–62

Enthusiasmus der Lehre. Über Fragen, Antworten, Schweigen, Langweilen und Reden-Lassen. Vortrag im Literaturarchiv / Literaturmuseum Marbach, 2008 [Masch.Ms.]

„Es kenne mich die Welt ...". Verbergen und Enthüllen als poetologisches Prinzip der Tagebücher und des dichterischen Werks Thomas Manns. In: LiCuS. Journal of literary theory and cultural studies, 3. Jg., 2008, H. 5, S. 1–24

Lebendiges Lehren – Lebendiges Lernen. Thesen zur Qualitätsentwicklung unserer Hochschule. In: daktylos, Zeitschrift der Pädagogischen Hochschule, 15. Jg., 2010, H. 1, S. 16–17

Irritation und Nicht-Verstehen. Zur Hermeneutik als Provokation für die Literaturdidaktik. In: Kulturtheoretische Kontexte für die Literaturdidaktik. Hg. von Michael Baum und Marion Bönnighausen. Baltmannsweiler: Schneider Verlag Hohengehren 2010, S. 9–23

„... und am Schluss weiß ich trotzdem nicht, was der Text sagt". Grundlagen, Zielperspektiven und Methoden des Literarischen Unterrichtsgesprächs. In: „Seit ein Gespräch wir sind und hören voneinander." Das Heidelberger Modell des Literarischen Unterrichtsgesprächs in Theorie und Praxis. Hg. von Marcus Steinbrenner, Johannes Mayer und Bernhard Rank. Baltmannsweiler: Schneider Verlag Hohengehren 2010, S. 29–65

Die Autorinnen und Autoren des Bandes

MICHAEL BAUM, Dr. phil., geb. 1968. Professor für Literaturwissenschaft und Literaturdidaktik an der Pädagogischen Hochschule Karlsruhe. Arbeitsschwerpunkte: Literaturtheorie, intermediale Literaturdidaktik, Theorie der Literaturdidaktik, Theorie literarischer Bildung.
Publikationen zum Thema: Verstehen und Nichtverstehen im Diskurs der Literaturdidaktik (2007); Randgänge der Bildungstheorie (2008).

CHRISTOPH BRÄUER, Dr. phil., geb. 1973. Studienrat am Wolfgang-Ernst-Gymnasium Büdingen. Von 2001 bis 2007 wissenschaftlicher Mitarbeiter an der Universität Frankfurt und an der Pädagogischen Hochschule Heidelberg, 2009-2010 Vertretungsprofessor für Sprachwissenschaft und Sprachdidaktik an der Universität Hildesheim. Forschungsschwerpunkte: Lesesozialisation und Lesedidaktik, Schreibdidaktik und empirische Unterrichtsforschung. Preisträger des Förderpreises Deutschdidaktik 2008 des Symposions Deutschdidaktik.
Publikationen zum Thema: Literarische Bildung durch literarische Erfahrung (2008 – mit Bernhard Rank); Über Literatur sprechen lernen. Das literarische Lesegespräch im Unterricht (2009); Könnerschaft und Kompetenz in der Leseausbildung. Theoretische und empirische Perspektiven (2010).

REINOLD FUNKE, Dr. paed., geb. 1951. Professor für Deutsche Sprache und Literatur und ihre Didaktik an der Pädagogischen Hochschule Heidelberg mit dem Schwerpunkt Sprachwissenschaft/Sprachdidaktik. Arbeits- und Forschungsgebiete: Leseverstehen und Lesedidaktik, Grammatisches Lernen, empirische Forschung im Bereich des Deutschunterrichts.
Publikation im Themenbereich: Sprachliche Bildung – ein Konzept und die Fragen, die es aufwirft. Publiziert im Rahmen der Einleitung zu Gerhard Härle; Bernhard Rank (Hg.): ‚Sich bilden, ist nichts anders, als frei werden.' (2008).

CHRISTINE GARBE, Dr. phil., geb. 1952. Professorin für Deutsche Literatur und ihre Didaktik (Schwerpunkt: Lese- und Mediensozialisation) an der Universität zu Köln, bis September 2010 an der Leuphana Universität Lüneburg. Arbeitsschwerpunkte in Lehre und Forschung: Literarische Sozialisation, Lese- und Mediensozialisation von Kindern und Jugendlichen, (geschlechterdifferenzierte) Leseforschung und empirische Rezeptionsforschung, Kinder- und Jugendliteraturforschung, literaturwissenschaftliche Frauen- und Genderforschung zum 18.-21. Jahrhundert.

Publikationen zum Thema: Literarische Sozialisation. (mit Hartmut Eggert, 2. Aufl. 2003); Texte Lesen. Textverstehen – Lesedidaktik - Lesesozialisation (mit Karl Holle und Tatjana Jesch 2009); Lesesozialisation. Ein Arbeitsbuch für Lehramtsstudierende (2009 – mit Maik Philipp und Nele Ohlsen); Wie kann Literaturunterricht gelingen? Ein Versuch aus der Perspektive der lesebiographischen Forschung (2010).

GERHARD HÄRLE, Dr. phil., geb. 1949. Professor für Literaturwissenschaft und Literaturdidaktik an der Pädagogischen Hochschule Heidelberg; seit 2009 auch Prorektor für Studium, Lehre und Medienentwicklung. Begründer und Leiter des Forschungsprojekts „Das Literarische Unterrichtsgespräch". Arbeitsschwerpunkte: Literaturgeschichte und Literaturtheorie, literarische Bildung.
Publikationen zum Thema (Auswahl): Der „Parcours des Textsinns" und das „wahre Gespräch". Zur verstehensorientierten Didaktik des literarischen Unterrichtsgesprächs (2003 – mit Marcus Steinbrenner); Literarische Gespräche im Unterricht. Versuch einer Positionsbestimmung (2004); Literarische Bildung im Spannungsfeld von Erfahrung und Theorie (2008); „In bröckelndem Lehm festgebissen". Franz Kafkas Studie *Die Brücke*: Bedeutungspotential und Perspektiven literarischen Lernens (2009 – mit Felix Heizmann).

EDUARD HAUEIS, Dr. phil., geb. 1938. Professor (em.) für Deutsche Sprache und Literatur und ihre Didaktik an der Pädagogischen Hochschule Heidelberg. Arbeitsschwerpunkte: Schriftsprachlichkeit; soziale und kulturelle Kontexte sprachlicher und literarischer Bildung.
Publikationen zum thematischen Umkreis des Beitrags: Unterricht in der Landessprache (2007); Markierungen der Textualität und ihr Verblassen im Gebrauch einer Alphabetschrift (2008); Textualität im Fokus einer kulturwissenschaftlich informierten Didaktik (2009).

FELIX HEIZMANN, M. A., geb. 1983. Erstes Staatsexamen für das Lehramt an Grund- und Hauptschulen; seit 2008 akademischer Mitarbeiter im Forschungsprojekt „Das Literarische Unterrichtsgespräch" an der Pädagogischen Hochschule Heidelberg. Forschungsschwerpunkte: Literarisches Lernen durch Alteritätserfahrung und Gesprächsethik.
Publikation zum Thema: „In bröckelndem Lehm festgebissen." Franz Kafkas Studie *Die Brücke*: Bedeutungspotential und Perspektiven literarischen Lernens (2009 – mit Gerhard Härle).

JÖRG KILIAN, Dr. phil., geb. 1965. Professor für Deutsche Philologie und Didaktik der deutschen Sprache an der Christian-Albrechts-Universität zu Kiel. Forschungsschwerpunkte: Wortschatz und lexikalische Semantik, Sprachkritik und Sprachnormenforschung; Linguistische Dialogforschung in Wissenschaft und Unterricht.
Publikationen zum Thema (Auswahl): Lehrgespräch und Sprachgeschichte. Untersuchungen zur historischen Dialogforschung (2002); Historische Dialogforschung. Eine Einführung (2005); Sprachgeschichte im Deutschunterricht vom *gëlpfen* bis zum *dissen* (2008).

JOHANNES MAYER, Dipl. paed., geb. 1973. Spiel- und Theaterpädagoge, Erstes und Zweites Staatsexamen für das Lehramt an Realschulen. Von 2001 bis 2004 wissenschaftlicher Mitarbeiter im Forschungsprojekt „Das literarische Unterrichtsgespräch". Von 2004 bis 2007 wissenschaftlicher Mitarbeiter im Forschungsprojekt „Literarische Bildung". Derzeit Realschullehrer an der Freiherr-vom-Stein-Schule in Neckarsteinach.
Publikationen zum Thema: Literarische Gespräche im Unterricht führen. Ein Erfahrungsaustausch mit Ute Andresen (2001 – mit Gerhard Härle); Literarische Gespräche: Strukturen – Verstehenslinien – Phasen (2004); Das Literarische Unterrichtsgespräch. Ein Forschungsprojekt an der Pädagogischen Hochschule Heidelberg (2004 – mit Gerhard Härle und Marcus Steinbrenner); Literarisches Gespräch (Artikel im Lexikon Deutschdidaktik; 2006).

IRMGARD NICKEL-BACON, Dr. phil., geb. 1954. Professorin für Germanistik/ Didaktik der Deutschen Sprache und Literatur an der Universität Wuppertal. Arbeitsschwerpunkte: Leseforschung und Lesedidaktik, Kinderliteratur in der literarischen Sozialisation, Literaturtheorie und Literaturdidaktik, Literarische Kompetenzen.
Publikationen zum Thema (Auswahl): Positionen der Literaturdidaktik – Methoden des Literaturunterrichts (2006); Kindorientierung der frühen Lesesozialisation: Kinderliterarische Vermittlungskonzepte und Kommunikationsmuster um 1830 (2006); Lesekompetenz, literarische Kompetenzen und interkulturelle Leseförderung (2008); Exillyrik und kulturelle Erinnerungsarbeit im medienintegrativen Deutschunterricht (im Druck).

NELE OHLSEN, geb. 1985. Erstes und Zweites Staatsexamen für das Lehramt an Grund-, Haupt- und Realschulen. Arbeitsschwerpunkte: Lesesozialisation in der Schule, Literarische Gespräche in der (Grund-)Schule. Derzeit als Lehrerin an einer Grundschule tätig.
Publikationen zum Thema: Lesesozialisation. Ein Arbeitsbuch für Lehramtsstudierende (2009 – zusammen mit Christine Garbe und Maik Philipp).

BERNHARD RANK, Dr. phil., geb. 1944. Professor (em.) für Deutsche Sprache und Literatur und ihre Didaktik an der Pädagogischen Hochschule Heidelberg. Bis 2007 Leiter des dortigen Lesezentrums und des Forschungsprojekts „Lesekompetenz – Medienerfahrung – literarische Bildung" (zusammen mit Gerhard Härle). Arbeits- und Forschungsgebiete: Theorie und Didaktik der Kinder- und Jugendliteratur, literarische Sozialisation und literarische Bildung, Leseforschung und Literaturdidaktik.
Publikationen zum Thema: Kinderliteratur, literarische Sozialisation und Schule oder: Vom Vergnügen am Umgang mit kinderliterarischen Texten (2004); Literarische Bildung durch literarische Erfahrung (2008 – mit Christoph Bräuer).

ANGELIKA RUBNER, Dr. phil., geb. 1943. Diplom-Psychologin, Psychologische Psychotherapeutin, Psychoanalytikerin, Lehranalytikerin des Salzburger Arbeitskreises für Psychoanalyse, Lehrbeauftragte des Ruth Cohn Instituts für TZI-International (RCI). Publikationen auf dem Gebiet der Psychoanalyse, der Kinderpsychoanalyse und der Themenzentrierten Interaktion.

EIKE RUBNER, Dr. phil., geb. 1939. Theologe, Klinischer Psychologe, Psychologischer Psychotherapeut, Psychoanalytiker, Lehranalytiker des Salzburger Arbeitskreises für Psychoanalyse, Lehrbeauftragter des Ruth Cohn-Instituts für TZI-International (RCI). Publikationen auf dem Gebiet der Psychoanalyse, der Kinderpsychoanalyse und der Themenzentrierten Interaktion.

KASPAR H. SPINNER, Dr. phil., geb. 1941. Professor (em.) für Didaktik der Deutschen Sprache und Literatur an der Universität Augsburg. Arbeitsschwerpunkte: Literaturdidaktik, praktische Rhetorik, Kompetenzorientierung im Deutschunterricht.
Publikationen zum Thema (Auswahl): Zur Rolle des Lehrers im Unterrichtsgespräch (1987); Zum Gespräch im Literaturunterricht (1996 – mit Christine Köppert); Gesprächseinlagen beim Vorlesen (2004); Lesestrategien oder literarisches Gespräch? (2007).

MARCUS STEINBRENNER, M.A., geb. 1976. Dozent für Fachdidaktik Deutsch an der Pädagogischen Hochschule Zentralschweiz in Luzern. Von 2002 bis 2008 wissenschaftlicher Mitarbeiter im Forschungsprojekt „Das Literarische Unterrichtsgespräch". Arbeits- und Forschungsgebiet: Lese- und Literaturdidaktik für die Primar- und Sekundarstufe.
Publikationen zum Thema (Auswahl): Kein endgültiges Wort. Die Wiederentdeckung des Gesprächs im Literaturunterricht (2004 – mit Gerhard Härle);

Verstehen und Nicht-Verstehen im Gespräch. Das Heidelberger Modell des Literarischen Unterrichtsgesprächs (2006 – mit Maja Wiprächtiger-Geppert); Mimesis in Literarischen Gesprächen und poetisches Verstehen (2010); Mimetische Textbezüge in Literarischen Gesprächen. Literaturdidaktische Theoriebildung im Spannungsfeld von Empirie und Kulturwissenschaften (2010).

MAJA WIPRÄCHTIGER-GEPPERT, Dr. paed., geb. 1975. Leiterin der Professur Deutschdidaktik am Institut Primarstufe der Pädagogischen Hochschule der Fachhochschule Nordwestschweiz. Arbeitsschwerpunkte: Lesen und Literaturunterricht für Kinder und Jugendliche aus bildungsfernen Elternhäusern, Diagnose und Prävention von Lese- und Rechtschreibschwierigkeiten, Förderung von Kindern und Jugendlichen mit Lese- und Rechtschreibschwierigkeiten.
Publikationen zum Thema: Verstehen und Nicht-Verstehen im Gespräch. Das Heidelberger Modell des Literarischen Unterrichtsgesprächs (2006 – mit Marcus Steinbrenner); Literarisches Lernen in der Förderschule (2009).

Kein endgültiges Wort
Die Wiederentdeckung des Gesprächs im Literaturunterricht
Hrsg. von **Gerhard Härle** und **Marcus Steinbrenner**
2. unveränd. Aufl., 2010. VI, 328 Seiten. Kt. ISBN 9783896768759. € 19,80

„Gespräche" sind im Literaturunterricht eine Selbstverständlichkeit. Gleichwohl haben sie in der didaktischen Diskussion der vergangenen Jahrzehnte eine schlechte Presse. Sie gelten geradezu als Motivationskiller, weil sie einseitig kognitiv, lehrerzentriert und für „schwächere" SchülerInnen ungeeignet seien. Das „Gespräch über Literatur" soll vom „Umgang mit Texten" in großer methodischer Vielfalt abgelöst werden, damit „schülerorientierte" Formen der Literaturvermittlung in die Schulen einkehren können.

Trotz berechtigter Einwände gegen eine bestimmte Gesprächspraxis, die weder dem literarischen Text noch den Lernenden angemessen ist, setzen sich namhafte Vertreterinnen und Vertreter der Literaturdidaktik (z. B. Petra Wieler, Hubert Ivo, Valentin Merkelbach, Kaspar H. Spinner, Ute Andresen u. a.) für eine Wiederentdeckung und Neukonturierung des Gesprächs im Literaturunterricht ein, das sie als revisionsbedürftigen, aber doch unverzichtbaren und lebendigen Zugang zu Literatur verstehen. Sie skizzieren in diesem Band unterschiedliche Wege zu neuen Gesprächsformen, diskutieren die Rolle der Lehrenden als Gesprächsleiter, zeigen Lernmöglichkeiten für Schülerinnen und Schüler mit unterschiedlichen Voraussetzungen auf und betonen die Wichtigkeit, Kindern die Kompetenz zur Teilnahme an literarischen Gesprächen zu vermitteln.

Die meisten Beiträge resultieren aus dem von den Herausgebern geleiteten „Ersten Heidelberger Symposion zum Literarischen Unterrichtsgespräch" an der Pädagogischen Hochschule Heidelberg am 15. Dezember 2003. Zusammen mit der Einleitung und der Auswahlbibliographie bilden sie ein aktuelles Handbuch zur Entwicklung und gegenwärtigen Positionierung des Gesprächs im Literaturunterricht, das sich an all jene wendet, die sich für die literarische Gesprächskultur interessieren, insbesondere an Studierende aller Lehrämter und Lehrende an Schulen und Hochschulen.

Am Anfang war das Staunen
Wirklichkeitsentwürfe in der Kinder- und Jugendliteratur
Hrsg. von **Gerhard Härle** und **Gina Weinkauff**.
2005. X, 326 Seiten. Kt. ISBN 9783896769633. € 19,80

Dass „am Anfang das Staunen" war, spielt auf eine der Grundhypothesen der abendländischen Philosophie an, der zufolge das Nachdenken mit dem Staunen beginnt. Die Aufsätze der ersten Abteilung, *Staunen als ästhetische Kategorie*, gehen vor allem dem Gedanken nach, wie sich kinderliterarische Texte in ihrer ästhetischen Dimension für die Lektüre und den Unterricht erschließen lassen, wobei auch unterschiedliche didaktische Ansätze und methodische Vorschläge erörtert werden. In der zweiten Abteilung des Bandes, *Entwürfe von Wirklichkeit(en) in der Kinder- und Jugendliteratur*, finden sich vor allem Beiträge, die die Konfrontation der erzählten mit der realen Welt als Problemstellung kinderliterarischer Texte behandeln. Unter der Überschrift *Bildungstheoretische Ausblicke* erscheinen abschließend vier programmatische Aufsätze zu Grundfragen der literarischen Bildung in unterschiedlichen Schularten, die hinsichtlich einer Neubestimmung der Auffassung von literarischer und Medien-Kompetenz zukunftsweisend sind.

Eine besondere Stellung nehmen in diesem Band sechs Originaltexte, *Drei Geschichten – drei Gedichte*, des Schweizer Kinder- und Jugendbuchautors Jürg Schubiger ein, die hier erstmals veröffentlicht werden.

Schneider Verlag Hohengehren
Wilhelmstr. 13; D-73666 Baltmannsweiler

„Sich bilden, ist nichts anders, als frei werden."

Sprachliche und literarische Bildung als Herausforderung für den Deutschunterricht. Hrsg. von **Gerhard Härle** und **Bernhard Rank**
2008. VI, 346 Seiten. Kt. ISBN 9783834004826. € 24,—

Der traditionsreiche Begriff der „Bildung" gilt in der pädagogischen und fachdidaktischen Diskussion zumindest als widersprüchlich, wenn nicht gar als gefährlich. Zum einen wird er mit einer normativen, bildungsbürgerlichen Erziehung identifiziert, in der es vor allem um die Vermittlung von Inhalten und Werten geht, die den Erfordernissen unserer Zeit und der Zukunftsfähigkeit der nachwachsenden Generation nicht (mehr) entsprechen. Zum anderen hält er eine Erziehungsidee wach, die sich der Entfaltung des Individuums und seiner Freiheit von ökonomischen Zwecken und gesellschaftlichen Rollenzwängen verpflichtet weiß. In dieser Doppelwertigkeit enthält der Bildungsbegriff schon in sich ganz unterschiedliche Begründungen und Zielvorstellungen für eine schulische Ausbildung, die den Anforderungen der Gegenwart und Zukunft gerecht werden soll. Zusätzlich steht er in deutlicher Spannung zum Kompetenzbegriff, demzufolge Lehr-Lern-Prozesse stärker auf den „Output", das heißt auf die zu erwerbenden Fähigkeiten der Lernenden, ausgerichtet sein sollen als auf den „Input" der vermittelten Stoffe. Erstaunlicherweise hat aber die mit den Kognitions-, Sozialisations- und Schulleistungsforschungen einhergehende Fokussierung auf den Kompetenzbegriff auch die Aufmerksamkeit für die Bildungsdimension des Unterrichts neu geschärft – gerade auch in der Fachdidaktik Deutsch.

Diese Auseinandersetzung um den „Bildungsbegriff als Denkrahmen für die Deutschdidaktik" (Kaspar H. Spinner) produktiv voranzutreiben war das Anliegen einer Ringvorlesung zur „sprachlichen und literarischen Bildung" an der Pädagogischen Hochschule Heidelberg. In ihr ging es sowohl um die Gegenüberstellung der Leitbegriffe *Bildung* und *Kompetenz* als auch um die theoretische Fundierung und didaktische Konturierung eines aktuellen Bildungsbegriffes selbst. Im Vordergrund stand dabei der Gedanke an die *Einheit* des Faches Deutsch mit seinem gleichermaßen sprachlichen wie literarischen Bildungsauftrag, aber auch die Wahrnehmung der gesellschaftlichen Wirklichkeit, die von sozialen Verwerfungen, von sprachlicher Heterogenität und von interkulturellen Bildungsherausforderungen geprägt ist.

Entsprechend diesen Perspektiven wird „sprachliche und literarische Bildung" im vorliegenden Sammelband in drei Kontexte gestellt: in den der literarischen Erfahrung, in den des Kompetenzbegriffs und in den der Muttersprache und der Mehrsprachigkeit. Die Aufsätze basieren auf den Vorträgen, die namhafte Vertreterinnen und Vertreter der Sprach- und Literaturdidaktik in der Ringvorlesung gehalten haben. Sie wurden durch einige spezifische Originalbeiträge ergänzt, unter anderem durch ein Gespräch der Herausgeber mit dem Schriftsteller Peter Härtling über seine Bildungserfahrungen als Leser und Autor.

Schneider Verlag Hohengehren
Wilhelmstr. 13; D-73666 Baltmannsweiler

Gerhard Härle / Felix Heizmann

„In bröckelndem Lehm festgebissen"

Franz Kafkas Studie Die Brücke: Bedeutungspotential und Perspektiven literarischen Lernens

2009. 123 Seiten. Kt. ISBN 9783834006042. € 14,—

Die vorliegende Studie zu Franz Kafkas faszinierender, bislang wenig erörterter Kurzprosa *Die Brücke* (1917) basiert auf einem Hauptseminar, das im Wintersemester 2008/09 an der Pädagogischen Hochschule Heidelberg stattgefunden hat. In ihm stand das Anliegen im Mittelpunkt, literaturdidaktische Reflexionen und Aufgabenentwürfe aus dem Bedeutungs- und Bildungspotential anspruchsvoller literarischer Texte heraus zu entwickeln und damit eine Brücke zwischen der philologischen Erkundung von Texten und ihren didaktischen Modellierungen in Lehr-Lern-Kontexten zu schlagen.

Ausgehend von zwei Literarischen Unterrichtsgesprächen nach dem Heidelberger Modell, die hier dokumentiert und ausgewertet werden, entwerfen die Verfasser ein weites Panorama an Bedeutungsoptionen des Textes, das Zugänge zu neuen und vertiefenden Lektüreerfahrungen eröffnet.

Wege zum Lesen und zur Literatur

Hrsg. von **Gerhard Härle** und **Bernhard Rank**.
2004. VII, 235 Seiten. Kt. ISBN 9783896767943. € 19,—

„Lesekompetenz", „literarische Kompetenz" und „Medienkompetenz" gehören zu den Schlüsselbegriffen der gegenwärtigen Diskussion um Zielsetzungen und Aufgaben schulischen Unterrichts. Unter der Themenstellung *Wege zum Lesen und zur Literatur* setzen sich die Autorinnen und Autoren des Sammelbandes mit der aktuellen bildungspolitischen Situation auseinander und leisten einen Beitrag zu zwei aufeinander bezogenen Arbeitsfeldern des Deutschunterrichts: die Leseförderung und das literarische Lernen.

Grundfragen der Sprach- und Literaturdidaktik kommen dabei ebenso zur Sprache wie Anwendungsbeispiele, kontroverse Ansätze zu Erwerbsmodellen ebenso wie didaktisch-methodische Gesichtspunkte für die Entwicklung eines Lesecurriculums. Thematisiert werden Schlussfolgerungen aus den in der Deutschdidaktik viel beachteten Studien PISA und IGLU und Fragestellungen der empirischen Unterrichtsforschung. Einige Beiträge liefern Argumente zu der Debatte um einen literarischen Kanon und um den Stellenwert der spachlich-literarischen Bildung im Medienzeitalter. Die angeführten Beispiele beziehen sich sowohl auf den Bereich der Gebrauchstexte als auch auf die Textauswahl für den schulischen Umgang mit Literatur. Alle Vorschläge zielen darauf ab, aus unterschiedlichen Perspektiven Impulse für die Qualitätssteigerung im Lese- und Literaturunterricht und in der Ausbildung von Deutschlehrerinnen und -lehrern zu geben.

Die Beiträge basieren auf Vorträgen, die namhafte Vertreterinnen und Vertreter der Sprach- und Literaturdidaktik im Rahmen einer Ringvorlesung an der Pädagogischen Hochschule Heidelberg gehalten haben.

Schneider Verlag Hohengehren
Wilhelmstr. 13; D-73666 Baltmannsweiler